新时代大中小学生
思想政治教育理论与实践

天津市高校思想政治教育工作研究基地
（天津工业大学）编

天津大学出版社
TIANJIN UNIVERSITY PRESS

XINSHIDAI DAZHONGXIAO XUESHENG SIXIANG ZHENGZHI JIAOYU LILUN YU SHIJIAN

图书在版编目（CIP）数据

新时代大中小学生思想政治教育理论与实践 / 天津市高校思想政治教育工作研究基地（天津工业大学）编 . -- 天津 : 天津大学出版社 , 2022.9

ISBN 978-7-5618-7304-5

Ⅰ . ①新… Ⅱ . ①天… Ⅲ . ①学校教育 - 思想政治教育-研究-中国 Ⅳ . ① G41

中国版本图书馆 CIP 数据核字 (2022) 第 159647号

出版发行	天津大学出版社
地　　址	天津市卫津路 92 号天津大学内（邮编：300072）
电　　话	发行部：022-27403647
网　　址	www.tjupress.com.cn
印　　刷	北京虎彩文化传播有限公司
经　　销	全国各地新华书店
开　　本	787mm × 1092mm　1/16
印　　张	37.5
字　　数	909千
版　　次	2022 年 9月第 1 版
印　　次	2022 年 9月第 1 次
定　　价	99.00 元

目 录

新时代大学生志愿服务的体制机制研究

杨加泉
南开大学

一、大学生志愿服务的内涵

大学生志愿服务是指在高校中，大学生群体利用自己的课余时间参加学校或者一些社会组织的志愿活动，为被服务对象提供帮助，不管是疫情志愿者，还是大型展赛会志愿者，还是校内迎新志愿者，他们始终秉承着“奉献、友爱、互助、进步”的志愿者精神，展现了时代赋予青年一代的责任和使命。志愿服务是对学生进行思想政治教育和弘扬社会主义核心价值观的重要载体，通过志愿之行实现高校立德树人的根本任务，培养德才兼备、知行合一的优秀青年学生。

二、新时代下影响大学生志愿服务体制的因素

1.思想因素

志愿精神作为一种精神力量，它以促进人的自由全面发展为根本依归，反映了社会主义社会的新型人际关系，它不仅传承了“天下兴亡，匹夫有责”以天下为己任的强烈责任意识，也传承了“和也者，天下之达道也”等爱好和平与共建和谐人际关系的美好愿望，同样也传承了“俯首甘为孺子牛”的为人民无私奉献的精神。习近平总书记强调：“志愿者事业要同‘两个一百年’奋斗目标、同建设社会主义现代化国家同行，志愿服务是社会文明进步的重要标志，是广大志愿者奉献爱心的重要渠道。”

2.认知因素

在新时代的发展中，家庭、社会、环境等各方面的改变都在一定程度上影响着大学生的认知，首先，家庭生活水平的提高让学生接触的外部世界较之前相比有了层次的提升，例如，从农村生活转变为城市生活，学生的认知也因此发生了较强的改变；其次，目前大学生所处的环境中，来自网络、来自生活、来自他人的各种诱惑都或多或少地影响着大学生的认知，而认知因素则在很多方面对大学生志愿服务体制产生了制约。

3.科技因素

在新时代下，随着科学技术的进步，很多科技产品的出现也给大学生志愿服务提供了新的方向。例如，大学生志愿服务网站、信息管理系统就依托于大数据以及网络时代的优势；微信、微博、抖音等社交、娱乐平台的出现为大学生志愿服务的宣传开辟了全新的宣传途径，让大学生的社会奉献精神得以深远传播，同时也留下了非常精彩的活动素材。所以，在大学生志愿服务机制体制中，科技让其整体的发展都具备了新的价值。

4.社会因素

在新时代下，社会因素对大学生志愿服务体制的影响主要体现在社会各方面的进步和改变，包括国家、社会的发展方针，地区、高校发展的途径及方向等，都对大学生志

愿服务的体制机制提出了新的要求。例如，自2020年新冠病毒感染疫情暴发以来，涌现了很多志愿工作者，或许是在医疗一线，或许是在平凡的服务岗位，身处全国各地的大学生众志成城、心系一处，将爱国之心化为报国之行，用实际行动践行志愿精神，纷纷自发向社区报到，因此社会因素的影响在一定程度上也促进了大学生志愿服务体制机制的发展。

三、新时代大学生志愿服务体制存在的问题

1.招募、组织形式单一

在大部分高校的志愿服务组织中，招募的形式主要是通过线下的报名、面试，最终确立组织成员，这样的形式存在一定的弊端。首先宣传形式较为单一，大多数采用横幅或者广播的形式，而且宣传的时间较短，宣传不仅不到位，也涉及不到所有的学生；再者就是报名的时候，往往采用线下报名，在效率上就大打折扣，学生也不能很好地了解大学生志愿服务的内涵及意义，这在一定程度上也会影响招募的质量和整体组织的协调性。

2.志愿服务培训不到位

经过对各高校志愿服务组织的调查显示，有将近一半的志愿服务工作者没有接受统一的培训，只是随着组织者参与活动，尤其是一些校园服务，更没有进行足够的学习，甚至对活动的意义及目的都不是很清楚，因此活动参与度不是很高；另外，也有一部分学生表示自己接受的培训过于流程化，学习的效果不明显，主要是由于没有专业的机构或者老师进行讲解，所以很多培训内容过于传统，没有新鲜的内容，所以，新时代下，大学生志愿服务急需形成专业且完善的培训体系。

3.学生志愿服务体系有待完善

对目前高校志愿组织存在的体系问题进行分析，主要是三个方面。第一是资金的短缺，在很多志愿服务中都需要制作一定的物料，包括衣物和宣传材料等，但是学生本身不具备收入能力，因此各项活动的支出费用都需要学校进行支持，通常情况这种款项的申报和下发流程都比较复杂，而有些没有固定学校支持或者是自由组建的志愿组织只能向外界的商户或者社会团体寻求赞助。综合来看，这在一定程度上制约了大学生志愿服务的质量。第二是大多数高校没有志愿者的奖励考核制度，大大降低了大学生志愿活动的积极性。第三是高校学生结合自身专业特色组建志愿服务团队，长期服务的项目未进行推广宣传，没有为社会带来一定的价值。

四、疫情常态化下大学生志愿服务体制机制的优化策略

1.线上线下双向招募

随着互联网时代的发展，各行各业都在发展线上交流，不仅提升了工作效率，同时也能够节省人力物力。对于大学生志愿服务组织来讲，在招募中，应该合理利用各高校的线上资源。首先，在宣传环节，可以采用线上线下的双向宣传，在学校的官网、贴吧、微博以及微信公众平台等都可以进行招募工作的宣传，对大学生志愿者精神进行深度的剖析和论述，让学生明白志愿者组织对社会的意义。其次，在报名环节，同样可以应用

微信端现有的报名系统，后台收集报名数据，线下约面试，提高报名的效率，为后期的人才选拔节省时间。另外，在疫情防控期间，大学生志愿者招募则更应该进行线上宣传，而且组织志愿者工作或者培训等均可以采用线上视频交流、线上会议等形式，志愿者办公在线上也可以顺利进行，保证正常的流程不受疫情的制约。

2.健全大学生志愿服务培训考核机制

大学生志愿服务的培训是完善志愿者体系、加强内部管理的重要举措，不管是校级的志愿者组织、院级的志愿者组织还是自由的志愿者组织，都应该有严格的培训考核制度，用来督促志愿者提高自身责任感。在培训中，应着重培养大学生的志愿者精神以及志愿者行为规范，以最基础的内容要求其完成最符合时代特征的志愿者工作。当然，在各类志愿者活动中，也要对志愿者的工作进行及时且准确的评价和打分，并对表现优秀者进行一定的奖励，另外也要注意自我组织的反思，及时地调整组织运行策略和方向，以最佳的状态面对时代发起的挑战。

作为大学生志愿者，在全国疫情防控常态化的趋势之下，要不断提高自身责任感，做抗疫行动的贡献者，在自己的家庭及周围环境里辅助抗疫活动，宣传正确的“抗疫指南”，这同样可以作为大学志愿者考核的标准之一，例如让大学生在家中完成“抗疫指南”稿件的撰写、拍摄对家庭成员宣传防疫的视频或者在一些自媒体账号发布共抗疫情的视频等等。通过与国家共奋斗的过程，让志愿者清楚地认识到自身应具备的良好精神和品德，从而对大学生志愿者培训考核机制进行完善，以此推进我国大学生志愿服务体制的进一步优化。

3.强化对大学生志愿服务的支持保障

第一，大学生志愿服务需要一定的学校支持、社会支持。在学校方面，应该强调学校以及各学院对志愿者服务组织的配合，在资金、设备、宣传渠道等各方面提供有力的保障，实施“规范化”队伍管理，开展“统一化”基地建设，推行“常态化”服务。在社会方面，各级教育政府部门应该主动和大学生志愿服务组织沟通，为他们提供合适的志愿服务场所，通过学校及相关部门的双向支持，增强大学生志愿服务的动力，从而提升服务效果和质量，让整个组织受到社会的关注。

第二，学校也应该针对大学生志愿服务工作进行年度或者季度的评价和总结，表彰和宣传工作优异的志愿者，进一步增强大学生志愿服务的决心和毅力。

第三，志愿服务团队可以通过进社区、进校园、进乡村，按照“志愿服务队伍项目化、导师专家化、项目品牌化”的原则，围绕脱贫攻坚、环境保护、关爱少年儿童、法律服务等方面，贴合时政热点和新时代背景，精心组织，认真落实，深入思考，形成具有一定学术价值或应用价值的总结和调研报告，积极打造志愿服务精品项目，为社会带来一定的效益。

五、结语

综上所述，志愿服务活动对大学生来讲具有非常重要的意义，长期以来，很多高校积极构建“全员、全过程、全方位”育人的思政工作“大格局”，将第一课堂与第二课堂紧密结合，引导学生用实践去研究，用行动去思考，夯实特色品牌项目，提升团队服务水平，形成调研分析成果，通过实践不断增强学生“服务国家、服务人民”的社会责任感、勇于探索的创新精神、善于解决问题的实践能力。

疫情防控的这场人民战“疫”，汇聚了每一个中国人的爱国情、强国志和报国行，也再一次向世界展示了中国精神、中国能力和中国担当。“火神山”医院从无到有、十天建成的奇迹是爱国主义硬核力量淋漓尽致、令人震撼的集中表现；广大医务工作者临危不惧、逆向而行，展现了救死扶伤、医者仁心的崇高精神；解放军战士、公安民警、社区工作人员等坚守岗位、履职尽责，竭力维护社会安全和稳定，践行了全心全意为人民服务的宗旨。

高校志愿者们还要不断提高政治站位，听党话、跟党走，加强思想政治理论的学习，扎扎实实学好专业知识，增强“四个意识”，坚定“四个自信”，做到“两个维护”，将爱国之心转化为报国之行，努力成长为德智体美劳全面发展的社会主义建设者和接班人。

在新时代下，社会环境的发展及学生自身的变化也赋予了志愿服务活动新的内涵，同时也暴露了很多大学生志愿服务组织内部管理以及外部形式的问题，因此高校内各志愿服务组织要针对自身存在的问题，认真分析，并结合时代的需求和特点，认清自我发展的角度并做好规划。而伴随着我国疫情的发展形势，大学生志愿服务组织也应该审时度势，为疫情的进一步防控贡献个人力量，并寻找科学且合适的服务机制或者活动类型，既要突破常规，也要转变理念，从而努力提升志愿服务的质量。

参考文献：

[1]王玉玫,陈丹阳.新时代高校图书馆大学生志愿服务育人机制与管理创新探究[J].北京教育(高教),2020(7):34-36.

[2]余舒敏,刘宏奋,邱伟波.新时代背景下构建大学生志愿服务长效机制的路径研究[J].湖北开放职业学院学报,2020,33(11):59-60,63.

[3]胡朝红.新时代大学生志愿服务工作育人机制现状分析[J].中国多媒体与网络教学学报(中旬刊),2020(2):80-81.

[4]曹阳,储祖旺.服务学习视角下新时代我国大学生志愿服务机制优化研究[J].中国高等教育,2019(Z1):69-71.

[5]彭辉辉,刘稳风.新时代背景下大学生志愿服务组织管理长效机制构建[J].高教学刊,2018(7):135-137.

立德树人：课程思政与思政课程协同育人的思想基础

杨秀萍
南开大学

习近平总书记在全国高校思想政治工作会议上指出：“要用好课堂教学这个主渠道，思想政治理论课要坚持在改进中加强，提升思想政治教育亲和力和针对性，满足学生成长发展需求和期待，其他各门课都要守好一段渠、种好责任田，使各类课程与思想政治理论课同向同行，形成协同效应。”[1]在这段论述中，“守渠种田”明晰了各门课程在思想政治教育中的主体责任和使命，“同向同行”强调了各门课程在立德树人根本任务中的地位和作用，这成为课程思政与思政课程协同育人的缘起。目前“课程思政”已经在全国高校刮起了一股新风，无论是理论阐释还是教学实践均取得很大成绩，很多高校形成了自己的特色和品牌。但是，在课程思政建设过程中，往往呈现各门课程“各自为政”的局面，难以形成育人合力。因此，必须厘定课程思政与思政课程同向同行的思想前提，找准协同育人的契合点位，才能真正到达同频共振效应。

教育是立德树人的事业，课程是人才培养的载体，这就决定了高校一切课程均应完成和担负立德树人的使命和责任。思政课程因其学科特性在铸魂育人方面具有得天独厚的优势，而其他课程的育人元素则隐藏在专业知识背后，需要主动挖掘、自觉提炼、有机融入。二者呈现方式不同，作用强弱不一，但是育人目的是一致的，共同完成立德树人这一根本任务，这就构成了课程思政与思政课程协同育人的思想前提和理论逻辑。

一、立德树人是中国特色社会主义教育的根本任务

习近平总书记指出，立德树人是教育的根本任务，立德树人的成效是检验学校一切工作的根本标准。立德树人并非一个抽象的概念，其内涵丰富、意境深远。有学者从中华优秀传统文化的传承角度阐释了“立德”和“树人”的含义渊源。“立德”，意为建树德业，出自春秋时鲁国大夫叔孙豹“太上有立德，其次有立功，其次有立言，虽久不废，此之谓不朽”的论述。“树人”，是指培育人才，源自成书于战国的《管子》“权修”篇中“十年之计，莫如树木；终身之计，莫如树人”的相关论述[2]。习近平总书记在借鉴古代先哲“才者，德之资也；德者，才之帅也”的论述之上，进一步论证了立德和树人的辩证关系。“人才培养一定是育人和育才相统一的过程，而育人是本。人无德不立，育人的根本在于立德。这是人才培养的辩证法。”[3]要完成立德树人这一根本任务，就要回答“培养什么人、怎样培养人、为谁培养人”这一根本问题，它关乎党的事业后

课题项目：教育部2020年高校思想政治理论课教师研究专项“课程思政与思政课程协同育人机制研究”（20SZK13663001），2020年天津市普通高等学校本科教学质量与教学改革研究计划项目“课程思政与思政课程同向同行的理论与实践研究”（B201366301）

继有人，关乎国家的前途命运。

培养什么人，是教育的首要问题。“关于教育和办学，思想流派繁多，理论观点各异，但在教育必须培养社会发展所需要的人这一点上是有共识的。”[4]教育总是在服务自己国家发展中形成壮大的，我们办的是社会主义教育，方向决定道路，道路决定命运，也决定了培养什么人的问题。毛泽东同志提出：“我们的教育方针，就应该使受教育者在德育、智育、体育几方面都得到发展，成为有社会主义觉悟的有文化的劳动者。”[5]邓小平同志要求“学校应该永远把坚定正确的政治方向放在第一位”，多次强调培养“有理想、有道德、有文化、有纪律”的社会主义新人。习近平总书记指出，我们的教育目标是培养德智体美劳全面发展的社会主义建设者和接班人。这都表明了我们党和国家的教育事业归根结底要为中国特色社会主义建设服务，为党育人，为国育才，这也回答了教育“为谁培养人”的问题。这是教育的生命线，能否坚守这一生命线决定了未来中国社会的发展方向和道路选择，而坚守这一生命线的关键在于回答好“怎样培养人”的问题。教学决定大学的生存，离开教学，大学将无存在之基，因此，要解决“如何培养人”的问题，必须坚守教学本位，这也是对教育效果产生最直接影响的关键环节。而立德树人这一根本任务的完成，从来不是思政课这一类课程所肩负的职责和使命，必须所有课程同时发挥育人功能方能达成。因此，思政课程和各类课程能否同心同向、同行同频直接决定了立德树人的成效。二者协调则产生合力效应，达到事半功倍的效果；二者失调则可能收效甚微，事倍功半。

二、思政课是落实立德树人根本任务的关键课程

习近平总书记指出，思政课是落实立德树人根本任务的关键课程，作用无法替代。那么，如何理解思政课的关键地位呢？其一，由其课程性质决定，是大学生思想政治教育的主渠道。中共中央、国务院在 2004 年印发的《关于进一步加强和改进大学生思想政治教育的意见》中明确指出：“思想政治理论课是大学生的必修课，是帮助大学生树立正确的世界观、人生观、价值观的重要途径，体现了社会主义大学的本质要求。”这一课程定位表明，我们办的是社会主义教育，在方向问题上必须站稳立场、头脑清醒，必须旗帜鲜明、毫不含糊。“马克思主义是我们立党立国的根本指导思想，也是我国大学最鲜亮的底色。”[6]正如毛泽东同志指出的那样，“主义譬如一面旗帜，旗子立起了，大家才有所指望，才知所趋附”[7]。在历史和人民的选择中，马克思主义成为我们社会主义教育最鲜亮的底色，也成为我国教育改革发展的旗帜和灵魂。而思政课就是通过彻底的马克思主义理论对学生进行系统的世界观、人生观、价值观教育的一门显性教育课程，政治引导是思政课的基本功能，就是要以透彻的学理分析回应学生，以彻底的思想理论说服学生，用真理的强大力量引导学生，从而帮助学生树立科学的理想信念，引导学生立德成人、立志成才。因此，其思想政治教育主渠道的地位和作用无法替代，思政课建设只能加强，不能削弱。其二，由其历史使命决定，要培养担当民族复兴大任的时代新人。我国正处于“两个一百年”奋斗目标的历史交会点上，既要关照当下，应对变局；又要眺望前方，筑梦前行。放眼全球，世界正经历百年未有之大变局，世界教育也正发生革命性变化，如何构建现代教育体系，如何培养符合时代发展需求的创新型人才，成

为人类共同面临的重大课题。展望未来，我们培养的人才要能够完成“两个一百年”的伟业。国际格局演变与民族复兴，以及现代化强国目标的叠加性、同步性、长期性，决定了我们必须培养一代又一代拥护中国共产党领导和我国社会主义制度、立志为中国特色社会主义事业奋斗终身的有用人才，而不是社会主义建设的旁观者，更不是反对派和掘墓人。要坚守马克思主义意识形态高地，坚决防范错误思潮在学校抢滩登陆。办好思政课，就是要用习近平新时代中国特色社会主义思想铸魂育人，引导学生增强“四个自信”，做担当民族复兴大任的时代新人。所以，要理直气壮开好思政课。

三、课程思政是落实立德树人根本任务的战略举措

2019 年 8 月印发的《关于深化新时代学校思想政治理论课改革创新的若干意见》，对课程思政建设提出了明确要求。指出坚持思政课在课程体系中的政治引领和价值引领作用，整体推进高校课程思政建设，发挥所有课程育人功能。2020 年 5 月教育部印发了《高等学校课程思政建设指导纲要》，进一步强调课程思政是落实立德树人根本任务的战略举措，并且明确了课程思政建设的目标要求和内容重点，把课程思政从工作要求转化为政策实施表和行进路线图。这一系列政策制度的出台，为课程思政与思政课程协同育人提供了重要遵循。

课程思政就是挖掘各类课程蕴含的思政元素，将价值观引导寓于知识传授和能力培养之中，将高校思想政治教育融入课程教学和改革的各环节、各方面，帮助学生塑造正确的世界观、人生观、价值观，实现全员全程全方位育人。课程思政最初是上海高校课程改革中提出的一种教育理念，在全国高校思想政治工作会议之后逐渐推行开来。其实，在“课程思政”这一概念提出之前，我们的教育一直强调教书育人、言传身教、潜移默化，就是强调所有课程的育人功能。但在实际教学中，却一直存在专业课与思政课“两张皮”的现象，尤其专业课“重教轻育”问题突出。而高校教师的 80%是专业教师，课程的 80%是专业课程，学生学习时间的 80%是专业学习，如果这三个“80%”的思政功能不能充分发挥，仅靠思政课程“单打独斗”，就会造成思想政治教育的孤立化、碎片化，难以使学生筑牢信仰之基、补足精神之钙、拧紧“三观”的总开关，那么我们培养的人才将难堪民族复兴大任。因此，“落实立德树人根本任务，必须将价值塑造、知识传授和能力培养三者融为一体，不可割裂”[8]。

课程思政建设不是只建几门课的样板房工程，而是“三全育人”整体格局下的一项系统工程，需要构筑以思政课程为核心层、以课程思政为拓展层、以高校日常思想政治工作为保护层的立德树人同心圆，使各类课程同心同向同行，形成育人合力，提升育人实效。因此，全面推进课程思政建设，统筹推进课程育人，既是对传统思想政治教育的创新和提升，也是对思政课程主渠道的补充和支撑；既是展现 21 世纪中国的马克思主义强大说服力、指导力、引领力的重要方式，更是擦亮新时代中国特色社会主义大学课堂鲜亮底色的重要抓手。“这一战略举措，影响甚至决定了接班人问题，影响甚至决定了国家长治久安，影响甚至决定了民族复兴和国家崛起。”[9]

如上分析，围绕立德树人这一根本任务，课程思政与思政课程拥有任务和目标上的共同性、方向和功能上的一致性、内容和要求上的契合性。因此，推动课程思政与思政

课程协同育人，既要凸显思政课程的主导地位和核心功能，以其理论的系统性、真理的解释力和思想的穿透力推进思想政治教育的显性融入，形成惊涛拍岸之势，又要挖掘各类课程中蕴含的政治认同、家国情怀、文化素养、法治意识、道德修养等思政元素，找准“思政”与“课程”的契合点位，如盐在水般地隐性融入，达到润物无声之效。只有这样，才能真正形成育人合力，完成立德树人的根本任务，为中国特色社会主义事业培养出合格的接班人和建设者。

参考文献：

[1]习近平.把思想政治工作贯穿教育教学全过程 开创我国高等教育事业发展新局面[N].人民日报,2016-12-09(1).

[2]武东生.立德树人是新时代中国特色社会主义教育发展的根本任务[J].思想理论教育导刊,2019,1.

[3][4[6]习近平在北京大学师生座谈会上的讲话[N].人民日报,2018-05-03(2).

[5]毛泽东文集(第七卷)[M].北京:人民出版社,1999:226.

[7]中共中央文献研究室,中共湖南省委《毛泽东早期文稿》编辑组.毛泽东早期文稿（1912.6-1920.11）[M].北京:人民出版社,1990:554.

[8][9]高等学校课程思政建设指导纲要[EB/OL].中华人民共和国中央人民政府网 http://www.gov.cn/zhengce/zhengceku/2020-06/06/content_5517606.htm.

习近平人类命运共同体理念的时代价值解析

赵宏　管欣欣
天津财经大学

一、习近平人类命运共同体理念蕴含丰富的理论价值

（一）实现了对马克思主义的创新与发展

1.创新与发展了马克思“真正的共同体”思想

马克思共同体思想深刻揭示了人类社会发展的阶段历程，为我们人类社会发展的走向提供了方向指引。如今，我们仍处于并将长期处于虚幻共同体的时代的情况并未改变。但随着时空的变化，我们所处的时代又发生了许多马克思生前所未经历的情形。首先，通过借鉴社会主义国家建设的经验，资本主义国家对体制、法度进行改革，延长了其发展周期。其次，全人类面临着相同的发展难题，仅靠一国之力难以解决，立足于全球视野、共谋全人类发展成为世界的潮流。最后，社会主义国家凭借制度优势蓬勃发展，在国际上发挥着越来越重要的作用。那么，面对这些新情况、新问题，我们该如何将通往马克思真正的共同体道路付诸现实呢？回答就是：与时俱进、因地制宜。因此，习近平在充分继承马克思共同体思想的一般原理的基础上，站在现实的人的发展的角度上，提出人类命运共同体理念，致力于全人类发展，在实践基础上升华和拓展了马克思共同体思想。

2.为实现马克思“真正的共同体”思想提供了现实路径

首先，为“真正的共同体”的实现奠定了基础。习近平总书记深刻把握历史的发展规律，提出打造国家命运共同体，着眼于全球治理新理念和国际经济新秩序的重建，冲击了资本主义国家主导的旧全球化，促使人类朝着更加均衡、普惠的方向发展，从而为人类走向真正的共同体奠定了扎实的基础。其次，助推了马克思“真正的共同体”的实现。习近平人类命运共同体理念倡导“和而不同”的外交原则和方针，立足现实，照顾多方合理利益，在多种制度和方式的共同发展下实现共同利益，从而大大缩短了人类走向共产主义社会的时间，以一种新的方案和模式助推了马克思“真正的共同体”的实现。

（二）实现了对中华优秀传统文化的深化和传播

人类命运共同体理念熔铸了中国先哲“天下为公”的价值共识、“天下大同”的理想情怀等，不仅为当今全球化问题的解决贡献了“中国智慧”，同时也发出了中国睦邻友好、从不称霸的国际声音，彰显了中国的文化自信。

1.深化了中华优秀传统文化的内涵，以更好地应对社会上出现的“历史虚无主义”现象

中国拥有浩如星辰的历史。然而，随着全球化发展，外来文化不断涌入，一些人接受了错误思想的影响，受到别有用心的人的误导，开始怀疑、否定国家的历史，质疑历

史的真实性，更有甚者衍生出对国家大政方针政策的不满。自习近平总书记多次在国际场合运用中国传统智慧发出“中国声音”，使更多的人能够了解和认识到中国文化，有力地加强了中国的文化自信，让那些妄图以文化“演变”中国的人无计可施。

2.传播了中华优秀传统文化，彰显了中国爱好和平的形象

中国国力和影响力的提升，在一些国家的特意渲染之下，“中国威胁论”的声音在国际上不断出现，世界人民对中国强大之后的国际走向表示怀疑，澄清误会、增进世界人民对中国的认知成为中国的当务之急。习近平总书记在应对全球性挑战时，不逃避、不转嫁危机，而是积极寻求与世界各国的合作，通过“一带一路”、亚洲基础设施投资建设银行等平台，使沿线国家和人民受益，提升了中国的国际形象，也使得中华优秀传统文化走向了世界。

二、习近平人类命运共同体理念蕴含深远的实践价值

（一）人类命运共同体的构建助力中国梦的实现

1.为中国梦的实现营造和平的外部环境

在各国形成日益紧密联系的背景之下，任何一个国家都无法脱离其他国家独自发展。经过四十多年的改革开放，我们比任何时候都更加接近实现梦想的宏伟目标。然而，有的西方国家仍不遗余力阻拦中国的发展，它们先是为了自身利益不顾全球大局，掀起逆全球化的浪潮，后又对中国大打贸易保护战，将自身利益凌驾于联合国宪章的基础之上，其行径极为不堪。此外，“中国威胁论”“修昔底德陷阱”等言论此起彼伏，也严重损坏了中国在国际社会中的形象。在这样的境遇下，人类命运共同体将中国利益与世界利益对接起来，提倡和平、发展、共享的理念，有力地打击了国际社会上的不实言论，使得个别国家的阴谋宣告破产，为实现中国梦提供了一个和平稳定的国际环境。

2.促进中国与世界的联合运转，助推中国梦的实现

从国内形势来看，我国仍处于重要战略机遇期；放眼世界，国际上涌现了大国关系重新洗牌、发展中国家崛起等潮流，中国共产党的当务之急就是要在这一变化着的局势中把握正确的航向，带领人民走上美好道路。为此，人类命运共同体强调中国与世界发展的联合运转，在实现人类共同发展的世界梦中助推中国梦的实现。一方面，通过亚太经合组织等平台，增强中国与世界人民的沟通，扩大中国的“朋友圈”，加强中国与世界的友好合作，在发展大局中取得良好的机遇，为中国梦奠定坚实的基础，争取更多的伙伴和共建者，协力共建美好未来。另一方面，通过集体智慧的结晶解决国家发展中遇到的难题。世界梦与中国梦融通交互，我们在发展过程中还面临着许多已知和未知的难题，还需要向全世界寻求答案。世界各国的发展经验和优秀成果都会成为我们实现伟大中国梦的有益依靠，我国的发展经验和优秀成果也同样可以支持和带动他国的发展。

（二）为全球治理提供了新思路与新模式

1.全球性危机下的中国智慧与方案

经济全球化自 15 世纪末发展至今，在资本逻辑的主导下形成了“丛林博弈”式的全球化模式，这个模式在当今世界新形势下越来越不符合潮流，充满了对抗和冲突，给全

世界人民带来了困扰和问题，造成诸多层次、诸多领域的频繁动荡与矛盾，甚至许多国家开始忧虑和怀疑经济全球化，出现了逆全球化的浪潮。中国提出人类命运共同体理念就是为解决这一系列的矛盾和问题而做出努力。

2.全球性议题下的中国思想

资本利益核心国家打着“公平、正义”的旗号，企图干涉他国内政；利用自身的经济优势打压他国，贸易壁垒层出不穷；利用自身的科技优势，企图文化称霸世界；面对气候变暖等关系未来发展的难题，逃脱推责。这些损人利己的行为引起诸多国家和广大人民的不满。人类命运共同体，真正立足于全球人民共同利益的实现，针对现实世界的种种不公现象、种种矛盾弊端，提出中国方案，解决世界难题。

（三）人类命运共同体的构建深刻把握了世界未来发展走向，符合人民美好愿景

1.发展共同利益，维护世界和平

“衣食足而知礼节”，利益是一切冲突的“导火索”。人类命运共同体理念力图从根本上解决矛盾和冲突问题，缩小各国的利益差异，防止冲突发展为战争，努力达成共识，发展共同利益，避免冲突，维护和平。

2.协商交流，解决问题

各国发展联系紧密，矛盾不可避免。人类命运共同体理念呼吁各国民主平等发展，协商谈判解决问题，共同应对威胁，完善全球治理，共同建设人类大家园。

3.交流互鉴，建设文明“百花园”

人类命运共同体理念引领各国平等对待各具特色的文明成果，不要边缘化，不要“一枝独秀”，引领人类文化兼容并蓄、促进世界文化繁荣发展，丰富人类文明的“百花园”。

三、当代大学生学习理解习近平人类命运共同体理念价值的深远意义

践行人类命运共同体理念，有助于不断坚定、提升和引领当代大学生的信念、思维和担当意识。

（一）引导当代大学生坚定理想信念

1.引导当代大学生提升文化自信

人类命运共同体理念中蕴含着五千年发展下的中华民族优秀传统文化在不同文明的相互比较中凸显出的独特、深厚的自信优势。

在人类命运共同体视域下，当代青年大学生更能够强化文化使者的角色意识，自立自强、自主自信，认真研究人类命运共同体理念走向世界的话语体系，着力提升人类命运共同体理念的话语解释力、内涵科学性和国际影响力，积极防御代表西方思想文化与价值观念的话语霸权和陷阱的进攻和挑战。在面对生存与发展的重大问题时，不仅要为世界“讲好中国故事”，更要紧扣人类和平发展的时代脉搏，以中国特色的表达方式有理有据地讲好人类命运共同体的“世界故事”，推动人类命运共同体理念体系日益走向世界的中心。

2.引领当代大学生树立正确价值观

人类命运共同体理念将中国的前途命运纳入人类社会整体命运中思考，将中国人民

的幸福看作人类进步事业的组成部分，具有深厚而高尚的道义根本和理想。

在人类命运共同体理念的影响下，当代青年大学生能够站在历史的高度，主动肩负人类社会发展之历史责任，在浩浩荡荡而又波谲云诡的时代大变局中，深刻认识“自由人联合体”并不是虚无缥缈的乌托邦，而是一种应当始终坚守的理想信念，并把这种理想牢牢地建立在对科学理论的准确把握上，对历史规律的科学遵循上，建立在脚踏实地、埋头苦干的点滴行动中，矢志不渝、坚持不懈地推动构建人类命运共同体。

（二）激励当代大学生开拓全球思维

1.提升当代大学生的人类关怀意识

人类命运共同体理念蕴含了全人类对和平、发展、公平、正义、民主、自由的追求。

在人类命运共同体理念的影响下，当代大学生更能够传承和弘扬大学以服务人类社会发展为高远目标的人类关怀精神，关注世界和全人类的幸福。大学生在践行社会主义核心价值观的同时，也把全人类的共同价值观纳入其中，遵循人类命运共同体的初衷和宗旨，更好地处理人与自然、人与社会、人与人的关系，支持党和国家的事业，彰显人类意识，也显示了中国青年的责任担当。

2.开拓当代大学生的国际视野

人类命运共同体理念倡导各国在发展进程中，不仅要看到自己国家、自己民族的发展优势与不足，也要看到其他国家、其他民族的发展优势与不足，用理性的态度、科学的角度分析和审视世界的发展及其进程中所面临的问题。

在人类命运共同体理念的影响下，当代大学生不仅能够站在中国自身发展的角度思考国家发展问题，更能够开拓国际视野，以文明交流互鉴的开放包容姿态主动面向国际社会，对各个国家和民族在发展进程中创造的优秀传统文化和先进科学技术，以海纳百川的胸怀和气派展开科学探索和创新创造，用全球视野对不同的文化、文明和资源进行借鉴和吸收，和其他国家、民族在平等基础上互利合作、共谋发展。面对更加纷繁复杂的国际环境，大学生也能主动承担促进全球社会发展使命，携手世界各国有为青年，在人类面临的各种生存发展问题中通力合作，为世界健康和谐发展提供治理方案，贡献智慧才华。

（三）引领当代大学生担当时代重任

1.引领当代大学生将个人理想与人类命运共同体的构建相结合

人类命运共同体理念引领当代大学生做具有大局意识的新时代青年。人类命运共同体倡导世界各国同属一个生命有机整体，各国、各民族相互影响相互制约，共享机遇也共迎挑战，大学生也应该充分意识到集体的力量，正视自己身为国家、世界中的一分子，应该首当其冲努力实现中国梦，培养和提升责任担当意识，注重事物间的多种多样的联系，将个人理想与人类命运共同体的构建相结合，在实现个人价值的同时努力构建人类命运共同体。

人类命运共同体理念引领当代大学生做具有服务意识的新时代青年。人类命运共同体指明了人类社会未来的发展走向，为人类谋求了一个同发展共进步的长远目标，这个长远目标是全人类所需的，也是世界人民为之奋斗的，大学生充满活力和创造力，是支撑未来社会发展的主要群体，要有以小我服务大事业的胸襟与气魄，更要将自身发展目标与这一长远目标所契合，在大事业的造就中实现自我价值，为人类命运共同体的构建出一份力。

2.引领当代大学生练就过硬本领投身人类命运共同体的构建

人类命运共同体理念引领当代大学生要练就过硬本领，做能担当重任的新时代青年。大学生要将学习作为主要任务，提高自身的理论修养和专业技能水平，敬畏知识，保持求知欲，充分利用线上、线下资源学习，提高综合素质，补齐短板，打造过硬本领，努力为民族、为国家、为人类做出更大贡献。

人类命运共同体理念引领当代大学生要做知行合一的新时代青年。实践是最好的“老师”，大学生要真正将所学应用于实践中，检验成效，在实践中可以学到更多的经验和技巧，迈开步子，张开嘴，将个人能力和成长与国家实力和发展相联系，用奋斗充实青春，以青春的信念与实践为中华民族伟大复兴铺路架桥，为人类命运共同体构建添砖加瓦。

结语

习近平人类命运共同体理念所蕴含的丰富的时代价值，解决了人们心中最大的困惑。大学生既要把握机遇，也要迎接挑战，要踏踏实实修好公德、私德，明辨是非，提高自我，在新时代、新征程中展现青春风采。

参考文献：

[1]习近平.习近平谈治国理政(第三卷)[M].北京:外文出版社,2020:433-473.

[2]王立洲,岳静.人类命运共同体：历史演进与时代价值[J].牡丹江师范学院学报(社会科学版),2020(1):62-70.

新时代高校学生党支部实践育人的探索和思考
——以天津城建大学环境设计学生党支部为例

周苗
天津城建大学

党的十九大报告明确指出，党的基层组织是确保党的路线方针政策和决策部署贯彻落实的基础。不仅指出了党的基层组织建设的地位，也为其发展指明了方向。高校学生党支部以实践育人为导向，进行支部建设，不仅是提升高校党建工作的重要环节，也为高校开展实践育人提供了重要平台。可以说，高校学生党支部是实践育人的重要阵地，实践育人是高校党支部建设的重要方式。

一、新时代高校学生党支部实践育人的重要意义

（一）有助于提高高校学生党支部的建设质量

高校学生党支部是党的基层组织，实践育人导向下高校学生党支部建设是落实党的教育方针，进行学生党员素质教育，提高党员质量和支部质量的题中之义。高校学生党支部的建设质量直接关系到高校党建工作的整体水平。充分运用实践育人载体，丰富支部学习活动和实践方式，激发学生党支部的生命力和凝聚力，引导学生党员发挥榜样示范作用，进一步提升大学生们的思想觉悟和政治素养，对于提高党支部的基础性建设，实现学生党支部的高质量发展，具有重要意义。

（二）有助于增强高校学生党支部的育人成效

高校是国家培养社会主义合格建设者和可靠接班人的关键场所。加强推进实践育人理念引领下的高校学生党支部建设，有利于提升学生党员的社会责任感和历史使命感，增强学生党员服务祖国、服务人民和服务社会的能力，不断培养青年学子敢于创新和勇于探索的时代精神。

（三）有助于发挥高校学生党支部的引领作用

学生党支部是高校党组织联系学生群体的重要纽带，是引领学生成长成才的战斗堡垒[1]。学生党支部不仅是中国共产党联系青年学子的重要方式，更是引领广大青年学子向上向善、积极作为的关键环节。党支部通过其自身的思想、学风、行为等建设，不断提升其影响力、感召力、凝聚力和战斗力，在思想、学习、生活等各方面起到良好的引领作用。

（四）有助于优化高校学生党支部的组织生活方式

一直以来，坚持理论教育和实践历练紧密结合，都是党内开展学习生活的重要内容和方式。坚持党的路线方针政策和各项社会实践活动相统一，坚持在实践育人理念的引导下，加强党支部的组织建设、作风建设，利用寓教于乐的学习方式和活动方式，充分践行实践育人的本质和要求，不断促进学生由被动参加到主动参加，再到积极作为的行为转变，提升党支部活动的建设质量，优化组织生活方式。

二、新时代高校学生党支部建设中存在的问题

高校学生党支部的建设是党的建设的重点，抓好党支部建设对履行党支部职能、履行党员义务和责任、树立党员形象具有重要的作用。自从深入贯彻落实全面从严治党、开展保持党员先进性教育活动以来，党支部建设取得了明显的进步和成效，但是，党支部建设仍然存在着一些不容忽视的问题。

（一）党支部的建设质量不高

近几年来，关于党支部建设和党员学习的内容比较繁杂，而学生党支部的主体是学生，学生一般将专业学习作为自己的首要任务，因而部分学生便有了消极应对党内学习和生活的“理由”，党支部建设呈现出“注重形式、轻视实效”的现象和倾向。党支部贯彻执行党内制度的力度不够、行动不强。有的时候过于注重党支部建设方面的创新形式，不太注重实际内容，不断利用新的学习载体，却不能够坚持下去。

（二）党支部组织生活形式单一

当下，高校学生党支部主要以“95 后”的学生为主体，这部分学生群体思维活跃，接收新事物的能力较强；相应地，党支部传统的学习生活方式对他们来说，提不起学习和参加兴趣，有的学习方式和内容，也未能深入结合学生的实际思想需求，进而无法调动他们服务祖国、服务社会和服务人民的积极性。在他们的思想和生活方式变得更加多样化的前提下，应当有与之相对应的、更为创新和具有吸引力的党支部教育和活动形式内容，使学生党员能够更好地融入党支部这一组织，也进一步提高党支部的凝聚力。

（三）部分学生党员服务意识欠缺

在市场经济条件下，学生的自主和自我意识较强，遇事先考虑自身；甚至有一些同学入党即抱着功利的心理，在面对艰难困苦或者一些工作任务时，没有迎难而上和为他人考虑的服务意识，奉献精神也难以体现，学生党员的先锋模范作用未能充分发挥；部分学生党员面对工作应付了事。以上情况的出现，不仅会影响党员们在大学生这一群体中的形象，影响了党支部的建设效果和质量，更损害了中国共产党在群众中的正面形象。

三、新时代高校学生党支部实践育人的探索和思考——以天津城建大学环境设计学生党支部为例

（一）筑牢思想关，提升学生党员党性修养

思想是行动的先导，指引着行动的方向。环境设计学生党支部通过一些基础的理论学习，不断提高党员的理论修养和政治站位，从而保持持续旺盛的斗志和开展党务工作

的活力，拓宽视野，为完成党交给的各项任务打下坚实的理论根基。在做好个人自学的同时，组织好支部广大党员的集体学习和分散学习，深入开展“不忘初心，牢记使命”主题实践活动，认真撰写学习心得，用心履诺，深刻剖析自我，认真整改问题，力争使学习覆盖到每个党员。此外，开展学生党员讲党课的实践活动，党员们经过充分准备讲稿、备课、支部书记审核、练习等一系列程序，为低年级学生分享自己的体会和学习心得。通过广泛深入的学习和实践，提高了自身的理论修养，也增强了党支部班子贯彻执行党的路线方针政策和法律法规的自觉性，为搞好党务工作奠定了良好的业务及政治理论基础。

（二）锤炼能力关，提升学生党员工作水平

环境设计学生党支部始终以习近平新时代中国特色社会主义思想作为做好各项工作的根本保证、力量源泉、行动指南；结合实际，深挖本学院设计专业的特点，在不断强化自己的学习意识、职责意识、服务意识中，创造性地推进党务工作、学生管理工作和思想政治教育工作齐头并进，深化思想政治工作力度和育人实效，全面打造学生党员信念教育、爱国主义教育的坚强阵地。在学院党委的领导下，组织开展了多项线上、线下教育活动：自 2018 年底，把握“纪念改革开放 40 周年”“庆祝新中国成立 70 周年”“纪念五四运动 100 周年”等重要节点，针对支部党员理论学习不到位、效仿典型不彻底、专业结合不紧密等问题，带领支委统筹谋划、落实分工，利用设计专业优势，深挖创造潜能，通过聚焦时政、创新活动、搭建平台，使学生党员在学习经典、歌颂经典、描绘经典中传承和宣扬红色元素，开展了包括“画笔舞动、党旗飘扬”主题实践、“执爱国之笔·谱追梦华章”主题作品展览、“红色故事汇——学生党员讲出来”、“红色故事汇——学生党员绘出来”等在内的一系列培育大学生党员理想信念教育和创新精神实践的活动，督促支部全体党员参与到学院“青春告白祖国”快闪拍摄当中，亲身经历了一次次红色资源的教育和洗礼，在加强专业认同中培育了学生的爱校、爱国意识。在此基础上，指定支部成员负责整合各类作品，在融舆论宣传、文化活动、社会实践、网络教育阵地建设为一体的基础上，在学院公众号创立了“优艺绘”专栏，每周一期推送展览的学生作品，发挥最大的教育宣传效应，构建全方位推进艺术类学生红色资源教育的有效格局。通过以上活动，有力提升党支部的凝聚力和功能性，也进一步提升了学生党员的工作水平。

（三）把好责任关，抓实做好党员发展

党员发展的工作，也是践行实践育人理念的重要载体。在党员发展工作中，环境设计学生党支部坚持标准、保证质量，始终把党员发展作为党的建设的一项经常性政治任务、重点工作来抓，严格党员标准和发展程序；不折不扣落实入党申请人、积极分子、发展对象、预备党员的培养和考察，通过引导培养对象参加支部活动、分享红色故事、绘画主题作品、开展志愿服务等，深化学生党员的教育培养和日常管理，融思想政治教育于各类主题活动中，使其入党动机更加端正、道德品行规范、思想认识升华、党悟不断提高，坚决杜绝党员发展的“自由发挥”和培养对象的“自由生长”。为了全面深入

了解支部成员的真实情况，环境设计支部有计划、有步骤地开展工作，以《中国共产党章程》和《中国共产党发展党员工作细则》作为根本遵循，经常性深入学生群体了解状况，在找发展对象、积极分子谈话时，总是认真细致做好思想工作，对符合发展条件的同志，提出更高的要求；对不太成熟的同志，指出不足，耐心细致地说服引导，鼓励其继续努力，做到成熟一个发展一个，使党员队伍得到有质有序的不断壮大。

（四）落实作用关，牢固树立党员形象

一个支部，一个堡垒；一名党员，一面旗帜。新时代的青年学生党员作为干事创业的“先锋队”、攻坚克难的“排头兵”，在工作和生活中，其一言一行都代表了党和政府的形象。因此，环境设计学生党支部坚持“爱岗位、做表率、树形象”原则，组织开展各项活动引领学生党员做有理想、有道德、有学识、有责任的新时代青年，牢固树立党员形象。工作期间，组织支部开展了讲授党课、志愿服务、学业指导、爱心捐书等实践活动，为低年级的学生们树立了一个良好的榜样；在疫情防控期间，党支部积极响应国家号召，党员以各种方式捐出共计7661元的款项，其中部分党员也参与到包括疏通当地捐款渠道、社区值班检测等疫情防控的志愿服务活动中；为了迎接返校的低年级学生，带领支部党员进入寝室，在前期开展了“党员亮身份、支部亮旗帜”卫生大扫除的志愿服务活动，接待其他年级返校学生的工作，牢固树立起奋勇争先、率先垂范的党员形象。高年级的学生党员们在参加组织活动、和党员谈心谈话时，始终用心主动，不分上下班，用爱心让学生感受党的温暖，用自身的言行感召周围的同志，为其他学生答疑解惑、指导就业、疏导心结，努力让“党员”这一光荣称号在其身上闪耀发光。

此外，围绕乡村振兴和疫情防控重要议题，前往北辰区双口镇开展实践活动，在和当地书画社成员、党务工作者开展交流中，学习他们用画笔投入情感、注入灵魂的匠心，用艺术的语言、绘画的世界抒发战胜疫情的信心，在为人民服务和不断实践中砥砺意志品质、增长工作本领的初心。结合双口镇的乡村文化会演活动素材，为当地制作文化宣传短片，发挥文艺在脱贫攻坚、乡村振兴中的助力作用。

在实践育人理念导向下，高校学生党支部建设是高校基层党建取得长效性、关键性进展的重要环节，也是对学生党员进行教育的最直接、最有效的载体，更是高校实现全方位育人的重要组成部分。新时代背景下，高校理应解放思想，深挖专业特色，创新支部建设的方式和模式，以党建带团建、带学生组织、带班级等，培养优秀的青年学子，为实现社会主义现代化强国贡献微薄之力。

参考文献：

[1]北京师范大学党委组织部.把高校学生党支部建设成为坚强战斗堡垒[J]. 2019.

提升“三下乡”活动实践育人效能路径研究

贾晓璐
天津城建大学

一、“实践育人”在大学生思想政治教育中的重要意义

2017年12月4日教育部发布《高校思想政治工作质量提升工程实施纲要》，提出构建“十大”育人体系，并进一步提出实践育人的目标：引导师生在亲身参与中增强实践能力、树立家国情怀[1]。“实践育人”是理论教育与实践养成相结合的过程，是引导大学生将个人发展与国家建设相结合的有效路径，在实践中增强学生的社会责任感，查找专业不足，切实找到青春梦和中国梦的结合点，坚定理想信念具有重要意义。

随着国家和学校重视力度的加强，高校“实践育人”的平台和资源日益丰富，包括校内内容丰富的第二课堂，也鼓励同学们走出校园，积极参与大学生创业、大学生社会公益志愿服务以及开展专业实践课程等，对培养大学生的社会责任心、提高其专业技能和理想信念教育具有无可比拟的优越性。

（一）“实践育人”是培养大学生社会责任感的重要路径

新时代大学生实践能力的养成需要坚持理论的教育学习，高校对各类实践资源进行整合，开展多方面的实践育人的项目，实践的内容越丰富，形式越新颖，平台越广阔，就越有利于增强师生的实践能力[2]。“实践育人”包括社会调查、生产劳动、社会公益、志愿服务、科技发明、勤工助学、大学生暑期“三下乡”、“志愿服务西部计划”等活动和项目，以上内容和项目从学生全面发展出发，在实施过程中包含了对学生的能力、责任感和理想信念的教育，且校内校外相结合、长期短期相搭配、难易项目均包括，可操作性强，对促进大学生的全面发展和社会责任感的养成有重要意义。

（二）“实践育人”是提升大学生专业实践能力的必然要求

通过专业课程实践，引导同学们在实践中应用并检验课堂上所学的理论知识，既能够强化同学们扎根实践、不断思考的意识，又能够引导同学们查找不足，实现从实践到认识，再实践再认识的思维培养。在实践中，同学们往往能关注到日常学习中容易被忽略的问题，发现自身能力的不足，更清醒地认识到扎实专业知识、提高实践能力的重要性，从而更加明确自己的专业目标。

（三）“实践育人”是开展理想信念教育的有效途径

丰富的实践平台与资源，能够更好地引导同学们将专业知识应用、实践能力提升与社会需求和国家发展相结合。通过实践，引导同学们进一步了解本专业对国家建设发展的重要意义，增强专业自豪感，走出课堂在实践中受教育、长才干、做贡献，增强当代大学生应有的时代责任感和使命感，以实际行动贯彻国家政策，将青年志融入中国梦，

在实践中明报国志，践爱国心，以青春、以实力、以奉献走在祖国最需要的地方，是开展大学生理想信念教育的有效途径。

二、“三下乡”活动实践育人效能发挥的困难分析

（一）学生对“三下乡”活动的认知不足导致参与度不高

笔者在开展大学生思想政治教育的过程中不断观察和总结，发现同学们对参加社会实践有较高的热情，但是活动参与范围主要是校内的学生活动、专业实习以及校内外的志愿服务，而对大学生暑期“三下乡”和“志愿服务西部计划”等市级、省级、国家级的社会实践形式的认知以及参与相对不足。

以笔者所在学校为例，大学生暑期“三下乡”队伍的组建，主要采取广泛宣传基础上指导教师有针对性动员的方式以保证活动的顺利开展，参与度较强、活跃度较高的学生群体主要集中在学生党员、学生组织成员、主要学生干部，非大学生暑期“三下乡”实践队员对实践活动的积极性和参与度较低。这是由于“三下乡”活动宣传的阶段性导致同学们因不了解而产生畏难情绪而造成的：一年一度的“三下乡”活动一般集中在暑假，活动的宣传往往集中在暑假至答辩期间，在学生中难以形成持续的影响力；此外，相比较志愿服务活动、学生组织活动“常接触、易了解、单个活动时间短”的特点，“三下乡”活动每年的活动内容不尽相同，要求和形式也更加严谨，同学们容易产生畏难情绪。

（二）“三下乡”活动中对专业化实践资源挖掘不充分

学生参与度较高的“社会实践”形式主要聚集在日常接触的社团活动、勤工助学、专业实践、志愿服务，以上内容对于大学生的专业能力提升和社会责任感建设有重要意义，但由于“三下乡”指导教师以辅导员为主，在充分挖掘发挥同学们专业实践优势方面受限，整体上对“专业优势—社会需求”充分对接的实践项目开发深度不足。高校辅导员多种专业配备为全方位开展大学生思想政治教育提供了条件，在此情况下高校辅导员所学专业与所负责学生的专业难以对口，对学生专业实践资源的挖掘敏锐性不足且能力有限，此外，辅导员岗位具有较强的流动性，在工作的具体开展中很难做到对所负责专业的深入了解，难以形成对特定专业的持续研究与指导。

三、充分发挥“三下乡”实践育人效能的路径探析

在全员、全过程、全方位战略的要求下，在学生全面成长成才的站位中，开展“三下乡”活动有重要意义，笔者结合自身的工作经验和思考，从以下四方面积极探索充分发挥“三下乡”实践效能的路径。

（一）“教师—辅导员”联动，充分整合“三下乡”实践资源

“教师—辅导员”联动可以更好挖掘专业相关的社会实践资源，充分借助大学生暑期“三下乡”等平台，寻找个人专业成长与社会发展和国家建设的结合点，在提高学生专业实践能力的同时引导其将小我融入大我，将个人发展与国家建设结合起来，强化学生的理想信念教育和爱国主义教育。

为更好地探索这一路径实施的可行性，笔者于天津市大中专学生志愿者暑期文化科技卫生“三下乡”社会实践中，与专业课教师协同合作，立足专业，选取“美丽中国”主题，第一，立足环境保护，关注生活垃圾治理，深入群众，广泛开展垃圾分类宣传；第二，立足地理信息科学专业，探索GIS监测在污染检测中的应用，通过专业分析实时监控为政策制定和污染治理提供及时、准确的数据支持；第三，立足人文地理与城乡规划专业，为当地旅游业发展建言献策，取得良好效果。

活动中同学们以实际行动贯彻国家政策，进一步明确专业技术在环境治理和地方建设中的重要作用，将理论知识应用、实践能力提升与深入推进京津冀协同发展和国家发展相结合。引导同学们走出课堂见证所学专业对社会发展的重要意义，更加深刻地感受到作为大学生应有的责任感和使命感，体会到了必须脚踏实地、扎实专业学习、提高实践能力才能在以后的工作中更好地发光发热，带领同学们在实践中受教育、长才干、做贡献，进一步挖掘了大学生社会实践对青年成长和社会发展的效能和意义。

（二）挖掘院校特色，扩大“三下乡”影响力与吸引力

自“三下乡”活动开展以来，有很多学校逐渐创立了系列特色活动。师范类院校往往充分发挥师范专业建设优势，实现“三下乡”活动与学生支教长期结合，形成特色，以同学们熟知的支教活动为支点和切入点开展“三下乡”活动，能够强化该活动在同学中的印象，并扩大影响力和吸引力。

立足天津城建大学，作为建筑类特色院校，无论在基础设施建设还是城乡规划发展上，都有同学们开展专业实践、提升专业能力的巨大空间，从新农村建设的布局规划到环境污染的监测治理，从京津冀一体化到回归家乡局部建设，从国家政策宣讲到提供专业技术支持，在充分发挥建筑类院校优势基础上实现“三下乡”活动内容的优化和特色化，强化院校特色，扩大影响，引导同学们立足专业，进一步深化对“三下乡”活动的了解，并积极参与。

（三）合理搭建“三下乡”梯队，发挥朋辈教育作用

具体来说，朋辈教育就是年龄相仿且学习、生活及背景相似的人，通过信息、观念或行为等的共享，达到某种教育目的的一种教育形式[3]。由于朋辈间具有相似的心理及思维特点，在朋辈间开展教育活动对学生产生的教育影响更大，成效更加明显。

大学生的同辈群体在理想信念教育、专业发展以及个人成长方面对个体都能够发挥深远影响，在开展“三下乡”活动的过程中，按照“大带小，共成长”的理念组织不同年级的同学构成实践队伍，在教师指导下充分发挥学生的主观能动性，并且鼓励低年级的同学在协同实践积累经验的基础上积极担任下一年“三下乡”的主干力量。一方面可以扩大“三下乡”活动在各个年级同学中的影响，扩大影响力，增强吸引力；另一方面可以发挥朋辈教育的作用，在朋辈影响中开展同学们的理想信念教育，并实现“三下乡”活动经验的积累与传承，促进活动影响力的持续化。

（四）强化宣传，理论成果与实体成果相结合深化影响

开展院际、校际优秀成果经验交流与合作，把握优秀典型，丰富宣传形式，线上线下呼应，理论与实体集合，以点扩面广泛开展“三下乡”优秀成果的宣传，找到最有力的切入点，带领同学们走进活动、深入思考并积极参与。

“三下乡”活动的结束并不意味着成果创造和影响力的结束，以笔者所参与的“三下乡”社会实践为例，本次实践探索并检验 GIS 技术在污染监测中的实用性和不足，引起同学们的积极关注。在此基础上，为深化活动影响，实践队讨论探索实践活动的衍生成果，立足实践内容与同学们的兴趣所在，创立“GIS 技术兴趣小组”，将本次活动的成果继续延伸下去，也为更多同学开展专业交流、互相学习、共同进步创建了良好平台。

四、总结

大学生“三下乡”实践活动主题丰富、形式灵活且有资金支持，为高校师生广泛开展社会实践提供了充分的条件，为大学生专业应用与国家建设结合提供了广阔空间，在“三下乡”活动中引导同学们以专业知识助力地方建设，以实际行动告白伟大祖国，发挥青年的社会影响力，在增强专业认同的同时，找到将小我融入大我、将青春志融入中国梦的切入点，充分实现“专业育人”与“实践育人”相结合，实现“理想信念教育”与“个人专业发展教育”相融合，是开展实践育人的重要平台。在当前政策优势下，充分整合实践资源、深入挖掘院校特色、合力搭建实践梯队、广泛开展优秀成果宣传扩大影响，对充分发挥“三下乡”实践育人效能具有重要意义。

参考文献：

[1] 中华人民共和国教育部.高校思想政治工作质量提升工程实施纲要[EB/OL]. http://www.moe.gov.cn/srcsite/A12/s7060/201712/t20171206_320698.html.

[2] 穆成银.新时代大学生“十大”育人体系的研究 [J].教育管理,2018(34)：133-134.

[3] 磨有积.朋辈教育在高校德育中的作用及实现路径[J].教育现代化,2019(95): 254-255.

“一核三阵地”，高校实践育人的多维路径建构

李凤华
天津城建大学

习近平总书记在学校思想政治理论课教师座谈会上指出，要坚持理论性和实践性相统一，用科学理论培养人，重视思政课的实践性，把思政小课堂同社会大课堂结合起来，教育引导学生立鸿鹄志，做奋斗者[1]。要高度重视实践育人在学生教育培养中的重要作用，坚持把立德树人作为中心环节，将生产实践劳动同教育教学有机融合。当前，高校作为青年英才培养的主阵地，二级学院作为连接学校与学生之间的桥梁和纽带，在学生培养方面起到至关重要的作用。笔者以天津城建大学能源与安全工程学院为例，结合学院工作实际，基于以往工作基础，深度凝练整合，在“三全育人”格局下，探索“一核三阵地”模式，即牢牢抓住学院党委这一核心，坚持党的领导，通过以教学督导、教学名师为引领的青年教师师德师风建设阵地、以基层党支部为抓手的党员党风廉政建设阵地、以学院分党校、基层团委为核心的青年学生爱国主义教育阵地，探索构建高校实践育人协同体系，为社会培育出全面发展型的高素质人才。

一、构建协同体系对实践育人的重要意义

为了实现学生的全面发展和进步，高校围绕“立德树人”本源，全面推进“三全育人”改革和“十大育人”体系建设工作。实践育人是立足实践出真知、“教、学、做”合一的思想，根据社会时代需要全面培养优秀人才的一种育人方式。在新时代教育背景下，实践育人不仅要求学生在专业课程中夯实理论基础，更要建立科学、理性的价值判断，强化思想政治教育，回归到发展实践育人本质上来[2]。因此，夯实以师德师风、爱国教育、党风廉政教育为载体的多维平台，构建实践育人协同体系，开展与大学生密切相关的各种导向性、实践性、应用性的教育活动，对提升实践育人成效具有重要意义。

从宏观上讲，构建高校实践育人协同体系是适应新时代我国高等教育对人才培养的需要[3]。新时代的社会主义建设者和接班人，必须树立正确的世界观、人生观、价值观，形成将实现个人价值同党和国家前途命运紧密联系在一起的大局意识。高校二级学院在推进实践育人的进程中，要认识到将“育能”与“育魂”有机结合，既注重提升学生创新实践、理论知识能力，又注重学生爱国情怀、核心价值观的锻造，引导学生将深厚的爱国情、报国志投射到更多的对应物上，在广泛的社会实践中应用所学。实践育人的思想性、学术性、专业性熔于一炉，决定了高校搭建教师主体、教育多元的多维实践平台的重要性和必要性。

从微观上看，构建高校实践育人协同体系是在实践育人工作过程中不断摸索中逐渐明确的。党的十八大以来，以习近平同志为核心的党中央全面加强党的领导，并将教师队伍建设摆在突出位置，在实践育人过程中越来越突出党性教育和师德师风影响，在内容拓展和平台建设

上初具成效。但仍然存在育人主体分散、育人途径单一等问题。构建多维平台、协同体系，本质上是对实践育人多元主体及其作用发挥的整体性制度设计和推进[4]，即充分利用教师主体、党组织堡垒、党团校育人的资源，形成强大合力，将育人融入大学生成长成才全过程。

二、高校二级学院实践育人的多维路径

（一）夯实新时代师德师风建设阵地，筑牢育人之本

习近平总书记在全国教育大会上指出，教师是人类灵魂的工程师，是人类文明的传承者，承载着传播知识、传播思想、传播真理，塑造灵魂、塑造生命、塑造新人的时代重任[5]。要形成以教学督导、教学名师为引领的青年教师师德师风建设阵地，着重面向教龄不足五年的新晋教师，开展为期三年的师德师风培养计划，筑牢课程育人根基。

第一，加强政治理论学习，强化思想引领，明确“为谁培养人”的历史使命。充分发挥学院党组织和党员政治引领作用，对于新进教师，所在党支部对其进行关心帮扶，进行思想引领，强化新进教师师德师风、教风学风教育。第二，发挥教学督导组的课程督导力度，建立导师帮扶机制，落实“能不能培养人”的问题。成立教学督导组对青年教师的教学、实验课讲授、备课等情况实行动态管理和指导，实行新进教师导师培养制度，建立“私人订制”成长计划，切实发挥导师的“传、帮、带”作用。第三，发挥教学名师的示范引领作用，提升青年教师的综合能力，将“培养什么人”这一根本问题落地落实。开展教学名师大讲堂，师德师风大论坛，青年教师基本功能力大赛等系列活动，注重培养青年教师职业道德、课程思政、专业技能等能力，打造“敬业爱校、拼搏奉献、开拓创新”的教师队伍，加强师德师风建设，促进教师队伍的整体优化。

（二）打造党风廉政建设阵地，践行育人之道

习近平总书记指出，加强党对高校的领导，加强和改进高校党的建设，是办好中国特色社会主义大学的根本保证[6]。基层党支部是保持师生党员先进性、推进高校人才培养工作顺利进行的动力源泉。二级学院党委要牢牢扭住“党性教育体检”核心，贯彻立德树人根本任务，以基层党支部为抓手，建立党员党风廉政建设阵地，在基层党支部思想建设、组织建设和作风建设上出重拳，开展基层党组织组织力提升工程。

第一，提高政治站位，加强政治理论学习。巩固“不忘初心，牢记使命”主题教育学习成果，结合“四史”教育，提高师生政治理论素养，强化责任意识。每周四下午，各基层党支部开展政治理论集中学习，推动广大党员全面系统学、深入思考学、联系实际学，不断增强“四个意识”，坚定“四个自信”，做到“两个维护”，筑牢信仰之基、补足精神之钙、把稳思想之舵。第二，以系为依托，开展师生支部共建活动，加强师生党支部的有机融合。开展党员教师促学风，实施一对一帮扶学业困难学生计划，通过对学业困难学生开展心理疏导、学业引导、教育疏导，端正学困生学习态度，帮助其树立正确的学习观、择业观，从而强化学院整体学风；开展党员教师担任学生积极分子培养联系人对接计划，全院党员教师全覆盖，落实学生积极分子培养联系工作，每月进行一次培养谈心谈话，了解积极分子思想动态，通过教师党员的言传身教，强化学生的理想信念，端正入党动机。第三，挖掘专业特色，激发创新型支部活力。结合专业特色，以

优势学科资源为核心推力，在夯实党员理论基础的同时，理论与实践相结合，完善创新激励机制，不断提升党员创新精神和创新意识。通过开展移动课堂，发挥教工党员的专业优势，鼓励师生党支部走进企业，建立理论实践一体化学习的新平台，拓宽学生党员视野，丰富党支部组织生活。学生党支部通过社会实践活动等形式，围绕“乡村振兴实践行”“京津冀协同发展”等主题，打造服务型党支部，让学生在实践探索中深化服务意识，增强服务能力，使得服务活动的形式得到创新，更加贴近学生，服务学生。

（三）立足爱国主义教育阵地，铸就育人之魂

习近平总书记指出，学校是立德树人的地方。爱国主义是中华民族的民族心、民族魂，培养社会主义建设者和接班人，首先要培养学生的爱国情怀。党校是高校党组织在大学生中培养后备力量的重要阵地，是广大入党积极分子学习党的知识、了解党的历史、接受党性锤炼的重要场所。基层团委作为共青团教育体系中的主体，已经成为广大共青团员和青年学生学习理论、增强修养、提高觉悟、参加实践的重要平台，肩负着为中国共产党培养后备力量，补充新鲜血液的历史使命。二级学院党委健全工作机制，深化党团共建互促，形成以分党校、基层团委为核心的青年学生爱国主义教育阵地。

第一，强化顶层设计，形成党委直接领导的分党校责任机制。健全分党校管理机制，党委书记亲自抓，党委委员齐管理，提高分党校的政治站位，厘清工作职责。第二，完善分党校管理体系，创新管理模式。建立“两实三观四课”进阶培养方案，即面向申请人和入党积极分子每学期开展两次社会实践，深入实践基地进行爱国主义和共产主义教育，坚定理想信念；开展三次观影活动，通过集中观看《党史故事》等纪录片，立体化呈现中国共产党近百年来的伟大斗争，强化学生不忘初心，牢记使命的责任担当；进行四次党课教育，每月由党委委员进行“筑牢理想信念、加强党性修养”主题党课，将理论与实际相结合，为学生指明前进道路。第三，党建带团建，创新主题团课形式。持之以恒地深入开展“青年大学习”行动，推动习近平新时代中国特色社会主义思想在学生群体中落地生根，利用每月主题团课深化理想信念教育、爱国主义教育、民族精神教育、中华优秀传统文化教育，筑牢青年学生共同的思想基础。以不同年级阶段为节点，将爱国主义教育融入专业探寻、职业规划、责任感教育等主题团课中。第四，抢占网络平台，加大基层团委实践育人力度。坚持向上向善，深度推动爱国基因在网络生长。实施网络思想引领工程，充分利用新媒体引领大学生通过写评论、发推送、晒照片等形式抒发爱国情、理解中国梦。坚持实践养成，筑造爱国奋斗精神大熔炉。

实践育人是实现大学生德智体美劳全面发展的重要抓手，高校二级学院要统筹利用“一核三阵地”平台，将师德师风建设、党员党风廉政建设、青年学生爱国主义教育有机融合，更加贴近学生实际、满足学生的发展需求，实现人才培养的工作目标。构建高效全面的实践育人协同体系，不仅为高校思想政治教育工作提供新方法和新思路，也为实现社会主义现代化和中华民族伟大复兴，储备强有力的力量支持。

参考文献：

[1] 办好新时代学校思想政治理论课[EB/OL].[2019-03-18]http://theory.people.com.cn/n

1/2020/0902/c40531-31845624.html.

[2] 张国良,高超,田克.高校思想政治教育实践育人的意义及其途径探究[J].延边教育学院学报,2020,34(4):134-136.

[3] 刘扬,陈城,张绣宇.高校实践育人协同体系的构建——以同济大学为例[J].高校辅导员学刊,2020,12(1):52-56.

[4] 刘宏达,许亨洪.我国高校实践育人共同体建设的内涵、问题及对策研究[J].华中师范大学学报(人文社会科学版),2016,55(5):170-176.

[5]习近平.在全国教育大会上强调:坚持中国特色社会主义教育发展道路,培养德智体美劳全面发展的社会主义建设者和接班人[N].人民日报,2018-09-10.

[6] 习近平.坚持立德树人思想引领 加强改进高校党建工作[N].人民日报,2014-12-29.

[7] 习近平：办好思政课，是我非常关心的一件事[EB/OL].[2020-09-01] http://www.qstheory.cn/zhuanqu/2020-09/01/c_1126437578.htm.

新形势下高校思政课实践教学的困境与出路*

田然
天津城建大学

思想政治理论课（以下简称“思政课”）是学校落实立德树人根本任务的关键课程，是理论性与实践性相统一的课程。实践教学是思政课的重要组成部分，是实现思政课育人目标的主要环节。应该说，中央教育主管部门很早就看到了实践之于思想政治理论课的重要性。2005年颁布的《中共中央宣传部教育部关于进一步加强和改进高等学校思想政治理论课的意见》（教社政〔2005〕5号）强调：“高等学校思想政治理论课所有课程都要加强实践环节，要建立和完善实践教学保障机制，探索实践育人的长效机制。”[1]“05方案”出台以来，各高校围绕思政课实践教学开展了一系列的改革和探索，取得了一定成效。特别是2019年习近平总书记在学校思想政治理论课教师座谈会上强调要“重视思政课的实践性，把思政小课堂同社会大课堂结合起来，教育引导学生立鸿鹄志，做奋斗者”[2]，为新形势下高校思政课实践教学工作指明了新的方向。然而，教师想要讲好思政课不容易，当前思政课实践教学仍面临着流于形式、脱离实际、缺乏监管等种种困境，亟待集合多方力量，在理念、内容、形式、管理等方面寻求出路。

一、现实困境：高校思政课实践教学问题透析

思政课是推进马克思主义大众化的主阵地，是关系到高校“培养什么样的人、如何培养人以及为谁培养人”这个根本问题的重要课程。近年来，随着党中央对思政课的高度重视和大力支持，各高校对思政课的重视程度有所提高，在实践教学方面做出一定探索。但是在思政课实践教学过程中仍然存在着“重形式，轻内容”“抓少数，放多数”“开头轰轰烈烈，结尾草草收场”等种种问题。

（一）始端困境：缺乏科学设计，内容脱离实际

是否有科学的实践教学体系决定了能否调动各个要素参与实践教学，关系到整个实践教学过程能否顺利开展，甚至直接影响了思政课的育人效果。当前，大多高校缺乏对实践教学体系的科学设计和对实践教学内容的合理安排，主要表现为以下几个方面。

（1）忽视课程特色。高校思想政治理论课包括“思想道德修养与法律基础”“毛泽东思想”和“中国特色社会主义理论体系概论”“马克思主义基本原理概论”“中国近代史纲要”“形势与政策”这五门课程。五门课程既有相通之处，又有各自不同特点，对学生的培养目标也有所不同，然而高校在设计实践教学体系时，往往使用一套实践教学方案，从实践内容、实践形式到成果评价大同小异，缺乏课程针对性。

---

* 本文系2018年天津市教委社科重大项目“新时代高校思想政治教育中推进国防教育实践育人的路径研究”（2018JWZD06）和2019年天津城建大学教育教学改革与研究项目“创客设计在思政课教学中的应用研究”（JG-ZD-1916）的研究成果。

(2) 忽视专业特性。高校思政课面对的是来自不同专业的学生，学生所学专业直接影响学生的思维模式和行为方式，如何针对学生专业特性开展思政课实践教学是思政课实践教学体系设计过程中需要思考的问题。然而，当前思政课实践教学往往走传统“一刀切”的路线，缺乏专业针对性。

(3) 忽视学生特点。思想政治教育工作归根结底是在做人的工作，高校思政课属于思想政治教育工作的一部分，面对的是来自不同地域、不同民族，具有不同成长背景的学生，学生的需求期待、接受能力、兴趣偏好各有不同。这就要求思政课实践教学内容的设置需要尽量具有多样化和可选择性。当前，思政课实践教学体系设计初始就忽略了深入学生实际、了解学生需求，缺乏个体针对性。

（二）过程困境：学生参与度不高，过程监管不够

思政课实践教学是理论课堂与实践课堂的统一体，理论教学的最终目的是指导学生实践，并在实践中检验真理从而更好地改造主观世界和客观世界，实现个人的全面发展和社会的全面进步。学生的收获和成长大部分是通过实践教学过程的有效开展而实现的。

一方面，从思政课实践教学理念上来看。目前，思政课实践教学主要包括课堂内实践、校园内实践、校外社会实践以及网络实践，以上四种在实践教学过程中相辅相成，共同推动着实践教学的有效开展。囿于传统认识束缚，高校对实践教学的内涵缺乏深刻认识，大多高校往往认为只有走出校园的社会实践才需要教师的指导和监管，其他时间无需任课教师参与，教师在过程管理中“缺位”成为普遍现象。

另一方面，从实践教学形式上来看。当前思政课实践教学大多采取社会调查、外出参观、阅读经典等几种传统形式，学生以 3 至 6 人的小组形式进行实践。然而实际开展过程中，往往依赖于小组中一两个成员去完成实践任务，其他大多数学生参与的积极性不高、团队的融入度不够，思政课实践教学成了“少数人”的活动，思政课亦容易走向“精英课堂”，直接影响了思政课“三全育人”教育理念的贯彻实施。

（三）终端困境：成绩评价方式单一，实际效果不佳

高校思政课对学生实践成果的评价“应该主要考核他的实践过程与收获”。“因此，有效的考核应该是给学生展示实践过程与收获的机会，包括展示实践的问卷原件、访谈记录原件、照片、视频和媒体报道等文件。”[3]当前，大多数高校实践教学主要分为两大部分:一是课堂内展示，对于这部分的成绩评价，相对直观，学生的完成情况可以通过现场的 PPT 展示和学生的表达体现出来；二是课外实践，对于这部分的成绩评价，一般是通过让学生提交支撑材料的方式给出成绩评价，这种方式只能从某一方面考查部分学生的完成情况，而不能全方位考查所有学生，加之教师主观因素的影响，使得实践成绩有失偏颇，学生除了最终课程成绩没有其他反馈，对实践教学的重视程度也不断降低，实际效果不尽如人意。

二、追本溯源：高校思政课实践教学效果欠佳的原因剖析

（一）高校教育理念落后，领导层存在认知模糊

教育理念是有效实施教育教学的指导思想和逻辑起点。教育理念应该是走在时代前列、引领时代潮流的科学理论体系[4]。与时代脱节或者落后于时代的教育理念势必会直接影响教育事业的育人成效。当前，部分高校领导层大多存在着理念落后和认知模糊的问题，表现为：一是忽视实践教学的重要性，认为思政课教学作为教授理论的课程,单纯通过课堂讲授即可，实践教学只是附加的内容，可有可无；二是对实践教学的概念认识不清，简单地将思政课实践教学理解为学生走出校园的社会实践，其他譬如课堂内实践、校园内实践或者是被忽略或者是被弱化；三是思政课的“主渠道”作用未得到彰显。近年来，国家高度重视加强思政课建设，高校学生也大多认为高校开设思政课十分有必要，但是与专业课相比，思政课仍然处于“被忽视，被嫌弃”的尴尬境地，久而久之，思政课教师自然形成了“完成教学任务即可”的观念。此外，教育理念的落后也导致思政课实践教学缺乏统一的领导管理和协调机制，无法有效调动校内资源形成实践教学的整体合力。

（二）思政课教师“空场”，经费和平台资源欠缺

习近平总书记在学校思政课教师座谈会上强调：“办好思想政治理论课关键在教师，关键在发挥教师的积极性、主动性、创造性。”[5]教师是教育教学的组织者，是思政课堂顺利实施的关键角色，在实践教学环节同样需要思政课教师的全程参与。当前，思政课教师“空场”的状况普遍存在于思政课实践教学环节，究其原因，主要有两个：一是由于高校对思政课实践教学没有明确定位，如学生的学分、实践教学比重等，教师在开展实践教学过程中宁愿选择按部就班，也不愿意花费时间和精力精心安排实践教学；二是作为公共基础课，思政课实践教学活动涉及的学生少则百人，多则千人，组织和管理难度较大，加上学校经费支持力度不够、平台资源相对缺乏，很多时候需要思政课教师自己去对接实践教学资源。因此，思政课教师积极性得不到激发、相关保障机制不够健全的情况下，思政课实践教学逐渐沦为理论教学的附属品，最终完成与否、完成如何的唯一评价标准就是学生上交的材料，而学生的实践过程则成了“真空地带”。

（三）学生基础薄弱，对思政课实践教学的认同不够

高校有一些学生尤其是理工科背景的学生之前所学习过的相关文史知识也逐渐淡忘，人文素养基础薄弱。同时，受时代变革影响，高校实用主义风气甚浓，影响着学生的思维方式，“有用即真理”越来越成为学生的人生信条。而文史学科的知识大部分无法直接转化为经济效益，对于学生日常生活、就业谋生似乎也无法看到直接的作用，思政课所讲授的知识在学生们看来显得苍白无力。因此，学生把精力主要放在专业课学习，在上课之前就已经将其定义为是“睡觉课”“游戏课”，实践教学作为思政课教学的一部分，自然也已经被置于可有可无的状态，如果实践教学内容和形式都无法贴合学生的兴趣和需求，那么其结果必然是被淘汰。

三、时代路向：高校提升思政课实践教学效果的对策探析

互联网高度发展的时代，文化呈现出多元化的特点、人们的价值取向表现出多元化

的趋势时，思政课培养怎样的人、如何更有效地实施思政理论课教学达到对学生进行社会主义核心价值观的有效引导仍是值得探讨的重要课题[6]。新时代，提升思政课实践教学效果和质量需要在顶层设计、过程管理、内容提升、形式创新等方面下功夫。

（一）理念上把握三大规律

辩证唯物主义认为，规律是事物本身所固有的、本质的、必然的联系。习近平总书记在全国高校思想政治工作会议上强调："要遵循思想政治工作规律，遵循教书育人规律，遵循学生成长规律。"思政课实践教学是教师与学生在特定的场景下开展的有计划、有组织的活动，教师和学生都是必不可少的组成部分。实践教学体系的设计、实践教学内容的安排以及实践教学平台的选择要充分考察各个要素之间的关系，如师生之间的关系、学生之间的关系、个体与环境关系等。不仅如此，高校要站稳马克思主义立场，进一步认识思政课思想性与实践性相统一的深刻内涵，从制度建设、经费支持等方面给予支持和保障，推进思政课实践教学改革发展。

（二）组织上做到三个结合

教师作为思政课实践教学的组织者，在组织实践教学过程中要做到"三个结合"。一要结合学生专业。新形势下的思政课教学，不再是以往的"单打独斗"，专业教师开展课程思政，思政课教师也要积极走近专业教学，了解学校专业特色，为实践教学的开展提供数据和背景资料支持。二要结合学生实际。当前，"95 后""00 后"大学生作为互联网"原住民"，接受新鲜事物的渠道更加便捷也更加容易受到不良思潮的误导，思政课教师要深入学生实际，了解学生日常生活内容，使实践教学内容紧扣学生实际、指导学生实际。三要结合学生需求。当前，实践教学内容脱离学生实际的主要原因是在设置实践内容之前缺少调研环节。毛泽东同志在《反对本本主义》一文中提出了"没有调查，没有发言权"的著名论断，对于实践教学的开展仍有很大的启发意义。学校可以通过调查问卷、个别座谈、征求意见等多种途径了解学生的需求和喜好，为实践教学内容的设置提供原始素材。

（三）管理上实现三个协同

协同化育人理念是大思政的核心内涵之一，也是新时代加强和改进大学生思想政治教育工作的新要求。思政课实践教学同样需要在学校领导下进行顶层设计，协同多方通力合作，否则单靠思政课教师或思政课教学部门一方难以为继[5]。提高思政课实践育人效果，要在管理上实现"三个协同"。一是思政教师队伍与辅导员队伍协同育人。辅导员是大学生思想政治教育工作的主体，是与学生接触最多、与学生联系最紧密的人。思政课教师与辅导员协同育人，形成双向育人模式，能够更好地把握学生成长成才规律，实现第一课堂与第二课堂资源共享，让校园文化助力思政课实践教学。二是思政课教师队伍与专业教师队伍协同育人。大思政格局下，实现各门课程与思政课程同向同行是题中应有之义。高校将思政之盐融入专业课程之水的同时，思政教师也要适时走近专业教学，了解学校各门学科特色，有的放矢地针对学生专业背景设置实践题目，激发学生兴趣，发挥学生专长。三是不同高校思政课工作队伍协同育人。实践教学资源相对缺乏是当前高校思政课实践教学中普遍存在的问题之一，搭建实践教学平台需要耗费大量的人力、物力和财力，在经费投入相对紧张的情况下，探索高校之间思政教师队伍协同、建立资源共享机制是拓展实践空间和提升实践育人效果的重要路径。

新形势下，提升高校思政课实践教学效果转变教育理念是前提，加强顶层设计是关键，健全保障体系是基础。新时代、新征程、新发展，中国特色社会主义进入新时代，带来的不仅仅是国家和社会方方面面的变化，高等教育同样进入重要的战略机遇期。高校思政课实践教学效果的提升不是一蹴而就的，要放到整个人类社会发展进步的大趋势中来考察，要放到百年未有之大变局之下来审视。只有在党中央的坚强领导下，团结各方力量，在思政课实践教学改革的实践中不断汲取经验，从经验层面上升到理论层面，才能推动高校思政课实践教学早日走出困境，迎来学校长足发展和育人成效显著提升的双丰收。

参考文献：

[1] [5] 张晓平,等.高校思政课实践教学面临的困境及其疏解[J].学校党建与思想教育，2018（5）.

[2] 办好新时代学校思想政治理论课[EB/OL].[2019-03-18]http://theory.people.com.cn/n1/2020/0902/c40531-31845624.html.

[3] 周江平.理工科高校思想政治理论课实践教学的困境与对策[J].学校党建与思想教育，2015（2）.

[4] 杨尚昆，罗心欲.高校思想政治理论课实践教学的现实困境与时代路向[J].昌吉学院学报，2020（3）.

[5] 办好思政课 关键在教师[EB/OL]. http://www.qstheory.cn/qshyjx/2021-09/27/c_1127906245.htm.

[6] 宋晓燕，刘丽娟.思政课实践教学与价值观教育统筹设计思路[J].吉首大学学报（社会科学版），2014（12）.

“四史”实践精神融入高校思政课实践教学的必要性*

尹 航
天津城建大学

2020年初，习近平总书记在“不忘初心，牢记使命”主题教育总结大会上明确指出：“要把学习贯彻党的创新理论作为思想武装的重中之重，同学习马克思主义基本原理贯通起来，同学习党史、新中国史、改革开放史、社会主义发展史结合起来。”2020年6月，习近平总书记在给复旦大学《共产党宣言》展示馆党员志愿服务队全体队员回信中又明确提出，希望广大党员特别是青年党员认真学习马克思主义理论，结合学习党史、新中国史、改革开放史、社会主义发展史，在学思践悟中坚定理想信念，在奋发有为中践行初心使命。深入挖掘党史、新中国史、改革开放史、社会主义发展史（以下简称“四史”）中的实践精神，将“四史”的实践精神有机融入思政课实践教学中，引导新时代大学生继承伟大的实践精神，符合新时代青年的成长需求，符合高校思想政治理论课实践教学改革创新的必然要求。

一、“四史”中的实践精神

马克思主义哲学首先将实践视为人类能动地改造客观世界的对象化活动。毛泽东同志指出：“认识从实践开始，经过实践得到的理论的认识，还须回到实践去。”人的实践是人类社会发展的根本动力，它贯穿于整个人类社会，对人类社会的存在和发展起着决定性作用。纵观五百年的社会主义发展史，就是人类寻求解放和自由发展的实践史。

总体来说，党史、新中国史、改革开放史就是一部中国共产党为人民谋幸福、为民族谋复兴、为世界谋大同的实践史。“党史”是中国共产党理论信仰不断走向深入、不断走向成熟的实践史；“新中国史”是中国共产党不断探索社会主义理论和制度、推进国家建设的实践史；“改革开放史”是中国共产党创新科学发展理念、推进社会主义现代化建设的实践史，而在中国共产党的领导下中国人民对社会主义道路伟大的实践创造了今天一个又一个“中国奇迹”。具体而言，从井冈山革命根据地的建立到长征的伟大胜利，从中华苏维埃共和国的建立到中华人民共和国的成立，从《中国土地法大纲》的制定到家庭联产承包责任制的实施，从新中国成立初对农业、手工业和资本主义工商业的社会主义改造到十一届三中全会中国实行的对内改革、对外开放的政策，从“十大关系”对中国特色社会主义建设道路的第一次探索到“五位一体”总体布局中国特色社会主义伟大事业，这些艰难探索和伟大实践编织成了中华民族伟大复兴的坚实基础。这个

* 本文为2018年度天津市教委社会科学重大项目“新时代高校思想政治教育中推进国防教育实践育人的路径研究”（项目编号：2018JWZD06）的研究成果。

巨大的实践宝库需要我们学习，这伟大的实践精神更需要我们一代又一代的青年继承和发扬，作为学生思想的领路人，思政课教育责无旁贷。

二、“四史”中实践精神对思政课实践教学的指导意义

实践教学是教学的重要环节，是对课堂理论教学的延展和补充，是巩固理论知识和加深对理论认识的有效途径。思政课实践教学是一个系统工程，习近平总书记指出，思想政治理论课的改革创新必须“坚持理论性和实践性相统一”，要“在理论和实践的结合中，教育引导学生把人生抱负落实到脚踏实地的实际行动中，把学习奋斗的具体目标同民族复兴的伟大目标结合起来，立鸿鹄志，做奋斗者”。

新时代，深化和丰富高校思想政治理论课的实践教学内涵，首先必须正确地把握思政课理论教学和思政课的实践教学之间的关系，必须从需求侧和供给侧的角度考虑学生发挥主动性和开展课程实践教学之间的平衡。目前，高校的思政课教学主要以课堂理论教学为主，要发挥思政课主渠道作用必须先要保证的是课堂的理论教学。在给学生创造社会生活实践的基础上我们还要关注对于间接实践经验的学习，“四史”中的宝贵实践经验就是我们必须加以利用的间接经验。其次，我们不能忽视高校思政课实践教学的目的是给予学生走向实际、走向社会、走向生活的能力。敢想、敢干、敢闯、敢试、敢于创新是每个时代青年都应该具备的能力。“四史”中鲜活的案例传递了一种勇于创新、勇于实践的时代精神，广大的思政教师必须深入挖掘“四史”中蕴含的实践内涵，将实事求是、人民中心、知行合一的时代精神积极融合和应用于思政课的实践教学之中，不断把全员育人、全过程育人、全方位育人的理念贯穿于教学之中。

三、“四史”中实践精神有效融入思政课实践教学

习近平在学校思想政治理论课教师座谈会上指出：“思想政治理论课是落实立德树人根本任务的关键课程。”这就要求在思政课的实践教学中首先要以“立德树人”为宗旨。同时，要在实践教学中推动思想政治理论课改革创新，如何根据“四史”的不同时期和阶段来设计对应的实践场域和内容，如何将“四史”蕴含的丰富实践精神传递给学生，达到学生改造主观世界、优化思想道德素质以及锤炼政治品质的目的，这是“四史”教育走进思政课堂，融入思政教育的重要任务。

(一) 优化课堂教学方式，丰富课堂实践教学形式

1.情景再现教育

在“四史”的丰富史料中我们可以寻找很多体现实践的历史案例，作为思政课教师要善于发现和利用这些案例，深入挖掘，精心组织，并结合时代背景和授课班级的专业等实际情况激发学生的实践兴趣。以“中国近现代史纲要”课程为例，在讲述抗战时期中国共产党在延安进行的大生产运动时，我们就可以选取当代散文家、教育家吴伯箫的作品《记一辆纺车》，让学生以小组的形式制作一台缩小版的延安大生产运动中的纺车。当然，授课教师可以根据专业选择是否提供相关的技术指导。在给定工期内让学生将制作好的纺车拿到课堂，模仿文章中的片段进行一次纺线“比武”。通过制作、“比武”，

让学生更多地感受历史的真实，主动去翻阅史料，调动授课学生的主观能动性和学习的积极性。同时，有效地激发学生学习的动力和继续探索的潜力，发挥学生的主体作用，主动寻找解决问题的方案，进而通过这一过程，去理解抗战时期共产党人生活、生产的艰辛，去体会“自己动手，丰衣足食”实践场景，去理解革命的乐观主义精神，更有效地让学生在思想上弄清楚、理解透中国共产党为什么“能”、马克思主义为什么“行”、中国特色社会主义为什么“好”。

2.线上线下融合教育

近年来，随着网络、媒体等技术迅速发展和智能手机的普及，越来越多的课程采用了线上、线下融合教学的新模式。“MOOC 慕课”和更有指向性的“SPOC 课程”都有效地增加了教师在线下教育的时间和空间，让更多的教师可以在课堂上开展有效的实践课程。2020 年新冠疫情对线上教学和线上资源的广泛应用和使用更是促进了线上教学的飞速发展。以超星为例，超星平台在 2020 年更新的与思政相关的网络课程就达到了 1500 余个。只要有网络，学生就可以在任何时间、任何地点对课程进行学习，教师则可以根据课程实际情况，有指向性地让学生完成学习目标。更重要的是，对于实践课程，授课教师可以更有效地发现和指导学生在实践教学中遇到的问题，“不懂就问”“不会就说”的教学沟通模式可以在网络教学平台上更好地实现。同时，平台全程记录了学生的学习过程，教师可以通过分析整个班级学生的学习情况数据科学地调整教学进度和内容，并可以通过不同专业、年级、性别等大数据对学生的整体学习效果做一个量化的分析，为线下教学提供参考，并为日后的课程实践教学提供可借鉴的教学模型。

(二) 整合教育资源，丰富社会活动实践教学形式

1.第二课堂

在“大思政”背景下，思想政治理论课应该更贴近学生日常的文化生活，积极融入学生的“第二课堂”中，并有效地指导学生“第二课堂”的活动。思政教师可以以指导教师的身份积极参与到学校学工部、团委、各学院等相关单位和部门组织的学生活动中，并结合思想政治教育的功能，创造性地开展实践教育。高校可结合五四青年节、七一建党节、八一建军节、十一国庆节、中国人民抗日战争胜利纪念日等重要时间节点，开展演讲比赛、红歌会、知识竞赛、专题党课等形式的校园文化活动。也可以结合实践基地开展重走长征路、参观调研、基层宣讲等丰富多彩的现场活动，丰富“四史”学习教育形式，使学生在实践中深化对“四史”教育理论的理解，升华“四史”教育的价值追求，提高“四史”学习联系实践的主动性，真正做到学思用贯通、知信行统一，勇担中华民族伟大复兴的责任和使命。

2.将〝四史〞有机融入地方史

积极利用天津特有的“四史”资源，把“四史”有机融入天津的地方史，挖掘天津的地方特色和独特历史地位，让同学们充分地认识到“四史”不是刻板单调的历史事件，都是曾经发生过的生动鲜活的、鼓舞人心的、值得学习和借鉴的人民自己的伟大实践。学校可以邀请天津“四史”的亲历者和见证者，讲述天津的“四史”故事。可以将天津的红色遗址融入党史教育中，将天津的老字号的蜕变融入新中国史中，将天津的标志性建设项目融入改革开放史中，将天津百年革命史融入国家的社会主义发展史中。积极传递以人民为中心的发展思想，培养广大学生的家国情怀，丰富思政课堂的实践教学，落实高校思想政治教育“立德树人”的根本任务。

四、存在的不足

目前，全国各高校都在组织形式多样的“四史”教育，都尽可能地将“四史”教育有机地融入学生的思想教育工作中，有的学校甚至开设了专题课程。但是，笔者认为目前在实践教学中仍然存在以下两方面的问题。

一是对于“四史”中蕴含的伟大实践精神挖掘不够。“四史”具有非常鲜明的实践特征，加强“四史”学习教育，最终也要落到实践上来。但是目前有些思政教师在课堂上的“四史”教育仍然停留在对于史实的讲述上，没有把“四史”教育和历史教学真正地分清楚。我们要加强对“四史”中实践精神的挖掘和梳理，要厘清脉络，形成专题，要用马克思主义的实践观去分析和解释“四史”中的鲜活案例，只有这样才能引导大学生树立正确的历史观。

二是对于“四史”实践精神理论教育的深度重视不够。理论教学和实践教学构成了目前教学体系的框架，但在教学中二者的地位和作用是有所区别的，所占的教学分量也不能简单地对半平分。就思政课而言，教师更应该注重实践课程后的理论升华。往往在过去的实践教学中会出现课上“热热闹闹”，效果“乱七八糟”，甚至有的参观调研成为“下车拍照，上车睡觉”的“游客式”实践。作为思想政治理论课，我们不能一味迎合学生的喜好，把知识讲“浅”了。把课堂搞“活”了，并不意味着我们要去掉思想政治理论课的思想性、理论性。好的思政课教学就必须发挥好主导作用，必须把握思想政治教育属性，坚持将正确的政治方向置于首位，注重实践教学后的理论升华，这样才能在“四史”教育中讲清、讲明、讲通中国共产党为什么“能”、马克思主义为什么“行”、中国特色社会主义道路为什么“好”。

“四史”中的实践精神是伟大的，它是马克思主义哲学实践观的生动体现，它是中国特色社会主义道路成功实践的具体总结。高校的思政教育要积极总结、凝练、萃取“四史”中的伟大力量，引导大学生将认识和实践相统一，逻辑与历史相统一，使大学生从纷繁复杂的历史现象中学习和掌握实践规律、掌握历史规律，深刻体会到中国共产党团结带领全国各族人民在长期摸索实践中走中国特色社会主义道路、进行改革开放、建立和完善社会主义市场经济体制的历史必然性，进而涵养其爱国热情，激发其报国情怀。

参考文献：

[1]习近平在“不忘初心、牢记使命”主题教育总结大会上的讲话[N]. 人民日报，2020-01-09.

[2]习近平给复旦大学青年师生党员回信勉励广大党员在学思践悟中坚定理想信念在奋发有为中践行初心使命[N].人民日报，2020-07-01.

[3]关于深化新时代学校思想政治理论课改革创新的若干意见[N].人民日报，2019-08-15.

[4]宋俭，廖玉洁.将“四史”教育融入高校思想政治理论课教学体系的思考[J].思想理论教育，2020(7).

[5]孙艳美.“中国近现代史纲要”课加强“四史”教育探析[J].思想理论教育导刊，2020(9).

[6]何益忠，周嘉楠.思政课实践教学：概念辨析与体系创新[J].中国高等教育，2020(6).

[7]李妙婷.“四史”教育融入高校思政课实践教学的路径探析[J].大陆桥视野，2020(10).

习近平青年思想政治教育观的理论特质

张紫驰
天津城建大学

一、举旗定向，亮明政治立场

党的十八大以来，习近平总书记在青年思想政治教育领域，多次分析了敌对势力与我国争夺青年的挑战。2019年3月18日，习近平总书记在学校思想政治理论课教师座谈会上强调："我们党立志于中华民族千秋伟业，必须培养一代又一代拥护中国共产党领导和我国社会主义制度、立志为中国特色社会主义事业奋斗终身的有用人才。在这个根本问题上，必须旗帜鲜明、毫不含糊。"①习近平总书记十分重视青年思想政治教育工作的政治性，紧紧围绕"坚持党的领导""坚持社会主义办学方向""坚持马克思主义在意识形态领域的指导地位"，提出青年思想政治教育工作要坚定正确的政治方向不动摇，要求青年思想政治教育工作要与当前我国社会主义社会发展方向保持高度一致。

首先，坚持党的领导。办好中国的事情，关键在党。只有坚持党的领导，牢牢掌握党对青年思想政治教育工作的领导权，才能确保我国对青年的培养始终以党和国家发展需求为导向。要培养担当民族复兴大任的时代新人，不能忽视、不能动摇党的领导这一根本保证。习近平总书记十分重视党对青年思想政治教育的领导，从党和国家事业发展全局的高度就我国青年思想政治教育工作做出了一系列重要论述，提出了一系列重要的新理念新思想新观点。在全国高校思想政治工作会议上，习近平总书记要求"牢牢掌握党对高校工作的领导权"。在全国教育大会上，习近平总书记强调"加强党对教育工作的全面领导，是办好教育的根本保证"，并把"坚持党对教育事业的全面领导"列为"九个坚持"之首。在学校思想政治理论课教师座谈会上，习近平总书记指出"要加强党对思想政治理论课建设的领导"。在纪念五四运动100周年的大会上，习近平总书记在阐述新时代中国青年运动的主题、方向和新时代中国青年的使命时，再一次强调要坚持中国共产党的领导。此外，习近平总书记还就如何坚持和加强党对青年思想政治教育工作的全面领导做出了全面深刻的阐述，提出了明确的要求，例如"坚持和完善党委领导下的校长负责制""牢牢掌握党对意识形态工作的领导权"等，这些为坚持党对青年思想政治教育工作的全面领导提供了基本遵循和重要指导。

其次，坚持社会主义办学方向。完成新时代青年思想政治教育的伟大使命，就必须坚持社会主义的办学方向。在全国教育大会上，习近平总书记重申和强调了党的教育方针的培育目标是"培养德智体美劳全面发展的社会主义建设者和接班人"。培养德智体美劳全面发展的社会主义建设者和接班人，首要的就是教育引导青年树立社会主义和共

① 习近平主持召开学校思想政治理论课教师座谈会强调 用新时代中国特色社会主义思想铸魂育人 贯彻党的教育方针落实立德树人根本任务[N].人民日报,2019-03-19(1).

产主义的理想信念。对此，在全国教育大会上，习近平总书记强调：“要在坚定理想信念上下功夫，教育引导学生树立共产主义远大理想和中国特色社会主义共同理想，增强学生的中国特色社会主义道路自信、理论自信、制度自信、文化自信，立志肩负起民族复兴的时代重任。”①在纪念五四运动100周年的大会上，习近平总书记对新时代中国青年再一次提出了“要树立对中国特色社会主义的信念”的要求。此外，习近平总书记还就如何坚持社会主义办学方向做出了全面深刻的阐述，提出了明确的要求，例如“把立德树人的成效作为检验学校一切工作的根本标准”“坚持马克思主义指导地位”等，这些为各级各类学校坚持社会主义办学方向提供了基本遵循和重要指导。

最后，坚持马克思主义在意识形态领域的指导地位。近年来，西方敌对势力不断对我国青年进行思想文化渗透，加之各种社会思潮错综复杂，青年的思想极易受到影响。我们要培养社会主义建设者和接班人，首先必须让青年在思想领域充分认同马克思主义。青年正处于世界观人生观价值观等思想观念形成的关键阶段，也是西方敌对势力重点侵蚀的对象。因此，我们必须牢牢掌握意识形态工作领导权，坚决守住思想领域的“红色地带”，积极将“灰色地带”转变为“红色地带”，敢于对“黑色地带”亮剑，坚决抵御错误思想观念的侵蚀，用马克思主义科学理论武装青年头脑。在全国高校思想政治工作会议上，习近平总书记强调：“要坚持不懈传播马克思主义科学理论，抓好马克思主义理论教育，为学生一生成长奠定科学的思想基础。”②在纪念五四运动100周年的大会上，习近平总书记对新时代中国青年提出了“要树立对马克思主义的信仰”的要求。此外，习近平总书记还就如何坚持马克思主义在意识形态领域的指导地位做出了全面深刻的阐述，提出了明确的要求，例如“落实意识形态工作责任制”“不断推进马克思主义在实践基础上的理论创新”等，这些为坚持马克思主义在意识形态领域的指导地位提供了基本遵循和重要指导。

二、高瞻远瞩，紧跟时代步伐

习近平总书记坚持将青年思想政治教育放在当今时代深刻变化的大背景下来审视，通过揭示青年与时代的相互关系，明确当代青年思想政治教育的主题。习近平青年思想政治教育观紧紧围绕“中国梦”这一青年运动的时代主题，强调以“中国梦”引导青年；紧紧围绕“社会主义核心价值观”这一时代精神，强调以“社会主义核心价值观”武装青年；紧紧围绕“开放的世界”这一时代背景，强调以“面向世界”带动青年。

首先，强调以“中国梦”引导青年。中国梦是以习近平同志为核心的党中央集体智慧的结晶，是中华民族近代以来最伟大的梦想。党的十八大以来，习近平总书记十分重视中国梦在青年思想政治教育中的作用，在客观认识和准确判断青年的重要地位、历史作用和肩负使命的基础上，着眼于中国特色社会主义建设事业稳步推进和中华民族伟大复兴来定位青年思想政治教育的目标。在党的十九大报告中，习近平总书记强调了青年在

① 习近平在全国教育大会上强调 坚持中国特色社会主义教育发展道路 培养德智体美劳全面发展的社会主义建设者和接班人[N].人民日报,2018-09-11(1).

② 习近平在全国高校思想政治工作会议上强调 把思想政治工作贯穿教育教学全过程 开创我国高等教育事业发展新局面[N].人民日报,2016-12-09(1).

实现中华民族伟大复兴的中国梦中的重要地位与作用。2019年1月17日，习近平总书记在南开大学考察时寄语广大师生：“我们现在迎来了从站起来、富起来到强起来的阶段，我们要把学习的具体目标同民族复兴的宏大目标结合起来，为之而奋斗。只有把小我融入大我，才会有海一样的胸怀，山一样的崇高。”①中国梦归根结底是青年人的梦，是青年人应该牢固树立的理想和信念。在实现伟大理想的道路上，必然是没有平坦的大道可走的，需要进行具有许多新的历史特点的伟大斗争，而强大的精神支撑是比物质保障更加有力的力量源泉。每一位青年都要将中国梦坚定不移地树立为人生的信仰和理想信念，并不断地为之奋斗，努力追寻。

其次，强调以“社会主义核心价值观”武装青年。社会主义核心价值观是社会主义核心价值体系的高度凝练和集中表达，是新时代青年投身实践的引领和价值追寻。党的十八大以来，习近平总书记非常注重社会主义核心价值观在青年思想政治教育中的作用，他强调，青年正处于人生成长的关键时期，并用“穿衣服扣扣子”作比喻，勉励青年“人生的扣子从一开始就要扣好”，并对广大青年树立和践行社会主义核心价值观提出了具体要求，即在“勤学”“修德”“明辨”“笃实”上下功夫。要加强对新时代青年的社会主义核心价值观教育，就要通过教育引导、舆论宣传、文化熏陶、行为实践、制度保障等方式方法，使社会主义核心价值观入脑入心并转化为实际行动。在纪念五四运动100周年的大会上，习近平总书记再一次勉励新时代青年：“要自觉树立和践行社会主义核心价值观，善于从中华民族传统美德中汲取道德滋养，从英雄人物和时代楷模的身上感受道德风范，从自身内省中提升道德修为，明大德、守公德、严私德。”②由于青年的思想特点、历史地位和肩负使命的特殊性，对青年一代进行社会主义核心价值观教育意义重大。

最后，强调以“面向世界”带动青年。当今世界处于百年未有之大变局，各国之间的联系与交流也日益密切，而广大青年在各国之间扮演着“人民友谊的生力军”的重要角色。习近平总书记曾在多种场合对青年增进世界各国人民之间的友谊寄予了厚望。在联合国教科文组织第九届青年论坛开幕式上的贺词中，习近平总书记寄语各国青年：“希望各国青年用欣赏、互鉴、共享的观点看待世界，推动不同文明交流互鉴、和谐共生，积极为构建人类命运共同体添砖献瓦。”③在纪念五四运动100周年的大会上，习近平总书记强调：“新时代中国青年，要有家国情怀，也要有人类关怀，发扬中华文化崇尚的四海一家、天下为公精神，为实现中华民族伟大复兴而奋斗，为推动共建‘一带一路’、推动构建人类命运共同体而努力。”④青年人大都年龄相仿，很容易找到青年人的共鸣点，是“人民友谊的生力军”，也是推动构建人类命运共同体的重要力量。

---

①新中国成立70周年，重温习近平谈“爱国”十段经典话语[EB/OL].[2019-10-01].http://politics.people.com.cn/n1/2019/1001/c429971-31382955.html.

② 纪念五四运动100周年大会在京隆重举行[N].人民日报,2019-05-01(1).

③ 习近平主席在联合国教科文组织第九届青年论坛开幕式上的贺词[EB/OL].[2015-10-26].https://news.12371.cn/2015/10/26/ARTI1445855205750257.shtml.

④ 纪念五四运动100周年大会在京隆重举行[N].人民日报,2019-05-01(1).

三、脚踏实地，夯实实践基础

实践是知识的源泉，也是检验真理的唯一标准。担当、实践与奋斗是当代青年运动时代主题的具体要求。习近平总书记曾多次强调实践对青年成长成才的重要意义，强调要注重提升实践育人效果。习近平总书记主张，要引导青年接受实践磨炼，这是检验青年和青年思想政治教育工作的一个重要途径。同时，要紧紧依靠青年，要求青年在工作实践中立足本职、勇于担当、艰苦奋斗、甘于奉献，这是推动中国梦得以实现的重要力量保证。

首先，要求青年担当时代责任。时代呼唤担当，民族振兴是青年的责任。党的十八大以来，“担当”一词频繁出现在习近平总书记的系列讲话中，青年责任担当的受重视程度也随之不断提升。2018 年 5 月 2 日，习近平总书记在北京大学师生座谈会上的讲话中指出：“新时代青年要乘新时代春风，以社会主义建设者和接班人的使命担当，为全面建成小康社会、全面建设社会主义现代化强国而努力奋斗，让中华民族伟大复兴在我们的奋斗中梦想成真！”①在纪念五四运动100周年的大会上，习近平总书记再一次强调：“新时代中国青年要珍惜这个时代、担负时代使命，在担当中历练，在尽责中成长，让青春在新时代改革开放的广阔天地中绽放，让人生在实现中国梦的奋进追逐中展现出勇敢奔跑的英姿，努力成为德智体美劳全面发展的社会主义建设者和接班人！”②习近平总书记对于“青年担当时代责任”的重视，既是对当今时代最清醒犀利的认知，也是对新时代青年的深切期望。

其次，引导青年投身社会实践。青年的成长和进步、青年思想政治教育工作的成效，最终都要体现在青年的实际行动上。习近平总书记的青年思想政治教育观对青年和青年思想政治教育工作都提出了明确要求。对青年而言，习近平总书记强调广大青年要积极投身社会实践，自觉接受实践检验，在扎扎实实的实践锻炼中练就过硬本领，在更好地服务于社会主义建设事业中实现自己的人生价值。习近平总书记要求广大青年知行合一，学以致用，以用促学，主动到“社会”这个“大学校”锻炼提升，在实践中学真知、悟真谛，加强磨炼、增长本领。此外，习近平总书记还特别强调，青年要在投身中国特色社会主义建设实践、服务社会中练就过硬本领。在习近平总书记看来，当代青年只有坚持学用结合，将所学理论知识运用于服务基层、服务群众的伟大实践，才能学到真本领，成为中国特色社会主义建设事业的合格建设者和可靠接班人。对青年思想政治教育工作而言，习近平总书记强调要发动和鼓励新时代青年积极踊跃地投身于社会主义建设事业，汇聚成一股为实现中华民族伟大复兴不懈奋斗、砥砺前行的磅礴力量。在全国教育大会上的重要讲话中，习近平总书记将“劳”字列入全面发展教育理念，提出要“培养德智体美劳全面发展的社会主义建设者和接班人”。在学校思想政治理论课教师座谈会上，习近平总书记再一次强调了对青年进行社会实践教育的重要作用，强调“要坚持教育同生产劳动和社会实践相结合”。

最后，勉励青年砥砺奋斗。任何梦想的实现，都不是轻而易举的事情，更不可能一蹴而就，而是需要追逐梦想的人持之以恒地辛勤付出，需要坚持不懈地努力奋斗。习近

① 习近平在北京大学考察时强调 抓住培养社会主义建设者和接班人根本任务 努力建设中国特色世界一流大学[N].人民日报,2018-05-03(1).

② 纪念五四运动 100 周年大会在京隆重举行[N].人民日报,2019-05-01(1).

平总书记要求广大青年既要树立为实现中国梦而努力奋斗的远大理想，更要脚踏实地、埋头苦干、甘于奉献，在追逐中国梦的历史进程中用自己的辛勤劳动和努力付出成就青春梦想。在纪念五四运动100周年的大会上，习近平总书记强调："民族复兴的使命要靠奋斗来实现，人生理想的风帆要靠奋斗来扬起。没有广大人民特别是一代代青年前赴后继、艰苦卓绝的接续奋斗，就没有中国特色社会主义新时代的今天，更不会有实现中华民族伟大复兴的明天。"①党的十八大以来，习近平总书记多次给扎根基层的先进青年群体和青年个人写信回信，赞扬他们立足本职、砥砺奋斗、在艰苦环境中勇于奉献的可贵品质。在给华中农业大学"本禹志愿服务队"的回信中，习近平总书记肯定他们在服务他人、奉献社会中取得的成绩和进步，勉励他们弘扬志愿精神，为实现中华民族伟大复兴的中国梦做出新的更大贡献。此外，习近平总书记还勉励更多的青年人脚踏实地工作，从细处着手，敢于面对困难，在平凡的岗位、艰苦的环境中做出不平凡的业绩，为祖国、为民族、为人民贡献青春力量。

四、辩证统一，遵循科学规律

唯物辩证法是马克思主义分析问题的基本方法。习近平青年思想政治教育观是把握运用马克思主义世界观和方法论的典范，体现了唯物主义和辩证法鲜活生动的有机结合，集中彰显了唯物辩证法的鲜明品格，为做好青年思想政治教育工作提供了方法论指引。

首先，坚持理论教育与实践教育相统一。习近平总书记始终强调对青年的思想政治教育要做到理论灌输与实践教育相结合，要培养理论素养高且实践能力强的新时代青年。习近平总书记立足于马克思主义认识论和实践论的基本观点，以一个马克思主义政治家的辩证思维考量理论教育和实践教育对新时代青年成长成才的重要意义，明确指出理论教育是基础，要以科学的理论武装青年；实践教育是关键，要引导青年在实践锻炼中不断增强各方面素养。在学校思想政治理论课教师座谈会上，习近平总书记谈到思想政治理论课改革创新时指出："要坚持理论性和实践性相统一，用科学理论培养人，重视思政课的实践性，把思政小课堂同社会大课堂结合起来。"②

其次，坚持立足国内与面向世界相统一。习近平总书记始终强调青年既要有"家国情怀"，也要有"人类关怀"。一方面，习近平总书记强调实现中华民族伟大复兴的中国梦是新时代青年的时代使命，也是新时代青年实现自己个人梦想的舞台，要将"小我"融入祖国、社会的"大我"之中，强调"中国梦"对新时代青年的引领作用。另一方面，习近平总书记高度重视青年在推动未来世界发展中的重要地位与作用，强调青年是推动构建人类命运共同体的重要承担者，在国际事务中具有桥梁与纽带作用，并勉励青年积极承担全球治理责任。

最后，坚持全面教育与突出重点相统一。在全国高校思想政治工作会议上，习近平总书记指出："要坚持把立德树人作为中心环节，把思想政治工作贯穿教育教学全过程，

① 纪念五四运动100周年大会在京隆重举行[N].人民日报,2019-05-01(1).

② 习近平主持召开学校思想政治理论课教师座谈会强调 用新时代中国特色社会主义思想铸魂育人 贯彻党的教育方针落实立德树人根本任务[N].人民日报,2019-03-19(1).

实现全程育人、全方位育人，努力开创我国高等教育事业发展新局面。”①习近平总书记“全员育人、全过程育人、全方位育人”的理念构成了全面、系统的青年思想政治教育模式，体现出“大思政”的育人理念。同时，习近平总书记还指出了“新时代青年运动的时代主题”，指出“把立德树人的成效作为检验学校一切工作的根本标准”，“把培养社会主义建设者和接班人作为教育的根本任务”，抓住了青年思想政治教育工作的主要矛盾，坚持了马克思主义唯物辩证法的重点论。

参考文献：

[1] 刘妍,罗会德.论习近平青年观的基本内涵、理论特色及现实应用[J].思想政治教育研究,2020(3)：10-14.

[2] 张岚.习近平青年思想政治教育观研究[J].学校党建与思想教育,2019(14)：8-10.

[3] 龚志军,牛玉萍.习近平青年思想政治教育方法论及其启示[J].湖南农业大学学报(社会科学版),2018(6)：7-12.

[4] 杨晓慧.习近平青年价值观教育思想论要[J].马克思主义研究,2017(11)：124-133.

① 习近平在全国高校思想政治工作会议上强调 把思想政治工作贯穿教育教学全过程 开创我国高等教育事业发展新局面[N].人民日报,2016-12-09(1).

创新党支部活动开展形式 提升党员作用辐射力

——以天津城建大学计算机学院为例

周涵
天津城建大学　计算机与信息工程学院

一、新时代加强学生党员作用发挥的重要意义

（一）加强学生党员作用发挥是做好高校思想政治教育工作的重要基础

高校党的基层组织是党在高校全部工作的基础，学生党支部在高校学生中起到了战斗堡垒的作用。支部内的学生党员及积极分子与普通学生联系紧密，在学习和生活中都朝夕相处，他们的一举一动直接影响到其他同学的价值观形成，对于顺利开展思想政治教育工作具有重要作用。通过加强对支部党员及积极分子的管理，以点带面，可以有效辐射到对其他同学的作用影响。在学生群体中树立优秀学生党员典型案例，其他同学也会将他们作为自己的榜样加强学习，积极提高自身政治修养，主动向党组织靠拢。

（二）加强学生党员作用发挥是高校人才培养的重要任务

学生党员培养过程严格，他们普遍具有专业素养扎实、政治品德过硬、综合素质较好的特点。学生党员是大学生中的骨干力量，是学生群体中的优秀代表，加强学生党员作用发挥对于提升高校人才培养质量具有重要作用。着力加强对学生党员的专业素质培养，有利于提升高校学科专业的影响力，同时通过党支部活动等形式教育引导广大学生党员奔赴基层就业，对于我国全面建成小康社会，实现“两个一百年”奋斗目标具有重要意义。

二、当前高校学生党员作用发挥中存在的问题

（一）党员作用发挥局限于党支部内，辐射面有限

各高校党支部通过开展各类活动对党员进行继续教育，提升党员修养。党员在支部内承担着发展党员、有效开展党支部共建活动、培养积极分子等工作，对于党支部正常工作推进起到了重要作用。但是不容忽视的是，党员在班级、宿舍、社团中发挥的作用未达到预期要求。党员在班级中的影响力不足、号召力不足、公信力不足，在带动班级同学共同进步方面存在欠缺，班级同学对于党员的认可度也不高。这一情况从侧面说明了党员对于班级工作投入不多，没能较好地参与班级建设，导致在班级同学中存在感较低的问题。同时学生党员在各大学生组织中的作用也有待提高，部分重要社团主要负责人中甚至没有党员的身影，成为党员作用发挥的空白地带。更甚者，个别党员不愿参与过多学生工作，不利于党员发挥思想引领作用。

（二）党员作用发挥不主动，奉献意识不够

随着高校管理模式的不断改进，学生党员作用发挥在高校日常学生管理工作中日益突出。辅导员老师通过学生党员能够及时掌握大学生群体的思想动态变化、生活和学习情况，了解到重点关注学生的情况，学生党员成为辅导员日常工作开展的得力助手。但是也出现了部分党员奉献意识不足，互相推诿，对于学院工作开展关心不足的情况，担心学院工作会耽误自身学习，影响自己同其他同学的关系。一些学生成为预备党员后，对于学生工作积极性下降，担当意识不够。

（三）党员作用发挥没有系统规划，缺乏长效性

丰富的学生党建活动是让高校党建工作落地的“最后一公里”。目前学生党建活动种类相比以前有了明显增加，也取得了一定效果。但是缺乏系统设计，对于党员作用发挥没有良好的规划，往往是搞突击行动，到了需要的时候才安排相应的活动，未能形成长期作用。学生党员普遍也没有对自己应发挥的作用形成清晰认识，依旧认为自己只需要将支部党务工作做好，按期参加党支部活动，而忽略了对党员先锋模范作用的重视度。此外许多学生党建活动也未能与普通学生紧密结合，更多的是迎合上级党组织的要求，导致对普通学生的辐射带动作用有限，普通同学对于党员作用认可度不高。

三、新时代创新党支部活动形式，提升党员作用发挥的有效建议

习近平总书记强调，改进党的基层组织建设要坚持和落实行之有效的制度，要以改革创新精神补齐制度短板，真正使党的组织生活、党员教育管理严起来、实起来。为了进一步提升学生党员作用发挥力度，天津城建大学计算机学院积极行动，强化创新意识，依托学院“米字格”党建育人模式，将党建与宿舍、社团、实践活动、课堂、学生管理等有效结合，系统构建学生党员作用发挥体系，着力扩大学生党员的作用覆盖面。

（一）党建进宿舍，强化党员示范带动作用

学生宿舍是大学生的“第二课堂”，学生超过一半的时间均在宿舍内度过，推动学生支部党建工作进宿舍，是当前大学生思想政治教育工作的必然趋势。计算机学院学生党支部党员开展“党员进宿舍”活动，深入低年级宿舍中了解学生学习和生活情况，主动为他们答疑解惑。同时在宿舍内张贴社会主义核心价值观宣传页，在潜移默化中引导学生树立正确价值观。此外通过给支部党员宿舍、党员床位挂牌等方式，让学生党员自觉接受群众监督，促使党员以更高标准要求自己。将学生宿舍以分干包片的形式分配至党员名下，由党员定期对宿舍卫生、晚签到等工作进行监督并及时将发现的问题反馈至学院辅导员，借助党员的作用做好学院日常管理工作。

（二）党建进班级，发挥党员朋辈帮扶作用

为进一步发挥党建对学风的带动作用，计算机学院充分发挥学生党员成绩优异、专业素养扎实的优势，依托学院“e索添翼”学业帮扶工作室，于疫情防控期间就大一学生高等数学、大学物理、电子电路设计等课程开展线上直播答疑课10余次，覆盖学生300

余人次，效果良好。以班级为单位，由学生党员负责对本班挂科学分超过 20 分的同学进行学业帮扶与监督，以月为单位通过支部会议的形式向支部汇报帮扶情况；期末考试前，成绩优异的党员对考试重点难点进行讲解，全力发挥党员朋辈带动作用。

（三）党建进社会实践，着力提升实践育人效果

为进一步突出支部活动的参与性、层次性、新颖性，计算机学院学生党支部开展“缅怀先烈，致敬英雄”主题党日、追忆红色故事、“学四史，在路上”等主题实践活动。借助革命历史遗址、红色教育基地等资源，让党员在实践中“强筋壮骨”。2020 年暑假期间，许多党员依托“我的返家乡实践活动”走进基层，展现学生党员风采。网络工程系学生党支部党员走进农业基地，并结合专业设计“扶贫生鲜平台系统”，助力脱贫攻坚；计算机系学生党支部党员走进医院，在雷锋志愿岗为疫情防控贡献力量；电子信息工程系学生党支部党员主动为家乡的留守儿童开展“学四史”思政课，让爱国主义薪火相传。不同的活动，相同的信念，他们在实践中砥砺意志，发挥党员的先锋模范作用。

（四）党建进社团组织，突出党员思想引领作用

计算机学院学生党支部主动邀请学院学生会成员参加支部党日活动，发挥党员思想引领作用的同时，吸纳学生社团中优秀人才加入党支部。目前学院学生会两名主席均已成为支部重点培养对象，今后通过社团负责人的示范作用，将吸纳更多优秀学生向党支部靠拢。同时依托学生党建工作中心成立习近平新时代中国特色社会主义思想青年学习会，制订学习计划，组织积极分子、党员学生定期开展理论学习，全年开展学习 30 余次；开展“读经诵典”读书活动，带领学生诵经典、读好书、悟思想，提升思想高度，坚定理想信念。

（五）党建进网络，实现线上线下同频共振

学院官方微信上开辟“有声党建”专栏，定期推送党的政策理论思想，由各个学生党支部轮流供稿，努力搭建“互联网 + 党建”新模式，让理论学习立体化，截至目前已推出 20 余期内容。同时在学院党委的领导下，由学生党员牵头建立党员培训电子档案管理系统，在进一步发挥专业特长的基础上，逐步优化党员管理。各支部指派专人按照不同类型培训录入，后台可随时查看每位党员培训情况，成功破解了党员培训统计难、统计乱的问题。后期学生党员将继续完善系统设置，逐步实现在全校内普及使用。

（六）党建进竞赛，激发党员专业领航作用

针对学院承办的国际会议、科技竞赛，学生党支部将这些工作纳入支部生活，积极组织、指导学生党员参与论坛发言、科技竞赛、项目申报，充分发挥学生党员在科研工作中的先锋带头作用。两年来，计算机学院学生党员参加大学生科技竞赛的获奖 50 余项、拥有计算机软件著作权 20 余项，在核心或权威期刊上发表论文 8 篇，拥有专利 4 项，占全院学生科研成果的 74.2%，切实发挥了党员的专业领航作用。

（七）党建进课堂，发挥课堂学习主渠道作用

围绕习近平新时代中国特色社会主义思想和习近平总书记重要讲话精神，计算机学院从课程思政、主题班会、主题团课三个方面入手让习近平新时代中国特色社会主义思想深入学生课堂。发挥教工党员的引领作用，开展教工党员与学业困难学生“结对帮扶”活动，加强师生联系，发挥育人合力。此外，学院每周组织党员给积极分子、党员讲党课，支部书记对党课内容进行审核把关，学院党建中心组织考勤管理，近两年来累计培训党员 1032 人次，积极分子 2936 人次。

（八）党建进学生管理，扩大党员作用覆盖面

为了进一步加强学院党员对学生思想的引领作用，在近两年的助班选拔工作中，学院保障党员助班全覆盖，每个班级至少有一名助班为党员，且每月要开展至少一次党带班活动，带班主题由学生党支部统一制定，通过党支部作用全面加强对新生年级的思想政治教育工作。同时学院加大学生党员在学生干部中的比重，着力加强各大学生组织的思想建设，目前学院 81.82%的学生党员有主要学生干部任职经历，分布较广，影响较大。通过以上工作，学院党员作用发挥渗入学院管理的各个过程之中，突出广泛性，最终达到全覆盖。

学生党支部建设在高校思想政治教育工作中发挥着关键作用，牢牢把握住学生党员作用发挥是高校党支部建设工作的重要任务。通过开辟系统性的党建育人模式，将学生党员作用深入大学生思政工作的各个层面，潜移默化中塑造大学生的世界观、人生观、价值观，引导同学们紧密团结在以习近平同志为核心的党中央周围，自觉将自己的人生发展同祖国的建设结合起来，努力成为社会主义合格建设者与可靠接班人!

参考文献：

[1]鲍博,甘玉红. “三全育人”视阈下学生党建进宿舍工作途径[J].中国冶金教育,2020, 196(1):100-102.

[2]张丽仙.朋辈教育助推高校基层党建扎根宿舍[J].湖北函授大学学报, 2019, 032(19):82-83.

[3]张亮. “互联网+”时代高校学生党建工作创新路径的探索[J].中国校外教育(理论),2020(4):23,25.

探索政校合作社会实践育人机制

初海洋
天津城建大学

社会实践是高等教育的重要组成部分，是人才培养的重要途径，发挥着不可替代的育人功能[1]。2019 年 3 月，习近平在全国学校思想政治理论课教师座谈会上强调，要扎根中国大地办教育，同生产劳动和社会实践相结合，要通过理论与实践相结合，培养学生把爱国情、强国志、报国行自觉融入坚持和发展中国特色社会主义事业中。新的时代背景下，实践育人不断被赋予更高的要求。为推进社会主义核心价值观的实践养成，引导广大学生在实践体验中深入学习领悟习近平新时代中国特色社会主义思想的伟大历史成就，笔者以“小我融入大我，青春献给祖国”高校师生主题社会实践为契机，探索政校合作共建形式，引导学生发挥专业优势，在亲身投入城市建设发展中增强实践能力、树立家国情怀。

一、政校合作实践育人的重要意义

1.聚合资源协同创新，拓展品牌影响力

2012 年 1 月教育部下发《关于进一步加强高校实践育人工作的若干意见》中明确要求：各高校要进一步加强和重视实践育人工作，积极调动和整合高校及社会各方面资源，逐渐形成实践育人合力，着力探索和构建实践育人长效机制，从而大幅提高高校人才培养的质量[2]。2013 年 12 月中共中央办公厅印发《关于培育和践行社会主义核心价值观的意见》提出：“要发挥社会实践的养成作用，完善实践教育教学体系，开发实践课程和活动课程，开展涵养社会主义核心价值观的社会实践活动。”[3]目前高校开展实践育人以四种“规定动作”为主，包括着重塑造理想信念的思政实践、着重发展学术能力的专业实践、着重拓展素质能力的社会实践，以及着重培养创新能力的创业实践。且四类实践往往各自为战，缺乏贯通协同的有效工作机制，难以形成合力，综合实践育人效能释放不够充分。探索政校合作育人机制旨在引导学生自觉融入国家发展大局，在实践中找准新时代青年目标定位，深化专业所学，拓宽眼界思路，提高综合素质。在政校合作共建框架下，能够为学生提供长期稳定的实践平台，贴近社会实际，紧扣时代脉搏，以更广泛的视野直观感受新中国成立 70 周年以来天津城市发展的巨变，在实际工作中体验政府部门工作流程，在服务社会、造福人民中励志做有理想、有担当、有作为的时代新人。

2.发挥专业特色优势，提升实践专业性

习近平总书记在同各界优秀青年代表座谈时的讲话中强调：“既多读有字之书，也多读无字之书，注重学习人生经验和社会知识，在社会的大学校里，掌握真才实学，增益其所不能。”纸上得来终觉浅，绝知此事要躬行。培养高水平的城市建设人才，关键

要于实处用力，不仅要带领学生学知识，更要教会学生怎么用知识，做到学思践悟、知行合一，帮助学生不断提高理论联系实际，应用所学理论指导实践、推动工作的能力。专业能力是大学生的核心竞争力。开展政校合作育人，必须高度契合学生所学专业，形成育人闭环，通过多层次、全方位、立体化培养人才，使校园小课堂和社会大熔炉无缝衔接。本次通过与红桥区住房建设委员会合作共建，形成品牌实践育人项目，能够为学生提供理论与实践相结合的平台，引导学生参与到天津市重点工程、民心工程中去，帮助学生提升思想水平和专业素养，培养学生成为德智体美劳全面发展的社会主义建设者和接班人。

3.深入基层服务一线，传播青春正能量

落实好立德树人是教育的根本任务。中国高等教育事业的发展必须始终坚持马克思主义的指导地位，这是中国高等教育坚持中国共产党的领导，坚定不移走中国特色社会主义道路，坚持为党育人、为国育才的需要[4]。中共中央、国务院《关于加强和改进新形势下高校思想政治工作的意见》提出，高校把思想政治工作贯穿教育教学全过程，把思想价值引领贯穿教育教学全过程和各环节，形成教书育人、科研育人、实践育人的长效机制[5]。开展政校合作实践育人，必须坚持强化思想政治教育，引导学生在实践中坚信念、受教育、长才干、做贡献。通过参与红桥区住房和建设委员会有关业务工作，学生在生动而深刻的实践中了解了国情、民情、社情，将时代责任与个人成长熔铸起来，在实践砥砺中感悟国家发展的强劲脉搏，体会社会民生的纷繁百态，激发了学生将小我融入大我、为祖国繁荣发展贡献力量的青春热情。

二、政校合作实践育人的探索过程

1.搭建政校合作平台，强化实践育人保障

建立实习实训基地是实现实践育人有效性的重要保障。2019 年 6 月 27 日，学校党委学工部与天津市红桥区住房建设委召开合作共建座谈会，双方就学校社会实践与天津市重点工程、民心工程结合的新模式，构建政府与学界贯通、理论与实践结合的创新机制进行了深入交流。在深入了解红桥区区域发展概况、区位优势、重点项目的基础上，校党委学工部与天津市红桥区住房建设委签署了《红桥区住房和建设委员会与天津城建大学党委学生工作部合作共建协议》，充分结合专业优势，拓展社会实践新领域，为学生的成长成才搭建更加广阔的平台，保证社会实践项目扎实推进、持续有效，全面提升人才培养质量和红桥区城建工作水平。

2.选拔专业对口学生，提升社会服务效果

坚持社会实践与专业运用相结合，精准对接实践岗位和人民群众需求，切实解决实际问题。经过层层选拔，最终确定了一支由经济与管理学院、环境与市政工程学院等两个学院的房地产开发与管理、城市管理等六个专业共 70 名同学组成的责任意识强、综合素质高的社会实践团队，参加本次“政校合作共建，助力民心工程”主题社会实践。学校坚持育人导向，将理想信念教育和价值引领融入社会实践全过程，多次开展动员大会，提前介绍实践内容。2019 年 6 月 29 日，学校举行“政校合作共建，助力民心工程”主题社会实践活动启动仪式，鼓励学生充分发挥自身专业优势，在服务基层中深入了解世事国情、社情民意，在工作实践中深化学术能力、提高专业水平，在做实事中树立对人民的情感、对社会的责任和对国家的忠诚。

3.引导学生投身实践，真抓实干培养本领

在为期一个多月的社会实践中，学工部辅导员队伍全程跟进，做好暑假集中开展自主实践活动的教育管理、服务保障工作，帮助学生深刻领会实践意义、全面了解实践内容，引导学生全身心投入实践工作，解决好学生的食、住、行。实践团学生迅速适应工作节奏，在红桥区房地产管理局、双环拆迁指挥部、西于庄拆迁指挥部、治达安居建设有限责任公司等多个工作点位上，采用流水线作业方式，全面参与了合同打印、配图、装订、面签、录入信息、打印户卡、不动产权证书的缮证及贴图等工作，始终做到坚守岗位、担当作为、履职尽责、任劳任怨，严格遵守工作纪律，从未出现无故迟到、缺勤等情况，充分发挥城大学子的专业优势，将所学知识融入工作实际，在实践中坚持学用结合、学用相长。

4.健全安全保障机制，及时分析实践成效

学校重视实践团学生的安全保障工作。党委学工部牵头，相关二级学院协同，确保责任到人、到事、到数。学校、学院两个层面依托行前培训和启动仪式，以多种形式开展安全教育，实践过程中安排专车接送学生，党委学工部安排专门教师全程跟踪实践进展、实施签到情况一日一报等方式，为实践育人提供全方位安全保障。同时，实时与服务单位保持联系了解工作进度，根据学生特点及现实表现量身定制工作岗位，最大限度发挥学生优势，确保红桥区房地产管理局、双环拆迁指挥部、西于庄拆迁指挥部、治达安居建设有限责任公司等各工作点位工作有序开展。

三、政校合作实践育人的特色亮点和社会价值

1.实践育人成效显著

本次社会实践让学生有机会走出校园，参与市级重点工程、效力民心工程，提升了红桥区协调开发企业打印合同的工作效率，成功实现了日均打印合同 500 余户，较比以往增长了 16 倍之多，历史遗留房地产项目产权证发证率达到 100%，为帮助百姓实现“房有所证”的美好梦想贡献了自己的力量。有效促进了广大学生在亲身实践中了解世事国情，在服务奉献中厚植爱国情怀，在实践锻炼中提升专业本领，同时增强了团队意识和协作能力，达到理想信念与道德品质双促进，人格养成与专业水平双发展。

2.建立实践品牌项目

学校坚持正确的实践育人导向，注重培养大学生社会实践能力，致力于整合各方资源、拓宽实践阵地、强化信息支撑、持续探索社会实践的创新形式。通过本次与红桥区住房建设委的合作共建，打造具有专业特色的高校社会实践品牌，搭建起与政府有关部门的合作桥梁，形成联动合力，充分发挥我校城建特色专业优势，提升整体实践育人效能。通过专业、正面又富有价值内涵的实践项目，锻炼学生队伍，促进成果转化，支持政府工作，真正实现了资源共享、合作共赢。

3.产生积极社会影响

在实践团的协助下，天津市红桥区协调开发企业的工作效率大幅提升，城大学子的

表现受到了服务单位及当地居民的高度肯定。《天津日报》、天津电视台新闻频道、《今晚报》、“津云”、红桥区电视台等多家媒体相继对实践活动进行了报道，充分肯定了本次政校合作共建取得的成绩。红桥区政府高度肯定了实践团学生的综合表现，并表示，基于西于庄棚改、创新创业大赛等活动形成的良好合作基础，今后将进一步深化与我校在实践育人平台建设方面的合作共建，真正实现学校育人有成效、政府工作有效率、基层群众有受益。

参考文献：

[1]徐美华. 略论社会实践与育人功能拓展的“融合”[J].教书育人(高教论坛),2020(36):66-68.

[2]教育部等部门关于进一步加强高校实践育人工作的若干意见(摘录)[J].实验室研究与探索,2012,31(6):4.

[3]关于培育和践行社会主义核心价值观的意见（中办发〔2013〕24号）.

[4]周晔，严书僩.高等教育要始终坚持马克思主义指导地位[J].中国高等教育,2019(Z3):7-9.

[5]关于加强和改进新形势下高校思想政治工作的意见（中发〔2016〕31号）.

“三全育人”背景下的高校实践育人内容探究

王磊
天津城建大学土木工程学院

高校是培养人才的地方，培养国家发展所需要的有用人才是高校的重要任务。2017年，中共中央、国务院印发了《关于加强和改进新形势下高校思想政治工作的意见》(以下简称《意见》)，《意见》中首次提出“三全育人”要求，即“全员、全程、全方位育人”。从《意见》中我们可以得出育人的前提是坚持正确的导向，坚持党的领导；育人的基础是要有合理的顶层设计，建立科学有效的育人机制；育人的保障是全员协同联动，将责任扛在肩上。这对于辅导员提出了更高的要求，要富有创新精神，勇于革新，发挥专业优势，注重思想价值引领。工作开展过程中抓住问题关键，加强对学生的分类指导，注重对学生品德、学习、体能、审美、实践等各方面能力的培养和提升。本文将从全员育人、全程育人、全方位育人这三个方面着手，探究“三全育人”背景下实践育人的重要内容。

一、全员开展实践育人

全员育人背景下的实践育人要充分发挥学校的主体作用，建立完善的实践育人机制，整合学校各项资源。从学校的层面讲，可以与相关社区、企业、中小学等联合，建立长久的实践育人基地，为学生开展社会实践活动提供可供选择的广阔平台；从学院的层面讲，要从学生专业特色及实际情况的角度出发，建立科学合理的实践考核机制，让师生在实践开展过程中有本可依，有据可循；从辅导员的层面讲，要做好学生的思想政治教育工作，引导学生积极投身有益的社会实践活动中，在实践中了解社会，锻炼才能；从学生的层面讲，要从主观上认识到实践的重要性并主动参与社会实践，从实践中真正学到知识，提升技能。总而言之，全员育人背景下的实践育人要整合一切可利用的实践资源，充分调动各方积极性，达到良好的育人实效。

关注大学生成长过程中最关心的问题，有针对性地输入给学生正确的价值理念。要让广大学生在实践中认识自己，认识他人，认识社会，领悟真理。在实践的过程中，大学生可能会面临诸多诱惑和挑战，正确的理想信念教育有利于帮助学生做出正确的价值判断，正确的价值判断和行动会使学生获得自我价值的实现，进而提升大学生的获得感和幸福感，这也是实践育人的意义所在。与此同时，通过树立身边榜样引导大学生向善向美。比如，通过“见义勇为”“拾金不昧”等优秀学生的先进事例向广大学生传递正能量；通过组织学生学习“中国好人”“时代楷模”“感动中国年度人物”“天津好人”等优秀人物事迹，感受先进人物的伟大精神，在耳濡目染和潜移默化的影响下教育引导学生向善向美，在理想信念教育中引导学生真正做到学思践悟。

二、全程开展实践育人

高校的全程育人可以说是从学生步入大学校门那一刻就已经开始，在学生求学的四年中，高校对学生的教育和引导不能有一刻松懈。入学教育、思想教育、学业教育、安全教育、实习教育、毕业教育，要将这些工作做深做透。全程育人背景下的实践育人，辅导员和专业教师不仅仅是在实践教学或是实践活动中做到全程参与和指导，而且需要在学生大学四年之中贯穿实践教育，使学生在潜移默化中认识到实践的重要性。

在实践育人的过程中，辅导员和专业教师要加强交流合作，及时掌握学生认知水平和思想动态，根据学生的不同情况进行分类指导、精准施策、精准帮扶。如果是学生专业认知水平有待提升，专业课教师要在学生学习方面多下功夫，根据学生实际情况因材施教。如果是学生思想态度不端正，要充分发挥辅导员作为学生知心人和引导者的重要作用，通过下宿舍、谈心谈话等方式，主动了解学生内心的真实想法，对学生进行正面引导，帮助学生在思想和行动上回到正轨。要及时地掌握学生的思想状况，充分挖掘、利用教学资源，开展好实践教育。在实践育人的全过程，作为指导教师，首先要关心关爱学生，以学生为本，注重对学生的人文关怀，让学生在实践过程中感受到老师的温暖，进而有更大的动力参与到实践当中；其次要对学生进行正确的教育，帮助学生正确认识实践教学、社会服务、志愿活动、实习实训的重要意义，使学生以端正的态度和正确的行为参与其中；最后要对学生在实践过程中取得的成绩给予肯定，对学生在实践中出现的不足给予指正，使学生在实践中有所收获，有所成长，有所提升。

三、全方位开展实践育人

创新实践活动形式，实践活动的经费保障，实践过程中的指导和实践结束后的评价、交流、总结，以及实践成果的落地和应用，这些都是影响实践育人实际效果的重要因素，也是全方位育人背景下实践育人的重要内容。全方位既要立足学校，又要面向社会，学校与社会协同联动，在学生实践活动的各方面给予指导和支持，帮助学生顺利完成实践活动的同时，激发学生的爱国热情，培养学生吃苦耐劳和团结协作的精神，提高学生对社会的认知程度，提高学生实践动手和独立思考的能力，将理论教育与实践活动相融合。

高校实践学分的设立大大提高了学生社会实践的参与度，但如何吸引学生真正投入实践并取得一定成效，是我们一直思考的问题。首先，创新实践活动形式就显得十分必要。各高校现有的实践活动形式相比较之前而言，已经越来越丰富。比如，青年红色筑梦之旅、暑期“三下乡”、青年创新创业大赛、“挑战杯”中国大学生创业计划竞赛、青年志愿服务活动等。这些丰富多彩的实践活动为学生提供了多种选择，为学生充分发挥自身才能提供了广阔平台。同时可结合学生的兴趣点和关注热点去丰富活动形式，如从学生喜欢观看电影这一兴趣爱好入手，组织学生集体观看红色影片，比如《我和我的祖国》《攀登者》《中国机长》《八佰》《中国女排》等。每观看完一部影片，进行观影感受的交流，在分享感受的过程中，激发起学生们的爱国主义情怀。辅导员要将爱国精神和当代学生的生活实际相结合，教育引导学生在新时代要有所作为，为祖国发展添砖加瓦。还可以重大节日或纪念日为载体，充分调动大学生的积极性，鼓励学生举办主题团日活动，开展红歌比赛、朗诵比赛、书法展示、舞蹈大赛等形式多样的活动，在活动开展的过程中提升学生自我教育的能力。其次，活动经费的支持也是必不可少的，经费是否充足直接影响到实践活动的实际效果。再次，实践过程中的指导是非常重要的，学生参与实践活动需要配备至少一名指导教师，在学生安全、经费监督、实践流程等方面给予指导和帮助，将课本知识渗透到实践活动中，做到知行合一。

立德树人是高校教师义不容辞的责任，指导教师在与学生接触的过程中更是要做到为人师表，着重培养学生的爱国精神和吃苦精神。如果是大学生创新创业类实践，学校可以与企事业单位、其他兄弟院校、高新科技园区取得联系，聘请企事业专家、高校教授或知名实业家作为学生的校外导师，对学生的创新创业课题进行指导，丰富学生课题内容，提高学生课题水平，使学生课题在创新创业大赛过程中更有竞争力。实践结束后的评价、交流和总结是整个实践活动的升华阶段，也是一个完整的实践活动不可缺少的重要环节。实践活动的评选是对学生实践活动效果的总体评价，而交流和总结则是对学生实践过程中存在的不足进行建议和改善的有效方式，为学生后续实践活动总结经验、提升水平奠定基础。最后，实践成果的落地和应用是对学生实践能力和成果的认可，学校与企事业单位协同推进，助力学生优秀的实践成果得以孵化应用，这也是对学校培养人才和学生创新创业能力的充分肯定。

“三全育人”格局下的实践育人是一个全员联动、全程贯穿、全方位覆盖的过程，着眼点在于提升学生在品德、学习、体能、审美、实践等各方面的能力，“三全育人”背景下的实践育人也是一个不断完善的过程，它的落脚点在于培养国家发展所需要的有用人才。当代青年是祖国的未来和希望，实现中华民族伟大复兴的中国梦不仅仅是说说而已，这需要我们所有中国人去付出、去努力、去奋斗。新时代大学生要敢于想、敢于拼、敢于赢。高校辅导员在大学生思想政治教育过程中任重道远，讲授知识很简单，但真正地让学生讲这些知识入脑入心却不容易。学生在成长，我们辅导员同样如此，我们要不断学习理论知识，及时参加各类专题培训，在夯实专业知识的基础之上，不断汲取新的养分，这样才能更好地适应时代发展，更好地应对各种突发的学生状况；我们要以身作则、身体力行，做到立德树人，赢得学生的尊重和信任，真正成为学生成长路上的优秀榜样；我们要创新学生工作方法和路径，更多地使用当代学生喜欢的网络平台，加强与学生的互动交流；我们要创新活动形式，发挥专业特长，在丰富多彩的活动开展中教育引导学生爱国奋斗，将思想政治教育工作往深里走、往心里走、往实里走，担当育人之责任，助力学生成长成才，真正成为大学生成长过程中的青春领路人。

参考文献：

[1]张佳晨.基于新时代下高校落实“三全育人”的理论与实践探究[J].教育现代化,2019,6(55):16-17.

[2]丁红枫,孙连坤.新时代思想政治教育理论与实践问题研究——评《思想政治教育实践育人理论与对策研究》[J].中国党政干部论坛,2019(7):99.

[3]陈希强.课程思政视域下的辅导员思想政治教育工作研究[J].现代职业教育,2020(36):132-133.

[4]刘保玲."互联网+"背景下高校辅导员思想政治教育工作途径探索[J].农村经济与科技,2020,31(16):261-264,295.

[5]龚媛,程树武.不忘初心、立足辅导员本岗,全面加强新时期大学生思想政治教育工作[J].长江丛刊,2020(21):166-167.

[6]郑洁.大学生思想政治教育与高校辅导员工作方法创新[J].科教文汇(上旬刊),2020(7):52-53.

[7]江佳芬.基于"三全育人"探究高校思想政治教育问题与策略[J].农村青年,2019(12):43-44.

[8]许风顺,赵颖."三全育人"视域下大学生思想政治教育创新研究[J].创新创业理论研究与实践,2020,3(16):1-2.

[9]李兆楠.三全育人视角下大学生暑期农村社会实践研究[J].农村·农业·农民(B版),2020(8):58-59.

浅析新时代高校劳动教育实践路径
——以天津城建大学为例

王棲淇
天津城建大学

劳动是马克思主义理论的核心线索，人类在劳动中创造了社会财富和辉煌的历史。习近平总书记在2018年全国教育大会上指出要“教育引导学生崇尚劳动、尊重劳动”，强调把劳动教育纳入培养社会主义建设者和接班人的总体要求之中，构建德智体美劳全面培养的教育体系[1]。2020年，中共中央、国务院印发了《关于全面加强新时代大中小学劳动教育的意见》，就高质量开展劳动教育全面谋篇布局。新时代社会需要德智体美劳全面发展的人才，劳动教育旨在补齐学生在培养全面发展中存在的短板。总结大学生劳动教育现状，探究劳动教育的实践路径，提升大学生劳动教育的针对性从而促进大学生思想政治教育效能[2]。

一、高校劳动教育的意义

人通过劳动支出自己的体力和脑力，创造以满足人类日益增长的物质和精神等方面的需要的社会财富。新时代高校劳动教育，主要是通过培养和发展大学生劳动技能、劳动素养、劳动习惯、劳动态度、劳动品格[3]，引导和促进学生热爱劳动、热爱人民，树立正确的劳动观和价值观，对大学生的品德养成、智力开发、心理健康、体质强健具有积极作用。

1.劳动教育是促进大学生养成良好道德品质的有效抓手

劳动教育是学科德育的重要补充和延续。通过劳动教育，道德规范不再是空洞的说教，而是成为在日常生活场景中可以实践和检验的行为。通过劳动，学生可以加深对本真世界的认识，知行合一，进而养成吃苦耐劳、兢兢业业、舍己为人的优秀品质。

2.劳动教育是促进大学生开发智力、独立人格的有效途径

学生参与劳动实践的过程，即学习的过程，也是不断思考和提升的过程。对于学生开拓思维、锻炼各方面能力、培养知行合一的学习习惯具有很大的促进作用。

3.劳动教育是促进大学生身心健康发展的有效渠道

劳动是实现幸福的有效途径，劳动教育有利于引导学生实现物质价值与精神价值的统一，良好的劳动习惯和适当的劳动强度有助于大学生日常生活中提高锻炼频率，保持身体健康，初步体验到自我与他者的区别，感受到自我价值的存在，形成清晰的自我意识，是减轻学习、生活压力和焦虑感的有效方式。

4.正确的劳动教育有益于培养大学生艰苦奋斗、吃苦耐劳的优秀品德

让人们戒骄戒躁，尊重劳动群体，不贪图享乐，重视他人劳动成果；有助于大学生形成正确的劳动价值观，弘扬劳动精神，享受劳动带来的价值，实现个人理想，创造物质财富，为社会提供源源不断的正能量，以最崇高的劳动情怀，为祖国发挥余热，创造社会价值，进而在一定程度上提高劳动生产率。

二、对劳动教育的探索实践及现存问题

1.劳动育人制度不完善

学校印发了《天津城建大学学生公益劳动管理办法》，将校园公益劳动实践规定为必选科目，帮助学生树立正确的劳动价值观、提升劳动实践力。但管理办法实施以来，各基层单位开展劳动实践重视程度不同、课程大纲不一，在劳动教育抓全面、全面抓上用力不足，普遍缺乏系统性、科学性；管理办法暂未设置奖励机制，宣传表彰力度不足，无法调动学生在参与劳动过程中的积极性，导致育人效果不佳；公益劳动设置部门没有形成完善的劳动育人计划，导致学生管理体制不够完善。

2.确立劳动实践基地资源不足

学校注重劳动育人基地建设，主要依托大学生勤工助学岗位设立、公开选聘“学生校务助理”、暑期社会实践劳动营招募等途径，为学生搭建劳动实践育人平台，开展学生劳动教育。但学校劳动育人组织建设不完善问题依旧存在，校内劳动实践岗位虽多，但资源整合缺乏系统性，校院两级都没有形成规模化的劳动实践示范基地，存在劳动教育过程游戏化，劳动教育内容同质化的问题。校外劳动实践基地开拓缺乏渠道，劳动实践育人工作难以形成长效机制。

3.劳动教育活动创新点不足

学校本着提升学生的生活自理能力、提升专业知识应用能力和职业岗位胜任能力、提升服务意识和社会责任感的目标，定期组织学生进行劳动实践。但劳动实践岗位主要设置在校园操场、教学楼、图书馆、食堂、学生公寓等区域，公益劳动界定范围应该进一步拓展，为学生开拓多元化劳动岗位，如开展协助教师做好教学、办公室事务管理等公益劳动，引导学生亲身参与到学校发展建设中去，加强学生劳动技术和职业体验教育，建设一批特色鲜明、成果显著的品牌活动。

4.劳动精神养成仍需加强

随着生活水平的不断提高，大学生普遍呈现劳动意识缺失现象，容易过分追求脑力劳动，轻视社会存在和发展的基础劳动，存在 “重智抑劳”思想，对于劳动有抵触心理，认为学生的本职任务是学习，无需参与劳动，部分学生甚至缺乏基本生活自理能力。对于此类学生，教育转化其思维观念的常用招法很有局限性，通常是一对一谈心谈话和召开主题班会，劳动观教育尚未完全融入课堂主渠道、校园文化阵地、学生组织、社会实践等领域，导致学生无法深刻学习领会劳动精神和奋斗精神的内涵。

三、提升劳动教育成效的有效措施

实践是劳动育人的主要手段，劳动实践育人是中华民族的优良教育传统。新中国成立以来，党和国家在德育方面一直高度重视实践育人工作，明确要求德育与生产劳动相

结合，积极引导大学生参加社会实践。为推动劳动实践育人工作深入开展，切实提高育人成效，高校应该做好顶层设计、加强资源整合、优化组织管理，从而切实提升劳动实践育人的质量和成效。

1.完善顶层设计，强化劳动实践组织保障

劳动实践育人体系是一个由党委统筹、政府推动、社会参与、学校主导的长效育人机制。一是完善劳动实践育人相关制度建设。成立“劳动实践育人工作领导小组”，学校多部门联动，各学院协同规划设计，结合工作实际，制定具体实施细则，共同负责活动的组织领导、具体指导和督促检查。二是加强督查检查。领导小组定期听取劳动实践育人工作情况报告，同时建立定期督查机制，强化绩效考核，以督查促落实，以督查促整改，确保决策部署落实到位。

2.打造劳动品牌，拓宽劳动实践育人平台

大学生劳动实践基地是开展大学生劳动教育与思政实践教育的重要载体和平台[4]，应逐步增加校内劳动时间岗位，建立校级劳动实践育人示范基地，各学院建设劳动实践育人特色基地。进一步整合校内资源、拓展校外渠道，充分结合市教委、团市委开展的“新时代实践行”“大学生暑期社会实践”等活动组织实施劳动实践育人活动，引导学生在服务他人、奉献社会中体会劳动的意义和价值。

3.创新方式方法，丰富劳动实践育人活动

高校要紧跟时代步伐，“扬弃”传统校园文化，创新建设符合大学生需要的“劳动教育”校园文化活动。一是拓展勤工助学岗位。学生利用课余的时间，通过劳动来获取合法的报酬，同时获得精神层面的收获，利用校园的物质、精神和制度文化在细小处渗透劳动教育。二是组织校内外志愿服务活动。结合学雷锋月、植树节、劳动节等重要时间节点组织开展志愿服务活动，推进活动的制度化、常态化。三是利用好学生在校时间开展以劳动为主题的团日、党日活动，开展关于劳动、劳动者、劳动权益保障等调查研讨活动，加强毕业生劳动教育，使每一位毕业生在职业生涯中时刻不忘提升劳动素养。

4.弘扬劳动精神，加强劳动实践课程育人

一是以劳动教育管理机制为总则，建设劳动教育教师队伍，在学生奖罚方面创建劳动教育奖学金机制，通过将独立设置的劳动教育课程与“劳动教育+”相融合，对劳动教育实施课程化、体系化建设。二是充分利用好思政理论课课堂主渠道作用，探索开设劳动实践动员、劳动技能培训等公共选修课程，宣传劳动观念，讲授劳动技能，教育学生珍惜劳动成果、自觉遵守劳动安全规定。三是充分利用第二课堂的资源优势，将涵盖思想教育、创新创业、社会实践、志愿服务等校园文化活动融入劳动育人体系中，以学科实验室、工程训练中心、众创空间等为主阵地，邀请劳动模范和先进工作者走进校园，开展主题讲座、亲身示范、现场教学等劳动教育主题活动。

5.加强宣传表彰，营造融媒体校园劳动文化氛围

一是完善评优制度。认真总结劳动实践育人工作的经验做法，在工作中要注意保存文字、图片和音像资料，将学生参加劳动实践的情况纳入校级奖学金综合评定体系中。二是强化典型树立。开展学生劳动模范选树活动，设立“劳动先锋”“劳动之星”“优秀宿舍”等荣誉奖项，选树一批热爱劳动、积极参与劳动的先进集体和个人，让学生学有榜样、比有参照。三是扩大宣传力度。利用新媒体工具适应学生网络接触习惯，通过校园等官方媒体平台，发布有关劳动教育的内容，宣传活动中的优秀事迹和典型经验，使大学生对劳动教育相关知识耳濡目染，扩大劳动实践育人的覆盖面和影响力。

6.筑牢家校联系，发挥家庭劳动教育作用

建立家校一体化工作机制，通过良好家风引导学生的劳动观念，鼓励家长自觉成为学生劳动教育的榜样，利用并创造各种有利条件为学生在家中劳动创造条件，引导学生掌握基本的生活技能，如做饭、洗衣、整理物件等家务劳动技能，主动承担家庭劳动职责，教育学生尊重、热爱劳动，养成良好的生活、卫生习惯，筑牢家庭教育的基础阵地。

高校劳动教育有利于推动学生劳动思想的进一步提高、劳动操作技能的发展和劳动实践能力的提升。德智体美劳五育是一个相互联系、相互融合、相互配合不可分割的统一整体，内在统一于教育教学的全过程。[5]高校要创新劳动教育评价机制，增强受教育者的综合能力，真正实现全面发展的教育目标，进一步构建德智体美劳全面培养的教育体系，教育引导学生守好“义德”，修好“勇德”，学习习近平总书记修身思想，树立正确的奋斗劳动观，培养全面发展的时代新人，促进大学生的自由、持续、全面、健康发展。

参考文献：

[1] 习近平.在北京大学师生座谈会上的讲话[N].人民日报,2018-05-03.

[2] 石中英.努力培养德智体美劳全面发展的社会主义建设者和接班人[J]. 中国高校社会科学, 2018(1): 9-15.

[3] 廖婷.近十年国内关于劳动教育的研究综述——基于 CNKI 数据分析[J]. 课程教学研究, 2018(2): 42-45.

[4] 张琴. 高校实践育人共同体建构策略论析[J]. 淮阴工学院学报, 2019(2): 85-88.

[5] 张红艳，卢克建. 德智体美劳全面培养的教育体系蕴含的理念探析[J]. 南华大学学报,2019(4):36-43.

深化新时代高校思想政治理论课改革创新的措施

杨扬
天津城建大学

一、深刻认识加强和改进思政课建设的重要意义，进一步明确指导思想和总体要求

1.重要意义

思想政治理论课是对大学生进行系统的马克思主义世界观、人生观、价值观教育的主课堂，是进行社会主义核心价值观教育，帮助大学生树立正确世界观、人生观、价值观的核心课程，是全面贯彻党的教育方针，坚持社会主义办学方向，落实立德树人根本任务的主渠道。加强思想政治理论课建设，是一项固本工程、铸魂工程，事关党对高校的领导，事关中国特色社会主义事业后继有人，对于巩固马克思主义在高校意识形态领域的指导地位，为实现中国梦提供合格的人才保障和智力支持具有重要而深远的意义。

2.指导思想

全面贯彻党的教育方针，坚持马克思主义指导地位，贯彻落实习近平新时代中国特色社会主义思想，坚持社会主义办学方向，落实立德树人根本任务，坚持教育为人民服务、为中国共产党治国理政服务、为巩固和发展中国特色社会主义制度服务、为改革开放和社会主义现代化建设服务，扎根中国大地办教育，同生产劳动和社会实践相结合，加快推进教育现代化，建设教育强国，办好人民满意的教育，努力培养担当民族复兴大任的时代新人，培养德智体美劳全面发展的社会主义建设者和接班人。

3.总体要求

坚持以习近平新时代中国特色社会主义思想为引领，始终保持思想政治理论课教学的正确方向，深入实施思想政治理论课建设体系创新计划，紧紧围绕教材、教学、教师三大关键要素，坚持理论联系实际，贴近实际、贴近生活、贴近学生的原则，注重课堂教学、网络运用和社会实践有机融合，提高教师素质，创新教学方法，不断增强思想政治理论课的亲和力和针对性，努力把思想政治理论课建设成为“学生喜欢、终身受益、毕生难忘”的精品课程。

二、坚持理论联系实际，进一步加强学科建设、课程建设和教学研究

1.进一步加强学科建设

学科建设是加强和改进思想政治理论课的基础，要不断总结学科发展经验，探索马克思主义学科发展的规律。把思政课教学作为马列学院的基本职责，将马列学院作为重

点学院、马克思主义理论学科作为重点学科、思政课作为重点课程加强建设，在发展规划、人才引进、公共资源使用等方面给予马克思主义学院优先保障。推进马克思主义研究中心建设，依托中心开展教学科研工作。组织教师申报国家级、市级思想政治研究项目，鼓励教师积极开展相关研究。

2.加大思想政治理论课课程建设力度

加快思想政治理论课精品课程建设，鼓励思政课教师开展思想政治理论课精品课程建设，积极推荐申报精品课程。

3.继续推进教学研究工作

坚持理论联系实际的原则，结合教学实践开展教学科研，注重联系教学改革的前沿实际、学生需要的发展实际、课程建设的条件实际，大力推进思想政治理论课教学的改进和提高，为思想政治理论课的教育教学提供具有针对性、有效性的指导。在高校课题研究中增加思想政治工作专项课题，在教学研究项目中立项一定比例的思政研究项目，尤其是教学研究重点项目中要有思政研究项目，在科学研究项目立项中要适当向思政研究予以倾斜。推动建立思政课教师与其他学科专业教师交流机制。大力推进思政课教学方法改革，提升思政课教师信息化能力素养，推动人工智能等现代信息技术在思政课教学中应用，全面提升教研水平。

4.不断深化教研室建设

实施思政课教师集体备课制度，遴选学术骨干担任各门课程集体备课牵头人，领导干部要积极支持、主动参与。深入开展多种形式的教学讨论辩论。建立思政教研室理论学习和教学研讨制度。实施教师互相听课互评互学制度，每学期开展思政课教师互相听课、评课活动，互听互评的结果作为教师教学质量考核的重要依据。积极鼓励思政课教师开展理论研究，推动马克思主义中国化理论创新，研究回答重大理论和现实问题。加强思政课教学改革研究，对各门课程的教学设计进行研究，对不同课程之间内容衔接进行研究，对教案编写、课件制作、课堂教学组织进行研究，推进思政课课堂教学改革，努力形成一批精彩教案、精彩课件，打造一批精彩课堂。

5.全面推进课程思政工作

深度挖掘各学科门类专业课程蕴含的思想政治教育资源，解决好各类课程与思政课相互配合的问题，发挥所有课程育人功能，构建全面覆盖、类型丰富、层次递进、相互支撑的课程体系，使各类课程与思政课同向同行，形成协同效应。推出课程思政示范课程，选树课程思政教学名师和团队。

三、按照“八个相统一”的要求，深化思政课教育教学改革

1.不断深化教学改革

要坚持政治性和学理性相统一，在坚持政治性的前提下，把教学和研究工作结合起来，增强理论的解释力、说服力。要坚持价值性和知识性相统一，注意价值观的指导，把握政治方向，寓价值观引导于知识传授之中。要坚持建设性和批判性相统一，传导主流意识形态，直面各种错误观点和思潮。要坚持理论性和实践性相统一，创新方式，拓展渠道，把思政小课堂同社会大课堂结合起来。要坚持统一性和多样性相统一，既要有统一要求，又要因地制宜、因时制宜、因材施教。要坚持主导型和主体性相统一，既要

充分发挥教师主导作用，又要引导学生发挥主体作用。要坚持灌输性和启发性相统一，既要重视知识传授，也要注意启发引导。要坚持显性教育和隐性教育相统一，既要努力建设思政课程，又要不断挖掘其他课程的思政元素。

2.不断加强实践教学建设

丰富思政课实践教学形式。精心设计和组织实施内容新颖、形式多样、吸引力强、渗透力强的实践活动，深化教育教学效果。鼓励思政课教师积极参与、指导各类学生实践活动。在思政课程中开展主题参观、名著选读、视频欣赏、法庭旁听、社会公益、社会主义核心价值观主题沙龙等形式的社会实践活动；采取专题讨论、演讲、视频欣赏、原著选读、参观红色教育基地、举办中国梦论坛等实践教学形式；探索实施热点问题研讨、指导学生演讲辩论等实践教学形式；适当增加课程论文、原著选读等实践形式。积极争取社会各方面支持，整合实践教学资源，拓展实践教学形式，建设一批相对稳定的实践教学基地，进一步提高思政课实践教学基地的使用效果。提高思政课实践教学效果，强化实践教学能力。努力建设思政课“第二课堂”。思政教研室与思想政治教育工作的相关部门密切合作，积极建设大学生思想政治教育第二课堂，发挥好思政课教师的专业优势，指导师生开展以马克思主义理论学习、核心价值观教育为主题的各种活动。

3.逐步完善思政课考核评价体系

改革考试评价方式，鼓励、支持教师探索适合课程特点的多样化的考试评价方法，建立健全科学全面客观的考核评价体系。注重过程考核，通过课后练习思考题、撰写小论文等形式巩固课堂教学效果。通过读书笔记、读书报告、调研报告、问卷调查等方式强化过程考核。建立课堂教学专项评价制度。改革教学和科研评价方式，将课堂教学质量等作为重要评价标准，鼓励教师把主要精力放在研究教学内容、创新教学方法、提高教学实效上。健全教师考核评价制度。在教师教学质量测评基础上，建立思政课教师课堂教学专项评价制度，评价结果与评优评先及岗位聘任挂钩。

四、加强教师队伍建设，提升队伍整体素质

1.建成高水平的思政课教师队伍

按要求，严格执行思政课教师资格准入制度。把政治立场作为教师聘用的首要标准，严把教师聘用政治关。根据学科发展和教师梯队建设的需求，及时补充思想政治理论课教师。逐步建成年龄结构、学历结构、职称结构较为合理，老中青相结合的教学科研梯队。严格思政课教师管理，政治原则、政治立场和政治方向不能与党中央保持一致或理论素质、教学水平达不到相应课程要求的教师，不得继续承担思政课教学任务。引进具备马克思主义理论相关学科背景的高职称、高学历教师，确保专职教师在数量、结构上逐步满足思政课教学的需要。在与思政课教学内容相关的学科选择优秀教师进行培训后充实思政课教师队伍，探索胜任思政课教学的党政管理干部转岗为专职思政课教师机制和办法，积极动员政治素质过硬的相关学科专家转任思政课教师。

2.加强思政课教师培养培训工作

加大新教师岗前培训力度，新任职教师必须参加岗前培训。积极推行青年教师导师制，要求思政课教学团队负责人、教授、副教授与青年教师结成“一帮一”的对子，尤

其对新入职青年教师进行教学规律、方法、特点、内容等方面的指导，使他们尽快熟悉、适应教学工作的要求。每年对全体思政课教师至少培训一次。鼓励教师参加各种形式的进修学习，为教师创造条件参加高水平的国际国内学术交流活动，不断提升教师的业务素质，建设一支理想信念坚定、师德高尚、理论功底扎实、教学效果良好的高水平思政课教师队伍。

3.加强兼职教师队伍建设

积极推动符合条件的辅导员参与思政课教学，鼓励支持思政课教师从事辅导员、班主任工作，推动两支队伍的有机融合。在学生工作队伍中选拔优秀教师，经考核合格后聘为思政课兼职教师。采取兼职的办法遴选相关系部的骨干支援思政课建设。兼职教师可以承担与其专业方向一致的思政课理论教学任务、实践教学指导任务以及学生考核成绩评议工作。

4.加大思政课教师激励力度。

增强思政课教师和辅导员、班主任的职业认同感、荣誉感、责任感，要把思政课教师作为学校干部队伍重要来源，学校党政管理干部原则上应有思政课教师、辅导员或班主任工作经历。对立场坚定、学养深厚、联系实际、成果突出的思政课教师优秀代表加大宣传力度，发挥示范引领作用。改革思政课教师评价机制，在专业技术职务（职称）评聘工作中，要单独设立马克思主义理论类别。按教师比例核定思政课教师专业技术职务（职称）各类岗位占比，高级专业技术职务（职称）岗位比例不低于平均水平，指标不得挪作他用。要将思政课教师在中央和地方主要媒体上发表的理论文章纳入学术成果范畴。实行不合格思政课教师退出机制。

5.加大思想性、理论性资源供给

为保证党和国家政策及时传达给思想政治理论课教师，党委中心组理论学习会可以邀请思想政治理论课教师参加。组织思政课教师及时学习习近平总书记最新重要讲话精神，及时学习相关文件精神，全面理解和准确把握党中央重大决策部署。

五、切实加强组织领导，做好制度保障工作

1.加强组织保障工作

建立和完善党委直接领导、分管领导具体负责的领导体制，成立相应的领导机构。高校宣传、人事、教务、发展规划、财务、科研、团委、学工部等党政部门和马列学院各负其责、相互配合，落实思想政治理论课教育教学、学科建设、人才培养、科研立项、社会实践、经费保障等各方面政策和措施。

2.建立党委书记、校长带头抓思政课机制

加强和改进领导深入基层联系学生工作，健全党委书记、校长及职能部门力量深入一线了解学生思想动态、服务学生发展的机制。党委书记、校长作为思政课建设第一责任人，要结合自身学科背景和工作经历，带头走进课堂听课讲课，带头推动思政课建设，带头联系思政课教师。开学典礼、毕业典礼讲话等要鲜明体现党的教育方针、积极传播马克思主义科学理论、弘扬社会主义核心价值观。党委书记和校长定期到马列学院进行调研，及时解决思想政治理论课建设和发展中遇到的新情况新问题。要把思政课建设情况纳入高校党的建设工作考核、办学质量和学科建设评估标准体系。

“微时代”高校共青团新媒体平台管理机制创新研究

郭兵
天津工业大学团委

随着网络科技的发展，互联网“原住民”一代已经成为高校学生主体，微信、微博等新媒体凭借其及时性、互动性、便捷性已经成为青年发声、传播信息的主要方式。这些“微”事物已经成为大学生日常生活的一部分，因为新兴微网络技术的迅速普及与深入渗透，当今时代已经进入了“微时代”。“微时代”是一个相对的概念，是指大众依托电脑、手机等信息网络技术载体，使用文字、语音、图片、视频等媒介进行及时、高能、协同的信息阅读、整理、编辑、发布和讨论等行为的信息化时代，直接影响大学生的思维方式与行为习惯[1]。

在“微时代”如何运用互联网等新媒体、新技术加强和创新高校思想政治工作，有效实现全员育人、全程育人、全方位育人，更好地立德树人，这是高校思想政治工作面临的新课题。习近平总书记强调“共青团应当高度重视网上工作，全体共青团员都要发挥积极作用，争当‘中国好网民’”，“开展网络斗争、加强网络管理、弘扬网上主旋律，这项工作大家都要做，但团组织也可以更多发挥一点作用。”高校共青团应该利用自身优势，靠近青年、深入青年进而引领青年，在尊重网络思想政治教育工作普遍规律的基础上，创新工作内容、实现方式和互动机制，全力扩大新媒体工作覆盖面，努力增强工作的针对性和实效性，发挥好价值引领和思想引领的桥梁纽带作用。

一、“微时代”高校思想政治教育工作的新变化

近几年国际局势变化多端，国内经济和社会发展也面临很多挑战，意识形态领域的争夺战也越来越白热化，“个人主义”“自由主义”“历史虚无主义”“普世价值论”“人权至上”等西方话语正潜移默化地渗透、引导、灌输给高校青年，网络空间成为影响青年最直接最有力的阵地，高校思想政治教育工作基本特征已经有了新的变化。

首先是教育权威的动摇。传统的教育权威重要的基础便是信息不对等，难以被人质疑。新媒体平台普遍具有短平快的传播特点，追求新鲜，标榜个性，大学生获取信息的途径和效率大大增加，获得的信息量相比传统媒体时代呈现爆炸式增长，每个人的视野宽泛、思维多元、自我意识强烈，权威的影响力大大下降。其次，教育时间空间凸显开放性。传统教育模式中一般都在封闭的教室、会议室、礼堂等空间内进行，受众有限，形式固定，传统的教育方式也都遵照一定的教学计划和目标，在特定的时间和节奏内推进思想教育，新媒体则打破了所有空间和时间限制，随时随地可以开展信息交流，交流

对象的规模也不受限制。教育权威的动摇和教育开放性带来的最重大影响就是教育结果的不确定性，信息来源不确定，信息真伪良莠不确定，大学生正处于价值观探索和形成时期，社会阅历浅薄，容易受到外界影响，传统教育的模式能否达成良好的教育效果充满不确定性。

“微时代”既是挑战也是机遇，虚拟空间的超强覆盖性、网络世界信息制作和传输方式的多样性、新媒体平台互动交流的公平平等性，都能极大丰富思想政治教育的手段，提高思想政治教育效果。高校应该立足时代发展需求和学生成长需求，将传统的教育方式与新媒体有机结合，不断创新思想政治教育内容，革新思想政治教育语言，充分发挥新媒体平台互动交流功能，为高校思想政治教育开拓新的成长空间。

二、高校共青团新媒体工作面临的挑战

借助网络平台开展育人工作现在已经属于各高校常规工作，但如何打造高效高质量新媒体平台依然是网络育人工作的重点和难点，随着政府、社会和高校对新媒体工作越来越重视，校园内各级各类新媒体账号呈现爆发式增长，共青团新媒体工作面临的压力和挑战也越来越大。

（一）共青团网络思政工作重视度不足

基于传统的高校管理模式和部门定位，共青团组织在高校各党政部门中一直处于相对弱势的地位，团委工作经常被认为是“锦上添花”，以文体活动和志愿活动为主，思想引领和宣传教育工作主要集中在宣传部和学工部门，共青团组织在思想政治教育工作上的潜力没有被充分发挥，高校共青团网络思政工作在新媒体领域影响力较弱。

（二）意识形态领域建设难度大，舆情风险高

高校共青团的重要工作即是弘扬社会主义核心价值观，引领学生坚定“四个自信”，提高对党的政治、思想和情感认同，面对当下复杂多元的信息获取渠道和真假难辨的网络环境，舆论阵地的争夺难度提升，舆情预测、控制和引导困难加大，需要新媒体团队的高度关注和持续思考。

（三）新媒体平台工具化

高校共青团各级组织对于建立新媒体官方平台的必要性已经取得共识，但对于如何运用新媒体平台则没有更好地思考。一些官方微信微博只是不定期发送部门新闻、活动和比赛通知，内容单一，形式刻板，单纯把新媒体平台作为网上布告栏，工具化倾向严重。

（四）新媒体内容模式化

部分新媒体的管理模式依然沿袭传统思维，部门领导或负责老师决定内容制作，单向输出内容，不重视用户体验，导致新媒体平台出现定位错位、亲和力欠佳、功能使用单一、对青年群体脉搏把握不准等问题[2]。

三、高校共青团新媒体平台管理模式与方法创新研究

团属新媒体育人平台，应该是融思想性、知识性、趣味性、服务性于一体的主题网络教育空间，通过网络开展生动活泼的网络思想政治教育活动，形成线上线下思想政治

教育的合力，以“润物细无声”的方式影响青年、指导青年、引领青年。推进“网上共青团”建设，加强共青团新媒体力量，高校共青团必须进一步提高对团属新媒体平台的重视程度，打造一支有思想、有纪律、有热情的运行团队，大力推动团属新媒体文化建设。

（一）加强新媒体干部队伍建设，坚守红色媒体本色

政治工作信息化最终目标及第一要务是人的素质信息化，这就要求思想政治工作队伍必须充分认识信息化对高校思想政治工作的重要性，善于运用互联网做好思想政治工作，成为运用互联网进行思想政治工作的专家[3]。共青团组织要加强新媒体干部队伍建设，注重培养理想信念坚定、热爱并了解新媒体技术和规律的团干部，有体系、有计划地加强梯队培养，大力扶持新媒体工作室，同时积极地引导专业教师参与网络思政，充实团属新媒体力量。

高校团属新媒体的运行团队一般都由大学生组成，思想理论知识薄弱，流动性强，必须加强对新媒体学生团队的培训和管理，除了一般的技术类培训，更重要的是党团理论知识培训。合格的团属新媒体学生干部既要有高水平的新媒体技术，能写文章会拍照片，更要有坚定的政治站位，要充分理解团属新媒体的光荣使命和职责，敢于发声，善于发声，有效利用新技术服务新时代，引领新青年。

（二）加强思想引领，善用互联网思维

青年学子是团组织思想引领的工作对象，同时也是现代网络产品和网络文化的深度参与者，平台生命力、文化向心力、产品吸引力决定了新媒体平台的发展状况，“用户至上”的互联网思维要运用到团属新媒体平台的运行中，在团队管理和内容制作中要充分考虑学生需求，在大胆运用理论武器反击错误思想的同时，善于寻找契合学生的切入口，设置生活化、青春范儿的讨论角度，将马克思主义、中国特色社会主义理想信念、社会主义核心价值观等关系国家发展、民族命运的重大议题设计包装，更加巧妙合理地传播给团员青年。

（三）加强制度建设，完善审核发布机制

团属新媒体平台作为官方宣传平台，必须有专门老师监督管理，必须有完备严密的审核机制。平台的指导老师应该具备思想政治教育相关理论知识，多参与培训、学习和交流活动，提升对新媒体平台的掌握能力。平台的日常运行因为多有学生参与，为防止出现不当内容，要严格“先审后发”，要明确“三审核、两把关”机制，即具体制作的“编辑”负责一审，当日的值班“责任编辑”负责二审，平台的负责人“总编辑”负责三审，三审后的内容发给负责老师进行第一次把关，负责老师审核后再发到相应分管领导再把关，层层审核，处处把关，才能确保提供准确、可信、有益的内容给受众。

（四）加强供给侧改革，创新制作模式

在日常生活中我们可以注意到，青年学生对有思想、有品质、有趣味的内容是有强烈需求的，高校团属新媒体平台的制作者和受众主体都是青年学子，因此必须增强语言和形式的现代感和时尚感，提升学生阅读体验，增进价值引导工作的亲和力。制作内容时除了传统的图文信息，注重运用视频、漫画、音频、动图等多种媒体形式，多用第一人称和第二人称增强代入感，选题要根据时间节点侧重学生校园生活中的重点和热点，

增强互动性。运行团队可以打破传统的按照功能区分如文稿部、摄像部、编辑部、记者部的部门设置，实行小组独立制作的“工作室制度”，每个工作室独立负责每次内容的开发、采访、制作、编辑和推送工作，不同的工作室可以有不同的风格，有利于增强运行团队的主体意识和产品意识，推动制作更多角度多元、内容创新、风格生动的高质量新媒体产品。

（五）加强文化建设，营造共青团认同感

团属新媒体平台不仅是共青团的发声平台，也是共青团的形象代表，稳定持续输出优质内容不仅能增强官方平台的口碑和用户黏性，扩大平台影响力，也能提升共青团的品牌价值，增强团组织凝聚力，使受众产生“我是共青团员我骄傲”的认同感和自豪感。一方面，高校团组织和新媒体平台的运行团队要重视发布的每一条信息，用情打造，用心制作；另一方面，新媒体组织也要打造自己的团队文化，如设计吉祥物、设计团队形象标识、加强团队建设、重视技能培训和个人包装等等，健康向上的团队才能制作健康向上的内容。

（六）加强矩阵建设，建立团属新媒体统一管理机构

团属新媒体的建设和发展要充分依靠团组织的组织力量，尤其是高校团组织本身具有很强的组织凝聚力和行动力。团属新媒体管理要注意整合资源，加强联动，以校级团属新媒体组织为中心，横向联合学生会、研究生会、青年志愿者协会等各类学生组织，纵向打通校团委、院团委、团支部等各级团组织，形成共青团新媒体矩阵，合理布局，同频共振，优势互补，加强传播效应，形成引领合力。团属新媒体组织要建立规范化的工作例会制度、沟通机制和评价体系，构建有效的信息共享、动态交流、联动反应的网络工作模式，加强相互了解和工作督促，形成良性竞争，用制度化的方式保障新媒体矩阵的稳定运行，最终形成“聚是一团火，散是满天星”的共青团新媒体矩阵优势，扩大团属新媒体平台在高校青年师生中的影响力。

（七）加强线上线下联动，最大化思想政治教育成果

“微时代”高校思政教育具有现实性与虚拟性并存的特点，共青团组织在实际工作中要注重线上线下各种教育资源的挖掘和整合，使各方面资源的教育功效发挥到最大，更好地为思想政治教育工作服务[4]。

首先，新媒体网络思政属于第二课堂，要善于引进和配合高校思政第一课堂的内容，将第一课堂上比较传统的教育内容通过新媒体形式再传播，既能够配合传统教育模式推动思政第一课堂教育内容入脑入心，也是第一课堂资源再利用，有助于加强新媒体理论知识宣传的思想性和规范性。其次，虽然当代大学生网络交流频繁、网络依赖性高，但生活中大学生对团体活动、社交活动依然有很高需求，新媒体组织可以利用这类需求组织线下活动，多开展面对面的交流讨论和实践活动，讨论大学生学习生活工作中的共性问题，共同参与主题团体活动。新媒体组织要充分依靠和发挥党团社团作用，线上带动线下，线下配合线上，引领学生积极参加社会实践活动和志愿活动，让大学生更多地将网络生活与现实生活相结合，走出网络,走出宿舍,走向操场，让大学生更多地接触社会，观察社会，了解社会，在实践中锻炼学生利用信息分析问题解决问题的实践能力，学习宣传党和国家最新政策和精神，加强学生获得感。再次，团属新媒体组织要注意结合高校日常工作内容和节奏，如重要节庆日、党团活动、学生社团活动、学生奖贷勤助免管理、就业规划、创业指导以及心理健康工作等，充分挖掘，巧妙结合，将新媒体工作日常化、生活化，使他们在日常实际工作中接受教育，并能够进行自我教育。

四、结语

随着“微时代”的到来，微博、微信、抖音、B站、知乎等新媒体平台和工具层出不穷，高校传统思想政治教育工作内容和模式遭遇巨大挑战。当前和今后长时期内，高校共青团都应思考如何借助新媒体传播优势，打造新时代共青团形象，发挥共青团思想引领作用，扩大主流价值影响力，唱响主旋律，传播正能量，更好地服务高校思想政治教育工作。

参考文献：

[1]中国共产党新闻网.以青春之我，贡献伟大时代 [EB/OL].[2019-04-30].http://cpc.people.com.cn/n1/2019/0430/c64094-31059998.html.

[2]王伟强,张波,张政.“微时代”大学生思想政治教育路径创新思考[J].武汉交通职业学院学报,2017(4):100-103.

[3]寿云蕾,徐达.“微时代”下高校新媒体网络育人平台的诊析与管理模式研究[J].文化创新比较研究,2019(35):72-74.

[4]马俊,王莉,胡找心.信息化背景下高校思想政治工作创新探究[J].学校党建与思想教育,2018(12):52-53.

[5]胡小芹.信息化背景下的高校思想政治教育工作研究[J].山西青年管理干部学院学报,2013(4):56-58.

疫情防控常态化下高校管理育人的机遇、挑战与有效路径探析*

天津工业大学

一、引言

自新冠病毒感染疫情暴发以来，全国人民勠力同心打响了疫情防控的阻击战，在党的坚强领导下，我国率先取得了抗击新冠肺炎疫情的阶段性成果。在全民抗疫过程中，广大教师奋斗在“停课不停学、不停教”的战线上，以疫情防控为重点，坚持落实“立德树人”根本任务，在教学、科研、行政、后勤等多方面加强管理，克服疫情带来的困难，使各项工作有序开展。然而在目前疫情防控进入常态化的背景下，高校管理工作正经受着重大考验，无论是管理水平、管理效能，还是制度健全、人才队伍素质都在本次全国疫情防控的大考中展现出来。管理育人作为高校育人工作的重要组成部分，相比于课程育人、科研育人、实践育人等育人体系，是高校育人工作的薄弱环节，尤其在疫情防控常态化前提下，高校管理育人的实效性尤为重要。

就目前高校工作重心来看，仍然存在重教育科研、轻管理的现象，这是长期以来高校突出科研和教学考核，而将管理工作作为辅助的必然结果。为破解高校思想政治工作不平衡不充分问题，着力构建一体化育人体系，打通育人最后一公里，教育部 2017 年制定了《高校思想政治工作质量提升工程实施纲要》，将管理育人列入“十大育人体系”，强调要把规范管理的严格要求和春风化雨、润物无声的教育方式结合起来，促进教育治理能力和治理体系现代化，强化科学管理对道德蕴含的保障功能，大力营造治理有方、管理到位、风清气正的育人环境。高校管理育人不再是单一的辅助工作，而是涉及教学、科研、行政、后勤等所有教育教学人员的系统性工作，是全体在校职工的责任和义务，也正如前文所述，在疫情防控常态化下，高校只有充分认识到管理育人的重要性，利用疫情防控所带来的提升管理工作效能的契机，补足短板，才能将管理育人落实落细。

二、疫情防控常态化下高校管理育人的机遇

新冠病毒感染疫情的突然暴发是对我们党的治理能力、治理水平的一次大考，面对这样一场人类共同的灾难，我们坚定“四个自信”，紧密团结在党中央领导下，取得了抗疫的突出成就，自疫情防控进入常态化以后，疫情防控便成了我们生产生活中的另一项重要内容，在这样的变革作用下，高校管理育人工作也迎来了新的发展机遇。

1.管理体系进一步完善，部门协同进一步加强

* 本文系 2020 年天津工业大学学生思想政治教育项目“新时代高校优良学风培育现状调查及对策分析——以天津工业大学为例”研究成果。

疫情就是命令。自疫情暴发初期，全国各地迅速进入战时状态，高校作为疫情防控的重点单位，也在第一时间紧急部署了疫情防控的相关工作。从最初推迟开学，改为线上学习、线上办公，到分批复课开学和师生每日健康监控、轨迹追踪，再到校园疫情风险点预警、公寓网格化管理，最后全面复课复学、校园疫情防控常态化，高校在应对新冠疫情的过程中逐步完善了自上而下行政指令的畅通，也强化了自下而上信息上传的渠道，使得各部门协同能力增强，管理体系进一步完善。高校通过疫情防控工作的调动，充分发挥教务部门、宣传部门、后勤部门等职能部门的工作特色，利用疫情防控给学生上好了一堂生动的思政课，而其中管理育人的内涵就在全校师生严守疫情防控规章制度、各司其职、紧密配合中春风化雨、润物无声地产生了。

2.科学管理意识加强，管理责任进一步压实

过去高校发展的重心在于教学和科研，对管理工作水平的提高投入不足，存在重教学轻管理的现象。随着疫情防控进入常态化，科学管理的重要性越来越凸显，高校在疫情防控工作中组织职能部门协同配合，科学管理的意识更加深入人心，尤其各高校针对应急防控做了充分预案准备，更加强调管理过程的规范性和严谨性，同时提高服务能力，使高校能够在满足疫情防控的基本前提下保障教学科研任务。在疫情这种重大危机的影响下，高校进一步加强了管理责任落实，从制度上、思想上层层压实疫情防控责任，也正因如此，管理服务的职责得到进一步落实，使管理育人工作更显实效。

3.人才队伍得到锻炼，管理技能显著提高

自 2020 年 2 月疫情暴发以来，几乎全体教职工均投入了疫情防控的阻击战中。在这一过程中，高校管理干部队伍得到了充分锻炼，无论从思想上还是管理技能上都显著提高。首先，从思想上，我国在疫情防控中取得的突出成绩为全国人民提振士气，使全国人民更加坚定了“四个自信”，牢固树立“四个意识”，做到“两个维护”。高校教职工更是深入理解了以学生为本的教育理念，明确了守土尽责、为国育才的工作职责。其次，从管理技能上，高校管理干部队伍结合科室本职工作落实疫情防控工作任务，使工作技能显著提升，对政策规定的理解执行有了更深入的认识。

4.管理模式真正进入数字化时代

数字化时代早已不属于新鲜词汇，但对于高校管理育人工作而言仍然是一个较为陌生的领域，目前大多数高校数字化建设进展缓慢，尤其在学生工作中较为突出，很多高校仍然缺少有效的信息化系统开展工作，利用传统纸质表格开展学生管理花费了大量人力成本。而疫情防控工作对高校管理效能提出了更高要求，要在最短时间内，将有效信息完成上传下达，同时要确保管理对象整体的数据有效性，这就要求高校完成从纸质时代向数字化时代的跨越。在笔者走访的一些高校中，已经将学生在校内的消费情况、行动轨迹、健康监测完全实现了线上操作，信息化系统会对每个学生的数据进行分析，形成有针对性的报告供管理者进行决策，此外，学生日常事务也实现线上“一站式”办理，让学生不跑路也能办事，极大解放了管理工作者的双手，也使疫情防控的数据抓取更加有效，使教职工把更多精力投入育人效能的提高和政策落实上。

三、疫情防控常态化下高校管理育人的挑战

随着疫情防控成了人们生活的习惯，高校在管理服务过程中既要配合做好教学科研工作，又要守住安全稳定的底线，过去旧的管理理念需要快速转换，而新的挑战也接踵而来。

1.正确理解校园安全稳定和管理育人的关系

校园安全稳定是高校的工作底线，也是实现立德树人的前提。然而新冠疫情给高校安全稳定工作带来了极大压力，除了防止疫情进入校园的防控压力，还有后疫情时代学生群体中容易出现的其他问题，具体包括：（1）疫情防控期间学生大多居家不能外出，容易引起心理问题，部分潜在抑郁倾向学生受环境诱发转为抑郁症；（2）学生只能线上学习，造成学习成绩不理想，部分及格红线外学生触发学籍预警，除了造成心理压力，面临降级甚至退学的情况发生；（3）校园实行封闭化管理，学生非必要不外出，容易造成学生逆反心理，为疫情防控增加安全隐患；（4）毕业年级学生受疫情防控影响，就业难度加大，容易引起悲观情绪，而这批学生学业已基本完成，如不正确引导，容易成为校园不稳定因素；（5）学生每日进行健康监测，发现有普通发热症状学生，如学校管理处置不当，容易引起恐慌情绪蔓延，造成妨碍安全稳定的突发事件发生。以上诱因相互关联影响，成为疫情防控常态化下校园内安全稳定压力传导的源头，而高校管理工作既要落实管理职责，又要突出育人内涵，在这样的安全稳定压力传导下，管理工作面临更大压力，这也是疫情防控结合日常管理工作的新挑战。

2.管理制度要适应疫情防控的总体要求

虽然目前我国疫情已经得到控制，但零星散发病例仍然时有发生，国外疫情形势依旧严峻，在这样的大背景下，我国疫情防控的弦必然不会松懈，因此高校的疫情防控管理制度就要不断调整以适应变化的疫情形势。管理制度的调整往往牵一发而动全身。在过去的高校管理中，早已形成了一套较为完备的管理体系，如今势必要对相关制度进行调整，其中教学管理制度和学生日常行为规范是改革的重点。既要进行必要的制度调整，又要保证管理工作的高效运行，其中需要进行详细的调查和研判，将会是高校管理工作中的一项重点。

3.管理工作数字化基础需要提高

当前部分高校学生管理工作数字化程度较低，尤其开展具体管理工作的一线教师缺少必要的数字化办公意识，过于依赖纸质办公，面对疫情防控的巨大压力，往往因信息延误、数据不准确而耽误工作。随着疫情防控进入常态化，日常的学生数据监控和信息报送需要准确、高效、简洁地完成，因此高校学生管理工作的数字化改革势在必行。而目前高校数字化基础仍有待提高，具体表现在信息联动能力差、各职能部门信息数据库共享能力差、系统平台开发不科学、缺少专业团队进行后台数据维护等一系列问题，如何提高学生管理工作的数字化基础，是高校管理育人工作发展的重要课题。

四、疫情防控常态化下高校管理育人的有效路径探析

1.强化管理育人理念

管理育人是高校落实立德树人必不可少的内容，从全方位、全过程、全员育人的“三全”育人格局来看，管理育人是实现三全育人的必要途径。在疫情防控常态化的今天，

高校管理工作的水平和效能需要进一步提升，而管理育人的内涵挖掘也就需要进一步深入。因此，要在高校事务工作中不断强化管理育人的理念，特别要结合疫情防控的总体要求，把育人贯彻落实到管理工作的核心。

高校管理工作是一种系统而复杂的联动机制，要发挥育人特性就必须要突出学生的主体作用，引导学生参与到管理事务中，增强学生的参与感、获得感，既可以培养学生的主人翁意识，也能使学生在具体事务中锻炼交际能力、组织能力、协调能力，通过部分优秀学生带动，可有效提升整体校风、学风。此外，管理者本身作为制度的决策者和施行者，更兼具着引领示范的作用。高校学生日常接触最多的不是任课教师，而是包括辅导员、教学管理人员、宿舍管理员等在内的学生事务管理者，这些管理者的一言一行会直接影响学生的思想和行为，因此管理者在日常工作中既要履行管理的职责，更要践行良好师德师风，以身作则，用良好的师德师风引导优良校风学风的养成。

2.培养高素质管理队伍

随着教育发展需求对高校管理工作的要求越来越高，加之“00后”学生主体的特异性，管理者从传统管理方法中积累的经验已难以适应当前的管理工作，尤其在疫情防控的大局前已不再适用过去传统的管理经验，因此管理队伍整体素质的提高是有效提升管理工作水平的必然途径。高校需要结合发展目标有计划、有针对性地对管理队伍开展培训，并从师德师风、思想意识、业务素养等方面开展考核，以考核结果为导向，建立健全激励机制，提升管理队伍干事创业的积极性和效能。此外，高校要注重年轻管理者的培养与任用，尤其是负责学生工作的一线管理人员，充分发挥其贴近学生、了解学生的优势，把学生事务管理做进学生心里，在日常管理中培养学生德智体美劳全面发展。

3.整合资源开展数字化改革

管理工作数字化早已是大势所趋，高校应持续加强数字化校园建设力度，整合各管理部门间数据资源，建立一体化、一站式信息服务平台，分级分类设定管理权限，将管理模式由过去伞状改为网状的数字化管理，各部门间交联互通，信息统一收集、统一管理，降低人力成本，提高工作效率。特别对于学生管理工作，要利用数字化平台实行分类管理，将学生事务分类别集成到信息化平台，并利用大数据计算学生在不同事务上的需求和存在问题，帮助管理部门进行决策调整和制度修订，使学生足不出户就能感受到学校的关怀，体现出管理育人的温度。

五、总结与展望

高校管理育人工作实效的提高，关系到高校教学、科研等方方面面的发展，尤其在疫情防控进入常态化的背景下，充分利用疫情防控所带来的管理工作提升机遇，有效应对管理基础薄弱、制度体系不完善、危机事件频发的挑战，才能使高校管理育人工作真正落实落细。在实际工作中，除了要强化管理育人理念外，还需要高校加强顶层设计，构建“三全”育人的整体格局，将数字化校园建设更进一步，使学生在校园内体会到管理工作的温度，才能增强学生幸福感、获得感，这也为高校落实“立德树人”根本任务打下了坚实基础。

参考文献:

[1]储著斌. 现代大学治理的地方高校实践研究[M].成都:西南交通大学出版社, 2018:218.

[2]李云芝,王亚丽.高校大学生法治素养存在的问题与培育路径[J].高校辅导员,2020(1):69-72.

[3]王杨.加强高校管理育人面临的挑战与对策[J].思想理论教育,2019(12):107-111.

[4]刘艳红,储著斌.中国特色现代大学治理体系实现途径论析[J].高教学刊,2019(26):8-10.

[5]任媛媛,张昶,王少宾,许香稳.新形势下高校管理育人内涵探析[J].文教资料,2018(32):116-117.

[6]麻耀华.疫情防控形势下做好高校学生工作初探[J].现代交际,2020(23):126-128.

[7]李林娇.疫情后时代高校资助管理育人工作“心”发展[J].人才资源开发,2020(17):31-32.

[8]罗磊.数字化时代高校学生管理育人模式变革的思考[J].中阿科技论坛(中英文),2020(11):159-164.

高校劳动实践教育突发事件应急预案研究

孙家旺
天津工业大学保卫处

一、引言

近年来，随着社会的快速发展，经济进入快速路，高等教育也开始不断扩军，但与之相悖的则是社会生活中劳动教育功能逐渐淡化，家庭教育也逐渐缺失了劳动教育的环节。而作为实施劳动实践教育的主要阵地的高校，现实中的大学生劳动价值观不端正、劳动习惯不良、不具备劳动精神等成为普遍存在问题；同时各种各样的劳动实践教育突发事件也开始频繁发生，常成为热点话题。高校安全目前还没有较为完善的突发事件应急预案体系，高校安全突发事件的处理办法较为单一，由于互联网时代的信息传播速度很快，对于高校紧急安全事件处理不当，舆论导向很容易激发社会矛盾，扩大事态，甚至造成二次事故。因此，如何合理高效地处理高校安全突发事件已经成为高校管理者所需要面临和解决的一项重要难题。

二、高校劳动实践突发事件的诱因

高校劳动实践突发事件的发生率不断上升，已经成为高校建设发展需要去着重考虑的一项难题，所以，构建完善的高校劳动实践突发事件应急预案体系就显得尤为重要。而应急预案体系构建的基础部分，就是去深入了解校园安全事件不断发生的起因，从源头入手，是有效解决高校劳动实践突发事件的基础和前提条件[1]。高校劳动实践突发事件的主要诱因，存在于社会因素、校园管理、师生心理健康及互联网对校园的影响等四个方面。

1.社会因素

社会因素是校园劳动实践安全中最基础的影响因素。首先，随着经济的快速发展和社会进步，新时代的大学生活已经不再是单纯的学习知识，高校的师生在不断融入社会的经济生活和政治生活中，校园生活趋于多元化。他们对国内外的政治经济热点问题尤为关注。对于涉及校园师生的经济犯罪、因为政治事件自发的游行罢课和聚众闹事等行为，是高校劳动实践安全突发事件预防的重点部分[2]；其次，是社会的自然灾害及社会突发、偶发事件对于校园安全的影响。

2.校园管理因素

校园管理是校园劳动实践安全中最重要的因素。校园劳动实践安全突发事件存在于校园管理的各个方面，所以，校园劳动实践安全管理要做到全方位覆盖、长效实施、不断更新。首先，针对校园日常生活中的安全突发事件，如实验室的实验操作安全等，校园管理应该与教学实验室管理部门统筹安排，严格预防社会实践安全事故的发生。其次，高校社会化开放办学后与校园封闭式管理的冲突导致的安全事故的发生，这种现象在新冠疫情影响下显得尤为突出。由于高校学生习惯了大学生活中长期的开放式、自由式的管理，当由于突发事件导致校园开始封闭式管理时，学生无法适应突然改变的管理模式，同时，这也是因为高校管理对于劳动实践突发事件缺乏前瞻性和管理不完善的体现。校园封闭式管理是为了保障师生安全，而并非简单的一刀切——禁止出入，将校园与外界之间间隔开来。如果因为校园封闭式管理导致聚众闹事等校园各类安全事故的发生，那就说明校园封闭管理是存在缺陷的，并没有全面而有序地达到保障校园安全的作用。

3.师生个人因素

校园劳动实践突发事件的应急预案管理，最关键的因素，在于校园里的每一个人。保障高校师生的心理健康，可以从源头将人为导致的校园安全突发事件发生率降到最低，从源头解决问题。因为个人原因导致的校园安全突发事件主要集中在校园欺凌事件、同学矛盾导致的安全事故、校园性侵案件和抑郁症导致的自杀或伤害事件等几个方面。抑郁症导致的校园安全突发事件在近年来特别频繁，根据世卫组织最新统计，抑郁症已经成为仅次于癌症的人类第二大杀手，由于学习压力、科研压力、就业压力等原因，高校师生是抑郁症的高发人群。所以，定期开展校园心理健康教育，加强师生心理疏导，同时做好心理疾病的筛查防治，也是高校劳动实践安全突发事件应急预案体系构建的重点工作。

4.网络因素

21 世纪是信息时代、互联网时代，而网络是一把双刃剑，我们在享受互联网带来的便利的同时，也要警惕互联网带来的负面影响，多媒体网络已经成为新时代信息传递的主要通道和社会舆论的风向标。近年来，高校中因为电信诈骗案件、网络贷款和社交网络舆论造成的校园劳动实践安全突发事件的发生率一路上涨。由于高校在社会群体中的素质评价普遍较高，所以一些负面新闻出现时高校更容易成为舆论焦点，而高校师生在应对和处置舆论风波时，却表现出应对不足、承受能力较弱的现象。所以，网络安全也是高校劳动实践安全突发事件应急预案体系构建的不可或缺的因素。

三、高校劳动实践安全突发事件应急预案体系构建的现状

清晰的分析高校劳动实践突发事件的诱因，是高校劳动实践突发事件应急预案体系构建的基础和重点，而把握好高校劳动实践突发事件的特点与现状，则是完善高校劳动实践突发事件应急预案体系的关键。自改革开放以来，高校的改革建设和中国快速发展的经济一样阔步前进，但是在高校扩招建设的过程中，并未做到各方面齐头并进，尤其突出表现在高校中对于劳动实践安全突发事件的应急体系构建上，还有很长的路要走。目前存在的问题，主要表现在以下几个方面：

1. 对劳动实践安全重视不足

高校对于劳动实践的各项安全预防演练和安全原则的制定不够完善，同时还存在高校师生对于劳动实践安全突发事件的警惕性不高、安全应急预案更新不同步、落实不到位、培训没有效果等问题。例如实验室安全原则，更多的只是张贴在实验室，并未有效组织学习，且内容多为类似宣传和普及性的文字，并没有让实验室的操作安全准则有效

地落实到每一位实验室操作人员的心中。近年来，类似北京交通大学实验室起火案、上海某实验室有毒气体泄漏、兰州兽医研究所布鲁氏菌感染等高校安全事故，均与未遵守实验室安全准则有关；还有多所高校的宿舍火灾事故，也多为学生违规使用大功率电器导致，说明学生对于安全用电的意识不强、认识不足，学校应该组织相关的讲座，定期宣传培训，让学生认识到安全突发事故的严重性和遵守各项安全原则的重要性。

2.管理缺乏整体性

高校在处理校园劳动实践安全突发事件时缺乏整体性，安全事件应急预案体系较为零散，应急管理体系缺乏组织化[3]。由于高校单位的特殊性，所以在日常工作管理中涉及的安全生产事件是复杂多样的，高校与当地政府、大众媒体和学校周边市场商铺构成了多元交叉的关系网络，所以在安全管理和应急预防中工作量巨大。同时，由于高校学生是即将走向社会的人群，在毕业前，外出实习对于学生至关重要，实习是劳动实践的重要内容之一，实习期也是安全突发事件频发的时间段之一。高校在对于学生外出实习的安全管理中，多为签署安全责任书的表面形式，高校在劳动实践安全突发事件应急预案体系的构建中缺乏与这些单位的联动，通常在校内只会通过保卫处或者学工办等部门来进行处理，实习过程中对于安全管理也仅侧重于对学生的口头约束。所以在预防和安全体系构建上需要覆盖面更广，更加高效联动、细化分级、明确分工。

3. 缺少法律支撑

高校劳动实践安全突发事件的管理体系缺乏相关的法律文件保护与支撑。虽然已是全民普法的时代，我国的法律体系也在不断完善，但是对于高校劳动实践突发事件的应急处理的相关立法文件却相当有限，缺乏法律支撑的应急预案体系就会出现执行力不足、重视程度不够等问题，甚至在高校安全管理中还会出现学校的安全管理办法与学生现实问题出现矛盾等情况，这都是因为劳动实践中安全突发事件应急预案的约束力不够造成的。

4.预防不到位

高校安全应急预案体系在处理问题时主要表现为事后处理为主、预防为辅，工作的侧重点存在问题。例如越来越多的校园自杀，学校更多关注于突发事件的处理和善后工作，而忽略了对于师生的心理健康咨询和干预，没有从预防安全事故发生的角度去解决问题。目前，高校师生的心理健康问题较为严重且具有数量上升趋势，所以心理健康咨询在高校劳动实践安全工作中责任重大，对于预防校园安全突发事件具有十分重要的作用。

四、高校劳动实践安全突发事件应急预案体系的构建与完善

劳动实践作为高校培养学生技能和培育全面人才的载体，对于高等教育工作意义重大，而由于高校劳动实践过程中安全突发事件的特殊性，高校劳动实践突发事件应急预案体系需要形成一个多元的、联动的管理网络。突发事件应急预案的完善主要可以从以下几个方面来进行：

1. 管理细化，联动高效

完善高校安全管理体系，改变安全突发事件的应对模式。首先改变以往只有相关职

能部门负责处理突发事件的模式，从高校管理者的角度出发，将安全突发事件的应急工作细化，分级管理，并把具体的安全管理工作进行分工落实，将重心下移，形成快速高效的安全管理应急预案体系，避免口号作风，真正做到上传下达[4]。同时针对劳动实践安全突发事件的特殊性，遵循“以人为本”的原则，制定在紧急情况出现时的特殊流程，在应急预案执行中时刻把师生健康放在应急处理工作的第一位，让师生重视学校的劳动实践安全突发事件应急处理工作，使师生成为突发事件应急预案体系构建的参与者。

2. 预防为主，注重效果

完善高校劳动实践安全突发事件应急预案，建立一套完整的“预防为主，高效执行”的应急预案。例如定期更新实验室安全规则、宿舍用水用电安全准则；利用高校师生道德素质相对较高、学习能力强的特点，定期组织培训相关的火灾、洪涝、地震等灾害的逃生技巧；宣传学习公共卫生知识；联合相关部门，组织演练全套的劳动实践安全突发事件应急预案，进行实战检验，为今后继续修订和完善预案提供第一手材料，提高高校劳动实践安全突发事件应急预案的可操作性。当紧急情况真正出现时，师生可以正确运用应急技巧，有效避免安全突发事故的发生，使预防应急体系真正具有应对突发事件的能力。

3.加强心理健康教育

全力加强心理健康教育与心理咨询，与互联网多媒体有效结合，利用互联网络完善突发事件应急预案体系。因为心理因素而诱发的安全事故是近年来主要的校园安全突发事件，师生心理健康必须引起重视。高校通过建立心理健康档案、开设心理咨询室、定期进行专家讲座和团建活动等形式保障师生心理健康，同时利用网络便利与专业的心理咨询机构合作，为师生开展网络心理咨询也是有效的手段之一。对有心理健康问题的师生，在保护隐私的基础上尽量多地给予帮助和关怀，将心理健康原因造成的安全突发事件的发生率降到最低。

4.将安全保障融入劳动实践

高校的劳动实践教育与课堂教育最大的区别在于其实践性，学生在这个过程中，既是受教育者，又是实践教育的参与者。所以，学校对于劳动实践的每一步都应当严格把控，做到学校安全有保障，学生自身安全管理有准备，让劳动实践的效果最大化，风险最小化。

五、结语

在高校劳动实践安全突发事件应急预案体系构建的过程中，遵循党的坚强领导，坚持马克思主义的指导地位，加强党对教育工作的全面领导。深入分析高校中可能导致安全事件突发的各种诱因，针对目前安全突发事件应急体系中存在的问题，从原因入手，以预防为主，构建更加完善的劳动实践安全突发事件应急预案体系。努力构建德智体美劳全面培养的教育体系，弘扬劳动精神，突出创新意识和实践能力，并在实施的过程中不断更新和完善。合理、科学、高效的劳动实践安全突发事件应急体系不仅是校园安全生产的保障，更有利于促进高校教育科研事业的发展，保护学生生命安全。

参考文献：

[1] 蒋樟生，高校突发事件应急管理问题及对策研究[J].中国安全生产科学技术，2013(4).

[2] 王春波,胡继成,李琦.高校突发事件应急管理研究[J].吉林工程技术师范学院学报,2015,31(7):28-29.

[3] 姚朋君,范强锐,马涛,等.高校安全生产突发事件应急预案体系构建[J].实验室研究与探索,2015(4):282-285.

[4] 郑欣.高校安全生产突发事件应急预案体系构建[J].青年与社会,2019(12).

[5] 邵长威，思想政治教育视域下提升大学生劳动素养的途径探索[J].辽宁工业大学学报(社会科学版),2019,21(4):98-100,106.

[6] 李春云，浅析大学生进行劳动教育的必要性[J].中小企业管理与科技（中旬刊），2014(8):281-282.

发展型资助育人视域下实践育人研究

郝伟
天津工业大学机械工程学院

一、背景

党的十八大以来，习近平总书记站在全面建成小康社会、实现中华民族伟大复兴中国梦的战略高度，把脱贫攻坚摆到治国理政突出位置。在《摘编》中提出“五个一批”工程，其中一条就是“发展教育脱贫一批”①。随着我国教育事业的发展，高校资助政策也在不断完善，底线是确保学生不因家庭经济困难而失学。精准扶贫工作开展以来，各高校认真执行国家和地方的资助规定，坚持“扶困”与“扶智”、“扶困”与“扶志”相结合的精准扶贫思想，坚持育人导向，以落实精准资助为根基，以人才培养为核心，逐步形成了奖、勤、助、贷、补、学费减免、绿色通道等多元混合的资助模式。除国家奖学金、国家励志奖学金、地方政府奖学金、校奖学金外，还设有企业奖学金和专项奖学金，做到学校、企业、社会多方力量、多种举措有机结合和互为支撑的“三位一体”资助格局，切实形成了资助育人的良好局面。

但是，“资助育人”，“资助”是手段，“育人”是目标。高校资助工作的关键是要切实提高资助质量，把激发困难生内生动力、增强学生综合素质提升作为根本举措。因此，资助育人要探索如何增强受助学生自我发展的“造血”功能，实现从“扶困”到“扶智”“扶志”的转变。

诺贝尔经济学奖获得者阿玛蒂亚·森（Amartya Sen）提出了“能力贫困”的概念：“贫困不仅仅是物质收入低下，更严重的是缺乏获得基本生存与发展机会的‘可行能力’。”②基于这个理论，“资助育人”只能算是解决了学生在经济上的基础需求，而根本性的问题是，要让学生获得“可行能力”。所以此时，在资助育人的视域下，就要将“实践育人”有机融入，让学生们在受助之后激发内生动力，将“生产劳动同智育和体育相结合”③，用自己的双手创造价值，实现经济资助、精神培育和能力锻炼的充分融合。

基于此，本文重点研究发展型资助育人视域下，实践育人的特点、原则与路径方式，旨在厘清二者相辅相成、各有侧重、殊途同归的关系，更为今后高校的育人提供新的视野和具体路径。

二、特点

1.保障性和发展性

发展型资助育人视域下的实践育人，以经济资助为基础、以发展性扶助为目标、以

① 中共中央党史和文献研究院.习近平扶贫论述摘编[M].北京:中央文献出版社,2018.
② 阿玛蒂亚·森. 以自由看待发展［M］. 任赜，于真，译. 北京:中国人民大学出版社，2002.
③ 马克思恩格斯选集.第2卷[M].北京：人民出版社，1995.

搭建实践平台为立足点，既切实解决了家庭经济困难学生的难言之隐和燃眉之急、保障了他们上学的物质条件，又注重对其发展进行扶助，并鼓励他们参与实践活动，寻求个人成长。其中，保障性经济资助立足于解决学生经济和生活困难，各级政府和高校通过不断完善资助体系，在入学前、入学时、入学后各个阶段都能保障学生可以得到资助，确保每一名确实困难的学生抛去经济烦恼、安心学习。发展性育人则着眼于学生的成才成长，让学生在解决基础性问题后能够有更高层次自我发展的需求，通过教育教学、创新创业、志愿服务、职业探索等多种方式，提高受助学生的整体素质和综合能力，实现“保证基本盘”与“促进再发展”的结合，夯实土壤后力求长出参天大树。

2.高校主导型和学生主体性

发展型资助育人视域下的实践育人，既要注重高校的主导作用，又要尊重学生的主体地位，激发学生的主观能动性。一方面，学校作为资助工作、育人工作的组织者、开展者，要整合部门、统筹部署，按照资助工作的政策要求为学生开展资助服务。同时，学校也要精心组织、联动社会，为学生提供实践的场所与机会，才能达成资助育人与实践育人的同步并进。另一方面，当代大学生作为学习和成长的主体，具有主观能动性，学生会自主选择接受资助的项目，以及是否通过努力获得奖学金、是否要参与广泛的社会实践来提高自身本领。所以，我们要将高校主导与学生主体相结合，高校在做好资助工作的基础上，需提供足够多的学生成长平台，并且做好宣传教育，引导学生通过实践寻求发展，才能够达到育人目的。

3.整体全员性与个体针对性

按照资助工作和劳动教育的政策要求，高校在开展这两项工作时要切实做到学生全覆盖，教育、宣传到位。比如，在大一开学时即反复通知、摸排家庭困难的学生，通过集体摸底、一对一谈话等方式，做到无遗漏。同时，实践教育“是将知识转化为能力、精神、品格的必由之路和根本途径，是人才成长的决定性因素”①，所以劳动教育面向全体学生，做到全员参与。但是同时，在满足整体性教育的基础上，每名受助学生家庭困难的具体问题不一而同，学生个体现实问题或发展需要也各不一样，所以要有针对性地使用不同的资助项目，并且面对不同的受助学生，要逐一谈心谈话、设定个性化方案，寻求适合每名同学的个性化发展路径。这样才能有的放矢、对靶射箭，满足不同学生的差异化、个性化需求，有效地解决学生问题、促进学生成长。

三、原则

1.实践教学

发展型资助育人视域下的实践育人，要强调实践教学的功用。“实践教学，强调个体实践体验对于意识形成和能力培养的突出作用，聚焦于实践，是以解决实际问题为中心，培养实践能力的教学方式。”②要彻底改变高校一直以来存在的重理论、轻实践的问题，突出实践教学的教学模式，在讲授式教学方式的基础上，努力建构以活动和项目为

---

① 申纪云.高校实践育人的深度思考[J].中国高等教育，2013（Z2）.

② 罗亮.改革开放以来高校实践育人的发展历程与基本经验探析[J].思想理论教育，2019年（05）.

中心的体验式教学模式，给学生提供自己动手、互动体验的平台。依据《高校思想政治工作质量提升工程实施纲要》，实践教学比重还将进一步增加，哲学社会科学类专业实践教学不少于总学分（学时）的15%，理工农医类专业实践教学不少于25%。学校在顶层设计和政策实施的过程中，要将实践教学融入育人的全过程，将规定转化为理念，促进受助学生乃至全体学生的能力发展。

2.平台建设

发展型资助育人视域下的实践育人，要搭建共同建设的平台。不管是资助育人还是实践育人，都是高校立德树人的一环，而育人工作整体来说是一项系统工程、一项合力工程，需要全校乃至全社会各个部门的共同参与，从而形成合力，构建育人共同体。政府、高校、企事业单位等社会各方要按照“党委统筹部署、政府扎实推动、企事业单位广泛参与、高校着力实施”的原则，协同多方主体，发挥育人资源的集聚效应。

在校内层面，发展型资助育人视域下的实践育人，面向全体受助学生，由党委学工部主导，学院直接负责，学校宣传、团委、教学、人事、科研、财务等部门齐抓共管，彼此协同配合，从给予学生资助保障，到管理学生日常学习实践，最后达到育人的目的。高校要把资助育人和实践育人有机结合，在两项工作的整体框架内研究战略规划、磋商培养方案、理顺体制机制，营造良好的育人环境。

在校外层面，一方面，当下的资助体系包括社会方面的资助，比如校友会奖学金、地方政府奖学金、企业奖学金和专项奖学金，甚至一些企业和社会人士也会设立助学基金，能够使资助育人范围得到有效扩充。另一方面，高校协同政府、企事业单位，依托产业园、高新技术开发区、社区、乡镇企业等社会机构，建立稳定的校外实践教学基地，为学生提供实践的场所与平台，不断完善科教融合、校企联合的协同育人模式。

3.素质拓展

发展型资助育人视域下的实践育人，要促进综合素质的拓展。综合素质是“指人具有的学识、才气、能力以及专业特长等综合条件，也称综合表现力”①。大学生综合素质包括思想政治素质、科学文化素质、创新精神和实践能力、健康身体素质等等。无论是资助育人还是实践育人，都不仅要给予学生物质资助，更要通过实践教育、思想引领、持续激励，增强受助学生的综合素质。资助育人视域下实践育人的素质拓展，重在对学生思想意识的锻炼、创新能力的增强、个性特长的发挥，并突出培养他们为社会主义国家和人民服务的奉献精神、勇攀科学和人生高峰的进取精神、锐意钻研的创新创业精神和解决实际困难的实践能力。“授人以鱼不如授人以渔”，学生终究要成长并独立走入社会，高校要做的是发挥育人功能，通过实践教育来让学生“学会学习”，如此才能使学生无论面临什么困境都能找出方法予以解决。

4.宣传教育

发展型资助育人视域下的实践育人，要归于自强意识的激发。一方面，通过经济资助解决受助学生的经济困难问题，以及对资助政策的宣传，可以减轻学生来自外部世界的负担压力，更能让尚未入学的准大学生充满希望，让全体学生都把精力集中到学习实践和提高个人能力上来。另一方面，通过对国家励志奖学金获得者等受助学生典型的宣

① 甘霖.高校实践育人研究[M].北京：人民出版社，2015.

传推广，能够发挥榜样的引领作用，引导更多学生树立自立自强意识。比如天津工业大学的“资助宣传形象大使”宣讲活动，优秀学子回到家乡、深入学校、进村入户开展“现身说法”，向老乡和学弟学妹们介绍自己在国家资助政策帮助下如何扫除经济顾虑、安心学习、健康成长，为经济困难家庭子女求学解决后顾之忧，鼓励他们通过努力奋斗改变自己和家庭的命运。

四、路径

1.勤工助学

勤工助学是发展型资助育人视域下的实践育人的重要载体，既能给予学生在经济资助之外的物质报酬，又能真正让学生深入实践中去亲身感受。高校为大学生搭建了各种形式的勤工助学平台，如爱心超市服务，或者校园行政部门“小秘书”等；部分政府部门、企事业单位以项目发包的形式提供勤工助学岗位，让受助学生在职业实践的同时，体验职场社会、团队合作的经历，提升面对挫折、战胜困难的能力。勤工助学彰显了大学生的社会责任感，也切实达到了资助育人和实践育人的目的。

2.志愿服务

志愿服务是资助育人视域下的实践育人的普遍形式，在社会层面可以弘扬正能量、唱响主旋律，对学生自身也有道德浸润的作用。近年来，随着高校实践育人理念的兴起，志愿服务已蔚然成风。各类社会机构与高校达成合作，以大学生为主体，开展了大量形式、内容各异的志愿服务活动。这些形式各异的志愿服务，在为社会提供公益服务的同时，能够有力地激发学生服务社会、奉献他人的热情，点燃学生心中作为社会一分子的责任感，达到实践育人的目的。因此，高校应将志愿服务作为学分管理体系的一部分，将学分与志愿服务挂钩，通过学分等手段鼓励学生注册成为志愿者参与志愿服务，也可大力推广大学生志愿服务西部计划、研究生支教团等具有品牌效应的系列项目，在利用志愿服务实践育人的同时，扩大高校影响力，实现服务、育人与品牌的三重作用。育人是高校志愿服务的根本，制度化、常态化应成为高校志愿服务的管理目标，公平、公正、规范、合理的志愿服务管理体系才能更好达到实践育人的目的，推动高校志愿服务更好发展。

3.课程实践

课程实践是“一个综合的、复杂的、需要统筹安排的教学过程，是理论联系实际的重要途径，能够对大学生的基础知识、道德修养、专业技能和就业能力进行全面检验、重点培养和不断提高”。传统课程教学注重知识传授，以考试、论文等方式作为考核标准。在发展型资助育人视域下，我们要发挥实践育人的作用，引导大学生将课本所学应用到实践中，在实践中检验和发展真理。在思政课程方面，要引导学生多出去走走，比如组织学生参观革命老地，变思想政治教育为文化浸润。在理工科课程中，要和业界合作，给予大学生动手实践的机会，让其在亲手操作中感受数理化学科的美妙。在人文社科类课程中，增加田野调查、深入实践的学时和机会，增加活动吸引力，提高学生学习兴趣和学习效果。

4.创新创业

创新创业教育日益成为实践育人的重要载体，各高校不断“探索建立社会实践与创新创业相结合的管理体制”①。2012 年，教育部等部门为深入贯彻落实实践育人，指出要“加强大学生创新创业教育，支持学生开展研究性学习、创新性实验、创业计划和创业模拟活动”②，强调依托高新技术产业开发区、工业园区和大学科技园等，建设创业实习基地、孵化基地。创新创业教育作为资助育人视域下的实践育人的重要载体，高校要提起重视、大力推进。大学要优化思政课程架构，将创新创业教育有机融入课程中，大力提高学生的创新精神和实践能力。其次，要鼓励、支持、引导学生的创新创业实践，组织多样的创新创业比赛、活动，设置创新创业奖学金，特别是针对受助学生合理设置奖项，激励学生参加参与。同时，要注意校企合作，为学生的创新创业实践提供专业和业界的双重支持，给予创新创业更多的发展平台和机会。

参考文献：

[1]中共中央党史和文献研究院.习近平扶贫论述摘编[M].北京:中央文献出版社,2018.

[2]阿玛蒂亚·森. 以自由看待发展［M］. 任赜，于真，译. 北京:中国人民大学出版社，2002.

[3]马克思恩格斯选集.第 2 卷[M].北京：人民出版社，1995.

[4]申纪云.高校实践育人的深度思考[J].中国高等教育，2013（Z2）.

[5]罗亮.改革开放以来高校实践育人的发展历程与基本经验探析[J]. 思想理论教育，2019（5）.

[6]甘霖.高校实践育人研究[M].北京：人民出版社，2015.

[7]教育部思想政治工作司.加强和改进大学生思想政治教育重要文献选编（1978—2014）[Z].北京：知识产权出版社，2015.

① 教育部思想政治工作司.加强和改进大学生思想政治教育重要文献选编（1978-2014）[Z].北京：知识产权出版社，2015.

② 教育部思想政治工作司.加强和改进大学生思想政治教育重要文献选编（1978-2014）[Z].北京：知识产权出版社，2015.

通过高校学生信息化建设探索政工工作新模式

贾麟
天津工业大学

高校学生管理工作是一项复杂的工程,在这一过程中,学校需要投入大量人力物力,对学生基本信息、教学管理及校内生活进行全面管理。而传统管理方式在高校学生管理工作中虽然起到一定成效,但却难以充分发挥学生的主体性地位,长此以往不利于学生管理工作的开展。随着我国社会的不断发展，传统的管理方式已经不能满足当前工作需求。尤其是对高校学生事务管理，实现网络育人方面，是迫切需要解决的问题。师生的观念随着时代的发展而不断变化，生活方式、人际关系较以前相比也有很大的不同，管理方式也随着实际情况而不断转变，因此政工工作必须立足于实际而进行不断的革新。信息化技术的建设和发展是高校教育发展和高校学生管理工作有效进行的必然，尤其现在的学生越来越多地利用互联网信息化技术进行学习和生活，高校对学生成长的关心，需要利用有效的媒介和手段去了解学生发展的动态。因而立足于信息技术的制高点，将学生信息化建设与政工工作有机联动，从全过程、全方位的视角探索和开展高校政工工作至关重要。

一、健全网络平台，推动思政教育改革，探索服务新模式

1.深化信息化系统建设，转变信息传递模式

推动思政信息化建设，应坚持以“统筹规划、分步实施、注重实效、融合创新”为原则，以管理体制、机制和队伍建设为保障，以学校网络及学生信息化基础设施建设为基础，以资源、信息交换和应用服务建设为重点。做好顶层设计，合理对学生管理信息化工作进行规划，并根据高校的实际发展情况进行各项规章制度的设定。通过学生信息化建设，将大学生思政教育从传统教育模式向基于互联网平台的互动教育模式转变。通过设计开发新的学工部站点、建立公寓信息化管理系统，以及进行新生军训专题报道，逐步将信息的转递模式和对学生的管理模式转变得更容易为学生所接受。

2.网络系统延伸服务平台，开拓思想引领新模式

结合“互联网+”高校思政教育需求，打破传统教育模式限制，需要充分调动网络资源。合理将大数据技术引入学生信息化管理中，可以通过大数据技术的运用来对学生管理各个方面的相关数据信息进行汇总和搜集。优化整合、专项建设是实施信息化建设的基础。为了确保学生信息化支撑体系的良好运转，从基础设施、资源建设、支持服务三方面完善信息化平台建设。充分保障网络信息平台对教育资源的运用,使高校思政教育实现对称性发展。以时事新闻报道为例，通过信息化平台，不同的社会热点问题会通过结合校园时事，实时、全方位、多角度为同学报道相关内容，同时学生也可以在平台上进

行讨论，教师便能收集学生发表的看法作为后续阶段工作规划的参考。同样以军训为例，通过信息化技术将每年因各种原因无法参与到军事训练课程中的学生，整合组建后勤保障连，将这部分特殊的学生也囊括到军训队伍中，为参与军训的师生教官提供各种服务，真正融入新生集体。在大幅提高高校思政教育实践效率的同时,亦可为高校学生积极融入思政学习实践环境营造良好的教育氛围。

二、利用平台优势，树立大宣传观，加强核心价值引导

1.信息化平台实践应用，加强精神文化传播

坚持思政教育的导向性原则，通过潜移默化地影响改变教育主体对高校思政教育认知，运用少量多次的方法缓慢地将思想政治教育思维逻辑注入学生思想意识中。通过学生网站上线“致谢研途，感恩有你”“习近平每日金句”等专题页面。在“天工大学工在线”微信平台上推出了“思想引领”“宿舍卧谈会”及“食品安全”等专题报道。一方面做到尊重和传承中华优秀文化传统，另一方面也充分挖掘自身独特的文化品格与精神特质，将社会主义核心价值观与信息化建设有效融合，合理地利用技术，人性化地编排内容，赋予物质环境特定的文化内涵和教育意蕴，逐步形成物质文化积淀。

2.增加参与互动，引导树立核心价值观

灵活运用网络平台，充分调动学生文化活动这一校园文化的重要展示载体和育人的有效渠道优势，激发学生创新精神和社会责任感。积极开展宿舍文化节活动、宿舍安全违禁品展示活动以及消防演练活动。利用网络平台优势，增强学生互动，吸引越来越多的同学关注及参与。将社会主义核心价值观贯穿于文化活动的各个环节，激发师生报效祖国的热情和改革创新的意识。同学们积极参与的同时，也在逐步践行服务国家、服务人民的社会责任，塑造其“内化于心，外化于行”的行动力。让学生对网络环境下的负能量产生“抗体”，帮助学生认识我国政治体制并坚定学生政治信仰。

三、强化思想引领，切实围绕一个中心

“以人为本”是科学发展观的核心内容，也是做好新时期高校学生思想政治教育的出发点和落脚点。在充分利用好信息化技术的基础上，切实把“以学生为本”的精神体现在思政工作的各个环节，并且落到实处，使思想政治教育工作水平不断上档次、上水平、见实效。经常性地宣传校园文化活动，利用信息互联网增强师生学习交流，培养积极向上的进取心。同时锻炼出一批专业的“红客”队伍，以运营者和参与者的身份，常驻新媒体平台，表扬校园好人好事，坚决抑制歪风邪气，敢于批评错误思想和行为，净化舆论、正确引导舆论，进而增强师生对校园文化的认同度和归属感，增进精神文化建设的向心力和凝聚力。

四、做好两个基本点，提升政工工作水平

1.提升政工工作水平，靠的是安全秩序的稳定

维护校园安全秩序，是开展思想政治工作的基本需求。在新时代复杂的环境下，部分学生受到环境的影响导致各种极端的心理倾向。为了保障思想政治工作的顺利开展，

针对这一部分学生，建立起一套特殊人员管理程序，要求学院安排辅导教师对有特殊需求的学生一对一进行监督辅导。利用信息化平台建立学生档案，监督其日常行为，建立起一套信息化安全预警程序。同时为了保护这一部分学生基本信息及各类涉密数据的安全，要求做到严格执行信息安全制度。

2.提升政工工作水平，靠的是舆论引导工作的保持

为了应对复杂的网络舆论环境，政工师必须具有正确的人生观与价值观、高尚的道德情操和魅力，以及良好的沟通与协调能力，也要掌握一些心理学知识，还应紧跟新时代、新形势步伐，这些都需要政工师勤学习、拓宽视野。因此，政工教师还应不断学习政治理论、时事法规和科学文化等，可以把日常发现的新论点、好文章整理剪辑，储备素材、收集资料，不断总结积淀知识储量；应坚持勤总结，把实践中遇到的问题归纳整理，不断反思积累，为后续开展工作更好定位；应多学习借鉴，学习他人先进的经验或好的做法，自我启发以便日后活学活用。此外，还需要从学生的角度出发，打造学生信息化团队，不断引导和锻炼学生，打造一支专业的信息化队伍。从学生的角度出发，以高素质、高度理论知识、高实践经验为基础，通过投稿、发表观点、评论点赞的方式引导舆论走向。

五、建设优化完善，重点抓好三条主线

1.夯实队伍素质，造就学生榜样

在开展思想政治教育工作过程中，校园学生信息化团队，不但是政工教师的好帮手，而且应当作为榜样，辐射所在学院的其他同学。因此在日常管理中需要对团队专业技能、思想素质及团队凝聚力进行专项训练，以学生成长为切入点着力开展有滋有味的思想政治教育。日常与团队学生一起工作，破除师生“疏离”，面对面、心贴心开展“有温度”的思政工作。打造一支高素质的团队，让团队的成员通过自身的变化影响更多周围的同学，带动同学们一起进步。

2.完善制度机制，规范监察体系

网络信息真真假假，很容易冲击学生党建工作平台，如果不能有效地控制，其危害性是不堪设想的。对此，必须严格执行网络监管，对信息进行审查，加强传统媒体和新媒体的宣传力度，提高同学们对信息的辨别能力。网络思政教育与传统思想政治工作高度融合,构建多维度联动机制。一是网络信息技术与思想政治工作的传统优势相融合；二是借助网络平台将学校与家庭、社会相联合,充分发挥家庭、社会的力量,建立“学校—家庭—社会”的网络思政教育机制；三是推动网络思政教育在多领域的有机联动,实现多领域协同并进。网络能够有效整合专业教育、社会实践、校园文化、创新创业等多领域的资源,网络思政工作者应该统筹谋划、重点打造,形成品牌效应,有效推动网络思政教育在多领域的融合发展、有机联动,实现多领域协同并进,形成良好的教育效益和社会效益。

3.增强硬件设施，提升信息传播效率

为了能够填补学生下课后的“空白时间”，应当将思政教育融入学生生活的方方面面。安装智能化设备，例如为宿舍安装智能电视机，对公寓智能电表进行信息整合及推动人脸识别门禁系统，都是为了更好地获取到学生行为，实时向同学们传播主流价值。

同时充分发挥专业思政工作者、专业课教师、管理服务人员、学生干部等全员育人队伍的力量，让思想引领，思政教育无处不在、无时不在，融入学生的日常生活中。充分利用好线上线下“左右手”，利用新媒体互动性强、传播速度快等特点扩大影响力，拉近彼此间的距离感。从知识传授、价值引领、能力养成等方面培养大学生成为德智体美劳全面发展的时代新人。

六、结语

通过基础设计的学生信息化平台建设及大数据等技术手段，建立系统、科学和可行的信息管理分类体系、应用服务和管理制度，建设和完善信息化管理平台，为政工工作决策提供数据支持。高校学生管理信息化的建设离不开网络技术支持，通过该技术手段预测学生的偏好、校园思想舆论倾向等，并及时进行相关策略的制定，更好地引导校园舆论发展。充分听取学生的心理诉求，关注学生的情感需求，增强互动性以及学生的归属感，做到内化于心，外化于行。要不断尝试学生管理的新形式，将学生管理工作融入校园建设当中，实现学生管理、学生发展和高校发展的同步性。利用先进的计算机网络技术为师生提供更好的服务，可以更好地与师生进行沟通，及时听取反馈意见，按照师生需求解决更加实际的问题。彻底打破师生隔阂，将思政教育通过网络信息技术融入学生校园生活的方方面面，对学生进行价值引领。润物细无声地引导同学们建立正确的“三观”，坚定“四个自信”，培养学生的家国情怀，培养德智体美全面发展的社会主义建设者和接班人。

参考文献：

[1] 陶达，张劲.新时代高校网络意识形态工作探究[J].学校党建与思想教育,2020(16):14-16.

[2] 张辛未.新时代高校学生工作新探索[J].花炮科技与市场,2020(3):150-151.

[3] 李方.全媒体时代高校思想政治教育工作的挑战与对策[J].山西大同大学学报(社会科学版),2020,34(4):15-19.

[4] 刘佳.新形势下新媒体网络传播对高校形象的影响及高校应对策略研究[J].现代交际,2016(21):167.

[5] 兰瑞芳.新时期高校思想政治教育工作创新研究[J].中国教育学刊,2015(S1):244-245.

[6] 蒲海燕.浅析高校意识形态建设存在的问题及应对措施[J].人才资源开发,2016(22):37.

立德树人是思政课最鲜明的精神标识

张晓沛
天津工业大学 马克思主义学院

2020 年第 17 期《求是》杂志刊发习近平总书记的重要文章《思政课是落实立德树人根本任务的关键课程》，文章指出：“思政课是落实立德树人的根本任务的关键课程，思政课作用不可替代，思政课教师队伍责任重大。”[1]这一论断科学全面地概括了思政课“立德树人”的主渠道作用，同时也赋予了思政课教师鲜明的时代要求，成为思政课教师开展教育工作的精神标识。

一、立德树人对于思政课的战略意义

（一）以“真学”为先，中华民族伟大复兴需要立德树人来引领

习近平总书记曾在 2016 年全国高校思想政治工作会议上指出：“教育强则国家强。高等教育发展水平是一个国家发展水平和发展潜力的重要标志。实现中华民族伟大复兴，教育的地位和作用不可忽视。”[2]对思政课的重视是我党一以贯之的传统，习近平总书记的讲话，再次印证了这一点。作为一名青年教师，只有立德树人，发挥真才实学，以实现中华民族伟大复兴为己任，因为“教育强则国家强”。当前，我国已逐步进入人工智能时代，这个时代恰好是中国处于“两个一百年”奋斗目标的历史交汇期，习近平总书记的讲话，给予了青年思政教师方向与使命。

（二）以“真懂”为线，意识形态领域斗争需要立德树人来传播

习近平总书记在发表的文章中指出：“思政课要解决学生理想信念问题。”最近五年，陆续上演的“中国奇迹”见证了中国已经日益走近世界舞台中心。但是随着美国开启的贸易战，受西方话语、社会思潮和传播环境等因素影响，国内各种杂音质疑、谣言泛滥，思政课面临着西方敌对势力思想渗透的严峻挑战。“政治引导是思政课的基本功能。”习近平总书记的话诠释了思政课对于保持思想统一、信仰坚定的紧迫和重要。作为思政教师，只有立德树人，认清形势，读懂弄通，才能在思想观点碰撞活跃之地的大学，帮助学生理清思想迷雾，还原话语真相。

（三）以“真用”为纲，社会主义建设目标需要立德树人来影响

“我们党立志于中华民族千秋伟业，必须培养一代又一代拥护中国共产党领导和我国社会主义制度、立志为中国特色社会主义事业奋斗终身的有用人才。”[3]办好思政课，最根本的是要全面贯彻党的教育方针，其核心就是解决好为党组织培养有用人才的问题。简而言之，思政课就是为社会主义建设目标，而“立德树人”立什么“德”、树什么“人”，

这个问题本身包含了“真用”的任务指向，即“用什么人、怎样用人、为谁用人”的根本问题。

（四）以“真信”为首，红色革命精神洗礼需要立德树人来传承

回顾中国共产党的历史，无论是革命战争年代，还是社会主义建设时期，甚至是改革开放新时期，思政课一直发挥着无可替代的作用。到了当代，思政课更是被视为一门关涉学生三观内容的关键课程。作为思政教师，更应该立德树人，言传身教，使学生深刻理解中国共产党党员在不同时期坚守的使命、牢记的初心、传承的红色革命精神，并坚定此信念不动摇。

二、立德树人是思政课的力量来源

（一）提升立德树人的凝聚力适应时代化趋势

思政课当前面临的是教育大变革的时代，国家软实力与各种思想交锋，让思想也变得日益复杂。中国社会正处于转济大转型时期，我们思政教师必须掌握当前时代化的趋势，让我们的教学内容与方法，不仅要面向国内，还要面向世界，不仅是培养某个领域专家型人才，还要注重德育为先，将立德树人作为根本的教育理念。如果采用单纯的灌输，或者常见的讨论式的教学手段，无法达到凝聚学生的效果。

（二）提升立德树人的主导力适应综合化趋势

当前高校教育也不再是单一专业化分工，立德树人的教学任务，已经遍及所有学科。而思政课承担着立德树人的根本任务。所以在教育方法上应该更加综合化。即我们在进行思政课教学时，要坚持思想教育与实际问题相结合，精神激励和道德教育相结合。

（三）提升立德树人的管控力适应隐形化趋势

多年工作经验告诉我们，思政课在教育学生的过程中，只有潜移默化、润物无声的教学，才能真正管好学生，教好学生。形式意义上的约束学生，不如以情动人，制造情景化的教学场面打动学生，引起他们的共鸣。

（四）提升立德树人的创造力适应多样化趋势

立德树人的本质就是让有信仰的人讲信仰，作为思政教师，我们的力量来源就是立德树人见操守、见作风。特别是当前面对“00后”开展思想政治，更应该行得正、做得直、教得好。而要做到这一点，凸显创造力显得至关重要，比如此次疫情发生期间，各高校思政课采取停课不停学方式，就是一种很好的创新。

三、立德树人是思政课的基本要求

（一）立德树人需践行“学”字诀，在掌握与时俱进这个方法上不打折

人工智能时代，如何发挥思政课魅力仍是不变的课题。贯彻好习近平总书记讲话，就需要通过更多与时俱进的手段。比如微课、微信公众号等多媒体工具，让思政课对学

生来说，是一件易学、爱学、想学的事。比如说，2020 年对于中国来说是意义非凡的一年。一场席卷全球的新冠疫情，让中国抗疫成为“奇迹”。而在此背景下，中国特色社会主义制度优越性已经越来越清晰地展现在国人面前。针对这个例子，本人就借疫情向学生传播思政理论，受到了学生的欢迎。

（二）立德树人需践行“懂”字诀，在扭住队伍建设这个重点上不放松

习近平总书记全国高校思想政治工作会议上说过：“讲思想政治理论课，要让信仰坚定、学识渊博、理论功底深厚的教师来讲，让学生真心喜爱、终身受益。”这句话告诉我们，队伍建设是有效推动思政课落实“立德树人”根本任务的强有力的途径。具体我们要在“懂”字上下功夫，即懂得学生心理，懂得如何向学生传达党性情感，让学生对共产党有心理依赖感与归属感。而这些都需要我们教师自身投入、自身认可、自身践行。

（三）立德树人需践行“用”字诀，在强化组织领导这个保障上不松劲

“各级党委要把思政课建设摆上重要议程，抓住制约思政课建设的突出问题，在工作格局、队伍建设、支持保障等方面采取有效措施。”习近平的话告诉我们，在思政课背后，校领导的支持必不可少。思政课作为以立德树人为根本任务的关键课程，特别是面对世界百年未有之大变局、面对当前多元社会思潮的激烈碰撞、面对复杂尖锐的意识形态环境，只有通过校党委的引领，才能真正发挥思政课为党育人、为国育才的战略价值。

（四）立德树人需践行“信”字诀，在聚焦担当作为这个标杆上不停步

“思想政治课政治要强，要让有信仰的人讲信仰，善于从政治上看问题，在大是大非面前保持政治清醒。” 习近平的话告诉我们思政课很多时候是信仰课，教学生如何坚定信仰，外化成具象行为表现就是担当作为。即教学生自觉地肩负起这个历史重任；把责任转化为工作的动力。

2020 年 9 月 10 日在第三十六个教师节到来之际,习近平指出：“希望广大教师不忘立德树人初心，牢记为党育人、为国育才使命，积极探索新时代教育教学方法，不断提升教书育人本领，为培养德智体美劳全面发展的社会主义建设者和接班人做出新的更大贡献。”作为一名思政教师，让我们一起立德树人，给学生当表率，让学生在我们的引领下，成为筑就中华民族复兴梦的青春基石。

参考文献：

[1] 习近平.思政课是落实立德树人根本任务的关键课程[J].求是，2020（17）.

[2] 习近平.把思想政治工作贯穿教育教学全过程开创我国高等教育事业发展新局面[N].人民日报，2016-12-08（1）.

[3] 习近平.用新时代中国特色社会主义思想铸魂育人 贯彻党的教育方针落实立德树人根本任务[N]. 人民日报，2019-03-19（1）.

“立德树人”引领下材料专业全方位协同育人体制机制研究

刘芳
天津工业大学材料科学与工程学院

党的十九大报告指出，要全面贯彻党的教育方针，落实立德树人根本任务，发展素质教育，推进教育公平，培养德智体美全面发展的社会主义建设者和接班人。习近平总书记在全国高校思想政治工作会议上指出：“要坚持把立德树人作为中心环节，把思想政治工作贯穿教育教学全过程，实现全程育人、全方位育人，努力开创我国高等教育事业发展新局面。”习近平总书记强调，要把立德树人的成效作为检验学校一切工作的根本标准，不断提高学生思想水平、政治觉悟、道德品质、文化素养。人才培养是一个系统工程，需要方方面面的协同与合作。

因此，“立德树人”理念所强调的“德育”也需要整合高校和社会的育人资源，让包括辅导员、专业教师、社会和科研机构、企事业单位在内的育人要素协同合作，形成新的育人机制，共同致力于“立德树人”目标的达成。

关于“协同育人”这一理念的研究是近年来学术界重点关注的理论和实践问题，而将“协同育人”理念融入大学生思想政治教育工作开展的各个方面，有利于整合教育资源，从而更好地完成高校“立德树人”的根本任务，实现思想政治教育的育人目标。当前，国内外学术界对大学生思想政治教育协同育人机制的研究成果略显不足，纵观国内外对这一问题的研究成果，在数量上尚且较少，在质量上也存在参差不齐的问题。国内对协同育人机制构建的研究力求进一步拓宽思想政治教育协同育人机制构建的途径，分别以“实现教育主体的协调、教育内容的整合、教育载体的配合”“政府统筹、行业统筹、科教结合相协同”“专业学科、管理制度、校园文化相结合”的育人机制为目标，合理构建全方位协同育人运行机制，但是研究的广度和深度、全面性和系统性方面还有所欠缺，有进一步深入研究的必要。

思想政治教育并非仅仅属于中国，在国外这门学科被称为德育课程，并且在资本主义国家承担着传播统治阶级道德意识、提高公民思想水平的重要作用。虽然国外对于思想政治教育协同育人所进行的理论研究较少，但是协同育人理念在德育教育的实践中体现得尤为明显。资本主义国家愈加重视开展德育教育的各育人主体的相互配合、教育介体的综合运用以及教育环体的有效整合。此外，国外关于协同和协同创新的相关研究思路和方法，为我们开展大学生思想政治教育协同育人机制研究提供了重要指导。

一、目前在协同育人方面开展的探索

天津工业大学历来重视校内外协同育人机制建设。2017 年天津工业大学成为天津市教育两委在全市首批设立的 5 个区校实践育人共同体之一。2018 年 3 月实践育人共同体工作正式启动，一方面有市委教育工委、市教委的指导、帮助和支持，全市的顶层设计给区校共建搭建了新的平台，为青年大学生成长成才开辟了新的途径；另一方面，有西青区委区政府的大力支持和帮助，得益于得天独厚的属地缘分，多年来学校和西青区形成了优势互补、荣辱与共的区校合作模式，在产学研合作、人才培养、实践育人等方面取得了良好合作效果。经过一年多的共建，目前区校合作迈上了新台阶，开启了新篇章。

天津工业大学材料科学与工程学院作为学校的骨干学院，也是全校唯一的教学研究型学院，拥有 1300 余名本科生，600 余名硕士和博士研究生。在本科生培养方面，近年来学院大力推广"学校—行业协会—企业"协同人才培养改革与实践，并围绕着这种实践在思政育人方面开展了一系列工作。例如，以共同建设"院班—街村"实践育人项目，实施六大实践育人特色计划为基础，共同打造社区帮扶、志愿服务、技能训练、科技下乡、就业创业等多种形式的实践教育协同体系，形成协同推进实践教育的强大合力，确保各类学生实践活动取得实效。实践表明，这些举措促进了学生在体验中做到知行合一，在实践中感悟国情社情，更好地为西青区乃至天津市和国家各项事业发展贡献力量。广大学生在共建活动中与社区居民的互动，共同受到教育。主动征求结对社区的建设性意见建议，并列入德育计划付诸实施，将共建活动作为学生走出校园、关注自身生活环境、了解社会的重要载体。

在研究生培养方面，天津工业大学材料专业全日制硕士和博士研究生以"校—企"合作、"校—科研院所"合作联合培养为重要举措，有效提高了人才培养的质量、有针对性地解决人才培养结构与社会需求的矛盾。校内外合作联合培养各类研究生的首要任务是搭建联合培养平台，即建设校企合作研究生联合培养基地，以联合培养基地为依托，从培养模式、培养方案、师资队伍、培养环境等多方面和全方位展开校内外研究生联合培养。目前，学院拥有一个与中国纺织科学研究生共建的国家级研究生联合培养基地，以及与中科院多个研究所和诸多企业的联合人才培养基地，在校企联合培养各类研究生方面发挥了重要的作用。

二、目前在工作中存在的问题

我们前期在校内外协同培养人才方面开展了大量的探索工作，但工作重心都是围绕学生专业建设、专业能力提升等开展，在学生思想政治教育方面虽有一定的关注与研究，但关注程度不够、研究不够深入。突出表现在如下几个方面：

1.思想政治教育没能很好地全覆盖各类学生

在各类大学生校内外联合培养过程中，对本科生的思想教育比较重视并开展了系列工作，但对硕士和博士研究生重视程度不够，工作力度不大，没能很好地从育人主体方面履行全方位育人。

2.思想政治教育没能很好地发挥所有师资优势

在各类大学生校内外联合培养过程中，更多的是依靠班主任和辅导员开展思政教育工作，没能很好地发挥全体校内专业师资力量的作用，没能调动起全体专业教师、研究生导师、校外联合培养基地的指导教师以及行业或政府相关人员的资源优势，围绕立德树人开展工作。从而，导致全方位育人在师资方面没能实现全方位。

3.思想政治教育没能很好地利用所有校内外的资源优势

我们材料专业校内有国家重点实验室、国家级国际联合研究中心以及教育部和天津市重点实验室等国家级和省部级科研平台，以及国家级实验教学示范中心、全国研究生联合培养基地等人才培养平台；与我们联合培养各类学生的政府、行业协会、校外科研院所和广大企事业单位有丰富的育人资源。但是，我们在协同育人方面，没能很好地发掘和利用这些资源优势。

4.联合培养过程中的协同育人机制没能很好地形成并发挥作用

全方位协同育人机制是由多个要素组成的复杂系统，它通过对系统内的各构成要素进行调整与协同，使之达到一个平衡、完整的状态。其目标是使各要素组成的整体能够最大限度地发挥其功能，实现整体目标的最优化。如何发挥校内资源（包括辅导员、专业教师、指导教师、校内平台等）、社会和科研机构、企事业单位在内的育人要素协同合作，形成新的育人机制是目前我们遇到的一大困难。同时，如何在协同育人过程中发挥各方面自身优势，相互配合、互相促进、相互补位，共同促进育人效果也是需要加强的研究工作。

三、体制机制研究设计

1.育人主体全方位覆盖研究

（1）针对本科生构建“情聚中北—魅力材院”实践教育协同体系，打造“情聚中北—魅力材院”志愿服务特色实践品牌。

全面建设“情聚中北—魅力材院‘1+1’区校实践育人共同体”，要充分发挥高校的人才优势和地方政府的资源优势，双方共享实践育人资源，协同推进实践教育的强大合力，形成课堂教学、校园文化和社会实践多位一体的育人平台，使学生在实践活动中锻炼能力，使学校拓宽实践教育平台，使地方得到更好的发展。

材料学院已与中北镇联合开展20余场志愿活动。活动迄今，已招募大学生100人，服务时长达300小时。活动的主要形式是志愿服务、心理健康课程、老党员讲党课等。社会实践团的志愿服务机制已逐渐成熟，希望在结合本院学生专业背景的前提下，与西青区中北镇进行深度合作，打造材院学生对接各个社区的志愿服务特色实践品牌。

通过丰富多彩的志愿服务活动，我院逐步摸索形成了品牌化运作、项目化管理等工作模式，并综合运用到志愿服务活动中，不断促进志愿服务向纵深发展。目前，学院志愿服务工作涵盖“爱心版块”“红色版块”“科普版块”“志愿版块”“创新创业版块”等五个版块。

①爱心版块：鼓励倡导我院学生奉献社会，关爱他人，向学校或社会上需要关心和帮助的人给予力所能及的帮助，以此增强学生的社会责任感和道德情操。“爱心版块”包括：义务辅导、爱心咨询、慰问空巢老人、留守儿童及残疾群众、打造“大学生—社区—小学生”三位一体的“两生一区”志愿服务模式、对外来务工者开展法律宣讲、健

康咨询等活动。

②红色版块：组织我院学生参加红色主题教育，弘扬社会主义核心价值观，带头学习党的十九大精神，充分发挥我院学生党员的先锋模范作用。建立入党积极分子孵化培养平台，以学院党委和社区党委结对为契机，以学生党员和积极分子为主体，建立“三站三亮一争做”活动，即建立党员服务站，亮党员身份；建立党员先锋站，亮党员形象；建立党员活动站，亮党员作用，使党员不断增强服务奉献意识。

③科普版块：发动我院学生弘扬科学精神，宣传科学方法，传播科学知识，提高公民素质，增强公民科学技术。“科普版块”包括：宪法进社区、心理健康咨询、疾病防范宣传、消防知识宣传、趣味科学实验等系列活动。

④志愿版块：鼓励、发动我院学生参加社区服务活动，弘扬中华民族的传统美德，促进校园文明和社区文明的塑造。目前，我们参与的社区服务项目有：中北镇侯台社区第七届邻里节会场秩序维护、宪法进社区志愿服务、中北镇假日风景社区品牌活动暑期夏令营志愿服务、中北镇假日盈润园小区消防安全整治志愿服务。在社区居民及协作单位面前树立了良好的学院形象，打响了“情聚中北—魅力材院”的服务品牌。

⑤创新创业版块：结合我院的自身特色优势，鼓励我院学生结合社区以及社会需求进行创新创业科学实践活动。针对社区或街道，开展创业项目竞赛，参与团体需将创业项目策划写入第一阶段的调研计划，然后在社区或街道实施。项目结束后，从中选出优秀项目，进行孵化。

(2) 针对各类研究生，建立研究生联合育人创新实践基地。

中国纺织科学研究院始建于1956年，属国家中央直属大型科技企业，拥有一支高水平的研究开发队伍和较为完备的实验仪器设备及中试车间，是纤维基复合材料国家工程研究中心、国家合成纤维工程技术研究中心、纺织行业生产力促进中心、国家纺织制品质量监督检验中心、纺织工业标准化研究所的依托单位，也是纺织行业技术开发基地。自2009年以来，中国纺织科学研究院与天津工业大学材料科学与工程学院即开展了材料类专业全日制研究生的联合培养工作，在双师队伍建设、工程实践项目与科研条件等方面采取了一些联合培养举措。本文将以此为基础，以中国纺科院为突破口，与一些有实力的企业和科研院所共建研究生联合育人创新实践基地，开展一系列探索工作。

2.育人资源全方位覆盖研究

(1) 协同育人双师队伍建设

以研究生联合协同育人为例。联合培养创新实践基地利用科研院所或企业行业和我校硕导队伍不同的科研背景、学术专长，实现优势互补，打造了一支结构优化、梯队合理、学科交叉、优势互补的高水平双师育人团队，调动和发挥团队每一位老师在立德树人方面的作用。例如，目前我院聘中国纺织科学研究院兼职硕导有9人，另外有4名高级工程师协助兼职指导研究生培养。我校相关硕导中20余人参与了联合培养创新实践基地研究生的培养，基地已形成了一支具有30余名硕导的全日制材料专业硕士研究生联合培养双师队伍，可以利用这个队伍为协同育人服务。

(2) 将工程实践项目与科研条件转化为育人案例

以国家级研究生联合培养基地为例。中国纺织科学研究院以集团和下属企业两级研发体系为核心参与硕士研究生和博士研究生的联合培养，尤其是其下辖的纤维材料工程化技术创新服务平台、纺织标准检测公共服务平台、纺织科技文献库等纺织技术服务平台，为材料专业研究生培养提供了重要的科研设备、科研环境、数据资源等硬件支撑。另外，中国纺织科学研究院作为国内最大、最权威的纺织材料研发和产业化推广单位，其高水平的纤维材料、纺织复合材料以及其他一些功能材料等研究成果，都是创新中国、大国制造等方面的典范，都可以挖掘出来作为思政教育的典型案例。因此，本文将深入利用这些资源优势，深入挖掘联合培养基地工程实践项目与科研条件并将其转化为育人案例，为全方位协同育人服务。

(3) 挖掘和利用校内外各类育人资源

天津工业大学材料学科国家级科研平台、国家级人才培养平台等校内资源，滨海新区大火箭和大飞机生产基地、天津大乙烯生产基地、宝坻区旭辉包装材料企业红色教育基地等这些与我们材料专业密切相关的校外资源，都可以用于本专业协同育人工作。

3.材料专业全方位协同育人共同体运行机制研究

(1) 开展顶层设计

遵循整体性、协同性、动态性和创新性原则，在材料学院层面建立材料专业全方位协同育人共同体机制。一方面，建立健全“立德树人”引领下材料专业全方位协同育人共同体校内运行机制：构建教学管理服务相配合的全员育人机制、构建阶段连贯环节紧扣的全过程育人机制、构建各教育载体充分运用的全方位育人机制等。另一方面建立健全“立德树人”引领下材料专业全方位协同育人共同体校外联动机制：健全学校家庭社会联动育人机制、健全产学研联动育人机制、健全网上网下联动育人机制。

(2) 开展基层动员

开展所有本科生和研究生的思想政治教育动员工作；开展所有校内教师立德树人职责教育工作；开展校外相关师资力量为立德树人做贡献的发动工作；开展与政府、企事业单位、行业和科研院所的沟通协调工作等。

(3) 开展运行监测

立德树人是一个长期的过程，不会立竿见影。本文将针对全方位协同育人共同体运行过程进行跟踪监测，及时发现问题改正问题。

(4) 开展运行保障

充分深入学习和利用国家、教育部、天津市和学校相关文件和制度规定，做好全方位协同育人共同体运行过程的保障工作，保证本课题的顺利进行的同时保证育人质量的稳步提升。

四、结语

全方位协同育人是一项系统工程，需要在党委统一领导下，动员各方面力量统一来做，需要学校、家庭、社会协同一致；需要企业、教学、科研相互支撑；同时需要将网络因素纳入其中，只有使各育人要素共同配合起来，才能更好地提高思想政治教育的主动性、实效性和针对性。我们还需要进一步转变观念，使得科研、教学和企业有机联系，将科研和企业也纳入思想政治教育过程中，同时把企业所崇尚的理念和精神融入思想政治教育内容中。高校和科研机构、企业一起为培养具有良好职业道德、踏实肯干、具有良好职业精神的大学生而努力。

参考文献：

[1]习近平.坚持立德树人思想引领 加强改进高校党建工作[N].人民日报,2014-12-29.

谈传生，艾楚君.高校思想政治教育实践育人的机制创新——长沙理工大学的新探索[J].思想政治教育研究，2019(6):138-141.

[2]陈燕君.“立德树人”引领下应用型高校实践育人创新机制探索[J].湖北函授大学学报，2018,31(20):7-8.

[3]蔡健，罗嘉文，王亚煦.高水平大学建设背景下高校实践育人资源整合问题及其应对策略分析[J].社会工作与管理，2018,18（2）:90-96.

[4]李济沅，谭贻尹.加强高校社会实践育人工作的“四个维度”分析[J]. 兰州教育学院学报，2018,34(7):119-120.

[5]李冰冰，段立，邹丽晨，袁园，欧建聪. 新时代广东高校大学生实践育人机制的构建[J]. 教育理论研究，2019(12):130-135.

[6]赵婷.“立德树人”理念下高校协同育人机制研究[J].林区教学，2018(3):3-4.

[7]王春艳.大思政背景下的全员协同育人机制研究[J].课程教育研究，2017(27):4-5.

[8]崔海英，曾玉梅.高校思想政治工作主体协同育人机制创新研究[J].思想政治教育，2018(4):66-71.

[9]张青，张波.高校思想政治教育协同育人机制研究[J].思想政治工作协同育人研究，2017(12):27-30.

[10]陈省平，宁曦，刘亚婷.构建“协同育人”模式，落实“立德树人”根本任务[J].高教学刊，2018(8):77-81.

[11]张碧媛.落实立德树人根本任务，构建协同育人工作机制[J].教育教法探讨与实践，2017(8):251-253.

疫情防控常态化形势下大学生思想政治教育工作思考

刘京京
天津工业大学

2020年，一场骤然袭来的大疫，以如此刻骨铭心的方式，植入中华民族的记忆深处。面对突如其来的新冠肺炎疫情，在以习近平同志为核心的党中央集中统一领导下坚持把人民生命安全和身体健康放在第一位，广大医务人员奋不顾身、舍生忘死，全国各族人民万众一心、团结奋战，经过艰苦努力、付出巨大代价，有效遏制曾经肆虐的疫魔，中国新冠肺炎疫情防控人民战争、总体战、阻击战取得重大战略成果。广大教育工作者要在常态化疫情防控背景下，紧紧把握思政工作这一生命线，用伟大的抗疫精神去引导广大青年。

一、“三个遵循”“四个引导”的时代背景

高校是意识形态工作的前沿，是引领社会思潮的重要力量，也是培养社会主义建设者的重要场所，各种文化和思潮在高校中汇聚碰撞。习近平总书记在全国高校思想政治工作会议上强调，高校思想政治工作关系高校培养什么人、如何培养人以及为谁培养人这个根本问题。要把思想政治工作贯穿教育教学全过程，实现全程、全员、全方位育人[1]。在常态化疫情防控形势下，这块意识形态的高地如果我们不去坚守，各种历史虚无主义、民族虚无主义、反马克思主义的错误思想就会乘虚而入，各种思想杂草就会泛滥丛生。面对世情、国情、生情，习近平总书记在全国抗击新冠肺炎疫情表彰大会上强调青年是国家和民族的希望，总书记的讲话为高校思想政治教育提供了根本遵循，指明了工作方向，增强了前进动力[2]。

二、“三个遵循”“四个引导”的重要意义

为培养社会主义合格建设者和可靠接班人，实现中华民族伟大复兴，广大青年学生要从这场疫情大考中学习抗疫榜样、感悟抗疫精神，用责任与担当书写大写的青春！习近平总书记在全国抗击新冠肺炎疫情表彰大会上说道，在这次抗疫斗争中，青年一代的突出表现令人感动，参加抗疫的医务人员近一半是“90后”“00后”。长辈们说：“哪里有什么白衣天使，不过是一群孩子换了身衣服。”青年一代不怕苦、不畏难、不惧牺牲，用臂膀扛起如山的责任，展现出了青春激昂的风采，展现出中华民族的希望[3]。高校思想政治教育工作者应坚持“三个遵循”“四个引导”，用好疫情防控这堂生动的实践课，推进理想信念教育常态化。为学生点亮理想的灯、照亮前行的路，引导学生自觉做

社会主义核心价值观的坚定信仰者、积极传播者、模范践行者，珍惜学习的时光，练就过硬的本领，进一步激发广大青年大学生为中国梦奋斗的力量。

三、把握“三个遵循”

第一，遵循思想政治工作规律

首先，要坚持党对教育事业的全面领导，把党的指示落到实处[4]。在疫情防控常态化下开展思想政治工作时，要精准把握方向，以习近平总书记的重要讲话为指引；要精准协同，促进学校各部门之间在高校思政工作的联动协同。其次，思想政治工作归根到底是做人的思想工作[5]。要坚持问题导向，面对新形势、新背景，把握学生思想的实际，将思想教育和实际问题相结合，加强研判，在组织上、内容上、形式上优化思想供给。疫情防控常态下，学习困难、家庭经济困难、心理困难等不同群体的学生具有鲜明的自身特点，教育工作者要精准把握学生特点，了解问题，深入描绘学生画像。找准不同群体学生缺失什么、需要什么，制作问题清单精准对接，提高大学生思想政治教育质量。

第二，遵循教书育人规律

教书与育人的关系，是固有的、稳定的、本质的联系。教书育人是教育的必然状态与确定不移的发展趋势，在未来变化中也不会消失。不管教育的方式、方法、形态如何改变，教书育人始终将稳定、持续存在下去[6]。总之，尊重教书育人规律是大学生思想政治教育工作实效性的根本，疫情防控常态化下要摸清、揭示教书育人规律的变化，抓好教师主队、教室主战场、课程主渠道，全面推动习近平新时代中国特色社会主义思想进教材、进课堂、进头脑，以润物无声的方式寓价值观于知识传授和能力培养中。

第三，遵循学生成长规律

新时代大学生的政治素质、思想道德素质、心理素质和价值观念都深深印刻着时代特征。了解大学生的思想特点与成长规律，主要目的在于加强对大学生思想政治教育的思想政治引领，助力新时代大学生做有理想、有追求、有担当、有作为、有品质、有修养的大学生[7]。疫情防控常态下，教育工作者要优化思想引领，深刻把握大学生所具有的多元性、独立性、求异性、自觉性和成长性的特点，思想教育不仅要有丰富的内容，更要有科学的方法；不仅要加强引领，更要在引领的过程中学会优化途径、优化方式。此外，疫情防控常态下思想政治教育要营造良好氛围，要深入了解疫情防控常态化下大学生的思想动态，既要能在弘扬好主旋律的基础上强化中国特色社会主义思想的正确引导，又能在复杂的多元社会思潮中为新时代大学生创造好思想净土。

四、坚持“四个引导”

第一，教育引导正确认识世界和中国发展大势

当今世界，特别是世界多极化、经济全球化、文化多样化、社会信息化不断深入发展的今天，世界是一个不断变化的世界，也是一个新机遇新挑战层出不穷的世界。新冠肺炎疫情的发生也再次表明，人类是一个休戚与共的命运共同体。而面对此次新冠肺炎疫情，中国主张“世界大同，天下一家”的理念，不仅希望自己过得好，也希望各国人民过得好，不仅对中国人民生命安全和身体健康负责，也对全球公共卫生事业负责，体

现了中国人民和衷共济、爱好和平的道义担当。本着人类命运共同体的理念，习近平总书记指出，国际社会最需要的是坚定信心、齐心协力、团结应对，携手赢得这场人类同重大传染性疾病的斗争[8]。我们第一时间向世卫组织通报疫情信息、第一时间发布新冠病毒的基因测序、第一时间公布诊疗方案和防控方案。由此可见，一个负责任、不断发展的大国正秉持着人类命运共同体发展理念向世界提供更多的中国智慧和中国方案。当前，疫情仍在全球蔓延，我们要慎始慎终、再接再厉，筑牢常态化疫情防控的思想防线。

第二，教育引导正确认识中国特色和国际比较

这次抗击疫情的人民战争中，中国采取了最全面、最严格、最彻底、最有力的防控措施，提出早发现、早报告、早隔离、早治疗的防控要求，展现了出色的领导能力、应对能力、组织动员能力、贯彻执行能力，为全球抗击疫情争取了宝贵的时间窗口。中国力量、中国精神、中国效率，为全球抗击疫情树立了标杆，相比于其他国家，中国特色得到了有力彰显。在中国共产党领导下，全国人民上下齐心，集中力量办大事，用十多天时间建成火神山、雷神山医院，这是中国特色；“一方有难，八方支援”，在疫情攻坚克难的关键时期，各省市响应党和国家的号召，进行“一省包一市”的动人举措，这是中国特色；哪里工作危险，哪里就有党员同志冲锋在前。我们看到共产党员敢挑最重的担子，敢拔最硬的钉子，敢碰最硬的骨头，广大党员不忘初心、牢记使命，充分发挥先锋模范作用，用言行践行宗旨，这也是中国特色。而一些西方国家利用疫情抹黑中国形象，抛出“甩锅”言论，把本国的疫情失控归咎于“中国信息不透明”，这些错误言论也被来自其他国家对中国疫情防控取得积极成效的高度评价打了响亮的一巴掌。

第三，教育引导正确认识时代责任和历史使命

一代人有一代人的长征，一代人有一代人的使命。习近平总书记强调，我们这一代人的长征，就是要实现“两个一百年”奋斗目标、实现中华民族伟大复兴的中国梦[9]。新时代青年大学生生逢其时，责任重大，使命光荣。不论现在的我们取得了多大成就，我们还必须要在青年中大力弘扬伟大长征精神，在新的长征路上继续奋勇前进。在此次全国抗“疫”中，我们也看到了新时代青年学子用行动展示了自己的责任担当与使命，4 万多人的援鄂医疗大军中，“90 后”“00 后”人数占了近三分之一。他们面容还稚嫩，却争先“逆行”，他们肩膀还不宽厚，却勇挑重担。在国家最需要的时候，他们用的脚步丈量祖国的土地，冲锋在疫情源头区开展工作，扎根在疫情防控区志愿服务，以高度的政治意识和责任担当精神，为打好疫情防控战发挥了积极作用。新时代青年大学生也必将保持理想信念坚定，用理想之光照亮奋斗之路，用信仰之力开创更加美好未来。

第四，教育引导正确认识远大抱负和脚踏实地

“物有甘苦，尝之者识；道有夷险，履之者知。”“道虽迩，不行不至；事虽小，不为不成。”新冠肺炎是实现中华民族伟大复兴的“大考”之一，我们比任何时候都渴望跑赢疫情，打好疫情防控和科技攻关“组合拳”，阻断疫情蔓延扩散。在此次抗“疫”中，广大青年学子既要立志学习钟南山、李兰娟、王晨院士等一大批专家的远大抱负，也要学习广大医务工作者投身工作的脚踏实地，既要“立志当存高远”，也要“绝知此事要躬行”。青年一代要将远大抱负和脚踏实地相结合，把远大抱负落实、落细、落地见效[10]。努力在为人民服务中茁壮成长、在艰苦奋斗中砥砺意志品质、在实践中增长工作才干，让青春在党和人民需要的地方绽放绚丽之花。

恩格斯说：“没有哪一次巨大的历史灾难，不是以历史的进步为补偿的。”我们身处的这场疫情也必将改变世界历史进程，希望广大教育工作者遵循思想政治工作规律、教书育人规律和学生成长规律，教育引导广大青年学生树立四个正确认识，与祖国青山一道，共担风雨，同心协力，共克时艰，在思想政治教育工作中大力弘扬伟大抗疫精神，在全面建设社会主义现代化国家的新征程上创造新的历史伟业。

参考文献：

[1]把思想政治工作贯穿教育教学全过程[EB/OL].http://opinion.people.com.cn/n1/2021/1119/c1003-32286246.html.

[2][3]中共中央党史和文献研究院.习近平关于统筹疫情防控和经济社会发展重要论述选编[M].北京:中央文献出版社,2020.

[4]习近平总书记教育重要论述讲义[M].高等教育出版社,2020.

[5]王洪尧.准确把握思想政治工作的特点规律——学习习主席关于增强思想政治教育时代性和感召力重要论述的体会[N].解放军报,2014-02-12.

[6][7]郑永廷，林伯海.教书育人规律及其遵循对策研究[J].思想教育研究,2017(6).

[8]国家主席习近平在二十国集团领导人应对新冠肺炎特别峰会上发表重要讲话[EB/OL]http://politics.people.com.cn/n1/2020/0326/c1024-31649912.html.

[9]习近平.在纪念红军长征胜利 80 周年大会上的讲话[EB/OL].http://cpc.people.com.cn/n1/2016/1021/c64094-28798445.html.

[10]中共中央文献研究室.习近平关于青少年和共青团工作论述摘编[M].北京:中央文献出版社,2017.

高校党建工作品牌化建设的实践研究

——以高校实践育人共同体为基础的党建品牌化实践研究

邓晶晶 田时雨
天津工业大学

党的十九大报告指出："党的基层组织是确保党的路线方针政策和决策部署贯彻落实的基础。要以提升组织力为重点，突出政治功能，把企业、农村、机关、学校、科研院所、街道社区、社会组织等基层党组织建设成为宣传党的主张、贯彻党的决定、领导基层治理、团结动员群众、推动改革发展的坚强战斗堡垒。"高校党建品牌化建设是推进基层党建创新，提升基层党建影响力的重要途径，也是党建创造特色，推广经验的基本做法。党的十八大以来，国内研究学者和基层党建工作者开始积极探索基层党建新路径，党建品牌化建设成为基层党建工作的创新点和党建工作的有力推手。

一、高校党建工作品牌化建设具有重要意义

1.促进高校基层党建工作水平提升

高校党建品牌化建设，将集中力量，把有限资源投入关键工作中，集中挖掘党建潜力，为基层党建注入新活力、新思路，创新高校基层党组织工作模式，从而推动高校基层党建工作水平。

2.提升高校基层党组织的凝聚力和影响力

高校党建品牌化建设是扩大基层党组织社会影响力的有力推手。高校基层党组织通过创立党建品牌，形成自身党建特色，针对党建工作特点，开展专门化的顶层设计。在此过程中就是扩大党建工作影响力、进一步凝聚基层党组织的战斗堡垒作用和思想引领作用的过程。而品牌化的实践研究将进一步促进高校党建理论与实践结合，有效推进党建资源优化利用。

3.夯实高校基层党组织的治理基础

在高校开展党建品牌化建设过程中，充分发挥师生党员的参与度，提升党组织的凝聚力、感召力和吸引力，夯实党在高校的执政基础。

二、高校党建品牌化的实践研究

1.党建品牌化建设的价值定位

自 2018 年 4 月活动开展以来到现在，天津工业大学人文学院在区校共建框架基础上，

与天津市西青区杨柳青镇建立一对一合作关系，实施学院班级和街镇社区（村）的双向全部覆盖，构建“一院一街镇、一班一品牌”实践模式。依托实践育人共同体建设，以基层党支部作为基本单位，结合天津工业大学人文学院学科专业特色和天津市杨柳青镇创全国文明城区、创5A景区实际需求，合力打造党建品牌项目——“古镇国际风，印象杨柳青”。项目活动以党支部为基本活动单位，带领入党申请人、积极分子、党员积极投身到志愿服务、文化宣传等实践活动中，构建规范化、科学化、常态化的实践机制，同时对西青乡镇的发展创建提供有力的帮助，实现育人和发展的双赢。

2.党建品牌化建设的实施路径

一是精准制定实施机制和目标。在党建品牌化建设中，充分考虑总体价值定位、学科专业优势和对接乡镇需求，细化品牌建设的内容，分两个子品牌分类施力——多语多岗志愿服务和多姿多彩影像展示，围绕两个子项目进一步细化步骤和预期效果，进一步推动品牌建设更快取得良好效果的各项工作，促进学校各项工作水平的提升，为品牌创新奠定基础；其次，加强规范化、科学化、常态化实践机制的创新与保障，突出创新导向合作，积极调动师生参与党建品牌建设的自觉性与主动性。最后建立起完善的实践机制的评价体系，使得实践活动的发展有一个标准化、公开化和公平化的流程，按照这个流程，师生可以在品牌化建设中明晰自己的位置和作用，使创新成果系统化、规模化地留存下来，并用这些成果进一步指导实践，从而形成良性循环，使党建品牌化建设有章法可循。

二是实施分项目指导。在品牌创建过程中，在党委的牵头和引领下，围绕子项目创建实践岗位和育人步骤，设置实践导师给予定期指导和评价，以学期初、中、末为时间点开展总结点评活动，不断优化活动过程，确保育人效果。

三是及时发声树立典型。在创建过程中，围绕活动实施内容及时通过主流媒体、新媒体等开展宣传报道活动，树立典型案例，进一步推动党组织的影响力，促进品牌影响力和号召力。大力推动“互联网+ ”正面宣传模式，切实加大正面宣传信息化、网络化乃至智能化投入力度，除了“两微一端”等平台开展即时性正面宣传之外，也要构建具有较强系统性、全面性和综合性“线上”与“线下”相结合的正面宣传机制，积极探索“全员宣传、全面宣传、全方位宣传”的有效实现形式，切实加大相关方面的投入力度，努力形成党建品牌的正面宣传合力。

3.党建品牌化建设取得成效

一是形成新的育人模式。传统育人模式注重理论教学和知识的学习，实践活动的开展缺乏系统性。在党建品牌化建设中，明确育人目标、制订实施计划，结合实习，按需开展实践活动，分类管理，短时间内取得了良好的育人实效，实现了区校共赢，成功建立了育人新模式。

二是取得良好的实践成果。在党建品牌活动实施过程中，在学校层面，学生担当作为、为他人服务精神不断提升，实践能力增强，涌现出一批先进典型，被天津市主流媒体、学校媒体争先报道；在乡镇层面，杨柳青对外服务得到有力助力，推动了景区文明、文化素养等方面建设。

三是提升了基层党组织的凝聚力和影响力。在品牌打造过程中，党组织主动发声发力，弘扬先进典型，发挥了党组织的战斗堡垒作用，吸引了一批优秀青年主动加入党组织。党组织的不断壮大与强大也积极推动党建工作品牌化建设，是提升党建工作创新的有效抓手，对提升党建科学化水平具有重要意义，从而更进一步搭建新型育人的新平台。

参考文献：

[1]李雪霞.充分发挥高校基层党组织的作用[J].党建，2018(6):48-49.
[2]陈光.怎样推进基层党建品牌化建设[J].人民论坛，2018(17):52-53.

浅析大学生网络直播的伦理失范与监管对策

苏琦
天津工业大学

随着移动互联网的高速发展以及庞大的移动用户规模，网络直播作为新兴的社交方式已引发新一轮媒介革命。2016 年被誉为“中国网络直播元年”，网络直播从一个冰冷的手机应用，变为充斥在年轻人休闲时光的热门话题。“网红”“打赏”“送礼物”等词不知不觉渗透在日常生活当中，进入“全民直播”的时代。根据中国互联网信息中心发布的第 38 次《中国互联网络发展状况统计报告》，截至 2016 年 6 月，网络直播用户数量规模达到 3.25 亿，占网民总体的 45.8%。①相关行业数据显示，仅 2015 年一年时间，全国在线直播平台数量业已超过 200 家。

一、网络直播的概念界定与分类

作为互联网思维下的新兴产物，网络直播吸取和延续了互联网的优势，利用视讯方式进行网上现场直播。直播最早源于传统电视台，称为“现场直播”，即俗称 “LIVE” 的现场表演，与录播相比机动性更强。比起电视直播，网络直播具有直观便捷、互动性强、内容丰富、地域不受限制等特点。20 世纪 90 年代，网络访谈的图文直播及“图文+视频”直播是最初网络直播的雏形，如今火爆的网络直播主要是指网络视频直播，主要为“即时视频”，在突出即时、实况的情况下，强调视频信息的不间断播送。

网络直播的内容与形式丰富多样，大体可分为两大类：第一类是以主播为中心的直播，主要围绕主播个人进行展示，具有强烈的个人特征，如直播吃饭、跳舞等，粉丝可以与主播互动，向喜欢的主播“送礼物”，主播将虚拟的“礼物”提现，可以获得经济收入。第二类是以事件、事物为中心的直播，可由组织、机构实施，亦可由个体操作，主要集中在移动端视频的特别报道或跟踪报道。

二、网络直播兴起的缘由

移动互联网时代，随着信息技术的快速发展，网络视频直播如雨后春笋般呈现出来，网络直播以其交互性、实时性和沉浸感等新媒体传播特点，受到广大用户的推崇。兴起的缘由大致可从以下几个方面看出：

第一，技术为直播提供支持。智能手机功能的不断更新、网络直播软件的不断涌现，为网络直播提供了良好的环境和平台，4G 网络和 无线通信的普及，大大降低了流量门槛，使主播方便、快捷地进行直播，与电视直播相比，省去了烦琐的准备环节和高成本

① 第 38 次中国互联网络发展状况统计［DB/OL］.[2016-08-03].http://www.cac.gov.cn/2016-08/03/c_1119326372.htm.

的前期投入，粉丝也可以根据兴趣、取向随时打开手机观看直播。第二，网络直播融合图像、文字、声音等丰富多样的元素，立体直观地再现、记录直播内容，在互联网技术的支持下，高清视频和高品质音效一键上映，实时弹幕和表情包互动，尽显新媒体的强大优势。第三，网络主播收入不菲，引来跟风趋势。主播的收入来源主要是跟直播平台的签约费，也包括粉丝赠送的虚拟道具分成，以及利用粉丝效应开网店后的盈利，这些“来钱快”的方式迅速被年轻人效仿，吸引大量年轻人涌入淘金。第四，直播双方的使用与满足得到平衡。粉丝可以随时表达自己的观点或提出自己的要求，主播可根据粉丝要求对直播内容进行调整，粉丝进而做出应援或虚拟道具的回报，有效地拉近了视听双方之间的距离。

三、大学生网络直播的伦理失范现象及原因

直播行业爆红的同时，也随之带来了惊吓和恐慌。2016 年 6 月，一位网民在某直播平台进行生吃异物的直播活动，博人眼球以增加粉丝量。①同年 10 月，一名男子在某直播平台上模仿吸毒，诱导未成年人的同时吸金无数。同时诸如此类的低俗内容直播也有直播游戏、直播睡觉、直播宴请、直播假公益、直播色情等，底线越来越低，甚至越过道德的禁区，冲破了法律的界限，网络直播呈现出低俗化、无序化、极端化的发展态势。究其原因，大致有以下三方面：

第一，网络直播平台的急功近利。曾经网络直播多以游戏、体育等内容的直播和点评为主，而现在网络直播范围则大大拓宽。收入高、门槛低成为网络直播的主要特征，直播平台本身也相互制衡，直播内容趋于同质化，存在恶意竞争的现象。②第二，网络主播的成名梦。一个摄像头、一个人，吃饭、睡觉、卖萌等生活常态都成为赚钱的手段，如此低的职业门槛让“草根”年轻人名利双收，成为误导年轻人成名成才的途径，为了迅速聚集粉丝让自己蹿红，很多主播不惜用低俗、色情等直播方式和直播内容炒作自己，吸引更多粉丝关注以求得“打赏”，或通过粉丝关注获得一种成就感。第三，直播观众的猎奇心理。网络直播为直播观众提供了新的获取低俗信息的渠道，偷窥他人生活日常或生活状态成为直播观众相互吹捧、叫好的常态，在猎奇心理得到满足的同时诱发错误的效仿。

四、大学生网络直播的监管对策

（一）提高网络直播行业的自律约束

2016 年 4 月，百度、新浪、搜狐、爱奇艺、乐视、优酷、酷我、映客、花椒等 20 余家网络直播平台的主要负责人共同发布《北京网络直播行业自律公约》。该公约规定，从 4 月 18 日起，对网络主播进行实名认证，并且对其进行培训和引导，引导其提供健康、积极、形式多样的直播内容。网络主播作为信息的发布者和传播者，应当具有社会责任感，将社会和人民的利益放在首位，向公众传播健康的、积极向上的内容；直播平台监管人作为信息的把关人，应当坚决将违背社会公德和触犯法律的直播内容拒之门外，建立风清气正的直播平台，自觉接受公民的监督并维护公民的利益，加强网络主播以及直

①裴桐.探析国内网络直播平台伦理失范问题[J].新闻研究导刊,2016(8).

② 刘金星.法治视域下如何加强网络直播平台监管[J].现代视听,2016(9).

播平台监管人的自律意识。

（二）加强网络直播行业的他律监管

2016 年 2 月至 4 月，针对网络直播出现的较多涉“黄”涉“低俗”的情况，全国扫黄打非办组织协调国家网信办、公安部、工信部、文化和旅游部、新闻出版广电总局等部门，部署并开展了网络直播的专项整治。按照职能分工，分别对不同直播内容加强监管，严肃查处违法违规行为，及时处理淫秽色情及低俗、不良的信息，查办了一批网络直播平台的违法违规案件。[①]11 月 4 日，国家网信办发布了《互联网直播服务管理规定》，该《规定》明确提出不得利用直播从事危害国家安全、破坏社会稳定、扰乱社会秩序、侵犯他人合法权益、传播淫秽色情等法律法规禁止的活动，不得利用互联网直播服务制作、复制、发布传播法律法规禁止的信息内容。2016 年 9 月，国家新闻出版广电总局下发《关于加强网络视听节目直播服务管理有关问题的通知》，要求网络视听节目直播机构持《信息网络传播视听节目许可证》上岗，未取得许可证的机构和个人不能从事直播业务，《通知》还要求网络视听节目直播机构依法开展直播服务，这一规定也被称为“史上最严直播监管令”。

（三）引导网络直播行业的良性循环

在“收紧”网络直播出口的同时，也应对整体网络直播行业加以引导。网络直播可通过技术手段对粉丝大量集中的“房间”进行重点监管，实行网管 24 小时巡查，完善网民举报机制，同时制定更严格的惩罚机制，对网络主播的实名认证要进行更严格的审核。同时，作为网络直播的从业者，直播行为应符合法律规范和社会道德底线，网络主播应有规则意识和法律意识，不能为了眼前利益放弃自己做人的尊严和底线，应树立正确的世界观、人生观、价值观，公民作为网络空间的建设者、参与者，其媒介素养的高低直接决定了网络空间环境的好坏。不仅要提高公民的受教育程度，更重要的是提高公民接触并使用媒介的能力，能够辨别并坚决抵制淫秽色情、诈骗犯罪等低俗化的内容，坚持正确的导向，自觉地维护良好的网络文化。

五、结语

网络直播打开了“全民直播”的新媒体时代，每个人都是记录者、直播者，看直播、刷礼物已经成为年轻一代交友、互动的新方式。不可否认，网络直播确实是一种符合互联网发展潮流的信息形态，但也存在诸多网络直播伦理失范的负面问题，加强相应的规范和管理，可以使得网络直播向着健康、绿色的方向发展，成为便捷、有趣、创造社会价值、传递正能量的媒介形式。

参考文献：

[1]刘金星.法治视域下如何加强网络直播平台监管[J].现代视听,2016(9).

① 张红兵.六部门专项整治网络直播平台显成效[N].法制日报,2016-05-04.

[2]刘金星.让网络直播平台运行在法治轨道上[J].新闻前哨,2016(8).
[3]陈洁.网络直播平台：内容与资本的较量[J].视听界,2016(5).
[4]裴桐.探析国内网络直播平台伦理失范问题[J].新闻研究导刊,2016(8).
[5]刘婧.繁荣与乱象：网络直播热下的冷思考[J].新闻研究导刊,2016(11).

疫情防控常态化背景下高校思想政治教育工作机制创新研究

陈虹
天津工业大学

目前，我国新冠肺炎疫情进入常态化防控新阶段，常态化防控进一步说明疫情防控需要持久战，需要新方式。对于高校来说，更需要建立长久系统的防控工作机制，作为高校思想政治教育者深知创新工作机制的重要性，将疫情防控中典型案例转化为思想政治教育课案例，将疫情防控中涌现的优秀题材贯穿到高校育人的全过程。创新高校思想政治教育工作机制，切实抓好疫情防控常态化期间高校立德树人教育，将“三全育人”渗透到疫情防控常态化整个思想政治教育中。最终为打赢这场疫情防控阻击战奠定坚实的基础。

一、疫情防控常态化背景下高校思想政治教育工作的现状

通过现场考察及新媒体平台对天津市某高校进行疫情防控常态化背景下思想政治工作进行调研。通过调研对结果进行分析，总结出当今疫情防控常态化背景下高校思想政治工作的现状有以下几点。

（一）高校大学生心理状况总体向好发展

在调研的过程中发现，随着我们疫情防控越来越好，大学生的心理状况从疫情之初的恐慌、害怕、担心、焦虑逐渐好转。目前大学生对我国战胜疫情有足够的自信，认为我国优越的中国特色社会主义制度，能够集中力量办大事，最终必定能战胜疫情。所以大学生对于疫情的心理压力逐渐缓解，心理状况总体向好发展。

（二）应对疫情心理危机干预有待提高

疫情防控常态化期间，各高校都在根据国家和相关教育部门的要求做着各种各样的工作，运用线上的新媒体平台进行相关的思想政治教育工作。例如，大多数高校都会采用 QQ 视频、腾讯会议、钉钉、微信群、微博开展思想政治教育主题班会，以及党员、团员相关活动。同时，高校也开通心理辅导热线，利用线上方式对大学生的心理健康进行指导，在疫情防控期间应对突发事件，对高校大学生进行心理疏导、援助工作。但从调研的结果来看，高校没有形成系统的疫情防控心理辅导内容，辅导方式较为传统，心理疏导效果并不是很乐观。同时，目前大学生获得信息的来源丰富，渠道多样，所以干扰大学生心理的方式就多种多样，高校的大学生心理健康辅导工作难度也越来越大。

（三）面对疫情高校大学生缺乏科学的职业生涯规划

疫情面前，社会各方面生产都受到影响，大学生就业问题就显得格外突出。面对社会特殊情况，大学生就会存在就业迷茫的现象，缺乏科学的职业生涯规划。根据疫情蔓延的趋势，全球经济都会受到前所未有的影响，经济何时复苏都是一个未知数，对于近一两年毕业的大学生的职业生涯规划也会产生前所未有的影响。所以，当下大学生没有合理、科学的职业生涯规划也是能够理解的，没有科学职业生涯规划必将影响大学生就业问题，也会为我国目前的就业现状带来巨大的挑战。

（四）高校的线上教学效果较差

在疫情严重时期，高校都在落实“停课不停教不停学”的要求，目前处于疫情防控常态化时期，线上教学工作仍然在推行，但是线上教学没有严格的教学制度作为约束，教师或多或少存在偷懒、不认真的情况；大学生的自我约束力更有待提高，没有学校规章制度的约束，没有老师的监督，也缺少同学们的互动交流。所以线上教学在疫情防控时期存在合理性、便利性的同时，也存在各种各样的弊端，导致高校线上教学效果较差。

二、疫情防控常态化背景下高校思想政治教育工作机制创新的必要性

（一）创新高校思想政治教育工作是高校疫情防控重要体现

创新高校思想政治教育工作模式，利用网络新媒体进行“键对键”育人，利用网络形式能够快速建立高校大学生日常管理的网格化工作体系，通过新媒体、APP 软件、网络平台在短时间上通下达，避免了传统管理模式一层一层汇报的效率低下。同时，通过创新高校思想政治教育工作模式，能够实时关注高校大学生健康情况，并能够掌握大学生的心理状态进行舆情监测。疫情防控常态化时期借助网络平台进行育人能够精准到人、精准到事，能够充分体现信息化手段在疫情防控时期的重要作用。

（二）创新高校思想政治教育工作是高校自我发展的迫切需要

近期，国家教育相关部门相继出台了《关于进一步加强和改进大学生思想政治教育的意见》《关于进一步加强和改进高等学校思想政治理论课的意见》等文件。相关文件的出台，为创新高校思想政治教育工作提供了理论依据及实践方向。随着社会经济的快速发展，传统的高校思想政治教育工作不能适应疫情防控常态化的需求，所以创新高校思想政治教育工作模式，构建高校思想政治教育新机制是高校自我发展、推陈出新的重要方法，也为高校创新三全育人模式探索新路径。

（三）创新高校思想政治教育工作是引领大学生思想的重要途径

高校大学生思想的引领是高校思想政治工作的重要内容，在疫情防控常态化背景下，通过高校创新思想政治教育工作机制让大学生了解到大国情怀、共产党员的英勇担当、医务工作者的昼夜工作、“摆渡人”的默默付出等，这种强大的正能量无时无刻不影响着高校的大学生。是引领大学生对家国情怀的认知，对爱国主义、科学精神的认知，是增强大学生社会责任感和历史使命感的重要途径，让他们学会对生命的尊重、对生命的

感恩。

三、疫情防控常态化背景下高校思想政治工作机制创新的路径

目前，疫情防控形势积极向好发展，取得了阶段性胜利，但是疫情防控工作并不能放松，还需按照国家及地方相关政策实施疫情防控各项举措。高校思想政治工作者更要根据疫情防控要求立足思想政治教育本身，找准思想政治教育角色定位，创新思想政治教育工作机制，为疫情防控常态化背景下高校思想政治工作创新路径。

（一）以国家政策为引领，创新思想政治教育内容

在疫情面前，国家相关部门出台了一系列疫情防控的相关政策措施，高校思想政治教育工作者要有大局观念，以疫情防控为最高要求，为高校教学工作保驾护航。高校思想政治教育工作者要提高工作站位，通过疫情防控期间在“战疫”中出现的正能量事迹作为高校思想政治教育内容，把抗疫情中涌现的精彩案例作为高校思想政治教育题材。通过创新内容和题材，创新高校思想政治教育授课形式，以国家政策为导向，通过对抗疫感人故事、战疫典型人物的授课，增强大学生民族自豪感与凝聚力，为大学生树立正确的世界观、人生观、价值观提供帮助。思想政治教育工作者创新工作内容，让广大学生在以习近平同志为核心的党中央坚强领导下，坚定思想信念，认识到中国特色社会主义制度具有强大的优越性，深刻意识到中国共产党全心全意为人民服务的工作方针。

（二）以立德树人为导向，健全“三全育人”体系

习近平总书记在全国高校思想政治工作会议中强调：“高校立身之本在于立德树人……思想政治工作从根本上说是做人的工作，必须围绕学生、关照学生、服务学生，不断提高学生思想水平、政治觉悟、道德品质、文化素养，让学生成为德才兼备、全面发展的人才。”高校思想政治工作者要创新工作机制，就要落实立德树人为导向的工作方式，树立高校教师的“学为人师，行为世范”形象，成为思想政治观念强、人文情怀深、思维能力新、眼界视野广、人格品质正的高校思想政治工作者。高校思想政治教育工作者要发挥导师的作用，积极参与高校疫情防控工作，在疫情防控期间加强与大学生的沟通交流，通过网络育人平台关心指导大学生的日常生活，运用课程思政的时代性健全“三全育人”体系，开创育人思路，把握育人动向。

（三）以抗疫故事为题材，把握思想政治教育工作着力点

高校思想政治工作者要善于运用疫情防控常态化时期抗疫的感动事例作为其思想政治教育工作的着力点。疫情是突发的危机，对于高校来说更是校园危机，因为高校学生来源广阔，高校的大学生生源来自祖国各地，还有其他国家的留学生，所以高校是疫情防控的重要场所。高校思想政治工作者如果能把疫情危机作为创新思想政治教育工作的契机，就体现了高校思想政治工作者的眼界及能力。此次抗疫中，在社会各界都涌现出了杰出的代表，更体现了中国作为大国的担当及中国特色社会主义制度的优越性。“战疫”中，有家国情怀的科学家，有不怕生死的医务工作者，有默默奉献的“摆渡人”……

他们把优秀的中华传统文化通过“战疫”的具体事例表现得淋漓尽致，进一步说明了全国一盘棋的优势和中华五千年文化对人们根深蒂固的影响。这些鲜活动人的案例为高校思想政治工作者提供了广泛丰富的思想政治教育工作素材，是高校思想政治工作者工作的落脚点和出发点，也是高校思想政治工作者创新工作机制的重要着力点。

（四）以时代发展为动机，创新思想政治教育工作模式

随着社会经济的快速进步，互联网成为人们生活中必不可少的工具，大学生作为青年人的主力军，成为使用互联网的重要组成部分。所以疫情防控常态化时期，根据时代发展要求，创新思想政治教育工作模式具有里程碑意义。疫情防控本身就要求人与人要减少面对面的接触，所以互联网就成为这个时期重要的交往和学习工具。高校思想政治工作者通过互联网作为创新思想政治教育工作模式的工具，就要了解互联网、理解互联网、钻研互联网、使用互联网，通过互联网掌握当今新媒体平台、APP 软件的使用方法，探索使用网络直播平台、QQ 群视频、微信公众号、腾讯会议、慕课等技术。这些新技术既是高校大学生平时喜爱运用的平台，又可以作为媒介达到思想政治教育的目的，所以高校思想政治教育工作者要以时代发展为动机，创新思想政治教育工作模式。

（五）以营造环境为载体，增强大学生思想政治教育体验感

疫情防控常态化时期，营造疫情防控的校园环境是增强大学生思想政治教育体验感重要的方式。高校思想政治教育工作者要以防疫期间我国的大国情怀，社会各界人士万众一心、众志成城的爱国主义精神作为校园环境营造的主要内容。组织高校大学生参与疫情防控常态化各项活动，开展校园劳动教育、社会实践活动、社团活动等，利用微信公众号、短视频平台开展宣传优秀事例，进行校园“战疫”先进事迹报告会、“战疫”讲座，利用新媒体平台开展心理辅导工作，不定期利用网络为大学生进行答疑解惑。高校思想政治教育工作者通过创新校园文化环境，让大学生在疫情防控中体验思想政治教育内容，使大学生在校园文化中潜移默化地接受思想政治教育，达到润物细无声的效果。

（六）以创新应急机制为方式，提升大学生危机意识

疫情的突发让全校师生措手不及。部分高校思想政治教育工作者忙中出乱，不能较好地应对疫情带来的挑战；有些高校思想政治教育工作者由于工作经验不足，思想政治教育工作漏洞百出。所以，在疫情面前高校思想政治教育工作者要创新工作应急机制，对大学生进行宣传教育培养危机意识。创新应急机制可创新高校突发公共安全事件管理模式，为高校大学生积极应对突发公共安全做出指导；创新高校突发公共卫生事件管理模式，为高校大学生积极应对高校突发公共卫生事件做出指导；创新高校网络舆情安全事件管理模式，能够指导大学生在危机的影响下如何把关正确信息，提高辨别网络信息的能力。在日常思想政治教育中，通过危机情况处理的流程、规则、方式，提高大学生危机意识，促使大学生在危机真正来临时，能够处变不惊、游刃有余地应对。

四、结论

当前，在疫情防控常态化背景下，高校思想政治教育工作者能够把防疫作为思想政治教育的着力点，把高校思想政治工作机制根据时代发展要求创新，是提高其工作能力和工作水平的重要体现。高校思想政治教育工作者把疫情危机化为创新工作动机，拓宽工作眼界、创新工作思路、提升工作能力，确保思想政治教育工作的先进性及时代性，就要使用好战疫中的先进事迹、优秀案例。为党育人，为国育才，将大学生培养成为国家新时代的建设者和接班人，让广大高校大学生在疫情影响下能够不忘初心，牢记使命，成为具有家国情怀、民族担当的有志青年。

参考文献：

[1]崔洁兵.中国特色社会主义制度优势研究综述[J]. 理论与现代化,2017(6).

[2]李涵诗.高校微信公众平台对大学生思想政治教育的影响研究[J]. 高校后勤研究,2018(4).

[3]习近平.坚持立德树人思想引领 加强改进高校党建工作[N].人民日报,2014-12-29.

[4]夏瑞红.突发公共卫生事件的应对[J].中外医疗，2013(25):155,157.

[5]胡旭华,冯夏根.论中国共产党文化自信的生成渊源[J].湖北社会科学,2018(8).

[6]重大疫情应对中大学生思想政治教育的四个着力点[EB/OL].https://edu.gmw.cn/2020-02/09/content_33537556.htm.

[7]刘薇.高校校园文化建设与思想政治教育互动关系研究综述[J]. 长春教育学院学报,2012(5).

竞赛与实践相融合的创新创业实践育人模式研究

降凌楠
天津工业大学

随着我国"大众创业、万众创新"事业的不断发展，创新创业工作已经成为我国推动经济发展的又一重要力量。为进一步培养和发掘创新创业的优秀人才后备力量，从各地方政府到各高校高度重视提高大学生的创新创业能力，出台了各种配套政策措施引育高校创新创业人才培养，搭建和完善创新创业实践育人平台建设，在全社会、特别是各高校营造了一个创新创业良好氛围。在创新创业人才培养过程中出现了人才培养重理论轻实践、理论与实践相脱离的现象，特别是在实践平台建设上，竞赛平台、创业实训平台等各类实践平台相互独立和分离、无法有效融合和衔接，无法形成完整的创新创业实践育人平台。为此，国家、各地方政府纷纷颁布实施各种政策措施支持创新创业工作，加大对大学生创新创业人才培养的宏观调控和政策促进的力度，把引导、促进学生就业创业放在政府工作中的重要位置，加大财政、金融等经济支持，从落户、子女入学等人才配套措施鼓励大学生创新创业。同时，提供税收减免、场地服务等优惠政策鼓励企业与大学生签订就业创业合作协议,实现以大学生高水平创新创业、以创业带动就业①。

近年来，随着"一带一路""粤港澳大湾区"的不断深入，我国经济发展逐渐与国际经济发展接轨、不断融入国际社会，在我国经济发展和经济结构优化升级的过程中，对创新创业人才，特别是国际化创新创业人才的需求越来越大，它在全球经济文化一体化的背景下，具有主导时代发展的功能和作用，这就要求高校以进行复合型创新创业人才、国际化人才的培养为基本路径，从而营造出有利于满足创新创业人才发展需求的政策环境，切实提高大学生的归属感，以期更好地发挥高校毕业生人才的优势，实现创新创业人才对国家、地方发展所应做出的积极贡献。

一、高校创新创业实践育人政策环境研究

近年来，从国家到各地方高校，都颁布实施了各类创新创业政策为培养创新创业优秀人才创造良好政策环境。

2017 年，中共中央国务院印发《关于加强和改进新形势下高校思想政治工作的意见》，文件中要求，要强化社会实践育人，提高实践教学比重，组织师生参加社会实践活动，完善科教融合、校企联合等协同育人模式，加强实践教学基地建设，建立健全国家机关、企事业单位、社会团体接收大学生实习实训制度，开设创新创业教育专门课程。该文件

① 牛富生. 山东政府扶持大学生自主创业的政策研究[D].山东财经大学,2016.

的出台，要求高校在培育创新创业人才过程中，做到理论知识与实践引导的有机统一，建立并逐步完善全程、全员、全方位的育人体制机制，在理论创新、实践活动相结合的育人平台建设上不断完善，实现创业教育与理论教育相融合，融入学生成才成长过程中。

2018 年，天津工业大学制定并发布了《天津工业大学“幸福西青——美丽工大‘1+1’区校实践育人共同体”实施方案》，方案中要求我校推进“创新创业”共育发展计划，一方面推动创新创业平台共建共享，促进学校科技成果转化中心、大学生创客空间、工程实训中心等同西青区产业园、“青创空间”等创新创业平台间的资源共享、双向服务，提升区域创新能力。另一方面，要加强产学研合作，依托天津工业大学精武研究院，进一步深化区校产学研合作，推动科研成果转化、技术服务、企业孵化、人才培养、招商引资。

2019 年，我市出台《天津市人民政府关于推动创新创业高质量发展打造“双创”升级版若干措施的通知》，通知中强调以高质量发展为主线，通过不断优化政策环境、完善制度设计、加强载体平台建设、提升服务水平，稳步推进双创工作，将推进“双创”作为深入贯彻创新驱动发展战略、推动供给侧结构性改革的重要举措，进一步强化大学生创新创业教育培训，推动高校科研院所创新创业深度融合，健全科技成果转化的体制机制，不断为全市创新创业提供支撑。

二、天津市高校创新创业人才培养工作现状的调查分析研究

为解决创新创业实践育人平台建设中遇到的问题，对天津工业大学、天津商业大学、天津城建大学、天津医科大学、天津科技大学等我市创新创业师范高校的创新创业工作进行了走访调研，主要围绕学生参加创新创业竞赛、校内外孵化平台进行孵化培育的大学生创新创业项目进行调研，调研内容包括创新创业课程体系建设、孵化培育评价体系和双创实践活动等部分，通过对比分析总结各高校创新创业工作的共性和特点，总结出我市高校创新创业人才培养工作现状主要有以下几个共性和特点：

1.设立创新创业课程，建立双创课程体系

以创新创业能力培养为目的、以创业实践为导向优化课程设置。为营造良好的创业教育育人环境，各高校开设了面向全校的“职业生涯规划”“就业指导”等公共基础必修课程，旨在培养学生掌握基本的创新创业方法，树立创新创意识；开设了“创业实践模拟”“创业管理基础”等公共选修课程，旨在培养学生回应变革、主动创新的意识；面向专业学生开设形式多样、与专业深度融合的模拟实训类创业课程，使学生在仿真的创业环境中检验自己的创业过程与管理能力，规避创业风险以提高创业成功的概率；部分高校还开设了“创新方法概论”“创业营销”等校级“慕课”，并在此基础上根据学校各专业依托校内外创新创业教育基地以及教学企业，融入政府、行业协会、知名企业等各方资源，开设专业创新创业实践课程，旨在培养学生将专业技能应用于创新创业实践活动的能力。

2.各高校建立创新创业竞赛平台

组织开展好“挑战杯”“创青春”“互联网+”等创新创业竞赛和学术科技创新活动，通过竞赛平台进一步培养学生的创新意识和实践能力开展,聚集和整合人才、技术、资本、

市场等各种创新创业要素，提供辅导培训、金融投资、技术转移、展览展示、市场对接等各类服务，组建高水平参赛队伍，深挖双创项目资源，提升双创项目质量。

3.完善创新创业训练与实践体系，提升实际效果

整合工程训练中心、高校众创空间等平台，建设多元、综合、开放的大学生创新创业实训实践基地。各高校投入相应资金经费，建设相关实训项目的现代制造实训平台，为大学生创客提供实训实践平台。不断完善大学创客空间孵化平台建设，建立完整的创新创业扶持链条，为创新创业项目提供政策支持、资金扶持、市场对接和工商、法律、财务咨询等创业服务，不断孵化创新创业优秀成果。

三、以竞赛与实践相融合的创新创业实践育人模式研究

通过对我市高校创新创业人才培养工作现状的调研分析，应从如下几个方面构建竞赛与实践相融合的创新创业实践育人模式：

1.完善政策环境，激发创新活力

进一步完善创新创业服务体系建设，通过建立教务、工程实训、众创空间孵化平台相互协作的联合培养机制，提供“一站式”创新创业服务，提高创新创业项目成果转化效率，提高创新人才的归属感和创业积极性。加大对双创人才的支持力度，妥善解决其课时、申请政府相关补贴、学业考试与竞赛科研关系等问题，激发人才的创新活力。

此外，提高高校科研支持力度、以设立创新项目资金等方式推进科研能力的提升，鼓励创新创业项目在科研竞赛上获得成绩的同时，有足够的资金支持其创业孵化，在科研经费的运用过程中引入市场机制，由政府主导到专业机构评价，通过第三方评审机构评审资助项目，保证了科研活动的公正、公平、公开，促进创新创业项目之间的良性竞争，并建立创新项目资金监管机制，对“项目遴选—科研进程—科研成果—创业孵化”的双创全过程进行有效监管。同时，引入第三方专业机构对项目资金的使用计划和分配方式进行评价，保障科研资源的有效配置。

2.促进产学研合作，构建创新孵化体系

探索长效利益均衡机制，支持大学、企业、政府共建科研基地和创新平台，使得大学可借助企业提高大学生创客的双创水平，增强其运用研究成果增强技术开发和商业开发的能力，并与高水平科研人员相联合进行合作研究，提高科研成果转化率和创新能力。此外，政府、企业可以为大学配备先进的实验硬件环境，提供资金支持，解决科研过程中的经费问题。在此基础上，高校集中优势资源培养高层次、创新型、应用型人才，构建以产学研结合为基础的创新创业人才培养模式，政府层面、科研机构层面和企业层面可以通过协同创新完善、落实好各项扶持政策，更好地发挥创新创业人才对我国社会经济和创新科研水平的积极作用，有效提高创新效率与科技成果转化率。

3.逐步建立竞赛遴选与创业实践结合的实践育人模式

构建竞赛遴选与创业实践相结合、分层次、立体化的创新创业实践育人模式，从创新创业竞赛遴选出优秀学生项目团队，通过校内外孵化平台的专业化项目培育，进一步转化为创业项目，实现创新理论与创业实践相结合，进一步完善高校创新创业育人体系建设。

参考文献：

[1]靳慧.发挥社会实践在思政课教学中的重要作用[J].中国高等教育,2017(6):39-40.

[2]张春霞.社会文化理论视角下新疆高校预科生思想政治教育探析[J].新疆社科论坛,2017(04):91-94.

[3]于兆国.高职学生创新创业能力融合培养模式探析[J].黄河水利职业技术学院学报,2017,29(03):65-68.

[4]檀朝桂,蒋文娟.重视就业疏导,研究生思想政治教育工作不留盲点[J].教育现代化,2015(15):45-47.

[5]邓小娟,陈玮.地方高校经管类“双创型”人才培养模式分析[J].现代经济信息,2018(15):378-380.

[6]唐建阳,罗致.高校研究生创业教育体系构建与路径选择[J].创新创业理论研究与实践,2018,1(15):33-34.

[7]岳丽佳,陈小江,熊良伟,王权,刘颖,王米雪.高职水产类专业学生创新创业能力培养路径探究——以江苏农牧科技职业学院为例[J].湖北开放职业学院学报,2018,31(21):9-10.

大中小一体化美育工作机制研究

梁嘉靖
天津工业大学

习近平总书记在教育文化卫生体育领域专家代表座谈会上，再次强调加强和改进学校美育。学校美育工作是立德树人、培根铸魂的事业，必须不断增强以习近平新时代中国特色社会主义思想为指导，提升思想自觉、政治自觉、行动自觉，与党中央国务院的要求同向同行，与推进素质教育的要求同向同行，与学生全面发展的迫切要求同向同行。

一、“美育”“一体化”的概念界定、深刻内涵

1.“美育”概念的界定

美育，又称审美教育或美感教育，我国美育教育在近代发展极为迅速，以蔡元培、梁启超为代表的教育家、艺术家为我国美育艺术教育的发展奠定了坚实的基础，在价值特征、人文内涵等方面进行了集中讨论。中国教育实践学者王国维先生在著作《教育之宗旨》中首次使用了“美育”这一词语，比较系统地提出德智体美劳全面发展，培养身心和谐，在王国维先生的“美育”理念中“非功利性”的特点较为突出。蔡元培先生作为教育改革家所提及的“美育”则更重视美育对于人生境界的提升效果，也就是说开展审美教育的最终目的是培养学生陶冶情操、洗涤灵魂、开阔胸襟，美育具有大众性，应属于普遍性教育的一种。在《哲学大辞典》中，美育是关于审美与创造美的教育。大中小开展美育教育的最终目的则是引导学生树立正确的审美观点、健康的审美情趣，培养学生鉴别美、创造美的能力，使得学生实现真正意义上的德智体美劳全面发展。

2.“一体化”的深刻内涵

一体化的深刻内涵可以分为两个维度，一是从横向的角度出发，学校、家庭、社会作为教育的不同主体需要结成一体化团队，共同开展学生的美育教育。另一方面是从纵向的角度出发，也就是通常意义上的大中小一体化，在学生成长的各个时间阶段共同开展美育教育，根据学生成长的不同阶段，开展递进式的教育，做好前后衔接。

二、大中小美育一体化的重要性

2020 年 10 月，中共中央办公厅、国务院办公厅印发了《关于全面加强和改进新时代学校美育工作的意见》，文中指出：“要将美育纳入各级各类学校人才培养全过程，贯穿学校教育各学段，培养德智体美劳全面发展的社会主义建设者和接班人。”大中小一体化开展美育教育更加能够丰富学生艺术实践活动，完善学生人格、培养学生创造美的能力，引导学生个性发展、强化学生综合思维能力，造就全面人才。

1.丰富学生艺术实践活动，完善学生人格

审美能力的养成是一个不断累积的过程，丰富学生艺术实践活动，在学生中开展学生合唱、合奏、集体舞，以及博物馆、美术馆体验学习等实践活动，使得学生在感受、体验实践中提升审美能力，同时形成融合社会、适应社会的能力，完善学生的人格，将学生内心深处的感情，转化为外在的正确行为，培养学生宽广的胸怀，成就高尚的灵魂，这种培养对于学生来说是受益无穷的，对于学生的社会交友、心理健康等方面的发展都能起到积极的作用，这就是美育对于学生健全人格的最大的益处。

2.培养学生创造美的能力，引导学生个性发展

在现代社会中，家长对于孩子的要求越来越高，许多孩子在三四岁便开展了“启蒙教育”，忙于上各种课外班、参加各种培训活动，“随大流”的社会状态导致大多数的孩子都在完成这样的“工作”，参加各种课业培训班、完成各种作业似乎成为“好孩子”的标准。孩子体验大自然、动手操作的机会大大减少。即使是从孩子玩玩具的角度来说，目前大多数的孩子深处琳琅满目的玩具中，各种形式的玩具使得孩子置身于玩具的世界里，现成的玩具导致孩子缺少了动手创造美的机会，缺少了提升智力发展的机会。在中小学美育教育中，可以开发“二课堂”的制度，引导学生制造自己喜欢的玩具，创新游戏种类，激发孩子创造美、欣赏美的能力。

进入大学的孩子追逐个性美，这种个性的发展需要前期审美的积累，网络上偶有“新鲜造型”的出现，舆论背后反映的是美育教育的失败，持续性的美育教育对于学生个性发展有重要的意义。

3.强化学生综合思维能力，造就全面人才

文艺复兴时期，艺术大师达·芬奇的绘画才能得到了世界的认可，一幅《蒙娜丽莎的微笑》让达·芬奇走上了绘画艺术的神坛，但是很少有人了解达·芬奇同样也是医学家、建筑工程师，真正的人才是在各个方面的“大家”，均是厚积薄发的绽放。毛主席作为伟大的天才军事家，在书法、文学方面也均有建树。就像爱因斯坦所说的“我的许多科学成就，都从音乐中得到启发”，许多创作灵感、科学启发均是来自于想象，多角度涉猎知识能够为科学家、文学家提供源源不断的创作能量。在当今这个竞争压力极大的社会，复合型人才极为抢手，科学合理，内容丰富的美育教育能够帮助学生提升逻辑思维和形象思维能力，大中小学校需要切实推进美育教育，培养专业合格、博学多识、兼具知识和才艺于一身的全面人才。

三、扎实推进大中小美育一体化的举措

美育教育作为学校立德树人的重要载体，对于陶冶学生高尚情操、塑造美好心灵有重要作用，在大中小各级各类学校中进行美育综合改革，坚持德智体美劳五育并举，加强各级各类学校之间的沟通交流，打破沟通壁垒，整合教育教学资源，补短板兴长项，重实践看发展，坚持三全育人，落实具体举措，建设学校美育新格局。

1.推进教师一体化进程，为美育一体化奠定基础

教师作为教育教学的主体，在美育教育中起着至关重要的作用。教师一体化的第一步就是需要增强大中小学美育教师补充力度，鼓励文艺界专业人士到高校兼任教师，缓解师资不足的问题。第二，美育活动中，教师需要传递给学生既有知识，同时也需要向学生传递情感，在这个过程中教师成为审美的创造者，随着学生的不断成长、社会的不

断进步，学生的审美需要也在不断发展，因此，形成教师一体化同样需要为各级各类美育教师提供开放式的学习平台，扩大教师之间的交流空间，不断提升教师的理论水平，与时俱进，适应学生不断发展的要求。第三，美育学科兼具综合性与实践性的特征，这一特点要求美育教师自身兼具多种才艺，也就是复合型人才，作为学生学习活动的指引者，具有深厚的审美修养以及文化底蕴的老师才能讲好一堂生动的理论课，在美育教育的实践性上下功夫，打破年龄的界限，大中小共同开设同一主题实践活动，打破指导教师的界限，共同完成统一作品，实现真正意义上的教师一体化。最后，需要优化美育教师的岗位结构，打通美育教师的职业发展渠道，将大中小美与教师整合起来，共同开展评选活动，保证各级各类学校美育教师占有一定的比例。

2.加强校园文化建设，为美育一体化营造良好氛围

校园文化建设的意义在于为学生营造良好的学习氛围，为学生提供美育实践活动的场地和机会。健全学校美育教育，调动每一个同学的积极性，开展“全生”学习活动，缩小大中小学校之间的差距，缩小城市与乡下之间的差距，鼓励特色活动，形成“一校一品”、“一校多品”的美育教育新格局。各级学校可以利用节庆、校庆等重要时间节点，为学生提供展示平台，同时邀请其他类型学校组织相关节目，开展互动交流活动，鼓励学生参加艺术节、才艺比赛等活动，有计划地组织学生开展名画赏析、社团沙龙、艺术讲座等实践活动，通过联合的文化、艺术展示加强学生之间的互动和交流，寓教于乐，开展翻转课堂等，陶冶学生的情操，最终达成培养全面人才的目的，同时使学生在校园氛围中感受美、欣赏美、体验美，为美育营造良好氛围。

3.深化课程体系改革，为美育一体化提供保障

为培养全面发展的社会主义人才，必须从教育部的角度对于课程体系进行全方位的改革，只有全面系统的课程体系，才能满足学生全面发展的需求。在确保学生掌握基础知识以及基本技能的基础上，着力提升感受艺术、理解艺术、创作艺术的能力，开发一批优质的课程教育资源，建设一批优秀的美育教育基地，培养一批优秀的名师工作室，推进高雅艺术进校园，将优秀的中华传统文化传播给广大学子，用大爱感染学生，用大美陶冶学生，努力培养心灵美、形象美、语言美、行为美的新时代青少年。

首先，完善美育课程设置，避免断层式教学。针对当前课程设置断层化的问题，首先需要做到的一点是要求美育课程“应上尽上”。其次是必须充分考虑学生的审美需求、年龄需求与全面发展之间的关系。例如，在小学的课程设置上可以增加手工实践课的比例，尽量用动手操作吸引学生，将学生的注意力留在课堂上，培养学生创造美的能力；中学可以适当增加音乐赏析、佳作赏析等，同时增加学生走出课堂、参观游览的机会，培养学生赏析、评价美的能力；大学期间可以增加大学生美育的选修课，通过线上、线下双教学的形式满足学生的审美需求。

其次，五育教育是相互补充的关系，在现代教育教学中可以将美育渗透到其他课程的教育教学中，所有课程的课堂设置、书本设计、教学过程都与“美的规律”有关，教书育人不仅包含知识讲授，美育也蕴含其中。

4.利用新媒体新技术为美育一体化注入新动力

保持美育教育的自由性。新媒体新技术背景下，开展美育教育首先需要保证教育的自由性，包含心理自由、理性自由两部分，高校作为开展美育教育的重要场所，需要为学生提供自由欣赏事物的机会，这里的自由不涉及对错的概念，不涉及伦理的概念，审美是一项自由的活动，通过自由开放的审美活动解放学生天性，净化学生灵魂，在大中小美育教育的具体教学中需要确保学生同时拥有较多的选择性，丰富学生的学习途径，丰富学生学习内容。让学生在自由的环境下，自由地欣赏事物，获得自由的审美效果。

保持美育教育的个性化。现代教学中需要遵从学生的发展需要，教育坚持以生为本的教育理念，保证学生的教育主体地位，尊重学生的个性化要求。尊重学生的个性化差异，在美育教育过程中注重遵从学生的心理发展特征，建立具有个性化的美育教育目标体系，接受课堂教学中的不同成果。

保持美育教育的时代性。美育教育是一项与时代同发展的教育学科，在现代社会中，会出现一系列与传统审美相悖的“新时尚”出现，面对这种强烈的碰撞，不能一味地对立否认，而是要学会融合，正确引申到教育教学中，我们需要在大中小学中开展具有时代性的活动，例如：实现美育教学方法上的现代性，利用多媒体、“慕课”平台、“互联网+”等现代化教学手段，开展全方位体验式教学，在教室体验自然中的鸟语花香，在现代体验古代文人的艺术乐趣，全面调动学生的学习积极性，实现美育教育的时代性创新。

四、总结

美育教育作为我国全面教育的重要组成部分，对培养全面型人才起着至关重要的作用，大中小一体化美育教育有利于学校美育取得突破性进展，全面提升学生创造美、赏析美的能力，使得学生实现真正意义上的德智体美劳全面发展。

参考文献：

[1]在教育文化卫生体育领域专家代表座谈会上的讲话[EB/OL]. http://www.qstheory.cn/yaowen/2020-09/22/c_1126527759.htm.

[2]朱清孟，常抓不懈多措并举强化高校美育工作提升学生审美素养[J].河南教育(高教),2017(1):13-14.

[3]姜殿坤，李英署，我国高等学校美育实施中存在的主要问题及解决对策研究[J].国家教育行政学院学报，2018(6):62-68.

[4]索松华，工育杰.以美育情以美求善[N]，中国教育报，2001-11-02(3).

[5]王殿芳，在教学中渗透美育[J].吉林教育，2006(Z2):73.

新时代高校劳动教育现状及路径探索

牛自委
天津工业大学

习近平总书记在2018年全国教育大会上关于劳动教育做出明确指导和重要指示，培养德智体美劳全面发展的社会主义建设者和接班人的教育要求助推我国学校将劳动教育纳入人才培养体系之中的工作进程，为我国学校劳动教育体制机制建设指明方向。高等教育作为学生思想政治教育重要环节，高校作为开展素质教育和落实立德树人工作的主要阵地，青年学子作为国家和社会发展的主要后备力量和中流砥柱，如何提升大学生劳动教育工作质量事关我国未来的发展和社会主义建设的速度和质量。因此，高校要将劳动技能教育和劳动价值观教育贯穿于教育教学的整个过程，引导学生崇尚和弘扬我国优良传统文化，端正劳动态度和观念，发扬吃苦耐劳、辛勤付出、诚实勇敢的劳动精神，教育学生知晓、体会、懂得和理解劳动的崇高、伟大和美丽，帮助学生树立尊重劳动、崇尚劳动和热爱劳动的意识精神，鼓励学生学以致用，将所知所学投入生产实践。但目前我国各高校在劳动教育路径方面仍存在欠缺，机制搭建和制度保障仍不完善，探索系统、全面、高效的劳动教育路径成为高校抓实、抓细、抓好新时代学生劳动教育工作的重要研究方向。

一、新时代高校劳动教育的内涵

在新时代、新阶段、新进程的高等教育改革过程中，劳动教育近年来逐渐从偏离思想政治教育工作重点提升至高校教书育人和立德树人的人才培养体系核心地位。大学生作为我国新一代青年人中的佼佼者，作为我国社会主义建设未来的骨干队伍和中坚力量，其世界观、人生观和价值观的培养和形成尤为重要。在社会经济快速发展和多元化价值观不断冲击下，首先，高校劳动教育应以帮助学生树立端正的劳动价值观目标，通过结合实习实践、志愿服务等提升劳动观念、意识、品德和技能，以此作为开展大学生思想政治教育工作，厚植吃苦耐劳、甘于奉献、勇于牺牲的优良品质的重要方式。其次，高校劳动教育应以端正学生的劳动态度为导向，让学生深刻理解劳动的重要意义，正确看待劳动的价值，引导学生建立“俯首耕作”“乐于开垦”“勤于播种”的劳动观念，培养学生关心爱护、尊敬尊重和热爱敬爱劳动者的态度，鼓励学生通过自身劳动达到人生目标，实现人生理想，收获幸福生活，助力党和国家的发展和进步。第三，高校劳动教育应以科学知识的传授为抓手。高校大学生作为新时代广大劳动者中的重要群体和组成部分，应因势而“学”，因时而“进”，充分了解社会需求和时代要求，不断提升理论素养、文化水平和工作技能，不断追求意志品质和本领能力的进步，让自己成为心中有理想，手中有技能，可圆自身梦想，可担国家重任的创新型、复合型人才。劳动教育最为学生德、智、体、美教育的关键支撑和重要补充，是高校立德树人和坚持社会主义办学的客观要求，应贯穿于高校教育教学和学生成人成才的全过程，让大学生在劳动教育中体会奋斗的珍贵和美好。

二、新时代我国高校劳动教育概述

人才是党和国家事业不断发展的核心动力，是两个一百年奋斗目标高质量实现，社会主义现代化强国建设任务顺利完成，中华民族伟大复兴远景圆满达成的重要支撑。时代使命和历史责任的客观需求对我国人才综合素质培养提出了更高的要求，深化教育改革，构建学生德智体美劳全面发展的教育体制机制成为必然选择，劳动教育随之重回高校育人体系的核心地位，成为大学生思想政治教育内容的重要组成部分。国务院在全面加强新时代大中小学劳动教育的相关文件和通知要求中提出劳动教育应当充分发挥正常教育教学之外的时间和活动，明确目的、制订计划，组织和引导学生积极参加生活生产，奉献服务的劳动活动，提升学生的劳动技能、磨炼劳动品质、端正劳动观念，让学生具备吃苦耐劳、勇于实践的劳动价值观。因此，目前高校劳动教育主要以生产劳动和生活服务为依托，在充分结合学生学科教育和专业提升的前提背景下，围绕创新创业等自发和主观工作积极开展企业实习、社会实践、勤工俭学、志愿服务等，通过所知所学，运用新思维、新方法、新流程、新工艺、新技术等切实解决现实生活中所存在的急需解决的问题，进而提升学生实习实践的能力、面对问题的心态和解决问题的方法，培养学生的创造性思维和担当奉献意识，树立端正的劳动观念，塑造良好的劳动品质，帮助学生奠定未来融入社会的适应能力和开展社会工作的基本技能。

三、当前高校劳动教育现状分析

虽然高校将培养德智体美劳全面发展的大学生作为教育发展的方向，但在实际工作开展中劳动教育被当淡化、弱化、边缘化，甚至被无视和忽略，缺乏设置合理、体系完备、效果明显的劳动教育安排，部分大学生存在不想劳动、畏惧劳动、浪费劳动成果、鄙视劳动者的心理和现象，高校劳动教育成为人才培养体系中亟需及时补足的短板。

1.大学生劳动观教育存在严重不足

首先，对劳动观教育的重视性不足。高校多将教育中心和重点投放于专业技能教育和思想政治教育，但对于劳动观教育投入时间较短，组织活动次数较少，效能发挥较低，难以让学生真正意识劳动的重要性，理解劳动的重要意义，导致教育资源较为匮乏，综合性培养和教育出现缺陷。例如，目前绝大多数高校对于学生劳动观教育依然是采取老腔老调，照本宣科、耳提面命式地说教，方法老旧，缺乏时代性和可接受性，难以调动学生学习的积极性和主动性，教育收效微乎其微。其次，缺乏专业教师配备，劳动教育难以深化。劳动教育多依赖于辅导员、班导师在开展学生思想政治教育时传授给学生，缺乏教授技能的专业性和知识储备的丰富性，无法被学生充分吸收，难以引起学生的共鸣，虽有投入却收效甚微。第三，高校在日常教育教学中出于经费、安全、场地等原因为学生提供的劳动机会较少，大学教育逐渐与劳动教育脱节，学生对劳动认识不足、经历不足、学习不足，出现以“劳动为耻”，以享乐为荣的想法，使其在生活和工作中缺乏责任心，缺乏努力拼搏的斗志。

2.大学生劳动教育体制机制存在缺陷

劳动教育虽然已经在部分高校教育中有所涉及并逐步得到凸显，但其体制机制建设仍不完善，存在一定程度的缺陷。其中，缺乏顶层设计、缺少政策支持、平台建设缺位、未来规划不足等诸多问题都在劳动教育方面或多或少有所呈现，进而学术界对劳动教育研究动力不足，劳动教育理论和实践成果匮乏。部分高校存在虽然重视规章制度建设，但轻视现实行动，造成有文件无行动、有要求无落实、有过程无效果、有指标无考核等情况出现，缺乏对劳动教育活动开展的全面思考。除此之外，一些高校的教育活动较为单一，缺乏吸引力和时代特性。正常劳动教育课程缺乏趣味，第二课堂中的劳动实践流于形式，更甚者以劳动教育为幌子开展娱乐性活动，导致学生产生非常严重的教育误读，损害学生的发展和成长。

3.大学生劳动教育内涵认识不清

随着我国经济的快速发展、外来文化的不断冲击和多元化价值观的逐渐形成，急功近利的现实主义和实用主义思维已经渗透至高校大学生劳动教育领域。数十年来的应试教育和“唯成绩”论成为当下学生、家长、学校等主题在教育教学工作中所追求的主要目标。现实教育路径和导向与综合培养、全面发展的育人方向有所背离，对劳动教育内涵和作用认识不清。高校教师在开展教育工作过程中将劳动和实践作为惩罚学生的一种方式方法，或者作为工作任务机械地组织学生开展相关活动，缺乏大学生劳动内涵的教育和引导，让劳动教育失去本身的价值，学生对劳动产生畏惧心理，认为劳动具有惩罚的功用，误认为劳动本身具有低下的先天属性，导致其排斥劳动、抵制劳动、轻视劳动的情况出现，不利于劳动教育的开展。

四、高校劳动教育路径探索

新时代背景下要深入贯彻落实习近平总书记关于劳动教育的重要指示，严格执行教育部等上级部门关于劳动教育的相关要求，以培养学生正确的劳动观念、增强劳动意识、落实高校立德树人和教书育人的根本任务为出发点，以“三全育人”为工作方法和指导思想，为我国社会主义现代化强国建设培养丰富可靠的后备力量。

1.丰富教育形式，强化劳动观教育

新时代高校劳动教育要坚持以育人为导向，精准掌握劳动教育本质，引导学生树立劳动的认同感，激发劳动主动性。首先，营造浓烈的劳动教育氛围。充分利用校园广播、宣传栏、LED 显示屏等传统宣传方式，结合微信、微博、抖音短视频平台等新兴网络媒体，大量报道，充分宣传身边优秀事例事迹，营造浓烈的校园劳动教育氛围。其次，建立劳动教育活动空间。学校可积极邀请优秀校友和优秀工作者等成立劳动观教育宣讲团，通过举办座谈会、宣讲会、主题讲座等形式，拉近学生与劳动模范之间的距离，提升学生的“可触性”，强化教育效果。再次，丰富劳动教育活动形式。学校可进行统筹规划，组织开展“劳动中的先行者”“劳动者的光芒”等主题的演讲比赛和征文比赛，进行“劳动成果大比拼”等竞赛，倡导校园劳动新风尚，涵养正确的劳动观，让学生尊重和热爱劳动。

2.完善体制机制，提升劳动教育效果。

大学生劳动教育作为我国高等教育教学体系中的重要组成部分，是高校落实立德树人根本任务，是培养社会主义建设者和接班人的必然要求。高校应强化顶层设计、提升保障支持，激发教职工积极探索劳动教育专业的动力，创新研究内容，丰富研究成果，增强实践效能。通过校企合作，依托志愿服务基地，开发校内区域等建立劳动教育实践平台，利用和拓展劳动机会，引导学生开展校内环境卫生劳动、校外实践劳动和支农支教等活动，规定学生劳动实践课时，重视过程开展和结果考核，将劳动教育常规化、常态化、长久化、制度化。在学生成人成才的过程中，着力提升其责任感、使命感和劳动意识，风险意识，切实提升学生遇到问题解决问题的能力。高校大学生劳动教育的开展应以青春奉献为引导，以坚定理想信念，厚植家国情怀为内核，鼓励学生积极劳动，深化劳动情感，促进高校劳动教育工作顺利开展。

3."五育"协同培养，明晰劳动教育价值

高校在开展劳动教育时应将其纳入"五育并举"的人才培养体系之中，正确认识劳动教育的重要性和必要性，以"劳育"促进"德、智、体、美"四育协同提升，致力于培养学生积极践行、踏实劳动、诚实为人的优良品质，增强勇于探索、善于观察、勤于操作的劳动技能，在劳动中磨砺心智，在活动中锻造身心，根植欣赏劳动、鉴赏劳动的审美眼光。其次，高校在开展劳动教育过程中务必掌握科学、合理、有效的方式方法，防止出现因教育方式的偏差导致学生对劳动教育产生误解，充分利用劳动价值内涵引导学生自觉、主动地深入社会开展劳动活动，通过亲身感受了解生活。与此同时，在高校开展劳动教育时应将"实干兴邦"的劳动价值观融入其中，培养学生对"崇尚劳动"价值观的认同，鼓励学生对"热爱劳动"优良传统的传承和发扬，自觉运用我国高等教育的根本立场，切实提升综合型人才培养工作质量。

高校劳动教育质量关乎我国人才培养工作成效和水平，关乎社会主义现代化强国建设力量储备，关乎中华民族伟大复兴的顺利实现。因此，通过分析当前劳动教育现状，探索科学、合理、高校的教育路径，提升高校劳动教育质量，端正劳动观念，强化学生劳动意识，提升劳动技能，是客观和必然的选择。

参考文献：

[1]习近平在全国教育大会上强调坚持中国特色社会主义教育发展道路培养德智体美劳全面发展的社会主义建设者和接班人[N].人民日报,2018-09-11.

[2]高晓丽."五育并举"背景下加强高校劳动教育的内在依据与策略[J].思想理论教育,2020(10):97-101.

[3]赵曙光.高校开展劳动教育的意义及路径[J].淮阴工学院学报,2020(4):88-91.

[4]高勇，颜金.高校劳动教育评估的现实构想[J].黑河学刊,2020(5):13-17.

[5]郭学利.高校劳动教育实践误区与优化路径研究[J].内蒙古财经大学学报,2020(5):1-4.

[6]王洋.高校劳动教育现状与推进策略[J].沈阳师范大学学报,2020(4):103-108.

[7]刘向兵,赵明霏.构建新时代高校劳动教育体系的理论逻辑与实践路径——基于知识整体理论的视角[J].中国高教研究,2020(8):62-66.

高校勤工助学实践育人功能探析

吴曼
天津工业大学

习近平总书记在北京大学考察指出："大学是立德树人、培养人才的地方。"高校校内的一切活动都离不开"立德树人"这个根本任务。经过多年的发展，我国高校的资助体系在实践探索中逐渐形成了"奖、助、贷、勤、减、免"六位一体的新型模式。其中"勤工助学"作为资助工作中一项传统资助形式，也是发挥资助工作实践育人功能的重要一环。

勤工助学是指在校大学生利用课余时间或假期在校园内外参加的，以获取报酬、培养自立及创业能力为主要目标而进行的各种有偿服务或劳动。勤工助学这一政策诞生的初衷在于作为帮助困难学生缓解生活困难的途径之一，而随着我国脱贫攻坚进入决胜阶段，以及高校和社会各界对困难学生的资助途径不断拓宽，勤工助学单纯作为困难学生资助途径的功能已经被弱化，勤工助学对学生的素质提升功能得以凸显。

在这种背景下，以通过资金扶持、心理辅导等无偿援助，以及劳动得到报酬、实践提升能力等有偿助学帮扶为基本途径的"发展型资助"理念逐渐取代仅仅满足学生基本生活需要为主要目标的"保障型资助"，所以高校开展资助工作必须坚持实践育人导向，发挥劳动教育与资助育人的融合渗透效应，秉持"精准资助、助力成长、发展育人、服务成才"的工作理念，将"扶困"与"扶智"、"扶困"与"扶志"相结合，助力每一个家庭困难的学生成长成才，努力提升高校勤工助学实践育人的时效性。

一、勤工助学在高校贫困大学生成长中的重要意义

目前我们的大学生普遍缺乏学习的积极性、主动性，缺乏对社会的观察和思考。问题的根源在于目前高校现有的人才培养模式单一，过于强调对理论知识的单方面灌输，缺少对学生社会实践能力和参与社会事务的能力培养。而勤工助学正是对现有高校人才培养模式的有益补充，也是调动学生学习参与性、主动性进而提高其社会责任感的极佳途径。

勤工助学既可以丰富学生业余时间，也可以在一定程度上使其提前摆脱对家庭的依赖，走向自立。同时，提前参与社会活动也为贫困大学生提供了第二课堂的课外实践机会。目前，随着信息技术的高速发展，高等教育体制改革不断深化，传统意义上的"勤工助学"已无法满足学生德智体美劳全面发展的真正需求。因此，我们要探索一条以维护教育公平为基础、以优化资助效能为目标、以学生发展为归宿的新时代勤工助学道路。

二、当前新时代高校校内勤工助学实践育人存在的问题

高校勤工助学工作目前难以发挥其培养学生独立自主的作用，甚至沦为了以单纯劳务为形式，向学生提供形式单一的仅能提供一部分资助的课外劳务型活动。随着高校贫困生的保障体系逐步完善，勤工助学工作在部分高校内已经成为“食之无味，弃之可惜”的鸡肋性工作。这不仅无法发挥勤工助学的实践育人功效，也不符合发展型资助育人的发展要求。现针对勤工助学工作现状及存在问题展开分析：

1.岗位设置单一，育人实践流于形式

现在无论是校内还是校外，所提供的岗位类型过于单一，对学生的实践教育意义不足，育人实践流于形式。据调查发现，现高校内所提供的勤工助学岗位主要为简单劳务性岗位。此类岗位存在两点问题：一是工作过于机械，难以培养今后走向社会所需要的工作能力；二是与学生专业联系不够紧密，难以起到理论联系实际的作用。校外的这种岗位有三点问题：一是举牌子等工作同样过于机械；二是家教类工作多为重复之前的知识点，对今后的工作帮助不大；三是由于工作多为临时性工作，难以做到合同约束，易发生劳务纠纷。

2.价值定位不当，育人目标定位不明

高校以及学生对勤工助学工作的价值定位存在偏差。高校内对勤工助学工作的价值定位多停留在“助”字上，仅将其作为资助贫困生的一种手段，甚至部分高校因此对勤工助学工作敷衍了事。这种过窄的价值定位使勤工助学的育人功能无处发挥。而学生对于勤工助学岗位关注点在于报酬的多寡，而忽略了勤工助学工作对本人的实践和锻炼意义。

3.管理模式粗放，育人实效有待提升

管理模式粗放表现在三方面。一是校内的勤工助学岗位设置未能体现“岗位—个人”的双选。校内岗位设置与学生个人匹配度不高，未能体现人岗匹配原则。二是岗位设置不足。高校内勤工助学岗位供需矛盾突出，“僧多粥少”成为各高校的普遍现象。三是对岗位工作缺少绩效评价。大学生面对工作消极应对，工作懈怠。这些情况导致勤工助学的育人工作成效不足。

通过上述现状我们发现由于高校及学生对勤工助学工作的价值定位存在偏差，使得高校的岗位设置单一、岗位管理空白，而这进一步导致了学生参与勤工助学的积极性不足，学生不积极参与，高校也更缺乏改进此项工作的动力。长此以往导致勤工助学工作的长期原地踏步甚至走向恶性循环。

三、新时代高校校内勤工助学实践育人工作问题的反思

1.专业模式难觅，专业师资匮乏

目前勤工助学仍拘泥于传统的物质帮扶而缺少涵育劳动教育精神和创业教育精神的内容，各个高校都在探寻真正适应当今形势的新时代勤工助学工作模式。高校中同时兼具丰富的勤工助学工作经验和较强理论修养的师资极为匮乏，因此这项工作的专业指导老师也存在缺口。勤工助学面临既无专业模式，又无专业人才的“双缺”局面。

2.体制机制不健全，工作考核难以量化

目前第一课堂仍然发挥着学生学习的主渠道作用，第二课堂、第三课堂实践活动投

入较少，对于勤工助学的实践育人功能高校重视不足，而勤工助学工作作为一项长期性的育人工作在部分高校仍未构建起完整的体制机制，勤工助学仅停留在“扶困”阶段，未能将“扶困”与“扶智”、“扶困”与“扶志”相结合。同时高校难以对这项工作进行量化考核，这也就导致了高校本身开展勤工助学工作的主观动力不足。

3.社会支持力度不足，渠道建设不足

社会各界对勤工助学缺乏了解，给予的支持力度不够。企业难以提供可供锻炼大学生实践能力的岗位，所能提供的岗位也多为单一性、重复的机械劳动，对创新创业教育的扶持力度不够，校内外勤工助学工作仍拘泥于固有模式，其中体力型工作较多，智力型、开拓型、技术型工作较少，导致勤工助学育人实效不强。与此同时，勤工助学的社会劳动保障制度不健全，对走出校园走向勤工助学岗位的大学生难以提供有效的法律制度保障。

四、勤工助学在高校实践育人工作中的实施路径

改进高校的勤工助学工作需要结合当前的时代特征，结合当下大学生的心理特点，探索出一条系统的勤工助学工作模式，发挥勤工助学工作在高校育人中的独特作用。

1.以突出价值引领为中心，聚焦勤工助学的实践育人功能

当前勤工助学工作打破固有格局的关键点在于改变高校管理层面思想认识。高校应重新审视勤工助学在实践育人层面的不可替代作用，转变工作理念，将涵育时代新人作为勤工助学工作的出发点和落脚点。首先，改变过去长期忽视的工作理念，对本校内勤工助学工作现状进行深入了解，确定当前本校勤工助学工作中存在的问题，对症下药。其次，高校应探索勤工助学工作的“四结合”：将勤工助学工作与系统的理论知识教育相结合，与校内思想政治教育相结合，与校园文化建设相结合，与学生的职业生涯规划相结合。使勤工助学工作由过去单一资助型工作向培养大学生综合素质工作方向全面转变。

同时关注改变大学生对勤工助学工作的片面认知，对大学生应进行必要的教育宣讲，提高大学生的工作责任度和参与积极性。一是在校园内开展勤工助学宣传周活动，将高校内勤工助学的新局面向大学生进行充分宣传，提高认识程度。二是进行必要的职业生涯规划教育，让大学生主动认识勤工助学工作对职业生涯的帮助，提高参与度和积极性。三是诚信教育，提高大学生在岗位上的诚信度，诚以立人，树立良好的诚信观。对大学生今后走出校园，走向社会大有裨益。四是树立励志典型，发挥典型示范效应，在校园内形成积极向上的良好氛围。

2.以创新体制机制为突破，形成三位一体管理新模式

过去传统的勤工助学工作在高校内多由高校内资助机构负责，作为贫困生资助的手段进行管理。随着资助体系的不断完善，勤工助学的资助功能已经不断弱化。高校应创新管理模式，将勤工助学作为一项单独的实践教育来进行开展和管理。

高校应成立单独的勤工助学管理部门，形成“学校分管领导—勤工助学管理部门—用人部门”三位一体的管理新模式。学校分管领导主抓，勤工助学管理部门结合用人部门的主要需求以及大学生对工作岗位的要求在校内统一布局工作岗位，并由用人部门将

学生工作情况及时向勤工助学管理部门及校分管领导汇报。形成“学生—岗位”的双选双适应，并畅通沟通渠道和工作评价渠道。有效提高人岗匹配度并避免学生消极怠工情况，提升勤工助学工作的实践教育功能。

高校对于已成立的勤工助学管理部门，首先应充实部门人员，细化责任分工。确保每项工作由专人负责，提高工作效率，形成良好的工作形象。其次，提高专业水准。通过培训、考察等方式，深化部门对勤工助学工作的认识，提高对工作的专业水准。打造一支兼具实践经验与理论修养的高素质工作队伍。再次，成立法律咨询部门。专职应对大学生在校外勤工助学过程中面对的法律纠纷，提供法律咨询，并对大学生进行相应的法律宣传。避免大学生在校外勤工助学的过程中由于经验不足陷入不必要的法律纠纷。最后，推动校园内成立勤工助学社团或学生会部门，提高大学生在勤工助学工作的话语权，调动大学生参与勤工助学工作的积极性。

3.以拓宽育人路径为关键，建立校内外社会实践“双管齐下”

高校要充分整合资源，由劳务输出型向智力发展型转变，发挥勤工助学的人才培养作用，丰富勤工助学岗位类型，多元化培养人才。应将校内资源与校内各专业的专业类型相结合，提高智力型岗位在所提供岗位中所占比例，一改过去单一劳务型岗位类别，向智力发展型转变。学校应充分挖掘内部资源，尽量提供适合不同专业学生的勤工助学岗位。既可以减轻学校行政部门的工作负担，充实岗位数量，避免“僧多粥少”的局面，也能将岗位工作与学生专业紧密结合，向智力发展型转变。

高校内部挖潜提供岗位毕竟数量有限，类型单一。高校应利用自身辐射能力，与校外企业开展合作。在合作企业中开设勤工助学岗位，并引导企业合理利用大学生的知识优势为企业创造效益，大学生可以在企业实践过程中提升对所学知识的理解度，积累社会经验。高校也应利用自己的社会影响力，利用媒体在社会中对勤工助学加强宣传，鼓励社会参与，提高企业的社会责任感。打造校内外合作联动的勤工助学新局面，将实践育人工作做深做透。

我们的国家和社会的发展需要我们新时代的大学生具有应有的社会责任感，大学生走出校园后也只有具有社会责任感与正确的三观才能在漫长的职业道路上走得更远。勤工助学工作作为培养大学生社会责任感的重要育人途径具有极大的现实意义，因此各高校应引起高度重视，用科学开放的态度推进工作有序开展。

总之，高等院校勤工助学工作经济上的解困是治标，精神上的解困才是治本。以资助解困，在解困中育人，是高校勤工助学工作的出发点和落脚点。高校在开展贫困生资助工作中应与时俱进，建立长效机制，加强勤工助学实践育人功能，进一步推进高校人才培养，促进教育公平和社会和谐、稳定、可持续发展。

参考文献：

[1]习近平:在北京大学师生座谈会上的讲话[N].人民日报,2018-05-03.

[2]李涛，孔融融，周新虎.高校创业型勤工助学模式及其资助育人功能研究[J].绵阳师范学院学报，2018,37(1):64-67.

[3]许跃焓，谢星萍，葛镇伟. 创新创业型勤工助学模式探究——以广东外语外贸大学

云山勤工为例[J].现代交际，2018(4):164-167.

[4]孟国忠.高校劳动教育价值实现的机理研究[J].学校党建与思想教育，2019（7）.

[5]许翠梅.我国大学生发展型资助体系构建研究[J].学校党建与思想教育,2016(5):57-59.

[6]陈宝生.进一步加强学生资助工作[N].人民日报,2018-03-01(13).

浅析新时代大中小学思政课一体化建设的内涵及策略

张诗婕
天津工业大学

2019 年 3 月 18 日，习近平总书记在学校思想政治理论课教师座谈会上要求“把统筹推进大中小学思政课一体化建设作为一项重要工程，推动思政课建设内涵式发展”[1]，指出：“在大中小学循序渐进、螺旋上升地开设思想政治理论课非常必要，是培养一代又一代社会主义建设者和接班人的重要保障。”[2]这为新时代思想政治教育指明了方向,要全力以赴办好新时代思政课，坚定不移用习近平新时代中国特色社会主义思想铸魂育人。

一、大中小学思政课一体化建设的重要意义

“国无德不兴，人无德不立”，这句话指出了育人的根本目的在于立德。习近平总书记指出：“要把立德树人的成效作为检验学校一切工作的根本标准，真正做到以文化人、以德育人，不断提高学生思想水平、政治觉悟、道德品质、文化素养，做到明大德、守公德、严私德。”[3]青少年阶段是人生的“拔节孕穗期”，处在人生观、世界观、价值观形成和确立的关键时期，需要我们进行精心引导和栽培。大中小学要严格落实党的教育方针，帮助青少年扣好人生的第一粒扣子，真正做到为党育人、为国育才。

思想政治教育是学校教育的重要组成部分，思政课是思想政治教育的主渠道和主阵地。习近平总书记强调：“思政课是落实立德树人根本任务的关键课程”[4]，“办好思想政治理论课，最根本的是要全面贯彻党的教育方针，解决好培养什么人、怎样培养人、为谁培养人这个根本问题。我们党立志于中华民族千秋伟业，必须培养一代又一代拥护中国共产党领导和我国社会主义制度、立志为中国特色社会主义事业奋斗终身的有用人才。”[5]

而在现阶段，大中小学思政课体系在一定程度上存在脱节的问题，耦合度较低，如教学目标层次不分明、教学内容重复、教学形式单一等。大中小学的思想政治教育是一环扣一环的，任何一个阶段的思政教育存在问题，或者各个阶段之间的思想政治教育衔接不到位，都会影响到思想政治教育的整体效果，因此推动大中小学思政课一体化建设任重而道远。

二、大中小学思政课一体化建设的深刻内涵

“‘一体化’作为一个被普遍使用的概念，在思政课建设工作中具有特殊指向性，主要是指把思政课建设作为一项铸魂育人的系统工程，将大学、中学、小学不同学段具

有相对独立性的思政课，从立德树人的整体性视角出发，统筹设计与安排、协同教学与育人、调和部分与整体、优化衔接与融合、规范内容与运行，在循序渐进、螺旋上升的过程中，打造大中小学各学段纵向衔接、横向贯通、有机融合、不可分割的立体化、协同性、链条式的思政课课程体系、教学体系和育人体系。”[6]这就要求各个学段的思政课教师都应“守好一段渠，种好责任田”，不断推动大中小学思政课教学目标一体化、教学内容一体化、教学方法一体化，使各个学段的思政课同向同行、协调发展。

1.教学目标的一体化

思想政治教育贯穿于儿童到少年再到青年的整个过程。在这个过程中，我们培养什么人、为谁培养人、怎样培养人的目标在整体上是一致的，因此各个学段思政课的教学目标应该是融为一体、一以贯之的，同时各个学段的教学目标要遵循学生成长规律和心理发展规律，结合学生的身心发展需要，层层递进，实现螺旋式上升。这就要求我们既要整体规划思政课的总体目标，又要合理设置不同学段的阶段目标，二者相辅相成。《关于深化新时代学校思想政治理论课改革创新的若干意见》指出：“大学阶段重在增强使命担当，高中阶段重在提升政治素养，小学阶段重在启蒙道德情感。”[7]《意见》对大中小学各阶段思政课的教学目标做出了准确的定位，使各阶段的目标更加科学、衔接更加紧密。

2.教学内容的一体化

大中小学阶段的思政课虽然有不同的名称，如小学叫思想品德课，中学叫思想政治课，大学叫思想政治理论课，不同的名称体现了不同阶段的侧重点，但都离不开爱国主义教育、社会主义核心价值观教育、法治教育、劳动教育、心理健康教育、中华优秀传统文化教育等核心内容。这就要求各级各类学校结合不同年龄阶段学生的认知能力和心理发展特征，不断优化课程设置，完善教学大纲，精选教学素材，循序渐进地深化教学内容，做到内容并存、时间继起、有序衔接、稳步提升。同时，各个学段的学校可结合地方特色和学校特色，开设思政选修课，打造精品思政课，构建特色育人机制。教学方式一体化，是指教学方式的连续性和延展性，并不是教学方式的同一化。北京大学马克思主义学院副教授陈培永说：“没有思想、理论，就只是形式上的思政课；但只有思想、理论，没有亲和力与针对性，思政课也注定达不到教学目的。”[8]精彩的内容需要借助合适的形式才能更好地呈现，这就要求我们创新教学方式，提升教学亲和力，打造有趣味的思政课。具体而言，小学阶段主要是通过讲故事、做游戏、研学实践等体验活动培养学生的道德情感，种下思想启蒙的种子；中学阶段要将活动体验与理论学习结合起来，在活动体验中传授思想政治理论，打牢思想政治基础；大学阶段侧重于知识学习和理论研究，引导学生用理论武装头脑，形成政治认同，培养家国情怀。

三、大中小学思政课一体化建设的重要举措

办好思想政治理论课，要坚持守正与创新相统一。守正是新时代高校思想政治理论课创新的基础，创新是新时代高校思想政治理论课保持活力的源泉[9]。一方面，我们要创新思政课的形式，丰富思政课的内容，不断提高思政课的吸引力和感染力，增强思政课的针对性和实效性。另一方面，要推进大中小学思政课的互联共建，加强大中小学师生

之间的沟通交流，构建大中小学思政课协同创新体系。

1.强化交流研讨机制，建好思政课教师队伍

习近平总书记强调：“办好思想政治理论课关键在教师,关键在发挥教师的积极性、主动性、创造性。”[10]同时对思政课教师提出了“政治要强、情怀要深、思维要新、视野要广、自律要严、人格要正”的六点要求[11]。各地要积极推进大中小学思政课教师协同育人的工作格局，发挥高校马克思主义学院的辐射作用，与中小学开展结对帮扶活动，定期组织中小学教师去高校学习，加强思政课教师培训，提高思政课教师专业化水平。建立大中小学思政课一体化建设基地，打造大中小学一体化的思政课资源平台和集体备课平台，形成常态化的交流研讨机制。定期开展大中小学教师同备一堂思政课活动，以说课方式展示集体备课成果，有利于加强不同学段思政课教师的沟通交流，理顺各学段思政课的育人链条，进一步探索创新思政课一体化的教学模式，打造大中小学一体化思政课，传递好思政课的教学“接力棒”。

2.创新课堂教学模式，打造“互联网+思政课”新形态

充分利用数字化校园，创新思政课教学模式，建设“云端”思政课，为思政课注入活力。采用“线上观看慕课、线下自主学习，线上教师答疑、线下翻转课堂”的模式，根据不同学段学生的特点采取不同形式的翻转课堂，如主题汇报、辩论赛、演讲比赛、角色扮演等，提高学生的参与度，增强思政理论课的教学效果。充分利用新媒体技术，开展校园微视频大赛、红色主题摄影大赛、大学生思政公开课大赛等思想政治教育活动，推动思政课与信息技术高度融合，增强时代感和吸引力，打造思想政治教育网络阵地。借助现代化技术手段，云游博物馆、展览馆等景点，将历史立体化、全方位地呈现给学生，增强现场体验感，打造“体验式”思政课。开展云班会、云升旗等活动，让爱国主义旗帜在“云端”高高飘扬。

3.发挥实践育人功能，打造“行走的思政课”

发挥地域资源优势，统筹建设校内外思政课实践教育资源，开辟红色教育基地、劳动教育基地等。红色教育基地具有鲜明的时代性和深刻的教育性，是思想政治教育的有效载体。通过参观革命圣地、历史博物馆等，学生可以深入了解英雄人物的光荣事迹，充分发挥红色文化的引领作用，在精神上得到洗礼，在思想上得到升华，在实践中锤炼品质。开展中小学研学实践和大学生社会实践，把思政课堂搬到户外，通过现场教学的方式，将理论学习融入生活，让思政教育回归真实，让学生深入祖国大地亲自感受、亲身实践，在追寻历史足迹的过程中开阔视野、增长见识、了解国情，激励学生们将理想信念和爱国主义精神内化于心、外化于行。

4.成立大学生理论宣讲团，讲好中国故事

高校能够为中小学提供思政教育资源，中小学能为高校学生提供思政教育实践机会。组织中小学生走进大学校园，感受科技魅力和人文情怀，从而激发中小学生的学习热情，树立人生理想。高校应响应党和国家的号召，成立大学生理论宣讲团，走进小学、初中、高中，宣传习近平新时代中国特色社会主义思想、党的路线方针政策，弘扬爱国主义精神、四史教育、劳动教育等思想，普及心理健康、法律等知识，通过通俗易懂的语言、生动翔实的案例和“接地气”的方式宣传党的最新理论、方针政策，积极推动思想政治理论在各类大中小学生中入脑、入心，讲好新时代的中国故事、讲好身边人的故事，传播正能量，同时促进大学生自身政治素养的提高，努力成为新时代的宣传者和践行者。

统筹推进大中小学思政课一体化是功在当代、利在千秋的伟大事业。在大中小学各个阶段的所有课程中，思政课是陪伴学生们学业生涯最长久的课程之一，对学生人生观、世界观、价值观的塑造和思想品德的培养有着最持久的影响力。推进大中小学思政课一体化建设，上好每一学段的思政课，引导广大学生坚定理想信念、厚植爱国主义情怀、加强品德修养、增长知识见识、培养奋斗精神、增强综合素质，把个人理想同国家民族的前途命运紧密联系在一起，努力成为能够担当民族复兴大任的时代新人。

参考文献：

[1][2][4][5][10][11]习近平主持召开学校思想政治理论课教师座谈会强调：用新时代中国特色社会主义思想铸魂育人贯彻党的教育方针落实立德树人根本任务[N].人民日报，2019-03-19(1).

[3]立德树人，习近平这样阐释教育的根本任务[EB/OL].[2019-03-18]http://politics.people.com.cn/n1/2019/0318/c1001-30981617.html.

[6]李东坡，王学俭. 新时代大中小学思政课一体化建设的内涵、挑战与对策[J]. 新疆师范大学学报(哲学社会科学版),2020-09-23(42).

[7]中办、国办印发《关于深化新时代学校思想政治理论课改革创新》[N].人民日报，2019-08-15(1).

[8]邢帆. “思政热点面对面”：用鲜活的思想赢得青年[N]. 长江日报，2019-04-04.

[9]肖桂清.新时代高校思想政治理论课的守正与创新[J].思想教育研究，2019（3）：80-84..

协同视域下高校实践育人的基本要素、原则和路径研究

谷源
天津工业大学学生处

实践育人作为新时代青年成长成才的重要途径，是引导青年锤炼意志品格、养成良好道德品质、提高综合素质能力的实践教育活动，在青年成长成才中具有重要的地位和意义，同时实践育人也是高校落实立德树人根本任务的必然要求。在中国特色社会主义新时代，高校实践育人呈现新的趋势和新的特点，实践育人不能仅仅依靠单方面力量，而是需要多方协同，共同推动，从而实现“全员、全程、全方位”育人，增强育人实效，切实提高新时代实践育人的质量和水平。因此，构建实践育人的协同系统十分必要。

一、协同视域下实践育人的基本要素

“要素”指的是构成整体事物的各个基本单元，对各要素及其相互关系进行解读和分析，能够为整体推进提供基本依据和遵循。在协同视域下实践育人的基本要素由实践主体、实践客体、实践环境和实践内容四个部分共同组成。

（一）实践主体

具体到高校实践育人来说，实践的主体即参与社会实践中的人。实践育人工作是一项需要国家政府、社会组织、实践单位、实践参与者等多个主体一起努力、协调配合才能完成的共同任务，因此决定了实践育人的多主体属性。同时，大学生是实践育人活动主要的培育主体，是实践活动的核心参与者与体验者，是积极将理论转化为现实能力的应用者，是不断开拓进取的创新者。只有大学生积极参与到社会实践当中，才能更好地将理论学习内化于心、外化于行，实现实践育人的目标和效果。

（二）实践客体

客体是相对于主体而言的概念。社会实践是一个有目的的活动，社会实践的客体一般指在实践过程中可以使用的各种育人资源，包括实践的对象、实践的设施、实践的方式、实践的载体等。实践的客体会随着时代变迁和社会演进而发生变化。因此，在实践育人的过程中，只有对实践客体正确地认识与把握，对实践客体不断地丰富与完善，才能有力地推动实践主体在实践过程中更好地改造社会、完善自我。

（三）实践环境

实践环境指的是影响高校实践育人运行的内部环境和外部环境，它不仅包括社会实践周边的小环境，如校园环境、学生成长环境、家庭与社区环境、实践基地周围环境等，而且也包括社会实践所处的时代大环境，如社会经济环境、文化环境、教育环境、国家

政策环境等。任何一个系统的运行都会受到环境的制约和影响，内部环境对社会实践的内容、方式、手段等提出了具体要求，外部环境对人才培养的质量、实践主体的能力、社会实践的效果等提供了基本标准，两者共同作用形成了实践育人的运行环境和条件。

（四）实践内容

实践育人的内容主要指的是实践活动的主题与主旨。例如，当前高校在组织社会育人实践时，主要通过教学实践、挂职锻炼、志愿服务、思想信念养成、专业素养训练、服务奉献社会和创新创业能力培育等内容。根据不同的内容规定，所采取的实践育人方式与要求也有所不同。实践内容要根据时代发展和环境变化，以及实践主体、客体和载体的变化做出相应的调整，唯有如此，实践育人内容才能产生显著效果。

二、协同视域下实践育人的原则

任何一种体系的有效运作，都要遵循一定的要求与原则。实践育人的有效运行也需要遵循基本的实践活动规律。

（一）以科学理念为引领

科学的理念能够为实践活动提供指导思想和理论支撑，实践育人的运行离不开科学的理念作为引领。实践育人要解决的是“育”什么样的“人”的问题，坚持以学生为本，尊重个性差异，因材施教，用正确的育人观指导实践活动。首先，要坚持以学生为本的科学理念。在教育活动中主张学生的全面发展是育人活动的根本目的，组织、开展社会实践的根本目的在于培养德才兼备的人才。因此，在社会育人实践开展的过程中，要围绕学生、关爱学生、服务学生，帮助学生积极主动地参与到社会实践中。其次，要尊重学生个性差异。在年龄、性格、专业、成长环境等因素影响下，每个学生都显现出独一无二的个性特征。因此，在开展社会育人实践活动过程中要尊重学生的个性差异，根据学生的特点和心理开展有针对性的实践活动。

（二）以共享理念为导向

实践育人唯有以开放共享的理念运行实践育人活动，才能够有效整合育人资源，扩大实践育人影响力，夯实实践育人效果。在实践育人活动运行的过程中，高校需要推进政府、社会组织、企事业单位、乡村社区、家庭等多方力量的整合，立足世情、国情、党情、社情、民情开展实践活动。[1]从现实情况看，实践育人资源数量的有限性、资源分布的分散性等特点，要求在实践育人的有效运行过程中必须打造实践育人“共同体”，实现育人资源共享，从而推动实践育人活动的协同运行。坚持实践育人共享理念，首先，要求在育人实践的组织实施过程中，充分尊重政府、企事业单位等的意见，共同制订实践育人方案，积极整合多方资源，促进实践平台、实践成果多方共享。其次，要求确保实践育人成果覆盖和惠及每一位学生，政策制度、平台条件等保障机制要及时跟进，从而实现多方共赢。再次，要积极打造实践育人“共同体”，积极建立实践育人合作联盟，充分利用各高校、政府、企事业单位资源，取长补短，实现优势互补。通过建立校地间、校企间战略合作联盟，形成实践育人“共同体”，在合作和资源共享的基础上，实现高校实践育人系统的有效运行。

（三）以部门联动为机制

实践育人运行机制的构建，需要在系统论的指引下实现联动，推进实践育人多主体的密切配合和有效衔接。首先，要构建从国家到地方政府的相关部门联动机制。教育部等国家部门相互协调，统筹顶层设计，负责政策上的制定。地方政府积极构建以政府为主导、教育部门牵头、文化部门和共青团组织等部门相互协调的地方实践育人联动机制，有效解决和处理好不同地区的实践育人工作的重点与难题，保证各个地区的实践育人工作能够得到有效的开展与运行。[2]其次，要构建高校内的相关部门联动机制。高校在实践育人工作上坚持学校党委统一领导，党办、校办、宣传部、学工部、校团委、教务处等部门相互配合，各司其职，为实践育人的有效开展提供各方面的支持与保障，保证实践育人工作持续有效地推进。再次，要构建高校与政府、企事业单位的长效沟通联动机制，建立起长效持续的联络互动机制，保证实践育人工作中各部门组织和行动的同向性与有效性。

（四）以全员参与为格局

《高校思想政治工作质量提升工程实施纲要》不仅对高校实践育人工作提供了方向和指引，而且还对高校各项育人工作提出了“形成全员全过程全方位育人格局”的工作目标和要求。基于此，高校实践育人工作的有效运行不仅要坚持科学理念、实现共享和部门联动的要求，还需要将“全员”纳入实践育人有效运行的基本要求，在“大育人观”理念指导下，推动全员积极参与到实践育人的工作中。一方面，全员参与需要充分发挥各类高校教师的引导作用。在任课教师层面，需要教师大力倡导“体验式”教学实践，多开展合作学习、体验式学习、案例教学等教育方式；在辅导员层面，需要辅导员做好实践育人活动的设计、组织和开展等工作，通过与学生共同参与实践活动的准备、实施和总结，增强学生的参与意识，提升实践活动的效果。另一方面，发掘政府、家庭、校友的潜在育人作用。在家庭层面，学校应与家长达成实践育人共识，加强与家长沟通，从而得到他们的大力支持，在家庭生活实践中形成育人合力。在校友层面，利用校友丰富的社会资源和校友间的情感，安排学生到校友的企业、单位进行社会实践，帮助学生获得更多优质实践平台和资源。在政府层面，为学生进行为人民服务和集体主义教育，实现实践育人活动奉献社会、服务地区的目的。比如组织大学生到乡镇、街道挂职锻炼，让大学生在服务地方、奉献社会的过程中也提高自身素质。

三、协同视域下实践育人的路径

协同视域下实践育人需要从顶层设计、组织协调、工作机制、活动运行四个方面共同发力，推动实践育人取得良好效果。

（一）在顶层设计上，构建部门协同组织机制

在协同组织机制构建上，要充分发挥政府、家庭、校友等关键群体的重要作用，争取获得更多的帮助与支持，从而实现实践育人活动力量在社会范围内的延伸与整合。在国家层面、地方政府层面，要建立联动组织系统，在顶层设计、政策制定上对高校实践育人进行制度上的引导和协同。从高校层面来说，要构建校党委统一领导，党、政、工、团齐抓共管，各部门协同联动、各司其职、齐心协力的管理体制，成立一个由学校党委统一领导的实践育人工作领导小组，主要负责出台实践育人的总体规划和实施方案，对

实践育人过程进行监控、督办、评价。实践育人工作要做到与学校中心工作同部署、同要求、同考核和同落实。

（二）在组织协调上，厘清各个部门的工作职责

从协同运行体系的需要和实践育人工作内容细化的要求上看，高校作为实践育人的教育主体，必须明确各个部门的职责分工，并对实践育人各环节的内容进行细化，列出责任清单。学生工作部门主要负责牵头实施，制定实践育人具体方案，负责主题教育、学习调研、红色研学、理论研究；宣传部门主要负责实践育人的文化构建和氛围营造，通过线上与线下结合、传统媒体与新媒体结合，开展实践育人先进典型和榜样案例的教育宣传活动；财务部门负责将实践育人的经费列入学校整体的经费预算中，合理制定实践活动经费的比例，对实践育人资金的使用进行严格把控与数据监督；教务部门主要负责实践性教学的安排，把实践育人活动纳入人才培养计划，通过设定实践性课程和活动合理的学分、搭建校内外实践基地、激励大学生开展实践活动；校团委主要负责大学生社会实践、志愿服务等实践活动的组织安排。各部门通过分工合作、协同运行、形成共识，在合作和联动中不断提高实践育人工作的有效性和针对性。

（三）在工作机制上，建立系统内交流、评价、反馈机制

交流、评价和反馈工作的主体，应当包括政府、企事业单位、公益组织的工作人员和学生家长等，他们都有教育人、培养人、发展人的职责。首先，要建立信息交流机制，实现信息共享，以政府和高校为主体建立区域性的信息交流平台。信息交流还需要建立信息反馈机制，各联动单位要通过信息化平台定期对实践育人工作的落实情况进行确认和反馈。其次，要建立定期会晤交流机制。再次，要建立部门联动的考评奖励机制，激发活力。最后，要建立部门联动的全员参与机制，确保育人效果。

（四）在活动运行时，搭建多样的实践基地平台

作为高校实践育人的重要依托，实践基地在实践育人的运行系统中占据重要地位。总体来看，目前各高校均拥有较为稳定的校内教学实践基地与校外实践基地，但仍存在实践基地数量和质量无法满足学生不断增长的多样的实践需求的问题，需要在校内与校外现有实践基地的基础上，扩展实践基地建设，通过校内基地联动、校外基地对接和线上模式创新，打造多校联合、传统方式与非传统方式相结合的多样型实践基地运行系统。首先，由于高校内部资源的有限性，学生实践的开展受到多种条件的限制，因此要提高校内实践基地的有效性，不仅要通过扩展实践教学平台、实践基地建设，如建立开放实验室、科技平台、大学生科技创新基地、专业见习基地等平台，提升大学生在校内参与实践的多样化与多元性，还要加大资金投入，对实践基地内的设备、场所进行充足的配备，以搭建广阔的实践平台。其次，实现校外基地对接。实践育人作为一个系统的体系，需要多方合作形成教育合力。高校应积极与校外基地对接，推动校外实践基地能够真正发挥育人作用。最后，搭建新型育人实践基地。随着社会现代化的发展，传统的线下平台建设已经难以满足高校大学生的需求，线上实践平台应运而生。线上实践活动具有共享性与时空性的特点，能够充分调动学生参与实践活动的自主性。

参考文献：

[1]陈步云.高校实践育人机制研究[D].长春：东北师范大学，2017.

[2]甘霖.高校实践育人研究[M].北京：人民出版社，2015:181.

“京津冀协同发展”背景下大学生“三下乡”社会实践活动实效性提升策略

李浩
天津工业大学

一、“京津冀协同发展”战略为高校实践育人提供了新视角

高校实践育人是实现“三全育人”模式的重要一环，是为党育人、为国育才的重要教育手段，在高校人才培养体系中占据着举足轻重的地位。随着“京津冀协同发展”上升为国家重大发展战略，高校实践育人工作面临着诸多挑战与机遇。如何满足新形势下党和国家对高校人才培养质量的要求，契合三地协同发展的创新规划，精准定位育人目标、准确把握教育规律，是高校实践育人工作不断深思和革新的核心问题。不难看出，“京津冀协同发展”战略为三地高效率、高质量提升发展指明了前景方向、制定了创新路径，同时也为高校人才培养和实践育人等工作提供了全新视角和广阔空间。

“京津冀协同发展”的内涵强调整体性和协同性，不是简单地借助其他地区优势资源谋求区域内自我发展，而是意在打通各区域、各领域、各环节间的壁垒，形成区域内对接、环节中衔接、资源上链接的协同合力。于高校实践育人而言，整体性强调从全局出发，着眼三地特色资源和优势力量，将各自需求规划布局、协调对接，“把地缘优势转化为新的发展动力，发挥区域教育资源集聚和辐射带动作用，实现优势互补、协同发展。”①京津冀地区是科技创新、人才培养的核心区域，掌握着高新的科学技术与优秀的教育资源，发展程度虽存在差异，但发展特色各有千秋。在协同发展理念下，将三地实践育人工作视为一个整体，统筹规划三地创新人才培养工作，整合三地高等教育和高新技术资源，打造“实践育人共同体”平台，实现平台共建、资源共用、成果共享，化“各自为营”为“休戚与共”，切实形成协同效应，提升高校实践育人工作的整体性、长效性。

因此，在高校人才培养工作中应坚持创新驱动发展，以产教融合、校企合作激发人才创新活力，通过合作管理、合作育人等模式探索人才培养改革之法，使教学与生产紧密结合，形成同频共振的育人模式，推动实践育人专业化、特色化、精准化的发展，进而有效助力三地的经济建设和社会发展。

二、当前大学生“三下乡”社会实践活动存在的问题及原因

“教育在社会发展中起基础型、决定性作用，为社会发展提供了强大的智力支持和

① 李捷.京津冀协同发展战略下的教育发展规划[J].天津市教科院学报,2015,10(5).

人才支撑。”[①]大学生“三下乡”社会实践作为高校课堂教育的延伸，俨然已成为人才素质能力培养的重要手段和形式。然而，实践活动的开展与建设仍存在诸多短板，并随着新形势、新背景的深刻变化，一些突出的内生性和外显性问题逐渐影响和制约实践育人的精准性和实效性。

（一）政治站位不高，整体性不够

大学生“三下乡”社会实践活动以实践锻炼的方式帮助学生提升思想、转化知识、磨炼技能，是新形势下党和国家加强大学生全面培养教育的有力举措和有益尝试，是高校实现“立德树人”根本任务的一项战略性工作。目前，部分“三下乡”社会实践项目没有站在“围绕中心，服务大局”的高度，选题方向和活动设计偏离“服务社会”主线，仅围绕主题将日常志愿服务、社会调研等工作“硬性贴合”，存在目标设定片面化、功利化倾向，未能立足“协同发展”的格局视角规划和部署实践活动，大局观念不明、政治站位不高。此外，“三下乡”社会实践往往仅依托校团委单独组织开展，宣传部、教务处、科研处等相关部门未能将其视为“立德树人”工作的重要一环而充分指导、参与和协同组织，导致“单线作战”“独轮行动”的现象出现，实践育人的整体性推进不够。

（二）思想认知不清，协同性不够

大学生“三下乡”社会实践活动通过高校与社会通力合作，引导学生有目的、有计划地深入社会、深入基层，亲身体验、参与社会生活，解决相关实际问题，从而利用实践平台开展“隐性”思想政治教育。然而，部分高校、社会企业及学生个体对其缺乏足够重视，对实践活动的内在价值认知不清，主动参与度和积极建设度不高，一定程度上影响了实践育人协同发力的实效。高校的工作重心大多放在了教学科研、招生就业等方面，对“三下乡”社会实践的育人功能并未足够重视，未将其纳入系统的教育教学工作之中；社会企业虽大多认同校企协同育人理念，但仍依赖于高校主体开展实践育人，协同功能发挥不主动，存在“有协议无行动”的现象；部分学生在思想上缺乏对“三下乡”社会实践活动的正确认知，局限于“任务化”“活动化”等层面，且存在一定的功利思想。

（三）效用发挥不足，结合性不够

“三下乡”社会实践活动面向高校全体学生，利用社会舞台淬炼学生实践能力，然而相当一部分学生参加动机存在偏差，致使“蜻蜓点水”地开展，“走马观花”地完成，实践育人应有效用发挥受限。当前，部分实践活动与学生行为特点、所学所需不相匹配，理论指导实践能力不足，实践结合专业关联度不够，陈旧的形式和乏味的内容难以让学生进入角色、生成体会，无法有效激发学生的主观能动性和积极主动性。“三下乡”社会实践虽参与比例较高，但普遍缺乏科学的理论指导和周密的教育计划，在调动学生将所学理论知识应用于社会实践、将专业特长带入社会实践等方面存在短板，“学以致用”

[①] 刘丹丹.试论京津冀协同发展战略视阈下的教育协同发展[J].河北青年管理干部学院学报,2017,3(54).

效用的缺失致使学生获得感大打折扣，严重影响实践活动的育人效用。

（四）成果转化不高，实效性不够

“三下乡”社会实践活动并非“规定任务”而是一项教育举措，其目的也并非追求政绩、造势作秀，而是以社会实际问题的分析、解决促动大学生的实践能力的提升，同时发挥其专业特长和创造性技能为社会发展贡献力量。多数实践活动开展时未考虑到社会发展需求和学生成长需求的结合，往往采取简单的社会调查、走访参观、公益活动的方式开展实践，流于形式化、任务化，难以实现“三下乡”社会实践活动的核心实效。同时，部分实践活动前期“大张旗鼓”，后期“云淡风轻”，缺乏科学总结和反馈机制，“很多实践结束后就没有下文，存在走过场的‘嫌疑’，很难形成专业技术与实践成果融合的局面。”[①]实践活动需求定位不准、成果转化度不高的局面，一定程度上制约了服务社会和实践育人工作的实效性。

（五）推进能力不足，长效性不够

以“三下乡”社会实践活动推进高校实践育人工作是一项长远的教育举措，并非一蹴而就。活动项目的推进仅靠高校的力量是远远不够的，然而目前“三下乡”社会实践活动建设和推进方面存在明显的能力不足、长效性不够的问题，相关政策支持、资金支持、基地建设、机制建设等仍不够完善，缺少足够的、应有的保障力量。“三下乡”社会实践活动的长效性很大程度上取决于内部运行机制的顺畅程度和外部推动力量的衔接程度，但现实中部分高校由于思想认识局限、工作协调不畅等问题难以有效推进校内外实践活动机制的建设进度，且存在与相关优势资源衔接滞后的现象，致使条件保障不到位、制度建设不完善，阻碍了实践活动的长效运行。

三、“京津冀协同发展”背景下大学生“三下乡”实效性提升策略

新形势下的“三下乡”社会实践活动应跟紧“京津冀协同发展”重大国家战略的发展趋势，准确把握“实践育人”主线，牢牢把握“服务社会”中的功能定位，将大学生增长学识、锤炼能力、成长成才与深入推进“京津冀协同发展”建设相结合，深入挖掘“协同”内涵强化育人实效。

（一）强化政治引领，确保政治方向

“培养社会主义事业建设者和接班人是‘三下乡’社会实践活动的根本任务，政治性是‘三下乡’社会实践活动的根本属性。”[②]高校在组织和开展实践活动时应提高政治站位、强化政治引领，牢牢把握正确政治方向，紧密结合“京津冀协同发展”实际，借助校内优势资源力量围绕“育人”中心，以实践活动为载体推进三地教育协同发展，服务“京津冀协同发展”大局。高校相关部门应以政治高度看待“三下乡”社会实践活动，将其作为“立德树人”的一项重点工作，并逐步列入教育教学工作体系，形成互动配合、

[①] 张欢，董慧.新时代背景下高职院校“三下乡”社会实践活动与人效果的路径研究[J].农村农业农民,2020,10(56).

[②] 秦涛.推进新时代“三下乡”社会实践活动高质量发展的对策研究[J].高校共青团研究,2020,9(200).

协同组织的联动格局。同时，主要组织部门要把好政治“关口”、守好价值“红线”，严格审核实践活动主题，严密把控实践活动进程，严紧防控实践活动风险，将思想引领和政治导向融入实践活动全过程，确保方向正确。

（二）凝聚育人共识，优化协同布局

“学生全员参与社会实践、高质量开展社会实践、充分地在社会实践中受教育、长才干、做贡献，是新时期‘三下乡’社会实践活动高质量发展的主要目标和衡量指标。”[①]高校内外育人主体要凝聚育人共识，从人才培养的角度精准定位和把握“三下乡”社会实践的内涵价值和社会意义，与思想政治教育紧密结合进行布局谋划、全盘考量，做到从全局上思考、从大局上把握、从布局上规划，切实发挥校内外协同效应。其中，高校部门要加强前期论证指导，针对“育人”实际和“京津冀”社会发展实情研判部署，确保实践活动的精准性和高质量。校内师生和校外企业应提升主动参与意识，转变传统教育观念和实践认知，重视“三下乡”社会实践中的人才培养元素，凝聚共识、统一目标、协同布局，打造“校、社、企”全员育人合力。

（三）融合专业特色，突出实践养成

“三下乡”社会实践活动要摒弃以往“走马观花”式的参与和“浮光掠影”式的调研，以提升学生实践创造能力和服务社会意识为前提，“切实把‘三下乡’社会实践的设计与实施放到学生所求和社会所需的交会点上”[②]，融合所学专业特色，引导学生在实践中检验科学理论，以理论指导解决实际问题，突出社会实践活动的养成教育。相关组织部门应根据实际动态不断创新实践活动的内容和形式，并广泛调研学生的兴趣和需求，借助学生所学专业特长和学科优势，精准对接实践基地或服务对象层次和领域，以此激发学生的角色意识、参与热情和实践责任，最大限度地发挥学生在实践活动中的能动性。同时，以问题意识设计实践活动，研判校内思想引领、专业学习和实践锻炼的短板，借助校外平台培养力量，与校内教育形成互补格局，进一步促动学生思想认知和实践能力的养成培育。

（四）挖掘项目资源，打造实践品牌

“三下乡”社会实践活动是一项长期的战略性教育举措，需要与“京津冀协同发展”、高校“立德树人”紧密结合，不断强化资源创新和成果转化，深入推进实效性、长效性的建设，打造“可持续发展”的实践品牌。高校应着力拓宽校企合作、产学研融合等资源和领域，尝试推行“三下乡”社会实践活动“项目化”“品牌化”的运作模式，以专业特色活动为载体，深挖社会关联资源，严把“入口关”，严守“收口关”，细化立项指标，强化结项管理，宁缺毋滥，确保实践项目质量。此外，“三下乡”社会实践项目应与实践基地紧密结合，与创新创业紧密结合，加强实践活动“协同教育”的成果转化，将学生所学专业知识和实践能力切实发挥实效性作用，助力社会经济发展和企业效益增

---

① 秦涛.推进新时代“三下乡”社会实践活动高质量发展的对策研究[J].高校共青团研究,2020,9(200).

② 胡子鸣.“三下乡”社会实践育人共同体构建：内涵分析、问题反思与行动策略[J].机械职业教育,2020,10(51).

长，实现项目共赢、成果共享。

（五）完善体系建设，做好基础支撑

常态化、机制性体系建设是“三下乡”社会实践活动规范化、科学化运行的基础保障，是“实践育人”良性推进的坚实支撑。实践活动项目负责主体应主动搭建互动平台，拓宽合作维度，完善合力机制，推动“共同体”平台建设，保证资源的优化配置和基础条件的有力支持。高校应逐步明确“三下乡”社会实践活动的职责分工、管理模式、资金分配、考评机制等，将其纳入教育教学工作整体规划中，保证有方案、有平台、有链条、有准则，为实践活动的良性运作提供实质性保障。同时，重点完善“实践育人”多方联动、多渠道对接的机制建设，着力从机制上破解“有基地无建设”“有方案无行动”的现实矛盾。

四、结语

“三下乡”社会实践活动作为高校实践育人工作的重要载体，是高校实现“立德树人”根本任务的有力抓手和有效途径。因此，深入落实党和国家对“全面深化教育改革”的要求，从“京津冀协同发展”背景下探索大学生“三下乡”社会实践活动实效性提升策略符合时代要求和工作实际。在探索推进中，应以长远的目标、整体的观念重新审视大学生“三下乡”实践活动的成果，以实践育人为载体，不断提升“三下乡”社会实践活动的育人实效，切实化为服务于“京津冀协同发展”战略的内生动力。

参考文献：

[1]李捷.京津冀协同发展战略下的教育发展规划[J].天津市教科院学报,2015,10(5).

[2]刘丹丹.试论京津冀协同发展战略视阈下的教育协同发展[J].河北青年管理干部学院学报,2017,3(54).

[3]张欢,董慧.新时代背景下高职院校“三下乡”社会实践活动与人效果的路径研究[J].农村农业农民,2020,10(56).

[4]秦涛.推进新时代“三下乡”社会实践活动高质量发展的对策研究[J].高校共青团研究,2020,9(200).

[5]胡子鸣.“三下乡”社会实践育人共同体构建：内涵分析、问题反思与行动策略[J].机械职业教育,2020,10(51).

[6]张晓博.关于提高大学生“三下乡”活动实效性的探讨——以爱国主义教育为视角[J].天中学刊,2019,12(153).

以学生党建活动为载体加强基层党建的实践研究

——以天津某高校支部风采大赛为例

李烨
天津工业大学

为了办好新时代中国特色社会主义大学，不断提升学校人才培养能力，努力建设与“双一流”学校相适配的一流高校党建，国家出台了一系列高校党建工作开展的指导性文件，对高等学校学生党建工作的开展提出了更高要求。

一、以学生党建活动为载体加强基层党建的意义

2020 年是中国共产党成立 99 周年，习近平总书记指出：“历史是最好的教科书，也是最好的清醒剂。”党史、新中国史、改革开放史、社会主义发展史是中国共产党宝贵的精神财富，是中国共产党人增强底气、骨气、正气，提升党性修养水平的根本依据和内生动力。通过丰富多彩的学生党建活动能够弥补传统党建学习的不足，逐渐摆脱僵化的理论学习和强制灌输，调动学生“四史”学习的积极性和主动性。

因此，以学生党建活动为载体加强基层党建对培养学生社会主义核心价值观，引导学生树立马克思主义唯物史观，深入开展党史教育，坚定共产主义信仰显得尤为重要。

二、支部风采大赛特色分析

为激发学生党支部活力，进一步加强对学生党员的培养教育，天津某高校不断搭建交流互动平台，发展以学生为主体、以活动竞赛为载体、以党建带思政教育为主导的学生党建活动----支部风采大赛，持续激发学生爱党爱国爱社会主义的巨大热情。

（一）支部风采大赛概述

支部风采大赛迄今已连续举办四年。2016 年，为进一步推动“两学一做”学习教育，发挥基层党组织在“两学一做”学习教育中的基础作用，推动“两学一做”学习教育向广大党员拓展、向经常性教育延伸，天津某高校通过开展“两学一做”支部风采展示活动，发挥典型引领和带动作用。2017 年，该校则围绕学习宣传贯彻党的十九大精神进行展示活动。2018 年和 2019 年，该校持续开展“党旗飘扬，筑梦领航”支部风采大赛，深化“不忘初心，牢记使命”主题教育要求，以推动基层党支部整体功能提升。

各学院根据学生党建工作实际创新性地开展学院初选活动，并在此基础上选派一个学生党支部参与学校的评比活动。比赛分为图片展示、现场展示、知识竞赛等环节，通

过现场进行支部概况、主题党日活动、特色活动、典型经验、党员风采等多元化展示，以求让更多党员在活动中深刻了解党的历史，坚定信念跟党走，承担起党员的责任和使命。

（二）支部风采大赛特色分析

（1）学生参与度高，群众基础牢固

参与历届支部风采大赛的学生人数较多，分别来自不同学院和不同党支部，是学生党员展示支部特色的重要平台。在活动中，学生可自主选择方式展示支部的日常工作和特色活动，展示中国共产党的光辉历史，展示当前时代背景下的中国精神和中国力量。习近平总书记说："一切向前走，都不能忘记走过的路；走得再远、走到再光辉的未来，也不能忘记走过的过去，不能忘记为什么出发。"在支部风采大赛中，每名学生党员既是组织者又是参与者，既是展示者又是学习者，既是承担者也是传播者。活动架起了学生党员、共青团员以及学生群众之间沟通交流的桥梁，有利于营造浓厚的红色文化学习氛围，打造稳固的红色文化舆论阵地。

（2）紧跟时代主题，强化党史教育

不同的发展历程承载着不同的时代烙印，支部风采大赛的主题则因事而化、因时而进、因势而新，该活动正是抓住重大历史节日或重大历史事件对学生日常思想进行洗礼和熏陶的广阔平台。要把党史教育放在平时，以学生喜闻乐见的形式将党的理论知识和党的光辉形象融入学生的学习和生活中，摆脱照本宣科的灌输教育，特别对深入学习"四史"、切实增强学生的中国特色社会主义政治认同、思想认同和情感认同具有重要意义。只有这样，才能持续提升党员队伍的先进性和纯洁性，才能使党的理论教育真正入脑入心。

（3）展示形式多样，多方协同创新

支部风采大赛从首届开始便采用多元化的展示形式，通过线上和线下相结合的方式让更多学生参与其中，促进不同学院之间的交流沟通，达到取长补短、不断创新的目的。

以 2019 年的支部风采大赛为例，分为知识竞赛、图片展示和现场展示三个部分。首先，学校统一通过某 APP 组织"不忘初心，牢记使命"的知识竞赛，各学院的学生党员都可参与其中，依据各学院党员总体参与人数比例、正确率等答题情况进行评比，评比成绩占 10%。其次，参赛学生党支部围绕"不忘初心，牢记使命"主题教育自行设计包含支部活动图片和文字的展板摆放在比赛现场供现场打分，评比成绩占 20%。接着，每个学生党支部抽签决定出场顺序，展示时间不超过 6 分钟，评比成绩占 70%。最后，将各项评比环节进行加总排名，设置一、二、三等奖并给予相应奖励。

三、支部风采大赛对加强基层党建的成效和作用

支部风采大赛经过历年发展与完善，展示环节逐渐丰富，展示形式逐渐多样，展示内容逐渐丰满，主题也随之与时俱进，时代感鲜明。对于提高学生学习的积极性和主动性、增强理论教育的实效性和针对性、增强基层党组织的凝聚力和向心力等均起到了明显的推动作用。

（一）提高学生学习的积极性和主动性

多样化的比赛环节能够将枯燥乏味的书本知识转化为学生喜闻乐见的形式，变被动灌输为主动学习，提高学生学习的积极性和主动性。尤其是线上答题能够打破时间和空间的限制，盘活相关学习资源，使学生更好地利用碎片化时间进行学习，提升了教育的持续性和连续性。同时，支部风采大赛的展现形式能够更好地实现学用结合，学生在前期深入学习的基础上进行理解转化，排演出相应的节目进行展示，而通过展示又可以进一步加深学生对于历史事件的理解和感悟，从而形成良性循环，做到学以致用。

（二）增强理论教育的实效性和针对性

采取线上和线下相结合的方式使理论知识的学习“活”起来。例如，知识竞赛的线上 APP 答题环节可以起到“以赛促学”的目的，现场展示环节更是打破了线下集中学习的传统模式，将党史教育搬上舞台，以舞台剧、诗朗诵、情景演绎、合唱、舞蹈等方式生动活泼地向学生展示中国共产党奋斗的光辉历程，这种面对面的展示能够更加直观地使学生党员感受到自身时代使命，承担起相应的时代重任，不断提升自身党性修养。同时，寓教于演的创新教育形式，结合随时代更新的教育主题，能够进一步增强理论教育的实效性和针对性。

（三）增强基层党组织的凝聚力和向心力

学生党支部是基层党组织开展活动的基本单位，支部活动的有效开展是加强基层党组织建设生命力和战斗力的重要举措。支部风采大赛具有参赛人员多、覆盖面广、影响力大等特点，在展示过程中可以由学生党员辐射至入党积极分子、共青团员等更多学生，向他们宣传党的知识和党的精神，提升每位同学对革命文化和社会主义建设文化的认同感，吸引更多学生积极向党组织靠拢并加入其中。同时，借助“两微一端”等多种媒体平台进行活动宣传，夯实更广泛的群众基础。

四、支部风采大赛在加强基层党建中面临的挑战

支部风采大赛在天津某高校已举办四届，取得了一定的教育效果，但在发展完善的过程中也面临着一系列挑战，如参与对象范围有待进一步扩大、活动品牌有待于进一步打造、思想深度有待进一步挖掘等。

（一）参与对象范围有待进一步扩大

以往参加支部风采大赛展示的多为学生党员，不管在学院层面还是学校层面，积极分子和共青团员参与展示程度不高，更多是从观众的角度去观看整个展示过程，而线上答题的参与率也较低，这样不利于党支部和基层党组织整体性、连续性发展。因此，支部风采大赛应尽可能扩大参与受众，覆盖到学院各团支部、入党积极分子甚至各个学生协会等组织，以求搭建更广阔的平台让思想积极向上、希望早日加入党组织的学生都能参与其中。

（二）活动品牌有待进一步打造

打造活动品牌、挖掘品牌价值是支部风采大赛不断完善发展的内在动力。在多元文化相互碰撞的今天，把握意识形态发展方向、加强对学生的思想引领显得尤为重要。支部风采大赛本身具有党史教育属性，是传播党的历史文化知识的重要途径。如何更好地利用风采大赛的平台进一步深化马克思主义中国化的优秀成果，提升大学生对于党史、

国史的学习兴趣，是支部风采大赛在打造活动品牌、挖掘品牌价值过程中亟待思考解决的问题。

（三）思想深度有待进一步挖掘

虽然现阶段各支部在大赛展示形式上选择性较强，但大多数支部在展示时多采用汇报形式报告本支部在上一学年过程中的支部学习和开展活动情况，仅有少数支部选择以诗朗诵、舞台剧的方式展现。这在一定程度上反映出多数支部缺乏对党史进行深入理解和解读，更多是回顾一年的工作并梳理展现在工作中取得的成果，长此以往易使风采大赛缺乏深度。同时，每届支部风采大赛主题较为明确，在参赛过程中各支部更注重围绕主题进行展示，模块化较为明显而忽略了对于历史发展时间脉络的纵向把握，这在一定程度上也不利于大学生历史观的形成。

五、支部风采大赛加强基层党建的优化路径

（一）以培养"勇担民族复兴重要使命的时代新人"为目标

新时代赋予高校育人的新使命，高校应落实立德树人的根本任务，加强对大学生进行思想政治教育，而支部风采大赛可充分发掘课外思政教育资源，对课内思想政治教育进行有效补充。因此，支部风采大赛应以培养"勇担民族复兴重要使命的时代新人"为目标并在此基础上开展活动。积极引导学生从历史中来，到历史中去，在党的历史中感受中国在共产党的领导下实现从站起来、富起来到强起来的历史性飞跃，提升学生的党员意识和责任感，把个人梦和中国梦相结合，使当代青年大学生真正成为可以勇担民族复兴重要使命的时代新人。

（二）不断深化校内、校际多方面交流沟通

现阶段支部风采大赛由各学院初选后进行校内评比，虽然在一定程度上可以促进各学院党支部之间的交流沟通，但受众相对较小。大赛应秉持引进来和走出去相结合的"双向"发展理念，在校内交流的基础上走出学校，与天津市内其他高校进行互动交流，在学习中取长补短，在交流中不断完善，打造高校党建品牌活动，提升支部风采大赛品牌价值，从而进一步扩大社会效应，实现"可持续性"完善发展。

（三）持续推动网络文化阵地建设

网络的飞速发展为学生党建活动的开展开拓了新的平台，高校应以支部风采大赛为契机，打造红色文化宣传阵地，运用现代化技术进行正能量传递，积极探索"互联网+党建"的发展模式，发挥网络思政教育的便捷性和持续性。通过更新学习方式、创新教育方式、强化传播方式打破党员、党支部以及基层党组织之间的信息壁垒，实现信息快速交换共享，进一步增强基层党组织的凝聚力。

以学生党建活动为载体加强基层党建是新时代背景下高校党建工作持续推进的重要举措，也是增强基层党组织凝聚力的有效方式，对于高校党支部以及基层党组织的建设具有重要意义。

参考文献：

[1] 历史是最好的清醒剂！习近平这样谈铭记历史珍惜和平[EB/OL].http://cpc.people.com.cn/n1/2019/1213/c164113-31504117.html.

[2] 习近平谈“初心”系列之三：走得再远都不能忘记来时的路[EB/OL].http://dangjian.people.com.cn/GB/n1/2019/0703/c117092-31210370.html.

[3] 谢铭威.以学生党建活动为载体加强基层党组织建设实践研究——以广东某高校“红色演绎”大赛为例[J].教育现代化,2019,6(A0):266-268.

[4] 陈茜茜.“大思政”育人格局下高校校园文化活动创新发展的思考[J].科教导刊(下旬),2020(06):105-106.

[5] 孙小燕,余琼.“互联网+”时代高校网络党建研究[J].学校党建与思想教育,2020(20):19-21.

近二十年我国高校思想政治工作研究综述
—基于 CNKI 的 CiteSpace 可视化分析

王慧
天津工业大学

自 2012 年党的十八大以来，以习近平同志为核心的党中央高度重视高校思想政治工作。2016 年全国高校思想政治工作会议，2017 年《关于加强和改进新形势下高校思想政治工作的意见》文件出台，2018 年北京大学师生座谈会、全国宣传思想工作会议和全国教育大会，2019 年学校思想政治理论课教师座谈会，习近平总书记多次论述高校思想政治工作的极端重要性。作为学校各项工作的生命线，高校思想政治工作肩负着培养担当民族复兴时代新人的重任，通过对近二十年高校思想政治工作研究文献的综述，既是对已有研究阶段性进展的及时回顾和总结，同时也为今后进一步深入研究提供参考。

一、研究文献综述

在中国知网（CNKI）首页选择“学术期刊”，以“高校思想政治工作”为篇名，时间跨度为 1999-2019 年，文献来源类别为全部期刊（检索时间截止到 2020 年 2 月 24 日），在检索结果中选择中文文献，检索结果为 4331 条。

借助 CNKI 自带的计量可视化分析，得到研究文献的年度发表趋势（图 1）。将 CNKI 数据导入 CiteSpace，节点类型分别设置为 Keyword、Author，阈值设为 TOP50，时间切片为 1，用 Pathfinder 修剪全局网络，采用聚类静态（Cluster View-static）和展示整个网络（Show merged Network）的可视化方式，得出关键词共现网络图谱（图 2）和作者合作网络图谱（图 3），Q=0.831（>0.3），Silhouette=0.5307（>0.5），网络社团结构显著、聚类结果合理。

（一）文献年度发表趋势

文献年度发表趋势是通过发文量来表征的。如图 1 所示，关于我国高校思想政治工作的研究发文量波动较大，1999—2002 年呈增长态势，2002 年（418 篇）达到峰值，2002 年之后开始逐年减少，下降趋势先快后慢，2013—2016 年基本趋于平缓，2017 年（370 篇）大幅度上升达到第二个峰值，2018—2019 年再次减少，但与第一峰值之后同期文献数量基本持平。

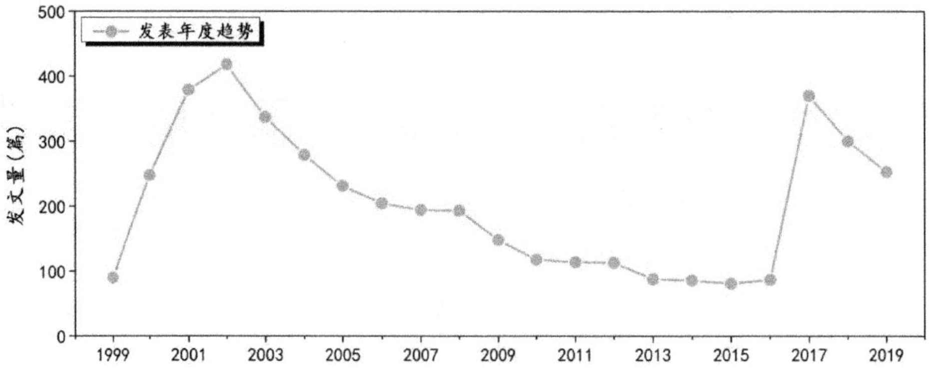

图 1　1999—2019 年我国高校思想政治工作发文量

从文献年度发表趋势不难看出，研究者对高校思想政治工作的研究并未进入常态化状态，而是随着国家重视和社会关注度不同，具有很大的波动性。

（二）关键词共现图谱

关键词共现是以不同文献中出现的同一个关键词为纽带，衔接不同文献呈现出来的。Count（频次）代表关键词出现的次数，Centrality（中心性）越高则表示该关键词越重要，两者共同反映了主要研究方向和重点研究领域。

根据图 2 所示，涉及“内在因素”的关键词主要包括思政工作的主体（思想政治工作队伍、领导班子、教育者、大学生等）、途径（思想政治理论课、心理健康教育等）和内容（思想政治教育、世界观等）；涉及“外部环境”的关键词主要有网络、和谐校园、中国特色社会主义、新时代。从表 1 可以看出，起始年 1999 年“思想政治教育”“思想政治工作队伍”“大学生”“政治”等关键词就已经存在；2000 年新增“新形势”；2001 年出现了“网络”“挑战”；2011 年有“新媒体”；2016 年出现“习近平”；2017 年出现“立德树人”。

关键词的分布揭示出对高校思想政治工作的研究集中在两大领域：一是对本身关键构成要素的研究；一是对高校思想政治工作有重要影响的新技术和主流意识形态的研究。

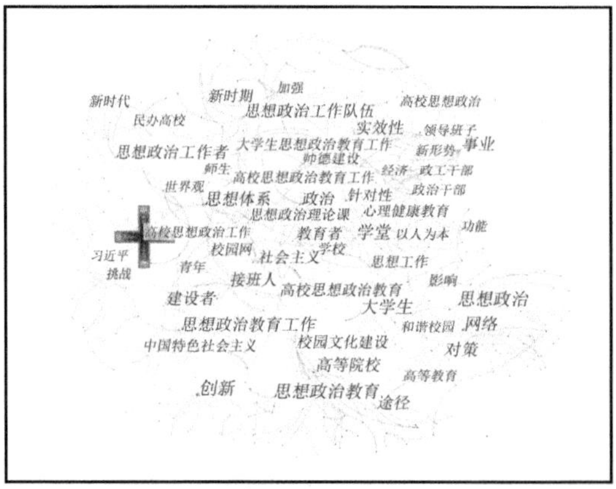

图 2　关键词共现网络图谱

Visible	Count	Centra...	Year	Keywords
✔	3535	0.26	1999	高校思想政治工作
✔	470	0.14	1999	创新
✔	445	0.18	2001	网络
✔	371	0.08	1999	思想政治教育
✔	282	0.12	2001	对策
✔	224	0.12	1999	大学生
✔	220	0.09	1999	思想政治工作者
✔	212	0.14	2000	思想政治
✔	162	0.14	1999	高等院校
✔	162	0.04	2001	挑战
✔	104	0.12	1999	实效性
✔	87	0.52	1999	思想体系
✔	80	0.52	1999	政治
✔	79	0.22	1999	思想政治工作队伍
✔	77	0.08	1999	学校
✔	77	0.15	1999	新时期
✔	69	0.03	2011	新媒体
✔	68	0.21	1999	社会主义
✔	65	0.08	2004	以人为本
✔	59	0.10	2000	新形势
✔	58	0.08	2000	高校思想政治教育
✔	57	0.26	1999	思想政治教育工作
✔	55	0.19	2016	习近平
✔	54	0.02	2017	立德树人

表 1　关键词频次及中心性汇总表（频

次>50)

（三）作者合作网络图谱

作者合作网络是以同一作者作为不同研究文献的媒介，以此来揭示不同作者之间研究的关联度。如表 2 所示，发文量在 10 篇以上的作者只有刘邦凡，发文起始年份为 2015 年，发文时间集中在 2015—2016 年；祝小茗发表论文 8 篇，第一篇发表时间为 2017 年，发文时间集中在 2017—2018 年，这两位高产作者短期内发文数量较多，但在之后的时间内没有相关研究；图 3 作者合作网络图谱中显示的是发文量在 3 篇及以上的作者，其中孙小云、王宝生组成的两人团队合作发文 3 篇，首次发表论文时间为 2004 年，其余研究者之间几乎没有联结点。

关于高校思想政治工作的研究尚未形成强有力的研究团队，研究者之间缺乏必要的协作；短期内涌现对高校思想政治工作的研究较多，但持续时间较短。

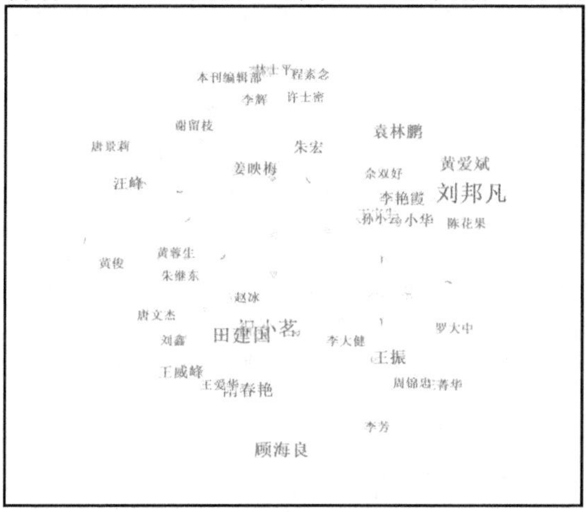

图 3 作者合作网络图谱

Vi...	C...	Centrality	Year	Authors
✔	12	0.00	2015	刘邦凡
✔	8	0.00	2017	祝小茗
✔	7	0.00	2000	田建国
✔	6	0.00	2000	顾海良
✔	5	0.00	2017	隋春艳
✔	5	0.00	2008	王振
✔	5	0.00	2002	黄爱斌
✔	5	0.00	2009	袁林鹏
✔	4	0.00	2000	姜映梅
✔	4	0.00	2018	王威峰
✔	4	0.00	2003	朱宏
✔	4	0.00	2018	马小华
✔	4	0.00	2017	李艳霞
✔	4	0.00	2009	汪峰

表 2 作者中心性及发文量统计表（发文量>4）

（四）突显词

突显词是指研究中突然出现持续一段时间的关键词，根据突显词的变化可以判断研究热点和演变过程。在 Top 90 Keywords with the Strongest Citation Bursts 中选取 End=2019 年有研究价值的突显词生成如下图表，如图 4 所示，2010 年突显的词有：“改革创新”“辅导员”“民办高校”；2013 年“人才培养”“新媒体”；2015 年“大数据”；而从 2017 年开始，出现的突显词较多，有“文化自信”“社会主义核心价值观”“思想政治理论课”“因事而化、因时而进、因势而新”“立德树人”“自媒体”“意识形态”“全国高校思想政治会议”“以文化人”“中国特色社会主义”“创新发展”“接班人”，这些突显词紧扣当时的大环境，这说明关于高校思想政治工作的研究具有很强的社会导向性，主流意识形态成为研究的新视角。

Keywords with the Strongest Citation Bursts (End=2019)

Keywords	Year	Strength	Begin	End	1999 - 2019
改革创新	1999	4.2079	**2010**	2019	
辅导员	1999	5.4727	**2010**	2019	
民办高校	1999	7.4042	**2010**	2019	
人才培养	1999	4.2511	**2013**	2019	
新媒体	1999	27.5379	**2013**	2019	
大数据	1999	7.9765	**2015**	2019	
文化自信	1999	3.2536	**2017**	2019	
社会主义核心价值观	1999	10.3226	**2017**	2019	
思想政治理论课	1999	7.2993	**2017**	2019	
因势而新	1999	5.4258	**2017**	2019	
立德树人	1999	26.7101	**2017**	2019	
因时而进	1999	4.8825	**2017**	2019	
自媒体	1999	3.9306	**2017**	2019	
意识形态	1999	3.4388	**2017**	2019	
接班人	1999	3.3716	**2017**	2019	
全国高校思想政治工作会议	1999	3.2536	**2017**	2019	
以文化人	1999	3.2536	**2017**	2019	
中国特色社会主义	1999	8.8567	**2017**	2019	
创新发展	1999	7.3774	**2017**	2019	
因事而化	1999	5.4258	**2017**	2019	

图 4 截至 2019 年有研究价值的突显词

二、研究内容综述

在运用 CiteSpace 知识图谱分析的基础上，采集大量文献信息进行深度阅读，归纳概括目前对高校思想政治工作的研究主要集中在四个领域：高校思想政治工作内在的“队伍主体建设”及“体系化建设”研究，外在的“信息技术融合研究”及“主流意识形态融入研究”，此四个领域的研究是对高校思想政治工作核心内因和关键外因的集中诠释，也是高校思想政治工作的题中要义。

（一）关于高校思想政治工作队伍主体建设的研究

初期对高校思想政治工作队伍界定未达成统一共识，2004 年《关于进一步加强和改进大学生思想政治教育的意见》(简称 16 号文件)指出大学生思想政治教育工作队伍主体是学校党政干部和共青团干部、思想政治理论课和哲学社会科学课教师、辅导员和班主任[1]，此文件出台后对高校思想政治工作队伍的人群划分基本沿用此定义，这也是我们通俗意义上的理解。随着大学生心理问题频发，高校心理健康教育及心理咨询老师也纳入此队伍之中；到目前“全员、全过程、全方位”“大思政”理念的提出，队伍内涵和外延随之扩大到全员。

研究者多从不同视角探究工作队伍整体的特点、关键作用、建设不足及优化路径等四方面内容，研究内容重点在于实现其政治性和专业性的统一。孙永祥（2019 年）概括了改革开放 70 年来高校思想政治工作队伍建设的基本历程，从国家形势和文件解读角度，总结了队伍建设“又红又专”的基本标准和“双管齐下”的基本经验。[2]黄蓉生（2017年）以习近平总书记在全国高校思想政治工作会议重要讲话为切入点，在政治性上主张提升队伍的马克思主义思想素养，而在专业性上则是增强队伍的思想政治教育、网络管理防控和意识形态宣传三方面能力。[3]刘芳（2018年）则从学生需求入手，认为学生需求已经从生存性需要转为发展性需要，指出要加强党对队伍的领导、提升马克思主义理论素养、深化人才发展体制机制改革。[4]

此外，也有一些研究者关注辅导员、校党委、共青团、学生党员等关键主体在高校思想政治工作中的作用发挥。辅导员作为开展大学生思想政治教育的骨干力量，马成瑶（2018年）研究辅导员与其他主体之间的关系，指出辅导员是多主体之间协同配合的纽带，应在业务和职业、团组和管理上加强协同，构建协同工作网络模式。[5]韦玉梅（2014年）研究外在的辅导员绩效考评体系，以完备的外在条件保障辅导员作用发挥。王莹（2017年）梳理了近七十年高校思想政治工作领导体制变革，重点关注高校党委的地位演变，指出高校党委在思想政治工作中的核心领导作用。[6]吴晨（2001年）、欧阳鹏飞等人（2007年）强调发挥学生党员的先锋带头作用，充分利用这支学生队伍的独特优势，以学生党支部为依托，建立相应的考评体系，以此推进高校思想政治工作。

（二）关于高校思想政治工作体系化建设的探究

体系化是高校思想政治工作价值实现的本质要求[7]，其体系构建有两个层面：一是高校思想政治工作自身的基本架构，包括构成基本要素和运行机制[8]；一是思想政治工作与高校其他各项工作一体化的过程，这两个层面并不是截然分开的，而是在高校思想政治工作体系化建设中实现统一。体系化建设是一个不断完善的过程，在前期研究基础上，结合新时代特点，不断深化和扩展高校思想政治工作的内涵和外延，建立全员、全过程、全方位的“大思政”体系。

安钰峰（2019年）认为思想政治工作体系是高校人才培养体系的灵魂，要加强党的领导和高校党的建设、围绕立德树人根本任务，将思想政治工作融入人才培养的各个环节。[9]刘志（2019年）系统地对高校思想政治工作构成要素和运行机制进行研究，针对高校思想政治工作“各司其职”思维惯性、“育德能力”提升缓慢、“育人效能”难以划分的三大瓶颈，强调要激发内生动力、加大外援推力、实现内外协同。[10]沈壮海等人（2019年）指出体系化建设存在的孤岛、条块、片面、脱节和隔膜五大问题，相对应地从主体、力量、对象、工作和要素建构其应有样态，主张从高校党委领导、“大思政”理念和配套制度保障三方面深化体系化建设。[11]李珂（2017年）基于课堂教学、校园文化、社会实践和网络媒体“四个课堂”的边界、内涵及育人功能分析，主张通过建立四个课堂联动机制。[12]王晓霞（2019年）从“十大育人”体系建设视角，基于2014—2017年对全国35所高校的调查分析，指出要加强马克思主义理论学科支撑功能、补齐质量提升短板、建设合力育人机制。[13]朱平等人（2019年）从生命有机体特定视角，着眼于学科、队伍和评价三个最关键也最薄弱的领域诊断分析；[14]张树辉（2019年）以高质量的高校思想政治工作的特性入手，指出需在政治性、科学性、系统性、针对性、发展性上更加深入。[15]连洁（2017年）、严仍昱（2018年）、何少群等人（2019年）开展关于“三全育人”模式的研究，其研究存在一定程度上的递进关系。连洁（2017 年）从“全程全方位”入手，严仍昱（2018 年）关注“全方位”，何少群等人（2019 年）从“三全”整体视角分析，指出目前全员育人合力未形成、全程育人缺乏连续性、全方位形式单一，构建全员育人的组织保障体系、全程育人的运行体系及全方位育人的实施体系。[16]

（三）信息技术与高校思想政治工作的融合研究

信息技术是时代发展产物，也必然随着时代发展而不断推陈出新，其革新为高校思想政治工作带来了契机，但也不可避免地存在风险和挑战。由于信息技术本身的迭代更新，研究中对其称谓也随之演变，从最初的网络、互联网到现在的新媒体、自媒体、大数据；在研究内容上有些研究者从宏观层面研究信息技术这把双刃剑对高校思想政治工作所产生的影响，有些研究者从信息技术这一媒介的衍生产物与高校思想政治工作某些关键领域所产生的效应入手，更加具体、细化。

对于宏观层面的研究，汪庆华（2018 年）概括了新媒体在理念、载体、模式、解决信息不对称四个方面带来的革新，与之而来的是信息来源多元化、真假信息混杂及媒体多样与课堂单一的矛盾，指出要在“马克思主义+”“新媒体+”模式、“三全”新媒体育人格局、新媒体供给侧结构性改革三方面寻求出路。[17]汤力峰等人（2012 年）、张丽霞（2017 年）从自媒体时代信息传播与交互的特点入手，但关注点不同，汤力峰等人（2012 年）关注的是信息传播的主体去中心化、方式交互性强、速度及时快捷、内容良莠不齐[18]；而张丽霞（2017 年）认为信息传播需通过信息交互来实现，更为关注信息交互的特点，个体性和自主性、一体化和即时性、碎片化和随意性、多层化与群落性。[19]对于大数据与高校思想政治工作的融合研究，吴智文（2015 年）从应对大数据时代的挑战出发，认为要提升高校思想政治工作认同须在认同起点、认同内容和认同时空中摒弃大数据不利影响，坚持以人为本、坚持兼容并包、加强虚拟领域监管和风险预估。[20]杨江水等人（2016 年）从大数据思维方式的完整性、全面性、混杂性、相关性和无限性五大特性入手，在高校思想政治工作中要强化大数据思维，搭建大数据集成平台、建立学生行为状态预警及促进个性化学习。[21]谢继华等人（2017 年）指出大数据在工作精准度、教育前瞻性、学科交融三方面的优势，发挥大数据的计算功能、智库支持，打通信息孤岛、加大数据的信度和效度支撑、运用大数据加强思想政治工作的主动权。[22]

具体到关键领域的研究，覃红（2018 年）研究大数据在思政工作质量评价体系中的应用，指出大数据可实现“样本”到“数据”、“因果性”到“相关性”、“抽象化”到“具体化”三大转化，[23]黄玉东（2013 年）关注新媒体在保障机制构建中的作用，通过对新媒体内涵、特征和介入方式的研究，指出其在思政工作中的双重作用，应从领导机制、队伍建设、监督与舆情分析及构建联动机制来落实保障机制。[24]邹金玲（2015 年）选择高校辅导员工作认知转化这一视角，以期通过辅导员作用发挥作为新媒体时代趋利避害的方法。[25]徐海楠（2017 年）研究新媒体环境下高校思想政治工作话语转型的四维路径，政治话语向公共话语转型，精英话语向大众话语、交互性话语模式及话语传播转型。[26]

（四）关于主流意识形态与高校思想政治工作的融入研究

意识形态建设是高校思想政治工作的灵魂。[27]对主流意识形态与高校思想政治工作的研究具有很强的思想导向性，紧跟社会主流的思想动态，将最新的思想内涵引入到高校思想政治工作中探究如何推进高校思想政治工作。最初侧重思想体系的解读，随着研究深入和时间推移，研究者将目光投向与研究主题关系最契合的部分思想这一微观层次。研究中所涉及的意识形态既有历久弥新的民族精神，如延安精神、井冈山红色文化、党史文化和传统道德教育；也有具有中国特色的社会主义理论体系，如“三个代表”“科学发展观”“社会主义核心价值观”“习近平新时代中国特色社会主义思想”。对于精神内涵的深入解读在于更好地为实践工作提供思路和方向，同理，对于主流意识形态的研究也是为了更好地推进高校思想政治工作，突破现有问题的瓶颈，寻求最佳发展路径；同时由于高校思想政治工作本身“强政治性”的属性，自然而然成为主流意识形态落地生根的关键载体，找到二者最优的“契合点”便是研究者的方向和追求。

张全景（2011 年）从延安精神产生过程解读其精神内涵，新时代高校思想政治工作要继承和弘扬延安精神，坚定共产主义理想和中国特色社会主义信念，坚持全心全意为人民服务的宗旨，不断发扬艰苦奋斗的优良传统。[28]

“三个代表”重要思想从产生之初，便受到研究者的关注。于留成（2000 年）从“三个代表”思想对人才培养规格的更高标准出发，主张既要结合时代精神，不断丰富高校思想政治工作内涵；又要从实际出发，探索思政工作的新方法。[29]黄晋太等人（2000 年）、郭巧玲（2002 年）逐条解读每一个“代表”的内涵及相互之间关系，强调要在理论、内容及方法机制上有所变革和创新，郭巧玲（2002 年）同时也关注学校领导干部、教师和学生各主体的作用发挥[30]；王贵书（2003 年）、陈杰峰（2004 年）论述二者关系，要将高校思想政治工作提到更高的站位，以“三个代表思想”为指导，围绕“人的需求和全面发展”，王贵书（2003 年）同时提出一个重要主体“学术带头人”[31]。

关于习近平新时代中国特色社会主义思想的研究，不论在对思想内涵的解释和阐述上，还是在对高校思想政治工作评估和预估上，研究内涵和外延均有所延展。孟东方（2018 年）从习近平新时代中国特色社会主义思想整体解读入手，贾丽华等人（2019 年）选取习近平新时代教育思想这一更小范畴，刘丽敏（2018 年）强调“文化自信”这一更基本更深沉更持久的力量。不同研究主题选择，使得研究关键点有所不同，孟东方认为作为中国特色社会主义理论体系最新成果，其“四个服务”“培养担当民族复兴大任的时代新人”“三进”等新的思想点推动高校思想政治工作的创新。[32]贾丽华等人（2019 年）认为新时代教育思想提高高校思想政治工作的政治站位（生命线），从根本上说是做人的工作，在政治性、功能、内容、路径等方面有所规范和扩展。[33]刘丽敏（2018 年）分析文化自信教育与高校思想政治工作的内在一致性，通过对北京 7 所不同类型的高校文化自信的调查问卷，在充分肯定当前文化自信积极态势的前提下，指出大学生对文化缺乏认同、缺乏兴趣、缺乏警惕，要在高校思想政治工作的主渠道、配套课程开发及体系构建上重构文化自信。[34]

三、研究述评

从研究的整体趋势来看，近二十年对于高校思想政治工作的研究尚未常态化，而是随着国家重视和社会关注度不同，具有很大的波动性；研究者较为分散，尚未形成强有力的研究团队；短期内涌现研究成果较多，但持续周期较短，对同一主题的研究不够深入；研究方法多使用质性研究方法，基于高校实地调查研究较少；研究成果中高质量论文体量较少，对实际工作指导的现实作用发挥不明显。

从研究内容上来说，对高校思想政治工作研究具有很强的时代感，将最前沿的主流意识形态、新兴起的信息技术产物带入高校思想政治工作研究中，多角度寻求两者匹配的最好路径，这使得高校思想政治工作研究能够紧跟时代发展脉搏，但也不可避免地忽视了研究的深入性和持续性。

“强政治性”和“高专业性”是高校思想政治工作的两大基本属性，也是研究重点内容之一，无论是在体系化还是队伍主体建设研究中，坚定的政治信仰及新时代全方位专业素养提升都是各种现实举措背后的深层依据。研究中更多关注外在的影响因素，对内在需求有所忽视，由内而外才能更好地推动高校思想政治工作发展。

参考文献：

[1]中共中央国务院关于进一步加强和改进大学生思想政治教育的意见[DB/OL].[2017-09-30].http://www.sizhengwang.cn/jdwx/zcwj/2017/0930/63_3.shtml.

[2]孙永祥.改革开放以来高校思想政治工作队伍建设的历程及基本经验[J].学校党建与思想教育,2019(07):81-84.

[3]黄蓉生.加强高校思想政治工作队伍建设[J].中国高校社会科学,2017(02):20-26.

[4]刘芳.论新时代高校思想政治工作人才队伍建设[J].思想理论教育,2018(11):87-90.

[5]马成瑶.辅导员在高校思想政治工作队伍协同中的作用研究[J].思想理论教育,2018(08):86-90.

[6]王莹,孙其昂.高校党委在思想政治工作中的地位演变及其启示——兼论高校思想政治工作领导体制的历史变迁[J].广西社会科学,2017(10):243-248.

[7][11]沈壮海,李佳俊.论新时代高校思想政治工作体系的构建[J].思想理论教育,2019(12):11-16.

[8][10]刘志.高校思想政治工作体系构建的瓶颈及超越[J].思想理论教育,2019(12):17-23.

[9]安钰峰.加强新时代高校思想政治工作体系建设的思考[J].中国高等教育,2019(12):31-33.

[12]李珂.“四个课堂”联动,构建高校思想政治工作新体系[J].思想教育研究,2017(02):122-125.

[13]王晓霞.高校思想政治工作育人体系建设及其作用发挥——基于 2014—2017 年全国 35 所高校的调查分析[J].思想政治教育研究,2019,35(02):98-103.

[14]朱平,陈薇.构建高质量高校思想政治工作体系的诊断学分析——基于生命有机体视角的考察[J].思想理论教育,2019(12):24-29.

[15]张树辉,祝军.更高质量的高校思想政治工作体系:内涵、特征与实施路径[J].中国社

会科学院研究生院学报,2019(03):22-31.

[16]何少群,程东海.高校思想政治工作“三全育人”模式研究[J].教育理论与实践,2019,39(21):56-58.

[17]汪庆华.新媒体环境下高校思想政治工作的机遇、挑战与创新[J].国家教育行政学院学报,2018(08):3-8.

[18]汤力峰,王学川.自媒体环境下高校思想政治工作的创新[J].中国青年研究,2012(03):10-14.

[19]张丽霞.自媒体时代高校思想政治工作的挑战与对策[J].河南社会科学,2017,25(08):120-124.

[20]吴智文.大数据背景下高校思想政治工作认同的提升策略[J].学校党建与思想教育,2015(15):50-51.

[21]杨江水,陈昌蓉,张绍荣.基于大数据思维方式的高校思想政治工作应对策略[J].重庆邮电大学学报(社会科学版),2016,28(03):71-75.

[22]谢继华,张茜.大数据在高校思想政治工作中的实践与思考[J].思想理论教育导刊,2017(11):151-154.

[23]覃红,许亨洪.试论大数据在高校思想政治工作质量评价体系中的运用[J].学校党建与思想教育,2018(13):19-23.

[24]黄玉东.新媒体环境下高校思想政治工作保障机制的构建[J].现代教育管理,2013(08):109-113.

[25]邹金铃.新媒体环境下的高校思想政治工作研究[J].教育与职业,2015(05):65-66.

[26]徐海楠.论新媒体境遇下高校思想政治工作话语的转型[J].学校党建与思想教育,2017(11):41-53.

[27]王炳林,郝清杰.意识形态建设是高校思想政治工作的灵魂[J].国家教育行政学院学报,2017(01):3-8.

[28]张全景.弘扬延安精神 加强高校思想政治工作[J].思想理论教育导刊,2011(04):9-20.

[29]于留成.学习贯彻“三个代表”重要思想研究探索高校思想政治工作新途径和新方法[J].中国高教研究,2000(09):16-17.

[30]郭巧玲.以“三个代表”为指导,深入开展高校思想政治工作[J].当代世界与社会主义,2002(S1):42-46.

[31]王贵书.“三个代表”重要思想与高校思想政治工作[J].道德与文明,2003(03):54-59.

[32]孟东方.习近平新时代中国特色社会主义思想指导下的高校思想政治工作创新[J].思想理论教育导刊,2018(05):146-149.

[33]贾丽华,马初,申川.习近平新时代教育思想对高校思想政治工作的启示[J].思想政治教育研究,2019,35(04):123-128.

[34]刘丽敏.高校思想政治工作中的文化自信教育探析[J].思想教育研究,2018(01):130-134.

新疆少数民族学生家访工作实效性提升研究*

赵凯娜
天津工业大学

家访是连接学校和家庭的重要纽带，是增进师生关系的向心力，是提升家校合育水平的重要抓手。苏联教育家苏霍姆林斯基曾经说过："世界上没有才能的人是没有的。问题在于教育者要去发现每一位学生的禀赋、兴趣、爱好和特长，为他们的表现和发展提供充分的条件和正确引导；两个教育者——学校和家庭，不仅要一致行动，要向孩子提出同样的要求，而且要志同道合，抱着一致的信念，始终从同一原则出发，无论在教育的目的上、过程上，还是手段上，都不要发生分歧。"[1]

高校少数民族学生教育与管理工作，尤其是新疆少数民族学生的教育与管理工作越来越受到国家和社会的广泛关注，新疆少数民族学生家访工作也随之得到高校的关注和重视。不少高校在增强家访实效性提升方面做了大量工作，也取得了明显的成效，高校新疆少数民族学生家访工作总体情况有了明显改善。但是，当前高校新疆少数民族学生家访工作实效性与大学生全面发展的新要求，与社会发展的新要求，与党和国家的新要求，还有一定的距离。本文试图就新时代高校新疆少数民族学生家访工作实效性提升问题从理念标准、机制保障、开展路径等方面进行探究。

一、提高高校新疆少数民族学生家访工作实效性的四个根本性标准

要提升高校新疆少数民族学生家访工作实效性，我们首先必须弄清楚判断高校新疆少数民族学生家访工作实效性的标准是什么？要自觉坚持这样的判断标准，我们要坚持什么样的原则？提供什么样的机制保障？结合新时代新阶段变化了的国际国内经济社会发展形势，我们认为，判断新时代高校新疆少数民族学生家访工作实效性的根本标准至少有：

1.是否促进了家校协同育人

家庭教育和学校教育特点各异，但是它们之间相互联系，相互作用，相互依存，相互影响。家庭教育如果与学校教育方向和目标不一致，就会使孩子不知所措，无所适从，家庭教育也将举步维艰，寸步难行；学校教育如果忽视家庭教育的作用必然会因为孤军作战而难以见效。家庭教育与学校教育是否协调一致，形成合力，成为衡量教育成果的一个重要指标。新疆少数民族学生家访工作强化人才培养的精准对接，将学校教育和家庭教育有效结合，为"家校合育"添油助力，使家庭教育更有针对性，让学校教育发挥其应有的作用。而新疆少数民族学生家访工作的实效性研究为家校共育合力的形成提供

*本文系天津市高校思政工作研究基地（天津工业大学）项目，课题：新疆少数民族学生家访工作实效性提升研究。

理论借鉴和相关指导。

2.是否切实增进了民族团结

新疆各民族是中华民族的组成部分，新疆各民族文化是中华文化的组成部分。习近平总书记强调，要弘扬社会主义核心价值体系和社会主义核心价值观，在各族群众中牢固树立正确的祖国观、民族观，增强各族群众对伟大祖国的认同、对中华民族的认同、对中华文化的认同、对中国特色社会主义道路的认同。增强对伟大祖国的认同是维护祖国和平统一的基础。我们伟大的祖国自古以来就是一个统一的多民族国家，各民族共同团结奋斗缔造了伟大的祖国，共同捍卫了祖国的统一。《新时代爱国主义教育实施纲要》中明确提出要深化民族团结进步教育，铸牢中华民族共同体意识，加强各民族交往交流交融。[2]新疆少数民族学生家访工作实效性提升研究将国家统一和民族团结政策带入少数民族学生家庭，为铸牢中华民族共同体意识而展开一定理论研究，有助于引导少数民族学生筑牢国家统一防线，维护民族团结。

3.是否实现学校精准资助育人，提升高校少数民族学生教育管理水平

新时期，精准资助是党和国家对当前高校资助工作的新要求，国家要求各地各高校将精准作为基本要求贯穿资助工作全过程，将育人作为资助工作的出发点和落脚点，这是贯彻落实教育部《高校思想政治工作质量提升工程实施纲要》的具体体现。各地各高校要进一步加强政策宣传、完善资助服务体系、创新资助方法，推动资助由保障型向发展型转变，努力构建全员、全过程、全方位资助育人格局，提升资助育人实效。通过家访建立分类帮扶机制，针对不同的学生制定有针对性的帮扶方案，因人施策，确保资助效果。[3]新疆少数民族学生家访工作实效性提升研究为学生制定不同的受助方案，精准对接，家校联动，鼓励家长克服目前的经济困难，共同帮助孩子奋发图强、成长成才，消除学生的思想与心理偏差，树立以学生为中心的思想，送上关怀、送上希望，促进高校精准资助的进行。

4.是否有利于实现“育人者自育”的功效

育之道，人为先，需要相互敞开心田，进行沟通、交流和理解。家访是一种重要的教育方式，高校家访更是大学生思想政治教育的重要内容，不仅有助于家校联动，促进交流、加深理解，也能让教育理念及方法与家庭教育精准对接，变得更加鲜活、更为温暖。家访的过程，有利于老师们深入学生家庭，和家长面对面沟通和交流，了解学生、理解学生，从而为每个孩子提供精准的发展需求，进一步寻找更适合的教育路径。通过家访，教师也能够丰富教育实践，进一步明确和认识教师职业的责任与内涵。[4]

二、提升新疆少数民族学生家访工作实效性的关键机制

推进新疆少数民族学生开展家访工作向机制化、常态化方向发展，就需要建立必要的人员队伍保障机制、资金保障机制以及相应的奖励评价机制。除了上述机制外，我们认为还需要重点建设以下三个关键机制：

1.建立对新疆少数民族学生分类管理基础上的家访对象的精准确认机制

好的家访，一定是和辅导员平时的谈心谈话、扎实推进学生分类管理密切相联系的。对家访学生情况一清二楚，这是找准家访对象的前提，也是走入学生心里，走进学生家

里的第一步。辅导员应结合本学院新疆少数民族学生实际情况，充分“备”学生，主动了解学生家庭情况、成长环境等，在学生分类管理的基础上遴选具有一定代表性的学生，以家庭经济困难学生为重点，兼顾学习困难、心理问题严重的学生等。选定家访学生之后，进一步明确家访内容，制定“一人一案”，相应的专业课程设置、在校期间的思想动态、学习收获、职业生涯规划等内容要完备，将民族团结和繁荣发展的理念带入少数民族学生家庭，进一步宣传党、国家和学校针对新疆少数民族学生所实行的各项方针和政策。

2.建立基于民族习惯尊重基础上的有效沟通机制

教育，是一个关乎学校、家庭和社会发展的系统工程，而思想政治教育更需要学校、家庭和社会的联合行动才能够实现人才培养目标。家访，蕴含了丰富的教育内涵，正是家校协同育人的重要组成部分，做到了面对面，也让教育心贴心。走进新疆少数民族学生的家，在“备”好学生的基础上，更需要尊重各民族的生活习惯，需要提前对民族习惯、民族特色等进行一定的梳理归纳，为后续的家访团队提供基本的参考借鉴。笔者所在家访团队更是联同统战部门一起进行家访，在家访过程中综合学生家庭情况建立了党员教师与学生和学生家庭结对子帮扶，并将这种帮扶机制运用在日常教育和管理中。正是这样全方位有效的沟通机制激活了家访的育人效能，提升了教育的温度，为立德树人注入了更多的正能量。

3.建立新疆少数民族学生家访的反馈机制

家访不仅是一次走访活动或工作任务，还是对学校教学和管理工作的补充和完善，而建立家访后续的跟踪机制，能够让家访搭建的情感平台效能持续化、最大化。赴新疆家访成本较高，家长的反馈也非常强烈，感动于学校对学生的关注、关心和关爱，也感谢国家针对少数民族学生的教育政策。家访老师们也被家长的热情感动，被学生的自立自强感动，被新疆人民建设新疆、促进民族团结的“大爱”感动。鉴于此，家访结束后要进一步整理感想和收获，立足家访工作的不足，反思家访的育人功能，为后续家访工作的顺利完成奠定基础。笔者所在家访团队要求参加家访的辅导员将学生的家庭情况进一步总结梳理备案，完善学生的日常档案，并为家访学生单独建立成长日志，不要断掉和学生家长的联系，借助家访建立起的情感，与家长保持常态化的沟通问候，主动向家长汇报学生的思想及学习成长情况，切实形成教育合力，提升少数民族学生教育和管理实效。

三、提升新疆少数民族学生家访工作实效性的路径选择

提升新疆少数民族学生家访工作的实效性就要注重构建多种方式方法相互配合补充的实践模式，我们认为以下三种路径的选择及相互配合支撑极为必要：

1.要把“云家访”作为常规路径

当代大学生成长于互联网快速发展时期，可以说是“含着鼠标”长大，对他们而言，互联网不仅是一种技术手段，更是一种生存方式。运用新媒体技术，丰富工作内容，创新方法增强思政吸引力，将思政教育放进学生的“口袋”里，让思政工作“活”起来非常必要。这就需要将实地家访和电话、QQ、微信等形式相结合，开启“云家访”模式。

如面对突如其来的疫情，只能开启“云端学期”，高校学生通过多种网络平台进行学习，这也让家长更多地参与到大学生的学习中。由于新疆地处我国西部，学生家与学校所在地或许存在一定时差，这就需要家长共同参与督促学生养成规律的作息，根据学校安排进行学习。特殊时期让“云家访”成为必然，而“云家访”机制的建立，拉近了家校的距离，促进了与家长的定期交流，也让家校互动更加密切，增进了彼此的认识和信任，激发了家校的智慧，激活了家校共育的育人效能。

2.要把实地家访作为重点关键路径

任何一种沟通方式都固有其优点与局限性。“云家访”虽然能通过语音、图片等多样化方式实现适时沟通，但也存在不能更深入了解的局限性，在表达情感上和涉猎的宽广度上都有限制。更主要的，是难以全面了解学生，特别是学生在家里的实际情况。相对于“云家访”，实地家访是目前各高校最为看重和着力开展的形式。从实际看，不少高校家访成果，也主要是通过实地家访获取的。实地家访能够更形象更具体且面对面地与家长交谈，也能够让谈话更深入、更密切。实地家访除了让老师能了解学生家庭外，还能实地了解当地的人情风俗、社会习惯，增加教师的民族感情，进而实现“育人者自育”的目的。

3.把树立“大家访”的育人理念，构建“大家访”育人体系作为补充路径

目前，高校开展家访数量还是有限的，覆盖面也比较狭窄，代表性上也存在一定的局限性。在做好新疆籍少数民族学生家访工作的基础上，可以采用“借船出海”的方式方法，将家访工作与大学生创新创业项目、暑期“三下乡”社会实践活动及“民族团结一家亲”等活动有机结合。这样既节约了人力、物力、财力，也扩大了家访的覆盖面。笔者所在家访团队在新疆进行家访的同时，也带领了一些优秀学生骨干赴新疆进行暑期社会实践，学生们在跟随家访的过程中了解到新疆同学们求学路途遥远和艰辛的同时，也感悟到祖国新70多年来的发展变化，同学们深入新疆的老城、新城、小学、中学、城市家庭、农村家庭等进行调研，对新疆的发展有了较为全面的了解，对民族团结有了更深刻的感悟，达到了实践育人的目的。“大家访”育人理念的建立，也促进了专访和顺访的结合。近些年来，内地多所高校组织部分教师和学生赴新疆进行为期半年的支教，这为顺访提供了便利条件，老师们在组织学生完成支教任务的基础上，可以到邻近地区的学生家中进行家访，实现了育人合力。

参考文献：

[1]苏霍姆林斯基.怎样培养真正的人[M].北京:教育科学出版社,1999:271.

[2]中共中央国务院印发《新时代爱国主义教育实施纲要》[N].光明日报，2019-11-13.

[3]“习近平谈核心价值观”——凝神聚气 强基固本[EB/OL].http://cpc.people.com.cn/n/2014/0807/c64094-25418503.html.

[4]精准资助视角下高校贫困生家访工作的探索[J].闽西职业技术学院学报，2019:87-91.

[5]激活家访的育人效能[N].人民日报，2019-08-07.

新时代高校实践育人体系构建的意义及路径

廉笑音 石恩
天津工业大学

习近平新时代中国特色社会主义思想明确指出："坚持和发展中国特色社会主义，总任务是实现社会主义现代化和中华民族伟大复兴，在全面建成小康社会的基础上，分两步走在21世纪中叶建成富强民主文明和谐美丽的社会主义现代化强国；坚持以人民为中心的发展思想，不断促进人的全面发展。"[1]大学生是实现中华民族伟大复兴、建立社会主义现代化强国的中坚力量，大学阶段是坚定大学生理想信念的关键时期。这一阶段，高校通过思想政治教育的方式促进大学生全面成长，引导大学生贡献自身力量。实践教育活动是新形势下大学生思想政治教育的有效途径，是高校德育工作的重要环节。[2]通过实践活动能够帮助大学生树立正确的价值观念和理想信念，实践活动中不断创新方式方法能够提高大学生处理事情的能力，这能有力推动高校思想政治教育的开展。思想政治教育与实践育人体系是相辅相成的，如何构建实践育人体系，推动思想政治教育"立德树人"根本任务的贯彻落实，是高校现在面临的一个重要问题。

一、高校实践育人的发展历程

高校实践育人的内容随着时代的发展也在不断地推进，主要经历了以下发展阶段：1978年至2004年，是高校实践育人的重要奠基阶段；2004年至2012年党的十八大召开之前，是高校实践育人的全面深化阶段；党的十八大以来，高校实践育人进入了新时代质量提升阶段。[3]实践育人经过长期探索，已逐步构建起有利于创新人才培养的实践育人体系，在培养学生创新意识、动手能力、进取精神、团结奉献等方面发挥着不可替代的作用。

改革开放以来，实践育人不断在教育工作者中形成共识，认为大学生能够在实践中得到锻炼。这个阶段，高校将生产劳动纳入教育教学中，组织学生参加校内、校外的社会实践。1984年，《中共中央宣传部、教育部关于高等学校学生参加生产劳动的若干规定》指出，依据专业的不同，与校外工矿企业、农场、农村组成"教学、科研、生产"联合体，建立实践、劳动的网点，形成了固定的社会实践和生产基地。[4]高校将实践教育与理论教育相结合，组织学生广泛参与社会实践活动，让学生在现实生活中接受教育，提高了学生的劳动技能，达到了实践育人的效果。

2004年，"实践育人"这一概念被明确提出，高校开始注重理论教育与实践教育的结合，通过理论联系实际的方式帮助学生掌握科学知识和方法。这一时期，志愿服务被深入推广，高校搭建的志愿服务平台成为实践育人的重要内容。教育改革在不断深化，实践育人也在不断提出新方式，创新创业教育的提出就是一个很好的表现。通过不断的深化发展，一些教育工作者提出建立实践育人长效机制，有计划、有规范地开展并且将实践育人推动成为高校思想政治教育的常态化工作。

进入新时代，高校实践育人已经成为培育大学生践行社会主义核心价值观的有效途径，实践育人机制和育人质量得到不断提高。构建实践育人体系已经成为新时代高校思想政治教育的重要内容，高校整合各种实践资源，拓展与教学相关的实践平台，形成了实践促教，实践促优的模式，高校实践育人质量不断提升。

二、高校实践育人体系发展过程中面临的问题

一个科学的实践育人体系应该具有“四有”特征，即：有实践理念的指导，有实践制度的保障，有实践平台支撑，有实践路径的推进。其构建是一项系统工程，是对现有人才培养模式的重大变革。[5]实践育人体系的构建受多方面因素的影响，在实践育人体系构建过程中主要存在以下几个问题：

受附加因素影响，学生参与率低。高校开展实践活动，很大一部分是组织部分学生参加市级或是国家级的活动，这样的活动受众学生比较少，一般都是学院推荐、择优参选，久而久之，很多学生就对学校的实践活动形成了固定的认知，认为学校开展的实践活动只是学生干部、学习好的同学的事，许多学生就不积极参与这样的活动了。还有一部分学生用有色眼镜来区分参与学校开展的实践活动，他们有很强的功利心，对评奖评优有关的活动积极参加，没有奖项又十分辛苦的活动就不参加。

被动参与，实践育人效果差。大多数高校的课程安排没有明确实践育人活动的教学任务，没有将实践与教学真正地结合起来。很多活动只是提前发文件，再动员，很多学生对活动都呈现出抵触的心理。这就如同学校的一些集体活动，如晨练，对于全民健身很有意义，但要求全体学生参与就有些困难了；迫于学院老师的压力，一些学生参加了，但是流于形式，那这样的活动就起不到育人的效果。

内容形式单一，没有较强的吸引力。要让学生对四年的大学生活始终保持新鲜感，始终充满活力，就需要高校管理者不断推陈出新，打造五彩缤纷的校园生活。实践活动的内容一成不变，它的吸引力就会越来越低，参与的学生便会越来越少。

随着不断深入研究与探索，高校在实践育人过程中不断全面权衡、全面考虑，在构建中不断地在解决问题。

三、高校构建实践育人体系的现实意义

（一）实践育人是进行人才培养的重要方式

实践育人是创新人才培养的重要途径，对于创新人才培养发挥着重要作用。在人才培养的过程中，创新能力是创新人才培养的重点，它是能力结构中的高层次能力，是教育培养和社会实践的结果，是在不断地实践训练和创新活动中形成和发展起来的一种特殊能力。[6]马克思主义实践观认为实践就是人处理与自然、社会关系的活动。通过实践，人们能动地反映客观存在，产生对客观存在的认识，形成理论，指导着新的实践活动的开展。并且实践活动能够和人的成长规律联系在一起，学生在实践中能够提升自己的能力、培养自己的品德，促进大学生的全面发展。

（二）能够凝聚价值，彰显新时代教育理念

高校把实践育人融入思想道德教育、文化知识教育、社会实践教育的各个环节，能够帮助大学生坚定自己的政治方向和理想信念，帮助大学生担负起时代赋予的责任。高校通过开展各种实践教育，能够引导学生、帮助学生完善人格、开发能力，帮助学生成才；学生不断地参与可以增强凝聚力、凝聚人心，进而造福人民。

新时代的教育理念主要内容总体来说有以下几点：立德树人、教育公平公正、教育综合领域改革创新。[7]在 2018 年 9 月 10 日召开的全国教育大会上，习近平总书记再次强调教育的根本任务就是立德树人。[8]高校实践育人紧紧围绕立德树人开展，是在培养学生的同时深入贯彻新时代的教育理念。习近平总书记强调“更好”“更公平”的教育，要求高校在开展各种实践活动时要优先考虑效果和受众群体，要彻底摒弃以前的“精英”实践，将实践育人真正落实在每一位学生的身上。实践育人内容在创新型、国际视野方向的不断增加是教育改革的重要表现，在理论学习和实践发展、在全面发展和个性突出方面不断统一，推动着新时代教育理念的不断发展。

四、高校构建实践育人体系的路径探析

（一）发挥学生骨干作用，部分带动整体促发展

学生骨干在高校中所占比重不是很大，但充分发挥其模范带头作用后的效果却是十分明显的。社会实践活动中，学生骨干都不认真参与的话，学生会效仿，开展的实践活动便会没有意义。参与实践活动的学生骨干，首先，要以身作则，严于律己，遵守学校的各项规章制度，培养自己高尚的道德情操和社会责任感，在实践中乐于奉献、服务同学；其次，要将学习放在首位，学好专业知识，学好与人处事的方法与技巧，学好各种理论知识，这也是每一位在校大学生做好任何事情的基础；再次，要经常和同学们进行交流，尽最大的努力关心有困难的同学，引导他们积极地参加各种实践活动，与大家一起实践，共同进步。

（二）制度干预，建立必要的奖惩措施

无规矩不成方圆，不管是学校层面还是学院层面，建立相关的奖惩制度还是很必要的，奖是为了更好，惩只是针对一小部分“硬骨头”。学工部主管高校学生工作，在学生入学前，将学期内所涉及的实践活动都加以明确，制定具体细则，学生才能够心中有数，提前做好规划。高校各学院内的学生管理更为具体，对于不利于实践育人体系构建的各种情况，可以采取“督促、再督促、处罚”的螺旋上升管理方式。高校的处罚不是目的，但能达到预期的效果，督促做得不好的学生不断改进。

（三）充分利用第二课堂，不断完善实践育人体系

第二课堂社会实践涉及面广，学生兴趣点和参与度高，学校要围绕主题提前设计社会实践项目，不断拓展社会实践基地渠道。[9]高校开展第二课堂，要与学生的学科建设相结合，充分考虑学生成长过程中遇到的各种问题，与具体的实际相结合建立科学的实践

方案，在探索中不断完善和修正实践活动的内容和形式。高校可以利用志愿服务平台和创新创业平台，不断开辟第二课堂的内容，让学生在社会实践中不断增长才干。

（四）高校各部门通力合作，促进学生全面成长

领导的重视程度在一定程度上也决定了实践育人开展的效果。高校根据自身实际情况成立由校领导为主要负责人的实践育人领导小组，将会带动高校各个部门整合资源、合力开展实践育人活动。打破各部门之间的界线，将构建实践育人体系的工作作为高校的发展目标之一，建立协同机制，建立高校独具自身特色的实践育人体系，帮助大学生获得实践体验和精神体验，引导大学生充分认识自身价值，真正促进学生全面成长。

参考文献：

[1]习近平.决胜全面建成小康社会　夺取新时代中国特色社会主义伟大胜利——在中国共产党第十九次全国代表大会上的报告[N].人民日报,2017-10-28(01).

[2]中共中央国务院.关于进一步加强和改进大学生思想政治教育的意见[N].光明日报,2004-10-15 (1).

[3]罗亮.改革开放以来高校实践育人的发展历程与基本经验探析[J].思想理论教育,2019(5).

[4]教育部思想政治工作司.加强和改进大学生思想政治教育重要文献选编（1978—2014）[Z].北京：知识产权出版社,2015:32.

[5]居继清.构建实践育人体系的三个关键问题探析[J],新课程研究.2015(10).

[6]梁颖，苏一丹，丁宇.构建有利于创新人才培养的实践育人体系[J],中国高等教育,2012(20).

[7]刘雪松.浅析新时代的教育理念[J]，中国农村教育,2019(7).

[8]习近平.坚持立德树人思想引领 加强改进高校党建工作[N].人民日报,2014-12-29.

[9]刘波,毛浩生,陈涛.高校实践育人体系构建路径研究[J],长江技术经济，2020(7).

高校勤工助学实践育人机制研究

张楠
天津工业大学

“勤工助学”又称为“勤工俭学”，在2007年7月教育部、财政部颁布的《高等学校学生勤工助学管理办法》中写道：勤工助学是指学生在学校的组织下，利用课余时间，通过劳动取得合法报酬，用于改善学习和生活条件的社会实践活动[1]。最近几年，国家提高了对贫困生的补助，伴随着勤工助学工作的高效开展，众多家庭经济困难的大学生受到帮助。

党的十八大报告中提出，把“立德树人”作为教育的根本任务，可以说，党的十八大中明确了高校育人工作新要求，为各项工作的开展指明了新方向[2]。高校社会实践的重要形式是勤工助学，勤工助学已成为人才培养不可缺少的重要环节，具有深远的育人功能[3]。把高校勤工助学实践育人的功能和育人目标紧密结合在一起，构建高校育人体系，对于增加大学生的自信心、培养自立自强品质、实现大学生全面发展具有重要意义。

一、高校勤工助学现实问题

1.着重解决经济困难，育人环节薄弱

回看勤工助学活动的兴起和发展过程，高校对勤工助学工作存在模糊的认识，仅仅将勤工助学作为解决学生生活困难的一项措施，在真正落地工作中，没有把重心放在教育人和培养人的高度上来，从而造成勤工助学并未发挥应有的育人功能。勤工助学大学生大多出自贫困家庭，因为经济上存在困难，他们利用闲暇时间打工挣钱，许多同学只是单纯地为了报酬，不在意其中的隐形价值，忽略了人际交流，淡漠了人情冷暖。学校没有在提升学生综合能力、培养奉献意识上下功夫，没有在经济与精神上实现“双解困”。

2.岗位设置较少，技术含量偏低

校内外勤工助学岗位设置有限，工作种类单一，工资偏低，质量不高，很多高校没有将勤工助学很好地引入学习、科研、管理的各个方面，忽视了大学生的专业的知识储备，以及隐藏的创造精神，没有发挥大学生的专业特长，仅仅设立了送达文件、打扫卫生、整理资料等劳动型工作岗位，这些岗位很难发挥大学生的专业特长，同学们在单调乏味的勤工助学模式下，工作热情不高，很难发挥自身创造力，无法体会到自身价值[3]。

3.忽略学生内心，心理关怀不够

参加勤工助学活动的一般为家庭经济困难学生，他们作为大学校园里的特殊群体，具有性格内向，甚至自卑怯懦的心理，身上肩负着比一般同学更大的学业、就业压力，他们迫切地想要改变命运、改变家庭现状。因此，高校经济困难的学生，不仅有外在的物质贫困，也存在内在的精神贫困[4]。而目前，高校对经济困难学生的心理关怀力度不够，

只是通过经济形势解决实际困难，并未解决学生真正的心理问题，因此，高校不仅要通过经济渠道去帮助他们消除贫困，更应该引导他们培养自立自强的精神，从而提高综合能力。

二、高校勤工助学育人功能意义

1.促进大学生健康成长

家庭经济困难的大学生一般原生家庭较封闭，不愿与同学及老师过多接触，容易自我否定，出现自卑心理，通过参加学校提供的勤工助学相关活动，使学生增加了接触他人机会，感受来自学校和同学的温暖，体会人和人之间的纯真感情，从而消除他们内心深处的孤独感，提高心理抵抗能力。辛勤的劳动使他们体会到劳动的喜悦，使学生找到了施展自己才华的平台，明白一分耕耘一分收获的道理。学生在处理问题、解决困难的过程中，不知不觉地培养了团队意识，增强了处事能力，提高了综合素质；大学生用他们的辛勤劳动解决了经济上的实际困难，增加了自信心，感受到自身存在的价值，从而增强了他们的自我认同感[5]。

2.增强大学生思想觉悟

高校勤工助学不仅给大学生提供了校内岗位，还帮助学生联系了校外实践企业，通过这个平台，可以加强对大学生的思想政治教育，引导他们形成正确的世界观、人生观、价值观，通过岗位这个窗口可以很好地了解社会，从而走向社会，加速了大学生的个体社会化，能使他们进一步了解我国国情，加深对国情、校情的认识，从而培养了大学生热爱祖国、热爱人民的优良品质，增强了大学生的社会责任感，使大学生深刻感受到改革开放后，我国取得的伟大成就，从而更加主动地坚持社会主义道路[6]。

3.提升大学生专业技能

勤工助学活动对大学生而言，是一项很有意义的社会实践活动，学生不应该仅仅学习书本上的理论知识，而应将理论与实践有机结合在一起，通过参加活动，去验证学校里学到的理论知识，并在实际工作中去拓展知识，巩固知识，使理论知识不再单调乏味，学有所用，大学生应积极发挥自己的专业特长，在理论和实践活动的双向互动中，增长学生能力，锻炼品格毅力，开阔眼界，提高综合素质，实现德智体美劳全面发展。

4.提升大学生就业能力

勤工助学是提高贫困生就业能力、培育大学生就业创业能力的主要途径，通过勤工助学这个平台，使大学生在自己的岗位中锻炼，初步了解目前社会上紧缺的人才，了解行情，从而对症下药，有目标地进行学习，抓紧恶补知识短板，从而有意识地提高能力[7]。通过团队工作，有效地培养了大学生团队合作能力，以及交流沟通、人际处理等能力，为他们以后步入社会工作、快速地融入新岗位提前做好了准备。大学生还可以科学了解自己的能力、兴趣等，从而正确地选择个人职业路径，为职业规划打下良好的基础。对于有创新性思维的学生，引导学生自主开发自身潜能，鼓励他们在完成日前学业的前提下，思考未来职业发展，不断补充自身的创业就业能量。

三、有效发挥高校勤工助学实践育人功能的基本对策

1.积极转变高校勤工助学的思想观念，拓展育人内涵

新时期高校勤工助学作为社会实践活动的重要形式，育人的功效和地位日益凸显，目前，社会对复合型人才的需求日益增长，教师和贫困生都应转变思想观念，从思想深处重视勤工助学活动，要将开展勤工助学工作作为日常教育工作中不可或缺的一部分，勤工助学不仅可以使经济困难学生解决实际问题，深化了高校改革，补充了实践教育的内容，是培养人才的重要环节，而且促进了学生理论联系实践的能力，拓宽了知识面，提高了大学生的组织管理能力以及社交能力，对学生的成长成才具有重要意义。

目前，勤工助学在多个方面都展现出育人功能，期望学生成为踏实肯干、全方位发展、能力突出的人才，因此，我们不能墨守成规，要与时俱进地看待新时代高校勤工助学工作，设置各类实践岗位，适应不同人才需求，完善岗位招聘流程，围绕“育人”这一核心目标展开，从而实现学生的全面成长。

2.建立健全高校勤工助学的育人路径，保障实现育人目标

建立长效机制，完善相关制度。加强组织领导，实现全员、全方位、全过程共同参与。加强政策宣传，使家庭经济困难学生积极参加到活动中来；完善勤工助学相关规章制度和管理办法，包括聘用制度、培训制度、考核制度、监督机制等，建立系统化勤工助学考核机制，如出勤值班、工作成效考核等，通过管理，强化勤工助学同学的时间观念和纪律意识，从而更好地发挥勤工助学的育人作用。

健全勤工助学组织机构设置。加强专职管理老师队伍建设，加强培训，使队伍更加专业化，着重创新意识培养，加大执行力度，下设勤工部，共同做好勤工助学的常规管理工作，营造贴心的管理服务形象[8]。勤工助学教师队伍要本着以人为本的思想，在活动中，关注学生成长，给学生提供思想政治教育，对需要人群进行心理疏导，帮助他们解开心理困惑，培养大学生乐观开朗、团结互助、积极向上的心态，帮助大学生提早制定职业规划，在制定过程中穿插思想政治教育，从而使勤工助学发挥解困拓知、心理脱贫的重要功效，通过上述几方闭环合作，保障勤工助学的育人功能能够得到有效发挥。

创新高校勤工助学工作模式和内容。利用网络加大资源整合力度，提高服务效率，建立勤工助学管理系统，完善档案管理，及时更新参与勤工助学学生的个人资料及专业特长、职业规划及参与勤工助学工作的进展和反馈等。制作勤工助学考勤相关网站，利用网站对优秀学生进行表扬，从而起到激励作用，同时，可以通过此网站建立起和用人单位的长期合作关系，及时跟进学生的工作动态和评价反馈，形成跟踪机制和良好的激励机制。

3.推动勤工助学工作升级发展，提高育人层次

勤工助学岗位应适应时代发展，满足社会发展需要。高校应该满足社会对创新性、全面性人才培养的需要，将勤工助学岗位从“体力型”向“智力型”转变，从“校内服务型”向“企事业单位实践”转变，充分整合校内外资源，积极开拓校内外岗位，充分发挥大学生的专业优势，比如参加科研、教学的助理工作以及为企事业单位提供科研开发、市场调研、营销策划、口译笔译等专业性服务，同时，积极推进学生创业，推动学生自主经营管理，在获取劳动报酬的同时，进行专业实习和创新创业实践。教育学生把个人未来的发展与勤工助学活动结合起来，在活动中寻找个人职业路径，制定职业规划，从而有针对性地提高就业能力。

四、结语

总之，勤工助学是资助育人的重要实现形式，在强化勤工助学育人功能的背景下，只有不断挖掘、强化实践育人的科学内涵，把助困和育人结合起来，形成全员育人、全方位育人、全过程育人的勤工助学工作新模式，才能帮助大学生自立自强，实现自我价值，增强综合素质、实现自身全面发展，从而培养出德智体美全面发展的社会主义建设者和接班人。

参考文献：

[1] 林春梅.民办高校家庭经济困难学生勤工助学调查研究[D].广西：广西师范大学，2017.

[2] [8]李绥波.高校勤工助学的育人功能研究[D].西安：西安科技大学，2013.

[3] 张雷.高校勤工助学育人功能探析[J].教育与职业，2013(15):52-53.

[4] 王霞.新时期高校勤工助学的育人功能[D].上海:华东师范大学,2011.

[5] 俞月华，等.新时代高校后勤服务育人工作的若干思考——以浙江农林大学后勤集团为例[J].高校后勤研究,2019(12):11-13.

[6] 朱晓东.高校勤工助学现状与改革研究[D].江西：江西农业大学，2011.

[7] 郭婴汾.高校勤工助学实践育人的探索与实践[J].当代教育理论与实践,2014(05):86-88.

“四史”教育在高职院校思想政治教育中的实践探索

秦文竹
天津国土资源和房屋职业学院

2020年1月8日，习近平总书记在“不忘初心、牢记使命”主题教育总结大会上的讲话中明确指出：“要把学习贯彻党的创新理论作为思想武装的重中之重，同学习马克思主义基本原理贯通起来，同学习党史、新中国史、改革开放史、社会主义发展史结合起来。”习近平总书记关于“四史”学习教育的重要指示批示精神，为高职院校的思想政治教育工作打开了新的视角，提供了新的教育方式和方法。将“四史”教育纳入高职院校思想政治工作，是解决高职院校培养什么样的人、如何培养人以及为谁培养人这个根本问题的有效途径。

一、当前“四史”教育在高职院校思想政治教育中的实现模式

目前，开展“四史”教育已成为新时代高职院校实现人才培养目标的基础环节，通过史学教育达到立德树人的目的，本质上是以历史为素材和资源的思想政治教育。

（一）“四史”教育融入思政课教育教学体系

中共中央办公厅、国务院办公厅于2019年印发的《关于深化新时代学校思想政治理论课改革创新的若干意见》中提出：“各高校要重点围绕习近平新时代中国特色社会主义思想，党史、国史、改革开放史、社会主义发展史，宪法法律，中华优秀传统文化等设定课程模块，开设系列选择性必修课程。”此外，天津市教委教育工委印发的《关于深入开展党史、新中国史、改革开放史、社会主义发展史学习教育的工作方案》中明确指出，高职院校必须做好“历史课程”这一新设立的公共基础必修课的相关工作，为开展好职业教育打下坚实的理想信念基础。以上要求明确指出了“四史”教育的重要地位，为思政课的教育教学重点指明了方向，使“四史”教育正式成为高职院校大学生的必修课程。经过前期的教育积累和初步实践探索，高职院校已根据高职在校大学生的特征、课程体系以及具体的培养目标，构建并逐渐完善了相应的思政课教育教学体系，将“四史”学习教育与思想政治教育工作紧密结合起来，将“四史”教育作为契合点，助力习近平新时代中国特色社会主义思想在高职院校思想政治教育教学中真正“进教材、进课堂、进学生头脑”。

（二）依托本地红色教育资源，传承红色基因

红色文化拥有厚重的历史文化底蕴，弥补了思政课程枯燥乏味的缺点，具有极强的感染力和渲染力，是当代大学生爱国主义教育和理想信念教育的重要载体，在高职院校

开展“四史”学习教育活动中发挥着重要作用。以天津市为例，天津市高职院校借助天津市丰富的红色资源，在思政课程向课程思政转化的过程中，组织在校大学生参观本市周恩来邓颖超纪念馆、平津战役纪念馆等红色教育基地和革命历史遗址，作为思政课程在课堂教育教学方面的有机补充，让学生在场景再现中汲取天津“四史”中的精神营养。在疫情防控的重要时期，高职院校利用云平台等新媒体手段，顺利开展了“网上重走长征路”大接龙、线上红色“云旅游”等丰富多彩的“四史”教育活动，教育和引导大学生传承和弘扬其中的红色基因和红色精神。

（三）在大中小一体化过程中进行理论研学与宣教

一是立足大中小一体化建设的总体布局和长远规划，突出“四史”教育课程建设，以天津市为例，依托天津思政云平台，组织大中小学思政课骨干教师为加强“四史”教育进行集体备课，完成授课资料的制作、撰写与录制，坚持共研、共教、共评；二是进行大中小一体化思政课程建设理论研究，根据不同教育阶段的学生特点，由浅入深讲授“四史”，保证思想政治教育衔接顺畅、不断点、不重复，为构建思想政治教育长效机制奠定理论基础；三是把“四史”教育作为提高大中小学党员党性修养的重要内容和手段，开展“四史”教育活动骨干工作座谈会、大中小学“听党话、感党恩、跟党走”主题教育；四是线上线下结合进行“四史”学习教育宣讲活动，开展天津市大中小学生微电影展示活动，组织大中小学同上一堂思政课，组织高校思政课“教授团”、党史党建专家针对不同主题进行“四史”宣讲，加强不同区域间教学资源的融会贯通，完善合作院校间的协作联动机制，努力探索可复制、可推广的“四史”教育教学经验。

“四史”学习教育在高职院校思想政治教育工作中开展至今，收获了一些经验，成效明显。综合以上几种主流实现模式，可以看出“四史”教育对推动高职院校的思想政治工作具有重要的意义。其功能主要表现在：一是加强大学生理想信念教育，“四史”教育能够帮助高职院校的大学生重新梳理历史脉络，树立正确的历史观，增强对我国现有体制和制度的认同，深刻认识和体会中国特色社会主义道路是历史的选择、更是人民的选择，帮助青年大学生拨开思想云雾，提高他们的责任意识和担当意识，引导学生增强自己的使命担当意识，坚定理想信念，努力成为为中华民族谋复兴和发展的新时代建设者；二是有助于思政课程体系的改革和创新，将“四史”教育内容融入思政课课堂教学，拓宽了思政课的教学视野和领域，与历史人物、历史事件相结合，使思政课更加具备感染力和创新力，有利于增强思政课的教人育人效果，同时，还能锻造一支政治过硬、专业过强的思政教育教学队伍，为思政课改革创新提供坚强的保障。

二、开展“四史”教育在高职院校思想政治教育中的困境

（一）高职院校思想政治教育教学有差距

首先，高职院校的思想政治教育队伍进入门槛低，导致专业化水平与本科类院校师资水平有差距；其次，思政课专职教师配备不足，课时量大，教学督导压力大，加上疲于应对日常性事务，思政课普遍流于形式；再次，思政课程标准有短板，不能很好地将“四史”教育融入思政教育课程体系和目标体系，在培养学生对“四史”的认同感和归属感上存在不足之处；最后，部分思政教师对“四史”教育的认知不够准确，授课内容不规范，尤其是面对新的教学任务时，备课缺乏谨慎态度，产生职业倦怠思想，教学事

故时有发生。

（二）高职院校大学生身心发展带来的局限性

新时代高职院校大学生价值取向多元化，带有明显的个性化特征，对马克思主义理论的认可和信仰程度不高，立场不够坚定，思政课堂教学成效不佳，极易在外界的各种思想诱导中迷失自我，对自身发展带来负面影响。因此，高职院校的“四史”教育更加具有艰巨性，不仅要帮助大学生厘清马克思主义基本原理，提高青年大学生的历史辨别能力，更要在全方位育人过程中产生正能量，带来积极向上的前进动力。

（三）办学与科研经费不足

目前，高职院校办学经费困难问题日益突出，办学规模的拓展与经费不足之间的矛盾成为制约高职院校思想政治教育发展的一大因素，尤其是自收自支类的高职院校，政府财政资金投入不足，软件设施和硬件设施亟待改善，为破解资金困境，在学生的日常管理与教育支出中有所压缩。由于设施老旧及办公场所的限制，思政教师缺乏专门的平台和地点备课交流，集体备课效率不高；“四史”教育课题研究经费不足，缺少必要的激励机制，部分思政教育工作人员出现懈怠心理，使得“四史”教育理论研究和实践停滞不前。

三、高职院校破解“四史”教育困境的有效途径

（一）加强思想政治教育队伍建设

在“四史”教育教学过程中，思政课教师具有不可替代的主导作用，基于高职院校思政教师队伍整体素质参差不齐的现状，做好高职院校“四史”教育工作，摆在首位的应是加强思想政治教育队伍建设，培养和构建专业强、信仰高的思政教育教学队伍。一方面，高职院校要提高思想政治专职教师和其他相关工作人员的准入门槛，吸收高学历、高水平人员加入其中，创造条件加大对思政专职教师的培养力度，提升思想政治教育工作者的理论素养、学术素养，弥补高职院校在学术型思想政治理论课教师上的不足。另一方面，思政教育工作者切不可为了多出成果、快出成果，在“四史”教育的选题、选材与教学上断章取义，歪曲历史，而是要提前做好集体备课，对教学资源进行恰当评估，引导学生树立正确的历史观和价值观，把思政课上好，把思政课上精。

（二）学生党建与“四史”教育协同育人

学生党建工作和学生思想政治教育工作在育人目标上是一致的[①]，高职院校学生更加需要正确价值观的引导和栽培，在“四史”教育过程中融入党建工作，在学生党建工作中融入“四史”教育的内容，能够同时带动和促进学生党性教育和思想政治教育工作。从全局角度出发，做好学生党建与“四史”教育协同育人，高职院校要将两者科学地融合和统一，在保证学生准确、深入地理解和认同党的大政方针的基础上，辅以“四史”学习教育，培养学生的历史思维能力，为学生的坚定信仰奠定根基。从教育主体的角度出发，教师要重视学生党员的先锋模范作用，充分调动学生党员的积极性，保证学生群体在学生党建和“四史”教育中的主体地位，利用学生间沟通顺畅的天然属性，以学生

[①]杨小洪.大学生党建工作与思想政治教育协同育人模式的建构[J].智库时代,2019(51):94-95.

带动学生，组织形式多样的党建活动，如“四史”教育主题党日活动、班级团建党建活动等，创建跨领域的思政课堂，提高学生的参与感和获得感，促进“四史”教育在学生群体中不断深入、拓展开来。

（三）弘扬工匠精神与“四史”教育协同育人

习近平总书记多次强调弘扬工匠精神在职业教育中的重要作用，他指出，实体经济做大做强需要技能型人才，需要大力弘扬工匠精神，因此发展职业教育前景广阔、大有可为。高职院校是培养大国工匠的摇篮，将工匠精神融入高职院校思想政治教育是当前职业教育的一项重要任务。因此，高职院校需要探索和发现“工匠精神”育人体系中的“四史”元素，在弘扬工匠精神中融入“四史”教育，在“四史”教育中弘扬工匠精神。一方面，打造“四史”教育精品课程。高职院校要结合职业教育的发展特点和内在规律，打造一批与弘扬工匠精神相结合的思政课程，通过思想政治教育，让学生认清“四史”学习教育的内在价值，激发他们的担当和动力。另一方面，以先进典型着力推进铸魂育人。以党史、新中国史、改革开放史、社会主义发展史中涌现的优秀大国匠人为榜样，教育引导广大青年学生崇尚劳动、尊重劳动，做工匠精神的追随者和实践者。

（四）“互联网+”助推“四史”教育

新媒体时代，“四史”教育必须借助“互联网+”的优势，打破科研和办学经费不足带来的局限性，强化教育目标和效果。一方面，高职院校要利用各种新媒体平台和手段，整合网络资源，恰当运用可视化资料，以生动的材料、故事化的表达形式对“四史”进行解读和阐释，提高学生参与度和互动性，让“四史”教育真正走入学生心中。另一方面，建立“四史”教育云平台、云课堂，教师可以将“四史”教育课程相关材料上传，或录制成公开课，以慕课、微课等形式，打破线下思政课堂时间、空间限制，创新“四史”教育教学形式，提高高职院校思政教育教学效果。需要注意的是，“四史”教育云上内容需经过严格审核和研判，避免出现错误的价值观导向，引发网络舆情事件。

参考文献：

[1]认真学习贯彻习近平总书记在“不忘初心、牢记使命”主题教育总结大会上的重要讲话.[EB/OL]http://sn.people.com.cn/n2/2020/0110/c186331-33703931.html.

[2]杨小洪.大学生党建工作与思想政治教育协同育人模式的建构[J].智库时代,2019(51):94-95.

[3]徐淑贞,朱月宇.天津红色文化对高校思想政治教育的启示[G].传播力研究,2020(21):152-153.

[4] 刘雨思.论讲好“红色故事”在高校思想政治理论课中的有效融合[J].红色文化资源研究，2019,5(2):119-125.

职业院校"一主三辅两培育"思政课实践教学创新研究

陈宏伟
天津海运职业学院

从当代大学生所处的时代背景来看，中国特色社会主义进入新时代，是所处历史方位的关键词，也是大学生成长成才、成就事业、不容辜负的好时代。作为高校思政课教师，我们应该结合新时代的意义和内涵，培养当代大学生珍惜历史机遇，立志为新时代贡献青春力量。

从大学生所处的人生阶段来看，大学是人生发展的关键时期，是一个人世界观、人生观、价值观形成的重要时期。高等教育心理学理论中深刻揭示了青年大学生在大学学习阶段，掌握知识和技能、形成道德品质、培养自我意识、协调人际关系等方面的心理规律，从认知、情感及社会性方面的发展做出详细论述，提出大学阶段是人生观确立与稳定的关键时期。思政课教学研究应该对准青年大学生人生的"拔节孕穗期"。

"一主三辅两培育"思政课实践教学创新研究正是基于新时代历史方位，依据职业学院大学生人才培养目标和学情特点而开展的思政课实践教学模式创新研究，具有研究特色和研究对象的精准性，同时也具有一定的理论意义和实践推广价值。

一、职业院校创新思政课实践教学模式的必要性

当前，职业院校思政课开展实践教学创新更显得尤为重要。作为职业院校，高考录取分数相对本科院校来讲要低得多，高职学生的学习目的、学习动机不太明确，学习态度也不够端正，然而思政课是一门理论性、政治性、科学性、系统性较强的课程，由于职业院校学生理论基础知识薄弱，普遍存在着学习主动性不强、理解接受能力不强等问题，因此在思政理论课学习过程中遇到枯燥的、深奥的理论知识时，表现出消极、厌倦、畏难情绪。加之职业院校学生在内心里多数认为只要学好专业技能就可以满足社会的需要，从而忽视思想道德修养与法律基础的学习以及党和国家重要指导思想及国内外形势的学习。但不可否认的是，职业院校的学生有动手能力相对较强、思维比较活跃、精力比较充沛等特点。

为了更好地开展思政课实践教学，提高育人水平，本文深入分析当前我院思政理论课实践教学中存在的诸多问题：学情分析不到位，教学方法和教学手段单一，教学场所多为固定教室，教学内容与所教学生专业结合度低，课上教师集中进行政治理论的灌输等。思政理论课传统教学以"教—学—考"为主，学生"抬头率""点头率"低，使得课程教学没有力度、深度和温度，这种传统教学模式不利于发挥学生的主体性和能动性。

长此以往，学生逐渐丧失学习的积极主动性，不能在系统的教学思想指导下进行社会实践，也不能从根本上解决学生的思想困惑，难以有效达到教学目标和育人实效。

2019 年 3 月，习近平总书记在北京主持召开学校思想政治理论课教师座谈会并发表重要讲话，其中提到要“重视思政课的实践性”“要坚持理论性和实践性相统一”，着力推动思想政治理论课教学改革创新。因此，职业院校的思政课实践教学必须在遵守高等职业教育院校情境中“学”与“教”的基本心理学规律的基础之上，深入了解学情，重新构建教学逻辑，突破思政课单向灌输的教学惯性，通过“参与、互动、分享、内化”推动师生互动、生生互动、理论与现实互动，激发课堂活力，从而找到教学切入点、共鸣点、聚焦点以及落脚点，促使学生形成自我提高的内驱力。在教学过程中深入了解学生的成长经验和思想困惑，既激发了学生参与教学的积极性和主动性，也能够帮助教师研判学生已经熟悉和掌握的教学内容，有效避免教学内容与中小学阶段的政治课程的简单重复，提高高校思政课教学的育人实效性和针对性。

二、思政课实践教学的基本情况调研分析

本文以天津海运职业学院为调研对象，在学生群体中针对思政课实践教学的基本情况做了一次深入的调研，有效样本为 792 份。

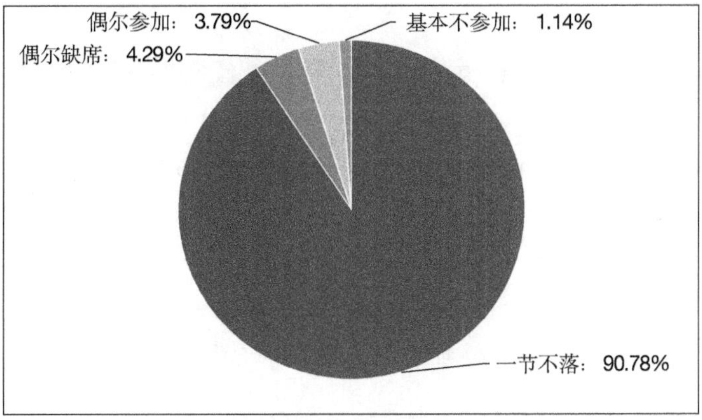

图 1 思政课实践教学参与度

参与度方面：“你的思政实践课堂参与度是？”选择“一节不落”的人数为 719 人，占 90.78%，“偶尔缺席”为 34 人，占 4.29%，选择“偶尔参加”为 30 人，占 3.79%，选择“基本不参加”人数为 9，占 1.14%。

重视程度方面：在思政理论教学与实践教学二者的重要性比较当中，“你怎样看待思政课理论教学与实践教学的关系？”选择“理论教学更重要”为 140 人，占 17.68%，选“实践教学更重要”为 110 人，占 13.89%，选“两者同等重要”为 530 人，占 66.92%，选择“无所谓哪个重要”为 12 人，仅占 1.52%。

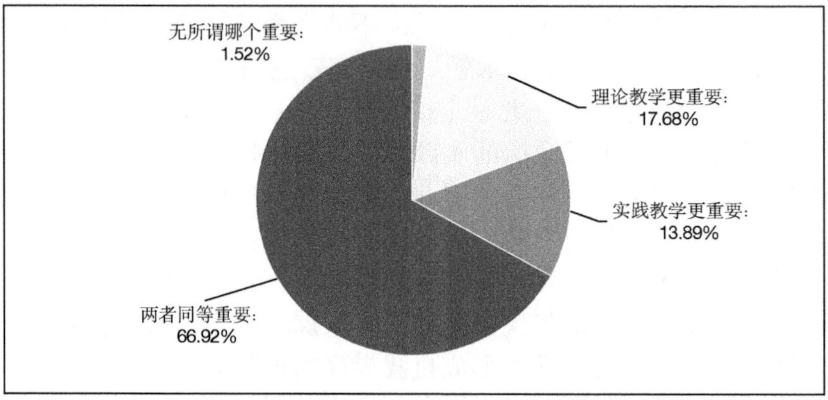

图 2 思政实践教学与理论教学重要程度比较

认可度方面:“你认为参加思政实践课堂有意义吗?”选择“非常有意义,有助于形成正确的价值观,是必不可少的”为 642 人,占 81.06%,选择“有意义,提高思想道德素质与法律修养”为 135 人,占 17.05%,选择“没有感觉,只是完成学习任务”为 9 人,占 1.14%,选择“无意义,可上可不上”为 6 人,仅占 0.76%。

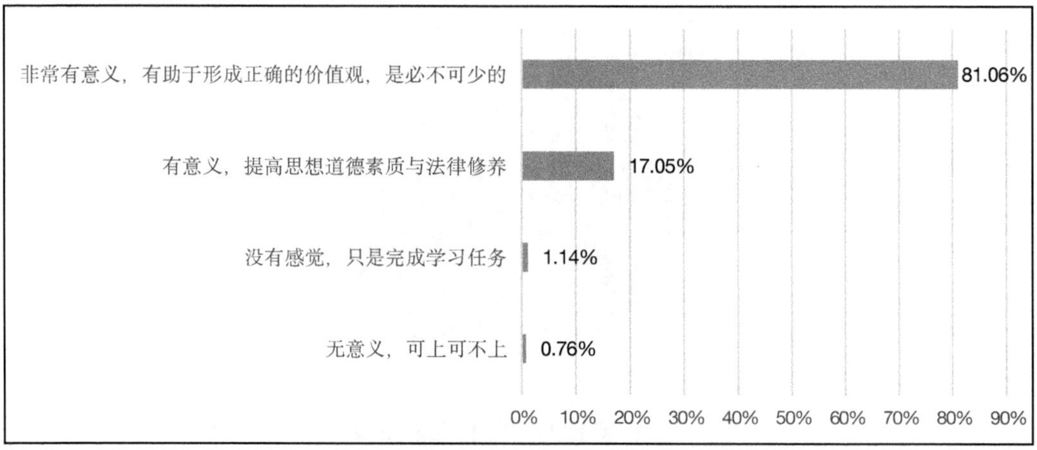

图 3 学生对参加思政课实践教学意义的评价

实践形式喜好程度:“所喜爱的思政课实践教学的形式有哪些?”选择“任课教师组织的课上展示、案例点评、材料分析等”为 699 人,占 88.26%,“学校组织的各种参观考察和社会调查等”为 576 人,占 72.73%,选择“学生自行参与的假期社会实践或者社会活动调查”为 546 人,占 68.94%,选择“学院组织的各种主题教育(红色)活动”为 484 人,占 61.11%,选择“大学生创业创新活动”为 425 人,占 53.66%,选择“校园宣传栏或学生板报”为 409 人,占 51.64%,选择“其他”为 128 人,占 16.16%,可见学生对于实践形式的选择比较广泛。

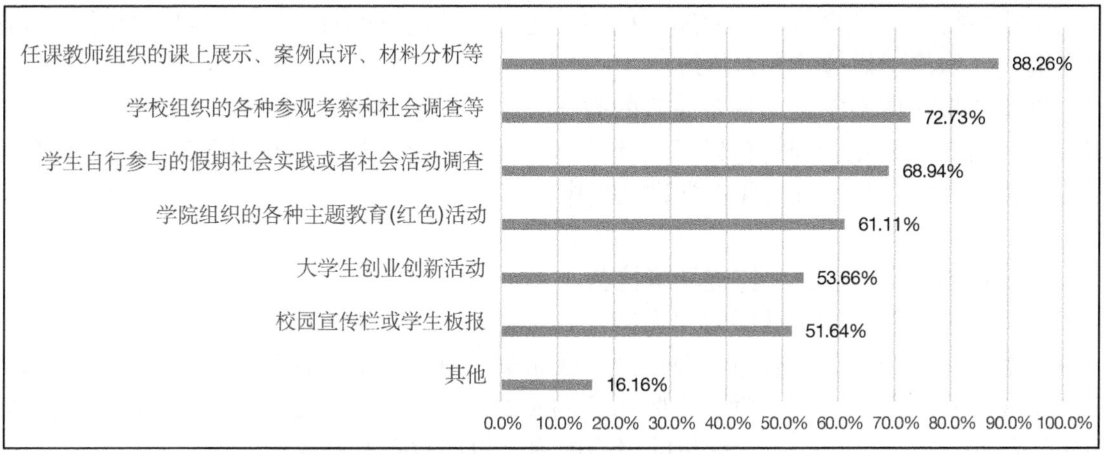

图 4 学生所喜爱的思政课实践教学的形式

对实践教学期待程度："你认为学校是否应当加强思政课实践教学？"选择"应当加强"为 403 人，占 50.88%，选择"适当加强"323 人，占 40.78%，选择"没有太大必要"为 56 人，占 7.07%，选择"无所谓"为 10 人，仅占 1.26%。

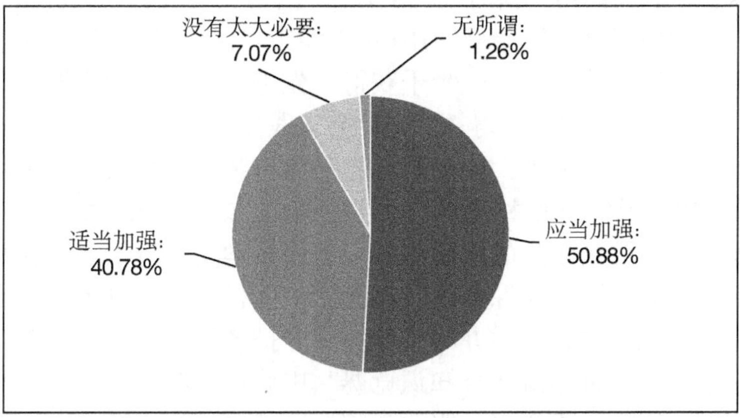

图 5 对思政课实践教学是否需要加强的看法

其他方面："对于学校的思政课实践教学，你有什么建议和意见？"有大部分学生提出"增加实践课时""建议趣味性强一点儿""建议多开展户外实践活动""尽量给学生提供更多的实践机会"。

通过这次调研，我们发现，思政实践课教学的参与度很高，学生对于实践课也非常重视，有较强的实践需要和实践期待，对于实践形式而言，学生也是更加喜欢能够提高参与度和增强个人展示能力的方式。同时，学生还提出了很多非常具有参考价值的意见和建议，这项调研使得我们充分认识到当前学生对于思政理论课实践教学的评价和实际需要，为实践教学模式创新提供了重要参考。

三、思政课实践教学创新模式探索

学院坚持海运教育特色，深厚的校园文化、开放的办学理念、独具特色的准军事化管理模式，积淀了优秀的育人传统。

思政课教学体系完善，具备完善的教学大纲、教案讲义，学时分配合理，结合航海院校教育与准军事化管理特色以及人才培养方案，因材施教，严格将思政育人目标分解落实到教学计划、教学方案和教学讲义当中。

（一）创新实践形式，打造品牌特色

依托思想政治类学生社团（“海韵”宣讲团），开展形式多样的实践活动，例如情景剧、微视频、公开课、志愿公益活动、快板舞、社会调研等区别于传统单一的课堂讲授型实践形式，都是当代大学生喜闻乐见的实践形式。宣讲团成员需定期参加思政课教师集体备课，向老师反映广大学生的思想困惑，协助教师做好教学工作。

“海韵”宣讲团在思政课教师、辅导员、专业课教师的共同指导下，宣讲团成员参加思政类专项比赛，将自己所学理论通过情景剧、公开课的方式传播给受众，并获得国家级、天津市级、海河教育园区、学院多项荣誉，例如与航海专业相关的学生作品《逐梦深蓝，向海图强》《乘着“丝路”之船，远航！》获得院级思政公开课大赛二等奖。结合我院航海专业教育特色，结合《毛泽东思想和中国特色社会主义理论体系概论》相关章节教学内容，开展天津市“新时代 实践行”活动，“海韵”宣讲团凭借作品《聚焦“一带一路”，筑梦海洋强国》荣获2019年天津市“新时代 一带一路实践行”主题实践活动“先进集体”荣誉称号，学生骨干获得“先进个人”荣誉称号；学生进入社区宣讲十九大精神，得到社会认可，获得“优秀社会实践先进个人”称号；走进课堂宣讲“四史”，作品《不立功，不下战场！——黄继光写给母亲的一封信》，荣获学院红色家书诵读大赛一等奖，相比于单纯的由教师进行理论讲授，这种形式大大提高了思政课的“抬头率”和“点头率”，受到学生的广泛欢迎，有许多学生自愿报名参加社团；同时，注重专业素质教育，将思政课程与课程思政相融合，因材施教，宣讲团学生团队在由国家海洋信息中心、中国地质博物馆举办的“‘海洋守护者’海报设计公益短视频活动”中获得二等奖，“第十二个世界海洋日知识竞赛”中获得三等奖，指导教师获得“优秀指导教师”荣誉称号。同时，天津海运职业学院荣获“‘海洋守护者’海报设计公益短视频活动”集体三等奖。

“海韵”宣讲团已经成为我院思政课实践教学改革的一个亮点，通过改革创新，教师的理论和教学水平都得到很大的提升，学生通过喜闻乐见的方式将枯燥的理论内容转化成大学生们愿意接受的语言传播出去，校内受益学生达2000余人次，通过走进社区，走进乡村，已经在一定程度上发挥了服务社会的功能，起到了一定的示范效应。依托学生理论宣讲团开展思政课实践教学，要求指导教师具有深厚的理论功底，同时具有良好的组织协调能力和沟通指导能力。要求社团成员具有良好的政治理论基础、坚定的理想信念、正确的人生观、世界观、价值观，能够积极主动起到模范带头作用。因此，在实践过程中，达到了师生共同成长，教师提高了理论课教学水平，学生达到了“知行合一”的学习目标。

（二）构建协同育人机制，创新模式

在多年的思政课实践教学探索中，教师们深入了解学情，从单一的思政教师在课堂上开展实践活动、辅导员带领学生社团开展实践活动，到思政教师联合辅导员、专业课教师多维度、全视角、立体化的协同育人机制，逐步构建思政课实践教学“一主三辅两培育”育人新格局。如图 6 所示。

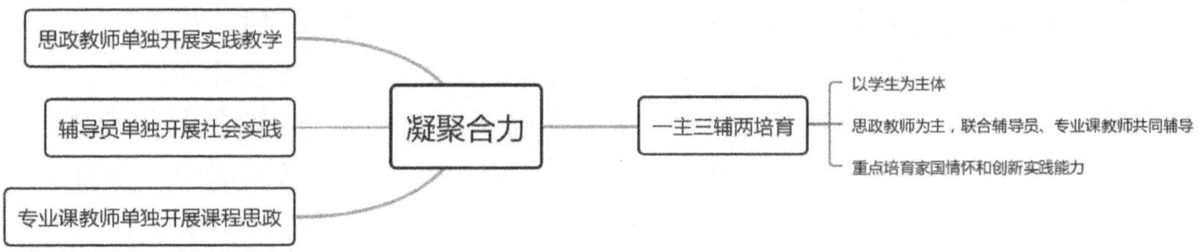

图 6 思政课实践教学机制转化过程

创新协同育人模式，构建“思政课教师、辅导员、专业课教师协同育人”机制，形成思政课实践教学“一主三辅两培育”育人新格局。

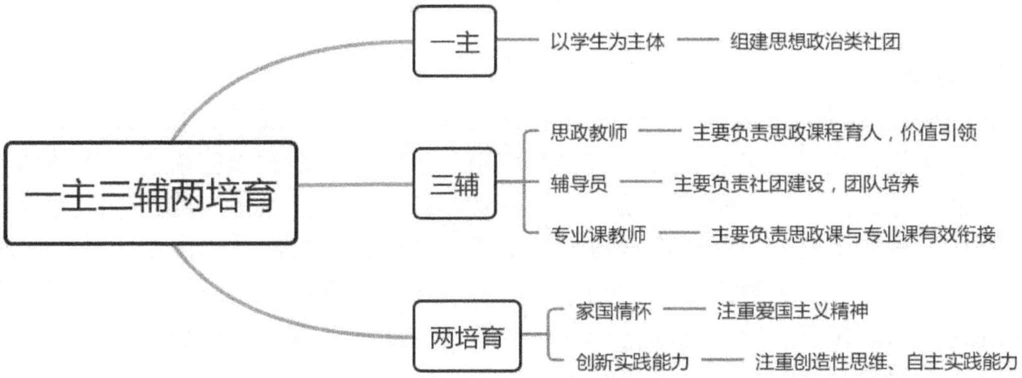

图 7：构建〝一主三辅两培育〞实践教学模式示意图

“一主”主要指的是思政课实践教学以学生为主体，依据当今学生的身心发展规律和社会需要，充分发挥学生的主观能动性，通过组建学生理论宣讲社团，以点带面。学生理论宣讲团是广大学生的代表，他们在老师的指导下，通过喜闻乐见的方式将思政教育融入大学生成长成才的全过程。让学生感受到思政课的魅力，通过参与、互动、分享，将思政理论知识内化于心。

“三辅”主要指的是在思政课实践教学中，以思政课教师为主，联合辅导员、专业课教师共同组成指导教师团队。思政课教师发挥课程育人功能的主动性，主要是围绕思政课实践教学、价值引领方面开展工作；辅导员发挥学生实践团队建设工作，特别是考

核激励机制的实施工作；专业课教师主要是结合专业人才培养目标以及课程思政建设工作，为学生实践活动提供包含思政元素的专业指导。

“两培育”主要指的是重点培育学生的家国情怀和创新实践能力。我院致力于培养具有国际视野与家国情怀、海洋意识与社会责任、创新精神与实践能力的高素质技术技能人才。在诸多素质要求当中，对于海运学子而言，有两点显得尤为重要。

一是家国情怀。特别是爱国主义精神的培育。绝大部分海运学子将来的就业方向是远洋航行，船舶是移动的国土，航海院校准军事化管理具有国防性质，任何一名远洋的船员首先应具备的思想政治素养就是热爱自己的祖国、热爱党、热爱社会主义。习近平总书记强调：“当代中国，爱国主义的本质就是坚持爱国和爱党、爱社会主义高度统一。”思政课教学中要带头学习党史、新中国史、改革开放史、社会主义发展史，教育引导广大青年学生切实做到知史爱党、知史爱国，自觉践行初心使命。

二是创新实践能力。随着我国经济发展由高速度转向高质量，社会对人才的需求也越来越大，要求也越来越高，社会需求与人才培养的矛盾促使我们不得不进行教育教学改革。如何运用思政课实践教学来培养创新精神与实践能力的高素质技术技能人才，是摆在我们面前的一道难题。因此，思政课教师更应深入熟悉思想教育工作规律、教书育人规律、学生成长规律，注重加强对所教专业的学生学情分析，联合多方力量，大胆进行教学改革尝试，为学生铺出通向成功的大道。通过创新思政课实践教学模式，充分培养学生创新精神和探究意识，以及自主实践能力和创造性思维。

四、总结：

职业院校思政课实践教学对于学生树立远大理想、激发自我教育的高尚动机，通过实践多渠道认识自我、完善自我具有重要的作用。思政课实践教学创新研究遵循高等教育心理学强化理论，一是教师按照教学计划布置实践任务，并给予实践指导，对学生进行外部强化，另一个是学生在理论学习基础上进行实践，在实践活动中由于获得成功的满足，而增强了学习的成就感与自信心，从而进一步增强学习动机，这属于内部强化。内外部强化作用的结合，符合新时代职业院校青年大学生的成长发展规律，“一主三辅两培育”实践教学模式充分为学生搭建平台，实践作品展示不仅仅局限在每门思政课少有的实践学时当中，在理论内容的讲授过程中，也穿插着学生实践作品展示环节，形成“微课堂”，让学生时时刻刻参与到思政课教学当中，让学生在思政课上拥有获得感，使得思政课教学变得有意思、有意义。

参考文献：

[1]立足伟大实践 培育使命担当[EB/OL]. http://www.qstheory.cn/laigao/ycjx/2020-09/11/c_1126481875.htm.

[2]李瑛.大学生理论宣讲团建设路径初探[J].太原城市职业技术学院学报,2019(11).

[3]尚丽亭.从思政课程走向课程思政 延伸思想政治教育效能——天津音乐学院理论宣讲团实践探索[J].吉林艺术学院学报,2018(10).

[4]黄沐雨,刘楠.新时代大学生思想政治理论宣讲团建设的实证研究——以天津大学

学生思想政治宣讲团为例[J].西北成人教育学院学报,2018(9).

[5]王传利.高校学生马克思主义理论社团存在的问题及其对策建议[J].思想教育研究,2018(10).

[6]王圆圆.高校思想政治理论课教师与大学生理论社团的有效互动机制研究[D]. 北京邮电大学,2013.

[7]刘红兵.高校思想政治实践课的“五个维度”[J].安徽水利水电职业技术学院学报,2019(12).

[8]李槐.高校思政课实践教学效果的调查分析——以嘉应学院为例[J].科教文汇(中旬刊),2019(5).

[9]李贞.高职思政课实践教学存在问题及路径的探析[J].哈尔滨职业技术学院学报,2019(5).

[10]马宁.高职院校以学生各类实践活动为载体的思政课实践教学模式改革探索(上)[J].创新创业理论研究与实践,2019(1).

[11]张晓平,杨皓,李志会.高校思政课实践教学面临的困境及其疏解[J].学校党建与思想教育,2018(5).

[12]刘继强.学科视域下高职院校课程思政建设路径探析[J].职业技术,2020(8).

[13]谭卫,徐文义.立德树人导向下工科类专业平台课“课程思政”的研究与实践[J].当代教育实践与教学研究,2020(7).

思想“陷阱”与消解之道

——论“普世价值”思潮对青年大学生的挑战冲击及策略应对

范成龙
天津海运职业学院

当代中国正处于全面建成小康社会的攻坚期和疫情防控的关键期，一些社会矛盾日益凸显，社会思潮风起云涌，给人们的思想观念、实践方式、价值诉求带来了巨大的冲击。西方一些国家趁机肆意鼓吹西方的“普世价值”，正如习近平总书记说的那样：“这些人是真的要说什么‘普世价值’吗？根本不是，他们是挂羊头卖狗肉……”[1]意图含混社会主义核心价值观与西方“普世价值”思潮的释义，颠覆中国共产党的执政地位。习近平总书记曾说：“祖国的青年一代有理想、有追求、有担当，实现中华民族伟大复兴就有源源不断的青春力量。”[2]青年大学生作为中国特色社会主义发展的后备力量，是国家的前途、民族的希望。由于西方“普世价值”思潮内容的欺骗性和传播方式的隐蔽性，加之青年大学生自身的特点，对当代青年大学生理想信念、价值诉求、政治认同产生了诸多的负面影响。因此，理性分析“普世价值”思潮的真正内涵，剖析“普世价值”思潮对大学生的负面影响，找到消解“普世价值”思潮对大学生负面影响的现实路径，对于青年大学生坚定理想信念，树立社会主义核心价值观，坚定马克思主义主流意识形态具有重要价值。

一、内涵解读：“普世价值”思潮的真正释义

“普世价值”思潮由来已久，早在西方的文艺复兴和启蒙运动中就有出现，但是当时的“普世价值”作为一种反对宗教神学的思想观念对于赋予人的尊严、人的权利具有一定的启蒙价值。近代以来，“普世价值”思潮伴随着西方传教士传入中国，虽然当时并没有“普世价值”的名词标签，但是传教士将其传播的思想观念称为“普世价值”，并要求中国照搬西方的民主政治制度，实践证明，西方的“普世价值”并不适用。在中国共产党的领导下，中国共产党人创造性地将马克思主义与中国实际相结合，摒弃了西方所谓的“普世价值”。进入21世纪以来，伴随着中国的改革开放，“普世价值”再次被唤醒，一跃成为具有广泛影响的社会思潮。“普世价值”看似是一种价值观念，但实质上具有鲜明的政治指向。

第一，“普世价值”思潮是一种社会意识形态。社会意识形态是社会意识在现实生活中的表达[3]，本质上是一定经济基础的反映，换句话说，就是被某个统治阶级所认可的思想观念。“普世价值”作为一种社会意识形态，“自由、民主、平等”是其所接受的

思想观念。从“普世价值”的起源看，“普世价值”思潮作为一种社会意识形态本质上是以资本主义生产方式为基础，代表资产阶级利益的占统治地位的思想观念。这正如马克思说的一样，资产阶级国家的意识形态如法律、道德等，作为资产阶级意识形态的精神产物，不过是掩盖资产阶级利益的资产阶级的偏见。[4]马克思通过分析资本主义社会资本家剥削工人剩余劳动的经济现象，得出资本主义的基本矛盾是生产社会化和生产资料私人占有之间的矛盾，那么，作为观念上层建筑的“普世价值”思潮本质上是为了掩饰资本的丑恶性，是为巩固资本主义经济基础服务的。

第二，“普世价值”思潮是一种政治话语。话语作为人与生俱来的能力，可以表达感情、交流观点，政治话语作为话语的重要一环具备一般话语不具备的意蕴。“普世价值”思潮作为一种政治话语，既包括对资本主义“自由、平等、民主”的认同，又包括对资本主义生产关系的构建。当代中国，“普世价值”思潮作为一种政治话语，以多样化的方式呈现在中国社会的各个角落，微博微信等互联网空间成为“普世价值”渗透的场域，通过构建资本主义“自由、平等、民主”的议题，引发社会舆论，混淆资本主义自由和社会主义自由的边界，影响社会稳定。可以说“普世价值”思潮作为一种政治话语，本质上是西方国家妄图消解马克思主义主流话语，抢占中国话语，获得话语权的一种政治策略。

第三，“普世价值”思潮是一种政治意图。政治意图是关系政治生活良性发展的重要一环，在现实的政治生活中，“普世价值”思潮作为一种政治意图，往往具有虚伪性，它借用媒体、报刊、书籍等媒介产品，大肆宣扬西方的“自由、民主、平等”。亨廷顿曾说：“西方文明的价值不在于它是普遍的，而在于它是独特的。因此，西方领导人的主要责任，不是试图按照西方的形象重塑其他文明，……而是保存、维护、复兴西方文明独一无二的特性。”[5]亨廷顿鲜明地指出了“普世价值”思潮的政治意图----重塑世界其他文明，本质上是西方霸权主义在文化层面追求一元化、否认多样化的表现。这种“普世价值”思潮的真正政治意图表现在颠覆中国共产党的统治和中国共产党的执政地位，否认中国特色社会主义的发展道路，诋毁中国文化自信，进而“西化”中华文明。

二、思想“陷阱”：“普世价值”思潮对青年大学生的挑战和冲击

在全球化、信息化、时代化的潮流下，随着当代中国的改革进入攻坚期，青年的价值观念呈现出多元化，各种文化思潮不断涌入，“普世价值”思潮不可避免地对青年大学生产生了挑战和冲击，青年大学生日益成为“普世价值”思潮传播、争夺的主要对象。这淡化了青年大学生的理想信念、分化了青年大学生的价值诉求、弱化了大学生的政治认同。

（一）淡化青年大学生的理想信念

理想信念是人所特有的一种精神追求，集中体现了人所坚持的世界观、人生观和价值观，是个人发展和社会发展的精神动力。习近平总书记曾勉励青年大学生一定要坚持理想信念，他说：“理想指引人生方向，信念决定事业成败。没有理想信念，就会导致精神上缺钙。[6]”当代青年在“普世价值”思潮的影响下，理想信念愈发淡化。“普世价

值”思潮运用自我包装术将西方所谓的“平等、自由、民主”宣扬为社会主义的“自由、平等、民主”，妄图含混西方“普世价值”与社会主义核心价值体系的释义，削弱大学生对社会主义核心价值观的认同。当然，不仅仅如此，“普世价值”思潮利用当代大学生对个人喜好的偏执和自我利益实现的贪求，大肆宣扬西方的个人主义之上的思想观念，丑化集体主义的价值取向，甚至以西方“自由、平等、民主”的价值标准来评价中国社会发展过程中出现的问题和矛盾，这弱化了大学生对中国特色社会主义共同理想和共产主义远大理想的信仰，弱化了大学生对马克思主义主流价值观的信仰。倘若不加以禁止，“普世价值”思潮定会侵蚀当代青年大学生的理想信念。

（二）分化青年大学生的价值诉求

现实生活中，每个人都有不同的境遇，每个人的价值诉求是不同的，当代青年大学生的价值诉求实质是在中国转型的背景下实现自身的人生价值。那么价值是什么？从马克思主义哲学的视角看，价值体现的是主客体的一种需要和满足需要的关系，每个主体对客体都有自己的特殊需求，但不同主体间在一定条件下会存在共同的需求，进而产生共同利益，这就说明价值是具体的、相对的，具有共同性。当代青年大学生在“普世价值”思潮的影响下，混淆了当代中国青年大学生应追求的“人生价值”与“普世价值”思潮。当前中国特色社会主义市场经济鼓励青年大学生追求利益最大化，主张通过奋斗实现自身的价值，这使得青年大学生容易受“普世价值”思潮的影响，追求西方的所谓的“自由、平等、民主”。在美国电影《阿甘正传》中，一个人救了一队人，然而那只是电影，这样的事情在现实生活中很少发生。从当代中国的大背景下考虑，这部电影不失为渗透西方普世价值观念的例证，极力宣传“个人主义”，反对“集体主义”，甚至表现出极端的个人主义，倘若现实生活中的青年大学生都极力强调个人存在的价值，忽视了社会、集体和国家的价值，那么“极端主义”“拜金主义”和“利己主义”会不断滋生，使得青年淡化人生目的，迷失人生方向，错误理解人生价值，这种价值取向失衡将极大影响当代青年大学生的健康成长。

（三）弱化青年大学生的政治认同

政治认同是主体与政治体系在互动过程中所产生的态度、情感和价值倾向，并外化为政治行为的过程。[7]当代青年大学生的政治认同主要体现在认同马克思主义的主流价值观，认同中国共产党的领导，认同中国特色社会主义的发展道路。当代青年大学生在“普世价值”思潮的影响下，对中国特色社会主义的发展道路，中国共产党的领导失去了信任。党的十八大以来，伴随着贪官的落马，这一部分展示了中国共产党敢于进行自我革命，自我革新的品性，但另一方面也折射出党内的部分同志的思想观念、价值诉求已经严重偏离了广大人民群众的利益要求。当代青年大学生作为朝气蓬勃的一代，对中国共产党的认同、对中国特色社会主义发展道路的认同往往更多地体现在间接的实践上，譬如大学的思想政治理论课，红色文化主题教育基地等一些载体，青年大学生敢于在网络空间中发表对某个政治事情的看法和观点。但是发表的观点看法往往缺乏一定的理性，在一元与多元并存的文化环境中，不可避免地会受到“普世价值”思潮的影响，看不清资本主义文明与中国文明的界限，出现所谓“西化”的价值观念，这不仅严重冲击了当代大学生对中国共产党的执政地位的认同、对于中国特色社会主义发展道路的认同，更颠覆了青年大学生对中国文化的自信。马克思曾说：“价值的‘阶级性’和‘普世性’是统一不起来的，不可能有超越并凌驾于一切阶级的价值观，也不会有某个阶级的‘普世价值’。”[8]这阐述了“普世价值”思潮的核心释义，“普世价值”本质上是当代资本主义社会统治本国劳动人民，使剥削工人剩余劳动合法化的产物，不可能代表工人阶级和劳动人民的利益。中国共产党的领导是历史和人民的选择，中国共产党始终坚持以人民为中心，这立场鲜明地反击了“普世价值”思潮。

三、消解之道：应对“普世价值”思潮挑战冲击的现实路径

全球化是每个国家面临的境遇，每个国家在参与全球化的过程中潜移默化地会受到西方社会思潮的影响，在一元与多元文化并存的中国，“普世价值”思潮严重影响了青年大学生的发展，因此应消解“普世价值”思潮在当代青年大学生中的负面影响，用马克思主义主流意识形态引领当代青年大学生的成长。

（一）增强马克思主义理论人才的学术话语发声能力，运用马克思主义的立场和观点，解读“普世价值”思潮的来龙去脉

实践证明马克思主义的立场观点是正确的，因此面对“普世价值”思潮的侵蚀，当代青年大学生要用马克思主义理论的武器武装自身。一方面，增强马克思主义理论人才的学术话语发声能力，解读“普世价值”的缘起。具体来讲，马克思主义理论人才的学术话语能力的形成不是一朝一夕的。首先，高校应投入大量的经费运用马克思主义理论进行人才的培养，在培养理念、培养方式、培养方案等具体的培养环节，要注重运用马克思主义的立场和观点，从当代青年大学生的思想实际出发，鼓励马克思主义理论人才的社会实践活动，通过红色宣讲团、暑期社会实践等方式加深大学生对于中国历史的认识，加深对中国共产党的认同。其次，形成马克思理论人才的学术规范，鼓励其读原著、读经典，加深对于马克思主义理论的理解，并运用其所学的理论，将大理念变为小故事，将大道理变为小经典，不断增强马克思主义理论人才的学术话语，用马克思主义的话语占领当代中国的话语权，抵制“普世价值”思潮的侵蚀。另一方面，运用马克思主义的立场和观点，批判“普世价值”思潮，运用辩证唯物主义和历史唯物主义的观点解读“普世价值”存在的根基，结合中国抗击疫情的经验，讲清当代中国存在的“普世价值”思潮，使得当代青年大学生明晰当代中国的“普世价值”思潮，明晰“普世价值”思潮的危害。

（二）加强青年大学生社会主义核心价值观的引领，联系青年大学生的思想实际，消解“普世价值”思潮的价值诉求

价值观是人类在认识、改造自然和社会过程中产生与发挥作用的。习近平总书记曾说：“青年的价值取向决定了未来整个社会的价值取向……青年要从现在做起、从自己做起，使社会主义核心价值观成为自己的基本遵循，并身体力行大力将其推广到全社会去。”[9]当代青年大学生在“普世价值”思潮的影响下，混淆了“普世价值”与“社会

主义核心价值观”的释义。为此需要加强青年大学生社会主义核心价值观的引领，联系青年大学生的思想实际，解读“普世价值”的价值诉求。第一，明德，核心价值观其实就是一种德，为此需要充分尊重青年大学生的自主性、能动性、参与性，改变传统的教学方式，积极引导青年大学生在社会思潮多元化的时代背景下选择正确的价值观念，明晰资本主义道德和社会主义道德的本质区别。第二，修身，中华优秀传统文化讲究修身、齐家、治国、平天下，为此作为当代的青年大学生应不断加强理论学习，充实自己，准确分辨“自由、平等、民主”的观念与社会主义核心价值观“自由、平等、民主”的观念，充分认识“普世价值”思潮的经济基础与危害。第三，要不断提高思政课教师的理论素养，创新教学方式，将政治的核心素养融入思政课当中，加强思政课的供给能力建设，结合青年大学生的思想实际，运用青年大学生喜闻乐见的方式加强高校的思想政治教育，创新高校的思想政治方式，在思政课的主渠道和校园文化建设的微渠道中批判“普世价值”的价值诉求，帮助青年大学生树立正确的世界观、人生观和价值观。

（三）创强网络空间中青年大学生的主流文化，结合网络空间的现实特点，规范“普世价值”思潮的传播路径

当代青年大学生的主流文化是以马克思主义中国化最新理论成果为指导，由青年这一特定群体创造的，以优秀传统文化、革命文化、社会主义先进文化为主要内容的，得到青年认同的价值体系、行为规范及生活方式的总和。伴随着互联网技术的发展，网络空间成为当代青年大学生获取信息的主要渠道，这就使得当代青年大学生不可避免地受到“普世价值”思潮的影响，往往表现出群体非理性、话语霸权性等特点，这助长了社会舆论，影响了社会的稳定。习近平曾说：“思想舆论大致有三个地带，‘红色地带’‘黑色地带’和‘灰色地带’。”[10]为此，应创强网络空间中青年大学生的主流文化，结合网络空间的现实特点，规范“普世价值”思潮的传播路径。首先，对于网络空间的“红色地带”，要增强主流文化的主动性和主动权，坚持政治家办报，运用群众喜闻乐见的方式、杰出人物的榜样力量讲明我们坚持什么、反对什么，树立马克思主义主流文化的旗帜。其次，对于网络空间“黑色地带”，净化网络环境，通过立法、设立网络安全监察员等方式，细化网络空间中的制度和规定，运用“硬约束力”规范网络空间的反动言论，用主流文化的真理揭露“普世价值”的谎言，用主流文化的科学消解普世价值的谬误。最后，对于网络空间“灰色地带”，要创建青年主流文化社区，通过构建议题的方式，选拔契合青年主导文化的大学生担当青年主流文化社区的领袖，譬如抗击疫情中“90后”的青年医护人员、“00后”的大学生志愿者，从而赋予当代青年大学生的话语表达能力，调和主流文化与青年亚文化，使得青年大学生自觉认同主流文化，传播主流文化，实现青年大学生的健康成长。

参考文献：

[1]中共中央文献研究室.习近平关于社会主义文化建设论述摘编[M].北京：中央文献出版社，2017:27.

[2]习近平.习近平总书记给第三届中国“互联网＋”大学生创新创业大赛“青年红色

筑梦之旅”的大学生的回信[EB/OL].(2017-08-16).http://cpc.people.com.cn/n1/2017/0816/c64094-29472859.html.

[3]郑永廷.论社会意识形态与思想政治教育的内在联系[J].中国社会科学,2015(6):17-31.

[4]马克思恩格斯选集(第一卷)[M].北京:人民出版社,2012.

[5]赛缪尔·亨廷顿.文明的冲突与世界秩序的重建[M].周琪,等,译.北京:新华出版社,1999.

[6]习近平.习近平谈治国理政[M].北京：外文出版社，2014.

[7]朱勤文,杜海坤.试论大学生政治认同的形成机制及教育对策[J].中国高教研究，2014（8）：93-95.

[8]汪亭友.“普世价值”评析[M].北京：社会科学文献出版社，2012.

[9]习近平.习近平谈治国理政[M].北京：外文出版社，2014.

[10]中共中央文献研究室.习近平关于社会主义文化建设论述摘编[M].北京：中央文献出版社，2017.

改革开放以来高校实践育人历史研究

刘骁
天津理工大学

高校的实践育人发展经历了几个阶段，并且在不同的阶段上，都有着不同程度的优化与改进。发展至今，形成了目前比较完善的教育模式。实践教学在高校教育中占据非常重要的位置，因为实践教育主要是提高学生的实操能力，将所学的理论知识付诸实践操作，提高对于知识的掌控能力。在改革开放之后，高校教育在初期发展阶段，慢慢开展了一系列课外实践课程，让学生能够充分融入实践教育的环境中，掌握更多的实践知识。随着教育的不断发展，教育部门也慢慢重视起学生的综合能力发展，通过设立各项综合实践课程，让学生能够在其中得到全方位的发展。梳理从改革开放后至今的高校实践育人发展经历，可以发现，每一个发展阶段中，高校的实践育人理念在不断改进，这也是当下新时代发展的主要力量。

一、高校实践育人发展历史回顾

（一）丰富文化课程的内容

在改革开放的初期，国家教育部门加强了高校对于学生的文化教育，为了能够进一步提高学校的文化教育水平，在日常的课程教育中，增加了文化教育的知识比重，通过设计校园活动、增强学校与学校之间的交流，扩大学生接触新知识的范围[1]。在改革开放的初期阶段中，由于经济的原因，高校的实践育人体系建立并不完善，只能够组织一些相对较为简陋的形式，来增强学生学习新知识的概率。一般的校园活动，主要以实操型为主，围绕着学生的专业知识，来让学生进一步地理解并运用这些知识，将所学知识的价值发挥出来，这样有助于学生更好地进行理解。其次，由于物资的匮乏，在一些实践课程的构建上，相关的设备比较有限，所以无法做到学生人手一台设备来进行自行操作，只能通过相互之间的学习，来掌握这些知识。除此之外，教师在课程教学的过程中，也加入了一些实践性的知识，将两种知识进行相互融合，使得学生能够更好地进行理解，这样不仅解决了资源匮乏的问题，同时也让学生掌握了更多的文化知识。

（二）构建第二课堂

第二课堂的提出是在改革开放之后，即高校实践育人发展的第二阶段所提出的。第二课堂事实上就是为了能够进一步提高学生的综合素质，在这一阶段上的高校实践育人发展，已经逐渐开始重视民族素质的提升。想要进一步提高民族的整体素质，就需要从教育教学方面抓起，通过系统且全面的教学，让学生的综合素质得到较大的提升。学生的素质教育事实上就是指学生德智体美劳多方面的全面发展，不仅文化教育在学生的发展过程中十分重要，身体素质、思想品质、心理健康等，对于学生的发展来说也是同等重要的。在第二阶段的发展过程中，高校也面临着一些严峻的问题，例如具有较强专业素质的教师不多、教育体系的构建不完善等，这些都是这一阶段需要解决的问题。[2]因为，要培养学生德智体美劳多方面的发展，不仅需要改善当下的教育体系，同时还需要大批专业素质较高的教师，来为学生提供更加专业的文化教育。

在第二课堂的构建中，学校需要组织学生来进行一些公益活动、教学活动等具有较高实际意义的活动，在这一过程中来拓展学生，让学生能够在短时间内得到提升[3]。特别是习近平总书记在全国教育大会上提出，要把弘扬劳动精神作为培养学生奋斗精神的永恒主题，将劳动育人纳入人才培养全过程，组织学生积极参加生产劳动、志愿服务、公益活动、劳动实践，做到辛勤劳动、诚实劳动、创造性劳动。将劳动育人与德育、智育、体育、美育相融合，紧密结合经济社会发展变化和学生生活实际。对此，将劳动观教育融入思政课教学内容中的同时，我们还应当创新方式方法，充分利用第二课堂的资源优势，组织开展各种社团活动，举办劳动技能、劳动成果展示交流。将涵盖思想教育、创新创业、社会实践、志愿服务等校园文化活动融入劳动育人体系中，以学科实验室、大学生创新创业空间等为主阵地，结合学校特色品牌活动，邀请劳动模范和先进工作者走进校园，开展主题讲座、亲身示范、现场教学等劳动育人主题活动。

第二课堂事实上就是第一课堂的延展，学生能够在第二课堂中充分发挥自身的能力，尽情地展现自我，体现出自身价值。第二课堂的出现也成为改革开放之后，教育第二阶段发展的标准，使得育人效果不断增强。

（三）构建优质的校园文化

校园文化是一个学校的水平体现，校园文化同样也能够影响学生的成长和发展。在高校实践育人发展到第三阶段时，受到了现代化社会的影响，开始重视校园文化的建立。对于一些资历较老的高校来说，校园文化的底蕴相对较深，这是通过几代的师生共同构建出来的，而对于新型高校来说，校园文化的构建时间较短，所以导致学生在学校中感受不到较为浓郁的校园氛围。为此，在这一阶段中，教育部门纷纷提倡高校建立属于自己的校园文化，优良教风学风的建设，良好价值观的培育，让校园的发展逐渐跟上时代发展的步伐。校园文化的构建一般是通过开展丰富多彩、健康有益的文化活动，学生能够融入这样的氛围中，展现出自己的能力，同时自己也能够在其中得到很好的锻炼。

优质的校园文化事实上就是对学生进行优良的思想建设，强调在当下的发展过程中，学生要通过积极参与活动，来提高自身的思想境界和情操，这对于学生的发展来说十分的重要。[4]精神感染对于现代化教育下的学生来说十分重要，相比较传统的文化知识学习，学生的情操培养和心理健康维护，都是高校育人过程中的重点项目。

（四）创新型教育

在现代化的社会发展中，创新理念的提出给予了高校发展一个更加明确的方向，创新型教育成为当下高校教育发展的一个核心目标。在当下的教育发展中，高校更加提倡培养学生自主创新的能力，通过在日常的课堂教育中加强学生的自主创新意识，还在课外的活动上促使学生进行创新发展。为此，诸多高校每年举办创新创业大赛、科技立项评比，都旨在提高学生的创新理念与创新思维。

创新型教育的重点就是在于创新，教育部门提出，学生在学习的过程中，不能固化自己的思维模式，要学会在吸收知识的基础上，提出自己的想法和意见，这才是当下教育的一个核心思想。创新教育理念要求学生要学会表达自己的想法，将知识运用在实践中去，使得知识的价值发挥到最大化。[5]

二、改革开放以来高校文化育人的主要成效

（一）加强了学生精神层面的培养

改革开放之后，我国的教育发展在不断的改革创新当中，为的就是能够培养出更多适合于国家发展的专业性人才。在不同阶段的发展中，对于人才的要求也存在较大的差异，例如在改革开放的初期，社会需要的人才是单项技能水平较高的人才，懂得专业的理论和实操方式，能够对一个领域上的发展起到重要的推动性作用。而在现代化的发展中，社会需要的则是综合素质较强的复合型人才，单一化的人才已经无法满足于当下社会的发展。并且，在初期阶段中，人才的培养并不注重精神层面的培养，而精神层面的培养反而是国家型重点人才培养的关键项目。

专业性的人才首先要具有社会主义发展思想，具有浓郁的民族自豪感和民族荣誉感。随着教育理念的不断深化，高校在文化育人方面，加强了对于社会型人才、专业型人才精神层面上的培养，提高了学生的爱国主义精神和民族主义精神。这不仅对某一个领域的发展具有较大的作用，对于整个社会乃至国家的发展都具有非常重大的作用。

（二）提高了学生的综合素质能力

从改革开放发展至今，一共经历了四个阶段，在不同的阶段上，对于人才培养的要求和教育方案的设计都存在不同，但也正是因为经历了这四个阶段的改革，促使当下的教育体系变得更加完善。[6]总结了之前的教育发展经历以及社会发展经历，目前的高校教育也将学生的综合素质能力培养当作教育的重点内容，提倡学生教育的全面性、多方位发展。以这样的教育理念来进行发展，大大提高了学生的综合素质，让学生在文化层面、精神层面都得到了较大的提升，证明了我国教育的水平，使得我国的教育发展有了进一步的提升。在改革开放初期，全国人口为 5.4 亿人，而文盲率高达 80%，其中文盲妇女占 70%，高等教育在校生仅有 11.7 万人。

随着后来的教育改革发展，受教育者的比例开始逐渐上升，而学生在学校中也受到了更加全面的教育。例如，在文化、实践、精神、健康等多个方面，都因为教育的强化而逐渐增强，不再是单一化的文化教育，这样能够让学生有更进一步的提升，也能够让学生有更多的发展选择。

（三）文化教育底蕴逐渐加深

文化教育事实上不单单是文化知识的教育，文化知识只能够作为学生教育的一个载体，更重要的则是学生在这些文化知识的学习过程中，能够感悟出自己对于人生发展的

想法，然后朝着正确的方向进行发展，这样才证明了文化教育培养的价值。随着改革开放，国家对于学生实践教育、素质教育更加重视，开放了各类校园活动、文化活动等，鼓励学生积极向上，让学生的综合素质有了较大的提升。

初期的教育以单一化知识教育为主，随着后来教育的不断发展，文化教育的底蕴逐渐加深，也培养出来了更多适合于推进社会发展、推动国家发展的复合型人才。文化教育底蕴的逐渐加深，证明了我国教育水平的提升，思想政治教育的文化力量得以彰显，学生在深层次的文化滋养中，实现了自身的全面发展，明确了自身的发展目标，用自身的经历展现出了文化教育的价值。

自改革开放之后，我国对于学生的文化教育变得越来越重视，从扫盲计划发展至今，我国的教育水平和文化普及度有了巨大的飞跃。从改革开放至今，我国的高校实践育人发展经历了四个阶段，每一个阶段都有一个明确的改革标志，在经历了这四次的教育改革后，我国的教育水平得到了较大的提升，学生的综合素质得到了较大的提升，促进了我国优秀文化的发展，也提高了我国的综合教育实力。

参考文献：

[1]胡霞，陆旦宏.双创时代下高校实践育人共同体构建研究[J].大众标准化,2020(20):211-212.

[2]蔡文文.“三全育人”背景下高校学风建设的思考与实践[J].农家参谋,2020(23):293-295.

[3]贺广琰.应用型高校实践育人共同体建设研究[J].公关世界,2020(17):42-43.

[4]葛畅,王丽娜,蔡豪.新时代高校组织育人的认同建构及实践路径[J].高校辅导员学刊,2020,12(04):60-64,90.

[5]糜莉,余乐,陈淑萍.高校大学生社会实践现状及其多维度育人效果研究[J].湖南工业职业技术学院学报,2020,20(04):128-131.

[6]罗亮.改革开放以来高校实践育人的发展历程与基本经验探析[J].思想理论教育,2019(05):106-111.

高校发展型资助育人视域下实践育人研究

穆玉海
天津理工大学

一、高校资助育人内涵及发展背景

2007 年，国务院针对高校学生资助政策的开展情况，颁发了《国务院关于建立健全普通本科高校高等职业学校和中等职业学校家庭经济困难学生资助政策体系的意见》，十几年来，教育部陆续出台了针对家庭经济困难学生的资助政策，从而有效保证了经济困难家庭子女自学前教育开始能够享受到和其他人一样接受教育的机会，避免了学生因为家庭经济困难而退学、辍学等情况发生。直到上大学后依然有相关的资助政策来帮助家庭经济困难学生，高校资助育人指的就是针对家庭经济困难大学生的相关助学政策，重点在于物质上的“助”以及精神上的“育”，不仅要在经济上帮助家庭经济困难大学生“有学上”，而且还要加强对于这些学生的思想道德教育，落实立德树人的根本任务，让学生能够“上好学”。

党的十九大以来，国家学生资助政策体系得到了进一步完善，实现了一条符合我国国情的学生资助建设道路。教育部颁布了《高校思想政治工作质量提升工程实施纲要》，针对性地提出了建立资助育人质量提升体系。强调要把“扶贫”与“扶智”，“扶困”与“扶志”结合起来开展资助育人工作，建立起一套国家资助、学校奖助、社会捐助、学生自助“四位一体”的发展型资助体系。因此，新时期高校发展型资助育人应当强调物质资助与精神培育相结合，实现家庭经济困难学生综合素质得到全面发展，以及培养学生形成正确的思想政治道德观念。

新时期，国家对高校资助育人做出了新的要求，提出了新的展望。高校应当坚持贯彻落实“四位一体”的发展型资助体系，要切实结合新时期的国情来开展资助育人工作，要始终以实现教育现代化为目标，为了“两个一百年”奋斗目标，以及为了实现中华民族伟大复兴的中国梦而服务，在工作的开展过程中坚定落实立德树人根本任务，坚持加强“四个意识”的建设，全面落实“四个服务”，让高校资助育人充满新的活力，使人才培养体系焕发新的生机，从而让工作的开展能够切实帮助家庭经济困难学生顺利入学、安心学习，并最终确保他们圆满就业。

二、高校发展型资助育人工作问题分析

1.发展型资助体系尚需完善

随着高校资助育人工作的开展，在一定程度上保证了这些家庭经济困难学生能够得到政策上的帮扶和支持，但是通过调查一些高校现今的发展型资助体系建设情况，发现现在的发展型资助体系并没有实现全员、全方面和全过程的资助育人，还需要进一步完

善。首先，高校目前的资助来源大部分都是政府资助，基本上都是来自政府发放的助学金，其次，在资助覆盖面上，还没有将学校的家庭经济困难学生全部落实到位，学校对于家庭经济困难学生的认定体系还不够完善。

2.资助方式单一，育人功能不明显

高校发展型资助育人强调不仅要在资金上帮扶学生，还需从“输血”型资助转变到“造血”型资助，帮助家庭经济困难学生综合素质得到全面发展，但是通过调查到的当前的高校资助开展情况来看，高校把工作的重心基本上都放在对于学生物资上的资助，忽略了培养学生在个人成长道路上的内生动力，没有在资助工作中将“扶智”和“扶志”深入落实到位。这样的资助方式虽然短暂解决了家庭经济困难学生在生活上的困难，但是对于学生成长成才并没有提供很好的教育帮助。

3.思想引领不够，育人效果不理想

新时期下的发展型资助强调要加强对于家庭经济困难学生思想政治上的引领，落实好立德树人的根本任务，从而让他们能够在学校形成正确的思想道德观念和社会价值观念，成为未来社会发展的高素质人才。但是通过调查到的现阶段的高校资助育人工作开展情况来看，发现在工作的开展过程中，高校对于这些学生的思想引领程度明显不够，使得育人效果并没有达到预期，高校缺乏对于家庭经济困难学生群体的思想政治和道德素质的教育，在资助育人中缺乏对于这些学生心理健康、思想动态的关心，从而并没有让资助育人有效帮助学生形成健全的人格。

三、实践育人体系构建的新探索

1.落实资助政策，完善资助体系，丰富资助方式

首先，要坚持落实资助政策，不能让高校资助育人工作变成表面工作，更不能让育人工作流于形式，高校要对相关政策进行重视，切实针对家庭经济困难学生进行全方位的帮扶；其次，高校应当完善当前的资助育人体系，让国家资助、学校奖励、社会捐助等各类资助形式搭建在一个全面的资助育人体系里面，从全方位的角度出发开展资助工作的同时，还要加强对于学生个性化的发展，针对不同类型的学生进行不同方式的资助；再者，学校还应当对资助方式进行拓展，不能仅仅是从经济上对家庭困难学生进行帮扶，还要加强育人工作，帮扶这些学生的思想政治观念向着正确的方向发展，从而成为对社会有价值的人才，加强开展“扶智”和“扶志”资助工作。

2.以天津市大中小学资助育人研究中心和高校思政工作基地为平台，加强资助育人专题研究，增进校际交流

学校在开展资助育人工作的时候，可以加强和资助单位以及兄弟高校的密切合作，比如说可以借助天津市大中小学资助育人研究中心和天津市高校思政工作基地培训、辅导工作室为平台，与发展型资助工作实践得很有效的学校进行沟通、交流和学习，可以和这些学校的资助中心一起开展资助育人专题研讨会，在研讨会上讨论如何更有针对性地、有效地做好高校发展型资助育人工作，各个学校分享交流经验，深入探讨资助育人的方式方法，从而在学校以后的资助育人工作中有效利用好这些成功的经验和方法。

3.以勤工助学实践育人工程，为学生励志成长赋能

高校在开展发展型资助育人工作时，为了提升家庭经济困难学生的社会实践能力，不能一味对这些学生进行经济上的帮扶，要发挥勤工助学的育人功能。如提供家庭经济困难学生勤工助学实践岗位，引导其积极参与勤工俭学工作，使学生学会通过自己的双手来创造价值，这不仅提升了学生组织能力、语言表达能力、团队协作能力、计算机操作能力，还可以让经济困难的学生不会有自卑情绪，让他们在勤工助学的过程中充分体会到通过自我努力能够改变现状的道理，同时将勤工助学岗位上表现积极、工作努力的学生作为榜样进行宣传，并让这些学生分享自己的收获，讲述自己是怎样通过自己的勤奋努力来改变经济困难的现状，并交流自己在勤工助学过程中收获的自豪感，通过这样榜样树立的方式，能够更好地激发这些家庭经济困难学生自我励志，用自己的努力创造价值，赢得别人的尊重，从而培养学生的自立自强、创新创业精神、增强学生的社会实践能力，为学生的励志成长赋予能量。

4.以榜样引领学生群体的示范，定义学生励志成长方向

通过选树优秀学生中杰出代表，发挥先进典型的示范带动作用，努力营造崇尚榜样、学习榜样、超越榜样的氛围，引领经济困难学生成长成才。表彰国家奖学金、天津市人民政府奖学金、天津市创新创业奖学金、王克昌奖学金、市三好、市优干获得者，弘扬考研学子事迹，线上线下宣传优秀事迹，开展榜样巡讲活动，激发学生的内在动力，从“扶志”的角度来更好地完成对于发展型资助育人的实践。

5.以资助学生国（境）外游学实践为延伸，全面提升经济困难学生培养质量

对于家庭经济困难的学生来说，由于从小家庭条件的限制，很难能够出国或出境游学拓展眼界，因此学校在开展资助育人的工作时，可以为这些学生寻求接受高质量的体验教育的机会，比如说可以资助经济困难学生到国外或者是境外去参加游学，参与跨国企业实践活动，进行项目策划，使学生进一步拓展知识结构，提升综合素质，提高在未来的核心竞争力，从而全面提升经济困难学生的培养质量。

6.以校友资源为扩展，充实发展型资助育人渠道

高校实践发展型资助育人体系时，还应当努力拓宽资助渠道，避免单一式的政府资助方式。比如说可以联系一些优秀校友资源，设立专项奖学金，校友资助渠道不仅可以拓宽资助资金等资源的来源，而且这些优秀校友同样可以作为榜样来对经济困难学生进行宣传，校友为资助育人做出贡献是一种向社会贡献价值的方式，这些经济困难学生能够体会到为他人提供帮助的价值和意义，从而帮助他们形成正确的社会价值观念，有效培养了这些困难生的奉献意识、感恩意识。

7.以文化活动为载体，深化培养受助学生自立自强、诚实守信、知恩感恩、勇于担当的良好品质

高校应当积极在家庭经济困难学生之间宣传中华民族古往今来所形成的优秀传统文化精神，比如可以通过开展传统文化主题活动的形式来开展资助育人工作，困难生在参加这些活动中能够对这些优秀传统文化精神加以体会，同时还可以培养学生践行自立自强、诚实守信、知恩感恩、勇于担当的精神品质，完成对于他们思想政治的教育工作。

8.以就业能力为核心，提升受助学生综合竞争力

就业对于家庭经经济困难学生改善家庭生活条件尤为重要。高校对于低年级家庭经济困难学生，通过新生入学教育、以角色适应和规划为主的职业生涯教育，以及专业教育，帮助学生初步定位；对于高年级则注重角色转变，通过就业问卷调查、考研经验交流会、就业推动会、企业走访等活动，帮助学生不断修正职业目标，增强个人实力。对于毕业年级，通过简历写作面试技巧指导提升经济困难学生的综合能力。利用面谈、网络聊天、电话等方式了解家庭经济困难学生的就业情况并进行跟踪指导，修改简历，并且做好工作记录。一旦有招聘会、就业指导讲座等安排，第一时间通知有求职意愿的家庭经济困难学生，做到个性化的就业服务，确保提高家庭经济困难学生在社会上的综合竞争力。

四、结束语

新时期的高校发展型资助育人体系是全方位、高层次的育人体系，能够真正帮助到家庭经济困难学生公平享受高等教育的机会。进一步加强育人效果，促进家庭经济困难学生德、智、体、美、劳全面发展，真正使困难生形成正确的社会价值道德观念和高水平的综合素质，推动资助育人工作再上新台阶，最终形成具有综合竞争力的特色育人体系。

参考文献：

[1]刘玉安,曾瑶.基于成长辅导室的“四位一体”发展性资助育人体系构建——以湖南工业大学理学院为例[J].教育观察,2018,7(13):40-41,57.

[2]刘晓珊.中华优秀传统文化与高校资助育人工作的有效融合[J].广东水利电力职业技术学院学报,2019,17(04):46-50.

[3]段少帅，黄喜峰，杨佳艺，武永江.“三全育人”视域下高校发展型资助育人体系探析[J].教育评论,2019(8):54-59.

[4]王磊，董丹丹，杨尔飞.以就业能力为核心的高校大学生发展型资助体系的构建[J].黄冈师范学院学报，2019(39):84-88.

[5]欧嘉烟,林腾辉.“精准扶贫”理念下高校学生发展性资助模式研究——以宁德师范学院为例[J].宁德师范学院学报,2020(01):117-121,125.

[6]李杰,李松楠,杜俊超.高校资助育人可持续发展视角：“一中心三基点”循环资助育人创新模式探析[J].才智,2020(21):176-177.

[7]关鑫，袁卫国.新时期高校资助育人工作机制与实践探索[J]，中国轻工教育，2020(4):62-65.

[8]肖越曦.发展型资助视角下资助育人工作体系构建——以中北大学本科生资助工作为例[J]，理论观察，2020(8):152-154.

新时代高校劳动教育实践路径探析

张婷
天津理工大学

习近平总书记在全国教育大会上指出“要在学生中弘扬劳动精神，教育引导学生崇尚劳动、尊重劳动，懂得劳动最光荣、劳动最崇高、劳动最伟大、劳动最美丽的道理。”[1] 2020 年 3 月 20 日，中共中央、国务院印发《关于全面加强新时代大中小学劳动教育的意见》，对各级学校劳动教育提出总要求，明确提出要把劳动教育贯穿到学校教育教学全过程。[2]由此可见，同德育、智育、体育、美育一样，在新时代推行劳动教育已受到了党中央的高度重视。各高校需尽快结合自身实际，创造性地探索完善劳动教育实践路径，形成有效的劳动育人体系。和中小学劳动教育不同，高校劳动教育需要在深入了解大学生特点的基础上，科学合理制定劳动育人实践方案，在传达劳动知识、培养劳动能力之外，使大学生树立正确的劳动价值观，理解真正的劳动精神，践行劳动者使命，为国家为社会培养德智体美劳全面发展的现代化人才。

一、新时代高校劳动教育实践的意义

（一）有利于大学生树立正确人生观价值观

我们现在身处信息爆炸时代，新时代大学生所接触到的思想和价值观比以往任何一个时期都要鱼龙混杂，很容易形成错误价值取向。马克思主义劳动价值观认为，“辛勤劳动、诚实劳动、创造性劳动”是实现人生理想的必由之路，也正是一代代中国人付出的勤劳与汗水，才使我们拥有今天的幸福生活，这是目前我国最主流的劳动价值观，也是我们所认为正确的价值观。因此，在高校开展劳动育人实践，向大学生传达马克思主义劳动价值观，有利于帮助大学生深入领会劳动的动机与意义，促使其找到正确的人生方向与人生价值。

（二）有利于大学生德智体美劳全面发展

教育的使命是培养德智体美劳全面发展的社会主义建设者和接班人[3]，劳动能力、劳动素养应是与“德智体美”等传统素质指标相并重的第五大素质教育衡量指标。探索劳动教育实践路径，就是要真正将劳动教育融入高校日常教育当中去，解决长久以来劳动教育在高校中重视程度不够的问题，充分发挥劳动育人效果，形成“德智体美劳”全面培养体系，促进大学生综合素质的全面提升。

（三）有利于促进社会主义事业的发展建设

高校大学生作为社会主义事业发展和建设的重要后备力量，是否拥有正确的劳动价值观，是否具备合格的劳动能力与劳动素养，是否符合我国主流劳动精神，关乎着国家的发展、民族的复兴。开展劳动教育能够避免学生被当前浮躁的社会影响，拒绝拜金主义、享乐主义等不良思潮对头脑和的价值观的侵蚀，帮助学生深入理解劳动精神，理解大国工匠精神，培养艰苦奋斗精神和创新进取精神，将大学生打造成为我国社会主义事业合格的建设者和接班人。

二、当前高校劳动教育存在的问题与挑战

（一）对劳动教育的认识存在偏差

许多高校在开展劳动教育时，片面地将劳动教育定义为体力劳动，仅围绕体力劳动开展相关教育活动。这样的教育对于劳动教育的总体要求来说是极其不足的，学生虽然能够在过程体会到劳动的辛苦与付出，但是对劳动精神、劳动价值观的领会甚少，从而不能达到很好的效果。真正的劳动育人应该是全面科学成体系的劳动教育，不仅付出体力劳动，更要通过课程、实践、活动等多种方案相结合，使学生全面理解劳动的意义，在劳动精神上得到丰富与提升。

（二）对劳动教育重视程度不足

尽管素质教育已被强调了多年，但大学生在整个学习生涯过程中仍然避免不了各种考试，在衡量一个人综合实力的过程中，分数也往往是最直接的体现，因此，社会、学校、家庭乃至学生本人都将重心放在了学习能力和学习成绩的提升上，更加重视“智”的教育，对于劳动教育的重视程度严重不足。这也直接导致部分大学生的劳动能力、劳动精神缺失，直接表现为追求错误的职业道路，幻想不劳而获挣快钱，或是无法在毕业后适应工作岗位，出现极大落差，更遑论为社会主义现代化发展建设做出贡献。

（三）没有形成劳动教育体系合力

当前高校在开展劳动教育时，通常只进行了劳动教育中的创新创业教育和专业实习实践部分，没有形成完整的劳动育人实践体系，如缺乏劳动教育课程、没有专业的师资队伍、劳动教育平台单调、缺乏有效的评价机制等。社会各方面对劳动教育重视皆不足，不能通过学校、社会、企业、家庭形成合力，并且在具体实施过程中容易出现内容形式化、落实不到位等情况。因此，高校劳动育人实践研究及实施还需要社会各界共同努力。

三、新时代高校劳动育人的实践路径

（一）构建完善体系，形成育人合力

在学校内部层面，高校在开展劳动教育时要做好顶层建设，构建完善的劳动育人体系，在制定方案时充分利用学校资源、人力物力，提供足够经费支撑，从高校党委、各级职能部门到二级学院、专业班级形成四级联动，全方位立体化配合劳动育人方案的制定，为劳动育人实践精准实施提供有效帮助。另外，要把握好高校团组织、辅导员队伍、专业教师队伍及学生干部队伍的力量，以此为推进劳动教育的有力抓手，在推进劳动教育过程中互相协同合作，最终形成育人合力，提升劳动育人质量。

在社会外部层面，学校要联合家庭、用人单位形成劳动教育联合培养机制。父母是

孩子的第一任老师，家庭对于学生劳动价值观的影响有着潜移默化的作用。家长应鼓励学生热爱劳动，形成劳动光荣的思想认识，积极参与劳动实践，主动承担一部分家务劳动，培养学生具备社会生存基本的劳动能力和劳动技能。用人单位如果希望能够招聘到更加优秀的，拥有出色劳动能力且吃苦耐劳，具备奋斗精神的应届毕业生，应该积极与高校联动进行校企合作，为高校学生创新创业、劳动实践提供实践基地，让学生在学期间掌握所需工作技能，感受工作氛围。必要时用人单位可为高校提供校外导师，配合专业教师指导学生学习实践，从而在应用场景全面提升学生职业能力，增强学生体验感，达到更好的实践效果。

（二）整合劳动课程，融入思政教育

《关于全面加强新时代大中小学劳动教育的意见》中指出“普通高等学校要明确劳动教育主要依托课程，本科阶段不少于 32 学时”[4]，劳动教育课程应该成为必修课、选修课并融入思想政治课程教学中，贯穿大学生本科生涯培养始终。必修课可以主要设置在大一、大二阶段，正如我们在低年级时会注重学风教育一样，劳动教育也需要在大一阶段学生一入学就开始进行，为学生在今后重视劳动教育、养成良好劳动习惯、学会基础劳动技能以及树立正确劳动价值观打好基础。此外，在大三、大四的高年级学生中可以设置劳动教育相关选修课，如劳动法普及、创新创业理论指导等课程，一方面可以丰富学生对于劳动方面的知识，提升学生知识储备量；另一方面也有利于学生在今后就业中了解相关法规政策，更好地利用法律手段保护自身合法权益不受侵害。

思想政治课作为传授正确劳动价值观的重要抓手，应有意识地将劳动教育相关内容引入其中，通过弘扬道德楷模、劳动模范事迹让学生切身体会真正的劳动精神，进而自发地向劳动模范学习。通过结合思想道德教育与劳动教育相结合，培养学生树立正确的劳动观，加强对马克思主义价值体系的认同感。

（三）打造育人平台，开展多样活动

高校在开展劳动教育的过程中，既要通过相关课程，让学生充分掌握劳动所需必备知识，又应该根据劳动教育必须进行实际操作的特性，搭建多种多样的劳动实践平台，让学生真正能够通过自身实践，领会到劳动教育的真谛，体会到劳动教育的意义。

在建立劳动育人实践平台方面，高校应在充分了解学生的基础上，结合本校学生专业特色，打造更有针对性的实践育人平台。比较普遍的切入点有创新创业教育，这是各高校基本都在开展的教育活动，具有良好的实践基础。因此，各高校应在自身创新创业教育基础上，结合劳动教育，建立学生自主创业平台，提供创业孵化器和专业的指导教师，让学生能够在创业过程中既把握住时代赋予的机会，又能真正提升自己的动手能力和劳动技能，树立正确的劳动价值观。其次，高校还可通过暑期社会实践等活动，带领学生到乡镇、到农村、到工厂去参与生产性劳动，通过辛苦的劳动感受付出与收获之间的关系，更加珍惜生活中自己和他人的劳动果实。最后，高校要抓好青年志愿者团体和党员队伍，鼓励学生积极参与志愿服务活动，特别是在遭遇重大疫情时期，党员和学生干部要组建服务先锋队，冲锋在前，既能够为社会、为人民做出贡献，同时也能提升自

身毅力和劳动实践能力。

在开展劳动教育活动方面，高校首先应做好宣传，通过线下和线上宣传阵地相结合，营造出良好的劳动氛围，润物细无声地带动学生自发参与到劳动实践当中去。在线下层面可组织讲座、比赛、家庭劳动征稿、劳动典范表彰等活动，引导学生积极参与；线上层面可以在学校、学院的官微推送劳动楷模事迹，在学生当中形成榜样的力量。

（四）科学评价机制，提升综合素质

任何一项工作如果没有科学的评价机制，都很难推进并收获良好的效果，劳动教育也是如此，如果仅靠辅导员的推动，没有科学的评价体系和激励机制，学生很难真正参与进去，育人效果也难以准确衡量。

在评价体系建立方面，应结合课程学分、课外活动（如参加创新创业类比赛获奖情况、参与志愿服务情况等），设定具体评价指标，在每学期期末进行统一汇总，形成学生劳动育人实践报告，将评价结果纳入学校评奖评优体系当中。在建立激励机制方面，学校应对积极参与各项活动、热心志愿服务事业、取得相关比赛奖项的同学及时进行奖励和表彰，设立劳动育人专项奖项，通过表彰让学生感受到劳动带来的光荣与荣耀，从内心深处更加认可劳动教育。

总之，高校在开展劳动教育、劳动育人实践过程中，应从构建完善体系，形成育人合力；整合劳动课程，融入思政教育；打造育人平台，开展多样活动；科学评价机制，提升综合素质等多方面考虑，形成完整的劳动育人实践方案和育人体系，切实提升学生的劳动热情和劳动能力，促进学生全面发展，为社会主义现代化事业建设输送优秀可靠的栋梁之材。

参考文献：

[1][3]习近平在全国教育大会上强调：坚持中国特色社会主义发展道路培养德智体美劳全面发展的社会主义建设者和接班人[N].人民日报，2018-09-11(1).

[2][4]中共中央，国务院.关于全面加强新时代大中小学劳动教育的意见[N].人民日报,2020-3-27(1).

新时代青年大学生历史思维培养的新思考

解洪涛
天津美术学院

中华民族拥有五千多年辉煌灿烂的历史文化，这是我们宝贵的精神文化财富，是世界上其他民族无法比拟的，中国人民也一直为之骄傲和自豪。中华历史文化不断的创造性转化和创新性发展是当今中国发展汲取的重要营养元素。中国特色社会主义进入新时代，历史的重任落在青年大学生的肩上，如何继承过去、开创未来显得更加重要。以习近平同志为核心的党中央高度重视全民族对历史思维的培养。2019 年 1 月，习近平总书记在祝贺中国社科院中国历史研究院成立的信中强调："历史是一面镜子，鉴古知今，学史明智。重视历史、研究历史、借鉴历史是中华民族五千多年文明史的一个优良传统。当代中国是历史中国的延续和发展。新时代坚持和发展中国特色社会主义，更加需要系统研究中国历史和文化，更加需要深刻把握人类发展历史规律，在对历史的深入思考中汲取智慧、走向未来。"[1]

青年大学生是国家的未来、民族的希望，他们的身上肩负着中华民族伟大复兴的历史重任，只有深刻了解自己民族的历史，知道我们是从哪里来，要到哪里去，做到鉴古知今，才能更好地把握历史规律和历史发展脉络，从而继往开来，不断发展进步。

那么何为历史思维？按照中国社科院古代史研究所所长朴宪群的说法，历史思维能力，就是以史为鉴、知古鉴今，善于运用历史眼光认识发展规律、把握前进方向、指导现实工作的能力。山东师范大学高继文教授认为，历史思维方法具有基础性、综合性，是指从历史、现实和未来的联系中总结经验，认识规律，继往开来。这种方法把一切社会现象的产生发展当作一个历史过程，贯通研究它的过去、现在和将来，从发展的过程和联系中总结经验教训，把握事物的本质和发展规律，指导现实，预断未来。那么新时代青年大学生的历史思维就是要求我们的大学生要了解我国的历史发展，树立正确的历史观，能够把握正确的历史发展规律，从而树立民族的自信心和自豪感，努力肩负起中华民族伟大复兴的历史重任。

一、新时代大学生所具有的历史思维现状

根据在日常工作中与大学生的接触和了解，当前大学生所具有的历史思维现状不容乐观。

首先，大学生自身对历史思维培养的意识较为淡薄。高校中除了历史学及相关专业的学生会系统地学习史学知识外，其他专业的学生除了"中国近代史纲要"外，基本接触不到历史学了。当前各个学科的专业性比较突出，大学四年的学习中大部分精力会集中在专业学习上，对于人文社科等综合素质的培养在一定程度上有所忽略。除了部分对

历史等人文社科感兴趣的学生之外，大部分学生的历史素养不敢恭维，且这部分学生还不占少数。历史思维的培养是建立在正确的历史知识、历史发展脉络的基础之上的，如果连基本的历史知识和历史沿革都不清楚，何谈历史思维？从这一点来讲，对于当前大学生历史思维的培养需要引起重视。

其次，大学生历史思维培养的外部环境比较复杂。网络化、信息化增强了当代大学生接受知识、信息的能力，同时多元化的内容也纷至沓来。一些学生通过“翻墙”到境外的网站上进行浏览，很多对民族国家歪曲诋毁的内容进入了这些大学生的脑海，大学生正处在三观养成的重要阶段，这些内容对于大学生正确的三观养成有着非常不良的影响，虽然仅仅是很小范围，但也不容忽视。同时，当今社会娱乐化的内容非常丰富，占据了大学生们更多的时间和精力，对于娱乐新闻的关注程度远远超过了对民族历史的关注程度，大学生沉溺于娱乐和游戏的状况非常严重，占据了大量的时间、耗费了大量的精力，大学生们用于认真学习历史等人文知识、培养正确历史思维的时间变得更少了，这都不利于大学生形成正确的价值取向和追求。

第三，历史思维的培养不成系统化。大学以前的历史课是所谓的“副课”，从给人们的印象上就没有重视起来。进入大学后，除了历史学及相关专业的学生，剩余专业的学生只修习一门中国近代史纲要，被动的学习并不会让学生们真正感受苦难辉煌，这门课的实际意义逐渐弱化。大学生对于中国历史的发展脉络是模糊的，中学时期所学的历史课内容也逐渐淡漠甚至遗忘，对于历史规律的把握更是无从谈起。系统化培养历史思维显得迫在眉睫，这里所说的系统化培养并不是要求向专业学习的深度去发展，仅仅是希望大学生们对中国历史有一个大致的清晰认识，知道我们是从哪里来的，中国历史是如何发展的，这是培养历史思维的基础。

二、新时代重视和培养青年大学生历史思维的重要性

习近平总书记说：“不忘历史才能开辟未来，善于继承才能善于创新。”[2]在中国特色社会主义进入新时代的今天，未来的道路怎么走，更需要从历史中汲取经验和智慧。当今的大学生又是实现中华民族伟大复兴的历史征程中的接班人，两个一百年的奋斗目标，特别是第二个一百年的奋斗目标的实现真正需要靠当今大学生来完成，不忘初心，牢记使命，新时代重视和培养青年大学生的历史思维尤为重要。

1.正确的历史思维有利于大学生个人的成长

培养历史思维首先需要以了解历史知识为基础，历史是最好的营养剂，历史是最好的教科书，学习历史能够了解前人所思所想、所作所为，用深邃的历史眼光看待今天的人和事，预判未来的发展。学习历史能够冲破时代的壁垒、生活的局限，正如斯塔夫里阿诺斯在《全球通史》的序言中所表达的阅读人类的历史就像是站在月球上看地球一样，以更加宏观的视角审视个人成长，把当下的发展放在更长的历史时间线中，如此自然会更加透彻地看待问题、分析问题，用联系的、发展的眼光看待问题，透过现象看到本质。这就是运用历史视野看待问题，用历史思维分析问题。

2.培养正确的历史思维有利于将小我融入大我，将实现自身价值与奉献社会相统一

习近平总书记在2019年初参观天津南开大学百年校史展后曾寄语青年：“只有把小我融入大我，才会有海一样的胸怀，山一样的崇高。”[3]当我们认真去了解中国历史的时

候，就会发现从先秦时期孟子所提倡的“君子自任以天下为重”，到宋代范仲淹“先天下之忧而忧，后天下之乐而乐”，再到明清之际顾炎武“天下兴亡，匹夫有责”，中国古代历来提倡大局意识，诸多的历史和现实表明，只有将个人发展融入国家大局，真正做到为国为民，自身价值才得以真正实现，甚至名垂青史。

三、新时代培养中国青年大学生的历史思维的几点优势

1.中华民族丰富的连续的历史文化是培养青年大学生最好的营养剂

梁启超先生曾说：“中国于各种学问中，唯史学最为发达；史学在世界各国中，唯中国最为发达。”中华民族拥有五千多年辉煌灿烂的历史文化，近代以来中国人民为抵抗外敌入侵、争取民族独立而经历的苦难辉煌，中国共产党领导全中国人民进行的革命、建设和改革的伟大历程，这是培养新时代中国青年大学生历史思维最大的优势。正如钱穆先生在他的《中国历史研究法》中所说的：“中国为世界上历史最完备之国家，此尽人知之。论其特点，一，绵延悠久，继承因袭永无间断；二，史体详备，各种史料均得收容。”

2.党中央、国务院对培养历史思维的高度重视

习近平总书记向来重视对历史的学习和历史思维的培养。党的十八大和十九大胜利召开后，总书记带领中央领导同志分别参观了复兴之路展览和中共一大会址，用实际行动号召全国人民“不忘初心、牢记使命”。习近平总书记在多次讲话中反复提出培养历史思维的重要性。

提高历史思维能力，就要加强对中国历史、党史国史、社会主义发展史和世界历史的学习，深刻总结历史经验、把握历史规律、认清历史趋势，在对历史的深入思考中做好现实工作，更好地走向未来。2017 年 5 月 3 日，习近平总书记在考察中国政法大学时，专门对青年大学生培养历史思维做出指示：“青年时期是培养和训练科学思维方法和思维能力的关键时期……要充分发挥青年的创造精神，勇于开拓实践，勇于探索真理。养成了历史思维、辩证思维、系统思维、创新思维的习惯，终身受用。”[4]

培养正确的历史思维是新时代爱国主义教育的重要前提。2019 年 11 月中共中央、国务院印发的《新时代爱国主义教育实施纲要》多次强调了学习历史、培养历史思维的重要性，特别是对党史、国史、改革开放的历史要深刻认识，要从祖国的悠久历史和深厚文化中汲取新时代前进的智慧和力量。

2020 年初，习近平总书记在“不忘初心，牢记使命”主题教育总结大会上的讲话中强调：“要把学习贯彻党的创新理论作为思想武装的重中之重，同学习马克思主义基本原理贯通起来，同学习党史、新中国史、改革开放史、社会主义发展史结合起来。”[5] 做好高校“四史”教育工作，离不开正确的史观引导。“四史”教学不是一般的历史教学，而是以历史为基础的思想政治教育。

3.新时代高校思想政治理论课的与时俱进与课程思政建设有利于当代大学生历史思维的培养

习近平总书记在 2016 年 12 月全国高校思想政治工作会议上的讲话中强调：“我国有独特的历史、独特的文化、独特的国情，决定了我国必须走自己的高等教育发展道路，

扎实办好中国特色社会主义高校。”[6]“要教育引导学生正确认识世界和中国发展大势，从我们党探索中国特色社会主义历史发展和伟大实践中，认识和把握人类社会发展的历史必然性，认识和把握中国特色社会主义的历史必然性，不断树立为共产主义远大理想和中国特色社会主义共同理想而奋斗的信念和信心。”历史思维的培养是高校思想政治理论课的重要内容之一，通过对我国传统历史文化的学习，对中国革命年代历史的学习，对中国人民改革奋进历史进程的学习，才能不断吸收灿烂历史文化中的营养，树立高远的理想信念和深厚的家国情怀，继往开来，创造转化，承担历史使命，在新时代为中国特色社会主义发展贡献源源不断的力量。

今年，教育部还印发了《高等学校课程思政建设指导纲要》，纲要中明确指出：“课程思政建设内容要紧紧围绕坚定学生理想信念，以爱党、爱国、爱社会主义、爱人民、爱集体为主线，围绕政治认同、家国情怀、文化素养、宪法法治意识、道德修养等重点优化课程思政内容供给，系统进行中国特色社会主义和中国梦教育、社会主义核心价值观教育、法治教育、劳动教育、心理健康教育、中华优秀传统文化教育。”“大力弘扬以爱国主义为核心的民族精神和以改革创新为核心的时代精神，教育引导学生深刻理解中华优秀传统文化中讲仁爱、重民本、守诚信、崇正义、尚和合、求大同的思想精华和时代价值，教育引导学生传承中华文脉，富有中国心、饱含中国情、充满中国味。”从这一段话中就能明确感受到，历史文化是思政教育的重要内容之一，培养新时代大学生以爱国主义为核心的民族精神，最基本的就是要将正确的历史文化内容融入课程思政建设，挖掘民族历史文化中的精华，将育人和育才相统一；培养新时代大学生以改革创新为核心的时代精神，更是要将中国共产党史、社会主义发展史、新中国史和改革开放史的内容融入其中，用深刻的历史发展史实让大学生切实感受中国共产党人艰苦奋斗、创新竞进、不断拼搏的伟大精神。当前，课程思政建设已经在全国各高校全面展开，再加上当前的“四史”主题学习教育，相信很快就能在大学生思想政治教育方面起到一定的效果，对培养新时代大学生历史思维有积极的作用。

中国特色社会主义进入新时代是中华民族伟大复兴历史征程中的一个承前启后、继往开来的重要阶段。当代青年大学生身处在这个历史潮流中，要努力培养历史思维，把握历史规律，树立马克思主义唯物史观，将历史与现实相融相通，才能肩负起民族复兴与未来发展的历史重任，沿着中华优秀传统文化的轨迹、继承近代以来革命先辈的勇气、乘着改革发展的东风，为中华民族伟大复兴贡献自己的力量。

思政实践课“浸润式”教学的创新研究

路茜
天津师范大学

一、高校思政实践课的现状以及面临的困境

思想政治课程是高校思想政治教育的主渠道，随着高校对大学生思想政治教育的重视程度日渐提高，思想政治教育课程的内容以及形式也在逐步完善，随着社会的发展，实践对于思想政治课程理论学习的重要性越发凸显，2005 年颁布的《中共中央宣传部教育部关于进一步加强和改进高等学校思想政治理论课的意见》（教社科[2005]5 号）强调：高等学校思想政治理论课所有课程都要加强实践环节，要建立和完善实践教学保障机制，探索实践育人的长效机制[1]。从政策层面，实践已经可以作为思想政治教育课程的独立环节并且亟待进一步探索完善；教育部于 2008 年 9 月下发了《关于进一步加强高等学校思想政治理论课教师队伍建设的意见》（教社科[2008]5 号）的文件，进一步强调：“逐步完善实践教学制度，要从本科思想政治理论课现有学分中划出 2 个学分、从专科思想政治理论课现有学分中划出 1 个学分，以此来开展本专科思想政治理论课实践教学。要勇于探索实践育人的长效机制，提供制度、条件和环境保障。”基于 2005 年和 2008 年的这两个重要文件指示精神，全国高校开展了一系列的探索，花费了大量的人力、物力打造可持续且适应学生特点的思政实践课，取得了一定的突破，但仍存在不小的挑战，时至今日，大多数高校的思政课实践教学仍很难走出课堂，灌输式的讲授依旧是实践教学的主要形式，思政课的理论和实际很难真正结合起来应用到学生的日常生活中。

从思政课教师的主体层面来说，对于思政实践课程观念的滞后也是实践课程无法深入人心、落到实处的主要原因，如何创新探究新时代思政实践课的教学方法、有针对性地指导学生实践是当下思政课教学的核心问题。

二、高校思政实践课“浸润式”教学的特征

新时代高校的课堂教学需要的是授课主体教师与被授课主体学生的双向互动，充分的互动是一门课程教学过程中富有张力的表现，也是教学关系平衡和谐的重要表现。思政实践课是知识的传输和价值引导高度一致的教学过程，教师和学生不仅仅是传统课程的教与学的关系，更是互相呼应的知识共同体，构成一个价值体系平台，师生之间共心共情是思政课实践教学不可或缺的情感体验。当前的思政课实践教学中学生参加的实践很多也都是为了应付学分，在课堂上交流的实践收获多是“百度”而来或者官方说辞，而教师往往也只是一个说教者的身份，只是做书本的“复刻机”，难以将自己置身教学内容所涉及的语境和现实的情景中，很难激发学生的学习兴趣，达不到开设思政实践课程的初衷。

“浸润式”教学方法作为一种当下正在兴起的教学理念和方式，由加拿大学者提出，最早是应用于双语教学，和传统的教学方式相比，浸润式教学具有良好的教学效果，是在学习情境中教师通过创设一种浸润式的教学环境，让学生通过亲身体验获得知识、技能和态度的教学方式。它的主要特征包括：一是以人本性为教学目标，强调人的重要性，教与学都需要人双向的参与，提升学生的获得感、参与感、认同感是这种教学方法的核心成效；二是循序渐进的教学过程，更重视的是教与学的过程中学生对知识和价值理念由少到多、由浅入深的积累，不断加强学生的内在修养；三是渗透性的教学理念，通过“润物细无声”的教学方式教育引导学生，教师用语言、行动为学生树立榜样，为学生创设真实可感的知识体验环境。

结合高校思政课实践教学的特点和“浸润式”教学方法的特征，将“浸润式”教学方法应用到实践课的课堂中可能会获得意料之外的教学效果。第一，符合“三全育人”的教育理念，人是这种教育方法最关注的核心，其实思想政治课程和其他的课程一样核心目的是教授学生专业知识，提升学习认知能力，促进学生的全面发展，但是思政课实践教学作为思政理论课的辅助教学课程又存在与其他课程不同的地方，课程的授课内容有高度的思想性、政治性和鲜明的价值导向，要求受众在掌握基本知识、规律等的同时将其内化为一定的思维方式和价值观念，并外显为具体的行为实践[2]。在实践课的授课过程中，教师和学生在教学实施过程中具有最重要的主体地位，实践课程通过这种“浸润式”教学方式能够更容易触及学生的内心，更重视对学生思想、价值观念的引领，让学生通过实践的体验促进学生的认知与整体提升，实践反哺理论，帮助学生进一步理解理论知识，在学习习近平新时代中国特色社会主义思想、马克思主义理论、中国共产党的创新理论以及社会主义核心价值观的过程中做真做实，加强学生对教材、培养方案的理解，完善思政课的课程建设。第二，紧紧围绕教学宗旨展开，贴合学生实际，更好地将理论和实际相结合。将爱国主义情怀根植于学生心中，将共产主义远大理想和中国特色社会主义共同理想浸润到学生脑海中，将做社会主义合格建设者和接班人的目标贯穿于思政课实践教学的全过程，在师生的互动中时刻凸显理想信念教育的主线。教学内容是教学过程中最重要的一环，思政课实践教学要确保通过课堂设计和学生参与实践的情况将思政课程的理论主旨全程浸润，防止在教学的过程中哗众取宠、夸大其词，用浮夸的表达方式弱化思想政治课程的科学性、政治性，更多站在学生的角度设计教学过程，以学生喜闻乐见的教学方式进行实践课程的设计，将思政课实践教学“生活化”，更容易让学生爱上思政课。第三，学生主体感悟更深，能引导学生结合自身实际进一步加深思考。任何的教学内容，特别是思政课程的教学内容尤其需要实践体验环节，“浸润式”的教学方法能很好地将教学宗旨融入教学的全过程，同时也能将教师和学生两个主体浸润于教学宗旨中，彰显思政育人理念，注重学生的主体地位和主观感受，师生之间通过交流、对话、分享进行有效的教学而非传统的“单向填鸭式”教学。教师从教学实践设计、实践活动、总结升华全方位深度参与，和学生形成成长共同体，教学相长，和学生共同学习、思考，提升自己，在和学生共同实践教学的过程中将我们要传达的思想理念和价值观精准导向，加深学生的理解，引导学生主动思考，将“思政魂”注入实践教学中去。第四，“浸润式”教学方法使思政课实践教学成效可持续发展。本身“浸润式”

教学方法就是通过润物细无声的方式循序渐进，将所要传输的知识、理念无形地渗透到每一个学生的心中，将这种方法应用到实践课程中能够实现学生对教学内容的认知、实践，到再认知、再实践的良性循环，在这一过程中的正向积累会让学生浸润其中，同时为他们提供连续、稳定、不间断的知识供给和价值引领，因此学生更容易沉浸在与教学宗旨相关的习近平新时代中国特色社会主义思想、马克思主义、社会主义核心价值观等内容里，通过一些看似不起眼的实践活动将正向的价值理念有机融合，浸润到学生的每一个“毛孔”里，以小见大，将主流意识形态和价值观念根植于学生心灵深处，入心入脑见行动。

三、高校思政实践课“浸润式”教学的实现路径

将“浸润式”教学方法应用到思政实践课程中还处于探索阶段，高校应该结合当代大学生的个性特点转变教学理念和方式，思政实践课教师也应该打破传统的授课方式，用“浸润”的方式将思政内容贯穿于实践课程全过程，不断增加思政实践课育人实效。第一，注重顶层设计，高校要将“浸润式”教学方法融入教学大纲中去，从教学目标的设定、课时分配、实践教学方案、考核评价等环节全面地体现“浸润式”教学这一基本要素，从顶层设计上支持教学方法的转变，同时思想政治理论课程的教学大纲和培养方案也应该和实践课程的教学设计相互呼应，确保思政理论课和实践课能够同心相向、同频共振，形成完整的教学体系，为实现教学宗旨的全程浸润、有序浸润、深度浸润提供制度依据和运行环境。第二，开拓实践基地，创设思政实践课“浸润式”教学的良好环境。在学生的实践课程中，固定且可开发的实践基地十分重要，高校和思政课教师应该积极发动拓展教学资源，可以按照就近的原则联系附近的社区、革命遗址、村镇等组织共建思政课实践基地，为学生提供良好的学习实践环境，同时也能发挥自己最大的力量回馈社会。第三，思政教师要改变传统教育理念，转换角色，用“浸润式”教学方法激发师生的双向动力。教师与学生是课堂中最重要的两个主体，在形式、内容都十分灵活的思政实践课上最大程度地调动和激发学生的学习热情和感情投入才能将教学目标深度浸润到学生的内心，从而达到思想、信念以及价值观的认同。思政实践课教师作为课堂的组织者、知识的传输者、思想上的引路人，自己首先就要做到知行合一、信仰坚定、业务能力过硬、关注社会发展，不仅仅要掌握思政课程相关的专业知识，还应该对教育学、教育心理学、心理学等相关知识有所涉猎，多关注当代大学生喜欢的社交平台，将多媒体技术广泛应用到教学中去，用学生的视角审视课程设计，更多地结合学生实际，既能引起学生参与实践课程的热情又能传达渗透我们想要表达的思想。思政实践课教师要组织带领学生共同参加社会实践，体验学生所感，在课堂教学中拒绝单向说教，转变为以平等的身份和学生共同分享、探讨、交流，引导学生主动表达自己的想法，激发学生对思政课程的兴趣，使学生在“浸润式”教学方法中长知识、受启迪。第四，创新实践模式，丰富“浸润式”教学方法的实践积淀。课程前期实践方案的拟定，教师可以大胆尝试不同的方法激发学生的探索欲望，比如讲述故事法，教师根据课程大纲，结合思政理论课程内容的相关故事用生动的、学生爱听的语言进行讲述；再比如情景再现法，运用新媒体技术将教师想描述的画面“搬进”课堂，让学生有真实的体验等等。帮助学

生选定实践课的主题，根据现有的实际条件设计合理的实践方案。中期的户外实践教师要和学生共同参与，让学生在劳动中、在实践中体验思政实践课程的魅力，比如和公益组织合作，结合学生的专业特色进行公益服务，帮助社区创文创卫，帮扶贫困家庭，义务为小朋友进行课业辅导，传播正能量；再比如和学生一起“重返过去”，在各种大型主题场馆现场体验，感受无产阶级革命者伟大事业所带给大家的震撼；教师在这个过程中引导学生通过实际行动感悟思想、加深思考。后期的实践课总结是“浸润式”教学方法的集中展示，结合实践活动分层次有针对性的总结分享会使整个实践课程提升一个维度，达到思想的升华，可以利用当下比较流行的翻转课堂法，发挥学生在这个过程中的主体地位，通过学生分享感受、主题辩论、场景演绎等使同学们入境入情，掌握接受教学内容浸润的主动权，教师再加以正确引导，学生一定会通过这样的教学模式有所得。

思想政治课程作为高校思想育人的主阵地有着至关重要的作用，而思政实践课作为思政课程的重要组成部分能量不可小觑，将“浸润式”教学应用到思政实践课中是突破也是创新。引导学生树立正确的价值观、坚定理想信念，将理论与实践相结合，争做有为青年，是思政课教师源源不竭的动力。

参考文献：

[1]张晓平.高校思政课实践教学面临的困境及其疏解[J].学校党建与思想教育，2018(05).

[2]季卫兵,刘琳.高校思想政治理论课“浸润式”教学及其呈现[J].中国高等教育，2017(11).

新时代下研究生实践育人工作研究与思考

田浩然
天津师范大学

实践育人将专业知识的获得与社会化发展有机结合，是高校教学教育和人才培养的基本要求，也是理论联系实际、知行合一的重要手段。研究生实践育人长效机制目标是深化思想政治教育改革，提高研究生综合能力，对推动实现中华民族伟大复兴中国梦具有重要的战略意义和现实意义。

完善和提升研究生实践育人长效机制，研究实践育人平台，是全面落实党的教育方针、全面提高高等教育质量的必然要求，也是培养具有强烈社会责任感和历史使命感的综合创新人才的必然要求。

一、新时代研究生实践育人现状探析

1.研究生实践育人成效探析

习近平总书记在全国教育大会上指出："我们要培养德智体美劳全面发展的社会主义建设者和接班人，办好人民满意的教育。"新时代，我国高校注重研究生的全面发展，充分发挥高校办学特色，通过访学、参观、社会调研、校企合作等形式，增强研究生的实践能力。一系列的实践活动既能让研究生学到更多的专业知识，提升专业能力，也能让研究生更好地融入社会，提升社会实践能力，使高校研究生德智体美劳全面发展。我国高校通过不断探索构建了相对完善的高校研究生实践育人体系，有助于解决高校实践育人具有分散性且缺乏创新性的问题。我国高校基本确立了"理论基础+实践课程+实践活动"的实践育人体系，能够更好地将实践育人与新媒体新技术有机融合，不断丰富育人体系。

2.研究生实践育人问题探析

我国高校对研究生实践育人的探索相对较晚，当前研究生实践育人仍处于摸索阶段，还存在一些问题：(1)主体特色不够突出。研究生是高校实践育人的主体之一，因材施教、有的放矢是研究生培养的关键，但是目前大多数高校未将研究生实践育人作为一项单独的工作去做，研究生和本科生开展同样的实践活动，内容缺乏针对性，实践育人过程缺乏特色，导致研究生对实践活动缺乏兴趣，参与度降低。(2)考核方式单一。有效且具有可行性的考核是研究生实践育人的关键环节，也是检验实践活动作用效果的重要手段。但是目前高校对于研究生的实践要求不高，且没有合理的考核机制办法，使得有些活动过程形式化严重，导致研究生对于参与实践活动的重视程度降低，使实践育人无法很好地落到实处，也不利于实践育人模式的创新。(3)育人模式枯燥。实践育人模式创新是研究生参加实践活动的首要方式，新鲜活力和创新性的实践活动可以提升研究生的综合能力。当前大部分高校的研究生实践活动都是以参观、学习、发言、写报告的形式为主，相对缺乏吸引力和时代性，降低了实践效果。

二、新时代完善人才培养模式是推进研究生实践育人工作的关键

新时代，高校研究生不仅要有扎实的知识基础、文化底蕴和理论素养，还要丰富实践活动，真正做到德智体美劳全面发展。

1.明确培养目标

进入新时代，研究生实践能力越来越成为高校培养的核心环节。党的十八大曾明确提出："要把立德树人作为教育的根本任务，着力提高教育质量，培养学生社会责任感、创新精神、实践能力。"对研究生进行实践培育，是高校立德树人的重要组成部分。探索新时代下研究生的实践育人长效机制建设，不断丰富高校研究生实践教育方式，积极引导研究生树立共产主义远大理想，将理论更好地与实践相结合，在实践中不断深化专业知识的深度。这样将可以使研究生的实践能力具体化为指标体系，真正培养德才兼备、知行合一、善于解决实际问题的拔尖创新人才。

2.推动实践教学发展

教育部等部门强调"把实践育人工作摆在人才培养的重要位置"，并将其纳入教育教学计划和体系，用学时学分进行具体规定，并且做出了专业学位硕士研究生实践教学不少于半年，研究生社会实践活动不少于 2 周等具体细节规定。高校在切实推进研究生实践教育教学改革中具体可以从以下 4 个方面进行：(1)更新观念、提高认识，突出实践育人的地位和作用，改变重科研轻实践的现象；(2)真正把实践教育纳入培养环节，把实践教学和知识教学结合起来，加大实践学分比重，加强对实践环节的考核；(3)优化实践教学方法，推行基于问题、基于项目、基于案例的实践教学和学习方法，加强综合性实践科目设计和应用；(4)发挥研究生主动性，带着问题去学习、去实践，参与科研项目、课题调研、科学实验、社会实践等工作。

三、新时代拓展实践方式是推进研究生实践育人工作的重点

实践育人活动是做好高校研究生教育工作的重点，引导研究生参加社会实践活动，能够使研究生做到知行合一，进而提高高校人才培养质量，使研究生实现个人价值与社会价值的有机统一。

1.坚持主体性原则以彰显特色

高校开展实践活动时，要根据研究生的学业特点、心理特点、管理特点制定相应的实践育人模式。(1) 突出专业方向，培养学术创新能力。不同专业研究生专业特点也不一样，挖掘不同专业研究生的学习潜力，积极引导研究生的创新意识，开发自主创新能力，搭建学术大平台。可以结合各高校学科优势，通过借鉴翻转课堂等教育模式，开展学术讲座、开展创新讲坛等活动，使研究生走上讲台互相学习交流，从而培养创新思维，做到与时俱进。(2)规范管理模式，加强团队式管理。根据研究生导师制的管理特点，不同导师的研究生之间的交流和合作相对较少，可以制订实践活动方案与计划。结合自身的专业优势，不同学科进行互补，建立研究生社会实践团队，通过社会实践服务社会的同

时锻炼研究生的团队协作能力，加强研究生团队式管理。(3)根据心理特点，制订实践计划。根据研究生的心理特点，分阶段开展实践活动。一年级刚入学的研究生课程会较多，所以都集中于专业学习，渴望能够学习更多的专业知识，提高自己的知识储备，高校可以根据这一心理特点，聘请专业名师开办讲座，同时，鼓励研究生外出学习，参与学术论坛，从而增加知识储备，为接下来的科研工作奠定基础；二年级的研究生大部分会跟着导师做科研，承担学术任务较重，高校应该按月做好研究生心理健康状况调查，一对一深入了解研究生心理状况及问题，有针对性地进行研究生的心理健康教育与疏导；三年级的研究生面临就业、升学、撰写毕业论文等压力，高校要为其提供更加广阔的实践平台，如开展校企合作、产学研一体化，为研究生搭建实践平台。

2.制定有效的实践育人考核方案

完善的考核方案能够提升高校研究生实践育人的效果，增强高校实践育人的发展持续性，所以高校应该设计完善的实践考核方案，确保实践育人能够顺利进行。(1)考核实践内容。要对研究生每学年的实践活动进行分类，将其分为专业实践、学科交融实践、社会基层实践、志愿服务实践类等，要求研究生每学年必须修够相关的实践学分，这样既可以保证实践育人的连贯性，提升实践内容的针对性和可行性，同时也可以提升研究生的获得感，促进研究生全面发展。(2)考核实践时间。充足的实践活动时间是开展实践育人的首要前提条件，所以高校应该从顶层设计入手，制定具体的实践课学时保证方案，杜绝理论课占用实践课的现象。同时，要根据学生的课业情况合理规定实践活动的学时，例如，一年级研究生的课业负担相对繁重，高校要避免过度安排实践课程，增加研究生的学业负担，可以利用寒暑假等时间安排实践，既让研究生拥有充实的假期，又能保证实践育人的连贯性。(3)考核实践成果。实践成果是衡量研究生实践活动收获成果的关键，所以高校应注重考核实践成果。目前，高校多通过检查实践报告的形式对研究生进行考核，可以在此基础上融入 VR、AR 等新媒体技术，使研究生更好地展示实践成果，例如，可以利用自媒体拍摄短视频，通过短视频表达自己在实践活动中的经历及感受。通过有效的考核，可以增强实践活动对于研究生的吸引力，使其在实践活动中有所收获，提升思想道德修养和科学文化素养，这样才能充分发挥实践育人的时代效能。

3.创新高校研究生实践育人模式

具有特色的研究生育人模式是高校对研究生进行思想政治教育的有效载体，创新高校研究生实践育人模式能够提升高校思想政治教育工作的实效性。(1)校园文化育人。充分发挥好校园文化育人功能，为实践育人营造良好的校园文化氛围。高校拥有自己的校园文化，具有丰富的文化底蕴，应该通过校园景观、校训等内容引导研究生进行实践，充分发挥校园文化润物无声的重要作用，使研究生身临其境，充分认识实践的重要性，并用正确的理论指导实践。(2)网络空间育人。互联网能够增强人们之间的联系，高校要利用好互联网平台，充分发挥网络优势，增强研究生之间的合作与交流，同时，要利用好现有的网络平台，及时向研究生发布相关实践任务，做到与时偕行。根据互联网不受空间和时间限定的特点，高校可以利用网络平台搭建相应的模块，并做好实践育人前期的理论准备，提高实践育人的时效性，提升实践育人的质量。(3)志愿服务育人。志愿者服务是研究生思想政治教育的有效形式和重要载体，是培育社会主义精神文明的重要途经，也是构建社会主义和谐社会的重要举措。新时代下，高校应该多开展志愿支教、“三下乡”志愿服务、疫情志愿服务等实践活动，可以有利于研究生将所学理论知识结合起来，提高专业素养，帮助研究生提高实践应用能力，提升综合素质，并且通过志愿服务活动提升实践育人工作的层次和高度。

四、结语

新时代下高校研究生实践育人是实现研究生德、智、体、美、劳全面发展的关键举措，既推动高校的内涵式发展，也能促进研究生个人综合能力的提高，能使研究生更好地应对机遇与挑战，更好地回报社会。强化实践育人，是拔尖创新型人才培养的需要，是提升研究生培养质量重大而紧迫的课题。切实加强研究生的实践育人工作，应当明确培养目标，完善培养模式；拓宽实践渠道，提升实践效果；同时切实加强研究生实践育人的体制机制研究和规律性研究，切实深化高校实践育人的关键领域和重点环节的教育教学改革，加大宣传、达成共识，努力构建可持续的研究生实践育人长效机制。全社会要高度重视实践育人，真正实现研究生在社会实践活动中受教育、长才干、促就业、做贡献，切实提升研究生的实践能力和创新精神，着力培养能担当民族复兴大任的时代新人，为实现“两个一百年”的伟大梦想做好扎实的人才储备。

参考文献：

[1] 习近平.决胜全面建成小康社会 夺取新时代中国特色社会主义伟大胜利——在中国共产党第十九次全国代表大会上的报告 [N].人民日报，2017-10-28 （1）.

[2] 吴亚玲.实践育人理念的哲学分析 [J].现代大学教育，2010(1):3-4.

[3] 谭小雄.改革开放以来高校思想政治教育政策的演变及特征[J].长沙大学学报,2019,33(3):133-135.

[4] 习近平.在北京大学师生座谈会上的讲话 [N] . 人民日报，2018-05-03(2).

[5] 顾世春.着力培养担当民族复兴大任的时代新人 [N] . 光明日报，2019-10-21(6).

[6] 刘莉，秦玉婷. 新形势下研究生思想政治教育实践育人路径探析[J].思想政治教育研究，2016(2):32.

习近平关于网络工作的重要论述对高校思想政治教育的启示

杨启迪
天津师范大学

互联网的发展，使得网络成为社会生活的重要构成要素，自十八大以来，习近平总书记针对网络问题发表了系统而全面的论述，提出了一系列关于网络工作的新思想。教育部部长陈宝生在全国高校思想政治工作网上线开通启动会上指出，“要以习近平新时代中国特色社会主义思想为指导思想，以习近平总书记关于网络工作的系列重要论述为根本遵循和办网灵魂，积极应对意识形态工作新挑战，发展壮大网络思政力量。”[1]据此可见，意识形态再次被放置在重要的位置上，意识形态一直事关国家安全、社会稳定，而高校思想政治教育工作正是意识形态工作的前沿阵地，习近平关于网络工作的一系列重要论述鲜明地论证了这一点。准确理解习近平关于网络重要论述提出的现实背景，厘清网络发展的基本状况及其内涵，把握高校网络思想政治教育工作开展的现实需要，对于守好意识形态阵地，建设社会主义强国具有重大的意义。

一、习近平关于网络重要论述现实背景探析

始于 1969 年建立的互联网，随着科技的不断发展，其范围、内容都呈现了扩大和完善的趋势。时至今日，网络以其特有的力量无形地渗透到社会的生产、个人的生活中，并被人们无意识地承认、依赖。根据第 46 次中国互联网络发展状况统计报告，截至 2020 年 6 月，我国网民规模达 9.40 亿，互联网普及率达 67.0%。[2] 依据数据可以直观地感受到网络在人们中间的传播使用程度，同以往的数据有所提升。

（一）网络发展状况分析

一方面可以看出互联网发展的迅速，如一股不可阻挡的洪流向前推进。借助网络的载体，信息得以高速流通、经济也搭上了这趟“高铁”，呈现出规模化、数字化的特点，在日常生活中，网络也被人们用于消费、娱乐、学习，极大地丰富了人们的生活。在享受网络便利的同时还应注意到其所具有的潜在风险。一个是意识形态的挑战。网络的本质是一种技术和工具，如果被违法甚至是敌对分子所掌握和使用，会产生严重的消极后果。当今世界正处于百年未有之大变局，西方国家以“零和博弈”的态度和“冷战思维”考量国家间的关系，将其善用的“和平演变”投放到网络信息技术上，将包装好的“普世价值”传递到网络平台中，以其虚假的“自由”“平等”来动摇青年群体的信仰。“妄图挑战马克思主义指导地位，攻击否定党的领导和我国政治制度、发展道路，竭力争夺

意识形态话语权”[3]。另一个是网络内容的碎片化、片面化。网络所具有的虚拟性、即时性等特点，使得信息传播速度迅速提升，但是对于信息的内容、信息的质量却会因网络的“加速”而产生一定程度的下滑，以片面取代全面，以浅显取代深刻正成为主流，网络载体下文化的严肃性被一定程度剥夺，而增添了随意性和主观性。

（二）网络视域下教育主体状况分析

青年一代是祖国的未来，习近平指明：“现在高校学生大多是‘95 后’，新世纪出生的青少年也将走进高校校园。他们朝气蓬勃、好学上进、视野宽、开放自信，是可爱、可信、可为的一代。”[4]新时期的青年是随着网络技术成型发展而不断成长的，他们年轻有活力，学习能力强，对新鲜事物接受能力强，这些特点在数据上也有所表现：截至 2020 年 6 月，在我国网民群体中，学生最多，占比为 23.7%。[5]如前所述，网络的虚拟性、即时性等特点能够吸引一大批青年群体，青年大学生群体在享受网络带来的新奇便利的同时也会无形中受到网络快餐式、碎片化的影响。而快餐式的网络文化和网络环境，难以令人深度思考，青年群体易沉浸在抖音、快手等直播短视频中，迷恋于微信、微博等社交平台。网络环境下的便捷性一定程度上削弱了批判性思维能力，从而感性压倒理性，使得青年群体失去了判断能力，难免会形成跟风的现象。勒庞在其著作《乌合之众》中提及了一种群体效应，单个人身处群体中易被群体情绪感染，而失去理智。如今在网络虚拟世界中，这一特点将会被扩大，导致青年群体沦为商家、政客的工具和武器，失去自主性。基于此，必须要加强网络思政工作建设，引导青年群体树立正确的理念，形成正确的价值观。

二、习近平关于网络工作论述基本内容

习近平关于网络工作的论述内容十分丰富，基于当前网络发展所带来的机遇和挑战做了一系列重要论述，提出了一系列新观点新思想新战略，其中包含对于高校加强网络思想政治教育的迫切要求。

（一）指明网络意识形态斗争的长期性

正如习近平所说，“做好网上舆论工作是一项长期任务”。[6]如今网络已经发展成为意识形态斗争的重要战场，打好意识形态这场硬仗，掌握主动权显得格外重要。同时应该深刻地认识到意识形态工作的艰巨性和长期性，和平与发展是时代的主题，但是不应停留于现象的表面，必须深入本质对其加以剖析。西方国家以经济实力、福利制度等来宣扬其制度的强大合理，且借助网络的载体大肆传播“去意识形态论”，一些影视、音乐等文艺作品以高科技、人性化为皮囊和标签包裹着资本主义意识形态，借助网络讯息传播速度快的特点走进青年群体中，错误的思想和言论在网络的场域下不断发酵，并通过潜移默化的文化熏陶，培养、助长青年群体的个人英雄主义，间接推广其民主制度，号召青年群体信奉“普世价值”，轻视甚至否定我国优秀历史文化，妄图最终达到改变青年信仰的目的，动摇我国社会发展，威胁社会稳定。因此网络意识形态工作绝对不能松懈，对于青年群体，加强高校网络思想政治工作建设绝对不能放松，必须坚守思想防

线，强化底线思维。另一方面，互联网的壮大发展使得思想政治教育的意识形态属性由显性向隐形过渡，这种隐蔽性为做好意识形态工作增添了困难和挑战。

（二）明确网络生态的内涵

习近平提出“网络空间是亿万民众共同的精神家园”[7]，网络不仅仅是一种工具，一种技术媒介，随着网民人数的增加，网络话语体系的形成，网络已经成为人们的精神家园。习近平网络生态理念的提出，一方面强调了网络环境对于人们的重要影响，是人们表达意见、娱乐消遣的重要场所，与人们的精神享受、健康程度息息相关。另一方面，生态这个词本身表示的是自然环境下各种生物的生存状态和依存关系，网络生态旨在说明网络空间也是一个有着内在事物联系、依存关系的环境，因此就有必要管控好网络生态，通过多方面治理和管控，强化网络生态治理，创设良好的网络生态环境，促使网络生态有序运行，为高校思想政治教育工作铺设道路，奠定基石。

（三）要求践行网络群众路线

我们党是为人民服务的党，始终以人民的利益为中心。互联网的发展要求在网络空间中践行群众路线，习近平指出：“让互联网成为我们同群众交流沟通的新平台，成为了解群众、贴近群众、为群众排忧解难的新途径，成为发扬人民民主、接受人民监督的新渠道。”[8]而这也成为高校思政工作展开的根本遵循，学生始终是教育过程的主体，思政工作始终以学生为中心，向其传输知识、培育其正确的价值观，端正理想信念。网络的发展要求高校思政工作者也要经常在网上“潜潜水”“聊聊天”，了解把握学生动态，做好思政工作。

（四）重申网络治理重要性

网络不是法外之地，网络属于社会生活的延伸，“我们要本着对社会负责、对人民负责的态度，依法加强网络空间治理，加强网络内容建设。”[9]将法治的理念贯彻到网络治理中，推进依法治网，净化网络空间。这要求高校网络思政工作建设必须落实高校网络空间治理，合理制定高校网络空间规范，促进青年学生群体遵守网络规范、在网络中守文明，促进思想政治教育在网络的有序进行。

三、高校网络思想政治教育建设路径考量

（一）强化高校网络思政队伍建设，做好人力支持

教师一直是思想政治教育工作的重要支撑，发挥着中流砥柱的作用。因此强化高校网络思想政治教育的水平，建立一支能够熟练掌握网络新媒体技术、具有正确政治导向和过硬的专业本领的高素质思政教育队伍是内在要求。“思想政治理论课是落实立德树人根本任务的关键课程。高校思想政治理论课教师和哲学社会科学课程教师在高校思想政治教育起着高屋建瓴作用。”[10]新时代网络空间的发展提出了新问题、新挑战，这必然要求高校思政队伍加强自身建设，更新知识结构，提升技能方法、完善理论体系，同时毫不动摇坚持意识形态主阵地，以身作则推进思想政治教育在网络的有效展开。充分

发挥高校辅导员主力军的作用。高校辅导员队伍要多吸纳年轻骨干人员，青年辅导员对于网络有着更为具体的理解，学习能力强，并且易同学生进行平等的沟通交流，构建平等的互动关系，进而引导学生在网络空间中坚持正确的舆论导向。在引进的同时要加强对于既有教师队伍的培训，补齐网络的短板，督促其定期开展线上线下思想政治教育，从大学生群体中选出优秀骨干，发挥榜样作用，鼓励学生参与网络思想政治教育活动，借助“微党课”、短视频、直播等多元化形式促进网络空间治理的进行。同时还应贯彻以全员育人、全程育人、全方位育人为内容核心的“三全育人”理念，在各专业学科中赋予一定程度上的思想政治教育内涵，加强德育，并且融入网络体系中，在各专业学科加强思想政治教育，同时加强网络教育的重视。

（二）构筑完善高校思政网络平台，做好环境支撑

网络平台作为促进思想政治教育传播渗透的重要理论载体和工具，起着至关重要的作用。目前网络平台多元化趋势明显，良莠不齐。平台种类的繁多削弱了原有官网、微信、微博的影响力，直播、短视频（抖音、快手、B 站）等自媒体更受年轻人的青睐，这在一定程度上使得思想政治教育得不到有效集中的传播。这就要求高校必须加强主流网络平台建设，全力打造官方网站，结合微博、微信等媒体推广思想政治教育。并且，整合高校各类新媒体平台，为向大学生群体宣讲核心内容提供便利。如一些高校可统一管理校内各种微信公众号，同时，对学生的兴趣爱好进行调研考察，建立学生们喜闻乐见的新媒体平台，组织学生积极参与，自主管理，尊重和发挥学生的主动性。网络平台的建设要充分结合学生实际，根据学生的特点，因地制宜制定相关内容，借助网络平台举办多种类文娱活动，寓教于乐，以完善的交流沟通机制促进平台不断发展，把握青年大学生的内心需求，进而引导其正确理念的树立和养成。

参考文献：

[1][5]中共中央宣传部.习近平新时代中国特色社会主义思想三十讲[M].北京:学习出版社.2018.

[2][3]中国互联网络信息中心.中国互联网络发展状况统计报告［R/OL］.［2020-09-29］.http://www.cac.gov.cn/2020-09/29/c_1602939918747816.htm.

[4]习近平首次点评“95 后”大学生［N］.人民日报，2017-01-03(2).

[6]习近平.创新改进网上宣传把握网上舆论引导的时度效[EB\OL].(2014-02-28)[2019-04-10].http://www.cac.gov.cn/2014-02/28/c_126205895.htm.

[7][9]习近平.习近平谈治国理政(第 2 卷)[M].北京:外文出版社，2017.

[8][10]王雪.高校思想政治理论课亲和力研究[D].沈阳:辽宁大学，2019.

充分发挥全方位社会实践在发展型资助工作中育人功能的必要性探讨

张立新
天津师范大学

随着国家经济实力的与日俱增，高等学校资助体系也在不断健全和完善，资助受益的广度和深度不断增加，惠及来自五湖四海的家庭困难学生。在2020年全国学生资助管理中心召开的全国学生资助工作推进会上，教育部财务司副司长刘景强调，学生资助工作能否做好，各项学生资助政策能否全面落实，事关脱贫攻坚，事关教育公平和社会和谐稳定。必须全力做好疫情防控期间学生资助工作，全面助力打赢脱贫攻坚战，切实提升学生资助信息化水平，切实加强资助经费监管工作，精心绘制学生资助“十四五”蓝图。全国学生资助管理中心主任陈希原在会上对2020年下半年学生资助工作提出要求，要持续推进精准资助，加强资助育人工作，持续推进规范管理，广泛开展学生资助宣传工作，切实加强学生资助机构与队伍建设，深入开展调查研究[1]。

目前，全国各高校基本建立了符合地方和各自实际情况的家庭经济困难学生资助体系，基本形成了从原本单纯的物质解困到积极探索扶贫、扶智、扶志相结合的新思路，但在实际操作阶段，地方之间、高校之间效果参差不齐，特别是透过资助本身，探索发展型资助育人方面要走的路还很长。

一、高校资助工作的现状

2020年是全面建成小康社会目标实现之年，是全面打赢脱贫攻坚战收官之年。目前，全国各高校都已经建立并日趋完善“奖、贷、助、补、减、免”等困难学生资助体系，高校资助部门也在积极探索夯实资助育人工作的基础，通过一系列润物细无声的举措关心帮助有困难的学生更好地完成大学四年的学业。

在物质解困方面，部分高校努力拓宽资助路径，在保证质量的前提下，最大限度地寻求资助来源。另外，部分高校内部挖掘，以小见大，依托学生食堂开展暖心工程，积极推行免费汤、低价菜、半份菜窗口，提供米饭加量不加价等服务，在端午、中秋等节日通过打卡、参与活动等方式发放粽子、月饼，用服务育人让困难学生感受来自学校的日常关心。在能力帮扶方面，部分高校开展各类能力提升专项培训班，通过前期发放调查问卷、摸排调研，针对困难学生关心关注的技能开展专项培训，通过能力提升增强资助育人的内涵[2]。

二、在发展型资助工作中开展全方位社会实践的意义

（一）检验高校资助政策的效果

社会实践的意义随着教育部各项资助政策的颁布与实施，各高校也在统筹规划，积极制定符合各自高校发展的校内政策和计划，这些校内育人活动的初衷都是能够在思想上紧跟国家教育方略，行动上让受资助学生从大一到大四的全过程学习生活中得到提升。但在整体的活动安排中难免存在纸上谈兵的情况，部分高校的部分学院为了办活动而活动，没有站在学生未来发展的角度看问题。所谓实践检验真理，实践检验政策，社会实践便是检验高校资助育人效果的试金石，对于那些增强受资助学生适应当下高速发展社会的政策和特色活动，学院要大力推广，学校要加大支持力度，继续保持政策的连续性、稳定性，扩大受益面。而对于那些华而不实，搞“面子工程”和应景措施的活动和政策，社会实践的初筛效果就凸显出来。对于这种情况，学校就要“拨乱反正”，甚至直接叫停。只有在这样的良性循环下，全方位的社会实践才能真正推动资助育人工作向纵深发展。

（二）提升资助育人的实际效果

目前，各高校都在积极围绕“扶贫、扶智、扶志”三位一体发展型资助育人模式开展工作，坚持在受资助学生群体中开展全方位实践活动，打造学院品牌特色的实践育人阵地，坚持内容育人是提升资助效果的不二选择。

通过在实践中立足学生全面发展，开展爱国主义和理想信念教育，坚定困难学生奋勇前进、报效国家的信心。一方面可以以校内朋辈教育、主题实践为基础，在校内开展富有价值的活动来培养学生的应变能力、思考能力和个性发展能力，引导学生勤于专业，踏实学习。另一方面，高校要充分利用好校外实践基地，可以设计专业对口、符合当前岗位需要的工作任务，制定有奖励模式的工作标准来激发学生的积极性，提高他们应对问题的能力。通过在实践中立足学生贴近社会，努力帮助受助学生增长社会经验，让他们提前接触，提前适应，帮助他们提高实操水平。在接触一线工作时提前让他们感受当下社会竞争压力的状况，让他们明白工作竞争归根到底是人才的竞争，鼓励他们重视能力的培养，让他们未雨绸缪，提前规划[3]。

（三）强化宣传，扩大学校影响力，增加社会类资助的可能性

通过富有成效的校内外联合培养，受资助学生的能力得到提升，校外培养基地在一定程度上也得到发展壮大。高校可以挑选优质合作企业进校园，通过公开宣讲的方式，展示企业优势和未来的发展前景，树立企业品牌，在巩固前期搭建的校企定点、定向受助学生交流合作平台的同时，不断拓宽渠道，开展“走进我理想的企业”系列学习活动，组织有就业意向的受助学生，到优质企业实地参观，充分认识和了解行业实际，为后期校企开展更多更好的合作打下良好的基础。另一方面，高校和对应企业可以结合区域发展需求，借助官方网站、微信、户外屏媒等手段，宣传校企合作和联合活动情况。高校可以组织实践过程中表现突出的受助学生为其他困难学生进行宣讲交流，扩大教育受益面。对于在学生实践过程中指导作用发挥出色的员工，企业要积极鼓励，给予奖赏。通过这些优质企业的宣传，其他大中小企业能够了解到校企合作的更多可能性，也可能会

为相应高校设立专项助学金，这在拓宽资助渠道的同时也扩大了校企的影响力，一举两得，事半功倍[4]。

三、在发展型资助工作中开展全方位社会实践的重要举措

（一）鼓励受助学生投身社区、奔赴乡村搞建设

社会实践的意义在于将资助育人的目标从解决学生基本的经济困难，提高学生能力素质上升到坚定自信，顽强不屈，弘扬传播社会正义。这是新形势下发展型资助工作的目标。高校在有目的、有计划、有组织地开展一系列企业进校园实践活动的同时也要走出去，不仅让他们的眼睛走出去，更要让他们的双手和大脑走出去。各高校要根据社会发展需要，号召受助学生从身边社区和乡村开始，争当服务志愿者，根据自身特点，可参加由社会正规爱心机构或者户籍所在地的街道或村委组织的各类公益服务活动。高校也可以联合学校周边社区、街道开展各种公益实践。组织困难学生成立科普志愿小分队，为附近居民开设各类知识培训班，推广实用的生活小技巧，可以开展“冬季流行性传染病防控宣传走进社区卫生知识必知道”活动，可以开展环境保护、垃圾分类、“光盘行动”宣传教育。同时，高校也可以作为牵头单位，组织受助学生前往周边村镇小学参与校园文化建设、协助学校教师开展日常教学管理。

各高校要根据活动具体要求，精心安排实施方案，邀请专业指导老师对志愿者进行系统培训，要将开展受助学生实践活动中的好方法和存在的不足记录下来，以便后期改进。同时，将受助学生志愿者的工作成效计入综合测评加分。对于投身社区、奔赴乡村活动中涌现出的先进学生和事例，要重点报道。高校也应将各学院开展此类活动的情况纳入学生资助工作考核中。

（二）借助“四史”开展实践行动，激励受助学生自强自立

高校在面向困难生积极开展“授人以鱼不如授人以渔”技能培训的同时也要强化他们理想信念的教育，可以结合学习党史、新中国史、改革开放史、社会主义发展史，激发受助学生的爱国情怀。高校各学院可以结合地域特色和专业特点在特定时间组织受助学生参观当地历史名人故居、党史教育场馆等爱国主义基地，通过历史资料陈列室中展示的史料文件、照片、旧物，将参观者带回那段激情燃烧的历史，感受革命英雄跌宕起伏但又无比荣光的一生。在参观过程中可以组织同学们向英雄敬献鲜花，可以开展主题诗歌朗诵等活动。同时，可以鼓励同学们通过系统学习理论知识、观看历史纪录片，查阅相关资料等方式参与调研与“四史”相关的课题，调研过程实行学校和实践基地联动培养的模式，校外导师由各个爱国主义教育基地讲解员担任，而校内导师由各学院负责资助工作的辅导员担任。通过“结对子+朋辈指导”的方式，一方面拓宽辅导员的眼界，激励他们思考和创新自己校内的育人工作，另一方面，切实加深受助学生对国情和党情的再认识，从而激发他们以史为镜，敢于担当的热情[5]。

（三）组织受助学生参与特殊时期力所能及的实践行动

在全民皆兵抗击新冠肺炎疫情的时期，高校各学院可以适时适度地鼓励受助学生主

动担当作为，坚持“奉献、友爱、互助、进步”的志愿服务精神，和社区党员、街道工作人员、物业管理者一同穿上红马甲，戴上红袖章，走上街头劝阻未戴口罩的行人。同时，与社会各界志愿服务人员一同在各个小区门口张贴宣传标语，协助住户扫码登记、采集信息。在疫情防控常态化期间，各学院也可以充分发挥专业特色，组织受助学生通过微信等新媒体手段配合做好疫情防控政策宣传和正能量的传播工作。可以组织受助学生通过线上视频的方式，为医护工作者家中无法正常上课的孩子进行课业指导和交流陪伴。

通过参与特殊时期、特殊条件下的实践活动，受助学生在切身感受到党和政府温暖的同时，也会为自己奉献其中感到无比自豪。他们会真正理解“青年有担当，国家有力量，民族有希望”的真谛，这会比他们在校内实践收获更丰富。对于这些参与救灾助困的同学，学院可以在党员发展中重点培养，同时，在一定范围内表彰他们的先进典型，可以利用学院资源宣传他们的事迹，充分拓宽资助育人的受益面。

四、结语

对高校来说，积极探索全方位社会实践在发展型资助工作中的价值是实现“全员、全过程、全方位”一体化资助育人模式的必然要求。各高校应加强宣传，构建社会实践活动长效机制，采取切实措施，确保实践活动有计划、有效地顺利开展。高校各学院要充分发挥各方资源和优势，通过党建带团建、校企联合朋辈教育、大学中学共同努力、学校和实践基地共同指导等方式提高资助育人工作的主动性。从学生的真实需求出发，坚持创新资助育人工作，帮助困难学生强化社会责任感，这不仅关乎学校未来发展，更有利于国家早日实现精准脱贫，提高扶贫实效。

参考文献：

[1] 2020年全国学生资助工作推进会顺利召开[N/OL].http://www.xszz.cee.edu.cn/index.php/shows/3/3969.html.

[2] 蒋瑾，丁贞权，危远荣．“三全育人”视域下高校资助工作运行路径研究[J]．锦州医科大学学报（社会科学版），2020(05).

[3] 盖逸馨，邢林艳．校友资源协同高校“三全育人”发展研究探析[J]．思想理论教育导刊，2020(02).

[4] 蔚德磊，刘祥春，钱春梅．高校资助育人工作的调查研究[J]．安徽工业大学学报(社会科学版)，2019(05).

[5] 李玲，刘锐腾．习近平新时代中国特色社会主义思想全方位融入大学生思想政治教育的路径研究[J]．学校党建与思想教育，2019(06).

习近平总书记教育重要论述进思政课堂的方法研究

——以“大学生形势与政策”课为例

陈雪飞
天津体育学院

一、习近平总书记教育重要论述内容简介——以《习近平总书记教育重要论述讲义》为主的分析

理论来源于实践，习近平总书记教育重要论述的产生有其特定的时代背景。在《习近平总书记教育重要论述讲义》一书中，导言部分将其归纳为三点，分别为“深刻洞悉全球发展大势，着力把握世界教育发展格局”[1]“中国特色社会主义进入新时代、中国教育发展面临新任务新要求”[2]“全面总结中国教育改革发展历史经验、着力破解现实问题”[3]。站在这样的时代背景下，习近平总书记就我国教育事业的发展提出了很多新的理念、思想和观点。

中国特色社会主义最本质的特征是中国共产党领导，中国特色社会主义制度的最大优势是中国共产党领导。[4]所以谈到教育事业，习近平总书记告诉我们必须首先明确要“坚持党对教育事业的全面领导”[5]，因为这是“教育事业发展的‘定海神针’”[6]。关于如何发展教育事业，习近平总书记教育重要论述做了以下详尽的阐述：

第一，要“坚持把立德树人作为根本任务”[7]，在教育中融入社会主义核心价值观的内容，教育培养出的人要以德为本、德才兼备，在德智体美劳方面全面发展，而且是能够担当民族复兴大任的时代新人、社会主义的建设者和接班人。第二，要突出教育的地位和重要性，“坚持优先发展教育事业”[8]，把教育作为“推动党和国家各项事业发展的重要先手棋”[9]，始终“摆在优先发展的战略位置”[10]。第三，要坚持教育发展的正确方向，即“社会主义办学方向”[11]，这是“我国教育最鲜亮的底色”[12]。第四，要“坚持扎根中国大地办教育[13]”，让教育结合中国的特点和实际，走中国特色社会主义道路，同时达到世界水平。第五，要“坚持以人民为中心发展教育”[14]，“增强人民的教育获得感”[15]，让人民在教育领域共享发展成果、享受教育公平。第六，要“坚持深化教育改革创新”[16]，“充分激发教育事业发展生机活力”[17]，提高我国教育在世界上的影响力。第七，要“坚持把服务中华民族伟大复兴作为教育的重要使命”[18]，因为“实现中国梦归根到底靠人才靠教育”[19]。第八，要“坚持把教师队伍建设作为基础工作”[20]，毕竟“教师是立教之本、兴教之源”[21]，好老师能够让民族看到希望。

二、习近平总书记教育重要论述进思政课堂的意义

习近平总书记教育重要论述进思政课堂，在课堂中实现其与思政教学内容的有机融合，不管是对党和国家的发展，还是对学校的建设、思政课的开展，抑或是对学生个人的成长成才都是大有裨益的。

“坚持和加强党对教育工作的全面领导是中国共产党人初心和使命的要求……也是我国教育事业健康发展的根本保证”[22]。确实，正如前面所提到的如“定海神针”这样的比喻，教育事业的发展必须坚持党的领导，而将习近平总书记教育重要论述引进思政课堂就体现了党对教育事业的全面领导。与其他课程不同，思政课有其特殊性，它要向学生传播主流意识形态，让学生树立正确的价值观，使之成为社会主义的建设者和接班人，所以在思政课上讲授习近平总书记教育重要论述就有助于实现思政课的目的，而且这也是在为党和国家培养人才，可以促进党和国家事业的发展。

“青年的努力方向——成为有理想、有本领、有担当的一代新人”[23]。这是习近平总书记对当代青年的期许。学校的任务是办教育，是为社会输送人才，教育的效果如何，人才是否合格，都决定了学校的前途和命运。只有把习近平总书记教育重要论述引入学校教育，按照党和国家的用人标准来培养学生，学生进入社会以后才能实现价值，所以，这既关系到学校建设，也关系到学生个人的职业生涯和人生道路，重要性不言而喻。

在“大学生形势与政策”这门课中，学生需要学习基本理论、基本形势与政策、当前形势与政策，以及热点问题等四部分内容。[24]在这些内容中，习近平新时代中国特色社会主义思想、党的路线方针政策、党和政府的重要会议精神以及重大改革发展举措[25]等都是学习的重点。将习近平总书记教育重要论述融入“大学生形势与政策”课堂，既体现了“要引领学生用习近平新时代中国特色社会主义思想武装头脑指导实践”[26]，又促进了本门课教学任务的完成，是非常有必要的。

三、习近平总书记教育重要论述进思政课堂的有效方法——以“大学生形势与政策”课为例的分析

把习近平总书记教育重要论述引入“大学生形势与政策”课课堂的有效方法，可以从集体备课、课堂教学、实践活动、课后作业和考试评价这五个方面着手考虑。

第一，集体备课引入。备是为了更好地教，所以为了提高整体教学质量，思政教师应该组织集体备课，既集思广益，又预演教学过程，做到心中有数。在集体备课的过程中，教师首先要学习习近平总书记教育重要论述，主要以《习近平总书记教育重要论述讲义》一书为主，并辅之以相关的论文、时事新闻和教辅资料。既从总体上学习习近平总书记教育重要论述，了解其时代背景、科学内涵和重大意义，又详细学习每一讲的内容并归纳出核心要义，从而全面掌握习近平总书记教育重要论述。然后要学习“大学生形势与政策”课的教材和教辅资料，明确该课程的教学要求和教学内容，以及学校对这门课的教学安排。在此基础上，做到二者结合，即把习近平总书记教育重要论述和“大学生形势与政策”课的内容结合起来，这是前面备课内容所要达到的目的，是备课的关键。教师要从课堂教学、实践活动、课后作业和考试评价四个方面综合分析。

第二，课堂教学引入。在课堂教学中，教师要思考《习近平总书记教育重要论述讲

义》和《大学生形势与政策》两本书内容的排列问题。是选择一讲对一个专题，即两本书分别讲，还是选择从各讲中挑选部分内容插入每个专题中去，即融合在一起讲，这些是需要在集体备课时讨论、在课堂教学中实行的。比如选择了一讲对一个专题，可以在讲专题——众志成城的中国战“疫”[27]时强调党的集中统一领导的重要性，然后引入第一讲教育事业发展的“定海神针”——坚持党对教育事业的全面领导[28]。或者是在讲绪论“为什么要学习形势与政策”这个问题时强调其对大学生人才培养的重要性，从而引入第二讲培养担当民族复兴大任的时代新人----坚持把立德树人作为根本任务[29]。如果选择了从各讲中挑选部分内容插入每个专题中去，可以在讲专题八“共同开创合作共赢的新全球化”[30]时谈及人才培养的重要性，再引入第五讲的第三部分内容——发展具有中国特色、世界水平的现代教育[31]。教师可以借鉴这些融合的例子，在自我思考的基础上对两本书的内容进行符合自己教学习惯的安排。

第三，实践活动引入。“大学生形势与政策”课程的开展可以采取多样的形式，比如实践活动，而不只是局限于教师的讲授。因为形式多样化可以激发学生的学习兴趣，更利于达到教学目的。在实践活动中，教师可以给定一些实践形式让学生自己选择，然后准备、进行。教师在其中要发挥一定的指导和把控作用。当讲到专题六法治建设的里程碑——《中华人民共和国民法典》[32]时，可以通过“民法典彰显法治中国鲜明特性”[33]这一问题引入第五讲“坚持扎根中国大地办教育”[34]，然后进行小组讨论：办教育的过程中如何处理好中国特色和世界水平的关系？或者组织辩论赛：在维持社会秩序中，法律与道德的作用哪个更重要。或者表演宣传民法典的小品、制作宣传民法典的艺术作品、诵读“习语”。

第四，课后作业引入。布置课后作业的目的是加深学生对课堂内容的理解及对以后学习内容的熟悉，因此教师在布置作业时，可以依据自己的教学计划来统筹安排。比如在讲授了专题五“加强生态文明建设，铺就绿色发展之路”[35]后，教师可以结合现在的浪费现象和“光盘行动”公益活动提出问题：大学生应该如何助力绿色发展，成为担当民族复兴大任的时代新人？比如在讲授了专题七“推动‘一国两制’行稳致远”[36]后，可以结合全民国家安全教育日等时事内容，让学生了解国家对台政策并回答问题：思想政治教育对大学生的意义有哪些？当然，课后作业也可以和实践活动结合起来，把实践活动的任务留作课后作业布置。

第五，考试评价引入。“大学生形势与政策”课的考试一般以论文为主，这有助于提高学生的思辨能力和写作水平。在选择题目时，教师可以有意识地实现习近平总书记教育重要论述和“大学生形势与政策”课的结合，比如讲完了战“疫”，可以设置题目：谈一谈伟大的抗疫精神对我国人才培养的启示。比如从专题三“当前我国经济社会发展形势与着力点”[37]入手，可以设置题目：大学生教育应该如何促进我国经济社会的发展？比如从专题九“共同开创合作共赢的新全球化”[38]切入，可以设置题目：为完成新型全球化的中国方案，我国的教育事业应该如何改革？这些题目的设置具有很大的灵活性，教师可以自由掌握。

参考文献：

[1]—[21][28][29][31][34]杨晓慧,等.习近平总书记教育重要论述讲义[M].北京:高等教育出版社,2020.

[4]习近平.决胜全面建成小康社会 夺取新时代中国特色社会主义伟大胜利——在中国共产党第十九次全国代表大会上的报告[EB/OL].[2017-10-29].https://www.ccps.gov.cn/xxsxk/zyls/201812/t20181216_125667.shtml.

[22]朱国仁.坚持和加强党对教育工作的全面领导[J].中国党政干部论坛,2020(10):60.

[23]吴贵春.习近平的青年教育思想探索[J].长春大学学报,2020(9):91.

[24][25][27][30][32][33][35][36][37][38]韩香云,魏晓娅,程向阳等.大学生形势与政策[M].北京:中共中央党校出版社,2020.

[26]李红星.习近平新时代中国特色社会主义思想的教育实践[J].长安大学学报(社会科学版),2020(4):19.

艺术类高校思修课实践教学与学生专业特色的融合研究

——以天津体育学院运动与文化艺术学院为例

闫星星
天津体育学院运动与文化艺术学院

思想政治理论课作为提升学生思想觉悟和政治水平的核心课程，在学生人生道路选择上起着重大作用。思想道德修养与法律基础课（以下简称“思修课”）是思政课的基础课程，旨在提高和增强大学生的道德素养和法治意识。而实践教学作为其中必不可少的一个环节，有助于发挥思想政治教育的育人功能。艺术类高校是我国高等院校的重要组成部分，其不仅具备普通高校的一般特点，同时，由于学生所学专业的特殊性，也使其具有自身独有的特点。艺术类高校的思修课实践教学，针对学生的专业特色，更要做到因材施教。本文以天津体育学院运动与文化艺术学院为例（以下简称“天艺”），探究思修课实践教学与学生专业特色的融合，力图在增强思修课艺术性的同时，发挥学生的专业优势，从而更深刻地领会思修课的理论。

一、思政课实践教学的内涵

2019 年 3 月，学校思想政治理论课教师座谈会在北京召开。习近平总书记在会上指出了要推动思政课的改革创新，做到“八个相统一”，其中之一便是要坚持理论性和实践性的统一。思政课教学尤其要体现这一点，我们不仅要向学生传递科学的理论知识，更重要的是让他们在平时的生活中践行，达到知行合一的效果。正如习近平总书记所说，要高度重视思政课的实践性，把思政小课堂与社会大课堂相结合，立远大的鸿鹄志向，成为新时代的拼搏者、奋斗者。因此，思政课实践教学的开展就是对这一重要精神的贯彻，充分发挥思政课教育人的目，培育能担当民族复兴的时代新人。

关于思政课实践教学，学者们多从不同的视角展开研究，因而目前学术界在关于实践教学的概念上尚未达成共识。通过对不同学者观点的梳理，可以看到在这一概念的界定上，一般包含了狭义和广义两个方面。狭义的思政课实践教学与社会实践无异，如志愿者服务，社会调查问卷等。广义的思政课实践教学是指以课程内容、教学目标和大纲为依据，通过教师的引导，作为学习主体的学生在开放的社会现实中所从事的一系列实践活动。

马克思主义作为当今世界上最为科学的理论体系，其在认识论中对认识与实践关系的探讨为我们研究实践教学指明了方向。在此基础上，对于思政课实践教学内涵的理解有如下三个方面：一是实践教学以马克思主义理论作为基础，在坚持思政课的教学目标和原则的同时，紧密围绕所学的思政课程相关内容展开，最终目的在于增强学生理论和实际相结合的能力。在这一过程中，要靠学生的亲身实践深化其对理论知识的理解，树立正确的三观，使思政理论入脑入心。二是从思政课实践教学的表现形式而言，主要包括课堂内和课堂外这两种形式。两种实践形式双管齐下，有助于全方位提升学生的动手能力。三是明确思政课实践教学的主体是学生，教师发挥主导的作用。在实践教学中，学生作为有思想、有意识的现实的人，能够发挥自己的主观能动性，经过一系列的社会实践活动，提升道德修养和法治意识。

二、开展思修课实践教学的必要性

实践性是马克思主义理论的本质特征。马克思主义作为当今世界上最先进的理论体系，有着鲜明的阶级立场，来自实践活动最终又复归于实践，为人们的现实活动指明了方向。它对人类思维的发展规律做出科学的解释，阐述了认识和实践两者之间的辩证统一关系。马克思主义彰显出来的毫不怯弱的实践第一的理论品格，是我们能够正确认识和改造世界的利器。而从事实践的主体是“现实的人”，是看得见、摸得着的客观存在，同时也是处于各种各样社会关系中的人。实践作为认识世界的一把钥匙，是我们获取理论知识和锻炼自身能力的途径。习近平总书记在《辩证唯物主义是中国共产党人的世界观和方法论》中指出，要坚持实践第一的观点，我们在推进各项工作中，最根本的还是要靠实践出真知。大学生作为现实的人，也必然要在各项实践活动中去完善和提升自我。正是源于实践活动的重要性，因此，对思修课理论知识的理解不能纸上谈兵，坐而论道。

实践教学是思政课不可或缺的重要环节。高校人才的培养是多方面、全方位的，不仅是教会学生专业的理论知识，同时也在于帮助学生树立正确的三观、坚定理想信念，实现自我的人生价值。有智无德，有德无智的学生，都不符合我国开展素质教育的初衷和目的。而实践教学是高校培育社会应用型人才的关键环节，是将理论运用到实际的重要途径，有助于大学生的成长成才。对于高等教育阶段的实践教学，我国早在 2004 年就提出要在高等院校的教学大纲和设计中加入实践教学，给出一定的学分并增加相应的课时并且提供教育经费。近年来，关于思政课实践改革的文件也相应出台，为思政课建设提供了制度保障。思政课实践教学以马克思主义理论为指导，彰显出较强的探究性、应用性和实践性。在实践教学中，学生能够切实深入到社会现实，并且联系自己在思政课上学到的理论，科学地看待社会中出现的各种问题。在此过程中，使学生将思政课所学内化为自己的需要，从而将个人理想与社会理想、国家理想有机统一起来。

实践教学是开展思修课的内在要求。思修课作为高校思政课重要组成部分之一，它以马克思主义思想政治教育学科为依托，对学生进行世界观、人生观、价值观、道德观和法制观的系统教育。习近平总书记指出只有树立了正确的三观，才能辨别一切是非、善恶等等，在自己的人生道路上做出正确的判断和选择。[①]因此，正确的三观在大学生发展中的重要性不言而喻。而思修课的目的就在于为学生提供这把总钥匙，引导学生的成长。因此，思修课不仅是一门思想政治理论课，更是一门行为习惯的养成课，是知与行

[①] 习近平谈治国理政（第一卷）[M].北京：外文出版社，2018:173.

的统一，理论和实践的统一，与其他几门思政课相比，具有更加鲜明、突出的实践性。正是由于思修课的这一特点，决定了其加强实践教学的必要性和重要性。在思修课的实践教学中，突出以学生为主体的教学理念，以帮助大学生解决实际问题为出发点和落脚点，能够让他们在实践中升华思想境界，形成优良的品德。在实践中学会做事，学会做人。如此一来，真正提升大学生的思想道德和法治素养。

三、思修课实践教学与学生专业特色的融合

艺术类高校的学生大多凭借自身专业课的优势进入高校，往往专业课能力较强，而文化课成绩较弱。因此，针对学生的专业特色，在开展思修课的实践课程时，无论在教材、实践主题、表现形式及评价体系方面都与一般高等院校不同。

1.配套与思修课相应的实践课程教材

在高校思想政治理论课程中，相比于其他几门课程，思修课处于基础性的地位，融思想性、政治性及实践性于一体。大一学生刚刚从高中步入大学，思修课是他们最先接触到的一门课程。所以，如何树立大学生正确的三观、弘扬社会主义核心价值观及培养他们的遵纪守法意识就显得尤为重要。在以往的教学中，思修课多以教师讲述为主，学生互动为辅，因此，学生的参与性不强，思修课程的教学效果不佳，往往是理论性突出，而实践性不强。大学生作为时代新人，应该以中国梦的实现为任，在实践中追逐自己的理想，融个人理想于社会理想之中。鉴于此，天艺学院在开学之初给每个大一新生都发放了《思想道德修养与法律基础实践教程》这一教材。实践课程读本与思修课本的每一章节相对应，包含开篇阅读、学习目标及实践课堂等内容。大学生现在不仅仅是在课堂上听课的主体，同时也是实践课程的主体。加之艺术类高校学生所学专业多偏应用性，实践性较强，因而其在思修实践课程中的能动性和热情也相对较高。如此一来，通过思政课老师的引导，学生在学习理论知识的基础上，相应地完成实践课程，将思修内容铭于心，践于行。

2.选取符合艺术类学生发展的实践主题

习近平新时代中国特色社会主义思想是指导我们一切行动的指南。思想政治理论课是立德树人的关键课程，也必然要坚持和贯彻这一重要思想。思修课与艺术类学生的专业课不同，它不涉及具体的知识和理论。因而，从本质上来讲这是一门“方向课”“指引课”，目的在于为新时代大学生指明前进的方向和道路。一方面，天艺在思修课实践主题的确定上，始终以习近平新时代中国特色社会主义思想为指导，同时又与青年学生的实际相符合。如思修课第一次的实践主题为习近平的七年知青岁月，七年知青这一时间段正好与大学生的成长时期相契合，围绕这一选题，学生们搜集材料，展开研讨。青年是一个人成长的黄金时期，引导学生要把自己的人生追求同国家发展进步、人民伟大实践紧密结合起来，通过不懈努力实现人生价值。另一方面，天艺作为以传媒为主体、以艺术为特色的综合性艺术院校，下设有音乐学院、舞蹈学院和播音学院等七个学院。由于每个学院的学生专业特色不同，在实践课程的开展中也尽量做到有的放矢。在每周思政教师的集体备课上，会邀请不同学院的领导分析本学院的专业特色和学生状况。因此，思修课实践主题也会因学院而异，争取发挥每个学生的专业特长，在这一过程中，

既体现了思想政治教育的艺术性，又契合了艺术类学生的专业特色。

3.探索多样化的实践教学表现形式

实践教学的内容和表现形式是辩证统一的，两者互相联系、互相制约。形式选取得当就会促进内容的发展，反之就会阻碍到内容的发展。由于艺术类高校学生在心理上只重视专业课，不看重文化课。因此，类似于主题研讨、故事会等形式的实践教学并不能很好地激发学生的参与度和表现欲望。与之相反，他们在思想上比较活跃，想法独特，表现能力也较强，而且实践能力普遍高于一般院校的学生。所以，探索与学生专业特色相契合的多元化的表现形式就显得尤为重要。尽管艺术类高校的学生所学专业有所不同，但每个学院都有自己的专业特色。思修课实践教学就要充分利用这些优势，不固定方式方法、灵活地选择实践课程的表现形式。天艺思政教师授课以大班为主，往往一个班的授课对象至少包含两个院系的学生。在确定不同实践主题的基础上，鼓励学生采取与自己专业相关的表现形式。如播音学院的学生，在他们实践教学中，多以朗诵、阅读或者在录音室录制音频等形式为主。而一些戏剧学院的学生，现场表演能力强，他们往往是演小品、话剧或舞台剧等。此外，还有音乐学院表演曲艺，舞蹈学院排练舞蹈等等。总之，通过多样的表现形式，将思修课的实践主题生动地展示出来。对于学生而言，既发挥了自己的专业优势，又提升了自我的道德修养。

4.构建科学的实践教学评价体系

随着时代的进步和社会的发展，以往教学中仅以学生最后的期末成绩作为学生学习结果的评价，这样一种方式已不能很好反映学生的学习规律及身心状况。而学习中的过程性评价能够便于教师及时掌握学生的发展状况，及时做出引导。因此，终结性评价和过程性评价相结合的方式成为反映学生学习和成长情况的重要尺度。在大学思修课的考核中，平时成绩在最后的期末成绩中占有相当大的比重。如此一来，学生不仅期末要努力学习而且也要在平时注意自己的课堂表现。在天艺，对于思修实践课程的评价也不再局限于期末的实践成绩。首先，学生可以根据自己的意愿和同学组成一个不超过六人的实践团队，共同完成一个实践作品。其次，教师从项目的思路、创新、完整性及规范性四个方面做出评价，评级包含优秀、良好、一般等五个等级。再次，教师对团队成员在语言表达、查阅资料、团队协作、操作能力及创新意识这五个维度上的表现给出成绩。最后，给出实践教学的总评。因此，思修课实践成绩的得出是以各项指标为依据，对学生各方面能力的综合考察。同时，也为学生指明了努力的方向，使学生在实践中有所锻炼和收获。此外，思修课的实践教学还充分利用艺术类院校的资源，对于筛选出来的优秀的思修课实践作品，会与其他思政课的实践作品，在期末进行舞台演出。同时，邀请专业课老师担任评委，从专业的角度给出学生评价。因而，对思修课实践教学的评价既突出了政治性，又展现了专业性。

四、结语

新时代是我们当前所处的历史方位，那么作为新时代的大学生，更要不断提升自己各方面的素质。思修课实践教学在新的时代条件下也要做到与时俱进，不断探索新形式、新方法。艺术类高校的思修课实践教学既有与普通高校的相同之处，同时，也具有自己独有的特色。因此，艺术类高校思修课的实践教学更要掌握普遍性和特殊性的原理，与学生的专业特色相融合，提高实践教学的针对性。总之，艺术类高校思修课实践教学创新任重而道远，需要从多个方面探索，从而提升大学生思想道德修养与法治意识。

参考文献：

[1]习近平谈治国理政（第一卷）[M].北京：外文出版社，2018.

[2]习近平在学校思想政治理论课教师座谈会的讲话［N］.人民日报,2019-03-19.

[3]王红艳,范富春.高校思想政治理论课实践教学创新研究[J].淮阴工学院学报，2020(4).

[4]吴丽君.艺术院校思想政治理论课实践教学改革创新探究[J].教育教学论坛，2020(39).

[5]战英.艺术类大学生思想政治理论课实践教学方法探究[J].文化创新比较研究，2020(23).

[6]宋玉静.艺术院校思想政治理论课实践教学模式研究[J].辽宁教育行政学院学报,2017(4).

[7]彭朝阳.艺术类高职学生思想政治教育的特点与路径选择[J].当代教育论坛，2015(4).

思想政治教育与生产劳动教育相融合的特征及路径探索

查　英
天津铁道职业技术学院

马克思提出“教育与生产劳动相结合”[1]的教育方法，思想政治教育作为教育的重要组成部分，理应与实际生产劳动相结合。相应地，生产劳动教育也应与思想政治教育相融合。2020 年 7 月，教育部关于印发《大中小劳动教育指导纲要（试行）的通知》中指出，劳动教育是大中小学必须开展的教育活动，它具有鲜明的思想性，各类学校要强化马克思主义劳动观教育，结合学科专业开展生产劳动和服务性劳动。[2]这意味着，各类学校要非常重视对学生进行生产劳动教育。因而，以立德树人为根本目标的思想政治教育责无旁贷地应将生产劳动教育融入思想政治教育中，将基本理论、社会主义核心价值观转化为学生的就业、立业观念，指导其将来的生产劳动实践。当前，思想政治教育以理论教学模式为主，这种教学主要以基本的政治理论为中心，忽视与学生的立业、生存发展的有机结合。这种教学模式由于缺乏与现实生产劳动境遇的视域交融而有些不切实际，理论枯燥空洞，缺乏亲和力和灵魂穿透力，严重抑制了师生双方的独立思考性和创造性，教学效果不佳。为此，思想政治教育应该从理论教学模式向人本性教育模式转换，应该抛弃空洞的、深奥的理论教学模式，“选择具有实际生活境遇和现实文化底蕴的生产劳动教育模式”[3]，即将思想政治教育与生产劳动教育相融合，以提高思想政治教育“立德树人”之实效。

一、思想政治教育与生产劳动教育融合之渊源

生产劳动教育与生产劳动教育相融合，是一个艰难的探索过程，也是思想政治教育内容建构和教学改革相结合的过程。因此，寻找改革的依据问题显得尤为重要。

（一）思想政治教育与生产劳动教育视域融合的文化传承

从历史发展来看，思想政治教育与生产劳动教育相融合一直是中国传统文化教育的一大特色，只是在古代这种生产劳动教育更多呈现为一种立业教育。孔子的教育思想中体现出儒家思想政治教育与“六艺”（礼、乐、射、御、书、数）立业教育的融合，“古之师者，所以传道授业解惑也”。在这里，“传道”即为思想政治教育，“授业”即为立业教育，“解惑”即为人生教育。换言之，古之教育理论中，自然发展之道、社会发展之道、人生之道被有机地融入个人立业教育之中，即“传道”“授业”，以解决人生发展的各种实际问题即“解惑”。“三十而立，四十不惑”“己欲立而立人，己欲达而

达人”“人无信不立”[4]之“立”即立世、立业，孔子之立业教育是思想政治教育与个人立业教育的有机融合，他的立业教育中包含着立业之价值、之道德、之方法的教育，被视为儒家思想政治教育之立业教育的典范。班墨文化的核心要义“精益求精、兼爱非攻”，体现了中国古代劳动人民的伟大智慧，是其精湛技艺与高尚品格的完美融合。民间师徒教育中，师父在培养徒弟时注重的是将劳动技艺与行业规范、道德秩序等相结合的教育，如师德、医德、武德教育。因此说，自古以来，体现为建功立业的生产劳动教育就是思想政治教育文化教育中的重要向度。

（二）思想政治教育与生产劳动教育有机结合的理论基础

马克思主义教育理论的核心要义在于教育与生产劳动相结合，这同样适用于思想政治教育，思想政治教育也应与生产劳动相结合。在马克思的劳动异化论、劳动价值论中，劳动即生产劳动，它和工作是通用的。[5]他在《雇佣劳动与资本》中写：“由于他们工作的劳动部门不同，他们每一个人因做了一定的工作（譬如，织成一尺麻布或排好一个印张的字）而从雇主那里得到的货币数量也不同，……但是有一点是一致的：就是工资是资本家为了偿付劳动一定的时间或完成一定的工作而支付的一笔货币。”[6]在这里，劳动部门即工作部门；工作时间即劳动时间，劳动即工作，工作即生产劳动。生产劳动是人的本质，一旦脱离了工作活动，人的生产劳动本质就会因失去现实基础而无法体现，人的社会关系也无法建立，从而导致人的价值、尊严和道德也就会失去实现的场所和根基。

由此，生产劳动教育即工作教育，思想政治教育应与生产劳动教育或工作教育相融合。思想政治教育与生产劳动教育之融合是基于工作世界的精神文化教育。思想政治教育旨在“立德树人”，“以人为本”是思想政治教育的要义。如前所述，马克思认为，“人的根本就是人本身”[7]，生产劳动是人的本质。因而，思想政治教育要“以人为本”，就应抓住人的本质，即人的生产劳动，应与生产劳动实践相结合。如此，思想政治教育才能“落地生根”，才能“有的放矢”，才能真正做到“以人为本”。

二、思想政治教育与生产劳动教育融合之特征

（一）思想政治教育与生产劳动教育融合的内涵

生产劳动教育即工作教育，是一种对学生进行工作认知、工作技能、工作关系和工作精神的全面教育。思想政治教育与生产劳动教育相融合是一种理念，更是一种模式，是对学生进行工作世界观、价值观、生存观和生存方法的总体性教育，是包含着劳动意识、劳动技能、劳动精神等的全面教育，职业生涯规划教育、就业创业教育、专业教育等都应囊括其中。思想政治教育的本质在于立德树人，造就“全人”[8]，即既有良好的政治修养、道德品质，又具有工作世界所需的认知、技能和素质的全面发展之人，而不是只具有工作技能或是只具有理论认知的单向度人。要培养这种全面发展的人，需要思想政治教育做出改变，结合生产劳动实践活动，融合生产劳动教育。由此，思想政治教育与生产劳动教育相融合便可被理解为：在思想政治教育的教学中，教师以固定的、明确的基本政治理论为基础，结合生产劳动实践，将思想政治理论与工作世界的整体文化相

结合，“对学生进行工作世界观、价值观、生存方法论的工作世界总体性教育”[9]，是一种具有总体性和根本性的教学模式，“是教学内容与教学方法的统一”[10]。

（二）思想政治教育与生产劳动教育融合的基本特征

思想政治教育与生产劳动教育相融合是基于教学内容的具有总体性和根本性的融合模式，其基本特征呈现如下：

1．作为一种教学内容与教学方法相统一的创新模式

思想政治教育与生产劳动教育之融合作为一种教学内容与教学方法相统一的创新模式，主要体现为：一是它的教学内容。它的教学内容是即成性的静态理论与生成性的动态内容的有机结合。思想政治教育与生产劳动教育相融合，意味着其教学内容是以基本的理论教学为基础，以总体性的工作世界内容为必备内容和价值旨归，其教学内容是思想政治理论知识与生产劳动实践体验的有机结合。思想政治理论是即成性的，是静态的、较为稳定的内容，生产劳动教育中的劳动观、价值观和生存方法也是较为明确和系统的，而工作世界中的技术技能、工作经验等则是在工作境遇中不断地生成和建构的，具有不确定性，需要师生在对话与交流中不断地完善。二是它的创新方法。这种模式将生产劳动文化内容融入思想政治教育内容的一种创新，也是将思想政治教育教学与生产劳动实践相结合的一种教学方法的创新，它把基本的思想政治教育内容从空旷的天空拉到个人的生产劳动的实践中落地生根，发挥理论的指导作用，使学生形成正确的劳动价值观、道德观和方法论，坚持正确的立业方向，将来能够“乐业”的生产劳动教育或立业教育的目的。这也是理论联系实际在生产劳动教育中的实现，只是这里的理论来源于思想政治教育的领域而已。

2．作为一种基于内容和教学过程的总体性模式

思想政治教育与生产劳动教育融合作为一种总体性的融合模式，主要体现在两方面。一是其教学内容的总体性。生产劳动教育是包含生产劳动观、价值观、生存方法等在内的工作世界总体性教育，它与高校设置的具体层面的“学生就业创业课程”教育不同，也与就业思想政治教育中的人生观、价值观和就业观教育相区别。这种教育是“宏观意识形态教育与微观主体生存教育教育”[11]的有机统一。思想政治教育一般是去主体化、体现为国家和社会等宏观层面的意识形态教育，相反，生产劳动教育则是微观层面的个体生存教育，思想政治教育生产劳动教育正是二者的有机结合，是将微观个体的生产劳动或工作立业与宏观的社会意识形态教育相统一，培养全面发展的人。二是其教学过程的总体性。生产劳动教育是一种模式，是思想政治教育教学内容和教学方法的改革，它将促使思想政治教育的教学观念、教学目标、教学内容、教学方法和教学效果的一系列改革，其教学过程的总体性展开将对思想政治教育的教学实效具有深远的和根本性的影响。

3．作为一种体现教学本质与有效教学的价值模式

生产劳动是学生将来人生发展的根本性活动，是其作为人的本质存在。所以说，思想政治教育与生产劳动教育相融合的模式是一种本质教育模式。这种本质决定了其教学过程要把思想政治教育较为抽象的立德树人的培养目标与具体的工作世界中的生产劳动文化（包括劳动技能、劳动心理和劳动精神等）相结合，其教学的宗旨在于培养学生的

生产劳动实践本质、劳动技能、劳动素养，使之将个人的生产劳动与自身的建功立业、国家的繁荣昌盛和社会的发展进步相统一，从而真正实现“立德树人”的根本目的，真正发挥思想政治教育的育人功能，体现思想政治教育的真正价值，即开展生产劳动教育，使学生坚定美好生活是靠劳动创造出来的，每个人都应为创造幸福生活而努力奋斗，实现中华民族从“站起来”到“强起来”，使人民具有更加充实的获得感和幸福感。

作为有效教学价值的模式，生产劳动教育应教给学生劳动创造幸福的深刻内涵，明确“个人幸福、社会和谐、人民幸福、国家富强”的要义，教育学生将个人奋斗的青春梦与实现民族复兴的国家梦和谐统一，将个人幸福与社会和谐、人民幸福有机结合。人民幸福、国家富强、社会和谐需要靠每个人的参与、每个人的劳动、每个人的奋斗；每个人都应树立正确的劳动幸福观，以实现伟大的中国梦作为奋斗目标，将个人幸福与社会幸福、人民幸福高度统一。

三、思想政治教育与生产劳动教育相融合之实践路向

如上所述，思想政治教育与生产劳动教育相融合是一种教学内容和与教学方法相统一、基于内容与过程总体性、体现教学本质与有效教学的创新模式。因此，需要积极寻求其实践路径。

（一）参照管理方格理论，重置思想政治教育与生产劳动教育的内容结构

管理方格理论（Management Grid Theory）由美国行为科学家罗伯特·布莱克和简·莫顿所创立。在管理方格图中，X 横轴表示企业领导者对工作业绩的关心程度，Y 纵轴表示企业领导者对人的关心程度，“其中 9 格方格中的第一格表示关心程度最小，第九格表示关心程度最高”。[12]

参照管理方格理论，可以将思想政治教育生产劳动教育的课程内容设计如下：

课程内容设计方格图

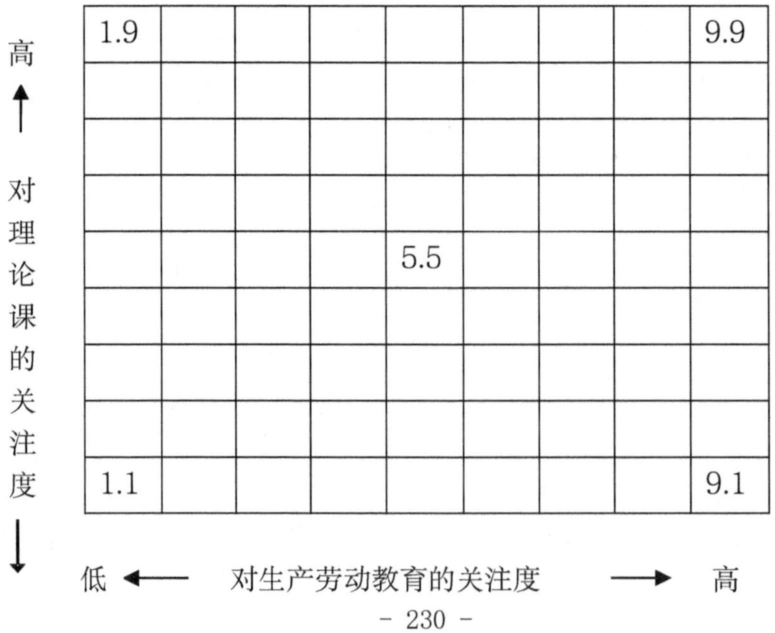

从以上课程内容方格设计图来看，思想政治教育与生产劳动教育的内容可以分为不同的层面。第一层面是突出思想政治教育的内容。“1.9”方格表示重点放在思想政治教育的内容，而生产劳动教育的教学内容相对较少。第二层面是对生产劳动教育内容的重视。“9.1”方格表示对生产劳动教育内容的重视，而对政治理论教育的内容关注度较少；“5.5”方格表示教师对思想政治教育和生产劳动教育内容持一种中立态度，只求两种内容的参与，维持一般的教学效果与氛围。第三层面是二者的有机结合。“9.9”方格表示对思想政治教育与生产劳动教育的内容高度重视，思想政治教育与生产劳动教育内容有机地结合起来。这种设计可以使教师明确政治理论教学与生产劳动教育的课程内容分布，从而根据学生和每节课的教学需要，有所偏重、有所突出，将二者有机结合。以思想政治教育为基本理论指导，立足于生产劳动实践，融合优秀的工作世界整体性文化，重构思想政治教育与生产劳动教育之融合的内容体系。

（二）结合教师的生产劳动，在有机融合中促进学生的全面发展

教学实际上是教师与学生展开心灵对话的过程。“教学的生命全在于教师传授给学生新颖的、符合自身境遇的思想来唤起他们的自我意识”。[13] 这说明，能够真正唤起学生自我意识的莫过于教师的身传言教，师生之间的互动。因而，思想政治教育与生产劳动教育相融合应以静态的政治理论知识为基础，以不确定性、建构性、境遇性的工作世界总体性知识为核心，结合教师的生产劳动实践，结合具体情境体验、让学生在互动教学中获得全面提升。

对教师而言，其教学本身就是一种生产劳动，其培养学生的过程实质上是一种具体的生产劳动过程，教师通过自身的生产劳动作用于学生，使学生能够获得成长和发展。而对学生而言，他们所要消耗的恰恰就是教师的生产劳动，只是这种生产劳动与消耗劳动是同时进行的。因而，教师想要成为学生工作立业的引路人，其自身必须首先成为工作立业之人，每个教师对学生都会产生或多或少的影响，什么样的教师培养出什么样的学生，学生身上映射着教育者的影子。作为教育者，教师要注意自身创造劳动与学生成长的有机结合。从其自我认知而言，教育者需“吾日三省吾身”，提高自身的认识，确证以己之长，并善用己之长，做到扬长避短，做到行为示范，润物细无声；教师应将思想政治理论与个人的劳动幸福、职业幸福相统一，做到幸福育人、育幸福的人。教师需将自身的劳动情感、劳动技能和劳动意志统一于立德树人的劳动过程，将劳动品质内化于心、外化于行，成为知行合一、言传身教的劳动带头人和引导者。教师以自己的劳动热情，做真抓实干的幸福典范，发挥“教书匠”的工匠精神，通过自身的努力奋斗和享受劳动过程的实例向学生证明“幸福是奋斗出来的，是劳动创造出来的”，从而潜移默化地影响学生、感染学生、熏陶学生和带动学生。另外，教师还需注重学生的个体差异，关注学生的内在诉求，将思想政治理论教学与生产劳动教育有机地结合，从而使得教育的劳动创造都能被学生所消费，使得教师劳动创造的价值都能通过学生的消耗转化为学生的内在能量，助力学生的成长和发展，使学生在满足自身发展需求的过程中体验到教师亲身实践带给其的生产劳动教育实效与快乐，从而获得全面的发展。

（三）建构“多维空间”情境，在体验式生产生活中提升融合实效

建构主义教育理论认为，知识不是被给予的，而是被建构的。在教学过程中，教师应建构“多维空间”情境，引导学生在与外在情境的交互作用中建构自己的知识。后现代教育理论主张者多尔认为，课程知识应该是动态的、多样的和开放的，课程应该采取一种“一般的、宽松的、多少带有不确定性的方式”。[14] 如此，思想政治教育与生产劳动教育相融合的过程应是师生不断建构适合个人的知识的过程，应该是教师积极创建各种仿真情境，在传授符合学生自身境遇的思想、知识和技能的过程中唤醒学生的生产劳动或工作立业意识；积极引导学生参与创造性劳动实践，将政治理论运用于生产劳动实践中，在生产劳动的真实生活体验中建构自己的个人知识、能力，从而促进学生的全面发展。

一是创设多种工作境遇，开展有效教学。通过课堂情境教学，提升学生的政治理论水平和生产劳动文化水平；依托实习实训等专业平台开展各具特色的劳动实践，提高学生的理论联系实际能力；利用“科研开发”“技能大赛”等过程，将思想政治理论与生产劳动技术相融合，在提升学生的综合劳动素养的同时，培养学生的责任感、荣誉感和使命感；通过前沿讲座、“工匠精神进校园”等，将思想政治理论知识与劳动精神、工匠精神相统一，培养学生的立业品质。通过协调创新各种平台建设，联合学界、业界、家庭和社会各种力量，建立多功能综合性教育平台，将思想政治理论融入生产劳动的方方面面，将静态的理论融入动态的生产劳动实践中，使学生在体验的过程中改变自身的劳动观念和生活习惯，提升劳动情感、劳动意识等，让学生体验生产劳动所带来的价值，体验生产劳动所具有的意义，明确个人的生产劳动与国家、社会发展之间的关系，从而使学生将工作立业与报效国家相统一，真正达到有效教学。

二是通过生产实践性劳动，促使学生将思想政治理论知识与工作世界总体性知识相容通。思想政治教育与生产劳动教育之融合应积极寻求与企业的合作，建立各种劳动实践基地，引导学生走进企业，参与生产劳动，使学生在生产劳动的实践过程中，理解和认同马克思主义劳动史观、习近平新时代中国特色社会主义思想,促使学生在辛勤劳动、诚实劳动和创造性劳动的过程中，体验真切的劳动人民生活，深入学习各行各业劳动者杰出代表的思想和事迹，学习其工匠精神，努力做到精益求精、追求极致；通过生产产品的交换，使学生的生产价值在与他人交往中得以实现，从而使学生真正体验到个人劳动与为民造福的和谐统一；通过全过程的劳动体验，让学生真正感受劳动、崇尚劳动、尊重劳动，懂得“劳动最光荣、劳动最崇高、劳动最伟大、劳动最美丽的道理”。[15] 生产劳动教育应培养学生的奋斗精神和劳动精神，激励学生将“为个人谋福”与“为民创福”相结合，以青春之我投身于建设青春之国家、青春之事业中，将自己的青春梦想与国家发展与人民幸福密切相连，实现个人的幸福与人民幸福的和谐统一。

参考文献：

[1]马克思恩格斯全集（第 21 卷）[M]. 北京：人民出版社，2003：270.

[2]中华人民共和国教育部. 教育部关于印发《大中小劳动教育指导纲要（试行）》的通知 [EB/OL].[2020-07-30].http://www.moe.gov.cn/srcsite/A26/jcj_kcjcgh/202007/t2020071

5_472808.html.

[3][9][10][11]李晓元．人学走进工作世界[M]．北京：人民出版社，2012.

[4]李史峰．四书五经[M]．上海：上海辞书出版社，2006：17-53.

[5]李晓元．人学走进工作世界[M]．北京：人民出版社，2012：106.

[6]马克思恩格斯选集（第 1 卷）[M]．北京：人民出版社，1995:333.

[7]马克思恩格斯选集（第 1 卷）[M]．北京：人民出版社，1995:9.

[8] Karl Jaspers. The Idea of the University[M].London: Peter Owen Ltd.1965:21.

[12]王勇．"管理方格论"简评[J]．领导科学，2012(03):52-53.

[13]雅斯贝尔斯．什么是教育[M]．邹进,译．三联书店，1991:139.

[14]多尔．后现代课程观[M]．北京：教育科学出版社，2000:242.

[15]文新华．论以新时代马克思主义观为指导深入推进劳动教育[J]．中国高等教育，2018(21):10-12.

疫情防控背景下的大学生思想政治教育

卢孔嘉
天津铁道职业技术学院

在如今疫情防控将长时间处于常态化的大背景下，如何做好大学生思想政治教育工作，是每一名辅导员应认真思考落实的问题。疫情防控是一场没有硝烟的战争，辅导员应该守卫在校园疫情防控的前线，做好大学生思想政治教育，树立正确的理想信念，帮助学生顺利地投入学习和生活当中①。

一、高校疫情防控工作存在的问题

在党和国家的正确领导下，我国目前的疫情得到了有效的防控，教育部对高校疫情防控也多次做出指导，高校的疫情防控常态化工作已取得一定成效。但是，目前高校学生疫情防控工作仍存在以下问题：

（一）出现心理懈怠

长时间的防疫工作，难免使学生产生懈怠情绪，课堂佩戴口罩、宿舍消毒通风、校园出入管理、食堂隔座就餐等防疫措施逐渐落实不到位，辅导员应当加强日常管控工作，加强对学生的宣传教育。

（二）产生逆反心理

虽然已经步入大学，但很多学生各方面心智仍不成熟，不能在铺天盖地的网络信息中筛选出正确的信息，很容易受到负面情绪的煽动，对校园封闭式管理或半封闭式管理缺乏理解，存在抗拒情绪或逆反心理，辅导员应当提高对学生心理的关注度，做好与学生的谈心谈话，及时了解学生真实想法，耐心细致解释政策，及时疏导逆反情绪。

（三）造成心理负担

有些学生因不熟悉疫情防控措施，未做好自身防护，在进入秋冬季时，容易因天气原因出现流感等发热症状，进而产生心理负担，为学校的隔离、防疫等工作造成压力。辅导员应当在日常学习和生活中，关注学生身体健康，避免出现季节性流感，防止秋冬季疫情反复。

（四）理想信念缺失

有些学生因为长期远离校园环境，缺乏正确的人生观、世界观、价值观引导，缺乏学校老师的约束，无法自律，学习习惯有待完善。辅导员应帮助其明确人生目标，引导学生思考来到校园后自己想要成为什么样的人，能够成为什么样的人。

（五）缺乏有效监督

①韩英.高校辅导员助力打赢新冠肺炎疫情防控阻击战的思考[J].高校辅导员,2020（2）.

疫情防控过程中，缺乏对学生的有效监督，容易出现“三天打鱼、两天晒网”的情况。辅导员应当以身作则，戴口罩、勤洗手，为学生做好表率，加强对学生的监督，让学生真正理解防疫工作。

二、校园疫情防控下的思想政治教育

校园抗疫，班级是抗疫主阵地。在疫情防控形势积极向好的态势下，辅导员更需要利用思想政治教育这一法宝，做好疫情防控，做深做透学生工作，在落实疫情防控的过程中，融入思想政治教育。

（一）合理利用思政课堂教育

在这场疫情防控的阻击战中，全国各族人民在以习近平同志为核心的党中央的带领下，万众一心、众志成城，共同抗击疫情。最美“逆行者”的坚守、全国人民的自觉抗疫，筑起了一条防控堤坝。疫情关乎每一个人，特别是高校学生，承载着国家的未来，更是国家和民族的希望，就需要辅导员因势利导做好学生思想政治工作。在课堂教学中融入思政教育，融入疫情防控事迹，用观看纪录片、讲述先进事迹等形式，深刻阐述我国在抗击疫情的过程中体现出的制度优越性、中国共产党一切以保障人民根本利益为出发点的宗旨，引导学生理解和拥护国家，为实现中华民族伟大复兴积蓄力量，增强学生的爱国主义情怀，引导学生自觉融入疫情防控的阻击战中。

（二）以身作则做好示范引导

作为辅导员，在严格要求学生做好疫情防控的同时，要做好表率，率先垂范，通过自己的以身作则影响学生做好疫情防控，加强个人卫生，做好榜样示范；建立疫情防控台账，精准掌握每个学生个人及其家庭成员的居住地、身体情况、旅居史，做好筛查和统计工作；充分发挥学校、学生、家长三方沟通桥梁作用，及时将学校政策文件、防控措施传达给学生、家长，及时把学生的身体状况反馈给学校和家长；如遇到有发热情况的学生，辅导员应立即带领学生前往校医院或发热门诊就医，视学生情况做好治疗和隔离工作。

（三）扮演“思想引路人”，做思想政治的基本阵地

班级是疫情防控的思想动态风向标，发挥着坚定理想信念的重要作用。从前的“班主任—班委—学生”的线性指挥体系信息反应较慢、信息传递损耗大，根据疫情防控的总要求，班级作为学生的第一现场，更应该创新以“辅导员”为核心、一心多环的“同心圆”网状工作结构。在疫情的影响下，班会、讨论会等传统教育渠道受限，班级的思政教育应该主动适应学生线上互动场域，打造线上线下一体化的班级平台，线上线下无缝衔接，发出班级“好声音”，全方位防疫抗疫，激励学生鼓起战胜疫情的信心，积极感受正能量、传播好事迹、引领新风尚。

（四）做好疫情防控政策解读工作

在疫情防控常态化的背景下，及时将党中央政策、国务院政策和学校政策向学生传达显得尤为重要。作为辅导员，应当向学生介绍国内外的疫情防控整体形势，介绍学校疫情防控的工作措施及必要性，让学生切实领悟校园疫情防控政策，遵守校园疫情防控规章制度；通过校园网、微博、微信公众号等途径进行疫情防控知识宣传，并通过知识

竞赛等形式提高学生主动参与疫情防控的积极性，提高学生疫情防控知识知晓率，加强疫情防控能力；定期组织学生学习疫情防控相关知识，进行应急预案演练，让学生掌握应急处理流程，学会消毒消杀等工作步骤；时刻做好学生、家长的解释沟通工作，经常性出入学生宿舍，关注学生宿舍消毒通风等情况，叮嘱学生做好自身防护；合理为学生布置防疫工作措施，提醒学生正确佩戴口罩的方法，与他人社交保持合适距离，做好个人防护；在宿舍张贴防疫知识海报，设置废弃口罩专用垃圾桶，购买免洗洗手液、酒精消毒液等防疫物品，让学生在宿舍中养成主动防疫的好习惯。

（五）及时关注学生思想动态

高校的疫情防控工作十分复杂，不仅涉及学生的身体健康安全，还涉及学生心理健康以及家庭、社会的多层次生活需求。作为辅导员，应当定期组织主题班会，时刻关注呵护学生的心理健康问题。保障学生生活是班级的基本目标，要用心用情关注学生的担忧和困难，满足学生的日常生活需要，帮助学生解决现实问题。在疫情防控的新阶段，班级应该更加重视学生的心理变化，对身处疫情严重地区的学生、因疫情致贫的学生、因疫情影响心理的学生进行及时有效的心理干预和辅导，疏导学生紧张情绪，尽快恢复身心健康，提高心理承受能力，温暖学生心灵。同时，及时调整涉及学生利益的奖学金评选、社会实践等实施细则，紧跟疫情防控总体部署，解决学生的后顾之忧。尤其对于出现学生发热发烧的情况，要第一时间赶往现场，启动应急预案，做好学生的心理安抚工作，避免让学生因心理负担影响正常治疗；避免扩大影响，引起学生间的恐慌。

（六）注重学生成型成人成才教育工作

习近平总书记曾经说过，广大青年要成为实现中华民族伟大复兴的生力军，肩负起国家和民族的希望。国家和民族的希望都在广大青年的身上，可以看出习近平总书记对青年的殷切希望和谆谆教诲。辅导员，自然要在给学生扣好人生第一粒扣子的同时，帮助学生成型、成人、成才，让青年学生成为社会主义合格建设者和可靠接班人①。迅速成型，让学生更好地适应学校的教育。天津铁道职业技术学院因为自身的专业特殊性，对学生自然有着严格的要求。辅导员做好成型教育能让学生更快地适应学校的半军事化管理制度，适应将来工作环境的要求。同时做好成型教育，更能培养好学生的人生观世界观价值观，让学生切实认识到，每一个青年都应主动将个人的奋斗融入国家和民族的奋斗大潮中，将个人的命运与国家和民族的命运紧密相连，把爱国之情、强国之志、报国之行统一起来，只有这样，青年心中才有阳光，眼里才有远方，脚下更有力量。逐步成人，让学生在学习中确定人生理想目标。迷茫是大学生的常态，解决迷茫的局部最优解就是学习。让学生学会逐步成人，辅导员需要引导学生养成正确的学习习惯，引导学生在学习中发现自己的问题和不足。以学习长知识、长本领，更重要的是长思想、长品格。学到的知识不能只装到脑袋里，而应该落实到行动上，切实把读书学习到的知识转化为提升自己的能量。正所谓，十年树木，百年树人。最终成才，让学生在走出校门时能够真正成为国家的有用人才。其实成才对于刚入学的学生来说有些过于远大，他们找不到

①张弛，王燕.习近平关于新时代青年成长成才教育观要论[J].湖北社会科学,2018（10）.

适合自己的成才目标，但作为辅导员，就需要引导每一名学生了解，努力做好自己，在自己的岗位发光发热贡献出自己的力量，能担负起家庭的责任，能成为单位的骨干，就是一种成才的表现，就能肩负起国家的和民族的希望。能够踏踏实实做好自己的工作，成为拥有新时代“工匠精神”的人，对于每一个津铁院的学生来说就是一种成才的表现。

（七）成立校园疫情防控志愿队

积极发挥党团骨干、班委、班干部等的作用，组织成立校园疫情防控志愿队，鼓励校内同学积极参与，监督执行学校疫情防控工作，参与学生心理状况摸排工作，充分发挥学生的主观能动性，调动学生的防疫积极性，让学生切实参与到疫情防控当中，提高学生参与疫情防控的热情，提高学生的自主防疫能力，形成对校园疫情防控工作的监督力量。

如今，全球疫情情况仍不容乐观。疫情就是命令，防控就是责任。辅导员只有坚守好自己的岗位，守好自己的阵地，加强思想政治教育，架起桥梁纽带，筑好防控堤坝，才能为全体学生的健康成长保驾护航，更好地为党和国家培养社会主义合格建设者和可靠接班人。

参考文献：

[1]韩英.高校辅导员助力打赢新冠肺炎疫情防控阻击战的思考[J].高校辅导员,2020(2).
[2]张弛,王燕.习近平关于新时代青年成长成才教育观要论[J].湖北社会科学.2018(10).
[3]李恒强.从五四精神看当代大学生的责任和使命[J].人力资源管理,2018(8).
[4]孙宇.高校体育文化对大学生成长的影响——以某高校为例[J].体育风尚，2019 (2).

学校劳动教育的研究探讨

张立初
天津铁道职业技术学院

在 2018 年 9 月 10 日举行的全国教育大会上，习近平总书记总结了我国教育事业的改革发展的辉煌成就，第一次完整而全面地提出了要对学生进行德智体美劳“五育”全面培养，把劳动精神发扬光大。中央召开的这次盛会，中央政治局常委、中央委员、人大政协委员都参加了，体现了我国对教育事业的高度重视。习近平总书记在此次大会上，重点阐述了劳动教育与学生培养之间的关系，把劳动教育提高到一个前所未有的新高度。这说明劳动教育是今后学生教育和培养的重点方向。

一、劳动的重要性

（一）劳动创造了人本身

恩格斯在 1876 年所写的《劳动在从猿到人转变过程中的作用》中，对于劳动在人类发展进化历史上的重要作用，特别是在人类生理结构的进化和人类社会性发展上的重要作用进行了论述。恩格斯指出：“劳动是整个人类生活的第一个基本条件，而且达到这样的程度，以致我们在某种意义上不得不说：劳动创造了人本身。”

（二）劳动促进了生产力发展

人类通过劳动改造自然，在劳动生产过程中，人类在劳动实践中不断积累经验，通过不断的劳动，劳动的熟练程度不断提高，劳动生产力也随之提高。

由于发展的需要，人类在劳动中需要获得更多的产品，因而促使人类通过劳动提高技术水平，改造生产工具，发展更先进的工具。先进的生产工具反过来又促进了生产力的发展。

（三）劳动创造了现代文明

从原始社会的茹毛饮血刀耕火种到现代社会的万物互联互通，劳动起到了极其重要的作用，可以说，没有劳动就没有现代文明。

劳动帮助人类发展先进的物质文明。人类为了自身的生存和发展，通过劳动获取食物和衣物等生活用品，通过劳动建设自己的家园。人类通过劳动创造并积累了丰富的物质财富，从捡取果实发展成现代农业，从野外狩猎发展成现代畜牧业，从落后的原始社会发展为发达的现代社会。

劳动帮助人类发展先进的精神文明。人类在劳动过程中，通过相互之间的合作和分工逐渐形成了越来越先进的生产关系，通过描述和歌颂劳动人民和劳动过程逐渐形成了诗歌和绘画，通过劳动中的奋进号子逐渐发展成音乐，通过劳动中生产工具和生产过程的改进和发展逐渐发展为先进的技术和科学。

二、劳动教育的发展

（一）劳动教育的发展

劳动教育不是凭空而出的，而是经历了一系列探索实践的过程。新中国成立后，我国就提出了劳动教育方针，其历史沿革如下：

1957 年的“三育”教育方针提出了培养什么样的劳动者，1993 的“三育”教育方针提出了教育必须与生产劳动相结合，2018 年提出的教育方针第一次把“德智体美劳”五育放在同等重要的地位上。

（二）“德智体美劳”全面发展的劳动教育方针

2018 年 9 月 10 日，习近平在全国教育大会上提出“培养德智体美劳全面发展的社会主义建设者和接班人”。这是首次完整提出“德智体美劳”五育并重的教育方针，并全面落实，付诸行动。习近平总书记强调，要在学生中弘扬劳动精神，教育引导学生崇尚劳动、尊重劳动，懂得劳动最光荣、劳动最崇高、劳动最伟大、劳动最美丽的道理，长大后能够辛勤劳动、诚实劳动、创造性劳动。

2020 年 3 月 26 日，为构建德智体美劳全面培养的教育体系，中共中央国务院印发《关于全面加强新时代大中小学劳动教育的意见》，《意见》要求把劳动教育纳入人才培养全过程。

2020 年 7 月 7 日，为深入贯彻习近平总书记关于教育的重要论述，全面贯彻党的教育方针，加快构建德智体美劳全面培养的教育体系，教育部组织研究制定了《大中小学劳动教育指导纲要（试行）》。

（三）劳动教育的定义

2020 年 7 月教育部印发的《大中小学劳动教育指导纲要（试行）》，阐述了劳动教育的定义，即：劳动教育是发挥劳动的育人功能，对学生进行热爱劳动、热爱劳动人民的教育活动。同时也明确了劳动教育的性质和基本概念，劳动教育的目标和内容，劳动教育的途径、关键环节和评价，学校劳动教育的规划与实施，劳动教育的条件保障与专业支持。第一次对劳动教育进行了全方位的指导，更好地帮助落实德智体美劳全面发展的教育方针。

三、开展劳动教育的意义

（一）劳动教育是立德树人的重要途径

劳动教育能培养学生艰苦朴素、吃苦耐劳的美好品德。学生通过劳动实践活动获取劳动知识、学习劳动技能、锤炼劳动本领、懂得劳动的艰辛，在劳动中形成不畏辛苦、迎难而上的优秀品格。同时，学生也可以通过劳动实践学习在团队中如何在发挥个人作用的同时与他人协作，处理好个人和集体的关系，培养团队合作精神。

（二）劳动教育有助于实现学生全面发展

有的人对现代大学生，特别是著名高校大学生的评价是“四体不勤五谷不分”，这是形容他们缺乏基础的劳动知识和基本的劳动能力。产生这种情况的原因是很多同学只重视“德智体美”的发展，而忽视了劳动素质的养成。开展劳动教育能够补足缺乏劳动素质培养的这一课，通过提高学生的动手实践能力，促进学生全面成才，实现学生的全面发展。

（三）劳动教育帮助学生树立正确的劳动价值观

目前社会上有很多不正确的劳动价值观，由此导致的结局往往不尽如人意。例如：有的人怕吃苦、怕受累，想找一个又轻松又赚钱的工作，妄想天上掉馅饼，结果往往是陷入了传销的陷阱不能自拔；有的人不通过诚实劳动，而是通过其他不正当手段，如诈骗、赌博、贪污受贿等赚取不义之财，最终都逃不出法律的制裁；有的人不喜欢劳动过程，急功近利，想要一夜暴富，一味追求高风险带来的高收益，结果往往是“赔了夫人又折兵”。劳动教育引导学生尊重劳动者和劳动成果，让学生明白不同种类、不同分工的劳动不分贵贱也不分好坏，所有劳动成果的得来都是不容易的，所有劳动者都是值得尊重的，培养学生热爱劳动、热爱劳动人民的思想。

四、劳动教育中需要注意的问题

（一） 把握好劳动教育课程的理论课与实践课的关系

劳动理论课是从思想的层面对学生进行教育，让同学们认识到劳动教育的重要性和意义，帮助同学树立正确的劳动价值观，从思想上正确认识劳动课。

劳动实践课是通过实地操作，锻炼同学们的动手能力，提高同学们的劳动技能，培养同学们的团队合作意识。让同学们身体力行地加入劳动中去，让同学们认识到劳动不易，要尊重劳动者，珍惜劳动成果，进而养成爱劳动的良好习惯。

劳动理论课与实践课都是劳动教育中不可缺少的环节，要把二者有机地结合起来，才能达到教育效果的最大化。

（二）要及时总结，加强教育效果

劳动教育课程要及时总结，劳动教育课顾名思义，是通过劳动进行教育，劳动是手段，教育是目的。如果仅仅组织同学们进行劳动而不总结，那么劳动实践也成了单纯的体力劳动，没有实际的教育效果，失去了开展劳动教育课程的意义。

(1) 要把劳动教育落到实处

劳动教育是我国教育事业不断发展的产物，党中央出台了一系列相关政策和文件进行说明和论述。这说明劳动教育不是喊喊口号、摆摆样子就可以了，要实际做起来。要通过劳动教育课程不断地充实内涵、扩展外延，建立劳动教育体系，让劳动教育为建设社会主义事业服务。

(2) 劳动教育要与学生日常生活相联系

劳动教育不是高高在上的空中楼阁，要与同学们基础的日常生活相联系。在劳动理论课与实践课相结合的过程中拉近与同学们的距离，让同学们深入劳动教育的情境中，与劳动教育产生共鸣，让同学们认可劳动教育，使劳动教育产生最大效果。

总之，要以开展劳动教育为契机，从理论和实践两个方面对学生进行思想教育和能力培养，帮助学生树立正确的世界观、人生观和价值观，把学生培养成德智体美劳五育全面发展的未来国之栋梁。

参考文献：

[1]马克思，恩格斯.马克思恩格斯选集(第3卷)［M］.北京：人民出版社，1995：508.

[2]习近平在全国教育大会上的讲话[EB/OL].[2018-09-11].http://edu.people.com.cn/n1/2018/0911/c1053-30286253.html.

[3]赵伟.试论劳动、劳动教育和职业教育的关系[J].中国高教研究，2019(11):103-108.

高职院校学生劳动教育现状研究

张熙
天津铁道职业技术学院

一、高职院校学生劳动教育现状分析

为了更加准确地掌握高职院校学生劳动教育的基本情况，本文以某高职院校学生作为研究对象，通过发放问卷进行实际的调查。本次调查共发放问卷 901 份，有效问卷 901 份，涉及学生的基本信息、学生劳动观念、学生劳动实际等内容。具体分析如下：

（一）学生对于劳动有较明确的认知

根据问卷的调查结果，可以看出 91.23%的学生认为劳动教育很有价值，占大多数比例（具体见图 1）。学生对于学校开展劳动教育的必要性上，90.12%的学生认为有必要（具体见图 2）。89.46%的学生认为劳动教育能够促进创造性和操作能力的发展（具体见图 3）。由此可见，大多数学生对于劳动教育的重要意义认识比较明确，并能够用积极的态度进行劳动。但是还有部分学生对劳动持消极态度，不愿意参加劳动，不能正确理解劳动的价值和意义。

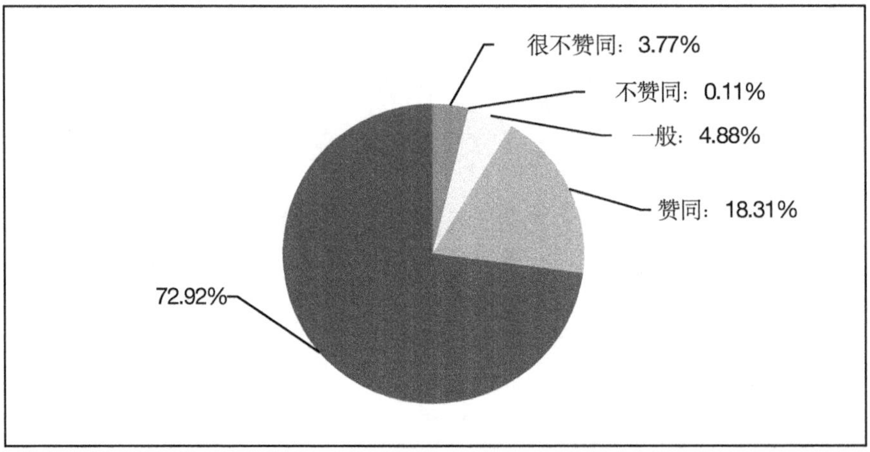

图 1 “你认为劳动教育很有价值”调查结果

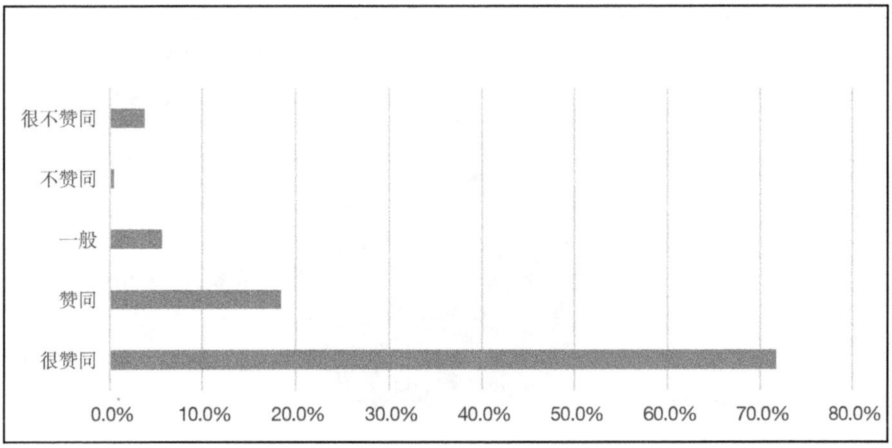

图 2 “你认为学校有必要开展劳动教育”调查结果

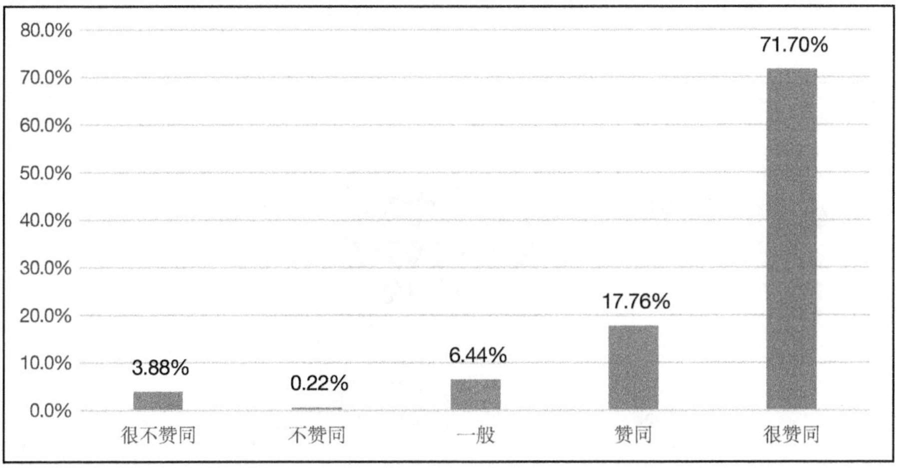

图 3 “你认为劳动教育能够促进你的创造性和操作能力的发展”调查结果

（二）高职院校开展劳动教育初显成效

根据问卷的调查结果，可以看出 91.56%的学生认为学校当前的劳动教育课程设置可以让自己对“劳动”有一个正确的认识，88.46%的学生认为当前学校的劳动教育能够让自己明白劳动的价值和意义（具体见图 4）。这说明高职院校在积极推进劳动教育的课程设置，并组织学生积极参与到劳动中，帮助学生正确认识劳动的深刻内涵。学校组织学生进行劳动教育的形式集中在做值日生、完成班集体劳动任务、完成劳动课布置的任务，开展劳动多以清扫相关，集中在一周时间内，与专业融合较少，考核方式还不够完善。大多数学生希望学校将劳动理论知识和实践有机结合，开展丰富多彩的实践劳动新形式，并增加专业人员讲解指导，创建劳动教育基地来改进劳动教育的课程模式（具体见图 5）。总体来看，高职院校开展劳动教育初显成效，但还存在形式和内容比较单一等问题。

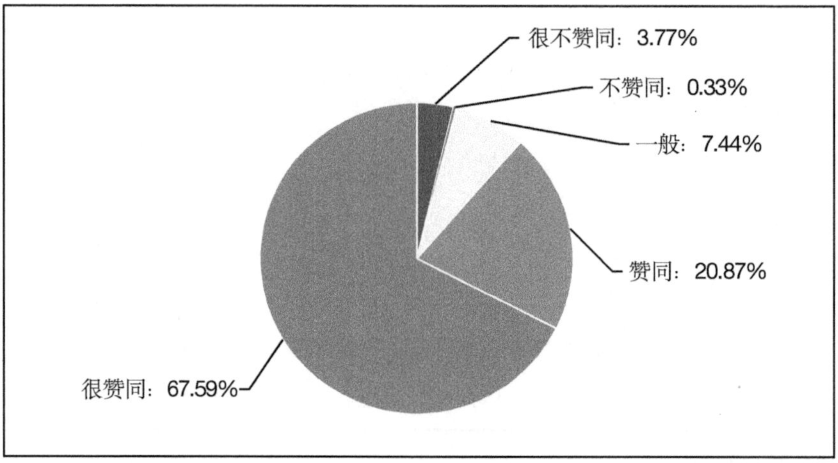

图 4 “你认为当前的学校劳动教育能够让你明白劳动的价值和意义”调查结果

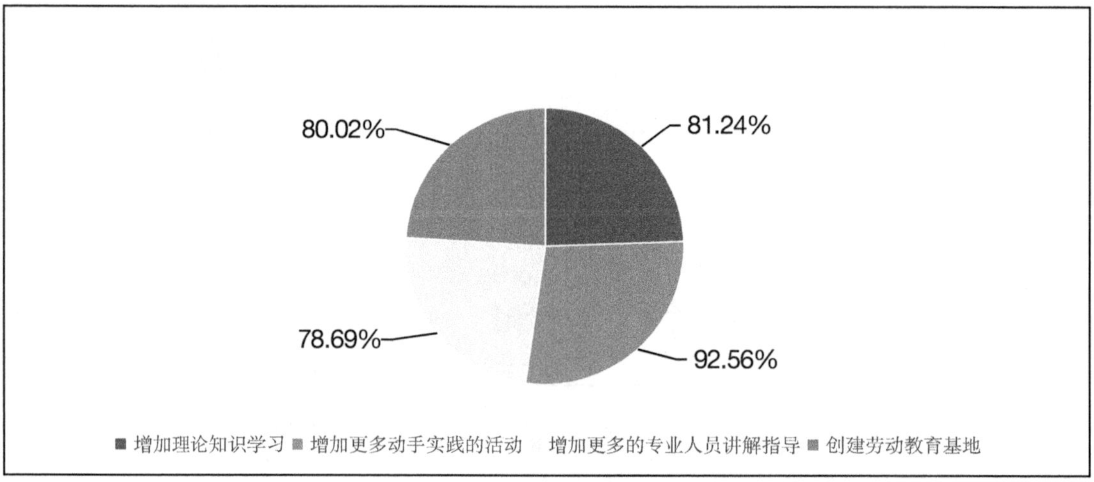

图 5 “你希望如何改进劳动教育课程？”调查结果

（三）家庭教育对于学生劳动观念的引导缺失

根据问卷的调查结果，可以看出学生每天的劳动时间不足2小时的居多(具体见图6)，在放假期间极少数学生会每天进行劳动。家长对于学生劳动教育的引导不足。在问卷的采访部分，学生大多在家庭中参与家务，比如擦地、刷碗等基本劳动，其余劳动几乎不涉及，比如社会实践、志愿活动等等。家长对于学生的劳动要求不高，讲述相关的劳动观念较少。

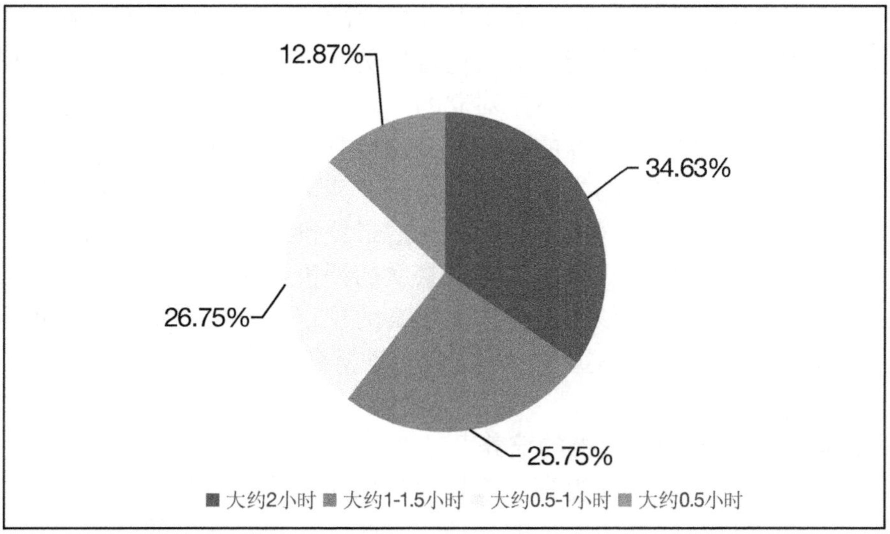

图 6 “你每天参加劳动的时间有多长？”调查结果

二、高职院校开展学生劳动教育中存在的问题

经过前期的问卷反馈结果，可以看出学校和家庭教育对于学生价值观的引领起到了关键的作用。虽然经过开展劳动课，已经帮助学生逐步认识劳动，培养学生的劳动观念。但是仍然还存在着一些不容忽视的问题。

（一）学生对于劳动教育的认识不够全面深刻

高职院校通过开展劳动教育加强了学生对于劳动价值的认识，但是仍有部分学生不理解开展劳动教育的目的和意义。劳动教育的最大价值在于帮助学生能够通过劳动达到实现自己人生价值的目的。在实际的学习中，学生能够意识到劳动的意义，但是一听到劳动，还是会存在片面地将劳动归类于打扫卫生等简单的体力任务的情况，对于劳动的理解不够全面和深刻。学生大多数都参加了劳动教育，但是基本属于学校要求的必修课程，被动参与较多，主动参加劳动的意识不强，欠缺劳动精神的自我培养意识，因此，劳动教育开展的效果还需要进一步提高和加强。

（二）学校开展劳动教育的机制不健全

通过问卷结果，可以看到高职院校采取理论讲授、集中劳动等方式进行劳动教育。但是在推动劳动教育的过程中，教育机制没有形成完成的体系。具体体现在以下几方面：第一，开展劳动教育的主体单一。目前开展的学生劳动教育大多归属于辅导员工作，辅导员负责学生的理论与实践课程的指导。辅导员作为学生的思想政治教育工作者，应该承担学生劳动精神培养的任务，其他教育主体在开展教学工作的同时，也应将劳动精神的观念融入专业课，对于增强专业技能的培养，提高钻研精神都是有益的。学校在落实主体责任上存在一定程度的缺失。第二，劳动教育内容和方法简单化。结合问卷调查结果，实践教育的形式以清扫校园为主，存在重复性、简单化的特点，对于学生的劳动观念、劳动能力没有严格的要求。理论内容虽然涉及劳动价值观等主要内容，但是在实践中没有完全与理论知识相结合，缺少对于劳动概念的更高层次的提升。在高职院校中，学生的主要任务就是掌握专业技能，成为德智体美劳全面发展的社会主义建设者和接班人。专业技能和综合素质的培养并不是对立的，而应该是紧密结合的。在目前开展的劳动教育中，缺少对于专业技能培养的融合，劳动教育相对独立，不能与整体育人目标相结合，不能完全达到劳动教育的主要目的。第三，劳动教育评价考核不健全。劳动教育课程已经在逐步开展过程中，对于学生的劳动效果评价起来存在一定的困难。单纯地依靠劳动效果无法全面地对学生进行整体劳动素质的评价。对于如何进行课程的设置、如何结合学生的劳动效果进行考核还没有形成明确的规定，学生对于劳动课程的兴趣和态度不积极，使得学生对于劳动不重视，不能将劳动落到实处。

（三）家庭教育缺少劳动精神的培养

随着经济水平的不断发展和提高，家长为学生提供的家庭教育环境越来越优越。大多家长认为文化学习成绩是学生主要的任务，因此，在培养学生的时候，学习时间占据了学生大部分的生活，学生做家务、做志愿服务、社会实践的机会很少。溺爱型的家庭教养方式，也使得学生的家庭地位上升，家长不愿意让学生辛苦，因此，直接剥夺了学生劳动的机会，导致出现学生以自我为中心，独立能力差、不愿意主动参与劳动等特点，进而缺乏劳动意识，不懂得通过劳动来创造幸福生活的道理。

三、高职院校开展学生劳动教育的路径

为实现全面育人，进一步提高学生的劳动意识，树立正确的劳动价值观，社会、学校、家庭作为学生教育的主体，应该发挥育人职责，将理论与实践进一步结合起来，已达到“三全育人”的根本目的。

（一）社会应大力弘扬劳动精神

弘扬社会主义核心价值观，对于学生正确地认识劳动、参与劳动有着推动作用。因此，应塑造劳动最光荣的社会氛围，有利于学生形成正确的劳动观。第一，充分发挥榜样的作用。各行各业都有优秀的人才，利用表彰大会等模式对先进人物进行宣传，积极发挥优秀的示范引领作用。此外，选取一些优秀文艺作品，通过影视、音乐等方式传播先进的劳动思想，形成尊重劳动、崇尚劳动的良好氛围。第二，积极发挥媒体的宣传作用。一方面，结合当前关于劳动精神的理论论述，及时地将政策通过新闻、广播、报纸等传统方式进行宣传，让大家认识到新时代的劳动价值观，传递正确的劳动态度、劳动价值。另一方面，网络的快速发展，手机应用占据了人们大部分的阅读时间。要转变新思维，通过微博、抖音等人们经常使用的新媒体工具，积极宣传劳动的故事，身边的故事容易引起学生的共鸣，引导他们切实地将劳动内化于心，外化于行。第三，加大对于劳动教育的投入。劳动教育要真正推进，需要从机制上入手，加大对于劳动教育的投入。将开展实践等各种形式的劳动予以相关的政策和资金支持，加强校企之间的合作，将劳动教育列为学生综合素质的考核内容都是推进劳动教育工作的举措。

（二）学校应完善劳动教育管理机制

要提高高职学生的劳动素质，高职院校是主要实施主体。劳动教育是高职院校推进学生全面发展的重要内容。因此，学校需要完善劳动教育管理机制，进一步促进劳动教育实施的规范化、制度化。第一，设立完善的劳动课程体系。劳动课既然作为学生的必修课，应该完善课程的授课方案、目的、计划、考核办法等内容，严格按照必修课的课程要求，加强对于学生课程学习的检验。第二，优化教师队伍。教师要掌握劳动教育理论，一方面加强以思政教师、辅导员为主要力量的专兼职队伍，另一方面也要聘请相关的专业人士担任劳动指导老师，提升师资队伍的能力水平。第三，增加劳动教育的内容。高职院校对于学生的专业技能有较高的要求，因此，学校不仅要培养学生基本劳动素养，更要进一步培养专业劳动能力。这不仅仅包含劳动价值观、劳动态度，更应该涉及培养学生对于专业精益求精、认真钻研的劳动精神。比如学校将专业实训课程与劳动实践课程相结合，建立考核机制，也是一种对于劳动内容修改的尝试。第四，创新劳动教育的形式。问卷分析结果显示目前开展的劳动教育集中于集中授课、清扫校园等形式，这不能完全调动学生学习的兴趣。因此，开展劳动教育要适应当前的时代特点，在集中讲授时，充分利用新媒体方式，比如微课堂、翻转课堂，让学生主动参与，主动理解劳动理论，发挥学生的主观能动性。此外，开展实践课程，可以不仅仅局限于校园中，创建劳动实践基地、校外实践锻炼场所，让学生可以走出去，可以激发学生参与热情和劳动的积极性。第五，将劳动教育融入日常的教育管理中，可以通过开主题班会、主题活动等方式，让学生将理论进行消化和理解，通过开展校园志愿服务，让学生通过自身体验明白劳动的重要意义，引导学生养成良好的劳动习惯，形成正确的劳动观念。

（三）家庭应重视劳动教育的作用

家长作为学生的第一位老师，对于学生的成长成才有着异常重要的作用。家庭教育更是对于学生劳动能力的培养、劳动认识的观念有较大的影响。因此，家庭应该重视劳动教育的作用。第一，家长应转变教育观念。学习科学文化知识固然重要，但是单一的学习是不利于学生综合素质的养成的。一方面，家长要加强对于劳动的认识，让学生明白幸福的生活是靠劳动创造的，而不是坐享其成。另一方面，家长要分清楚学习和劳动的关系，不能重学习，轻劳动，要让学生明白劳动与学习并不是对立的关系，可以通过培养学生劳动，领悟一些道理，将劳动与学习相融合。第二，家长要积极发挥言传身教的作用。要想影响孩子，家长就要以身作则。因此，家长要发挥榜样作用，用自身的劳动行为做表率，引导学生在家庭中积极劳动，通过自己的劳动体验收获，主动养成劳动的良好习惯，进一步形成良好的家风，建立家庭育人的阵地，营造家庭劳动教育的良好环境。

总之，在新时代的教育背景下，高职院校劳动教育的要求和内容都在不断调整。为了更好地培养学生，就需要将培养德智体美劳全面发展的社会建设者和接班人作为我们教育的前进方向。对于学生劳动教育的探索，还需要主动尝试。相信通过社会、学校、家庭的共同努力，学生的劳动素质会得到进一步的提高，学生劳动教育也会取得实效。

参考文献：

[1]习近平在全国教育大会上强调：坚持中国特色社会主义教育发展道路培养德智体美劳全面发展的社会主义建设者和接班人[N].人民日报，2018-09-11.

[2]中共中央国务院关于加强新时代大中小学劳动教育的意见[N].新华每日电讯，2020-03-27(1).

高校心理工作室建设模式探索

——天津外国语大学心理实践育人体系构建研究

黄俊
天津外国语大学

随着经济发展，社会对心理健康服务的需求不断增加。国家连续出台多部文件，指导心理健康服务：十九大报告提出，要“加强社会心理服务体系建设，培育自尊自信、理性平和、积极向上的社会心态”；《高校思想政治工作质量提升工程实施纲要》(2017) 将“心理育人”纳入高校“十大”育人体系，强调心理健康知识要“全覆盖”，要治“未病”，心理教育工作要“前置”；《全国社会心理服务体系建设试点工作方案》(2018)，强调“将心理健康服务融入社会治理体系、精神文明建设，融入平安中国、健康中国建设”。

按照国际卫生组织说法：每千人拥有一位心理咨询师是“健康社会的平衡点”，而高校专职心理健康工作者的配比普遍较低，如何在师资有限的情况下调动资源，满足高校心理健康服务需求，需要大量的探索和论证。

一、我校心理健康教育工作现状——建立心理工作室的必要性和重要性

多年来，我校心理健康教育工作稳步推进，工作体系不断完善，日常工作由《心理咨询工作管理办法》《心理危机预防与干预工作方案（试行）》两个校级文件，以及《天津外国语大学心理危机干预工作手册》《分类指导制度》和《深度辅导制度》指导、规范。两校区均按照天津市学生心理健康发展中心标准化建设标准建设、运行。医教合作、家校合作稳步推进。注重国家级心理咨询师培育，学校共有国家二级心理咨询师 18 位、国家三级心理咨询师 13 位，中国心理学会注册心理师 1 位，提高了发现和甄别学生心理问题的时效性和准确性。但是工作体系中的心理服务资源，尤其是人力资源，仍有需要整合之处。

首先，我校师生对心理服务资源有高需求与心理资源不足之间存在矛盾。高校对心理服务资源的需求普遍高于资源配置，就我校而言，心理普测约有四分之一左右学生量表结果异常，每年约 700 名学生需要进行一对一约谈、进一步评估学生心理健康状况。今年约 700 余人次主动预约心理咨询，这个数字每年还在增加中。心理原因或严重心理疾病是退学、休学的最常见原因。同学们也呼吁增加心理活动、心理知识讲座、心理课程等。

其次，心理资源没有充分整合。全校共有 31 位教师具有国家心理咨询师资质认证，分布在学工部、各学院、校团委、宣传部、后勤处、保卫处、资产管理处等各个部门，

缺乏资源的整合，没能充分发挥作用。心理咨询师们也缺少继续教育和提升，没有进一步的实践、实习、督导。2013 年开始建设心理健康教育指导中心实体部分，实体场地大，但是师资有限，同一时间不能充分利用每个场地。

二、建成心理工作室的现实意义

一是有利于整合资源，每位老师都有自己感兴趣或者擅长的领域，在教育教学、实践活动两大板块中，老师们可以认领新生适应、人际、学业、择业、婚恋、创伤处理等主题，进行咨询、讲座、教学、活动、研究。在日常学习、提升时也有所侧重，这既保证了在老师精力有限的基础上得到精进和提升，又保证了学生能够得到全面、专业的心理健康教育服务。

二是充分发挥各岗位心理工作室成员的天然优势，形成辐射作用。对于辅导员来说，与学生关系密切，有着天然的联系，良好的关系是心理工作的一个重要前提。辅导员在心理工作室培训督导的带动下，可将心理健康理念渗透到日常班会、查课考勤、查寝、安全检查、卫生检查等各个环节、各个方面的工作当中。带着心理辅导的视角总结、升华辅导员工作，也会有不一样的收获。其他职能处室的成员可以在教育宣传、校园活动、后勤保障等各个方面助力心理工作，全方位营造心理健康良好氛围。

三是搭建了朋辈会商、督导研判的平台。传统的心理健康工作，由心理健康指导中心主要负责，但是由于没有辅导员那么贴近一线工作，对学生工作的一些动态、变化不那么了解，只能通过与学院的单线沟通加深了解，有时还是难免出现判断与实际工作脱节的情况。朋辈会商机制，能够使得心理健康工作更科学、更有效、更贴近实际，同时学院之间、中心与学院之间，也能够更加有效沟通交流、资源共享、头脑风暴，就代表性案例共同出谋划策。

四是可以增强归属感，走职业化、专业化道路，预防职业倦怠。心理工作室主要整合校内心理资源中的人力资源，老师们聚在一起进行资源共享、督导研判、朋辈会商，能够增强专兼职心理咨询师的归属感，有组织的培训、督导、小组活动，有助于专兼职心理咨询师走职业化、专业化发展道路，兼具辅导员能力培养的作用，预防职业倦怠。

三、心理工作室的具体功能

一是发挥各自优势，推进教学、科研工作。工作室成员可以根据兴趣、特长，选定新生适应、人际、学业、择业、婚恋、创伤处理等主题，有针对性地接受继续教育、学习成长、反思研究，依托本科素质学分实践系统开展素质学分课程。工作室可组织互比互看，互相学习、借鉴，也可共同商讨心理健康课的教学目标、教学方法教学能力。可以预见工作室成员的专业水平、授课水平、工作技能、科研水平均会不断提升。

二是结合部门特色，创新教育宣传、实践活动。工作室成员可结合自身经验特长、部门资源等开展教育宣传、创新实践活动。成员可根据自身擅长主题撰写原创科普文章、开展主题工作坊、专题讲座，也可结合部门特点，开展心理健康活动，如国际传媒学院组织心理微电影大赛。工作室成员也可作为团队，不断深化与校外学校、机构的合作交流，组织学生进行社会服务等。

三是完善督导研判体系,夯实咨询服务、预防干预。工作室成员可就工作中的案例进行朋辈会商、督导，也可邀请校外专家督导、研讨，帮助工作室成员提升心理健康教育工作能力。学生可根据工作室成员特长领域选择咨询师预约咨询，从而得到更有针对性和更加专业化的指导。工作室也将支持更加细化的普测约谈工作，确保每位学生按照指导语完成普测，并进行更及时深入的追踪关注。

四是促成辅导员职业化成长，打造专业心理健康团队。工作室通过以上心理健康服务，成员们在服务过程中，在特定领域不断精进。工作室也可开展心理读书会、专题小组学习，扎实专业知识，参加各级培训、工作年会，不断提高专业能力、工作技能。工作室也可定期开展自我关爱主题工作坊，疏解成员内心压力，首先在心理工作团队中普遍形成积极向上、理性平和的健康心态。

四、我校建立心理工作室的优势

一是软硬件资源充足。我校注重国家级心理咨询师培育，具有充足的心理咨询师储备，共育有国家二级心理咨询师 18 位、国家三级心理咨询师 13 位，中国心理学会注册心理师 1 位。我校硬件建设完备，2013 年 5 月已落成占地 300 平方米的心理健康教育指导中心，随后又跟随天津市学生心理健康教育发展中心标准化建设项目完成五大道校区心理健康教育指导中心标准化建设。建设有心理咨询室、心理测量室、箱庭体验室、音乐放松室、情绪宣泄室、团体辅导室、心理阅览室、多人会客室、社团活动室等，为学生心理工作室的运行提供良好硬件环境。

二是心理工作有积淀。心理咨询、危机干预指导文件、手册完备。承办天津市心理工作年会、天津市心理委员技能大赛。获批天津市学校心理健康教育课题立项 6 项。1 人获评 2015—2018 年度大学生心理健康教育工作“优秀青年工作者”。 1 人作为优秀师资参与天津市教委特殊教育教师培元关爱计划服务项目，为特教老师进行团辅放松、心理疏导。天津商业大学、洛阳外国语学校先后来我校交流心理健康工作。心理健康工作被天津市《教育报》、天津市心理健康教育发展中心简报报道 3 次。

三是学校平台有保障。校领导非常重视心理工作，积极响应市教委、教育工委、心理健康教育发展中心等的相关文件，及时研读、制定方案、大力督办，邀请校外专家经常来校讲座、督导。学校育人工作扎实开展，连续 3 年获评天津市大学生思想政治教育工作优秀单位，荣获天津市高校三全育人综合改革试点实效奖。我校受市教委委托，承接天津市大学生德育工作研究中心功能，为促进心理育人工作搭建高平台。经费方面，严格按照要求拨款用于心理健康工作。

五、未来展望

心理工作室能够充分调动校内外资源，发挥成员优势特长，梳理心理育人体系，搭建心理健康工作团队协同工作平台、个人成长平台、教学研究平台、成果展示平台和创新实践平台，从而全方位、全过程推进心理健康工作，促进师生心理健康素质与思想道德素质、科学文化素质协调发展。

但是也可以看到，国内高校心理工作室建设工作还处于探索阶段。心理工作室发展中很重要的一方面，还是要依托各级心理健康指导文件，依托各级领导的理解、重视、政策支持，也要依靠心理工作室每位成员在现有条件下，克服困难，互相协助，努力精进。

另外，心理工作室建设也还需要进一步进行理论与实验研究、论证，并在实践中不断摸索、修正。这还需要广大心理工作者在归属感、职业倦怠、专业化发展等工作室发展的各个方面不断探索、钻研，工作室成员在实践中也需要结合自身专业特色、现有基础等现实情况，大胆实践，时常反思，加强科学研究，总结思想政治工作规律、教书育人规律和学生成长规律，坚持以师生心理健康这个总目标为中心，把握师生心理健康需求，优化心理健康工作内容、改进心理健康工作方法、创新心理健康工作载体，激活高校心理健康工作内生动力。

参考文献：

[1]张慧.高校二级学院心理健康教育模式新探——以江南大学“心语心悦”工作室为例[J].中国多媒体与网络教学学报,2020(1).

[2] 石卿志,陈鹏飞. 论高校心理工作室在大学生心理健康中的作用及工作方法[J].当代教育实践与教学研究,2019(9) .

以学业规划教育促进高校学风建设的探索和实践

周晓娜
天津外国语大学

习近平总书记指出:“一所高校的校风和学风,犹如阳光和空气决定万物生长一样,直接影响着学生学习成长。”学风建设是高校精神文明建设的重要组成部分,也是衡量高校办学水平的重要指标。随着高校改革进程的不断加快,学风建设在提高人才培养质量中的作用显得更为重要,各高校也在不断探索行之有效的学风建设途径。学业规划教育是学风建设中的重要一环,对于调动学生学习积极性和主观能动性有着至关重要的作用,因此加强学业规划教育能够为高校学风建设奠定坚实基础。

一、高校学风建设的现状和存在问题

高校学风建设是围绕学生学习态度、学习目标、学习行为等多方面内容进行的。学生学习态度、积极性、主动性是学风建设成果的集中体现。当前,高校学风建设存在一些共性和亟待解决的突出问题。

学生在高中习惯了灌输式和被动教育,进入大学后,学习模式发生转变,如果缺乏正确引导,学生不能及时调整学习状态,则会出现学习兴趣不高、效率低、效果差的情况。此外,大学相对自由的学习环境容易使学生降低学习要求,主观上思想懈怠,学习态度不端正,导致很多学生学习动力不足,缺乏主动学习的意识,学习习惯差。再者,很多学生缺乏对于学习目标的思考,盲目学习,缺乏章法,甚至学习内容和过程与最终发展方向背道而驰,导致学非所用,毕业时措手不及,也造成了教育资源的浪费。

二、学业规划教育的内涵和重要性

针对以上高等教育中学风建设存在的问题,学业规划显得尤为重要。学业规划是大学生为实现未来发展目标而对学业进行的设计和安排。具体来说,是指大学生通过分析个人性格特点、能力、特长、兴趣爱好等个人实际因素,同时与社会发展需要相结合,进行深入分析,制定发展目标,从而为实现目标做出一系列规划。

学业规划教育对于促进高校学风建设发挥重要作用。首先,做好学业规划教育有助于帮助学生增强自我认知能力,明确发展目标,制订具体可行的学习计划,增强学习动力和自我管理能力,从而在合理的目标和计划引导下,切实开展专业学习,提高学习针对性和效果。

其次,加强学业规划教育是高校提高学生学业质量的重要途径,也是加强学风建设、浓厚学习氛围、落实教学目标的重要举措,有利于促进高校人才培养质量的提高,推动高校教育模式转变，使其与社会需求接轨，朝向更为职业化、社会化的方向发展。

三、学业规划教育的实践理念

1.以学生为中心，合理制定规划方案

学业规划教育要坚持以学生为中心，从学生需求入手，充分调动学生学习的积极性和自主性，把促进大学生成长成才作为学业规划的最终落脚点。要全面了解学生需求，探索和总结学生成长规律和特点，帮助学生正确认识自己，引导学生明确发展目标，同时根据学生的实际情况和个性化特点，帮助学生制定具体的规划方案，促进规划落实，助力学生实现个人理想。

2.重视队伍建设，全员推进规划教育

学业规划教育是一项系统的工程，需要多方努力，齐抓共管，合力推进。学业规划教育的具体落实需要一支高素质的队伍共同完成，因此必须重视队伍建设，全面落实全员育人理念。从校院领导到专业教师，再到教辅人员和辅导员以及优秀学生都要参与到学业规划教育的实践中，丰富教育内容和方式，浓厚教育氛围，扎实推进学业规划教育做实做细。

3.加强全程指导，保障教育持续性

学业规划教育不是仅在某个固定时间点或时间段进行，而是要贯穿大学四年，从加强意识引导到行为指导和落实督导，都需要进行持续的跟进教育。学业规划教育在不同阶段有不同的工作侧重点。大一新生侧重规划意识和自我认识的建立，帮助学生迅速适应大学生活，度过迷茫期，同时制定合理的规划方案，明确努力方向。大二侧重学生专业素质和实践能力的提高，提醒学生及时落实规划，调整学习节奏。大三需要进一步帮助学生明确毕业去向，同时对自己前期规划实施情况进行初步评估，调整规划目标和实施进度。到大四毕业年级，重点帮助学生做好规划落实情况的全面评估，及时进行完善，做好个性化辅导。

4.发挥协同效应，多举措共同推进

学业规划教育的有效开展需要多方资源的支持。要注重发挥学校、家庭和社会的协同育人效应，搭建多个平台，齐头并进，为学业规划教育的开展提供多种实践途径。首先家长需要对学生所学专业未来发展方向有所了解，在规划教育过程中可以为学生提供有益建议。此外，学校要充分利用社会资源，加强与其他国内外高校的交流与合作，促进校企合作，与企业共建实习实践基地，充分整合多种资源，丰富人才培养模式。

5.完善制度建设，系统科学开展工作

虽然学业规划教育理念在国内发展相对较晚，但近几年发展迅速，主要得益于重视程度不断提高，经验积累不断丰富。高校要不断总结和吸取先进工作经验，同时与学校和专业实际相结合，制定切实可行的学业规划制度，明确学业规划指导的重要性，强调工作要求，建议工作方法，为实际工作开展提供详细指导。

四、学业规划教育的实践途径

1.开设学业规划讲座和课程，系统开展规划指导

大一新生入学后，要及时开展新生系列导航讲座，由校院领导、系主任、教辅人员、辅导员等担任主讲人，从不同角度帮助学生迅速了解大学生活和专业学习总体情况，同时引入学业规划理念，提高规划意识，以解决新生入学后迷茫、缺乏学习动力的问题，同时帮助新生进行学业规划，明确发展方向。此外，高校还应针对不同发展方向开展不同主题讲座，如考研、出国指导、职场技能等，为学生提供更多切实可行的指导，帮助学生细化阶段性目标，确保目标的现实可操作性。为了保证对学生学业规划指导的系统性，辅导员可以开设学业规划课程，引导学生更好地认识自我、分析自我，系统讲解学业规划理念，明确为什么学和怎样学，增强学习自觉性，更好地实现学生的自我管理。

2.制作规划手册，明确关键时间节点

高校应为学生提供学业规划实操手册，为学生进行个人规划提供参考。高校应在追踪历年毕业生去向和发展轨迹的基础上，找准各专业学生成长规律和发展方向，同时进行总结，形成书面参考资料，即学业规划手册。手册中应列出不同专业的主要发展方向，针对不同发展方向，分年级制订学业规划时间表，可以以日历形式呈现，明确重要时间节点，使学生能够一目了然找到不同时间对应的学习重点，分阶段推进学习计划。如学生计划毕业出国，何时准备和参加语言考试、何时申请学校等都应在规划手册中有明确体现。学业规划手册是学生个人规划的重要参考资料，能够帮助学生更为科学、合理地确定阶段性目标，同时也为学生本人以及老师、家长定期检验规划落实成果，督促跟进学习进度提供了重要依据。

3.加强深度辅导，建立学业规划档案

辅导员作为学生思想的引路人，在加强学生学风建设和精准育人等层面发挥重要作用。深度辅导是辅导员开展思政教育的重要手段。通过深度辅导，辅导员可以了解每个学生个性特点和成长需求，进而帮助学生分析发展方向，明确发展目标，制订发展计划。此外，辅导员应建立学生学业追踪档案，根据学生选择的方向，进行分类指导，从而进行精准帮扶。为了更好地开展个性化指导，学校可以为学生安排学业规划指导教师，由辅导员或班导师担任。学业规划档案可以为学业规划指导教师开展工作提供依据，以便根据学生具体需求提供相应指导和资源。学业规划档案可以实时记录规划实施进程，对于未按期完成任务的学生，学业规划指导教师可以及时进行督促，同时按照学生现实情况的变化，帮助学生对规划内容及时进行调整，以确保学业规划能够有效实施。

4.树立先进典型，促进朋辈交流

朋辈辅导是加强学生自主教育、管理和服务的一个重要形式。高校学风建设和学业规划教育也离不开同龄先进典型的示范引领作用。高校可以开办精英讲堂，选取不同类型优秀在校生进行学习经验分享。同时可以根据目标规划的相似性建立朋辈小组，交流和讨论学习方法，互相借鉴和督促，充分发挥朋辈影响力。此外，学业规划教育中的朋辈教育者也可以是优秀毕业生。高校可以为在校生和毕业生搭建沟通的桥梁，通过邀请优秀毕业生来校为学弟学妹分享成功经验、制作优秀毕业生风采录等形式，在校生可以参考优秀毕业生的成长轨迹更为精准地做出个人规划。

5.依托校企合作，加强职业生涯规划教育

高校学风建设的一个重要方面是理论联系实际，学以致用。学生在校内更多专注理论学习，理论指导实践的机会较少，导致学生在学业规划时容易忽略社会需求，与社会脱节。为了帮助学生更好地了解社会和企业对人才的需求，高校可以与企业合作，共建人才培养基地。企业能够为学生提供实习实践的机会，让学生了解步入职场需要具备的能力和资质，督促学生提前做好准备，从而增强学习动力。此外，企业也可以进行宣讲，为学生提供职业生涯规划指导，帮助学生不断加强职业素养，明确努力方向。

6.加强中外合作交流，促进资源共享

近年来，越来越多的学生选择毕业后出国深造。全球化视野下的高等教育更加注重培养高素质复合型国际化人才。高校应注重加强国际合作，充分利用国外高校的优质资源，为学生提供更多学习和实践的机会。通过短期国际交流项目、夏令营、赴国外带薪实习等方式，可以让有意向毕业后出国深造的学生提前体验，了解所需资质和专业要求，帮助学生更加明确努力方向，及时对规划目标做出调整，也有助于毕业后选择更加适合的高校和专业就读。此外，还可以邀请国外高校工作人员来校进行宣讲，更加直接地帮助学生了解在国外就读的情况、出国流程和要求。

7.建立学业规划指导工作室，提高专业性

为了更为科学、有效地开展学业规划教育，加强对学业规划教育经验总结和问题研究，高校应建立专门的学业规划指导工作室，为学生工作人员开展学业规划指导和研究，为学生进行学业规划咨询提供持续稳定的场所。学业规划指导工作室可以由专业教师、教辅人员和辅导员组成，从不同角度探索开展学业规划教育的有效措施，同时加强交流，创新工作方法，切实形成全员参与的学业规划指导体系。学业规划指导工作室面向学生开放，可以进行预约，提供面对面咨询和个性化指导，同时也会定期举办学业规划团体辅导活动，缓解学生学习压力和焦虑情绪，在轻松的环境中切实解决学生面临的学业规划问题。

五、结语

学风建设是高校落实立德树人根本任务的重要载体，学业规划教育则是加强学风建设的重要一环。高校应充分重视学业规划的重要性，通过多种途径开展和落实学业规划教育，帮助学生明确发展目标，激发学生学习潜能，增强学习动力，推动优良学风建设，提高人才培养质量。

参考文献：

[1]习近平首次点评“95后”大学生［N］.人民日报，2017-01-03(2).

[2]吴衍涛，许盈，祖文成．“五位一体”大学生学业规划指导体系的构建——以山东农业大学为例[J]．高等农业教育,2014(3):105-108.

[3] 侯文华，刘志勇，李明娟．新常态下“三导”学业规划模式的研究与探索[J]．教育观察,2016(21):43-44.

[4] 吴振华．“四位一体”学风建设协同机制构建与实践[J]．长沙理工大学学报（社会科学版）,2019(34):96-100.

实践中练就过硬本领 砥砺前行助力青年成长成才

丛旭
天津音乐学院

1997 年，“三下乡”社会实践活动在全国正式开展。经过多年的发展，“三下乡”社会实践已经成为引领青年学生奋进向上，让学生在社会实践中受教育、长才干、做贡献的品牌活动。随着时代发展，“三下乡”社会实践活动范围更广泛，活动内容更丰富，活动形式更多样化，为青年学生了解社会、奉献青春力量提供了广阔的平台。

一、开展“三下乡”社会实践的重要意义

1.“三下乡”社会实践是开展思想政治工作的有效途径

高校思想政治教育工作要秉承“立德树人”的根本理念，解决好“培养什么人、怎样培养人、为谁培养人”这个根本问题。团员青年是高校大学生中的先进群体，团支部是高校大学生中的先进组织，因此做好团员青年的思想政治教育工作为扎实做好大学生思想政治工作奠定了牢固的基础。

在新时期针对“90 后”“00 后”艺术类大学生开展思想政治教育工作，要不断创新方式方法，要深入了解学生所思所想，打捞最真实的青年心声，全面深入了解学生们的个人思想和实际需求，有针对性、有建设性地开展思想政治教育。此外扎实做好大学生思想政治教育还应进一步提高思想认识，从学院发展的顶层设计落实“全员育人、全过程育人、全方位育人”，从教学理念、课程思政、社会实践等多个方面，从专业教学、思政教学、学生思想政治工作、党团建设等多个维度，全方位打造思想政治教育体系，筑牢青年学生的思想根基。

通过多样化的、形式丰富的社会实践活动可以有效打造创新型的思想政治教育平台，而“三下乡”社会实践正是一个带领青年学生学本领、长见识的实践机遇，在实践中培育和践行社会主义核心价值观，坚定“四个自信”，发挥好共青团组织战斗堡垒的作用，提高团组织的思想引领作用。

2.“三下乡”社会实践是青年学生学思践悟的良好平台

青年是夺取社会主义事业伟大胜利的生力军，也是中华民族伟大复兴的接班人。习近平总书记曾多次对广大青年学子提出殷切希望，青年兴则国家兴，青年强则国家强，青年一代有理想、有本领、有担当，国家就有前途，民族就有希望。

通过“三下乡”社会实践，青年学生可以在各项社会实践活动中增强责任感和使命感，通过实际行动开展政策理论宣讲，开展互助友爱帮扶，助力脱贫攻坚战，助力疫情

阻击战，建设美丽中国，建设美丽家乡。既能引导青年学生将理论学习与社会实际相结合，又能够通过社会实践经历增强“四个意识”，坚定“四个自信”，做到学思践悟，知行合一。

3、“三下乡”社会实践是党团建设的有力抓手

共青团第十八次全国代表大会上指出，要坚持不懈用习近平新时代中国特色社会主义思想构筑青年一代的强大精神支柱，在青少年中大力弘扬社会主义核心价值观。青年学生通过社会实践，可以走出校园，走向社会，开展政策宣讲、观察国情社情、开展文化艺术普及、建设美丽家乡、服务京津冀等实践活动，在身体力行中加强共青团建设，提升团组织的凝聚力和战斗力，发挥团支部的战斗堡垒作用，服务社会、服务群众。

二、“三下乡”社会实践目前存在的问题

1.活动形式丰富性有待提高

在开展“三下乡”社会实践活动时，还存在活动形式单一，活动实践浅尝辄止，活动内容不接地气的问题，同时受到活动时间、经费、规模、地点等因素的限制，在开展时没有能够完全突出社会实践的创新点，导致活动参与度不高，从而影响了活动开展的实效性。

2.活动内容与专业匹配度不高

在社会实践活动开展中，活动内容与形式往往与学生专业性匹配度不高。既没有充分发挥学生的专业所学，又降低了社会实践活动的专业化程度。在开展活动时，只是进行了政策宣讲、社会调研、环境卫生清整等工作，没有做到与学生的专业实践良好贴合，也没有将活动进行进一步的整合和策划，活动方案缺乏整体统筹。

3.活动参与程度不够广泛

在社会实践开展的过程中，由于前期宣传不够广泛，活动方案不够创新，活动形式不够丰富等原因，造成实践活动参与度不够广泛，活动参加人主要以学生干部、团干部、学生党员等为主，没有广泛鼓励发动青年学生参与其中，存在宣传不及时，宣传信息发布途径单一等问题。活动互动性不足，主要是以学生群体开展政策理论宣讲、社会调研或环境卫生清整为主，对社区、基层、群众的互动、服务还有所缺乏。

4.活动规范化程度不强

活动开展的规范化程度不够，还缺乏特色品牌活动，不少工作流于表面，不够深入。在实践活动开展过程中，活动前期策划申报、中期组织开展、后期总结宣传规范化程度还有待提高，经常出现边开展边策划，走一步看一步的情况，前期工作不到位。在活动结束后往往出现总结不到位，报道不及时，与前期申报不匹配的情况。同时活动缺乏品牌化特色活动建设，仅以完成本年度社会实践为目标，而没有做到长期坚持，没有在活动品牌特色建设上下功夫，浮于表面，导致活动实效性受到很大影响。

三、如何提高“三下乡”社会实践的实效性

1.进一步提高政治意识和政治站位

“三下乡”社会实践是具有深入爱国情怀，丰富历史内涵，广泛青年实践活动基础

的社会实践活动，在其发展历程当中，培育了青年学生丰富的爱国主义情怀、广泛服务社会精神以及创新创造能力。在开展“三下乡”社会实践活动时，要进一步提高政治意识和政治站位，牢记习近平总书记对青年学生的殷切关怀和深切希望，着力打造有效果、能落地、与专业实际相结合、为青年学生开眼界长见识的社会实践活动，培养担当民族复兴大任的新时代新青年。

2.将社会实践与专业实际相结合

在艺术类院校开展社会实践，也要结合院校学生专业特点有针对性地开展相关实践活动。艺术类院校学生培养模式与普通高等院校有所不同，在教学方面侧重专业教学，对于特定专业课采用小班教学方式，专业基本功扎实。在开展社会实践时，给予他们展示专业能力的舞台，提升专业素养，例如组织社区群众、企业员工、中小学生等开展文艺演出、组织合唱等活动形式，既能激发学生主动参与社会实践的热情，也能够在社会实践中锤炼专业能力，增强专业知识的学习，赋予艺术类高校大学生社会实践新的职能。

另外艺术类院校学生思想较为活跃，接触到的文化多元而又前卫新潮，如果仅仅通过传统思想政治教学方法和理论知识强制灌输模式，学生很难真正从内心做到学懂、弄通、做实。而在社会实践活动中他们可以发挥专业所学，更加深刻地投入社会实践活动中，例如话剧演出、传统京剧表演、古典乐器演奏、爱国主题歌曲合唱等，可以在活动中弘扬爱国主义精神，以实际行动践行“坚定文化自信，推动社会主义文化繁荣兴盛”的伟大号召，让他们身体力行感受爱国主义情怀，了解历史，感受新时代的脉搏，真正成为社会主义核心价值观的信仰者和传播者。

3.提高青年学生干事创业的主观能动性

在开展“三下乡”社会实践中，可以充分锻炼学生学习能力、工作能力、沟通交流能力、组织策划能力等。在活动开展中，可以充分发挥青年学生的主观能动性，从社会实践的策划、组织、开展、总结等环节让学生充分参与、充分投入、充分展示，让学生既是策划者，同时又是组织者、参与者，在确保活动的安全稳定与操作规范的前提下，尽可能为学生搭建广阔的平台，让学生走出校园、走向社会，了解时代发展的前沿，增强学生沟通交流能力及组织策划能力等，体现当代大学生的新风貌和新气象，在党和人民最需要的地方实现自我价值，做无愧于新时代的大学生。

4.广泛运用网络新媒体开展工作

在互联网大数据时代，新媒体的应用使得信息的传递和交流变得快速且丰富多彩，同时多维的视角和思想也在冲击着当代学生的世界观价值观，网络上的各类信息渠道多样，掺杂着很多不良信息、虚假信息，当学生甄别能力较弱时，就有可能淹没在大量信息的海洋中甚至误入歧途，因此对于学生思想动态以及价值观的引导就显得尤为重要，这也是对于思想政治教育工作开展的巨大挑战。

因此思想政治工作者要把握住这场信息化的战场，提高对于新媒体的了解和使用，在“三下乡”社会实践的开展中，也要将新媒体的运用尽可能地融入实践活动中，在活动宣传、活动开展、活动总结报道中，灵活运用到新媒体方式方法，使用青年学生喜闻乐见的宣传方式，吸引青年学生参与其中，更好地提升“三下乡”社会实践的活动的参与度和创新力。

5.建设品牌化的特色学生实践基地

“三下乡”社会实践是与时俱进，开拓创新，激励青年学生奉献青春、服务社会的广阔平台。在进行实践活动时，由于实践主题、地点、项目的不同，部分实践活动存在实践时间有限、活动开展不充分，实践内容流于形式走过场等问题，影响到社会实践活动有力开展的实效性。因此在活动申报时应当尽可能规范实践活动的策划、宣传、审批等流程，开展规范化、品牌化的社会实践活动，有条件的设置相对稳定的学生实习实践基地，在“三下乡”活动开展的同时，真正为基层、为社区、为扶贫攻坚、为抗击疫情展现出青年学生的贡献。

“三下乡”社会实践活动经过多年的发展，已经成为全国最具影响力的社会实践品牌活动之一，在这样的社会实践广阔平台下如何能够发挥其优势，进一步提高活动实效性值得我们去不断进行创新和思考。在今后“三下乡”社会实践活动的开展中，要进一步以习近平新时代中国特色社会主义思想指导工作，与时俱进、开拓创新，大力弘扬社会主义核心价值观，强化实践育人，彰显新时代青年的责任与担当，为实现中华民族伟大复兴中国梦砥砺前行。

参考文献：

[1]秦涛.推动新时代“三下乡”社会实践活动高质量发展的对策研究[J].高校共青团研究,2020(Z1):196-201.

[2]丘艳娟.高校思想政治教育培育时代新人研究[J].学校党建与思想教育,2020(22):62-63.

[3]岳俊帆,刘宏伟.高校社会实践发挥育人功能的问题及对策[J].文学教育(下),2020(10):113-114.

艺术院校“新时代·实践行”活动实效性研究

武艺
天津音乐学院

文艺事业的繁荣离不开文艺工作者的培养，文艺工作者做什么样的人，关乎文运、文脉。习近平总书记曾多次强调，文艺创作要扎根本土，深植时代，并指出，一切优秀文艺工作者的艺术生命都源于人民，文化文艺工作者需走进实践深处，观照人民生活，表达人民心声，支持和推广直接为基层老百姓服务的文艺活动。

加强艺术类大学生社会实践，是加强高校思想政治教育的重要组成部分。本文以天津音乐学院为例，结合近三年“实践行”开展情况，总结活动的主要做法和成效，查找存在问题和原因，进行反思，为“实践行”的高质量发展提出建议和行动策略。

一、艺术院校“新时代·实践行”的主要做法和成效

天津音乐学院作为艺术类高校，自“实践行”活动开展以来，始终坚持正确的政治方向和立场，同时充分发挥专业优势，选择符合艺术类院校特点的活动，广泛发动师生积极参与，推动实践育人常态化、长效化、固定化、规范化开展。组织学生利用课余时间、周末、节假日等，走出学校，进农村、进社区、进工厂，在实践中建立服务社会的意识，领会实践育人的内涵和本质，为社会输送更多具有社会责任感的艺术人才。对三年来“实践行”团队开展的社会实践活动进行梳理总结和分析，可以发现，对于艺术院校的学生而言，开展社会实践主要有以下几种形式:

（一）公益演出，文艺下基层

“实践行”活动开展以来，通过文艺演出、联欢活动、政策宣讲等老百姓喜闻乐见的方式，实现青年学生和基层群众的“同频共振”。

2018 年，“实践行”团队成员参加“牢记主席嘱托 勇担强军使命”滨海新区高校征兵宣传暨大学生征兵启动仪式演出，南开消防支队庆中国共产党成立九十七周年 “我想对你说”晚会，塘沽文化馆慰问北辰第三武警第三支队消夏晚会，河西文化馆惠民演出节日欢歌消夏晚会，和平区津湾广场消夏晚会，塘沽文化馆八一慰问武警部队演出，东丽区“创建国家卫生城区 共建和谐新东丽”演出。学生为社区群众献上高水平的专业演出，在社区开展乐器现场教学与体验活动，拉近艺术与群众之间的距离。

（二）文艺扶贫，送教下基层

在脱贫攻坚的背景下，艺术院校也在社会实践中发挥自身优势和专业特长，深入乡镇农村，用群众喜闻乐见的形式进行习近平新时代中国特色社会主义思想基层宣讲，同

时将扶贫与“扶智”相结合，开展艺术支教，加强贫困地区的精神文明建设。

天津音乐学院对口帮扶困难村是蓟州区尤古庄镇大龙卧村、东大许庄村，学院在大龙卧中心小学建立帮扶支教基地。2018 年，学院声乐系将歌剧《岳飞》的演出票款捐赠给尤古庄镇大龙卧中心小学，用于改建音乐教室、购置教具、重新修缮教师宿舍，并为中心小学 5 个年级 300 余名学生开设音乐课，培训村中心小学音乐教师，开展农村群众文化艺术工作，组织实践团成员在大龙卧中心小学进行长期音乐教育工作。

“天津音乐学院赤龙大学生艺术宣讲团” 则以天津市西青区赤龙南街为据点，把学校教育和终身教育相融合，建立起各个阶段相互衔接、相互融合的少年儿童、青年、老年教育全覆盖的社区文化艺术教育模式，“实践行”成员进行音乐授课、主题宣讲等活动。

此类社会实践，促进乡村和基层基础音乐教育的发展，使学生在深入基层、服务基层的实践中体会到参与感、获得感和成就感，实现自我价值和社会价值的统一。

（三）主题调研，走访下基层

与音乐表演类专业不同，音乐理论类专业倾向于选择走访调研的方式进行社会实践。以艺术管理系为例，2018 年，该系组建的“实践行”团队针对 60 岁以上退休的、参加万新村曲溪中里社区艺术活动的老年人的文化艺术生活展开调研。2020 年“实践行”团队聚焦“京津冀协同战略”，选取唐山饮食文化博物馆为研究对象，以艺术管理专业视角展开实践调研。学生通过问卷设计、走访调研、数据分析、形成调研报告等环节，将专业理论知识应用于实践，既夯实了专业知识，又能更好地为调研对象提供相应的服务和发展策略。

（四）志愿活动，服务下基层

除了艺术实践和主题调研外，“实践行”团队还组织学生经常性地深入基层开展形式多样的志愿活动。2019 年，实践行团队赴天津市养老院进行志愿服务，进行养老院卫生清整、主题宣讲以及“强国有我，唱响祖国”文艺表演，通过艺术表演的形式，歌颂了祖国时代的发展，共同回顾了新中国 70 年的砥砺前行，为老人们带来一场精彩的视听盛宴。

（五）主题创作，云端连线

疫情发生以来，多支“实践行”团队通过云端连线，用音乐为抗疫一线的医务工作者和普通民众形式传递爱与能量，以实际行动诠释了新时代大学生的责任与担当。

天津音乐学院星空电子交响乐团组织和发起“同舟共济战疫情”公益宣传活动，广泛进行战疫歌曲创作，先后在新华社客户端、人民网发表《爱的距离》《别怕，咱们回家》《地球只有一个家》等十余首音乐作品。烛光合唱团成员发挥自己出色的专业素养，在家中通过简单的录制设备和录制环境参加了由央视举办的万人云合唱、合奏《我们》，传达了疫情防控期间音乐人的心声。

综上所述，“新时代・实践行”在市教委两委的开展下，在各高校的积极组织下，取得了良好的育人效果和社会效益，受到师生和基层群众的广泛欢迎和普遍认同。

二、艺术院校“新时代·实践行”存在的问题及原因

（一）艺术院校“新时代·实践行”存在的问题

笔者对2018—2020年天津音乐学院参加“实践行”活动的情况进行了分析。三年来，参加实践行的团队数量分别为：26、27、30，呈逐年递增趋势，这表明经过学校的广泛宣传，“实践行”活动在师生群体中的认可度和受欢迎程度不断增长，参与热情高涨。与此同时，学校推荐参评天津市“新时代·实践行”系列实践活动先进集体和先进个人总数分别为：8、6、5，呈逐年递减趋势，一方面说明，学校对“实践行”活动的审核与要求越来越严格规范，另一方面说明，许多最初报名参加“实践行”的团队，由于与学习时间冲突、缺乏长效机制等原因，并没有按计划完成实践行活动，活动缺乏可持续性。

此外，通过网络问卷的形式对学校137名“00后”大学生进行关于社会实践的调查，调查表明：81.75%的学生愿意积极参与社会实践活动，而有56.2%的学生参加过社会实践，这说明，在对待“社会实践”这个问题时，学生未能做到知行合一。大多数学生对待社会实践的态度是积极正面的，75.18%的学生参加社会实践的原因是想为社会奉献自己一份力，也有极少数人抱着获得荣誉等原因参加社会实践。78.83%的学生因为社会实践与个人生活学习相冲突阻碍参加社会实践，当面临社会实践与学习时间冲突时，69.34%的学生表示会合理支配时间，做到两者兼顾，21.17%的学生表示会全身心投入学习，8.76%的学生则表示会凭心情决定，只有极少数的学生会优先考虑社会实践。40.88%的学生选择在寒暑假参加社会实践，40.15%的学生选择在平时空余时间参加社会实践，5.84%的学生选择在一般周末参加社会实践。在宣传力度调研中，72.99%的学生认为老师们社会实践活动的宣传力度做得挺好的，21.17%的学生认为宣传力度不够，5.84%的学生感觉老师没有宣传，这表明还需继续加大社会实践的宣传力度。通过进一步的访谈，笔者还发现，还存在实践平台缺乏、信息共享效率偏低、指导不到位等方面的问题。

（二）艺术院校“新时代·实践行”存在的问题的原因分析

从学生层面看，艺术院校大学生是大学生群体中的一类特殊群体。从价值取向上看，艺术类大学生情感丰富，对理想主义和浪漫主义非常推崇；从思维形式上看，擅长于形象思维，对艺术美的感性认知相对较强，而抽象思维能力、逻辑思维能力等理性意识相对较弱，感性大于理性；从个性特征上看，个性特征鲜明，自我中心意识强；从专业能力上看，专业能力显著，文化功底相对较弱。思想认识不高、理论准备不够、实践能力不强是制约艺术院校“新时代·实践行”高质量发展的内在因素。

从艺术院校层面来看，一是尚未形成有效的制度制约，社会实践活动尚未普遍纳入学校的人才培养计划，没有形成全员参与的局面，也没有明确的规章制度的支持和约束，实践过程出现问题容易扯皮；二是相应的培训和教师指导不到位，现阶段实践行活动的指导老师多为辅导员和团干部，缺乏和思想政治理论课老师、专业课老师的有效联动，缺乏规范专业的培训指导使得学生在进行实践行活动时，不能很好契合主题，过程粗糙、调研肤浅、半途而废等情况时有发生。

三、艺术院校“新时代·实践行”高质量开展的建议和对策

（一）强化思想引领，确保社会实践的政治方向

社会实践是实现立德树人教育目标的重要抓手和有效途径，是全面落实党的教育方针，提高高等教育质量的必然要求。艺术院校的“实践行”是深入学习宣传贯彻习近平新时代中国特色社会主义思想，培养学生的爱国情怀，增强学生服务国家服务人民的社会责任感、勇于探索的创新精神、善于解决问题的实践能力，培养德艺双馨艺术人才的重要途径。相关职能部门必须提升思想认识，提高政治站位，履行政治责任，确保社会实践的政治立场、政治功能和政治方向。

（二）细化配套政策，落实学校在实践育人中的主导作用

学校作为学生社会实践的主导，应积极构建学生全员参与社会实践、高质量发展社会实践的长效机制。一方面将社会实践纳入人才培养方案，配备理论指导教师，落实实践学分，建立稳定的实践基地，建设深入基层的“社会实践一流课程”；另一方面为学生开展社会实践提供操作性指导，从社会实践的性质和基本理念、目标和内容、途径和评价、规划与实施、条件保障与专业支持等方面做出具体规定。

（三）重视教师队伍建设，加强社会实践指导

要建立专兼职相结合的社会实践师资队伍，一方面，聘请相关行业专业人士担任实践指导教师，加强实践教育师资培养和培训，提升社会实践专业化水平，将实践育人贯穿人才培养全过程。另一方面，加强社会实践师资培训示范引领，组织举办相关研修活动，为社会实践人才培养提供制度保障。同时，要将实践育人普遍纳入教师考核评价指标体系。

（四）推动实践育人共同体建设，着眼长远完善长效机制

各级党委和政府要为学生社会搭建更多平台，给予更多支持，推进社会实践活动制度化常态化。建设一批示范性综合实践基地和营地，形成涵盖各类农业基地、科研院所、知名企业、重大工程基地等，以营地为枢纽，以基地为站点的研学实践教育资源体系，为结合研学旅行、党日活动和组织学生社会实践创造条件。

加强实践育人共同体建设。例如，湖南大学依托“区校共建大学生道德高地”等项目，建立社会实践活动基地200余个。加强校地联动、校企联动、校社联动，建设一个由政府、企业、社区等高校外部主体与高校师生内部主体共同参与的实践育人共同体，凝聚共识，聚集资源，突出特色，协同推进社会实践高质量、常态化开展。

参考文献：

[1]秦涛.推动新时代“三下乡”社会实践活动高质量发展的对策研究[J].高校共青团研究,2020(Z1):196-201.

[2]王振国，范常春.大学生社会实践项目化运作的问题与对策[J].潍坊学院学报，2020

(3) : 100-103.

[3]孔祥年. 新时代高校社会实践协同育人机制研究[J]. 学校党建与思想教育, 2019 (4) : 86-88.

新时代大学生生态法治观养成教育*

徐锡叶
天津职业大学

生态文明建设作为“五位一体”总体布局中的“一位”，体现了党和国家对生态保护的高度重视和切实关注，反映了人民在新时代的历史方位下对优美生态环境日益增长的迫切需要。“保护生态环境应该而且必须成为发展中的题中应有之义”。[1] “坚持人与自然和谐共生。建设生态文明是中华民族永续发展的千年大计。”[2] 而法治作为社会文明进步的重要标志，成为系统性推进生态文明建设的可靠保障。习近平总书记强调：“要深化生态文明体制改革，尽快把生态文明制度的‘四梁八柱’建立起来，把生态文明建设纳入制度化、法治化轨道。”[3] “推动绿色发展，建设生态文明，重在建章立制，用最严格的制度、最严密的法治保护生态环境。”[4] “用最严格制度最严密法治保护生态环境，加快制度创新，强化制度执行，让制度成为刚性的约束和不可触碰的高压线”。[5] 这一史上最严的 “生态法治观”，为我国生态文明建设指明了方向，为高校大学生生态法治观的养成教育提供了依据。

一、新时代生态法治观的语义分析

生态法治涉及生态学和法学两个学科领域，一般是指运用法治手段来调节人与自然、人与人之间的生态关系，维系生态秩序的法治过程，是全面推进依法治国、实现国家治理体系和治理能力现代化在生态文明建设领域的体现。对于新时代的大学生而言，至少应该培养以下生态法治观：

1.生态整体法治观

在人与自然的关系中，人来源于自然，最终也会回归自然，人对自然的依赖是永久的。这种“依赖”主要表现为人类需要从自然界中获取资源以维系自身的生存和发展。但是，如果人类无视自然规律，甚至将自然界放在了自己的对立面上，破坏性地掠夺自然资源，那么自然作为“人的无机的身体”[6]，也会毫不留情地报复人类。全球性的生态环境恶化、生态秩序失衡，就是人类对自然资源过度攫取的恶果。故而，我们必须确立生态整体法治观。充分认识到，人与自然是统一的整体，人与自然各要素之间、自然内部的各要素之间是共生共存的，正如习近平所说：“人的命脉在田，田的命脉在水，水的命脉在山，山的命脉在土，土的命脉在树。如果种树的只管种树、治水的只管治水、护田的单纯护田，很容易顾此失彼，最终造成生态的系统性破坏。”[7] 生态利益的整体性保护和生态秩序的整体性维系，需要以保护权益、维持秩序、调整关系为第一要务的

*【基金项目】2016 年教育部高校示范马克思主义学院和优秀教学科研团队建设项目（批准号：16JDSZK042）。

法律的保障。生态法律的制定、执行、适用和遵守必须尊重、遵循生态整体性规律，形成生态法律体系，避免点源化、碎片化，以适配生态的整体性保护。

2.生态伦理法治观

由于法律制度本身在解决整体系统问题时存在不完备性，因此生态法治观要求伦理与法律协调共治。而传统的伦理观奉行人类中心主义，强调人是自然界中唯一具有内在价值的存在物，只对当下的人类自己负直接责任；人是统治自然的主体，可以按照自己的意志随意改造自然。人类正是在这种“自利”伦理观的指导下对自然界进行恣意的操控和征服，导致了全球性生态危机的爆发。因此，我们必须摆脱人类中心主义伦理观的辖制，为生态法治寻求新的伦理基础。生态法治中的法律受体不仅包括当下的人类，也应包括未来人类和非人类，而在这样的法律关系中，当下的人类居于主动地位，在生态法治中的责任和义务需要强化，确立 “利他”的伦理观念。生态伦理法治观要求我们以法律为遵循，坚持生态优先原则，给自然生态以伦理关怀，“像对待生命一样对待生态环境”[8]，让其休养生息，恢复良性循环，构建人与自然互养共生、永续发展的和谐画卷。

3.生态共享法治观

法律既是文明的产物，也是维系、增进文明的手段，它通过规定权利、义务、责任，来调整利益关系，实现公平正义，构建文明社会。良好的生态环境作为“最公平的公共产品，最普惠的民生福祉”[9]，需要法治的推进和维系。生态共享法治观要求我们要明确生态权利、生态义务和生态责任的统一，在享有生态权益的同时，必须履行相应的生态义务，否则就要承担因不履行义务导致生态损害的责任；要明确必须通过严格的法律制度，打破少数人对自然资源的垄断、破坏和污染，形成归属清晰、权责明确、监管有效的自然资源产权制度，实现人与人生态利益的共享；要明确人类既有改造自然的权利，也负有保护自然的义务和责任，必须摆脱“人定胜天、征服自然”的思想束缚，树立依法呵护自然的理念，实现人与自然生态利益的共享。要明确在重视当代人享有生态权益的同时，必须强化对未来人享有生态权益的义务和责任，实现当代人与未来人生态利益的共享。

二、新时代大学生生态法治观养成教育的内容体系

新时代的大学生是生态中国、美丽中国的重要建设者、见证者和受益者，培养他们树立科学的生态法治观，关系到我国当前和未来的生态文明建设，因为“许多严重破坏生态环境的事例，应负主要责任者很多是我们高等学校培养出来的专门人才”。[10] 高校对于大学生生态法治观的养成教育势在必行，并应以传授系统性生态法律知识、培养生态法治思维方式、践行生态法治行为为基本内容。

1.生态法律知识的传授

大学生生态法治观的养成必须以系统的生态法律知识的掌握为逻辑前提。没有一定的生态法律知识为支撑，生态法治观的养成就无从谈起。目前，我国生态法律体系已基本形成，它以宪法为根本，涵盖《环境保护法》《大气污染防治法》《水污染防治法》《环境噪声污染防治法》《固体废物污染环境防治法》《海洋环境保护法》《野生动物

保护法》《环境保护税法》《刑法》《行政诉讼法》《民事诉讼法》等基本法以及国务院颁布的相关实施细则和条例等行政法规。高校应通过各种不同的途径和方式将这些已生效的法律知识系统性地传授给学生，强化大学生的尊法守法意识、生态整体意识、权责统一意识、公平共享意识、绿色发展意识，培养大学生的生态法治观。

2.生态法治思维的养成

大学生生态法治思维方式的养成过程，也是大学生生态法治观的养成过程。法治思维是一种融法律的价值属性和工具理性于一体的特殊的高级法律意识，它以法治价值和法治精神为导向，运用法律原则、法律规则、法律方法思考和处理问题，是正当性思维、规范性思维。

一般而言，大学生生态法治思维的培养包含以下几点：一是生态法律至上思维。对大学生而言，生态法律至上思维就是当自己的理想目标、思想感情、行为方式、权利诉求和利益关系等与生态法律的价值、规则或要求发生冲突时,能够服从法律，做出符合法律的选择，按照法律的指引实施自己的行为。二是生态权力制约思维。培养大学生的生态权力制约思维，就是让大学生明确，当生态环保部门存在滥用权力、环保不作为等行为时，要不唯上、不畏权，勇于监督权力，让权力依法在阳光下运行。三是生态权利保障思维。大学生养成生态权利保障思维，就是当自己的生态权益受到侵犯时，敢于运用法律维护合法权益；同时鉴于权利和义务的对等性，要自觉履行生态法律规定的生态义务。四是程序正当思维。对于大学生而言，程序正当思维就是当发生生态权益纠纷诉讼时，要严格按照相关程序法的规定，参与案件审理过程；对于司法机关违反法律程序的行为予以指正。

3.生态法治行为的导正

大学生生态法治观的养成教育，不仅要对其进行生态法律知识的传授和生态法治思维的培养，还必须在此基础上导正其生态法治行为。一般认为，生态法治行为是在生态法治观的指导下，运用法治思维分析和解决生态发展问题的行为方式。大学生生态法治观和生态法治行为之间的关系体现了认识和实践的关系，马克思辩证唯物主义认识实践论认为，认识来自实践，又转过来指导实践，为实践服务；人的认识不是一次完成的，而是在实践中多次反复、无限深化的过程。这就要求大学生必须持续不断地学习生态法律知识，依据法律制度和政策导向，运用“法治方式”来解决生活中所面对的生态问题，践行生态法治行为；并在实践中有意识地纠正、提升、深化自己对生态法治的认识，使自己的生态法治观更趋科学合理，更好地指导生态实践行为。同时鉴于生态法治的伦理性，辅之以伦理道德，引导大学生树立节约意识、环保意识，养成简约适度、绿色低碳的生活方式，反对奢侈浪费和不合理消费。

三、新时代大学生生态法治观养成教育的运行机制

1.构建高校生态法治教育机制，营造大学生生态法治观养成教育的良好氛围

首先，学校高层应从思想上高度重视和认可大学生生态法治观的培育，在顶层上制定决策，给予指导和保障。其次，学校应成立生态法治教育的专门机构，通过构建生态法治教育的激励机制、保障机制、制约机制、评价机制，来负责生态法治观养成教育的

具体工作。并可与学生处、后勤处、思政部、图书馆等部门协同配合，充分利用学校资源如校园网络、广播、海报、专题讲座、书籍阅读等，共同营造生态法治观养成教育的良好氛围。再次，学校可与相关政府部门、企业进行合作与交流，加强科研融资和投入，提高相关教师科研能力和教学水平，促进学校生态法治教育机制的有效运行。高校相较于政府和企业，在财政、融资等方面处于弱势地位，导致在生态法治教育方面的科研投入较少，对生态法治教育的发展造成了一定程度的阻碍。因此，高校一方面要充分利用政府在发展教育、保护生态环境等方面的职能，另一方面要充分利用企业在保护生态环境中的责任和义务，寻求三者的利益结合点，促使各方积极合作，为大学生生态法治观的养成教育开辟广阔的前景。

2.多渠道开展生态法治教育教学活动，建构校园生态法治文化教育体系

（1）充分利用思政课堂教学。

高校思想政治理论课是对大学生进行思想政治教育，提高其思想政治素质，促进其全面发展的主渠道。但遗憾的是，传统的思政课教学往往忽略大学生生态法治教育，致使大学生的思想道德素质由于生态法治素养的缺失而不够全面。习近平总书记在2018年全国教育大会的讲话中指出，坚持中国特色社会主义教育发展道路，培养德智体美劳全面发展的社会主义建设者和接班人。因此，高校思政课教师必须首先转变理念，在思政课教学过程中，认真、全面、系统地阐述人与自然、人与社会的关系、生态文明建设的相关法律知识，培养大学生的生态法治思维。当然，这对没有法律学科背景的思政课教师提出了更高的要求，他们必须努力提升自身的生态知识和生态法律知识素养。为此，思政课教师必须接受系统性的相关知识培训，并与生态法治方面的专业老师进行不定期的沟通学习，以确保在授课中全面准确地诠释生态法律知识。同时，思政课教师还要积极探索课程建设和教学方式改革，创新教学载体，运用新媒体新技术，增强课程的亲和力、吸引力，从思想上引导大学生对生态法治文明的高度认同，培养他们的生态审美和生态法治素养，树立正确的生态法治观，并指导自己自觉地维护生态文明、推进生态法治的进步。

（2）自主开发生态法治教育选修课。

根据笔者在天津部分高校的走访调查发现，开设生态法治相关选修课的少之又少，这一方面是因为之前高校对生态法治教育重视不够；另一方面是相关师资力量的欠缺。

高校思想政治理论课作为大学生的公共必修课程，在培养大学生思想道德素质、政治素质、法律素养等方面的作用是毋庸置疑的。但是由于课时数和有关生态法治方面的内容都是有限的，因而迫切需要开发相关公共选修课来补充。生态法治选修课的开设由学校成立的生态法治教育专门机构牵头，并与教务处等部门合作推进。在师资方面，一方面要加强在职教师的相关培训，加大科研投入，鼓励教师对生态法治教育进行有针对性的研究，提升教师的教育教学水平。另一方面，结合学校的用人招聘计划，有选择性地引进生态法治方面的人才。同时考虑到选修课有任意选修课和指定选修课之分，为了更好地培养大学生的生态法治观，须将相关生态法治课设定为指定选修课，要求大学生在校期间必须选择一到两门有关生态法治方面的选修课，并将修得的学分作为毕业的硬性指标。

(3) 积极开展生态法治实践活动，践行生态法治行为。

大学生生态法治观的养成教育不能仅停留在知识的灌输上，还应该体现在实践的参与上。开展生态法治实践活动，是巩固大学生生态法律知识、增强生态法治意识、树立正确的生态法治观、践行生态法治行为的有效形式。

高校开展生态法治实践教育活动，可以从以下几个方面着手。一是开展生态法治相关专题讲座活动。生态法治相关专题讲座在内容上应结合时政要点和社会热点，务求吸引性和实效性，避免形式性；在主讲人方面，可由本校相关教师和聘请的校外专家学者交替进行，以增加讲座的分量，提高讲座的效力。二是组建各类生态法治社团。社团的组建需要高校和教师的鼓励和指导，以便社团能顺利地、有组织地开展各项活动。社团成员可以在校园内宣传生态法治理念、组织生态法治方面的辩论会、开展校园生态法治公益活动等。同时鼓励大学生社团“走出去”，即走出校园，走向社会，开展区域性的生态法治现状调查分析，了解环境现状、生态法治现状，有针对性地普及生态法治知识，成为真正的生态法治文明建设的践行者。三是参与生态诉讼活动。高校可与本市的基层法院和中级人民法院保持联系与合作，组织大学生参与旁听涉及环保方面的庭审案件并撰写观后心得，使大学生在威严的法庭审理中切身体会法律的尊严，自觉依法做生态环境的保护者。

此外，为了保持生态法治实践活动的连续性和有效性，避免短暂性，高校可充分利用校园网络平台，开辟生态法治实践活动专栏，由学校成立的生态法治教育专门机构指派专人负责，开设论坛、空间、微博、微信等大学生常用的网络媒体，与实践活动有效对接。这样在实践活动结束后，大学生仍能通过网络观看活动的视频、图片、心得体会等，了解相关信息和动态，进行交流，扩大生态法治实践活动的影响力，确保大学生生态法治观养成教育的延续性和实效性。

参考文献：

[1][3][4]习近平.习近平谈治国理政（第二卷）［M］.北京：外文出版社，2017：392-396.

[2][8]习近平.决胜全面建成小康社会　夺取新时代中国特色社会主义伟大胜利——在中国共产党第十九次代表大会上的报告［R］.北京：人民出版社，2017：23-24.

[5]习近平. 坚决打好污染防治攻坚战 推动生态文明建设迈上新台阶——习近平在全国生态环境保护大会上的讲话［N］.人民日报，2018-05-20（01）.

[6]马克思.1844 年经济学哲学手稿［M］. 北京：人民出版社，2000.

[7]习近平.习近平总书记系列重要讲话读本［M］.北京：学习出版社，人民出版社，2016:236.

[9]习近平.习近平关于全面深化改革论述摘编［M］.北京：中央文献出版社，2014:107.

[10]汪海霞.高校生态法治文化教育的语义及其运行机制［J］.广西社会科学，2016(6):224-228//屠佳.试论高校开展生态文明教育的途径［J］.中国德育，2008(6):62-64.

双高背景下劳动教育的价值及育人路径研究

张颖
天津职业大学

2019年5月，教育部、财政部发布《关于实施中国特色高水平高职学校和专业建设计划的意见》，提出“打造技术技能人才培养高地，落实立德树人根本任务，坚持工学结合、知行合一，加强劳动教育，着力培养一批产业急需、技艺高超的高素质技术技能人才”。[1]

2020年3月20日,中共中央国务院印发了《关于全面加强新时代大中小学劳动教育的意见》，提出了劳动教育目标，把劳动教育纳入人才培养全过程，对于培养社会主义事业的建设者和接班人具有重要的战略意义。[2]高等学校要全面落实国家教育政策方针，把劳动教育纳入学校教育教学计划，培养大学生劳动热情，提高主动服务意识；培养大学生诚实劳动品质，形成劳动奋斗精神；培养大学生公共服务意识，弘扬劳动奉献精神。

一、劳动教育的时代价值

（一）以劳塑德，培育社会主义劳动观

劳动塑德，习近平总书记在纪念五四运动100周年大会上的讲话中指出：“新时代中国青年要勇于砥砺奋斗，要在奋斗中摸爬滚打，奋斗是青春最亮丽的底色。”“新时代中国青年要锤炼品德修为。人无德不立，品德是为人之本”。[3]

劳动教育的塑德作用，在于使学生树立正确的社会主义劳动价值观，热爱劳动，珍惜劳动果实，自觉服务人民，服务社会，与广大劳动人民团结一心，最终实现劳动教育立德树人的根本任务。

（二）以劳育智，增长知识与技能

劳动育智，恩格斯认为，“手的使用和语言、思维的产生，都是在生产劳动过程中形成和发展的。正是由于劳动，人才得以从动物界中分化出来，所以说劳动创造了人本身。”[4]大学生不仅要勤于学习，增长知识见识，还要善于实践，勇于探索。

“实践是检验真理的唯一标准”，特别是职业教育的大学生，通过劳动教育将课堂中所学理论应用于实践，结合学科和专业知识积极参加实习实训，解决工作中遇到的实际问题，积累职业经验，不断巩固提升知识与技能，从而掌握就业必备的专业知识、技术和职业技能，追求一丝不苟、精益求精的“工匠精神”。通过参加专业服务、社会实践，树立正确的创业观、择业观。同时，劳动在某些情况下能够帮助大学生提高辨别骗局的能力，如传销、校园贷、电信诈骗在高校中时有发生，个别学生面对诱惑失去了基本的判断能力。如果从小就踏实勤奋、脚踏实地、艰苦奋斗，应该懂得没有不劳而获、天上不会掉馅饼的道理，成功避免诈骗陷阱。

（三）以劳健体，增强体质锤炼意志

孟子曰："故天将降大任于是人也，必先苦其心志，劳其筋骨，饿其体肤，空乏其身，行拂乱其所为，所以动心忍性，曾益其所不能。"

一方面，学生发展的时代特点表明：学生身体发育水平不断提高，身体素质却持续下降。[5]在系统学习文化知识之外，结合自身情况合理安排时间，积极参加日常生活劳动、生产劳动和服务性劳动，有助于帮助学生保持健康的体魄，增强体质。另一方面，由于时代的急剧变化，学生身心发展不平衡并且因追求升学率而忽视对学生的心理教育，学生的心理冲突和问题行为屡屡出现[6]。通过在劳动锻炼中团队协作，可以适当调节不良情绪，释放压力，提高心理抗挫能力，减少心理问题，锤炼意志品质，促进身心健康发展。

（四）以劳为美，提升美学素养

劳动最美，高尔基曾说过："我们世界上最美好的东西，都是由劳动、由人的聪明的手创造出来的。" 作为互联网原住民的"00 后"，网络生活已成为生活中的重要组成部分，劳动实践活动在一定程度上能够将其拉入现实生活中，利于营造和谐融洽的家庭氛围。通过劳动教育，使学生具备基本生存和生活能力，形成良好的劳动行为习惯；培育学生勤俭节约、艰苦奋斗、无私奉献的劳动精神；明白幸福生活需要劳动创造，树立劳动最崇高的观念，提高美的品格和修为。

美育的实践需要借助艺术、文学等载体，劳动创造美，更是美育的载体。高校劳动教育的开展，要借助具体的劳动实践内容，教育引导大学生开展丰富多彩的社会实践活动、志愿服务活动等，让学生收获劳动果实，收获成就感，以此彰显劳动精神的和谐之美,培养学生认识美、创造美的能力。

二、劳动教育的实施路径

（一）优化劳动课程设置，建立劳动教育体系

劳动教育的实施，需要依托一整套完备的系统性的劳动教育课程。学校教学部门应与各职能处室协调沟通，在实际调研学情分析学情的基础上，整体优化课程设置，将劳动教育纳入学校课程方案和人才培养方案，设立劳动必修课。此外，劳动课程的设置不能一刀切，需要针对不同专业就业方向因地制宜开发校本课程，设立劳动选修课，给予劳动学分。最终形成具有系统性、针对性、实践性的劳动教育课程体系。

建立大学生劳动素养考核评价体系，组织开展劳动技能培训、开展适合大学生体能的劳动竞赛等各项活动，注重对劳动过程的全面客观的真实记录，制定考核和评价的具体标准，关注学生全面发展情况，定期进行公示和审核，将评价结果作为学生评奖评优的重要参考。

（二）整合校内外资源，营造劳动文化氛围

整合校内外资源。校内方面，将劳动教育融入日常学习生活中，如课前课后完成教室、实验室的清扫整理，宿舍中按照宿舍安全卫生标准打造"文明寝室""五好宿舍"。此外，高校要充分发挥专业优势和服务社会的功能，为学生提供稳定的实习、实训基地，

组织学生到实际工作岗位中参加生产劳动，通过实习实训、切身体会和实践，进行劳动精神、劳模精神、工匠精神专题教育。校外方面，高校要搭建社会服务和实践平台，组织开展服务性劳动，如将3月“学雷锋月”设立为劳动月，其他每月设立劳动周，安排学生参加志愿服务和劳动实践，激发劳动热情，将劳动行为内化为劳动习惯。

面对“00后”网络原住民，辅导员积极借助网络育人平台，发挥网络、新媒体的传播优势和舆论力量。关心关注社会时事，挖掘在抗疫救灾中涌现出的青年志愿者典型，特别是“90后”“00后”的感人事迹，通过官方微信公众号，宣传不畏艰难、勇于担当、逆行而上的奉献精神，讲好劳动者故事，传递劳动正能量。网络劳动教育，紧密配合理论教学第一课堂和社会实践第二课堂，全面提高学生的劳动意识和劳动素养。

（三）家庭、学校“双管齐下”，培养劳动行为习惯

习近平总书记在全国教育大会中指出：“家庭是人生的第一所学校，家长是孩子的第一任老师，要给孩子讲好人生第一课，帮助孩子扣好人生第一粒扣子。”有些家长由于过多关注学生学习成绩，忽视了对其劳动能力的培养和锻炼，最终形成“衣来伸手、饭来张口”的“啃老族”。特别是结束了高中三年的紧张学习，摆脱了高考升学的压力，学生精神上有所懈怠，生活上也放松了对自我的要求。

家庭劳动教育的开展，首先要引导家长树立正确的劳动观念，能够支持配合学校进行劳动教育。学生在家的时间，要做日常家务劳动，如打扫屋子、洗衣、做饭等，逐步养成劳动习惯，提高自理能力；家里有口粮地的，在农忙时带孩子一同下地劳作，进行生产劳动，使孩子日后更加珍惜劳动果实，体会收获的来之不易，体验劳动收获的快乐；假期时间，鼓励孩子积极到儿童福利院、养老院等公益场所参加志愿服务，培养孩子乐于助人的奉献精神。“纸上得来终觉浅，绝知此事要躬行”，“教学做合一”的教育理念，只有通过劳动实践才能发挥教育的真正价值。

学校通过建立家、校联络网，保障家、校沟通渠道的畅通，家长和学校全面关注学生的成长成才。

（四）社会环境熏陶，塑造劳动奉献精神

社会层面，公益场所适当向大学生开放，为大学生提供社会实践的基地；加强对劳模故事、劳模精神的宣传和典型事迹的宣讲，支持更多以赞扬劳动者为主题的作品；鼓励诚实劳动，弘扬劳动奉献精神，在全社会营造劳动教育的和谐美好氛围。

著名教育家陶行知的教育观“生活即教育、社会即学校、教学做合一”，恰到好处地阐释了学校教育与社会相辅相成的关系，以及社会教育的重要性。大学生基本成年，社会性不断发展和增强，同时大学也是学生步入社会的最后一个学习阶段。学校劳动教育的内容应结合社会时代特点，正确认识和引导学生社会性的形成，引导学生树立社会主义劳动观，提升职业道德和职业素养。

参考文献：

[1]中华人民共和国教育部.教育部、财政部关于实施中国特色高水平高职学校和专业建设计划的意见 [EB/OL].[2019-03-29].http://www.moe.gov.cn/srcsite/A07/moe_737/s3876_qt/201904/t20190402_376471.html.

[2]中华人民共和国教育部.中共中央国务院全面部署新时代大中小学劳动教育[EB/OL].[2020-03-26].http://www.moe.gov.cn/jyb_xwfb/gzdt_gzdt/s5987/202003/t20200326_434970.html.

[3]中国共产党新闻网.习近平：在纪念五四运动 100 周年大会上的讲话[EB/OL].[2019-04-30].http://cpc.people.com.cn/n1/2019/0430/c64094-31059998. html.

[4]马克思，恩格斯.马克思恩格斯选集(第三卷)[M].北京:人民出版社,1995:508.

[5]全国十二所重点师范大学.教育学基础(第 3 版)[M].北京:教育科学出版社,2018:149.

[6]全国十二所重点师范大学.教育学基础(第 3 版)[M].北京:教育科学出版社,2018:151.

新冠肺炎疫情防控期间网络实践育人的实践与探索

——以天津职业技术师范大学为例

陈明
天津职业技术师范大学

2019 年 12 月，新型冠状病毒肺炎疫情暴发，随着疫情的演变，教育部发布《教育部关于 2020 年春季学期延期开学的通知》，要求各类学校要加强寒假期间对学生学习、生活的指导，要求在家不外出、不聚会、不举办和参加集中性活动。天津职业技术师范大学响应“停课不停学，停课不停教”的倡导，利用新媒体矩阵开展深入细致的网络实践育人工作。

一、拓展网络实践育人形式和内涵，筑牢理想信念教育

坚持用“四个意识”导航，用“四个自信”强基，用“两个维护”铸魂，紧紧把握“举旗帜，聚民心、育新人，兴文化，展形象”使命任务，立足主阵地、汇集正能量、振奋精气神，推进媒体融合发展，聚焦传声立言，在巩固壮大主流舆论上提质见效，奏响天职师大最强音。

利用学校官方网站、官方微信公众号、微博公众号、抖音、今日头条等网络媒体平台，组成新闻矩阵，进一步严格宣传纪律要求，严格做好“三审三校”，设立“战‘疫’进行时”“战‘疫’先锋”“战‘疫’知识早知道”等主题栏目，再动员再发力再加强。积极探索网络育人新渠道，拓展抖音、今日头条等新媒体平台，通过“短视频”新手段开展思想政治教育。疫情防控期间，以短视频内容入手，精心制作学生喜闻乐见的作品，综合疫情常识、抗疫故事、行业探秘、资讯通知等方面，将思政如盐一般融入短视频的菜中，使网络思政变得有滋有味。

二、全力打造新闻平台，发挥网络实践育人作用

充分发动大学生通讯社（融媒体中心）的大学生记者深入挖掘学校防控一线的典型事迹和先进人物，展示天职师大党员干部历经“不忘初心、牢记使命”主题教育淬炼后的精神风貌，展示广大师生群众志愿服务社会爱国担当，汇聚起全校抗击疫情的强大精神动力。开设“战‘疫’的日子”宣传报道专栏，学校各媒体平台转载、推送各类稿件 360 条，累计点击量超过 83 万次，连续报道师生先进事迹 30 余篇。《为防疫工作贡献青春力量》《跳动的红马甲》《雪域高原 战“疫”有我》《我的妈妈是援鄂护士》、《我

把家里的战士借给你》《父子上阵，共战疫情》《朱姝璇：从海外背回防疫物资的交换生》《疫情防控期间扶贫工作不松劲儿》《实习空乘遇疫情 义无反顾战一线》等先进事迹报告在校内外媒体刊发后引起师生强烈反响，为打赢疫情防控阻击战提供了坚强的舆论保障，汇聚起强大的精神力量。

面向全校学生开展“同心战疫、中国加油”主题原创文艺作品征集活动，积极动员全校师生校友创作诗词、散文、歌曲、书画、视频等文艺作品，传递鼓舞乐观向上精神。研究生处王振刚老师和退休教师马文生创作的书法作品《只争朝夕除瘟疫，不负韶华描锦图》《旌旗十万斩病魔》分别入选天津市抗击疫情主题楹联书法网络展和河西区书协抗击新冠肺炎主题书法网络展，艺术学院教师刘芳、刘东明、白澜、张衍滨组织学生制作的抗击疫情系列动画作品《众志成城》入选第五届天津市科普微视频大赛。由师生共同制作的诗朗诵作品《武汉，等你守得云开！》点击量破万。

在做好新闻宣传工作的同时，引导大学生记者坚持眼睛向下、重心下移，延伸手臂、深入一线，把版面留给基层，把镜头对准师生，推出有基层风格、基层元素、基层特色的宣传，使工作接地气、汇生气、聚人气、有情怀、有热度、有味道。

三、营造网络实践育人氛围，润物无声开展心理疏导

为了让每位师生了解疫情、重视疫情、防范疫情同时做好心理疏导，党委宣传部积极利用各类有效载体和学生记者团的作用，强化疫情防控科普宣传，利用微博微信等线上平台第一时间转发权威媒体信息，如《寒假后返校学生对新型肺炎的预防指南》《特殊人群与特定场所防控指南》《教育部致全国大学生的一封信》《中华人民共和国传染病防治法》等，录制学生科学防疫宣传视频和动画宣传片，引导学生理性认识疫情、科学应对疫情、全面战胜疫情，坚决做到不信谣、不造谣、不传谣。

开设“战‘疫’夜语”两微专栏，以大学生通讯社、星河文学社、广播站的学生和指导教师为主体，以新冠肺炎疫情发展变化、抗疫一线的社会人物为蓝本，创作诗歌、散文类文字作品，由校内师生朗读并配乐剪辑，旨在展现师生战胜疫情的决心信心，凝聚全校抗击疫情的强大精神动力。在此过程中，引导学生全面负责创作制作剪辑工作，将学生战胜疫情的强大信念融入网络作品中，赋予作品强大的生命力和正能量。“战‘疫’夜语”专栏连续推出 18 期，累计阅读量 12214 次。

四、引导学生正确发力，激扬必胜信心

宣传教育是抗击疫情最好的“疫苗”，如何隔空为学生注射“疫苗”是疫情防控期间学生思想工作的一大难点。要学习运用学生喜闻乐见的方式进行疫情防控期间的宣传引导。1.利用官微、官网及时权威发布。社会热点事件或重大突发事件发生，也是社交媒体舆论炒作酝酿乃至谣言多发期。在这个时期，充分运用线上渠道，利用官网、官微及时权威发布中央、省、市关于疫情防控部署和学校相应的工作安排，传达准确的疫情信息，引导学生通过官方的渠道获取疫情最新信息，不造谣、不传谣、不信谣。通过宣传教育让学生明白网络空间不是法外之地，任何网民都应遵守法律规定，自觉居家，理性上网，帮助学生认识到利用信息网络编造谣言、故意传播虚假信息造成社会危害所需要

承担的法律责任。2. 创新宣传载体和宣传方式。例如制作手抄报、小视频、快板歌曲、漫画等宣传科学防疫知识；组织疫情知识竞赛、微视频比赛、宣传创意比赛、“家有小厨”等线上竞赛，帮助同学们在实践中学习，同时带动身边的人一起参与抗疫；通过 QQ、微信和电话联系等方式开展线上线下沟通交流，精准解读最新疫情及学校的相关安排；通过钉钉、企业微信、腾讯课堂等平台开展线上会议，并对学校相关防疫工作进行说明，加强学生对学校疫情应对工作的支持和理解。

五、坚持习惯引领，凝聚精神力量

在疫情防控期间，各二级学院充分发挥网络实践育人作用，结合学生假期现状推出“战疫情・青春行”系列活动之“让优秀成为一种习惯”宅家习惯养成活动，发挥网络育人功能，引领学生在抗疫中成长。活动采用自愿报名的方式，以班级为单位建立晨起组、健身组、技艺组、戒瘾组等习惯养成小组，建立线上组群，由责任辅导员负责，班长团支书统筹，其他班干部任小组长，组员在群里发布动态养成习惯，每日打卡，相互督促，相互促进。在活动过程中，同学们坚持每日打卡。早起组的同学们将每日的清晨拍下与组员们共享日出；技艺组的同学们趁着假期自学编程、制作美食、练习乐器；戒瘾组的同学们在群里分享戒瘾办法和成功经验；健身组的同学们认真记录、积极坚持。学生也会根据实际情况调整打卡方式，创新活动内容。“昨日今日比较制”汇报，使数据更有参考性；“阅读组”每日分享自己阅读的书籍或一些有意思的片段。宅家为抗疫做贡献，在习惯养成中成长，网络打卡的形式引导学生学会在特殊的假期里强健自身体魄、打败焦虑情绪、增强自律意识、戒断不良习惯、努力习得技艺、体会陪伴家人。

六、内外联动，共话战疫新故事

天津职业技术师范大学少数民族学生管理服务工作室少数民族学生辅导员玛日耶姆古丽・吾布力喀斯木（玛丽亚）荣获“全国疫情防控最美志愿者”“天津市新冠肺炎疫情防控工作三八红旗手”“天津市民族团结模范个人”等荣誉称号。

疫情发生后，玛丽亚老师第一时间和大学同学组建 100 人“保卫大武汉”民间志愿服务队，积极投身志愿服务活动。在物流和武汉市内交通管制的情况下，一天内组建逆行者志愿服务车队，线上线下各司其职，马不停蹄筹集医疗物资。在武汉封城一天后，筹集到 1200 个 N95 口罩、700 个护目镜，3000 套防护服等医疗物资送往武汉 12 家重点防治医院。在结束志愿服务活动后，她第一时间返回天津，当同事们还在居家待岗时，她自我隔离后早早投入工作中。

玛丽亚老师的抗“疫”志愿服务事迹经市委统战部报道后，得到市委主要领导高度重视并做出批示。中国新闻网、《中国日报》《中国青年报》、天津电视台、《天津日报》等十多家媒体对其事迹进行了深入报道。全校师生争先转发，并引发热烈反响。多角度、多层次、多元化的宣传报道，引导学生学习她无论身处何地，肩负何职，都不忘初心、牢记使命，用自己的实际行动做一朵盛开的“石榴花”，结维护民族团结进步的硕果，践行一名少数民族党员教师的责任与担当。

七、结语

高校承担着立德树人根本任务。面对新型冠状病毒肺炎疫情，要积极利用网络平台及时了解学生的最新动态，引导学生在思想上高度重视，进行正确的价值引导，对学生因疫情而产生的心理问题进行及时疏导。紧跟时代步伐，积极利用新媒体矩阵宣传引导学生因事而化、因时而进，因势而新，发挥学生记者、学生骨干、学生先进的引导带动作用，不断提高网络育人能力，帮助学生面对突发事件和重大事件中保持舆论定力，勇于正面发声，用大学生视角挖掘大学生故事，以青年精神激发青年力量，促进学生全面发展，培养新时代的大学生。

参考文献：

[1]教育部.教育部关于 2020 年春季学期延期开学的通知 [Z]. 中华人民共和国教育部，2020.

[2] 习近平在全国高校思想政治工作会议上强调:把思想政治工作贯穿教育教学全过程，开创我国高等教育事业发展新局面[J].教育文化论坛,2016,8(06):144.

基于实践育人的高校勤工助学路径探析

段婷婷
天津职业技术师范大学

高校勤工助学是指学生在学校的组织下利用课余时间，通过参加一定的劳动取得报酬，用于改善学习和生活条件的社会实践活动。勤工助学是高校学生资助工作的重要组成部分，是提高学生综合素质和资助家庭经济困难学生的有效途径。[1]

一、传统勤工助学工作中存在的问题

尽管高校勤工助学工作为经济困难学生提供了参与劳动获得报酬，改善学习、生活条件的便利条件，但是受师生认知观念、工作环境、资助运行机制等主、客观因素的影响，传统的保障型勤工助学资助模式在实施过程中暴露出一些潜在问题。

（一）师生思想认识不完善

目前，高校师生对于勤工助学仍未形成统一、全面的思想认识。首先，对勤工助学的目的认识存在片面性。[2]负责勤工助学的高校教师和学生简单、实用主义地将勤工助学等同于“课外兼职”或“经济资助”，仅仅看到了勤工助学对大学生的经济价值而忽视了教育意义与育人价值。一些学生在参与勤工助学过程中只重视工资忽视了过程，缺乏把握机会、提升自我的意识与行动。其次，对待资助的认识狭隘、态度不够端正。相较于勤工助学需要付出劳动才能获得报酬，很多学生更在意能否通过评议获得国家助学金、各类关爱慰问金等“现成”的资助，学生申请资助过程中“坐”“等”“靠”的被动思维和不劳而获的消极思想严重。[3]最后，部分学生缺乏正确的劳动观与价值观，认为参加校内勤工助学经常会遇到熟人，碍于面子不好意思申请岗位，宁愿将时间浪费在打游戏、逛街、睡觉等事情上也不愿在岗位上锻炼自己，虚度大学时光，阻碍个人发展。

（二）工作管理制度不健全

目前各高校负责勤工助学的教师多是学校学工系统资助管理中心的教师与学院辅导员，二者由于在日常工作中需要同时兼顾其他各类资助工作或学生各项日常管理事务，无法将勤工助学工作做细做精，管理上存在较大的空缺。首先，勤工助学岗位供不应求，信息传递存在滞后。高校资助中心负责整理、传达校内勤工助学岗位空缺的信息，待各学院收到消息再进行下达，中间存在一定的时间滞后性，等到很多学生感兴趣某个岗位进行询问时往往已经错过应聘时间。校内岗位由于在操作技术要求上差异性较小，因而学生能否获得某个岗位往往靠的是面试时间的先后，专业匹配度较低。学生正式上岗前缺乏专业、系统的岗前培训，往往仅靠新老成员之间的经验传授或自己摸索来适应工作。最后，勤工助学岗位设置上层次普遍较低，多为学校图书馆、体育馆、宿舍、各院系办公室的报纸收发、卫生清洁、档案整理、文件报送等劳务性工作，与学生专业发展缺乏联系，对于学生拓展专业知识，提升专业技能促进不大。

（三）岗位“育人”功能不充分

由于高校对于勤工助学目的把握不清晰，实际工作过程中过于关注学生通过勤工助学解决经济负担这一显性目标，忽视勤工助学实践过程中隐含的育人资源。教师缺乏对学生参与勤工助学工作态度、工作方法、工作成效的评价与指导；忽视对学生进行责任感、奉献意识、价值观等的教育；没有挖掘勤工助学在学生团队意识、创新创业能力等方面蕴含的德育资源；缺乏对经济困难学生工作过程中进行心理疏导。[4]这些均导致学生在勤工助学过程中尽管付出劳动，却难以及时发现自己工作中存在的不足与问题，在简单、机械化的重复劳动中难以获得进步与提高。

二、基于实践育人的勤工助学功能思考

教育部早在2014年提出实施“实践育人共同体建设计划”，充分发挥社会实践的养成作用，引导学生在服务他人、奉献社会中升华对社会主义核心价值观的理解。习近平总书记也多次强调社会实践在大学生成长成才中的重要作用，勉励大学生“既要向书本学习，也要向实践学习”。基于实践育人的勤工助学使学生在困难时获得帮助，对于学生自强自立、走出困境，树立积极自信的心态，提升综合素质有重要意义。大学生勤工助学不仅具有单一的经济意义，从实践育人的角度来看，具有以下重要功能：

（一）丰富大学生活，培养健康、积极心态

尽管目前高校资助工作已经明确指出要尊重困难学生的个人隐私，保护学生自尊心。但是受成长环境的影响，一些家庭经济困难学生仍然容易在大学生活中感到自卑、敏感，觉得自己低人一等，容易形成消极、退缩的求学态度，这些不良情绪积攒久了，严重的会形成心理问题，甚至引发不良校园贷、电信诈骗等校园安全问题。因此，高校思政工作中要着重对这些学生加强关注与分类指导。通过全面参与勤工助学,学生有更多的机会与老师、同学接触，能够较大程度上丰富自己的人际交往圈子和情感世界，同时与老师、同伴的交流也能激励学生感受到大学生活的温暖与多姿，逐渐打开心扉，正视自己的大学生活，在潜移默化中培养学生树立起自信心，正确对待自己的贫困处境，积极适应大学生活。勤工助学过程中，学生通过付出劳动换来收获与进步，在这一过程中实现个人价值，提升自我认同感，对生活和社会产生积极评价与期待，有助于培养学生主动进取、积极健康的心态。[5]

（二）提高思想道德素质，提升个人修养

中共中央国务院颁布《关于进一步加强与改进大学生思想政治教育的意见》中提出，勤工助学和就业必须作为各高校的两项重点工作来抓，凸显了勤工助学在大学生思想教育中的重要意义。勤工助学对比于直接发放助学金、国家励志奖学金等无偿资助方式，可以培养学生独立自主、自强不息的精神，引导学生逐渐形成积极主动、昂扬向上的精

神面貌。基于实践育人的勤工助学，引导学生在实践过程中多学、多问、多看，加深对劳动价值的领会。同时，学生在实践过程中多与师生接触，加深对校园生活、国家政策的了解，可以帮助学生感受到党和政府对于大学生的关怀与帮扶，培养学生知恩感恩、提升社会责任感。[6]学生在勤工助学过程中受到老师敬业奉献、担当作为等优秀品质的熏陶，增强其工作责任心和使命感，逐渐树立正确的价值观念。勤工助学过程也是学生不断学会做人做事、提升个人思想道德修养的修炼过程，是学生不断提升个人修养，人格走向完善和健全的过程。

（三）提升个人综合素质，促进学生自我完善

个人综合素质的提升，受到学生认知水平和实践环境的双重影响。大学生的全面发展与综合能力提升需要依托于社会实践，在实践中明确个人理想，提高为人处世、解决问题能力。在勤工助学过程中，大学生加深对国情与社会的了解，可以更清晰地对自身发展进行定位与设计，通过走出课堂补充知识学习的短板，不断修改、深化自我认识。勤工助学为大学生开展公共活动、进行社会交往创造了条件，学生尝试在更大范围内进行人际交往，在全新的社交环境中锻炼自己为人处事能力，而这种交往能力实际上就是生存与发展的能力。同时，学生在勤工助学过程中担任新的角色，面临新的任务与问题，在完成工作的过程中促进学生运用知识解决问题，增长才干，提高了自己的适应能力。因此，勤工助学对于大学生来讲是一项有益的社会实践活动，学生在这一过程中开阔眼界，接触社会，实现个人的全面发展。

三、基于实践育人的勤工助学路径探析

勤工助学应该是对经济困难大学生的一种长效帮扶机制，高校思政教育工作者要树立实践育人理念，利用勤工助学为大学生提供实践锻炼平台，完善工作机制，加强对学生的过程性引导与帮扶，发挥勤工助学育人功能。

（一）更新师生观念，加强学生思想引导

高校教师要树立人的全面发展理念，明确立德树人根本目标，重视面向经济困难学生群体做好资助育人工作，激发学生在受助过程中的主观能动性，为学生全面发展创造有利平台，使勤工助学工作服务于国家和社会的人才培养体系。引导学生正确认识国家资助的目的在于帮助经济困难学生更好地完成大学学业，无论是资助金的发放还是勤工助学岗位的提供，要认识到扶贫是手段，育人才是目的。加强大学生劳动教育，引导学生在参与勤工助学工作中树立正确的劳动价值观，认识到“奋斗的青春最美丽”，乐于参与勤工助学、积极参加社会实践活动，在实践锻炼、挥洒汗水的过程中体会劳动的快乐，满怀积极向上、自立自强的人生态度。

（二）完善工作机制，开拓思政教育新载体

高校勤工助学活动覆盖面广、参与学生数量多、活动内容复杂多样，建立健全工作机制，加强过程管理与引导，是发挥勤工助学育人功能的前提。在学校设立专门的勤工

助学管理机构，健全勤工助学岗位信息发放、入岗面试、岗前培训、工作过程监管、绩效审核、工资发放等环节的规章制度。在勤工助学管理过程中引入学生自治机制，发挥学生干部和学生社团的主观能动性，培养一支品德过关、素质过硬的学生干部队伍参与到勤工助学工作的监督和管理中来，促进勤工助学工作朝着规范化、标准化方向发展。

将勤工助学活动作为高校面向学生开展思想政治教育的载体，将思想教育融入勤工助学的每一环节，结合学生的劳动体验和实践过程引导学生树立吃苦耐劳、自立自强、艰苦奋斗的品德，增强担当意识。

（三）经济帮扶与实践育人并重，促进学生全面发展

从大学生成长成才的角度来看，实践育人不仅体现了实践教育和思政教育的内在统一，也是“三全育人”工作格局中的重要一环。在为家庭经济困难学生提供勤工助学岗位的同时，重视挖掘工作过程中隐含的教育资源，重视对学生心理健康、思想状态、素质能力的关注和引导，经济上的资助对学生而言是短暂的，思想上的帮扶才能让学生受益终生。定期与学生进行谈话，注重对学生工作方式和工作能力的指导，引导学生将个人所学应用到具体的实践活动和问题解决上来，在实践中查漏补缺，最大化发挥第二课堂对学生全面发展的促进作用，真正做到资助育人。

参考文献：

[1]钟军，郑晴晴,李阳.基于实践育人的高校学生勤工助学模式构建[J].合肥工业大学学报（社会科学版）,2015(4)：131-134.

[2]黄莺.试论勤工助学在高校育人环节中的重要作用[J].东南大学学报（哲学社会科学版）,2010(12):195-197.

[3]任子雄.高校勤工助学育人功能探析[J]. 高校辅导员学刊,2014(6):69-71.

[4]张雷. 高校勤工助学育人功能探析[J].教育与职业,2013(15)：52-53.

[5]黄瑞梅. 高校勤工助学育人功能研究[J].南方论刊，2019(2):88-89.

[6]姜旭萍,丁桂兰,胡刚. 高校勤工助学政策的落实现状及对策研究[J].教育与职业,2009(27)：39-41.

以习近平总书记关于教育的重要论述为指引，做好新时代高校组织育人工作

兰娜娜
天津职业技术师范大学

一、正确认识教育思想中关于“坚持党对教育事业的全面领导”的论述

2018年9月10日，习近平总书记在全国教育大会上强调，要坚持党对教育事业的全面领导。2019年3月18日，习近平总书记在人民大会堂主持召开学校思想政治理论课教师座谈会，强调把思想政治工作贯穿教育教学全过程；牢牢掌握党对意识形态工作的领导权；精心培养和组织一支会做思想政治工作的政工队伍。习近平总书记强调“基层党组织是党执政大厦的地基，地基固则大厦坚，地基松则大厦倾。”要强化基层党组织整体功能，使基层党组织成为师生最贴心、最信赖的组织依靠，成为学校教书育人的坚强战斗堡垒。

二、基层党支部作用发挥对培育德智体美劳全面发展的社会主义建设者和接班人的重要意义

高校必须坚持以马克思主义为指导，全面贯彻党的教育方针。高校基层党支部是在高校党委领导下的基层组织，高等教育发展、改革需要通过党支部发挥思想引领作用，才能确保正确的发展方向。党支部作为高校基层党建的重要阵地，在进行大学生思想政治教育和价值引领等方面发挥着不可替代的重要作用。

党建工作在整个人才培养体系中有着重要地位和作用，在构建“全员育人、全程育人、全方位育人”的“大思政”格局中具有引领作用，党支部树立“围绕学科抓党建，抓好党建促发展”的工作理念，围绕学科建设、人才培养的中心工作发挥党支部的作用，有利于从根本上落实“立德树人”根本任务，服务大学生成长成才，使其成为德智体美劳全面发展的社会主义合格建设者和接班人。

三、高校基层党支部 “六加强”“六打造”“六提升”是服务学生成长成才的现实选择

（一）加强思想建设，打造学习型党支部，提升思想引领力

1. “心有所信，方能行远”，要强化理论学习，筑牢思想根基，学好习近平新时代中国特色社会主义思想，学好“四史”，要坚定理想信念、矢志拼搏奋斗，做新时代的社会主义建设者和接班人。尤其是样板党支部要带头把小我融入大我，在思想上、行动上同以习近平同志为核心的党中央保持高度一致，在面对前进路上的机遇挑战时，要做

一个“有根有魂”的人，践行共产党人的初心使命，永远跟党走。

2. 始终强调加强学习和思维训练的重要性，除了抓好理论学习和日常思想政治教育，党支部应该将党日活动与学科专业研究有机结合，加大理论和现实问题的研究，不断增强科学理论的说服力和感召力，推出有价值、有影响的研究成果和实践成果。

3.建设“六有标准”（有人管、有阵地、有经费、有载体、有活动、有氛围）党员活动室，使其成为党支部学习活动的有效阵地。

4.严格落实支部标准化规范化建设要求，落实“三会一课” 制度，让“三会一课”成为思想建党的重要载体和抓手，提升党员素质、增强党内团结、凝聚党员力量。

5.构建 “课堂教学、校园文化、社会实践”三位一体育人模式，建设“第二课堂”思政育人体系，整合优质资源，创新活动载体，积极打破教与学、师与生、理论与实践、课内与课外的隔膜。

6.积极探索5G时代和大数据背景下党支部学习模式改革，有效利用新媒体平台，通过线上与线下学习相结合的方式，切实发挥党支部思想引领和价值观塑造作用。

（二）加强机制创新，打造创新型党支部，提升创新竞争力

1. 以“党支部—团队—教师—学生”一体贯彻，坚持将各类竞赛优势转化为育人优势，形成“育人之根深植‘竞赛+课程思政’沃土”的竞赛育人特色。

2. 围绕“三全育人”体制机制建设，“价值塑造、能力培养、知识传授”三位一体，通过“走心”党建凝聚育人合力。

3. 100%实现教师党支部书记“双带头人”制度，由辅导员担任学生党支部书记，融合“党支部书记、班主任、专业导师”三支队伍的力量，构建价值引领与能力培养、科研实践同频共振的育人模式。

4. 创新实施党员联系班级、党员联系宿舍（党员标杆宿舍）、党员联系困难生（学习困难、经济困难）和党员值班制度，突出党员联系服务群众的主体作用，切实发挥组织育人功能，并且引导受助困难生实现从“助人”到“铸人”的改变。

5.创新支部“党建+”运行机制，实行“一名教师党员+一名学生党员+一个团支部”“一名教师党员+一名学生党员+一个竞赛团队”“一名党员+一名困难生”模式，通过开展“支部亮旗帜 党员亮身份”等主题党日活动，进一步增强组织凝聚力和向心力。

6.创新学生党员培育机制，建立“推优—培养—提升—塑优—引领”培养机制。

（三）加强志愿服务，打造奉献型党支部，提升社会服务力

1.成立党员先锋突击队，发挥专业特长，以“艺”战疫，为坚决打赢疫情防控战争贡献力量。以天津职业技术师范大学艺术学院基层党支部为例，新冠肺炎疫情发生以来，涌现出了“实习空乘遇疫情，义无反顾战一线”的优秀共产党员殷格格等一大批战疫典型。各支部党员踊跃报名，组建成立党员先锋突击队，在复课开学疫情防控中亮出党员身份、立起先进标尺、树立先锋形象，带头遵守疫情防控的各项规定，坚持在教学楼口为进出入的师生测量体温，坚决做不忘初心、牢记使命的践行者。党员师生自觉发起“以艺战‘疫’”公益作品征集活动，以战“疫”为主题，拿起手中的画笔，为武汉加油，

向医护人员致敬，创作出形式多样、内容丰富的艺术作品，为疫情防控工作提供“艺术支援”！ 动画党支部积极开展以“党旗飘扬，战‘疫’有我——《众志成城》系列公益动画的创作”主题党日活动，从理论学习、以“艺”战“疫”、向党汇报三个部分，发挥专业所长，通过制作《众志成城》系列动画，充分发挥媒体力量的特殊价值，向公众科普疫情防控知识和国家防疫政策法规。

2.进社区报到。一是党员主动进社区（村）报到，充实基层疫情防控工作力量，为战胜疫情做出应有的贡献。二是要求党员使用天津市党的基层组织建设信息系统“双报到”平台到居住地社区进行报到，参加垃圾分类等志愿服务活动，每年年底要向所在党组织汇报到社区报到情况，作为组织生活会对照检查的重要内容。

3.发挥文化创意优势，借力艺术设计精准扶贫。以天津职业技术师范大学艺术学院基层党支部为例，在以习近平同志为核心的党中央坚强领导下，充分发挥专业优势，让锤炼工匠精神的实验室、本科生设计团队等软硬件资源发挥作用，在扶贫领域向对口帮扶的天津市蓟州区庞家场村不断加力，用心用情用功设计制作，以“硬实力”强基，建设文化宣传栏、文化标志物，将爱国主义等元素设计上墙，以“软实力”铸魂，让村民公约融入百姓心中，心贴心，面对面，文艺增强庞家场脱贫攻坚的“造血”功能。师生全力投入、高校乡村协作、线上线下并行，将艺术设计创作与精准扶贫、乡村振兴战略有机结合，切实助力新农村发展，为全面建成小康社会做出了应有的贡献。

（四）加强廉洁自律，打造廉洁型党支部，提升道德约束力

发挥党组织的政治核心作用，压实党建工作责任，树立党的一切工作到支部的鲜明导向，不断提高基层党组织的组织力，以创建“五好”党支部、党建立项等为载体，完善党建责任区、党建督导、联席会议三项工作机制，激发基层党建工作活力。在组织生活会上，支部党员认真查摆问题，提出改进措施。在学风建设委员会、研究生学术自律委员会里，党员师生成为监督学术不端、倡导良好学风的主体。以党支部为载体，通过持续深入正风肃纪，以党风建设推进学风、教风建设，积极营造风清气正的育人环境。

（五）加强技能培训，打造竞赛型党支部，提升专业竞争力

一是党员教师在技能培训过程中以身作则，言传身教，随时随地做好表率，如《吕氏春秋》所言：“视徒如己，反己以教，则得教之情矣。所加于人，必可行于己，若此则师徒同体。人之情，爱同于己者，誉同于己者，学业之章明也，道术之大行也，从此生矣。”（意思是说好老师对待学生就如同对待自己一样，要设身处地施行教育，这样就能师生同行，情感和谐，使教育过程得以顺利完成。）二是积极调动一线党员教师加强竞赛组织训练和指导，制定具体的时间安排表和工作清单，每天定时培训，互动答疑，及时总结，改进提升。

（六）加强党建带团建，打造辐射型党支部，提升党建引领力

1.坚持以习近平新时代中国特色社会主义思想为指导，认真贯彻落实习近平总书记关于青年工作的重要思想，持续掀起“青年大学习”热潮，高举团旗跟党走，青春奋进新

时代。

2.开展党员下支部指导组织生活会、党员讲团课、党员对团支部一带一等活动，严肃团内组织生活，落实“三会两制一课”要求，通过开展团支部活动增强团员意识，达到组织育人实效。

3.认真落实“推荐优秀团员作党的发展对象”制度，建立专、兼职团干部、挂职团干部一体化的团组织队伍，为开展好工作奠定基础。

参考文献：

[1] 习近平总书记教育重要论述讲义[M].北京:高等教育出版社，2020.

[2] 习近平. 坚持中国特色社会主义教育发展道路,培养德智体美劳全面发展的社会主义建设者和接班人[EB/OL].[2018-09-11].http://edu.people.com.cn/n1/2018/0911/c1053-30286253.html.

[3] 习近平：用新时代中国特色社会主义思想铸魂育人 贯彻党的教育方针落实立德树人根本任务[EB/OL].[2019-03-19]. http://cpc.people.com.cn/n1/2019/0319/c64094-30982234.html.

[4]为夺取新时代中国特色社会主义伟大胜利提供坚强组织保证[EB/OL].[2018-07-06].http://dangjian.people.com.cn/n1/2018/0706/c117092-30130069.html.

“红色之旅”实践活动在高校党员教育管理工作中的功用、现状及融入对策研究

李丹
天津职业技术师范大学

党的十八大以来，以习近平同志为核心的党中央高度重视加强党员教育管理工作，以党章为根本遵循，先后制定《中国共产党支部工作条例（试行）》《中国共产党党员教育管理工作条例》等党内规章制度，推动形成全党从严从实抓党员教育管理的良好态势，为党支部标准化、规范化建设和新时代党员教育管理工作提供基本遵循，强化党支部政治功能，充分发挥党支部战斗堡垒作用；强化党员党性意识，充分发挥党员模范带头作用。随着高校党建工作标准不断提升，党员教育管理工作要求不断加强，教育管理形式也在不断丰富，从传统的集中学习、专题研讨等室内形式逐渐开拓出“红色之旅”实践活动等室外模式，既是党员教育管理模式的探索创新，也是将红色文化融入党员教育管理内容的生动实践。

一、“红色之旅”实践活动在高校党员教育管理工作中的功用

“红色文化”是指中国共产党领导人民进行的革命和建设进程中形成发展的，以社会主义和共产主义为指向的，把马克思列宁主义与中国实际相结合，兼收并蓄古今中外的优秀文化成果而形成的文明总和。[1]“红色之旅”是各级党组织组织广大党员前往依托红色文化资源和旅游资源建立起的红色教育基地开展党员教育管理的创新实践活动，是高校党员教育管理工作贯彻落实新时代党的建设总要求的具体举措。

（一）“红色之旅”实践活动是落实高校立德树人根本任务的重要举措

百年大计，教育为本；教育大计，教师为本。高校是教书育人的地方，就要以“立德树人”为根本任务。高校党建工作必须紧紧围绕这一根本任务开展，对党员师生的教育管理到位是落实“立德树人”根本任务的关键一环。“红色之旅”实践活动是广大党员师生对党史、新中国史、改革开放史、社会主义发展史等革命光荣历史和先辈丰功伟绩亲身体验的重要途径，这种“体验式”的教育管理方式更直接地让广大党员师生感受到以爱国主义为核心的民族精神和以改革创新为核心的时代精神，激励广大党员充分发挥模范带头作用，带动身边教工共同落实“立德树人”根本任务，不断增强培养社会主义接班人、建设者的社会责任感，带动身边同学励精图治，树立起为中国特色社会主义奋斗终身的人生理想。

（二）“红色之旅”实践活动是贯彻新时代育人理念的生动实践

习近平总书记指出：“我国是中国共产党领导的社会主义国家，这就决定了我们的教育必须把培养社会主义建设者和接班人作为根本任务，培养一代又一代拥护中国共产党领导和我国社会主义制度、立志为中国特色社会主义奋斗终身的有用人才。”[2]教育本质是育人，育人者先自育。“红色之旅”实践活动将抽象的历史文化、语言文字转化为具象的实践体验、心得感悟。这种具象的体验使党员教工感受到中国共产党人的理想信念、革命意志，激励广大教工将所学所感转化为国家培养建设者和接班人的家国情怀和价值追求，切实在教育工作中贯彻落实新时代育人理念。

（三）“红色之旅”实践活动是高校党员实践教育的重要环节

随着信息化、网络化的不断发展，传统的理论式党员教育管理模式受到了极大的冲击，党员教育培训管理方式的不断创新使“红色之旅”实践教育环节显得愈发不可或缺。马克思在《关于费尔巴哈的提纲》中提出实践的观点，实践是人类改造世界的现实的感性活动，是能动的革命批判的活动。实践是检验真理的标准，是社会生活的基础。离开实践只学理论会阻碍广大党员师生将理论与实践紧密结合。将“红色之旅”实践活动作为高校党员教育管理的重要环节，既是适应新时代高校党员教育培养方式创新的需要，也是新时代党建工作发展的需要。

二、“红色之旅”实践活动在高校党员教育管理工作中存在问题及现状

随着高校各级党组织开展“红色之旅”实践活动的热情越来越高涨、形式越来越多样、地点越来越丰富，一些问题也随之显露出来，主要有以下两方面：

从“红色之旅”产业自身现状来看，红色旅游产业已成为国民经济新的增长点,是综合带动力极强、经济效益和生态环保效益极好的扶贫工程、富民工程，也是传承红色基因,开展红色教育的政治工程。[3]依托红色文化打造“红色之旅”逐渐成为很多地区，特别是曾经的革命老区、红军长征沿线等地区的经济产业重要支撑，但红色文化资源的过度商业化开发使其教育价值和历史价值有所减退，“红色之旅”有“变味”之嫌。市面上打着“红色之旅”实践活动的机构、组织较多，高校党组织与当地党校、政府等机关事业单位直接联络渠道较为曲折，与其他“红色之旅”实践活动接待方联络难辨资质，观光游览等违规违纪行为有了可乘之机。

从高校开展“红色之旅”实践活动和党员教育管理工作来看，“红色之旅”可拆解性低。红色文化资源地点分布不均，“红色之旅”当地接待方多从经济利益角度出发,往往对开班人数有最低要求，且需要一定数额的党费作为经费支持，实操过程中多为二级党组织集中组织或多个师生党支部联合开展，涉及不同专业、系别甚至多个学院、部门的教师、学生，时间较难统一协调，目前高校开展“红色之旅”培训教育通常是集中三至五天，持续时间较长，多需占用党员师生休息时间，不便于在日常学习、工作过程中开展党员培训教育。因此虽然党员师生参与积极性较高，但实际参与率并不理想。

三、“红色之旅”实践活动融入高校党员教育管理工作的对策

红色文化不论在什么时期、什么年代，一直都具有独特的感染力和号召力，是凝聚力量、团结奋进、引领共产党员前进的精神旗帜。“红色之旅”实践活动融入高校党员教育管理工作中就是通过到实践教育基地和红色旅游景区进行现场教学的方式将红色文化融入高校党员教育管理体系中，是新时代背景下办好中国特色社会主义现代化大学的根本保证。高校党员教育管理工作中是一项复杂的系统性工程，除了要解决好当下“红色之旅”实践活动所面临的困境之外，还应多措并举、同步发力，才能取得实效。

（一）传承红色传统，构建合理接洽机制

党的红色传统是中国共产党人在长期的实践奋斗中所表现出来的崇高的理想信念、优良的作风和高尚的品德[4]，是党和国家的宝贵精神财富。不管是开发红色文化资源还是高校党员教育管理开展“红色之旅”实践活动都要注重发扬红色传统，坚定理想信念，坚持优良作风，不忘初心，牢记使命。红色文化资源的开发、“红色之旅”实践活动的接洽环节应多借助政府机关、事业单位等官方平台力量，整合资源，归口管理，如教育主管部门、省市属党校、省市属高校等机关部门，由“红色之旅”所在地官方平台对接其他省市高校开展党员教育管理工作，规范源头管理和流程管理，杜绝在开展“红色之旅”实践活动过程中出现违背红色传统、违反“八项规定”行为的可能性，充分挖掘“红色之旅”实践活动的价值，切实发挥出实践教育的成效。

（二）灵活开展活动，创新组织方式方法

高校党员教育主要面对教工党员和学生党员。教工党员、学生党员群体的划分主要基于党员流动性不同，教工党员因工作等原因流动性相对较小，学生党员因毕业等原因流动性相对较大，为便于党员管理,基层党支部也多是以教工、学生不同群体设立。教工党员与学生党员在理论学习方面，因群体特点不同侧重点有所不同，但实践教育更具有综合性和融合性，面向师生党员，特别是同二级党组织、同院系、同专业的师生党员同步开展可以极大解决开班人数过少、时间难以协调等问题。打破党员群体界限，利用同院系、同专业师生均无教学、科研任务的工作日时间开展“红色之旅”实践活动，尽量减少对休息时间的占用，有利于提高党员师生的实际参与率，同时也有助于在党员教育管理实践活动中增进师生感情、教学相长，切实将“红色之旅”实践活动融入高校党员日常教育管理和业务工作中，以党建推动教育成果转换。

（三）理论实践结合，挖掘最贴切结合点

红色文化中丰富的精神内涵和价值不仅需要理论的传颂更需要实践的体验。[5]理论学习与实践活动相结合已在各高校开展党员教育管理工作中逐渐成为系统性路径。高校是教育体系中十分重要的一环，肩负着培养社会主义建设者和接班人的重任，是用党和国家最新的思想理论武装青年的重要思想阵地，因此高校党员教育管理工作不管是面向教工党员还是学生党员都意义重大，具有不同于其他领域的特殊性。高校开展“红色之旅”实践活动要延承党员教育管理工作系统性路径，紧密围绕高校根本任务的特殊性，与高校党员重点学习的理论内容相互呼应、互相助益，善于利用关键时间节点，挖掘最贴切的结合点，不断催化理论知识入脑入心，如每年在教师节前后组织党员教工、学生深入学习习近平总书记教师节寄语、到西南联大旧址等地开展实践活动，通过“红色之旅”实践活动将红色历史与最新理论融合在一起，并将所感所得运用到高校教育工作当中，更好地为教育事业服务。

参考文献：

[1]喻畅,赵明远.高校思想政治教育载体运用存在的问题及策略探析[J]. 现代交际,2017(24):118-119.

[2]人民日报评论员.培养什么人是教育的首要问题[N].人民日报,2018-09-14.

[3]郭延会,陈彬. 延安红色旅游资源核心竞争力探析[J].延安大学学报(社会科学版),2020(05):70.

[4]黄冰凤.习近平红色文化观的三维向度[J].湖南工业大学学报（社会科学版）,2020,25(1):28.

[5]赵建国.红色文化在新时代高校思想政治教育中的传承[J].大众文艺,2019(01):221.

改革开放以来高校实践育人的历史回顾及启示

李志婧
天津职业技术师范大学

一、前言

1.文献统计及分类

改革开放以来，“高校实践育人”研究热度逐年增加。截至2020年11月在中国知网(CNKI) 以“高校实践育人”为主题搜索共2001篇。

通过进一步的分析筛选，论文质量较高且与本文相关度高的，本文对46篇文献进行分类整理、研究分析。

2.实践育人内涵

改革开放以来，对实践育人的内涵研究日渐丰富，本文经梳理总结认为，高校实践育人是指以学生运用传统教学中获得的理论知识和间接经验，在学校组织的各种应用性、综合性、创新性实践活动中，能促进学生健康成长和成才、提升道德品质、健全人格、培养创新精神与实践能力的教育活动[1]。实践育人的本质是“实践活动”与“思想教育”的内在统一[2]。

二、实践育人的政策回顾

1.探索研究阶段（1978—2000 年）

1977年高考逐渐恢复，高等教育开始走上正轨。1978年《教育部关于讨论和试行<全国重点高等学校暂行工作条例>（试行草案）的通知》提出通过生产劳动使学生获得必要的直接知识和实际锻炼，到1984年《关于高等学校学生参加生产劳动的若干规定》提出根据专业的不同建立不同的实践场所。这一时期基本实现了从生产劳动到社会实践的过渡。直至1987年《关于广泛组织高等学校学生参加社会实践活动的意见》提出了学生社会实践是高等教育的重要组成部分，1991年《国家教委关于加强和改进高等学校马克思主义理论教育的若干意见》提出要将实践教育渗透进理论教育，都体现出实践活动与理论教育初步融合的思想。

2.改革发展阶段（2000—2014 年）

这一阶段主要是注重引导大学生深入社会、了解社会、服务社会，充分肯定了大学生社会实践的重要作用，同时明确了社会实践活动的多种形式，如志愿服务，以及创新创业教育作为实践育人的形式逐步形成，同时将实践育人纳入高校思想政治工作的重要考核指标。2004年《关于进一步加强和改进大学生思想政治教育的意见》首次提出“实践育人”，指出高校要把理论武装与实践育人结合起来，二者是同等重要的。2005年《关于进一步加强和改进大学生社会实践的意见》强调“理论教育和实践教育相结合是大学生思想政治教育的根本原则”。2009年《关于深入推进学生志愿服务活动的意见》要求各高校深入开展各种形式的志愿服务活动,搭建学生志愿服务平台。2010年《关于大力推进高等学校创新创业教育和大学生自主创业工作的意见》指出创新创业教育在深化高等教育教学改革、培养学生创新精神和实践能力中发挥着重要作用。2012年《关于进一步加强高校实践育人工作的若干意见》明确指出应转变重理论轻实践、重知识传授轻能力培养的观念，并通过实践教学、军事训练、社会实践活动等将实践育人纳入教学计划。

3.创新繁荣阶段（2014—至今）

高校实践育人在这一阶段不断创新繁荣发展，实践育人被提到了十分重要的位置，同时与思政教育实现了高度结合和统一。2015年《关于深化高等学校创新创业教育改革的实施意见》提出建设大学生校外实践教育基地、科技创业实习基地、创业示范基地及职业院校实训基地，扶持“互联网+大学生创新创业”等竞赛平台；2016年《关于加强和改进新形势下高校思想政治工作的意见》提出各高校要把思政教育与实践育人更加紧密结合起来,完成“三全育人”的总要求；2017年《关于培育建设第三批一“全国高校实践育人创新创业基地”的通知》要求社会实践育人形成党委总体部署、政府严格落实推动、社会广泛参与、高校着力实施的新格局。2017年12月《高校思想政治工作质量提升工程实施纲要》文件中将实践育人写入“十大育人体系”之中，体现出实践育人的人才培养中的重要地位。2018年学校思想政治理论课教师座谈会习近平总书记强调要充分发挥实践育人作用,不断提升学生在社会实践中发现问题、分析问题并解决问题的能力。

三、实践育人的理论基础梳理

经过文献的梳理和汇总，实践育人的理论基础、思想基础主要有五个方面：马克思主义哲学、“知行观”、校园文化、新时代实践观、红色文化。

1.马克思主义哲学

文霞在2013年提出高校实践育人的理论基础是：马克思主义哲学、教育学基础、思想政治教育学依据。[3]马克思主义哲学最重要的特征就是实践性，在实践的基础上才能总结出最广泛的真理。高校实践育人就是以马克思主义哲学为最牢固的理论基础，以促进学生的个性化发展和全面发展为目标，从而开展的融入思想政治教育的实践活动。

2.中国传统的＂知行观＂

任红霞在2014年提出实践育人的理论基础是马克思主义实践观，思想基础是中国传统的“知行观”[4]。“知行观”是中国古代哲学的一个重要组成部分，蕴含了丰富的哲学思想，是现代教育教学的基本原理。高校实践育人以“知行观”为思想基础，充分体现了实践育人在教育教学中的重要地位。

3.校园文化

刘红明在2015年提出“校园文化如精神文化、物质文化、制度文化、行为文化等蕴含了实践理念、融会了实践元素、强化了实践规范、体现了实践特色”[5]。校园文化给实践育人注入了新鲜的血液，在实践育人大繁荣大发展的今天，如何开展具有独特性的实践育人模式，是各高校亟须解决的问题，校园文化无疑是铸就实践育人特色的关键。

4.新时代实践观

田玉敏在2019年提出习近平同志在治国理政的实践中，创新发展了马克思主义实践观：坚持实践第一，强调实践出真知；倡导知行合一，注重行胜于言；增强问题意识，坚持问题导向；建设第二课堂，重视实践育人。[6]习近平总书记的新时代实践观是高校开展实践育人思想基础的根本遵循，以习近平新时代实践观为指导，提升高校实践育人质量，必须赋予实践育人新的内涵，教育引导学生树立“四个意识”，坚定“四个自信”，加强实践育人制度建设，拓展实践育人载体。

5.融入红色文化

黄慧在2019年提出将红色文化融入高校实践育人理论体系，丰富了思政教育的内涵，给予了高校实践育人更强大的精神动力，筑牢了实践育人的初心和担当，具有明确的时代意义[7]。高校实践育人要融入红色文化，将“四史教育”和“三爱教育”作为实践育人的主旋律，让学生感受到红色文化的魅力，以实践教育传承爱国主义的基因，达到爱国、爱党、爱社会主义的高度统一。

四、实践育人基本形式

实践育人的形式大致可以归纳为实践教学、社会实践、志愿服务、创新创业教育四大类，而这四种形式也构成了高校相对丰富的实践育人体系。本文按照实践育人的基本形式对目前的育人经验进行了归纳总结。

1.实践教学

一是转变教学观念，强调学生在教学教育中的主体地位；实践教学环节要注重创新教学形式[8]。通过开展各类技能竞赛培养学生的专业能力与团结意识，但是这需要社会、学校、教师共同努力。二是以实践类项目为驱动，实现多学科交叉，完成多层次实践训练，经历长时间的实践活动,把实践创新以具体项目为载体贯穿于实践教学中[9]。项目驱动对于实践教学的作用发挥更有利，同时可以据此搭建实践教学的各类平台，实现长效机制，但对于文科院校存在一定的难度。

2.社会实践

一是充分发挥 “第二课堂”的作用，在实践教学的设计上善于根据不同学生可以完成实践活动的实际情况，尽最大努力调动学生参加社会实践的积极性和主动性[10]。“第二课堂”建设有效发挥学生的主观能动性，顺应了学生自身的发展规律。二是大学生实践活动在校党委的统一领导下，实行校学生工作部、校团委“两翼平行管理”，全方位配置实践育人资源[11]。高校实践育人应该建立在校党委的统一领导下，各部门的协同配合，充分调动各类资源，在实践育人基地建设、实践育人项目培育等各个方面都能起到事半功倍的效果。三是可围绕某一主题开展一系列实践活动，以达到实践育人主题所要求的育人目的，如2007年团中央在北京启动的“青马工程”；积极探索适合大学生心理特点、成长规律，顺应时代发展的实践育人主题，让这一主题的实践育人取得实实在在的成效。

3.志愿服务

一是志愿服务有助于大学生社会主义核心价值观的养成，厚植大学生的爱国主义情怀。但是目前志愿服务存在目标定位模糊、组织管理混乱、激励机制不完善、保障机制不明朗等问题。二是志愿服务有助于落实中央开展劳动教育的要求，促使学生树立正确的劳动观[12]。志愿服务能提升高校思想政治理论课实践教学的开展，坚定大学生的理想信念。三是乡村振兴战略背景下，将实践育人与常态化志愿服务深度融合、有机结合，赋予支农支教、“三下乡”“四进社区”社会实践更多的实践意义。志愿服务要突出主题，且将志愿服务和课程教学相结合、与专业发展相结合，实现学分管理，完善激励机制，形成建立志愿服务长效化发展。

4.创新创业

一是健全双创教育管理机制、打造双创教育实践平台、强化双创竞赛体系、优化双创教育培训体系、营造双创教育环境是当前双创教育的关键。[13]二是双创教育推进思政教学的创新，同时服务国家经济建设，要逐步构建双创教育的协同育人体系。[14]三是学校要重视双创教育的课程开发和平台建设，在师资、教材上下功夫，同时，要鼓励和引导师生有效参与到创新创业实践中去。[15]在全民“大众创业、万众创新”的机遇下，高校实践育人出现了新的要求和模式，却也面临新的困境，其一是高校创新教育专业人才缺乏，其二融入学科教育教学的创新创业普及率低，第三目前高校负责实践育人的部门职责划分，很难实现有效的联动。

五、总结与建议

改革开放以来，高校实践育人走过了四十多年的发展变迁，创建了很多成功的实践育人品牌。从目前的研究来看，实践育人的成效与学校的很多方面都息息相关，本文结合文献资料的梳理提出以下几点建议：

首先，高校顶层设计对于实践育人至关重要。高校需要充分了解学校进行实践育人构成要素的相关信息，包括已有的资源和未来可能占有的资源。在全面分析学校现有的情况后，从顶层设计、组织协调、条件保障方面去配套完善相应的机制，从学校、教师、学生三个角度去健全评价机制。顶层设计架构建设牢固，有助于形成了较系统、协调、有效的实践育人体系，才能积极促进高校实践育人工作的开展。

其次，高校办学特色和校园文化是实践育人特色的重要组成部分。对于职业院校或者应用型高校来说，实践育人蕴藏了更深刻的潜能，需要进一步挖掘现有的人才培养方案以及学校固有的特色、校园文化，做到与实践育人有机融合，如在实践教学上多发挥学生的主体意识，在教学方式和内容争取创新，不断开发产教融合、校企合作模式；同时可以整合全校资源，注重开发学生社团的力量，在创新创业的师资、培训、竞赛上给予经费、政策的支持，在全校师生范围内形成参与创新创业的浓厚氛围；同时学校要致力于巩固学校特色、打造自身的校园文化，丰富实践育人的理论底蕴。

还有，注重实践育人和思想政治教育的内在统一性。在“三全育人”和“十大育人体系”被提到了前所未有的高度的今天，高校实践育人的作用尤为凸显，应充分认识实践育人是立德树人的强基固本工程和人才培养的重要环节。要始终铭记实践育人培育当代大学生世界观、人生观、价值观的使命，引导学生利用专业知识去服务于社会，自觉践行社会主义核心价值观。

参考文献：

[1] 杨宏志.实践育人的理论与实践——以新乡学院为例[J].国家教育行政学院学报，2012(02).

[2] 刘宏达，许亨洪.我国高校实践育人共同体建设的内涵、问题及对策研究[J]. 华中师范大学学报（人文社会科学版），2016，55(5).

[3] 文霞. 建国以来我国高校实践育人的理论与实践研究[D].西安：陕西师范大学，2013.

[4] 任红霞，杨晓娟.高职院校思想政治教育实践育人理论溯源评析[J].楚雄师范学院学报，2014，29(12).

[5] 刘红明.实践育人导向：高职校园文化建设的路径遵循[J].江苏高教，2015(2).

[6] 田玉敏.习近平新时代实践观的科学内涵与时代价值研究[J].天津农学院学报，2019，26(3).

[7] 黄慧.论红色文化融入高校实践育人体系的路径[J]. 学校党建与思想教育，2019(018):72-74.

[8] 姚丹.应用型高校实践育人体系的构建与机制创新[J].湖北开放职业学院学报，2019(2).

[9] 王红梅，邹艳，王吉华.多学科交叉创新实践育人平台的研究与实践[J]. 实验技术与管理，2014,031(011):23-25.

[10] 范瑞云.实践育人质量提升体系建设[J].现代职业教育，2020(28).

[11] 高誉嘉，魏玉平.新时代本位立交式大学生实践育人模式探析——基于“文本”到“人本”教育范式转换视角[J].高等农业教育，2020(2).

[12] 董前程.实践育人下的大学生志愿服务机制建设[J].未来与发展，2020(10).

[13] 罗滢，杨国华，张蕾.发挥共青团实践育人功能 促进大学生创新创业教育[J].教育教学论坛，2020(31).

[14] 理阳阳.基于创新创业教育融入思政课实践教学协同育人机制的研究[J].黑龙江教师发展学院学报，2020，39(8).

[15] 刘波，毛浩生，陈涛.高校实践育人体系构建路径研究[J].社会经济，2020(5).

党性教育基地在高校党员教育中的功用及现状研究

赵丹
天津职业技术师范大学

一、党性教育基地的现状

“不忘初心、牢记使命”主题教育工作会议强调，要强化理论武装，深入开展革命传统教育、形势政策教育、先进典型教育和警示教育[1]，聚焦解决思想根子问题，自觉对表对标，增强学习教育针对性、实效性、感染力。2015 年底中组部选定首批 10 家全国党员教育培训示范基地；2018 年，中组部增补了 7 个新的全国党员教育培训示范基地。除以上 17 个全国党员教育培训示范基地之外，2015 年，中组部评选并发布了全国首批 76 个党性教育基地网上展馆。以党性教育基地载体，线上线下联动的教育形式和现场教育及网上展馆相结合的实践方法正在逐步形成。

二、党性教育基地的在高校党员教育引导工作中发挥的作用

（一）延伸党性教育课堂

高校党员教育引导工作普遍以集中学习与个人自学相结合的方式进行，这种学习方式在高校大背景下显得十分单调，不能突出鲜明的党性特色，而依托党性教育基地进行的现场教学活动让党性教育变得具体化、形象化。如七届二中全会旧址等重要历史遗址、平津战役纪念馆等重要展览馆都可以让高校党员现场感受到党领导全国各族人民在革命中遇到的艰难困苦，在建设中进行的深入思考，使党员在参观过程中潜移默化地受到党性熏陶，使党性教育变得贴近实际。现场教学是党性教育中必不可少的教学方式，具有直观性、互动性的鲜明特点，党性教育基地正好可以利用这些红色资源，让现场教学更加丰富，形成鲜活的教育案例。例如运用多媒体技术，以幻影成像的手法生动还原了历史片段，让参观党员感受到当时共产党人的心潮澎湃。在“故地重游”情景再现中，实现理论与现实的结合、思想与情感之间的交流、内容与形式的统一，在所设历史情境中推动党员在精神层面的升华。

（二）拓宽党性教育视野

党性教育基地是高校进行党员教育培训活动的重要载体，可以把红色资源作为传承载体，用党的革命历程、作风传统和改革经验来教育引导高校党员不忘初心、牢记使命。党性教育基地中关于“四史”的内容，记录了中国共产党为了民族解放、国家富强所经历的艰苦卓绝和奋勇向前，用真实的历史体现了中国共产党人的初心和使命。通过直面

历史，有利于高校党员干部进一步增强政治修养、坚定理想信念。例如：井冈山精神体现了中国共产党艰苦奋斗的作风，一切从实际出发的思想路线；西柏坡精神体现了中国共产党敢于斗争的开拓精神和戒骄戒躁的谦虚精神；延安精神体现了中国共产党实事求是的工作作风，全心全意为人民服务的基本宗旨。党性教育基地有效地从革命旧址等红色资源中升华出这些革命精神，赋予革命旧址鲜活的精神力量，推动拓展党员教育培训活动的载体和途径，可以使党员在参观学习的过程中深入了解党和国家的重大历史事件和重要历史人物，汲取党和国家革命、建设、发展的宝贵经验，转化为高校师生党员潜心读书、精心育人的精神力量。

（三）增强党性教育深度

通过党性教育基地，构建理论联系实际的桥梁，加强党性教育，使高校党员筑牢思想根基，深化理论武装，在现场教学中学深悟透党的基本方针政策，进一步提高政治素养和政治敏锐性。中国共产党之所以能够带领全国各族人民走向胜利，得益于正确的道路方向、严明的政治纪律和政治规矩、符合国情的社会制度、过硬的工作作风。通过参观革命旧址和相关学习基地，深化党员对党的历史的了解，明确革命精神的深层内涵，引发党员对革命事迹的思考，有利于增强高校党员学习的广度和深度，拓宽党员接受教育的视野。对于高校教师党员来说，有利于提升对课程思政工作的认知，理解其教育意义和深刻含义，借鉴教育经验与教育方法，更好地做好课程思政工作。

三、党性教育基地应用于高校党员实践活动中存在的问题

（一）内涵挖掘不深，党性教育本地特色不足

从党性教育基地的建设来看，部分党性教育基地简单罗列事物多，深入挖掘内涵少，没有提高到一定的思想高度。部分基地课程设置较为单一，内容陈旧，没有明显的红色资源特色，对党的精神深刻内涵挖掘不够。由于高校党员存在流动性大、年龄层较广的特点，因此，对高校党员的党性教育提出了更高的要求，既要落实到师生学习、工作实际，又要上升到一定的思想高度。目前，部分党性教育基地对高校党员特别是学生党员的思想状态掌握不精准，教学效果大打折扣，认同感较低。另一方面，讲解员的讲解内容局限于一定范围，不能推陈出新，适应新时代变化和新的政策引导，吸引力较差，红色资源的作用不能得到最大发挥，影响党员教育培训效果。

（二）党费使用程序存在漏洞，增加廉政风险

近年来，通过党性教育基地开展党员教育活动的频次逐渐增多，高校党员教育实践活动需要党费的支持，且金额较多，涉及食宿、门票、讲解等各种费用，部分党务工作人员对党费使用流程不熟悉，对食宿标准、培训定义不明确，上级党委对党员教育培训活动方案把关不够严格等，都会给公款吃喝、观光游览等违反廉洁纪律行为以可乘之机。因此，党费使用程序不完善、监督不严格，给基层党组织党员教育培训活动增加了较大的廉政风险。

四、对策建议

（一）加强顶层设计，形成本地特色

1.打造特色品牌。以井冈山红色故事教育基地为例，革命低潮期，中国共产党坚持实事求是、调查研究，把马克思主义基本原理同中国革命具体实践相结合，以大无畏的革命胆识，开创了以农村包围城市、武装夺取政权的中国革命独特道路，孕育出伟大的革命精神——井冈山精神。依托井冈山精神文化资源，重点打造土地革命时期“艰苦奋斗”“实事求是”的革命精神教育特色，完善革命旧址周边基础设施，运用有品牌特色的宣传展板、实物模型、影像资料等多种创新形式打造特色参观项目。利用声、光、电等现代化多媒体技术丰富教育馆、纪念馆、展览馆等教育展览内容。在充分评估展陈内容、讲解水平、接待能力等各项指标基础上，以评星定级的方式评定区内党性教育基地，并制定考核标准，推进干部党性教育基地规范化建设、特色化发展、科学化运行[2]。

2.加大宣传教育力度。根据品牌特色制作系列专题宣传片，充分利用自媒体平台，积极推进完善线上网络展览，对革命旧址、纪念馆、展览馆等进行全方位展示宣传，推动线上线下联动，加大宣传教育力度，提高党性教育基地的吸引力。同时抓住时机，在国庆节、国家公祭日等重要时间节点，开展特色活动，弘扬革命精神，最大限度发挥党性教育基地的宣传效用。充分利用镇、社区、街党校等网络平台，号召和吸引基层党组织前往党性教育基地进行现场学习。调动群众的积极性，组织开展红色故事、红色海报征集活动，评选优秀作品在网络上推广。

3.提炼故事内涵。以西柏坡精神为例，中国共产党七届二中全会上，毛泽东同志指出，务必使同志们继续保持谦虚谨慎、不骄不躁的作风，务必使同志们继续保持艰苦奋斗的作风，以此教育、警醒全党。此外，根据毛泽东的提议，会议还做出了“六条规定”。1949 年 3 月 23 日，毛泽东等党中央领导离开西柏坡进京筹建新中国时，毛泽东说：“今天是进京赶考的日子，进京赶考去。”“我们决不当李自成！”[3]这既体现了中国共产党人的自我检视、自我提醒，也体现了中国共产党人廉洁自律、严抓作风的坚定信念。如今我们仍在征程中，从实现“两个一百年”的目标，到实现中华民族伟大复兴的中国梦，“考试”仍在继续。

（二）保持廉洁自律，坚守原则底线

1.完善党费使用流程，严把廉洁关。一是建立和健全党费收缴、管理和使用制度，建立工作责任机制，规范党费管理，保证党费的正确合理使用[4]。二是严格履行党费使用审批程序，组织党员、干部在支委会、党员大会中认真学习党费管理、使用相关政策，明确原则底线，每一项党费使用支出必须经上级党委集体讨论决定通过，坚决不打折扣，确保党费使用有序合理，专款专用。三是规范党费使用流程管理，涉及党费开支的所有票证和单据，均需要按照审批权限经党组织主要负责人和经手人签字。四是定期举办党务工作者业务能力培训班，提高党务工作者的工作能力，确保其能准确掌握党费使用流程，合规高效地完成涉及党费使用的各项活动。

2.加大监督检查力度，营造风清气正的政治生态。一是加强对党费使用的监管，做到勤俭节约、精细合理、账目齐全，每一笔党费的使用都需经党委会议、支委会议研究通过。二是进一步加大党务公开力度，并把公开情况作为考核、评议党组织的其中一项重

要依据，让每一名党员了解党费的收缴和去向。三是定期的年度检查和不定期的专项检查相结合，对基层党委、党支部党费收缴、使用和管理情况进行严格监督，同时，基层党组织也需开展自查自纠，及时解决苗头性、倾向性问题。

五、总结

以党性教育基地为载体，开展党员教育培训活动，相对于单纯的理论学习而言，增加了针对性和感染力，使党员身临其境感受党的光辉历程。通过不同党性教育基地的品牌特色，深入学习各方面党的优良传统和重要精神，有利于促进党员全方位均衡发展。同时，结合高校“四史”教育，以史为鉴，以党的教育方针为基础，落实立德树人根本任务，帮助高校学生党员树立正确的“三观”，明确目标方向，全面均衡发展。在学生团体中，积极发挥好党员的作用。因此，党性教育基地的品牌特色需要进一步鲜明，组织培训的基层党组织也要做好党费管理、使用工作，完善党费使用流程，在合法合规使用党费组织培训的情况下，身体力行，为高校党员上好廉政教育课。

参考文献：

[1]阮晓菁,黄洋萍.新时代以革命文化涵养党内政治文化的逻辑理路[J].福建农林大学学报(哲学社会科学版),2019(06):31-36.

[2]赵媚妤.红色革命遗址资源在党性教育中的作用发挥——以广州市花都区为例[J].中共珠海市委党校珠海市行政学院学报,2020(01):31-35.

[3]曾长秋.毛泽东的“赶考”精神及其启示[J].毛泽东研究,2016(02):29-36.

[4]陈苗.进一步提升红色教育基地作用[N].学习时报,2018-08-06(05).

大学生创新实践能力培养模式探索与实践

李敏 李欣颀 王永亮
天津职业技术师范大学

高校是高素质人才培养场所，是大学生创新实践能力培养的重要基地。近年随着国家“大众创业、万众创新”的深入推进以及“新工科建设”与“中国制造2025”等国家发展政策的签批与实施，社会对大学生的创新实践能力提出了更高的要求。本文以天津职业技术师范大学自动化与电气工程学院为例，围绕学生创新实践能力的培养，依托学生科技社团，经过多年的探索和实践，提出 “基础训练—学科竞赛—科技实践”创新实践能力培养模式（简称“三段式”创新实践能力培养模式），将第二课堂科技活动作为第一课堂的有效延伸，为提高人才培养质量进行了有效的尝试，取得了显著的效果。

一、“三段式”创新实践能力培养模式构建

立足全过程育人，做好专业学习阶段衔接。根据学生不同学习阶段的身心发展特点，有针对性地开展教育引导，围绕“基础训练早介入—学科竞赛强技能—科技实践重创新”这条主线，加大第二课堂在学生专业综合实践能力和创新能力的培养力度，营造勇于创新、敢于实践、团队协作、个性发展的专业学习氛围，为提高人才培养质量打下了坚实的基础。

1.开展基础训练，早介入，激发学习兴趣

大学一年级是工科学生专业兴趣的培养阶段，通过开展专业介绍，实验室参观，科技作品展览等入学教育，引导学生积极参加科技社团，进入学院开放实验室，社团优秀高年级学长对低年级学生进行训练指导，组织基础知识培训，开展一些简单的科技作品制作，同时让低年级学生作为替补队员参加校级科技作品竞赛、机器人比赛等科技竞赛，通过亲身参与了解比赛模式、内容以及所要掌握的理论知识和基本技能。通过这一阶段应用能力基础培养，激发学生专业探究兴趣、求知欲和生涯规划意识，“以老带新”也成为学院科技社团一种良性循环机制。通过基础训练使科技社团成员在专业技术技能和创新实践能力获得较早的入门和提升，同时也为优选学员参加学科竞赛提供了平台。

2.组织学科竞赛，强技能，提升专业能力

学科竞赛是检验学习效果，提升专业能力的重要平台和载体。通过引进国际国内知名企业和学校专项经费支持，重点针对二年级以上的学生，每年举办系列科技竞赛，如：“西门子”杯科技作品创新竞赛、大学生机器人基本技能竞赛等。竞赛注重选题背景意义，聚焦中国传统文化、时事热点，赛教融合，通过校级赛事培养学生创新素养、团队协作能力和自主学习的习惯。进而学院选拔学生参加省部级乃至全国的比赛，如：“挑战杯”全国大学生课外学术科技作品竞赛、全国大学生电子设计竞赛、“博创杯”全国

大学生嵌入式人工智能设计大赛、华北五省大学生机器人大赛、“新工科”工程实践创新技术竞赛等。通过更高级别学科竞赛的锻炼，开拓了学生的视野和思维，强化了专业知识的综合应用能力，培养了精益求精的工匠精神。

3.深化科技实践，重创新，培育应用能力

以创新能力培养促进教学改革，第一课堂面向全体学生开展创新教育课程，第二课堂分类指导，开展创新教育实践活动，训练创新思维，激发创新意识。学院从高年级中挑选专业实践能力强，有创新思维的学生参与大学生创新创业项目、教师科研项目以及暑期社会实践、“新时代·实践行”、科普志愿服务活动等，提升了学生综合应用能力和服务社会能力。

二、“四位一体”实施体系构建

为保证“三阶段”创新实践能力培养模式的顺利实施，优化和创新机制建设，从组织、平台、师资和制度四个方面进行整合，构建了全方位、多层次的大学生第二课堂科技活动实施体系，以实践育人促进人才培养。

1.成立大学生科技活动专门机构，加强组织建设

为保障第一课堂与第二课堂深度融合、有效衔接，学院成立了大学生科技活动领导小组，院长任组长、教学副院长和学生工作副书记任副组长，成员包括科技辅导员及创新导师。学院招聘一名科技辅导员挂职团委副书记，专门负责开展学生科技创新活动；对应每个科技社团安排一名教师担任科技辅导员，负责指导社团培训和竞赛；同时在学生会中设实践部，在班级中设实践委员，负责组织社团和班级实践活动的开展，形成党政团学班齐抓共管的组织保障机制。

2.加强科技辅导员和创新导师团队建设，强化师资队伍

学院不断加强科技辅导员和创新导师团队建设，选拔高学历、高技能具有实践经验的优秀师资充实科技辅导员和创新导师团队，目前有科技辅导员 6 人，导师团队 20 余人。学院鼓励更多教师加入创新导师团队，加大实践育人的参与面。

3.加强学生科技社团建设，搭建成长平台

围绕专业，结合赛事，组建学生科技社团。学院在多年的实践中，先后成立了电子工程师摇篮、机器人俱乐部、星火创业协会等六个科技社团，并整合为科技实践中心，科技社团为学生们搭建了成长的平台，保障“三段式”实践育人模式可持续推进。

4.纳入学校实践教学体系，落实制度保障

将创新实践活动纳入学校实践教学体系，通过学校层面落实综合设计开放实验室软硬件投入力度，增加学科竞赛经费，保障学生知识学习和竞赛活动的连续性。通过《大学生思想政治教育实践学分管理办法》《大学学科、专业、技能竞赛管理办法》等制度落实拓展学分、成绩置换、物质奖励等，激发学生参与科技活动的积极性。

三、“三段式”创新实践能力培养模式实效

经过多年的探索与实践，“三段式”创新实践能力培养模式有了明显的效果，体现了天津职业技术师范大学“动手动脑，全面发展”的办学理念，促进了教学改革，提升

了学生创新实践能力，赢得了社会的认可。

1.第一、第二课堂深度融合，人才培养质量得到提升

一是建立起了相对完善的组织架构，通过科技社团辐射到各个班级，第一、第二课堂相互促进，受益学生数逐渐增多，学生参加学科竞赛获奖的数量和质量明显增加，大学生创新创业项目获批比例质量明显上升。通过竞赛使学生得到充分的锻炼，学习目的更加明确，尤其在专业课上更加投入，营造了良好的专业学习氛围，将专业理论知识更好、更灵活地应用于动手实践与实际应用，拓展了学生的综合应用能力，突出了“三段式”创新实践能力培养模式的特点。二是围绕人才培养加强教育教学改革，以学促教，教学相长。学院教师积极参与教学研究改革，2015 年以优秀的成绩完成了教育部自动化专业职教师资培养标准、培养方案、核心课程和特色教材开发项目，同时进行了课程群的改革，得到了教育部专家的高度肯定。2016 年学院建成三菱电机校企合作机器人实验室以及 ABB 校企合作工业机器人实验室，积极研发实验设备，开拓实验项目，为学生提供良好的学习资源。以此开展机器人培训和专业竞赛，让学生接触先进的设备，了解行业的发展方向，较快地实现与社会的接轨。2020 年学院部分专业申请工程认证和师范认证，提升专业内涵和人才培养质量。

2.科技活动硕果累累，学生深受社会青睐

学院建立“专业—社团—赛事”相结合的成长平台，以赛促学，学以致用。结合专业、学科方向和对应领域的赛事，先后成立六个学生科技社团，精选教师作为科技辅导员，指导社团开展各项活动。2014—2019 年，学生参加省部级及以上科技竞赛共获奖 298 项，其中，国家级一等奖 3 项，国家级二等奖 12 项，国家级三等奖 4 项，省部级一等奖 67 项，省部级二等奖 97 项，省部级三等奖 115 项；获批大学生创新创业训练计划项目 152 项，其中国家级 46 项，市级 41 项，校级 65 项；2014 年学院派学生代表国家首次参加世界技能大赛移动机器人项目，获优胜奖，两名学生获“全国技术能手”荣誉称号；在市级荣誉评选中，学院两名学生分别获得王克昌特等奖学金、天津市创新创业特等奖学金。此外，学院结合专业特点，开展科普志愿服务和科技支教社会实践活动等，在实践中培育学生成长成才，服务社会，近三年，累计获得市级以上荣誉 6 人次，优秀团队 7 个，其中 1 个团队获评全国 “三下乡”暑期社会实践“千校千项”优秀团队案例，2 人获评全国“三下乡”暑期社会实践“千校千项”优秀实践者。累累的硕果在就业竞争力上更能体现出来，科技竞赛获奖学生深受社会欢迎，每年都有职业学校提前联系学院，希望推荐获奖的优秀毕业生。

3.人才培养模式可复制性强，取得良好社会效益

在“三段式”创新实践人才培养模式的熏陶下，许多学生受益终生，毕业后很多学生成为单位的骨干教师或专业带头人，也成为天津职业技术师范大学的名片。有的学生在就业学校复制“三段式”培养模式，建立学生科技社团，指导学生在全国职业院校技能竞赛等各类竞赛中取得了优异成绩。实践证明“三段式”创新实践能力培养模式具有较强的可复制性和推广性。学院基于当前人才培养模式，凝练成果，《以“三段式”培养模式构建大学生创新教育新体系》获得 2018 年天津市教学成果二等奖。

四、结语

大学生科技社团实践育人模式是一项系统工程，通过深入研究和实践创新，形成“三段式”育人路径和“四位一体”保障机制。在该模式的不断完善下，学生参与第二课堂科技活动的热情得到增加，职业规划意识得到加强，参加竞赛、参与科技项目以及社会实践等成效显著，提升了实践能力和职业发展力，促进了人才培养质量。

参考文献：

[1] 刘晓军.“课赛训结合”的应用技术型高校大学生创新实践能力培养模式研究内燃机与配件［J］.2019(10):241-243.

[2] 郭伟华.基于“课堂—竞赛—项目”三维联动的应用化学专业创新创业教育研究［J］.教育教学论坛，2020(29):206-207.

[3] 葛慧林.新工科背景下高校创新创业教育探索与实践研究［J］.高教学刊，2020(19):51-53.

[4] 杨晓慧.我国高校创业教育与创新型人才培养研究［J］.中国高教研究，2015(1):39-44.

以五“度”理念推进高质量思想政治理论课建设

娄枝 郝锦花
中国民航大学

习近平总书记指出，“思政课是落实立德树人根本任务的关键课程。思政课作用不可替代，思政课教师队伍责任重大。”但长期以来，思政课中“水课”占据一定比例，思政课质量一直成为大家关注和诟病的对象。为切实落实总书记的指示，提升思政课程质量，本文提出“五度”理念，具体表现为：政治站位有高度、理论思想有深度、视域思路有广度、思维理念有新度，以及人文关怀有温度，以期为推动我国思政课建设贡献力量。

一、政治站位有高度

“政治引导是思政课的基本功能”。[1]思政课教师肩负铸魂育人、培养接续民族复兴大任时代新人的重要历史使命，在开展思想政治理论课教育的过程中，思政课教师需增强青年学子的“四个自信”，引导青年学子将爱国之情、强国之志、报国之行融入我国现代化建设的过程中。为达此目的，思政课教师需注重培养学生的政治站位。

一是具备国际视野。2019 年 9 月 10 日，习近平在 2019 年教师节庆祝大会上，指出：“当前形势下，办好思政课，要放在世界百年未有之大变局中看待”。[2]思政课教师需拓宽学生的国际视野，引导学生精准把握世界发展格局的演变历程及当今社会发展动态，指导青年学子站位全局思考问题。同时，思政课教师需综合考虑历史及未来一段时间内国际政治、经济、科技、文化、卫生等各领域的发展趋势和变化，向青年学子展示“人类命运共同体”的发展状况，帮助其了解世界各个领域的发展前沿状态，引导其清醒认识国际意识形态领域面临的复杂形势，为培养其胸怀天下的胆识和气魄奠定坚实基础。

二是具备爱国情怀。在世界经历百年未有之大变局的世界背景下，我国面临前所未有之发展机遇，同时严峻的挑战不断涌现。当此之时，中国共产党高瞻远瞩、精心谋划，秉承实事求是、“只有调查才有发言权”的光荣传统，研究制定 2021、2035 和 2049 年等中国历史发展的重要历史节点目标，为全国人民勾勒出了未来 30 年中国社会发展的宏伟蓝图，为领导全国人民分阶段、分步骤实现中华民族伟大复兴大业，指引全国各族人民朝着伟大目标迈进奠定坚实基础。思政课教师是帮助引导学生“扣好人生第一粒扣子”的人，需要在教授思想政治理论课的过程中让青年学子明白肩负的重任，同时坚信唯有坚持和拥护中国共产党的领导，坚定不移地走社会主义道路才能推动实现中华民族的宏图伟业。

二、理论思想有深度

思政课教师是知识的传播者、灵魂的塑造者和高深学问的创造者。思政课教师首先应具有扎实的理论功底，让学生既能对马克思主义基本原理熟练把握和灵活运用，又能结合中国实际，对繁荣和发展中国特色社会主义理论做出实质性贡献。

一是深刻把握马克思主义基本原理。思政课教师需引导学生深刻剖析马克思主义基本原理，坚持其在意识形态领域的指导地位，同时将理论知识系统化，使得他们既能系统把握，又能分专题深入研究，久久为功，不断更新认识，积极探索和遵循自然界和人类社会的普遍规律，鼓励学生敢于理论创新，不断推动马克思主义基本原理的升华和发展。

二是灵活运用毛泽东思想、邓小平理论、“三个代表”重要思想、科学发展观、习近平新时代中国特色社会主义思想。通过系统深入地讲授这些理论，思政课教师引导和帮助青年学子系统掌握中国共产党与时俱进推动马克思主义基本理论创新的历史轨迹，引导并激励青年学子用崭新的、符合中国国情的思想指导实践，最终推动中国社会各个领域的高质量发展。

三、视域思路有广度

现实社会中，思政课中充斥着“水课”。为提升思政课程质量，思政课教师需加大教学研究力度，同时拓展思政课程理论思路。

一是理论与实践相结合。在思政课堂上，思政课教师不仅要能将知识系统性地串联起来，把相关理论讲清楚，同时，还要将理论知识与生产生活实际结合起来，帮助青年学子理解接受，使得思政课堂更“接地气”，更有实践指导意义。

二是历史与现实相结合。在思政课堂上，不能完全依靠教科书，也不能就史讲史，应在教科书的基础上，将历史资料与现实发展结合起来。例如，当我们讲授科学家精神时，不仅要讲李四光、邓稼先等老一辈科学家的事迹，也应讲授如陈景润之类新中国成立后成长起来的新一代杰出科学家的事迹，还应讲授近当代科学家的事迹，让青年学子懂得继承和发扬科学家们的爱国主义精神并主动肩负起民族复兴大任。

三是国内与国外相结合。世界在开放中进步和发展，境界在开放中扩大和提升。只有结合中外发展实际，才能让青年学子更好地理解党的各项政策出台的背景和意义，更好地认识中国今昔发展对比和未来发展前景，更好地坚定“四个自信”。同时，放眼世界、大胆创新，把自己的事情做好，提升自主创新能力。

四是学科与学科相结合。学科交叉融合是学科自身发展规律和逻辑的必然要求。实践表明，众多重大创新成果来源于学科交叉融合。思政课教师需注重学习借鉴其他学科理论，发挥思政课建设与其他课程建设的协同效应，推进马克思主义基本理论研究。与此同时，注重学科交叉，思政课教师可以帮助青年学子铺陈一个广阔的视域空间，为其提供思考问题、解决问题的不同角度。此外，用学生熟悉的语言讲授深刻的马克思主义基本原理等理论知识可以拉近师生之间的距离，切实提升思政课教学效果。

五是课堂内外相结合。一方面，加大高校、家庭和社会三方协同力度，形成思政课合力，共同构建思政课建设支持体系，营造浓厚的学习氛围。另一方面，思政课程需集思广益，通过举办演讲比赛、话剧、知识竞赛、参观等形式多样的活动将思政课知识学习拓展到思政课堂以外。如此，不仅丰富课堂知识学习，而且促进青年学子综合能力提升，加快思政课教学改革步伐。

四、思维理念有新度

理念是行动的先导，唯有认识并改变落后理念，才能促进创新性实践。过去，思政课通常被诟病为形式化、表面化，“水分”大，没有新意，学生上课没有积极性，这不仅严重浪费了国家资源，而且也浪费了青年学子宝贵的时间和精力。思政课教师既为人师，就应承担起育人铸魂重任，不断改进和提高思想觉悟，通过创新理念，提升思政课堂成效。

一是高质量教育理念。要举办高质量教育，就需首先回答“什么是高质量教育”“什么是高质量思政课”等问题。高质量思政课需首先具备一个“新”字，即思维理念要新、教学内容要新、教学手段要新以及课堂教学模式要新等等。

二是课堂治理理念。以往来看，思政课“抬头率”较低是高校普遍现象，究其原因，主要是教师在“管”课堂，而不是师生在共建共营课堂。为解决该问题，思政课教师需首先问需于学生，了解学生喜闻、乐闻以及希望了解的知识类型，思考如何在课堂上穿插、融入这些知识；同时，思政课教师可与学生共同商讨，让学生适度参与课件制作和更新过程，不断丰富课堂学习内容，调动学生上课积极性，增强课堂学习效果。

三是“互联网+教育”理念。青年学子生活在网络时代，对网络有更深刻的理解和把握。思政课教师需在“互联网+教育”的时代背景下，借助先进的现代化教育工具丰富课堂教学。尤其在新冠肺炎疫情全球蔓延的严峻形势下，思政课教师更须懂得如何借助网络，创新思政课堂形式和内容，鼓励青年学子共渡难关，既做好自身防疫保健，又能抓紧时间学习和研究，产出高水平、原创性成果。

五、人文关怀有温度

教育是培养人的事业，功在当代，利在千秋。党的十九大报告指出要建设“教育强国”，而教育强国目标的实现，依赖于青年学子的奋发有为。在思政课堂上，思政课教师需做到以下四点：

一是促进学生共同进步。共同发展是思政课的重要目标，是学生的共同期盼。秉持“不让任何一个学生掉队”的理念，思政课教师需把促进学生共同进步和发展摆在突出的位置，关心爱护每一个学生，让学生体会到自己生活在一个温暖的班级集体里，该集体拥有积极向上、共同奋进的良好学习和生活氛围。

二是提醒学生增强体育锻炼。锻炼身体，增强体魄，既是践行“健康中国”重要号召的实际行动，也是提升学生体能的重要手段。在课堂教学中，思政课教师应适当引导青年学子学习健康的生活方式，养成健康的生活习惯，促进学生的身心健康，切实有力地推进健康校园活动，同时让学生体会到学校大集体的温暖。

三是关注学生情绪变化，并积极疏通引导。大学生处在人生发展的重要阶段，情绪会受到感情问题、学业问题、家庭问题、社会发展等各种问题的影响，难免会遭遇情绪波动。孟德斯鸠曾经指出：“一个真正道德高尚的人，即使面对一个陌生人的求助，也会像帮助自己的朋友一样迅速地提供帮助。”思政课教师在课堂上需具备一双善于观察的眼睛，发现问题后及时帮助学生尽快排解和疏通，鼓励他们着眼长远并尽快融入正常、健康的学习和生活之中，让学生体会到教师的温暖。

四是鼓励学生积极向上，大胆创新。青少年时期是发挥创造力和想象力的最佳时期。思政课教师需善意引导、适时激发，鼓励青年学子积极有为、勇攀高峰，向既定目标努力奋斗。在这个过程中，青年学子体会到创新理念被尊重、创新行为被支持的温暖。

教育兴则国家兴，青年强则国家强。思政课是落实立德树人根本任务的关键课程，也是培养担当民族复兴大任青年的关键课程。以“五度”理念切实推进高质量思政课建设是贯彻落实习近平总书记的重要讲话精神的有力举措，对推动思政课教学改革和实践具有一定的理论意义和现实作用。

参考文献：

[1][2]思政课是落实立德树人根本任务的关键课程[N].人民日报，2020-09-01.

新时代"四个伟大"战略的精神实质

伊竹
中国民航大学

改革开放以来，随着生产力的发展以及由此引发的生产关系的变革，使得中国社会主要矛盾发生转化。基于此，中国共产党宣布中国特色社会主义进入了新时代，而"四个伟大"是中国特色社会主义进入新时代对中国共产党提出更高要求的结果。同时，党中央对于"四个伟大"的判断具有理论和现实依据，其理论依据在于遵循人类社会发展客观规律；其现实依据在于中国自改革开放以来所取得的巨大成就。因此，在习近平新时代中国特色社会主义的实践中深刻理解"四个伟大"的基本内涵，把握"四个伟大"之间的内蕴逻辑具有重要的理论与现实意义。

一、伟大斗争即改革进程中所面临的突出困难与挑战的斗争，是马克思主义革命性的现实表达

"四个伟大"是在省部级主要领导干部学习习近平总书记重要讲话中首次提出。习近平总书记强调："在新的时代条件下，我们要进行伟大斗争、建设伟大工程、推进伟大事业、实现伟大梦想，仍然需要保持和发扬马克思主义政党与时俱进的理论品格，勇于推进实践基础上的理论创新。"[①]这一概括是在新的时代条件下，对马克思主义政党工作的更高要求，并且关乎中国特色社会主义建设道路的战略安排。

马克思主义理论即科学的理论，其科学性在于揭示人类社会发展客观规律，而"四个伟大"是在遵循人类社会发展客观规律基础上所形成的战略思想。伟大斗争即改革进程中所面临的突出困难与挑战的斗争，是马克思主义革命性的现实表达。在改革进入深水区的新时代，中国共产党遇到的挑战前所未有，需要通过伟大斗争解决这些难题。伟大斗争是社会发展的必然要求，矛盾伴随社会运动始终，而有矛盾就会有斗争。中国特色社会主义进入新时代需进行具有新时代特点的伟大斗争，要意识到伟大斗争的长期性、艰巨性和复杂性。同时，要在遵循社会发展客观规律的基础上进行伟大斗争。中国特色社会主义进入新时代，社会主要矛盾已由"人民日益增长的物质文化需要同落后的社会生产之间的矛盾"[②]转化为"人民日益增长的美好生活需要和不平衡不充分的发展之间的矛盾"[③]。基于此，党中央宣布中国特色社会主义进入新时代。

但是，新时代也面临着新挑战、新困境、新难题。第一，要把握社会基本矛盾决定

[①]习近平在省部级主要领导干部"学习习近平总书记重要讲话精神，迎接党的十九大"专题研讨班开班式上发表重要讲话强调　高举中国特色社会主义伟大旗帜　为决胜全面小康社会实现中国梦而奋斗[N].人民日报,2017-07-28.

[②]中共中央文献研究室.三中全会以来重要文献选编(上册)[M].北京:中央文献出版社,2011:168.

[③]习近平:决胜全面建成小康社会 夺取新时代中国特色社会主义伟大胜利——在中国共产党第十九次全国代表大会上的报告[M].北京:人民出版社,2017:11.

社会主要矛盾的客观规律。生产力决定生产关系是任何社会形态都应遵循的准则，新时代中国社会生产力由“落后”向“不平衡不充分”转化，与此相对应，人民需求也由生存需要向发展、享受需要过渡。既要注重城乡、区域、人与自然等关系之间的协调，解决当前中国发展中的不平衡问题，也要关注人民的政治诉求，特别是为弱势群体的利益表达提供合理路径和渠道，重视人民的精神需求、生态环境等方面的需求。这就要求坚持马克思主义方法论的基础上，结合中国实际进行思考。第二，强化意识形态建设，坚定对社会主义体制的认同，既不走封闭僵化的老路，也不走改旗易帜的邪路。所谓老路即放弃市场经济重返计划经济的道路；所谓邪路即主张走全盘西化的资本主义道路。无论是老路还是邪路都是对改革以来所取得成果的否定，对社会主义市场经济体制的否定，是不符合中国实际发展需要的。

二、伟大工程即要加强和改进党的建设，突出马克思主义与时俱进的理论品格

党的建设伟大工程在“四个伟大”中起决定性作用，十九大报告中强调：“党政军民学，东西南北中，党是领导一切的。”①当前，面对国内外各种风险考验，党的建设伟大工程关乎国家的前途和命运。

中国共产党的领导是中国特色社会主义的最大优势。“在实践方面，共产党人是各国工人政党中最坚决的、始终起推动作用的部分；在理论方面，他们胜过其余无产阶级群众的地方在于他们了解无产阶级运动的条件、进程和一般结果。”②历史实践表明：中华民族从站起来、富起来到强起来的伟大飞跃关键在于坚持中国共产党的领导。1921 年中国共产党成立以来，历经新民主主义革命阶段、社会主义建设阶段，中国取得的成就举世瞩目。但是，中国特色社会主义建设的探索之路并非一帆风顺。一方面，国内一部分人共产主义信仰缺失，夸大改革中存在的贫富差距过大、社会缺乏公平正义等问题，否认改革成果、质疑中国道路。另一方面，国外敌对势力随着中国经济持续高速增长而编造和传播“中国威胁论”“中国崩溃论”等诋毁中国。改革开放以来，中国共产党不忘初心，始终坚持对历史、对人民负责的宗旨和原则，为整个人类发展贡献中国智慧。

党的伟大工程建设突出人民性，是历史和人民的选择。正如毛泽东所言：“人民，只有人民，才是创造世界历史的动力。”邓小平将人民满意不满意、高兴不高兴、答应不答应作为政府工作的判断标准。江泽民“三个代表”重要思想的提出，更是把中国最广大人民的根本利益摆在突出位置。胡锦涛在科学发展观中强调核心是以人为本。习近平新时代中国特色社会主义思想更是强调以人民为中心的思想，坚持人民的主体地位。党的十九大报告中指出：“要深刻认识党面临的执政考验、改革开放考验、市场经济考验、外部环境考验的长期性和复杂性，深刻认识党面临的精神懈怠危险、能力不足危险、脱离群众危险、消极腐败危险的尖锐性和严峻性”③。对上述复杂环境的考验，中国共产

①习近平:决胜全面建成小康社会 夺取新时代中国特色社会主义伟大胜利——在中国共产党第十九次全国代表大会上的报告[M].北京:人民出版社,2017:20.

②马克思恩格斯文集(第 2 卷)[M].北京:人民出版社,2009:44.

③习近平.决胜全面建成小康社会 夺取新时代中国特色社会主义伟大胜利：在中国共产党第十九次全国代表大会上的报告[M].北京:人民出版社,2017:61.

党人必须以更高标准要求自己。首先，必须守住法律底线。中国共产党人要自觉抵制由于利益驱使而进行违法乱纪等违规行为。其次，必须守住道德底线。共产党人“强调和坚持整个无产阶级共同的不分民族的利益”，“没有任何同整个无产阶级的利益不同的利益”①。中国共产党人要不忘初心、牢记使命，而这个初心和使命就是坚定共产主义理想信念，从而为建设和发展中国特色社会主义伟大事业而奋斗。

三、伟大事业即建设和发展中国特色社会主义，是马克思主义实践性的必然要求

成就“伟大事业”需坚定马克思主义伟大信仰。实现人类解放是马克思毕生追求的目标，中国特色社会主义所追求的理想目标正是在共产主义理想信念的指引下，在马克思主义基本原理的指引下，努力实现社会主义现代化和中华民族伟大复兴。

中国特色社会主义道路是一条创新之路，其创新性在于实现了社会主义与市场经济的联姻。马克思依据当年资本主义私有制条件下，资本家剥削工人的事实而得出消灭私有制，建立公有制计划经济的判断。但是，随着时代条件的改变，对马克思思想的实际运用，“随时随地都要以当时的历史条件为转移”②。中国特色社会主义是在坚持马克思主义的基础上发展马克思主义。“一个民族要想登上时代高峰，就一刻也不能没有理论思维”③。这就要求中国共产党人坚定共产主义理想信念，坚定马克思主义伟大信仰是创造中国特色社会主义伟大事业的基础。

中国改革所取得的最大突破在于实现生产方式的变革。改革之初，邓小平认识到社会主义生产力落后于资本主义的现实，所以如何发挥出社会主义的优越性成为当时所面临的重大问题。因此要解放思想。正因为现有的生产力落后，所以社会主义发展方式必须改革，“革命是解放生产力，改革也是解放生产力”④，贫穷不是社会主义，发展才是硬道理。社会主义的本质即“解放生产力，发展生产力，消灭剥削，消除两极分化，最终达到共同富裕。”由此可以看出，社会主义既要先进的生产力，又要共同富裕的生产关系。对于先进生产力的追求，邓小平强调：计划和市场并不是区分社会主义与资本主义的标准，计划和市场都是方法和手段，由此肯定了市场经济的作用。但在市场经济自由竞争、优胜劣汰的理念下，必然会带来两极分化的社会现象，在竞争的环境下，必然会使劳动能力强者先富起来。在社会主义条件下，邓小平提出先富带动后富，最终实现共同富裕的战略安排。先富即通过公平的竞争环境，让部分劳动能力强者积累更多的社会财富，从而增加整个社会的财富总量，为帮助后富创造条件。

但与此同时，邓小平也强调政治权力在市场经济环境下的重要作用。“无产阶级作为一个新兴阶级夺取政权，建立社会主义，本身的力量在一个相当长时期内肯定弱于资本主义，不靠专政就抵制不住资本主义的进攻。”⑤社会主义市场经济一方面要坚持公有制的主体地位；另一方面要以共同富裕为目标。

---

①马克思恩格斯选集(第1卷)[M].北京:人民出版社,2012:413.
②马克思恩格斯选集(第1卷)[M].北京:人民出版社,2012:376.
③马克思恩格斯文集(第9卷)[M].北京:人民出版社,2009:437.
④邓小平文选(第3卷)[M].北京:人民出版社,1993:370.
⑤邓小平文选(第3卷)[M].北京:人民出版社,1993:365.

四、伟大梦想即实现中华民族的伟大复兴和社会主义现代化，是马克思主义人民性的重要体现

伟大梦想是实现中华民族伟大复兴和社会主义现代化，是中国共产党人的奋斗目标，是人民的梦想。人民既是实现伟大梦想的主体力量，又是实现伟大梦想的受益者。习近平总书记强调：“要牢牢把握我国发展的阶段性特征，牢牢把握人民群众对美好生活的向往，提出新的思路、新的战略、新的举措，继续统筹推进‘五位一体’总体布局、协调推进‘四个全面’战略布局，决胜全面建成小康社会，夺取新时代中国特色社会主义伟大胜利，为实现中华民族伟大复兴的中国梦不懈奋斗。”①

解放和发展生产力是实现中华民族的伟大复兴的根本途径。随着时代条件的改变，生产力与生产关系的矛盾运动仍然存在，只是推动生产力发展的要素已由生产资料转变为人即劳动者，而中国推行科教兴国、人才强国等战略正是抓住了当今时代背景下，劳动者作为推动生产力发展的这一要素。但问题在于，社会主义市场经济的推进，贫富差距悬殊现象仍然存在，因此，解放穷人仍是中国改革的重要任务。而中国改革选择社会主义市场经济之所以是符合中国国情的模式，在于社会主义市场经济作为现代经济体系，是经得起实践检验的。改革开放以来，中国生产力发展成效显著，科技水平取得突破性进展，国防实力、综合国力显著增强，使得中国成为世界第二大经济体，从而屹立于世界民族之林。与资本主义市场经济不同，社会主义市场经济强调市场起决定性作用的同时，政府要更好地发挥作用，而政府更好地发挥作用就是帮助社会上的弱势群体变强的过程，一个良性发展的社会是既需要先进的生产力，又需要共同富裕的生产关系。

2020 年全面建成小康社会的建成既是共同富裕目标实现的初始成果，又是中国进入社会主义现代化的前提。所谓“全面”，一方面表现为覆盖地区的全面性，即统筹东、中、西部地区的协调；一方面表现为覆盖人群的全面性，即解决包含弱势群体在内的基本生存需要问题。就国内政策而言，广泛实行协商民主能够最大限度地达成人民之间的共识，这一政策的制定既是人民主体地位的重要体现，也是实现共同富裕价值目标的保障。就国际政策而言，在经济全球化、世界多极化的时代背景下，国与国之间的相互依存度日益提高，面临恐怖主义、难民危机、气候问题、网络安全等问题，需要共同治理的背景下，中国提出打造“人类命运共同体”思想，“中国发展得越强大，世界和平越靠得住。”②因此，中国发展离不开世界，世界和平也需要中国维护。

参考文献：

[1]马克思恩格斯选集(第 1 卷)[M].北京:人民出版社,2012.
[2]马克思恩格斯文集(第 2 卷)[M].北京:人民出版社,2009.
[3]邓小平文选(第 3 卷)[M].北京:人民出版社,1993.
[4]中共中央文献研究室.《三中全会以来重要文献选编》(上册)[M].北京:中央文献出版

①习近平在省部级主要领导干部“学习习近平总书记重要讲话精神，迎接党的十九大”专题研讨班开班式上发表重要讲话强调 高举中国特色社会主义伟大旗帜 为决胜全面小康社会实现中国梦而奋斗[N].人民日报,2017-07-28.

②邓小平文选(第 3 卷)[M].北京:人民出版社,1993:104.

社,2011.

[5]习近平在省部级主要领导干部“学习习近平总书记重要讲话精神，迎接党的十九大”专题研讨班开班式上发表重要讲话强调　高举中国特色社会主义伟大旗帜　为决胜全面小康社会实现中国梦而奋斗[N].人民日报,2017-07-28.

[6]习近平.决胜全面建成小康社会　夺取新时代中国特色社会主义伟大胜利——在中国共产党第十九次全国代表大会上的报告[M].北京:人民出版社,2017.

天津市城乡接合部小学劳动教育现状调查研究

——以西青区李七庄街三所小学六年级为例

提娜娜

天津市西青区蔡台中心小学

一、调查的目的和意义

1. 研究目的

小学阶段是我国学生正式开始学习知识的阶段，从年龄阶段来说这个时候的孩子开始迅速接收各种外界信息，开始树立学习观、人生观、价值观，以及世界观。所以小学阶段进行劳动教育是一个非常好的时期。然而现在生活水平越来越高，家庭条件较优越，家里父母的爱，爷爷奶奶的爱都汇聚在了孩子们的身上。他们衣来伸手，饭来张口，失去了太多用自己双手去劳动的机会，所以现在很多校园里出现了离开父母生活不能自理的同学，这样孩子长大以后也不能很好地立足于社会。同时现在大部分的学校都比较重视升学率，家长和社会各界也都更关注孩子的文化课成绩，从而忽视了学生劳动素质的培养，违背了学校发展素质教育的内在要求，不利于对学生综合素质的培养。随着时代的不断不进步，对新世纪人才的要求也越来越高，综合素质的高低是衡量一个人才的重要指标，而劳动教育又是综合素质的重要组成部分。所以劳动教育不仅关系着学生自身的发展，更对社会的进步产生了深远的影响。所以我们有必要关注小学生的劳动教育。

因此本研究通过查阅相关资料和文献，并通过走访调查和问卷的形式尽可能多方面多角度地去了解劳动教育在小学阶段的实施情况，从中发现问题并根据实际情况对此提出相应的解决策略，让劳动教育的意识在学生身上开始生根。同时更希望本研究可以对本市小学的劳动教育起到推进作用。

2. 研究的意义

劳动是人们生存的基本要求，热爱劳动是一种高尚的思想品德。在教育家苏霍姆林斯基眼中，劳动教育及劳动素养的培养都具有重大意义。苏霍姆林斯基认为："劳动素养包括劳动创造活动的智力充实性和完满性、道德丰富性和公民目的性。"劳动是人的基本素质之一，人们通过劳动创造了财富和精神。从小培养良好的劳动能力和意识，有利于以后的学习和生活，更会对社会产生积极的影响。因此，劳动教育在小学阶段也有着相当重要的意义。首先，可以通过学习与劳动相结合，使儿童更好地掌握事物之间的联系。其次，可以利用劳动发展儿童的才能和爱好。对某一种劳动的共同热爱有利于把学生聚集到这个或那个集体里去。在整个过程当中，要着重培养那些天赋还没有显著表现出来的学生的才能和爱好。劳动教育也是人格教育。学校是育人的场所，教师在校的所有行为对学生都是教育，其中也包括必要的体力劳动。学校应当教会学生懂得敬重劳动和劳动者，而不是鄙视劳动。引导学生意识到每一个劳动者都值得尊敬，任何一种劳动都值得尊重。学校教育的重要使命之一就是要使学生理解和领悟到一个人获得的生活和文化的财富是与他参加的劳动有直接联系的。好逸恶劳、贪图享受，期盼不劳而获、少劳多得都是病态的劳动价值观，需要全社会确立正确的劳动价值观去克服。

二、研究方法

1. 调查方法

（1）文献法

文献研究法贯穿了整篇文章，通过查阅与小学劳动教育相关的书籍、报刊，网上浏览知网文献等方式，为研究小学劳动教育寻找可靠的理论依据，更准确地对提出的问题进行分析研究。

（2）问卷调查法

因为数据需要本文还将采取问卷调查法，从李七庄三所小学的六年级学生中随机抽取 120 名同学进行问卷调查，为了保证数据的真实性，采取现场发放试卷、现场收取、不记名的方式进行问卷调查。

调查对象为六年级的学生，六年级的学生是小学阶段最后一个年级，可以了解学生在经过小学六年的学校劳动教育和多年的家庭劳动教育之后是否存在劳动教育的缺失，以及出现的问题。

（3）访谈法

通过对教学一线教师的深度访谈，可以更全面、多角度地对小学劳动教育开展情况进行深度的了解，弥补在问卷调查中存在的不足。

2. 问卷的发放与回收

笔者在李七庄街三所小学调查期间共发放问卷 120 份，收回 120 份，刨除无效和不符合要求的问卷，得到有效问卷 114 份，有效回收率 95%。得到的数据和分析结果基本可以反映本区域小学劳动教育的开展情况，为本次研究提供一手资料。

三、调查结果

通过对回收回来的问卷进行分析统计，发现这三所学校的六年级学生在劳动教育方面情况还不是很乐观的，具体表现将通过问卷统计进行分析。

1. 通过对李七庄三所小学课程表的搜集和对学生们的问卷调查

发现其中两所学校六年级的课程表里面没有设置专门的劳动课程，如图 1-1 所示，即使有专门的劳动课，情况也不乐观。95.75%的劳动课程都被别的文化课程占用了，6.25%的劳动课程偶尔被占用，从未被占用的选择是 0，看来劳动课的设置也是形同虚设。在和相关学校的一线教师的询问和谈话中，老师也表示学校没有专门的劳动课老师，大多是班主任或者其他文化课老师给上这节课，上课的内容则是老师根据自己所教科目进行安排。

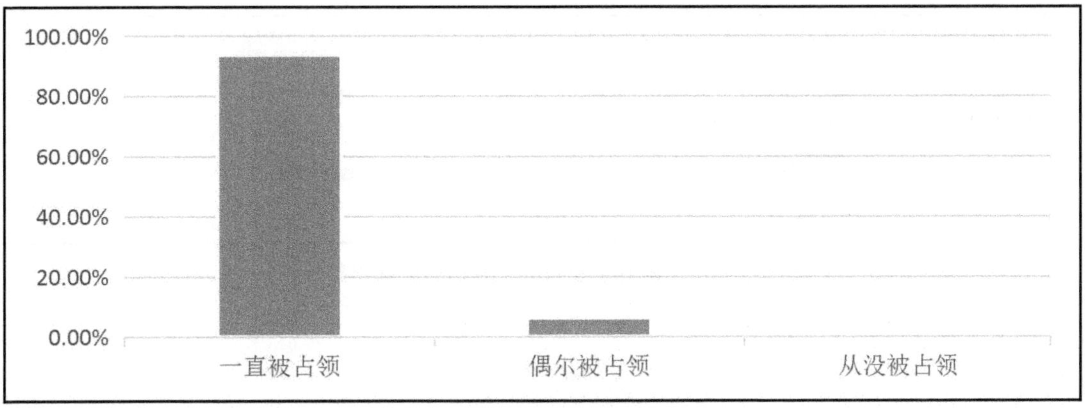

图 1-1 学校的劳动课程是否被占领？

2. 学生对劳动教育的认知

问卷对此方面设置了两个问题，第一个如图 2-1 所示，学生能否说出在学校除了卫生大扫除以外的劳动活动。56. 25%的学生选择了说不出来，37. 5%的学生能说出来一两件事情，6. 25%的学生能说出来 3 件以上。可以看出学生平时接触的劳动活动是有限的。第二个问题如图 2-2 所示，劳动教育是否包括科学小发明、科学小实验。43. 75%的学生选择了不包括，37. 5%的学生选择了不清楚，18. 75%的学生选择了包括。在新世纪的要求下，教学要求越来越高，总体来看不是所有的学生对劳动教育一无所知，但是普及的范围确实太狭隘了。

图 2-1 你能说出学校除卫生大扫除外的劳动活动吗？

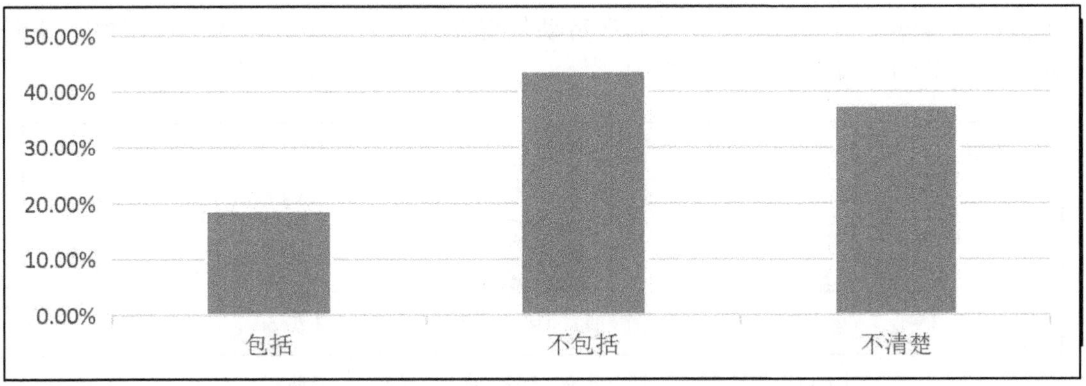

图 2-2 你认为劳动教育包括科学小发明、科学小实验吗？

3. 劳动课程课设的必要性

如图 3-1 所示，88. 89%的学生认为有必要开展劳动课程，11. 11%的学选择了不清楚，没有学生选择没有必要性。说明小学生大多是愿意参与到劳动课程中去的。再根据表表 3-2 所示，在劳动课的形式上，大部分的同学都喜欢理论与实践相结合的授课方式，少数同学选择了单纯的实践，没有同学选择劳动课只讲理论。可以看出学生都是很愿意用自己双手去体验劳动的价值的。在这个问题上笔者也与一线教师进行了交流，交流中教师表示，小学生大部分都是活泼好动的，他们有着强烈的好奇心，像这种以理论与实践相结合的授课方式是小学生特别喜欢的，也能从中得到很多的知识，但由于劳动课一直以来没有被重视，所以这个课程一直也没有认真地开展起来。

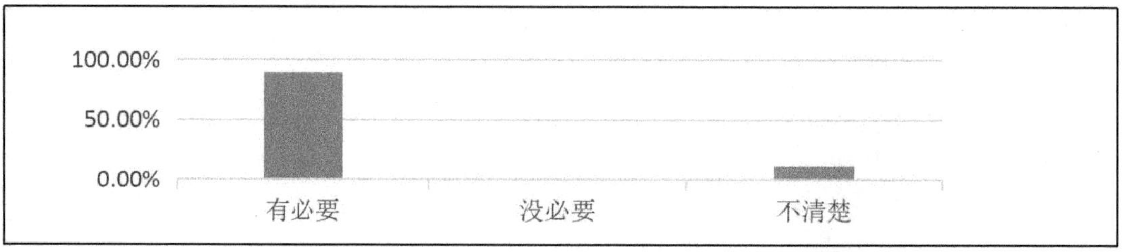

图 3-1 你认为学校有必要开展劳动课吗？

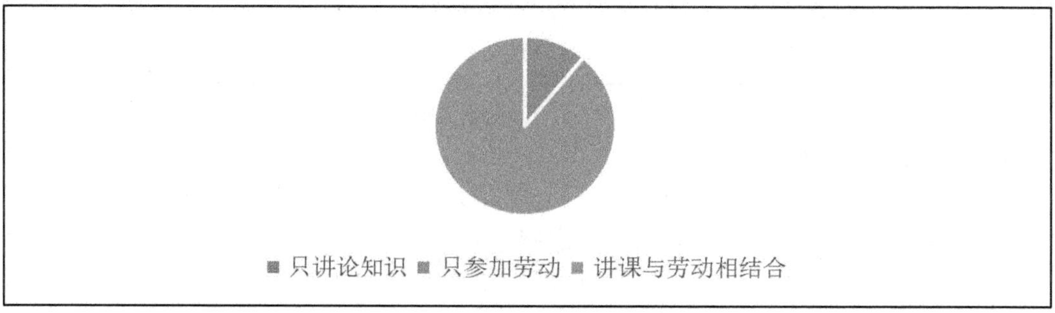

图 3-2 你喜欢什么形式的劳动课程？

4. **家庭劳动方面**

根据图 4-1，是否会主动帮助父母做一些力所能及的家务劳动，有 68%的同学是在父母的要求下去做的，有百分之 30%的同学会主动帮忙去做，还有 2%的同学选择不做。可以看出学生在之前学校劳动的选择中愿意参加劳动的占多数但回到家庭积极性明显降低了很多，所以同学们在劳动教育的认识上还是有很大的局限性，家庭对孩子的劳动教育也是存在缺失的。

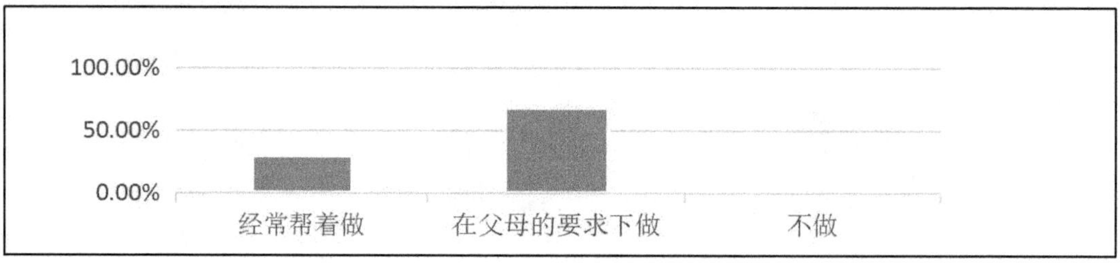

图 4-1 是否会主动帮父母做一些力所能及的家务劳动？

5. **是否参加社会组织的劳动活动**

根据图 5-1，可以看出经常参加的学生占据 5.56%，很少参加的 23.33%，没参加过的 71.11%。作为直辖市的城乡接合部，这里的小学生还是有一定的资源接触到社会劳动教育，但是资源也是相当匮乏的，没有参加的学生仍然是占据了大多数的。

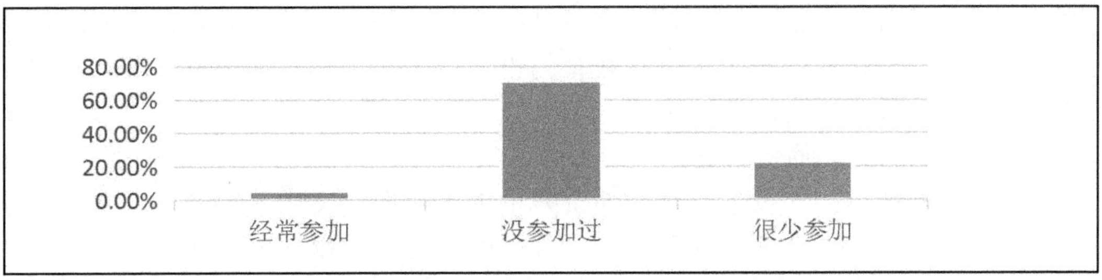

图 5-1 是否参加过社会组织的劳动活动？

6. 你不想参加劳动的原因

从图 6-1 数据可以看出在真正的劳动面前，很多学生选择了怕脏怕累，还有惰性作怪，选择了不参加劳动，一部分同学因为没有足够的时间和信心放弃了劳动。

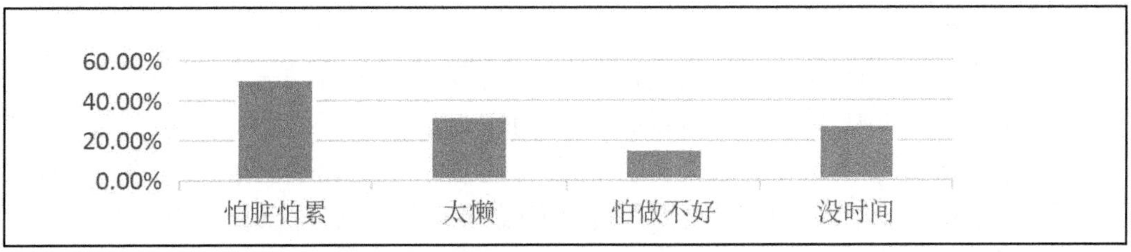

图 6-1 不想参加劳动的原因是什么？

7. 对劳动性质的认识

如图 7-1 所示，72.22%的同学认为劳动是没有光荣与低贱之分的，但仍有 22.22%的同学认为劳动是存在光荣与低贱之分的，还有 5.56%的人是没有准确概念的。

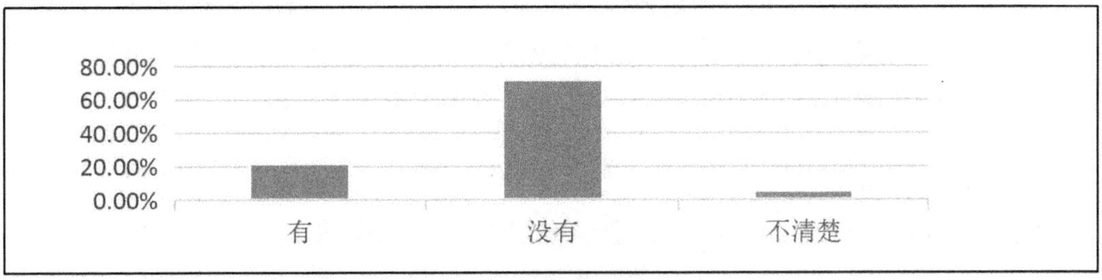

图 7-1 劳动是否有光荣低贱之分？

四、根据调查探析小学劳动教育出现的问题

（一）学校方面

学校作为一个学习知识、育人成长的地方，是一个培育学生劳动教育的特殊载体，有着主流和引导的重要作用。根据调查结果来看学校方面也是存在方方面面的问题。

1. 学校重智育轻劳育，劳动教育被忽视。

新时代对学生提出了“德智体美劳”全面发展的要求，劳动教育本应该是学校素质教育的重要组成部分，但在“应试教育”教育主流的影响下，劳动教育一直是卑微的存在。从学校的认知方面就轻视了劳动教育，未设置劳动课程，或者劳动课程都另作他用。

2. 劳动教育形式单一，不能够将课程与生活相结合。

通过调查学生在学校对劳动教育的认识基本上只停留在劳动大扫除上。因为学校的不重视，所以对劳动教育的精力投放也比较少，只在乎有这个课，而不管这个课是怎么上的。课程中只讲理论知识对小学生来说是枯燥乏味的，小学生能力有限无法将其与生活实践联系在一起，而学校关于劳动教育的投入较少，专门的劳动教育活动不能开展，所以学生对劳动教育的认识是浅薄的。

3. 缺乏专业的劳动师资力量。

面对升学的压力，学校大部分的师资力量都集中在了文化课的上面。学校很少有专门的劳动教育教师，专业的劳动教育老师几乎就没有。学校的劳动课程基本都是由班主任或者其他老师兼职，大部分老师也就不会用心去准备这节课，这节课就会被敷衍过去。这样学生就不会受到真正的劳动教育，学习不到劳动教育的价值所在，因而这门课也失去了存在的意义。

（二）家庭方面

1. 家长过度保护

随着生活水平的提高和科技的发展，人类的双手逐渐解放出来，很多劳动被机械所代替。体力劳动逐步减少，家长可以把更多的精力放在孩子身上。现在大部分的家庭都是一个子女，最多两个。很多家长都会怕自己的孩子苦着累着，怕孩子在劳动过程中有危险，因此很多孩子不能去做那些力所能及的家务劳动，都是家长包办过来。

2. 劳动观念出现偏差

现在很多家长都是以文化成绩优异为首要目标，只要孩子可以将时间用来学习，家长可以不让孩子做任何家务劳动，还可以帮着孩子干一些孩子分内的事情，从而忽视了孩子的全面发展，更是潜移默化地影响了孩子对劳动教育的观念，认为文化学习就是要比劳动高级一层的事情，家长对劳动教育的贬低，让学生低看了劳动教育，更对体力劳动产生了不屑。对劳动逐渐失去了兴趣，也使孩子失去了很多可以独立的机会，更让孩子离开家长以后很难适应外面的生活，长大后难以立足于社会。

（三）社会方面

1. 社会不能够为学生的劳动教育提供充足的资源和保障

在调查中发现孩子在参加社会劳动教育的这方面存在着严重的缺失，说明社会资源和保障这一方面并没有做到位。在调查中还发现劳动教育管理岗的缺乏，没有相应的管理部门，就会缺少劳动教育的资源，相应的劳动活动就不会得到保障。

2. 社会观念存在偏差

改革开放以后，经济迅速发展，思想观念和价值观念也在时代的快速发展下变得多样化，因利益的驱使，脑力劳动越来越受人们追捧，而体力劳动不断被看轻，所以劳动教育也受到了影响。大人的社会观潜移默化地影响着家庭，而孩子也是家庭的一部分。

五、改善当代小学生劳动教育问题的建议

（一）加强学校劳动教育

1. 学校要重视劳动教育，树立正确的劳动教育观念

保证劳动课程的正常设置，增加劳动课程的多样性。劳动课是学校向学生讲授劳动

知识并将其与劳动技能结合在一起的直接手段，对学校劳动教育的实施起着最主要的作用。不得占用或者变相占用劳动课程。可以适当地留一些家庭劳动作业，将课堂讲授的知识让学生运用到实践中去，将课内知识与课外实践联合起来，增加课程的趣味性，多样性。学校在保障了课时量的前提下还可以通过开展各种各样的劳动教育活动来强化劳动教育，将正确的劳动教育观念逐步渗透给学生。

2. 配备专业的劳动教育老师，扩大教师队伍

建立一支高素质的劳动教育师资队伍，将他们的工作量、薪资待遇与文化课老师的持平，不能因为课程的性质不同而受不同的对待。通过对他们地位和待遇的重视来稳定这支教师队伍的发展，从而对他们提出明确的要求，避免其对课程出现敷衍应付的情况。学校之间可以相互交流，相互学习，通过优秀课展示等相互提高对劳动教育的认识，丰富劳动教育的经验。学校还可以聘请专业的人员定期给学生和老师讲座，带学生和老师共同实践，让学生的劳动教育更加丰富，逐步提高劳动教育在素质教育中的地位。

（二）改善家庭劳动教育

1. 家长树立正确的劳动教育观

素质教育包含劳动教育，孩子全面发展，肯定离不开劳动教育，所以父母要重视劳动教育。父母是孩子的第一任教师，小学阶段的孩子各种价值观都还不成熟，主要来自对家长的模仿和家长对孩子的引导。所以家长要重新认识劳动教育的重要性，树立正确的劳动教育观。在重视孩子文化课成绩的同时也要重视孩子的劳动教育，家长还要以身作则，言传身教，给孩子做一个榜样，通过和孩子共同制订劳动计划，并一起遵守，会比单纯的说教效果好很多。

2. 鼓励孩子参与劳动

父母要适当放开手，减少对孩子的溺爱，鼓励孩子参与劳动。在孩子做错和做得不好的时候要耐心去引导孩子，并鼓励他坚持做下去，在他完成以后要给他肯定和表扬，这时期的孩子还是特别希望得到肯定的，会大大鼓舞他们继续参与下次的劳动。其次要培养学生参加劳动的兴趣，有了兴趣以后学生才会主动积极地参与到劳动中去，并且认真地完成劳动，并从中获得乐趣，得到锻炼。

（三）加强劳动教育与社会结合

应加强学校、家庭和社会三者之间的联系。学校应推动校内活动与校外实践相结合，可以利用假期组织学生参加社会劳动；加强学校与企业、高等职业院校以及社会劳技中心的合作；政府有关部门还可以利用社区资源，建设社区文化，潜移默化地影响学生的劳动观。此外，家长和孩子共同观摩参加一些社会劳动和学校劳动活动，不仅能让孩子体会劳动过程，感受劳动魅力，更能拉近亲子关系。这也会使家长更深刻地认识劳动对孩子发展的重要性，进而在日常家庭生活中注意培养孩子家务劳动的观念与技能。

六、结语

本次调查是以天津市城乡接合部的三所小学为例进行调查的，城乡接合部的学生在

市区学生和农村学生之间，所以兼具二者的优缺点，比较有代表性。通过本次调查发现小学生劳动教育现状并不乐观。在2018年全国教育大会上，习近平总书记将劳动教育推了起来，全国各地也都有响应，但从实际情况来看，落实起来还是存在一定难度的。但是劳动教育作为素质教育的重要组成部分之一，对于培养热爱劳动，学会劳动，增加实践能力，促进德育、智育、体育、美育等其他几个方面的和谐发展有着重要的意义。希望学校、家庭和社会可以重视起来，关注儿童劳动教育，让其更好地立足于社会，服务于社会。

参考文献：

[1]王爽.当代小学劳动教育现状及问题研究—以大连市为例[J].文化教育,2012(2).

[2]卢梭.爱弥尔(上卷)[M]李平沤,译.北京：商务印书馆,1978:22.

[3]赵荣辉.异化与回归：反思劳动教育的存在状况[J].教育学术月刊,2012(1).

[4]苏霍姆林斯基给教师的100条建议[M].杜殿坤,译.北京教育科学出版社,1984.

[5]颜元.颜元集[M].北京：中华书局,1987.

[6]傅小芳，周俪.德国基础教育中的劳动技术教育[J].比较教育研究,2005(2).

[7]张文瀚.当代中国青少年劳动教育的问题、原因及其对策[D].内蒙古师范大学,2008.

[8]常保晶.当前小学生劳动教育问题探析[D].华中师范大学,2005.

[9]张荣钢.当前家庭劳动教育存在的问题及改进建议[D].湖南师范大学,2011.

[10]高亚伟.当代大学生劳动教育研究[D].天津师范大学,2015.

[11]严冬.民办高校大学生劳动教育探究[D].吉林大学,2016.

[12]李惠红.新中国劳动教育思想探析[D],福建师范大学,2012.

浅析小学劳动教育存在的问题及解决策略

徐双艳
天津市西青区蔡台中心小学

2020 年 3 月 20 日，中共中央、国务院印发《关于全面加强新时代大中小学劳动教育的意见》（以下简称《意见》），对新时代大中小学劳动教育做了顶层设计和全面部署。习近平总书记从党和国家事业发展全局的战略高度，强调了劳动教育对于人才培养的重要性。近年来，国家对小学劳动教育高度重视，我国中小学劳动教育也得到了一定的发展。但是，小学的劳动教育仍然面临着诸多的问题亟待解。

一、小学劳动教育基本现状及存在的问题

（一）学校劳动教育课缺乏保障体系

1. 教师专业化水平不高

当前，许多的学校由于缺少专业的劳动教育授课教师，因而劳动课是由一些其他学科的教师来兼任的。在师资力量方面，首先劳动课没有受到足够的重视，很多学校并没有专业化的劳动教育教师团队，各种形式的教研活动、教学竞赛也开展得比较少，因此劳动课的课堂质量，也难以得到保证。在不少的学校，劳动课往往被简化成手工制作、大扫除等一系列简单的劳动行为，劳动教育的实践性、创造性没有得到很好的体现。

2. 师生对劳动课的重视程度不够

长久以来，劳动课由于没有定性定量的考核，既不像语数外等科目与成绩挂钩，又不像音体美等科目与各种文体活动联系紧密，因此它一直被边缘化。从老师到学生都没有意识到劳动教育的重要性，对劳动课的重视程度都不高。有一部分教师甚至将劳动异化为惩罚工具，成了督促学生改正错误的一种负强化手段。

3. 劳动课程资源短缺，缺乏系统化设计

长久以来，劳动课程都缺乏系统化设计。当前学校的劳动教育一部分被归入综合与实践课当中，另外一部分被归入学生的德育之中。针对劳动教育怎么样开展，强度、难度都没有一个明确的要求，在设计上不够系统，在教育的开展形式上也比较随意。劳动教育，尤其是劳动课，需要教师灵活掌控但又往往受限于场地、资源等条件，课堂形式比较单一，缺乏趣味性，难以引起学生的兴趣。此外，劳动教育被分散融合到别的课堂或者教育形式当中，过于碎片化，难以进行一以贯之的系统化教育。

（二）轻视学生观念、精神、价值观的培养

1. 教学中忽视劳动精神的培养

当前教师在劳动教育当中比较注重劳动方法和安全意识的传授。但是在对学生劳动

精神以及劳动价值观念的培养方面还有待加强。教师忽视对于学生进行劳动的精神价值、劳动的价值观念的传授与熏陶，再加上当下社会，家长们普遍对孩子比较宠溺，多数孩子都不喜欢劳动，有懒惰的思想，学生很难感受到劳动的价值与意义，很难形成良好的劳动习惯和精神品质。

2. 易受到不当的教育和价值观的影响

当下社会风气比较浮躁，人们对于金钱名利的狂热追逐也影响到了孩子的价值观的形成。一些不正确的教育方式会让孩子产生劳动有尊卑贵贱之分的错误观念，认为辛苦劳累的工作比较“低等”“丢脸”，因而不愿意劳动。这样一种先入为主的错误观念会给劳动教育的正常开展带来很大的阻力。

（三）劳动教育与社会实践脱节

劳动课是一门实践性较强的学科，劳动教育要紧密地贴近生活，要让学生在真实的、丰富多彩的现实情景中去接受劳动教育。但是当前学校的教育往往没有与各种社会资源对接。学生的劳动教育多是在校园内开展，没有或者很少有机会走出校园。

二、小学劳动教育存在的问题的原因浅析

1. 教学主管部门对劳动教育重视程度不够

首先，教育主管部门没有像其他学科那样，为劳动课提供明确的课程标准来供教学参考。其次，学校也缺乏一些针对劳动课程的制度措施，缺乏专门的劳动课程考核标准、评价体系，缺少劳动课专职授课教师。整体来说，目前小学阶段的劳动课程的开展缺乏一系列的规范化程序。主要原因还是各级主管部门本身对劳动教育的重视程度还不够。

2. 教师对劳动课的认识有偏差，劳动课地位较低

教师是学校教育的主要实施者，是学生学习的引导者和组织者。教师对于劳动课的观念和认识出现偏差会直接影响教学质量。授课教师的认识偏差来自两方面：一方面是学校大环境普遍对劳动教育不重视，没有纳入学校的课程体系之中进行公平对待；另一方面是劳动教师岗位空缺，多数是由其他学科教师或者是临近退休的老教师来担任，这些教师在对劳动教育的认识上还停留在过去的个人生活经验水平上，难有新思路、新想法。

3. 学校劳动教育缺乏科学的评价标准

缺乏评价标准主要体现两个方面。一方面是对于劳动课程的实施以及劳动课任课教师的评价缺乏具体的标准。由于劳动课教师的授课质量没有明确的检验方式和评价标准，因此，对劳动课教师的考核评价也比较随意。另一方面，对于学生在劳动教育方面的评价也相对缺乏标准，对学生的学习情况如何考核、优良中差的四个等级如何划分，这些都是悬而未决，并且没有标准可以参照，因而相对含糊。

4. 劳动教育碎片化、不成体系

目前学校的劳动教育零敲碎打地开展居多，比如结合重要节日开展、结合综合与实践课开展、穿插在别的学科中开展等等。这样的教育方式看似无孔不入，与学生联系颇为紧密，开展的频率也较高，但是由于不具备系统性，并不能对学生产生一以贯之的教

育影响。学生在接受劳动教育的时候也会因为时间、空间、内容上的不连续而受到影响。

5. 家校间对劳动教育缺乏有效协同

影响学校劳动教育开展的另一大原因，是家校间缺乏有效协同，家校的教育力量并不统一。当前“421”的家庭结构仍然占据了绝大多数，每个孩子都是一个家庭的中心，备受宠爱，从小长辈们对他灌输的劳动观念与意识就比较少。但是劳动教育的实践活动有很大一部分需要孩子在家中开展，这就需要家校紧密配合，形成教育合力。但是，当前家长都比较忽视对孩子的劳动教育，认为这侵占了孩子学习其他知识技能的时间，是不必要的。平时孩子的大小事务家长都习惯性地代劳，面对“额外增加”的劳动课任务，家长并不支持。学校需要帮助家长在劳动教育这方面形成正确的教育观念，让家长来配合学校的教育活动。

三、应对小学劳动教育问题的一些建议

（一）提高教师队伍素质

1. 配备专业化教师队伍

要解决小学人员紧缺的问题，给学校配备足量的专业劳动教师。要给劳动教师尤其是青年教师制订成长规划，多给他们提供学习的机会和职称晋升的空间。有条件的学校在学校内部可以组成专业劳动教师研究团队，来对如何开展劳动教育进行研究规划与部署。条件稍差的学校可以与邻近街镇的兄弟学校组成劳动教育研究团队，发挥团队教育研究作用。也可以把各行各业的专业人士聘请到学校来担当兼职教师，提高劳动教育的专业性和趣味性。

2. 提供培训，提高教师队伍素质

各级教育部门要为劳动教师制订培训计划，要为劳动学科配备专业的经验丰富的教研员以及教研团队。每学期要定期开展劳动教师培训活动，来不断更新劳动教师的理论知识和教学方法。一方面，可以定期开展学科竞赛、优秀展示课或者基本功大赛等活动来充分调动教师的积极性，同时提高教师的业务水平。另一方面，也可以让劳动教师多一些走进社会企业、工厂车间、农场等真实的劳动环境当中去，去更新自身的劳动观念，提高自身能力素质。

（二）相关部门完善保障体系、提升教学实效

教育是一个循序渐进、稳步推进的过程，把劳动教育集中起来开展，把一个个小的教育影响串联起来，建立劳动教育的课程体系是十分必要的。首先，各级各部门要结合劳育要求以及地方特色和学校的实际情况制定规范化的课程体系，也就是说要让教师明白应该教什么和应该怎样教。在此基础上，要针对学校的劳动课程实施情况制定评价考核机制，来客观地反映学校开展劳育的情况和质量。此外，各级教育部门以及学校的劳育主管部门还要加强对劳动课以及各类劳育活动的监督和管理，确保劳动教育能够高质量开展。还要多采取一系列的激励措施，对于开展劳育效果好的单位或者个人要有相应的奖励措施，可以授予示范班级或者示范校、优秀个人等荣誉称号，将相关案例整理成册，让更多的学校或者教师来参观学习，更快地吸取这些好的实践经验。当然，这一系列的保障措施离不开经费的支撑，因此对劳动教育加大经费投入，是十分必要的。

（三）家校配合、协调教育力量

教育从来都不是学校单方面能够完成的事情，劳动教育也不例外。劳动教育需要家校密切配合来进行。必须保证学校与家长的教育立场保持一致。首先，学校方面可以通过开设家长学校、召开家长会来纠正家长们对于劳育的一些错误认知，更新他们的教育观念。其次，学校要保证与家长有通畅且有效的沟通途径，比如可以借助微信、“班级小管家”“家校通”等信息化手段来实现与家长及时的沟通。再者，我们可以利用好家长群体这一个大的劳动者资源库，可以让各行业有丰富劳动经验的家长走进校园，来担任劳动课兼职教师，实现家校两方面的深度配合。

（四）社会行业积极配合

劳动教育需要与社会实践紧密联系，同时我们也应当看到，对学生劳动教育的成果，将来是要反馈给社会各行各业的。也就是说，我们现在培养了什么样的人，将来就会有什么样的人才走向社会。因此，社会各行各业是有责任积极配合学校教育活动的有效开展的。

我们要让劳动教育不仅仅局限在小小的校园当中，要让学生走出来，走进社会各行各业，去了解劳动知识、收获劳动经验、体会劳动精神，形成劳动品质。社会各行业要积极配合学校和相关部门，担负起自身的社会责任，多为学生创造这样的条件。

参考文献：

[1] 傅添，姜啸.劳动教育需要新的时代内涵[J].中国德育，2017(10):16-19.

[2] 郭立场.加强劳动教育须协同推进[N].中国教育报，2019-05-16(003).

[3] 马开剑，李振疆，刘志珍.中小学劳动教育的内涵与载体[J].天津市教科院学报，2016(02):5-7.

[4] 薛妍.城市中小学劳动教育存在的问题及对策[J].甘肃教育，2017(17):28.

[5] 何云峰，宗爱东.中小学劳动教育的现状、问题及对策[J].青年学报，2019(01):6-11.

[6] 陈锋.劳动实践教育的内涵及实施策略[J].江苏教育，2018(31):15-16.

新时代小学家访的现状研究

王琦琦
天津市西青区东兰坨中心小学

一、前言

教育是一个国家的根本，教育的目标是实现人德、智、体、美的全方位发展，学校或者家庭单方面的教育都无法实现学生全方位的发展，只有学校与家庭相辅相成有机结合才能实现教育的目标。而家访正是学校与家庭结合的关键，通过家访可以进一步拉近学校与家庭的距离，也可以帮助家长进一步了解学生，促进学生身心健康的全面发展。因此，新时代家访工作的开展是非常有必要的。家访工作的开展有助于进一步提升学校的教学质量，有助于教师不断地反思，提升教学水平，有助于家长进一步了解学生在校表现，从而帮助学生健康快乐地成长。

二、新时代小学家访工作存在的问题及原因分析

（一）家访制度不完善

从目前的状况来看，教师家访绝大多数并非教师自愿，而只是为了完成每个学期学校的硬性要求，并不能达到家访的目的。笔者了解到，一些小学没有完善的家访制度，只要求班主任每学期家访 1 到 2 次，甚至有的学校对于家访完全没有要求；有的学校虽然要求教师进行家访工作，但是对家访的流程缺乏必要的监督，对于家访的工作量不计入考核，导致大多数家访只是流于形式，严重影响了教师家访的积极性，缺乏整个家访流程的制度保障。同时，学校对于家访工作的宣传力度不够，只有班主任知道家访工作的进行，而任课教师及家长对于家访完全不知情，更不了解家访的重要性，这对家访工作的开展非常不利。

（二）教师家长家访意识淡薄

家访的效果在很大程度上取决于家长对于家访工作的重视程度。不同家长对于家访的重视程度大有不同，这也跟家长知识文化水平参差不齐有关。通过调查，笔者发现一些家长的教育观念依然老旧，他们认为，教育是学校的事，他们只关注学生的生活，对学生学习的事一概不管不问，无法对学生实现有效的管理，而且对于孩子自身的缺点往往意识不到，对于学生的缺点一般避重就轻。还有些家长对于教师的家访持消极态度，认为老师说的都是对的，只要认真倾听配合教师完成任务就够了，对于教师的建议也不会提出实质性的看法。

通常教师家访是为了就孩子在校的问题与家长及时沟通并针对问题商讨对策，而家长对于家访重要性的认识远远不够，对教师的家访工作不够配合，他们认为教师所说的问题过于严苛，在接到教师家访请求后，他们会找各种理由推辞，即使教师能顺利到家

家访，他们也通常会表现出一种冷漠的态度，这给教师家访工作带来了巨大的障碍，也导致家长与教师之间关系的紧张。

（三）时间、地域及经费限制

当今社会教师面临着巨大的工作压力，每天除了备课、讲课还要花费时间去批改作业、管理班级，可以说是任务繁重，除此之外，教师还必须在自我提升方面花费时间，提升自己的文化水平，创新教学方法，面对这些情况，很多教师基本没有空闲时间去进行家访工作，家访对他们来说只能是负担，导致家访流于形式，并不能达到家访的真正目的。家访交通费用也多由教师自行承担，这样一来会增加教师的负担和工作量，教师的家访积极性也会大打折扣。

（四）学生自我否定意识的影响

通过调查，笔者发现教师一般针对那些学习偏差的学生家访，这些学生在学习上存在问题，面对家访他们多半是拒绝和害怕的，多数学生在教师家访时不敢与教师当面交流，选择逃避，有的孩子甚至产生了对抗、叛逆的心理。他们认为教师家访对于他们来说严重伤害了他们的自尊，这样非但不能解决问题，还会给孩子的心理带来创伤，对学习产生厌恶之情，这样的影响有时候会是一辈子的。还有一些教师平时比较严肃，学生在遇到教师家访时会遭受巨大的心理压力，这与学校设立家访的初衷完全背道而驰。

三、小学家访工作问题对策

（一）提高认知，完善家访制度

学校应该制定硬性的规章制度，把家访工作作为教师必须进行的一部分，让教师意识到家访的重要性，关系到学生的健康成长，所以必须引起足够的重视。把家访作为教师年终的考核指标，对于没有完成家访工作的教师要进行一定力度的处罚，对于家访工作完成较好的教师进行一定的奖励，需完善家访考核机制，鼓励教师积极从事家访工作，认真对待家访工作。

针对家访过程中出现的问题，学校要认真对待，比如教师在家访过程中产生的交通费用，学校应该制定规范，确定报销的标准，给予教师一定的补助。一方面不能损害教师自身的利益，另一方面对教师的家访工作进行激励，让教师愿意到学生家中，及时地解决学生存在的问题。

此外，学校还要定期进行回访，对家访工作进行考核，确保家访的质量，及时发现问题，解决问题。

（二）讲究艺术，优化家访环节

要想确保家访的顺利实施，教师须不断总结提高自身素质，家访前充分做好充足的准备工作。俗话说“凡事预则立，不预则废”，在家访之前，认真查看学校有关家访的相关规定和要求，对学生具体信息做充分的了解，从教师和同学的角度出发对家访学生做全方位的了解，及时发现问题所在，以求在家访中得以解决，还要提前熟悉家访学生的家庭状况以及教育文化水平，选择适合的家访方式。提前联系家长，告知家访的目的以及大概情况，让家长心中有数，能在教育孩子方面达成共识，共同解决孩子存在的问题。并实施以班主任为核心、以其他任课老师为辅的家访工作思路，提前制定切实可行的家访方案，在此基础上进行家访工作，一定能够提高家访的成功率。此外，教师在评价学生时要做到客观、公正，委婉地表达学生的问题所在，避免直接评价学生的好坏。

家访的成功与否，家长是关键，家访过程中做好家长的思想工作，帮助家长重拾教育孩子的初心，对于孩子的教育鼓励为主，批评为辅，并为家长推荐一些合适的教育读物，提升家庭的和谐度，真正让家长参与到孩子的教育中去，促进孩子的健康成长。

（三）家校合力，提升教师、家长素养

随着国家新课改不断推行，教师需要承担的内容和责任越来越多，教师在空闲时间应该多抽出时间提升自我，真正达到教育孩子的目的。家访需要家长与教师的通力合作才能完成，一方出现问题都无法确保家访工作的顺利开展，因此要做好家长的思想工作让他们认识到家访的重要性，并积极参与到孩子的教育工作中。一个良好的家校合作氛围是家访工作顺利实施的关键。家访工作不仅仅是教师的工作，学校在学生的家访过程中也扮演着非常重要的角色，教师在家访过程中总会遇到这样或者那样的问题，学校应该定期就家访问题召开会议，帮助教师解决这些问题，促进孩子德、智、体、美健康发展。

学校应定期做一次报告总结大会，邀请一些家访经验丰富的老师做报告，介绍他们家访的成功经验，对于家访中出现的共性问题，共同探讨，制定出相应的对策。一般来说，提前设置目标，会对后面的行动产生事半功倍的效果，多多学习别人成功的经验，在很大程度上，能激发人的潜能，提高工作的积极性。面对家访工作，教师应该不断汲取他人成功的经验，拓宽家访模式，创新家访方法，学习与他人沟通交往的能力，不断地完善自我，以教书育人为中心，不能只关注学习成绩问题，要注重孩子全方位的发展，提升教师良好形象，让家访工作更加常态化。

四、结语

随着我国素质教育的不断普及，以及教育水平的不断提高，人们越来越重视教师家访。家访作为家长、学生、教师沟通的桥梁，对于孩子健康发展具有非常重要的意义。笔者通过调查发现，家访工作面临着这样或者那样的问题，这些问题来源于学校、教师、家长、学生等各个方面，本文通过分析这些问题，并针对这些问题提出相应的对策，不断地优化家访制度，创新家访形式，希望可以调动家长、教师家访的积极性，提高家访的质量，为相关教育部门的家访工作提供建设性意见。

参考文献：

[1] 王占峰. 浅谈信息时代家访的重要性[J]. 教育园地，2015（10）.
[2] 李兴丽, 刘书宝. 班主任家访工作的创新与实践[J]. 中国校外教育，2016(11).
[3] 徐玲芳. 对新生家访实效性的探索[J]. 上海教育科研，2018（12）.

［4］杜延民.家访须做好“四结合”［J］. 基础教育研究，2017（8）.

［5］叶金兰.教师怎样关涉“学校教育”——论“家访”的本真意义［J］.教育论坛，2015（6）.

［6］范玉琴.家访——为德育插上翅膀［J］. 南昌教育，2018（5）.

［7］丁玲.“百名教师访千家”，让德育走进学生生活［J］.现代教学思想理论教育，2015（3）.

［8］何秋菊.对家访的点滴思考［J］.科教导刊，2016（5）.

［9］毛新伟.充分运用现代信息技术，加强家校沟通交流［J］.中国农村教育，2015（7）.

［10］闫胜男.班主任家访应把握的时机［J］.中小学教育与管理，2017(7).

关于加强小学思政教学的研究探析

张玉
天津市武清区杨村第十四小学

一、小学思政教学现状

小学阶段是学生思想和意识的启蒙阶段[1]，思政教育在这一阶段至关重要，会影响到学生很长一段时间的思想走向。近年来，随着新课标的推行，素质教育、全面发展等理念在小学教育阶段持续深化践行，特别是在中央和各级教育部门一系列有力措施的推动下，思政课的“分量”越来越重，相关的研究探讨也越来越多。当前，小学阶段思政课主要采取以课堂教育为主、相关活动为辅助的方式进行，并且随着课程改革的深入，正处于探索变化期。经过实践和总结，笔者发现，在探索变化中，既有大幅改进之处，也存在一些问题和不足。

二、问题和不足

（一）思政教学过于集中在某节课

由于学科划分等原因，在现阶段教学实践中，思政教育的课堂教学主要集中在“道德与法治”课程中。该课程以大量的实例为内容，通过“德”“法”教育，开展思政教学，帮助学生树立正确的世界观、人生观、价值观。但同时，也引发了一种不正确的倾向，即“思政教学就是某一科目的内容，与其他科目关系不大”。经过调研了解，很多教师都不同程度存在上述认识。这种倾向容易导致小学思政教学形成“单打独斗”的局面，将严重影响思政教学效果。

（二）教学形式相对固化、生硬，难以激发学生兴趣

小学阶段学生思想相对活跃，容易受到“感兴趣”信息的影响。但当前小学思政教学在课程设计上，仍以传统课堂教育为主，即便开展一些活动，也多是“蜻蜓点水”般的参观，与思政教学内容比较“生硬”地联系在一起，很难激起学生兴趣。

（三）与学生思想、生活联系不够紧密

“思政课是做什么的？有什么用？”不仅仅是学生心中有这样的疑问，很多家长心中也不禁问同样的问题。客观而言，思政教学确实无法像语文、数学等课程一样，让学生立即应用于生活，而是通过影响学生思想，进而间接影响学生生活。虽然是“间接”，但这种影响的时间和程度相较于其他课程可能更长远、更深入。学生、家长之所以产生这样的疑问，也在于当前小学思政教学不同程度上存在“刻意拔高”的现象，缺少从具体实例上升到理论的过程，导致学生、家长产生思政课“高高在上”“脱离生活”等认

识。

三、原因分析

（一）小学思政教学责任体系尚不健全

小学各学科之间区分较为明显，但思政教学绝不是某个单一课程能够承担的。为此，需要从学校整体角度出发，统筹思政教学任务，明确相关科目、教师责任分工，即建立思政教学责任体系。但目前，该体系仍未在各个学校普遍建立，即便有的学校成立了相关领导小组，也还暂时没有拿出明确的任务分工，仍需要上级教育部门的针对性指导支持以及一段时间的实践探索。

（二）对创新的具体指导和激励存在不足

思政教学本质上讲，是意识形态领域的内容，必须严肃认真。很多教师因此不同程度存在“不敢创新”，甚至“不想创新”的态度，担心创新“不好”会引发“教学事故”。各级教育部门虽然正在大力推动思政课改革，但客观而言，对教师创新的具体指导和激励力度仍然不足，导致小学思政教学在形式上仍然相对“传统”，在激发学生兴趣方面相对“落后”于其他课程。

（三）思政教师队伍水平仍有提升空间

由于过去一个时期，我国在教育上存在“以成绩为重”的现象，导致语文、数学、英语等“主科”受到各方面的重视和“青睐”，相关教师参加学习、培训、交流的机会多，相关研究长期占据小学教学“热点话题”。反观思政教学相关教师，则在很长一个阶段处于“副科”地位，参加专门培训教学的频次要远远低于“主科”教师，相关领域研究虽然一直在进行，但“热度”不高、创新不多，造成教师队伍水平滞后于当前思政教学要求，导致创新少、课堂效率不高等问题。

（四）与家长沟通协调不够充分

思政教学的属性决定其不仅仅要在学校开展，家庭也是思政教学的“重要课堂”。但当前，学校或教师这方面普遍做得不多。导致很多家长只关心孩子的学习、生活，而对孩子思想变化、品行养成等关注不够，对思政教学更是“一知半解”，不利于小学思政教学取得实效，更不利于学生身心健康成长。

四、对策建议

（一）丰富教育载体

由于思政教学直接与学生思想“接触”，故任何单独的课程都不能承担整个教学任务。为此，当前各小学亟须建立以学校党组织为领导，明确各个学科、各类教师以及各种资源的职能分工、责任任务，协同联动开展思政教学的体系，打破某些学科“单打独斗”开展思政教学的局面。举例而言，在语文教学中，绝大多数篇目都与爱党、爱国相关，这些同时也是思政教学的重要内容。为此，语文课堂也应当被统筹作为思政教学载体。再比如，其他课程中，都会或多或少涉及我国在相关领域取得的重大成就，这些都可以作为思政教学“微载体”。其他如少先队活动、班会等，更是思政课的多样载体。将这些载体用好用活，关键还是上文中提到的，要有一套统筹管理、行之有效的体系。

（二）灵活教学方法

思政教学的内容是严肃的，但方法可以是多样灵活的，让学生感兴趣、喜欢学。在小学，可以采取以下方法：

一是融入少先队活动。少先队活动本身就是思政教学的重要载体，这里之所以再次提及，是因为笔者在教学实践中发现，近年来少先队活动以“入队仪式”“参观学习”等形式为主，较为单一，发挥思政教学作用也不甚理想。要真正承担起思政教学任务，需要进一步“融入”，发挥两方面作用。一方面是教师的引导作用，任何形式的少先队活动，能否取得效果，关键在于教师引导，即把活动的形式、内容同背后的思想内涵联系起来，进而实现思政教学目的。另一方面是发挥学生的主观能动作用。在少先队活动中，要让学生真正成为“主角”，让他们在乐于参与中接受原本“严肃枯燥”的思政教学。二是融入班会。班会是班级全体成员共同参与的会议或活动，学生兴趣高，在参与中容易接受和吸收新内容。教师应充分用好班会这一载体，首先要选好主题，比如围绕培育和践行社会主义核心价值观，可以利用端午、中秋等传统节日，与“我们的节日”主题活动相结合，在让学生感受传统节日魅力的同时，传承美好品德，厚植家国情怀。其次要设计好过程，过程设计也应该坚持以学生为本的原则，多采取一些学生喜欢的、互动性强的活动。最后要有“点睛之笔”，能够在班会结束前，用“思政语言”总结班会，达到思政教学的目的。三是“走出去”与“请进来”。“走出去”即带领学生走出校园，到爱国主义教育基地、青少年宫等场所学习实践。“走出去”之前，带队教师要提前“备课”，把参观学习作为现场思政课，避免“走马观花”。“请进来”即把校外资源请进来，比如，现在各级各类宣讲团比较多，在武清区，就有面向不同群体的理论宣讲团、文艺宣讲团等，其中不少宣讲团以“红色故事”“文艺表演”等形式宣讲党史、新中国史、改革开放史、社会主义发展史，学生也爱听、爱看。再比如，红色电影也是开展思政课的优质资源，因为成长年代等原因，如今的学生很多都没有观看过《闪闪的红星》《鸡毛信》《小兵张嘎》等经典影片，这些影片本身就具备很强的思政教学功能，教师在播放前、播放后稍加引导，就能让学生上一堂生动的思政课。

（三）强化教师队伍

思政教学需要一支政治过硬、本领过硬的教师队伍，为此，强化队伍非常关键。

一是选优配齐思政教师，在城市、城镇等教师资源相对丰富的小学，基本能够做到有专门思政教师，但在乡村基层，思政教学往往没有专门教师负责，而是由其他科目教师“兼任”，这样容易导致思政教学时间被其他科目教学“挤占”“挪用”。为此，建议各级教育部门统筹考量各科目教师资源分配，明确计划和时间节点，逐步推进专业思政教师全面覆盖。二是增加思政教师参与高水平培训的机会。随时获取最新的理论知识，是思政教师讲好思政课的关键。为此，在建立强化思政教师队伍时，就必须将加强培训作为重要内容。在具体实施上，建议加强同党校的合作，定期由教育部门和党校联合组织思政教师进行理论教育培训，随时更新教师理论知识结构。三是健全激励考评机制。思政教学相比于其他科目，比较难以量化。建议教育部门及时研究，以效果为导向，提出具体可操作的考评机制，鼓励思政教师创新方法，高质量完成思政教学任务。

（四）巩固家校联合

以校园为小学思政教学主阵地，联合家庭这一重要阵地，共同提升思政教学效果。一是引导家长认识思政课的重要性。一方面是将思政课纳入“家长会”议题，让家长明白什么是思政课、为什么要上思政课以及思政课怎么上等问题，引导家长同学校达成共识；另一方面是在日常同家长的交流中，增加交流学生思想情况的频率，引导家长重视学生思想变化，在家中配合学校做好教育引导工作。二是“教会”家长上好“家庭思政课”。在家庭生活中，注重自身言行，把家庭文化、良好家风等传递给子女。三是拓展家校活动，借助“家访”“微信群”等渠道，开展“思政教学进家庭”等活动，将思政教学的一些重要内容，在向学生讲授的同时，也向家长传递，促进建好“家庭”思政阵地。

参考文献：

[1]李素开.文明礼仪教育在幼儿园中的科学渗透[J].文理导航·教育研究与实践.2020(4):168.

新时代小学家访实践的作用、现状及对策研究

陈燕
天津市武清区杨村第九小学

一、新时代小学家访的作用

教育家苏霍姆林斯基在《给教师的一百条建议》中提出：“最完备的社会教育是学校一家庭教育”。在影响学生学习和成长的诸多因素中，家庭教育和学校教育扮演着最重要的角色。小学生处于成长的起步阶段，注重家校沟通，形成教育合力，对小学生的健康发展非常必要。家访，作为最便捷、最直观的家校沟通方式，意义重大。新时代背景下，随着手机和网络的普及，家访形式也更加多样。短信、电话、微信、钉钉等诸多沟通形式融入传统的“面对面交流”家访形式当中。在家访的过程中，不仅家长可以知道学生在学校的表现，教师也可以更加全面地了解学生，从而更加有针对性地展开教学。教师作为教育者，可以向家长分享自己的教育学、教育心理学等方面知识和教书育人的经验。家长们由于职业、经历和社会背景各不相同，他们也可以丰富教师的教育实践，帮助教师反思自己的教育经验。有效的家访能加强教师和家长的沟通，形成教育合力，为学生创造良好的教育环境，促进学生健康成长、全面和谐发展。

二、当前小学家访实践现状中存在的问题及原因分析

1. 家访参与者合作意识淡薄

教师和家长作为家访的主要参与者，共同承担着开展有效家访，帮助学生健康成长、全面和谐发展的重任。学生的成长和学习离不开教师和家长的共同合作、相互配合。这就更加需要家长和教师都明确各自所承担的教育责任，树立合作意识，共同关注学生的成长。

在教育实践过程中，有的家长认为孩子上了小学，那么教书育人就自然只是教师和学校的责任。家长一旦有了这种观念，在家访这一环节上，就往往缺乏参与意识，只是被动地充当“问题家长”的角色。当他们的孩子在学校生活中遇到了问题，教师把问题反馈给家长，家长只被动参与，支持和配合学校对孩子们进行管教。更有甚者，在出现问题，教师与家长沟通时，有家长以自己“工作忙”“没有时间管孩子”为借口，推脱责任。

不仅是家长，部分教师也对教育学生的重要性缺乏认识，缺乏责任感。当学生成长和学习出现问题时，他们往往会自然地把一些问题归因于家庭因素。

在这种家长、教师没有明确各自的教育责任，缺乏合作意识的情况下，家访在很大程度上处于一种无效或效果并不显著的状态。

2. 家访内容单一

家庭与学校有着共同的目标，那就是帮助学生健康成长、全面和谐发展。家访的目的也在于此。所以家访的内容应该是非常丰富而全面的。家访，既应该包括学生的学习情况，也应该包括学生的品德状况、兴趣爱好、心理和生理健康等诸多方面。

但在实际的家访实践中，现实情况并不是这样。很多教师在与家长进行家访沟通时，内容几乎全部围绕学生在学校的学习状况：作业有没有按时交、听写错得多不多、小测验完成得怎么样……这无疑限制了家访的内容，使得家访内容单一，也在很大程度上削弱了家访的全面性和有效性。

3. 家访目的“被误解”

现在大多数学生不太欢迎教师家访，尤其是在学校表现不太好的孩子。在他们心目中家访已经成为“告状”的代名词。特别是班里调皮捣蛋的学生，他们非常不愿意老师和家长取得联系，从而避免自己在学校违反纪律或者不认真学习的事情让家长知道。

不仅是学生，有的家长也对教师的家访存在误解。有些年轻教师在向家长反映学生在学校的一些不太好的表现时，有的家长会不以为然，甚至觉得自己的年龄都比老师要大，怎么还要听老师的“一顿批评”呢？

其实恰恰相反，家访的目的不是教师向家长“告状”，更不是教师对家长的“批评和说教”。它是一种对学生的关爱、一门与家长平等沟通的艺术。不论是对于什么类型的学生，家访的目的是教师与家长取得沟通，从而更加全面地了解学生，促进学校教育与家庭教育的配合，更有针对性地开展教育教学，同时也给予学生更多的关注和爱护。所以，教师要多关爱学生，消除他们心中对家访的误解。教师在家访时，面对望子成龙的家长，也要注意语气、措辞，以恰当的方式提醒家长家庭教育对于孩子成长、成才的重要意义，努力为孩子创造良好的家庭氛围。

4. 家访双向交流失衡

家访本来是家长和学校教育工作者相互了解、相互配合、相互支持、相互受教育的过程。但实际上目前的家访活动多是教师单向发起的，双向交流很少。几乎所有的家访活动均是由学校发起和安排的，教师主动与家长取得联系，家长被动接受安排。家长主动联系教师，积极参与学校教育的情况比较少见。

比如大家所熟悉的“家长会”。在很多家长心目当中，家长会往往有“固定模式”：首先是校长讲话，讲些学校当前的发展形势或怎样教育孩子的“大道理”；接着是各班的班主任讲话，主要介绍全班学生的基本情况——大多是学生的学习情况，然后指导家长平时如何辅导孩子的学习等；最后，象征地询问家长意见，鼓励各位家长畅所欲言，可最终“畅所欲言”往往成了“沉默不言”。“家长会”成了“报告会”，家长只是作为被动的听众存在，他们既没有主动发问、提要求的需要，也没有这样的机会。造成这一现象的主要原因是：家访沟通中教师和家长双向交流失衡，教师并没有把家长看作学生教育过程中平等的合作伙伴，家长也没有很好地行使自己发言、参与决策的权利。

三、新时代小学家访的对策探讨

1. 增强教师和家长的合作意识

教育家苏霍姆林斯基说过：“生活向学校提出的任务是如此复杂，以致如果没有整个社会首先是家庭的高度的教育学素养，那么不管教师付出多大的努力，都达不到完满的效果。”要教育好学生，保障学生健康成长、全面和谐发展，离不开“两个教育者”——学校和家庭的密切联系、协调配合。教师要履行教书育人的责任，作为家长也应该重视家庭教育对于学生身心发展的影响。通过家访，教师了解学生的家庭情况有助于更好地开展教学。通过家访，家长知道教师的教育努力方向，他们会提供有价值的支持或帮助。教师和家长可以共同合作，为教育好学生发挥作用。

2. 丰富家访内容

家访的对象不应该仅局限于在学校表现不好的同学，那些优秀的学生或者处于中游的学生同样应该包含在其中。教师应该把家访对象设定为每一位学生。家访的内容也不应该仅仅局限于反馈学习方面的情况。了解学生家庭的基本情况、学生在家的生活习惯和学习习惯、学生的心理状态、生理情况、安全等方面的知识都应该包含在家访的内容之中。另外，在家访的过程中，教师还要注意听取家长对于学校工作的意见和建议，与家长共同探讨促进学生发展的教育措施和方法。

3. 转变学生和家长对家访的态度

哲学家卡尔雅思贝尔斯曾经说过：“教育的本质意味着：一棵树摇动另一棵树，一朵云推动另一朵云，一个灵魂唤醒另一个灵魂。”没有情感投入的教育，是空洞而苍白的。情感是打开心灵的钥匙。教师运用好这把钥匙，就能深入学生的内心，架起沟通师生关系的桥梁，缩短师生之间的距离。

在家访前，教师可以在学生中对于家访进行宣传，让学生了解家访的主要目的是帮助学生全面发展、健康成长，让学生重视家庭对于他们的成长所起的重要作用。另外，还要和学生及时沟通，让他们明白家访的真正目的和意义。在家访中，教师还要注意与家长的沟通的技巧。本着实事求是的态度，积极正面地向家长反馈学生在学校的情况，表扬与建议相结合，有针对性地提出解决方案，共同协商下一步的解决办法。

4. 鼓励家长参与学校活动

要鼓励家长积极参与学校的活动。可以组建家委会、开办家长学校，定期举行家长会，保证家校信息畅通。学生入学、入队、六一儿童节、合唱比赛、广播操比赛等有特殊意义的日子里，家长可以来学校，和学生一起度过这些时刻。家长也可以和孩子一起到校，共同为学校做一些有意义的事情，如采摘果蔬、修理课桌椅、捐献财物等。学校可以请校长、班主任、教师和有关的专家讲解有关教育学、心理学方面的知识，也可以请家长互相交流有关教育子女的经验体会。家长参与学校活动，不仅能增进家长对于学校教育工作的了解，有助于家长支持学校工作，还能加强家长和师生的沟通。帮助家长和教师建立良好的合作关系，共同为学生的健康成长、全面和谐发展承担教育责任。

四、小结

随着社会的发展，学生的健康成长、全面和谐发展离不开教师和家长的相互配合、共同努力。因此，教师和家长需要保持良好的沟通。家访，作为最便捷、最直观的沟通手段，意义重大。开展家访实践，提升家访质量，需要教师和家长的共同努力。

参考文献：

[1]扈中平，李方，张俊红.现代教育学[M].北京：高等教育出版社,2006.
[2]刘翠兰.家访及其理论依据[J].现代中小学教育,2005(10):10-12.
[3]马中虎.基础教育新概念：家访[M].北京:教育科学出版社,1999.
[4]陶西平.构建和谐的家校关系[J].北京教育,2006(11).
[5]岳瑛.我国家访的现状及影响因素[J].天津市教科学院,2002(3).
[6]张永梅，殷飞，韩似萍.有效沟通实现和谐家校关系[J].中华家教,2011(10).
[7]朱静，心桥.家校沟通的几点探索[J].中国电化教育,2007(02).

小学实践育人的方法研究

闫春江
天津市武清区高村镇第三中心小学

一、实践育人的基本理念

教育对于一个人的成长过程来说起着极为重要的作用，而实践育人又是我们老师和父母在教育孩子的过程中一条非常重要的途径，实践育人不仅是加强实践教育，更是在实践的基础上让学生与客观世界相联系，多发生关系，以此来提升学生的知识水平和道德水平，因此，在课堂上，我们的老师要倡导理论与实践相结合的教学方法，多为学生提供可以动手操作的机会，培养他们动手创造的能力，提高综合素质。

二、如何构建实践育人体系

1. 科学化设计实践育人

要构建合理的实践教育体系，需要科学的设计作为指导，这样才能达到加强学校实践教育教学活动，提高实践教育的效果。首先，要实现科学设计实践教育的目标，将实践教育融入小学学生综合培养与发展的学校结构中，提高学生的创新能力和综合素质能力。其次，完善科学设计实践教育过程。全面完善实践教育过程，保证学校的实践教育工作始终是连续且系统的。最后，实践教育的活动任务要遵循科学的原则，要遵循小学生的成长发展规律，不同时期、不同阶段的实践教育需要从实际出发，给予具体的指导。

2. 坚持以科学理论为指导

构建实践性教育体系是一项长期而复杂的教育工作，需要科学合理的理论指导。实践教育体系的构建应遵循系统性、协调性和针对性的原则。首先，对于实践教育体系的构建，要遵循系统原则，要求掌握小学生的认知特征，发挥实践教学环节在学科知识中的地位和作用。我们要采用系统的方法，不仅要协调统一各方面的实践教学活动，还要注重实践教学与理论知识的相互融合，使教学内容与课程体系相一致。其次，要遵循合作的原则，要求学校在实践育人的过程中要优化实践教育管理和运行机制，保障和激励学校教育部门一起，相互合作，共同努力，帮助学生进行实践活动，同时要充分发挥学生的积极性，让学生主动地发挥主观能动性。最后，要遵循针对性的原则，要求学校实施的活动符合优秀传统文化的要求、符合学校的整体的教育体系，符合小学生全面培养与发展原则的运行机制，从而构建实践性教育体系。因此，系统原则、合作原则和针对性原则是构建科学的实践性教育体系的理论指导。

3. 建立实践育人的长效机制

近年来，国家对学校实践教育的重视程度与日俱增，我国的学校实践教育已经取得了长足的进步，向我们展示出了很好的效果。在科学合理构建学校实践教育体系的基础上，优化实践教育的功能，建立健全学校实践教育的长效机制，是目前学校实践教育的重要内容。

（1）学校设立实践育人小组

一方面，学校应组织老师们成立实践育人活动小组，负责专项实践育人工作。小组要有专门的负责人，负责人领导小组应全力以赴，努力工作，为全校师生树立榜样，并敦促学校全体老师关注和参与实践教育活动。全面贯彻落实学校的实践教育工作精神，认真开展对学生的综合培训。另一方面，每个班级也要成立以学生干部为主体的活动小组，充分发挥小学生的积极性和主动性，促进实践教育的良性发展。

（2）加强实践育人师资队伍建设

学校实践育人工作的实施，离不开强大的师资力量支持，学校要清楚地知道强化实践育人师资队伍的建设在整个实践育人工作中占据十分重要的作用。所以学校应该制定更加细致可行的相关规则，对参加实践育人工作的老师进行业务培训，提高教师的责任感、工作素质水平，使老师积累更多的有关实践育人方面的工作经验。

三、实践育人活动的具体方案

（一）学校在开展实践育人活动之前，应该对全体学生展开充分的调查，充分了解学生在日常生活中存在的具体问题，这项工作可由班主任开展，以班级为单位，每个班级采取问卷的方式，最终获得全体学生的信息，了解他们在日常生活中存在的一些行为方面的问题，确定他们需要养成的一些行为习惯。

（二）要求各班班主任在总结自己工作经验和前期调查的基础上，制定自己班级开展行为习惯养成教育的活动方案，最后上交学校，由学校实践育人小组德育处对所有方案评分，最终评选出一个合理可行的方案。

（三）制定符合学校实际的日常行为习惯规则，比如说：上下楼梯，轻声慢步，靠右边行；不在楼道追逐打闹、大声喧哗；大同学关心爱护小同学，不给同学起绰号，不歧视身体有残疾的同学；捡到他人物品及时归还或交给老师；不在校园吃零食，饭前便后洗手；定期整理书包，随手整理好学习用具，课前做好上课准备；按时完成老师布置的作业，做事不拖拉，当天事当天完成；等等。

老师要把这些日常行为习惯的培养渗透到学生的每日生活中，做到狠抓狠管，家长做到配合老师，教师与家长相互配合，为孩子良好的行为习惯的培养创造条件。

（四）各个班级要严格按照这些标准执行，学校还要开展“文明礼貌月”专项活动，每周每一项都要评出一名优秀个人和优秀班级，然后把评比结果张贴公示。教师言传身教，引导学生遵守规则。班主任老师要多开展班队会活动，利用班队会专课开展养成教育活动。另外还要利用黑板报、每周升旗仪式德育处总结宣传这些活动，强化活动开展。

四、具体实施过程中应注意的一些问题

（一）准备阶段：调查摸底、班主任制定方案。德育处制定相应方案，各班要搞好学生思想、行为习惯等方面的调查摸底，了解当前学校养成教育中存在的问题和工作中的薄弱环节，研究养成教育的工作重点。

（二）在行为习惯养成教育的实施阶段。要做到周周评比，长期不懈地坚持。

（三）学校在实施实践育人的过程中要坚持对每一项工作进行评分、记载、考核。各班主任要注意材料的积累。要创造性地开展工作，将养成教育先进班级的班主任优先评为“先进班主任”，期末在教师评价中把学生养成教育列入对班主任的评价体系。

五、总结

在当今社会，促进学生的全面发展，提升学生的综合素质已经成为学校教育工作最重要的组成部分，实践育人工作方案的实施，可以增强学校的教育水平、教学质量，已经成为一条培育人才的必经之路，小学实践育人活动不仅能提高小学生的综合素质，还能够培养小学生的责任感，使小学生树立起正确的三观。

但是，小学实践育人的工作量还是巨大的，过程也不会是一帆风顺的，因为任何工作都不是一蹴而就的，需要我们的老师做出巨大的努力，付出辛勤劳动，老师们会在不断的探索和创新中，走出一条适合自己学生的实践育人之路，帮助小学生积累出有意义的学习经历，使小学生终身受益。

参考文献：

［1］高惠娟.学生社会实践的实效性和发展路径研究［J］.徐州师范大学学报(哲学社会科学版),2010(11).

［2］吕云超.论学生社会实践的育人功能［J］.科学文汇，2009(9).

“微时代”小学思政课实践教学创新研究

杨振兴
天津市武清区王庆坨镇九街小学

当前我国正处于社会发展的关键时期，信息化技术的发展改革已经成为时代转型的必要内容，为了有效地推动小学思政课教育教学工作的全面开展，很多地方的教师充分利用当前的教学环境和教学实际，以微课为基础，将“微时代”的网络传媒方式作为小学思政课教学的主要手段，全面推动学生综合素质教育。

一、微时代的含义与特点

1. 微时代的含义

微时代的产生主要是以信息化互联网为依据，将微博作为信息传播的主要途径，将多种较为短小的信息内容进行有效的传播，进而让更多的人了解当前的社会发展现状。微时代的产生是信息科技发展的基础和产物，也是当前新时代媒体发展的重要标志。迅捷、便利是微时代的特征和具体表现方式，在微时代的影响下，现代社会人们的生活和工作都产生了一定的影响。微博本身作为微时代发展的重要载体，为当前的信息通信带来了更便捷的方式，其个性鲜明、内容简单、信息共享性强，已经成为当前教学改革和教学发展中的重要部分。在微时代的影响下，教学引导者能够将自己的多种心理表现出来，而学生也能有效地抒发自身的情感，同时也能通过微时代的发展，在信息网络之中掌握自己所需要的知识内容，实现学习质量的稳步提升。

2. 微时代的实际特点

与传统媒介方式相对比，微博这种传媒方式更加便捷迅速，交流速度也相对较快，能够有效地推动信息数据内容的复制和转载，能够第一时间完成人与人之间的交流，让信息交流真正做到实时进行，无障碍沟通。随着信息智能化发展速度的不断加快，这种微时代下的微博已经逐渐优化和改革，不仅能够实现信息数据的实时沟通，同时也能进行视频传播。

二、“微时代”下小学思政课实践教学创新的重要意义

在传统的教学观念中，思政教育的开展主要是通过其他学科的教学中进行全面的反映，让学生加深对与思想政治内容的理解。但是学生本身作为独立的个体，对于世界和生活都有着自己的认识，教师只通过其他专业课堂的教学引导，让学生逐渐了解思政课知识，不仅会导致学生的思想认识出现偏差，也会导致学生的学习积极性逐渐降低。为此，作为教师而言，就更应该充分结合当前的教学实际，转变教学作风，以新型的教学理念和教学方式进行小学思政课的实践教学创新，以此进一步提升学生的学习主动性，让学生的学习热情逐渐增加。“微时代”下小学思政课实践教学创新的意义主要有以下

几个方面：

1. 能够全面加深学生对于思政课的认识，转变小学思政课的学习态度

在传统的教学模式下，因为学校、教师、家长对于传统教学方式的理解根深蒂固，因此对于小学思政课的认识也会出现偏差，他们认为小学思政课的开展没有实际的意义，思政课上所进行的思想方式引导通过其他的课程内容也能逐步实现。为此对小学思政课的关注度较低，小学思政课的开展情况不理想。但是通过小学思政课实现教学创新的不断深入，很多教师结合新课程标准以及新型教学理念的相关文献内容，使用多种网络传媒方式进行小学思政课的课堂教学引导，也会逐渐从学校到家庭对小学思政课有新的认识，不断推动教学方式改革，让学生对小学思政课的理解更加深刻。

2. 能够全面实现教学方式创新，推动小学思政课堂教学氛围的不断优化

现阶段的教育教学过程中，很多教师都认为小学思政课的教学方式应当以课本教学内容为主，教师通过传统教学方式的运作和开展，就能帮助学生建立起系统的小学思政课学习模式，从而不断提升对于小学思政课的认识和理解。但是由于受到教育教学改革的影响，微博这种网络传媒方式的不断更新发展和新型教学理念的不断深入，很多教师已经逐渐认识到小学思政课堂教学的重要性，因此不断创新当前的教学方式，转变教学手段，以微博这种网络传媒方式为基础。教师通过在信息网络上进行相关教学内容的搜索，将与课堂相关的知识以信息化的方式展示出来，同时设定相关的问题让学生进行思考，这样不仅有效实现了教学方式的创新，同时也全面推动小学思政课堂教学氛围的不断优化。

三、微时代小学思政课实践教学创新方式构建

1. 明确教学目标

微时代的产生导致了多种信息数据的爆炸，小学思政课本身面临的教学形势也相对严峻，因此要想充分提升小学思政课的教育教学质量，就应当充分发挥实践教学的作用。针对当前小学生学习过程中出现的思想道德问题，作为教师应当更加深入地分析当前小学思政课的实际特点，针对性地采取相关的措施，明确教学目标，进而有效地推动小学思政课实践教学创新方式的有效构建。一是针对当前的实践教学特点，充分分析每一个教学环节，不断利用小学思政课帮助小学生建立起正确的世界观和方法论；二是进一步加快教学理念的实施，让学生通过微博等相关信息传播渠道，进一步了解当前的社会发展形势，坚定自己的思想道德观念，让正确的价值观和方法论通过传媒方式，有效地灌输到学生的思维之中；三是通过社会实践的方式进行教学引导，通过让学生参与各类实践，树立正确的价值观，锻炼自身应对问题和解决问题的能力。

2. 构建系统原则

为了实现教学任务目标，教师应当在原有的小学思政课课堂教学内容的基础上，进一步加快实践教学内容与创新教学思维观念之间的融合。一是建立起系统的原则。在原本的基础教材的基础上，正确认识和分析当前学生的思想道德教育现状，针对学生的认知特点和实际的学习能力，将课本教学内容分为不同的模块进行教学引导，通过理论学习、时间分析、能力提升等多种方式的引导和梳理，建立起完整系统的教学原则，最终

让微时代小学思政课按照既定的教学要求和任务目标进行。二是针对性原则。微时代的背景下，信息的传播速度相对较快，一旦教师的教学观念出现问题或是教师的教学内容不全面，就会导致学生的思想出现偏差，最终造成难以估计的后果，因此在进行小学思政课教学引导的过程中，教师应当结合当前的时代背景，针对性地制定提出相关的措施和建议，进一步梳理当前教学过程中面临的多种问题，让学生积极地进行思考，同时也帮助学生建立起端正的学习态度和学习意识，进而实现学习质量的全面提升。三是时效性原则。实效性原则主要是在当前的教学环境下，充分利用当前现有的教学资源和教学内容，不断做好资源的合理化配置，进一步推动小学思政课的教育教学改革创新。

3. 加快平台建设

科技发展是推动时代进步的关键因素，而小学思政课的教学实践创新也应当符合当前的时代特点，在教学中，教师应当建立起小学思政课的教育教学平台，让学生及时了解当前我国发展的实际特点，进一步建立起明确的世界观、人生观和价值观，另外在小学思政课的学习中树立崇高的信念，有效增强学生的自信心和使命感。同时通过小学思政课教育平台的建立，也能让教师充分了解当前学生的思想政治观念情况，深入学生群体之中，进一步了解当前学生的思想情况。一是学校应当组织相关的技术人员，通过互联网信息技术在学校单位内搭设“微媒介”传播技术系统。二是针对当前小学思政课的实际教学内容，可以设定专项的打卡机制，让学生通过网络平台，将自己小学思政课实践课堂教学任务的完成情况进行全方位的展示。三是增设互动机制，在原本的平台教育基础上，每周定期组织开展小学思政课交流活动，让学生与教师在小学思政课网络平台上进行交流。

四、总结

在新的时代背景下，为了有效地加快学生的素质教育，很多小学都已经开设了思政课，思政课的开展不仅仅是为了全面优化学生的思想，也是为了帮助学生建立起正确的世界观、人生观和价值观，在新的社会发展过程中，以明确的道德观念应对当前所面临的人和事。同时教师在“微时代”的影响下，进一步加快小学思政课教学管理方式创新，也能帮助学生均衡思想道德建设与学习能力的发展。但是在当前的小学思政课教学中很多教师仍旧受到传统教学方式的限制，导致对于小学思政课的认识和理解不全面，造成小学思政课的教学积极性降低。为此我们思政课教师只有全面拓宽当前的教学理念，创新教学方式，对小学思政课的教学模式做出正确的调整，才能以此推动小学思政课改革，实现教学管理质量的全面提升。

参考文献：

[1]张翠方.高校思政课立德树人教育在微时代的创新[J].广西民族师范学院学报,2015(06).

[2]万茗.核心价值观视域下思政课实践教学创新研究[J].商洛学院学报，2016(05).

浅析小学道德与法治课程教学中渗透四史教育

要建刚
天津市武清区河西务镇羊坊中心小学

在小学教育体系中，“道德与法治”课程以学生道德培养为目的，重视学生的三观素质培养。信仰不是与生俱来的，需要持之以恒地教育和培养。青少年阶段是人生的“拔节孕穗期”，最需要精心引导和栽培。因此四史教育尤为重要，有助于增强民族认同感与自豪感，有助于增强青少年对中国特色社会主义道路、理论、制度和文化的认识与理解，从而做到知史爱党、知史爱国。这对学生今后一生的成长有着重大的意义。

一、深度钻研教材，从教材中渗透四史教育

道德与法治课所包含的内容非常丰富，不仅有道德文化的教学，同时也包含法治课程的内容，另外在道德与法治的课本当中也到处体现着四史教育的内容。因此教师必须善于利用与挖掘道德与法治课程资料，深入钻研教材内容，挖掘教材当中的知识点和四史教育内容。为实现教育资源的优化，教学时教师不妨从学生的生活中获取素材，从小事入手分析爱国主义，用典型案例与事实结果说话，晓之以理、动之以情地感染与鼓舞学生，使学生充分理解民族精神与知史爱国。

二、营造学习情境，使学生感受知史爱国

情景教学是目前小学教育最常见的教学方法，教师在道德与法治课程中同样可以用情境教学的方式，引发学生的知史爱国之情，提升学生的爱国情感。教师可以为学生提供新颖有趣的教学活动吸引学生，使学生产生活动参与热情。教学时，教师应先为学生描述新中国史中的爱国英雄，回顾历史可以看到，以中国共产党人为代表的先进分子坚持信仰、秉持初心，为革命事业做出了巨大牺牲。这是四史教育的生动教材，也是思政课教学的最好教材，教师要在课堂中用激情悲壮的描述引导学生走进刀光剑影的历史，加深学生对爱国英雄的印象和爱国胸怀理解。

教学时，教师不妨结合时政热点进行爱国教育。时政热点能够将社会发生的热点新闻导入课堂，在增加学生知识视野的同时，丰富教学内容。因此时政热点在道德与法治课程中的应用意义重大。教师要鼓励学生多看新闻，在看新闻的过程中了解国家改革开放后的巨大变化，感受祖国改革开放的成就，激发学生的民族自豪感与爱国情怀。

三、播放四史教育的红色电影，培养学生爱国主义热情

多媒体教学是一种非常适合小学教育的教学方法。多媒体包含了大量内容，且具有趣味性、活力性特征。在多媒体课件中，丰富有趣的文字内容搭配上精美的图画和影视

片段，能够从多重感官刺激学生，使学生对爱国主义产生更加深刻的理解。在调动学生学习热情的基础上，提升学生问题思考、分析与解决的能力。

小学生因其年龄特征，思维更偏重于感性。在多媒体教学中，教师可以通过动画、图像、声音刺激学生听觉与视觉，激发学生爱国感情，开拓情感资源。如教师可以播放《南京、南京》《上甘岭》《狼牙山五壮士》《鸡毛信》等红色电影，了解中国共产党成立以来团结带领人民抵御外来侵略、争取民族独立、实现人民解放和民族伟大复兴的历史，同时也让学生了解到，之所以我们今天能够生活得如此幸福，是因为有着无数革命先辈为了我们奉献了生命。

四、四史教育以课外实践为补充，培养学生爱国意识和爱国情感

爱国主义是道德与法治的重点教学任务与内容，贯穿于整个教育的全部环节。教师应将爱国主义作为道德与法治的教学核心，结合四史教育，实现学生爱国思想的培养，提高学生对国家的认同感和归属感。在周一升旗时，师生于庄严的五星红旗下，唱响国歌，在充满厚重感、激昂、高亢的歌声里，学生的内心也将受到鼓舞。当然教师也可以带领学生慰问老兵，听老兵讲抗战的故事，带领学生进入图书馆，感受新中国史的气息，让学生在心灵中感悟到要好好学习，珍惜现在来之不易的幸福生活，听党话，跟党走，做社会主义事业的建设者和接班人。这对学生的爱国思想和爱国理念培养均有着重要的意义。

小学阶段是学生思想、人格成长的重要阶段。人们常说孩子的心灵就像一张白纸，教师就像一名画家，教师在白纸上谱写什么，白纸就会呈现什么，白纸所呈现的内容就是孩子一生的写照。所以教师必须重视学生的思维开导和情感培养，通过四史教育，能让学生全面地了解中国共产党的奋斗历程，了解祖国发展的历史，了解今天的幸福生活来之不易，懂得“没有共产党就没有新中国”。引导学生建立对我们国家政治制度和社会制度的历史认同和政治认同。历史观是世界观、人生观、价值观的重要基础。了解国情，培养学生爱党、爱国之情。

参考文献：

[1]许云倩.伟大的开端[M].上海:上海人民出版社,2019.

浅谈小学思政课实践教学的创新探究

李向阳
天津市武清区杨村街第二小学

教育是立身之本，教育并非单纯的文化、知识、技能的传递，更是唤醒人格心灵的途径。思想政治教育是树立正确的人生观、价值观、道德观的基础保障，同时负担了对小学生进行马克思主义理论体系教育的重任。在素质教育改革背景下，小学思政课担负了重要的教育责任与使命，通过思政课实践教学能够实现“悟道”与“践行”相结合，更好地实现德、智、体、美、劳的发展目标。

一、小学思政课实践教学概述

（一）小学思政课实践教学的定义

实践是人类有目的、有意识、能动的创造性社会活动。小学思政实践教学则是在尊重实践的基本理念的基础上融入小学思政教学目标与内容，是在马克思主义唯物论指导下的教学与实践的有机结合。小学思政课实践教学在素质教育改革背景下得到了重视与推进，实践教学内容的创新对于引导小学生深刻领会教学内容、实现知行合一具有重要意义。

（二）小学思政实践教学的开展情况

1. 实践教学重要性认识不断提升，教学融入度增强

自小学思政实践教学目标提出以来，教师对于实践教学的重视程度不断加深，逐步实现了“被动融入向主动融入”的状态转变。教师在设计、组织思政课实践活动的过程中逐步积累了一定的经验，对于思政课实践教学的组织方法、实践流程、学生反应等方面有了更深入的了解。

2. 实践内容、形式不断丰富，教学成果初步展现

小学思政实践教学的内容、形式在教学实践中得到了拓展，实践教学模式不断地成熟与发展，教学成果在实践中得到了巩固与提升。小学思政实践教学工作的开展实现了知识与行为的统一，在教师的引导、帮助下，小学生能够加深对教材内容的理解，在实践中巩固、提升思想认识。小学生具有极强的思维可塑性，通过实践能够更好地激发小学生在思政课堂的表现，培养小学生对思政课的兴趣度，发挥思政教育对小学生品德形成、健康成长的引导意义。

二、小学思政课实践教学创新的必要性

（一）认识层面：理念滞后，地位边缘化

当前，小学思政课实践教学工作在小学教育领域不断推进，但是依然存在理念滞后、地位边缘化的问题，小学思政课实践教学工作还出现了功利性的价值取向。小学思政课实践应当秉承笃行进取、求真务实的基本原则，但却成为部分教师“展现”教学成绩、“凸显”教学思路的一种方式，忽视了实践教学应当具备的思想引导意义。

当前，小学思政课实践教学缺乏完整的规章制度。实践教学工作的开展不仅仅需要教学设计，还需要学校方面进行积极的配合与支持。虽然部分学校将“实践”作为一项重要的发展目标，但是整体工作的开展却属于“放任自流”“自由发展”的状态，缺乏统一规范的领导、保障机制。

（二）操作层面：缺乏系统规划，目标引导力不足

思政课是有着严密逻辑的课程体系，实践教学作为思政课体系中的重要组成部分，所涉及的范围广、难度大，需要统筹兼顾、融合规划才能实现实践最大的育人功能。但是部分小学思政课实践教学设计采取了“一个模式、一套活动、一成不变”的“老套思路”，使得小学思政课实践教学未能根据小学生的实际接受能力、心理特征进行及时的调整，进而造成了部分思政课“远离受教育者”的情况。

部分教师在课程组织过程中相对保守，过分依赖学校内部的实践资源，实践活动范围过窄、实践环境熟悉度偏高，对于社会实践教学资源挖掘、利用效率偏低。实践教学计划的制订、活动内容的设计、实践场地的选择等等，是考验教师实践教学能力的关键，教师在实践活动组织实施的过程中表现出的无目标化、无层次化、无创新化的问题已经严重干扰了思政课实践教学价值的发挥。

三、推动小学思政课实践教学创新的策略

（一）创设情境，联系生活

在思政课实践教学内容设计中，教师要从思政课的内容出发，联系学生的现实生活与兴趣点，将喜闻乐见的“生活常见场景”或者“兴趣点”引入课堂中来，引导学生思考思政与生活之间的联系，引导学生了解思政对生活指导的必然性与影响力。在实践内容的选择上，应当从学生接受能力、理解能力、表达能力来分析，及时向学生传递社会热点新闻话题来进行大讨论、大交流。或者选择德育动画来吸引学生的关注，通过富有童趣的动画视频、暗含哲理的教育故事来帮助学生更好地体验实践课程，保障学生对实践教学内容的兴趣。

（二）领神悟道，塑造品格

教师在实践课程开发与教学方法方面要“着重”下功夫，以实践教学作为有效的方式方法来培养学生的品德，锻炼学生的意志。在实践教学设计方面应当引导学生走出课堂、走出校园，通过利用社会资源引导学生“悟道”。比如，在社会主义核心价值观的教育中，教师可以加入劳动实践环节，通过组织带领学生参与劳动、感受生产来增强对社会主义现代化建设的了解与体会，坚定小学生的道路自信。在开展友善教育中可以通过为敬老院表演节目、为福利院孤儿准备礼物等途径来强化学生对教学核心主旨的理解，

更好地塑造学生的品格。在实践教学的模式选择中，教师还可以设置“主题德育辩论赛”“今天听我讲”的辩论、演讲活动，通过引导学生参与来深化学生对教材内容的理解，更好地深化教学主题。

（三）致敬榜样，培养情怀

当前，“追星”的风潮对于小学生的思想荼毒较为明显，追捧“流量小生”“当家花旦”的情况已经非常普遍。因此通过致敬榜样、培养情怀引导小学生关注国家发展、铭记英雄历史、培养社会责任感至关重要。在传统的教学中，榜样的事迹往往是停留在书本中、新闻中，学生对于榜样的认知也相对较为模糊。

在思政课实践教学不断推进的基础上，教师应当组织学生走出校园、走向榜样，利用历史博物馆、英烈纪念馆、红色教育基地来近距离地让学生感受榜样的力量。在实践教学中应当突出英烈、模范的事迹精神引领作用，激励学生的爱国主义情怀，培养学生对祖国、对社会、对人民的责任感。教师在致敬榜样的活动组织过程中要引导学生勇于表达对榜样的崇敬与尊重，通过交流、沟通来有效地鼓励学生“追”抗日英雄、“追”道德模范，树立正确的人生观、价值观。

（四）知行合一，优智提能

“知行合一”是小学思政课成实践教学的重要目标，“知”与“行”缺一不可。在实际的实践教育活动中要做到认知提升与实践体验的共同发展。小学生参与实践的教学过程不应当偏重结果，而是应当通过学生的感悟、体验来使其获得自己的直观感受，把书本的知识真正内化成行为与信仰。

值得关注的是，实现知行合一、优智提能的目标还需要发挥家校共育的优势，通过构建全方位的育人体系来实现“润物无声”的思政教育目标。在思政课实践教学实施过程中，家长与教师应当就小学生的变化进行细致的观察，了解学生的改变，为实践教学的优化提供明确的指向。

四、结论

小学思政课实践教学工作的开展为践行素质教育改革目标提供了积极的保障，在小学教育阶段得到了越来越多的重视。然而，实践教学面临的现实困境限制了思政课实践教学教育价值的发挥，本文着重从思政课实践教学创新角度提出策略建议。希望通过本文的研究能够更好地推动小学思政课实践教学工作的优化，更好地推动小学思政课实践教学体系的优化与完善。教师一定要把小学思政理论与实践紧密联系起来，让学生关心社会、了解社会，把社会主义核心价值观融入学生整个成长过程之中。让学生在活动中运用知识，在实践中获取更深刻的体会，最终学会做人、学会做事、学会学习、学会生活，让学生立鸿鹄志，做社会主义未来的核心奋斗者。

参考文献：

[1]陈淇雅.思想政治理论课实践教学研究[J].教育教学论坛,2020(42):45-46.

[2]苏元炜.谈小学思政课“活动体验·悟道践行”的实践探索[J].当代家庭教育,2020(28):4-5.

[3]杨建艳.基于“课程思政”的小学教育专业教师育人能力的思考[J].求知导刊,2020(33):93-94.

新时代家访实践的功用、现状及对策研究

徐丽丽
天津市武清区汉沽港镇一街中心小学

所谓家访，顾名思义，是教师到学生的家里访问。家访通常都是由班主任或部分科任教师进行，这样有利于对学生采取针对性的指导与帮扶，是大形势下优化教学管理的重中之重。从实践功用来看，持续优化家访制度，有利于教师全面了解学生的生活情况和学习情况，便于教师寻找更科学、更合理的管理手段；家访有助于家校合作的推进，是丰富学生生活体验，促进学生学习水平提升的关键所在；通过家访，教师对学生的性格形成原因、家长教育方式等方面也可以掌握得更为全面，这对构建多角度立体化的教育新模式有着积极的作用。但需要注意的是，若想真正发挥家访的功用，教师首先还要找到传统家访中存在的不足之处，并在此基础上制定解决对策，由此达到最终目的。

一、当前家访工作现状及问题

1. 学生的监护人年纪跨度大

新时代的到来，让人们拥有了更充实、更富裕的生活条件。但是，也间接让现代的年轻人变得更加繁忙。在这样的背景下，一些奋斗中的家长便无暇顾及子女。由此一来，这些学生便要在爷爷奶奶、外公外婆的照顾下生活。然而，不同年龄段的人对学生的学习抱有不同的态度，同时在监管的力度方面也有所差异。因此，这极易给家访工作带来影响。而且，许多老人对隔辈人存在溺爱的现象，所以当老师家访的时候，很少有老人听得进去，甚至认为老师在多管闲事。加上无法及时联系到学生的父母，直接对家访工作的效率和质量带来了影响。另外，一些特殊学生的家访工作同样艰难，例如外来务工人员的家庭、单亲家庭等。

2. 家长文化程度不高

家长文化水平、知识程度不高也是制约家访工作的主要根源之一。因为家长文化程度不高而引发的问题不胜枚举。例如老师在进行家访时，有些家长会说：“我和孩子的妈妈啥都不会，也教不了孩子，只能靠你们老师了。”然而，孩子的教育应该是学校和家庭的共同责任，他们的成长更离不开家长的循循善诱。所以，如果家长一味地将问题抛给学校、抛给老师，势必会对学生的成长带来一定的负面影响。故此，转变家长对待子女教育问题的态度，让他们树立起正视家访工作的意识，这无疑是重中之重。

3. 教师与家长互动内容单一

家访是针对个别家庭教育指导的有效方式，用以解决个别学生的家庭教育问题。正确的家访不单单要包含学生的学习生活，也要包含学生的思想、日常等多个层面。然而，很多家长更关心的是子女的学习状况，在他们眼里学生的学习成绩比品德更重要，忽视

了品德才是一个人的立足之本。所以，这种单一的互动内容难以让家访顺利进行下去。而问题的根源，恰恰源于家长认知上的局限。因此，采取多元化、多样化的家访工作，让学生的父母更全面地认知子女，这是关键点。

4. 家访工作流于形式

在当今素质教育背景下，对教师及班主任的工作提出了更多的要求。然而，在家访方面，我发现很多教师只是流于形式，未能深入地观察和研究。学校下达家访的任务后，一些教师才被动地参与。而在参与的过程中，也仅仅是和家长反映一下学生的学习现状和生活表现，然后简单地谈谈话，便算完成了家访。至于这次家访取得了什么样的成绩，几乎不会深入考虑。甚至有的教师在家访结束之后，很快便遗忘了家访的一些细节。可见，这种仅仅流于形式的家访，只能算作走马观花，无法彰显家访的真正价值。教师的态度是决定家访成败的一个主要因素，而教师要做的便是正视家访，结合新时代的特征制定科学的家访对策。

二、针对家访问题制定的对策

分析新时代家访工作现状，可以发现存在诸多急需解决的问题。因此教师应该针对这些问题制定科学的、行之有效的解决方案，由此全面优化家访工作的可行性和实效性。

1. 家访前做好调查准备工作

现代人的个性更为明显，尤其是不同的学生生长在不同的环境下，会呈现出不同的精神面貌。所以，在展开家访前，教师首先要对学生的家庭情况进行完整的了解。譬如调查学生的家庭组成情况，调查学生父母的工作职业及文化水平等。然后，将这些信息整理在案，再针对不同的信息制定不同的家访对策。由此一来，便可以为了高水平家访的实现铺垫良好的前提基础，确保家访的开展效果。例如有的学生父母从事 IT 行业，平日工作非常繁忙，所以便无暇顾及子女的学习问题。针对这个情况，教师在家访的过程中应该秉持理解的态度。其间，教师可以与这类家长建立网络关联，然后平日里将学生的一些表现情况通过网络反映给其家长，以此实现网络家访。这样不但减少了路程中所要耗费的时间，更解决了“家访”时间难的问题。

2. 站在家长视角观察问题

教师在要求家长配合家访工作的同时，也要站在家长的角度上切身体会，理解家长的想法和苦衷，并尝试从家长的视角观察问题。首先，教师可以利用教师或班主任的身份，暂时替代学生的父母位置，留出更多的时间关注他们的学习和心理状态，并及时记录下来，便于完整地反映给学生的父母；其次，教师可以动员班级内其他学生的力量，参与到个别学生的帮扶工作中，在小伙伴的带动和影响下，更容易化解个别学生内心的障碍，以及学习上存在的不足等问题。值得一提的是，在融入上述两点机制期间，教师需要将活动过程中出现的各种状况第一时间反馈给学生家长，让他们意识到教师及同学们对他们子女的爱护，从而唤醒家长的责任感，为后期的家访工作埋下伏笔。

3. 多角度多元化沟通

家访是一门艺术，既考验教师的专业素养，又考验教师的口才。所以，若想提高家访的质量和效果，教师不单单要具备充足的专业素养和文化底蕴，同时要拥有足够的表达能力。当教师向家长传达一些学生的问题和弊端时，倘若表达的方法有误，不但会让家访的氛围变得僵硬、尴尬，甚至还会引起不小的麻烦。相反，如果教师可以换个角度，委婉地表达出来，不但能让家长意识到问题的严重性，同时还能激发他们积极配合工作的热情。例如先表扬，再提出问题，这样更容易让家长接受教师的建议。另外，教师也可以从学生的特长、兴趣与喜好等层面展开家访，让家长意识到自己的孩子如何优秀。比如有的学生虽然文化课成绩差，但是音乐或美术的水平却很高，此时，教师要叮嘱家长用耐心和真心去称赞自己的孩子，再在这个基础上用心去提醒子女专注文化课学习。这样，更容易帮助家长和学生之间建立沟通的桥梁。

4. 科学统合家访信息内容

如果家长在接受家访后没能获得教师的反馈，很容易对家访失去信心。尤其是在现阶段，由于教师工作繁忙，未能建立起行之有效的家访跟踪机制，导致家访变得流于形式，未能发挥成效。针对这样的情况，需要教师抽出更多的时间去研究家访工作，科学地建立起跟踪反馈机制，对家长提出的问题及时解决，对已家访过的学生建立跟踪机制，回访教育效果，真正地让家长看到高校家访工作的实际作用。久而久之，不但可以让家长更加积极地配合家访工作，同时还能间接为家校联合埋下基础。当然，跟踪机制可以体现在网络上，这在一定程度上解决了时间不足等问题。而且，由于网络不受时间、地域的限制，具有及时性和实时性的特点，所以正是实现家访跟踪反馈的最佳手段。

总之，随着我国经济稳定增长，人民生活水平日益提升，学生及其家庭逐渐呈现出新的变化和新的发展需求，直接对学生未来的走向产生了一定的影响。在这样的前提下，传统的家访工作及理念自然无法再与时代接轨，因此教师要及时变革家访机制，通过对现状的观察制定创新的家访对策，从而真正意义上的实现家校衔接，让学生在家庭和校园的双重帮扶下，获得一个明白且充满希望的人生，为他们的未来描绘靓丽的一笔。

参考文献：

[1] 于永生. 新时代更需要新式家访[J]. 教书育人，2020（07）：15-16.

[2] 彭佳景. 守好家访这个“传家宝”[J]. 湖南教育，2019（04）：8-10.

[3] 刘玉真. 家访，新时代也需要[J]. 青年教师，2016（01）：15-16.

[4] 刘文丽，张聪. 新时代下如何转变家访理念做好家访工作[J]. 新课程，2020(04)：8-9.

核心素养视角下小学劳动教育机制研究

董晓钰
天津市武清区汉沽港镇港韵小学

一、探究小学劳动教育机制的意义

一直以来小学劳动教育备受教育专家与学者关注。新时期如何推动劳动教育创新与发展成为各界学者的关注重点，探寻小学劳动教育发展方向，发挥出劳动教育的作用与价值，从而促进小学生核心素养提升，不断更新劳动教育理念，并落实到劳动教育实践中，对小学劳动教育有指导性的意义。我国小学劳动教育从最初的单纯体力劳动方式转变为劳动技术与思想品德培养，经历了一段时间的发展与演变，从时代发展初期的要求到当今对人才全面发展及综合素质培养为方向的转变，力求在全新的时代背景下以劳动教育为载体培养学生的核心素养，深化劳动教育改革与发展，提升劳动教育的质量与效率。在小学劳动教育实践过程中，以核心素养为教育培养目标强化小学劳动教育各个环节，解决现实中存在的教学问题，成为探究小学劳动教育机制的重要途径。从当前小学劳动教育情况分析来看，有些教师在劳动教学实践过程中没有意识到劳动教育的意义，加之小学生自我认知能力相对较差，探索能力相对薄弱，使其在成长过程中没有将劳动教育的作用充分发挥出来。因此，小学劳动教育工作者需要探究如何通过小学劳动教育提升学生的核心素养，充分发挥出小学劳动教育对学生成长与发展的意义与价值，从而更好地开展小学劳动教育教学[1]。

二、核心素养下开展小学劳动教育的有效措施

（一）激发学生的主观能动性

新时期背景下，小学劳动教育重视调动学生的主观能动性，并为学生提供了较为宽广的空间。此过程中学生是劳动教育的主体，劳动内容由一系列活动内容组成，教师在此过程中充当劳动活动的组织者与指导者，学生可以根据自身对相关知识的掌握情况进行选择与判断。选择适合自己的学习内容，并以自己喜欢的学习方式开展劳动学习活动，学生可以根据自身的想法与设计开展劳动学习。而教师并不是劳动课程中的主导者，要充当学生的学习伙伴，引导学生在课堂中发挥出自身的探究能力让学生有更好的课堂感受，并对学生进行指导与点拨。为保证课堂教学质量，教师可以与学生共同制订劳动活动方案，为学生创设真实的劳动情景，帮助学生构建劳动知识体系，提升学生的劳动实践能力。考虑到小学生年龄尚小，其正处于成长发育关键时期，游戏深受小学生的欢迎，为了调动学生在课堂中的参与性，培养学生的综合能力，教师可以让学生组成学习活动小组，并为学生设置相应的活动主题，供学生自主挑选。从而激发学生参与课堂活动的积极性，避免学生以被动的方式参与到劳动课堂活动中，只有这样才能让学生在实践动

手操作中不断完善自身的劳动知识体系，并尝试将劳动知识运用到实践中，提升学生的创新能力与问题解决能力，在自主性较高的劳动课堂中能够为学生带来充实的劳动体验。促进学生合作意识与沟通交流能力提升，让学生在相互配合中意识到团队的力量，从而促进学生更好地成长[2]。

（二）重视学生的实践体验

小学劳动教育以实践活动为载体，通过学生的日常生活实践与社会活动实践为学生带来亲身体验，为此教师要让每个学生参与到劳动实践活动中。在实践中引导学生获得亲身体验与真实感悟，不断培养学生的创新意识与创新能力，提升小学生的综合素质。值得注意的是，重视学生实践体验并不只是让学生从劳动教材中获得书本体验，而是培养学生灵活运用劳动知识，培养学生的实践能力与创新能力。在常规学科教学实践过程中，实践内容具有一定的局限性，难以培养学生全面发展与综合素质提升，而劳动教育实践以学生的日常生活为基础，关注学生与自然及社会之间的关系。在小学劳动实践课堂中，教师要为学生扩大活动领域与实践范围，促进学生以积极主动的态度参与到各项劳动实践活动中，促进学生全面成长。对小学生来说，锻炼其实践能力主要以动手操作方式实现，教师要将课堂的主体地位归还给学生，让学生在实践过程中能够进行自我表达，与同伴及教师之间进行沟通探讨。教师在关注小学劳动教学机制的过程中，不仅要关注劳动教学过程，还要关注劳动教学成效，培养学生的劳动意识与动手实践能力，并让学生在实践过程中发挥出自身的创新能力。在多种多样的劳动实践活动中，锻炼学生的探究能力、动手能力、创新能力等综合能力，加深学生对劳动的认识与理解，提升学生自身的实践创新能力[3]。例如，在小学低年级劳动教育课堂中，为了发动学生的脑筋，锻炼学生的动手能力，教师可以培养学生将快递盒制作为收纳盒。大一点儿的可以放到衣柜中，用于收纳衣物，小一点儿的可以放到学生的学习桌上，用于收纳学习用品，在锻炼学生劳动能力的同时，向学生传递环保意识，让学生意识到废物利用的重要性。

（三）为学生设计开放性的劳动课堂

小学劳动课程本身具有一定的开放性，其不受学科知识禁锢，使小学生的生活经验能够在课堂中得以应用，让小学生可以自主选择课堂实践内容，为学生成长提供更多的机会。不论是劳动课堂活动内容还是学生参与劳动实践活动的方式都具有较强的开放性，在此教学环境下小学劳动教师尊重学生之间存在的个体差异，关注学生个性成长，其目的是培养学生具备劳动知识与创新能力，在动手实践中提升学生的综合素养。教师在为学生选择劳动活动内容时，要体现出劳动课堂综合性的特点，以学生的实践生活为基础，可以为学生选择熟悉的实践素材。受客观因素影响，劳动活动内容也存在差异，小学劳动教育过程具有开放性与动态性的特点，在小学劳动教学过程中，应以开放式的观察与探究模式锻炼学生的动手能力与创造能力，关注培养学生动手能力与思考能力，让学生在劳动实践中投入脑力与动手能力。为学生带来丰富多彩的劳动体验，重视培养学生的创新能力，在较为开放与广阔的劳动活动空间中教师能够带领学生从课上走到课下，在校园与社会中获得磨炼，促进学生成长[4]。此外，小学劳动教育时间相对灵活，教师可以根据教学需要与学生的实际情况为学生安排活动内容，从而突破课堂教学时间的限制，为学生提供更多的空间与时间进行思考。在开放性的劳动课堂环境中，学生能够选择较为灵活的活动内容与开放的学习方式，从而帮助学生建立与社会及外界的联系，将教育延伸到社会生活中，促进学生知识情感与能力协调发展。例如，在小学二年级劳动教学中，教师可以让学生为家庭制订采购计划，培养学生具备合理收支的意识，锻炼学生的生活自主能力。让学生在超市中选择生活所学的蔬菜与食品，教会学生如何分辨食物是否新鲜，要确保购买的食物在保质期内，在采购的过程中，锻炼学生的社交能力[5]。

（四）发挥出小学劳动教育的综合性

由于小学劳动教育课程自身具有综合性的特点，能够帮助学生降低生活与社会及自然界之间的界限限制，从而更好地促进学生综合能力成长。教师要让学生意识到生活在自然环境及社会环境中学生要处理好自身与他人及社会之间的关系。因此，劳动教师要意识到劳动教育并不是将各科知识内容混杂在一起，而是要引导学生在生活中运用综合知识探寻自己与外界的关系。小学劳动教育不应受学科限制，要综合各科知识体系帮助学生建立各个学科之间的关联，从而更好地面对生活中的综合问题并以全面的视角分析问题、解决问题。在小学劳动教育过程中，教师要培养学生的跨学科意识，引导学生综合运用学科知识，解决不同的问题从而培养学生具备综合素养，提升学生的全面发展能力，引导学生以整体视角出发看待世界，从而促进学生成长与发展[6]。

三、结束语

综上所述，在核心素养视角下小学教师在开展劳动教育的过程中，要重视教育方式与方法，培养学生具备综合能力，从而更好地应对社会发展。让学生以综合视角看待问题分析问题。在此过程中教师要深入理解小学劳动教育的意义，并在劳动教育过程中关注学生的主观能动性。在课堂中与学生指导与配合，促进学生与同伴之间进行交流沟通，让学生意识到与他人合作的力量与价值。教师要为学生提供实践体验机会，在实践中锻炼学生的动手能力与创新能力，为学生营造开放性的劳动课堂。在开放性的环境下培养学生的观察能力与探究能力。最后，要发挥出小学劳动教育的综合性让学生在面对问题时，能够综合运用各科知识，从不同角度出发，对问题进行思考与探究，进而促进学生成长与发展。

参考文献：

[1]张童明，丁玲.核心素养视角下中小学劳动教育再思考[J].中小学德育，2018(07):14-17.

[2]王维审.重识与回归:核心素养视角下的劳动教育——中小学劳动教育的实践与发展概述[J].中小学德育，2018(7):4-9.

[3]俞燕.小学劳动教育核心素养教学策略研究[J].综合实践活动研究，2020(5):34-35.

[4]张瑞凤.基于核心素养下的劳动与技术教育实施策略[J].考试周刊，2018

(32):4,52.

[5]葛晶,程文华,崔宝发,等.实施核心素养引领下的劳动教育课程的必要性及教学建议[J].北京农业职业学院学报，2018,32(1):108-112.

[6]陈丽华.基于核心素养下的劳动与技术教育实施研究[J].综合实践活动研究,2020(3):59-60.

VR 技术在小学思政课实践教学中的应用探索

邢博康
天津市武清区汉沽港镇港韵小学

随着经济的进步、科技的发展，信息技术被广泛应用于课堂教学中。以 VR 技术为代表的新一代信息技术在影响着人们生活的同时，也逐步向教育领域发展，带来了新的教育方式和学习方式。在我国，VR 技术在教育领域地应用刚刚兴起，主要应用于高校教学工作，在小学教学中应用较少，经验不足，理论研究还不完善，相比于英、美等西方国家略显滞后，本文将对国内小学思政课实践教学中存在的问题进行分析，并探讨将 VR 技术应用于小学思政课实践教学的优势和面临的挑战，为我国的思政课实践教学研究贡献绵薄之力。

一、VR 技术概述

（一）VR 技术的概念

VR，即 Virtual Reality，虚拟现实技术，是利用计算机制造出的一种交互式的、体验式的虚拟现实环境的技术，通过计算机设计程序制造出一个三维仿真的图景，系统可以感知使用者的动作变化，并在画面中做出反馈，让人有一种身临其境的感受。具有感知性、交互性、沉浸性等特点。

（二）VR 技术在教学中的应用现状

我国的 VR 技术在教育领域发展较晚，目前主要在高校的实践性学科应用较多，如应用于虚拟训练基地，学生应用该技术进行技术性的训练，能够降低训练成本、避免训练中的误伤。还有虚拟仿真校园，是 VR 技术在教育行业发展的最主要成果。虚拟实验教学，在理工科院校应用较多，主要进行操作或者实验上的模拟练习。

二、传统小学思政课实践教学存在的问题

（一）课内实践教学形式简单枯燥

思政课是理论性比较强的一门学科，需要学生有丰富的生活认知和较高的理解能力，对于认知能力和理解能力尚不高的小学生来说，传统的课内实践教学形式略显枯燥，ppt 上的图片不足以支撑学生的理解，一段简单的视频也不足以让学生感受历史的变迁，知识竞赛、观看视频、主题演讲等形式较为简单枯燥，上课形式也比较单一，学生兴致不强，参与度不高，教师在进行实践教学的过程中，学生难以积极配合，主体性功能发挥不出来，导致课内实践教学的成效不显著。

（二）课外实践教学实效性差

小学阶段的课外实践教学机会较少，原因在于小学生年龄较小，自我保护意识不强，纪律性较差，不容易组织出行，容易发生危险，所以校外实践教学要么让学生在校外自主进行实践学习，要么以点带面，让一些优秀的同学作为代表去进行实践。但无论采用哪种方法，思政课课外实践教学的实效性都不强。

三、VR 技术应用于小学思政课实践教学的优势

喜欢玩是小学生的特点，如果一味地灌输思想、知识，久了学生可能会觉得枯燥乏味，甚至产生逆反心理而不愿主动去学。如果在教学中用 VR 技术让学生进行身临其境的体验，引导他们参与到教学活动中来，同时增加教学的趣味性，这样课堂气氛活跃，对学生也更有吸引力，可以达到寓教于乐的效果，同时让学生能够足不出户就感受到书中所学内容，在实践教学方面也是创新和完善，这会是更好的教学方式。

（一）发挥学生的主体性功能

“10 后”的小学生是乘坐“科技的高铁”来到这个世界的，他们中的大部分都能熟练操作手机、电脑等电子产品，因此对于这些在互联网时代成长起来的孩子，他们需要“对话”而不是“听话”，需要探查而不是考查，需要一种能够让他们燃起求知欲望的实践教学方式。

比如在讲授《低碳生活每一天》时，单纯用 ppt 或者视频来展示全球气候变暖带来的影响，学生虽然可以了解气候的混乱和异常，但却无法真正体会气候变暖带来的影响具体有多么恶劣，因此也就难以提起学习的兴趣和欲望。此时我们可以利用 VR 技术，构建一个虚拟的 30 年前的北极冰川，让学生利用 VR 装备置身于北极冰川，感受冰雪王国的壮观，近距离参观北极熊的生活，学生会非常感兴趣并且愿意去了解 30 年全球气候变暖带给北极的变化，此时教师马上通过计算机程序，将虚拟场景改为目前北极冰川的全貌，与刚刚的场景形成鲜明的对比：大面积的冰川变成了水，脚下的冰面也随之升高，部分北极熊甚至没有生存之地，有些北极熊站在一小块冰上从学生身边漂过，在海面上流浪。置身于这样的场景变化中，学生一定会有所感叹，气候变暖给生态环境带来的危害太大了，由此生发出低碳生活的决心，并愿意自主探索低碳生活的做法有哪些。

通过 VR 技术进行实践教学，可以让学生亲身感受一些平时难以接触到的场景，激发学生的学习兴趣，培养学生自主探索的能力，真正发挥学生的主体性作用。

（二）增强实践教学的实效性

在应用 VR 技术时，教师可以根据自己的想象，也可以根据史实，在虚拟的空间创设虚拟的学习情境，将实践教学过程中所需的故事、情节、人物和场景虚拟化，使学生身临其境，感受场景的变化，并进行互动。学生在 VR 实践教学中可以穿越到历史时代，感受古人的生活风貌和历代风云变化；可以跨越地域限制，到名胜古迹处实地考察；可以与革命英烈隔空对话，感受舍生忘死的壮志豪情；可以云游四海，欣赏祖国的大好河山。虽然 VR 构建的图景和人物是虚拟的，但是学生在这一实践教学方式中体验和感受到的爱

国之情和生发出的敬畏之心是真实的。在这样的实践教学过程中，学生能够“足不出户”就参与形式多样、逼真生动的实践教学活动，从而能够树立起科学的人生观、世界观和价值观。

（三）创建个性化学习环境

在我们的教育理念中，提倡教师应因材施教，这样有利于学生个性化发展，但是长久以来，由于我国人口基数大，学生多，老师少，教学资源匮乏等问题，教育活动多数以标准化、程序化的形式开展。实践教学也不例外，像红色游学这种不易组织、存在安全风险的活动，在小学阶段的思政课教学中几乎无法开展，部分小学只能挑选比较优秀的一两名学生参加校外调研活动，连标准化教学的条件都不能满足，更不要说个性化教学了。

而采用 VR 技术则能够处理这个问题，教师可以在专业人员的帮助下，根据学生的不同的学情，设计出不同的适合每个学生的虚拟教学场景，满足学生们多样的、个性化的求知需求，为学生提供多姿多彩的个性化学习环境。

例如，在教授《网络新世界》这一节时，有的学生家庭条件较好，很早就接触了许多电子设备，能够熟练上网聊天、找资料或者看视频等，对网络有初步的了解，但是有的孩子家庭条件不太好，从小就很少接触电子产品，更不要说网络了，所以对于这样生活经验存在较大差异的学生，教师可以为他们设计不同的虚拟学习情境，来满足他们个性化的学习需求，对于熟悉网络的学生可以为他们创设网络诈骗的场景，让学生亲身体验网络骗局，自觉保护上网信息、远离不良信息。对不熟悉网络的同学，可以为他们创设网上冲浪的情景，让他们先感受网络的魅力，然后再转化成网络诈骗的场景，让其认识到网络是把双刃剑，有利也有弊，上网的同时也要做好自我保护。

（四）降低教学成本

VR 技术可以降低教学成本。我们可以通过 VR 技术虚拟实验室、虚拟实践教学的基地以及昂贵的器材、有危险性的探索活动。教师可以根据教学内容和教学目标去设计虚拟场景，学习者还可以观察到生活中少见或难以看到的现象，既能够增强教学的实效性，又降低了教学成本。

四、VR 技术应用于小学思政课实践教学面临的挑战

（一）技术缺陷

VR 技术的体验过程需要软件和硬件的共同支持，使用者需要带上专用的头盔才能够看到虚拟的仿真图景，但是目前市面上的头盔画质不算清晰，影响使用者的体验感受，甚至有些还会让使用者产生眩晕感。同时头盔还需要手柄的配合，两个装备加在一起造价不小，如果给每个学生都购买一套，一定是一笔不小的开支。

（二）教学设计问题

教师在使用 VR 技术进行实践教学之前，应该做好充分的教学设计和准备，包括教学

目标、方法、策略、内容、效果、评价等。如果没有精心的教学设计，可能整堂课结束之后，学生也只是玩了一节课，收获寥寥。

（三）道德挑战

VR 技术在使用的过程中需要收集使用者大量的行为数据，从而对使用者的行为做出反馈，而这些反馈也会潜移默化地影响使用者的行为，久而久之，系统会储存大量的使用者的数据，这就有黑客入侵盗取数据的风险，因此使用 VR 技术时还应注意保护个人隐私。国家和教育部门也应提前做好准备，保证 VR 技术收集的学生行为数据在使用时是合理的，并且是有利于学生发展的。

总之，改进小学思政课实践教学方式和提高实效性十分重要，需要我们广大思政课老师共同努力，并为之奋斗，将 VR 技术应用于实践教学是新的尝试，也是对教师的考验，希望教师们能够不断学习，提高自身能力和水平，将 VR 技术应用在思政课上，让孩子们体验逼真动人的学习情境，激发学习兴趣，提高课堂吸收率，让思政课的学习内容不仅“入眼、入耳”，还要“入脑、入心”。

参考文献：

[1]张巧生.VR 在教学中的应用研究[J].甘肃科技,2009(24).

[2]李勋祥,游立雪.VR 时代开展实践教学的机遇、挑战及对策[J].现代教育技术,2017(7):116-120.

[3]刘光然.虚拟现实技术[M].北京：清华大学出版社,2011.

[4]王德宇,宋述强,陈震.增强现实技术在高校剑客教育中的应用[J].中国电化教育,2016(10):112-115.

红色基因代代传，共育儒雅好少年

——少年儿童红色教育的实践研究

赵洴翎
天津市南开区新星小学

习近平总书记指出：“中国革命历史是最好的营养剂。”而“红色”是中国革命的精神积淀，更是中华民族代际相传的薪火纽带。南开区新星小学通过红色教育提升人、红色教育塑造人、红色教育锻炼人等管理思路，让每一位儒雅学子健康成长的同时都拥有一颗红色的“中国心”。

一、传承红色基因，构建符合少年儿童认知特点的红色教育课程

红色教育的讲解要符合少年儿童的认知特点。新星小学通过多角度进行红色教育课程建设，打造红色文化，让红色基因进课堂、进教材。

（一）完善教育教学体制，保障红色教育进课堂

结合学校教育教学课程体制编排，将每月的第三周下午素拓课定为“主题红色教育活动课”，利用特定的节日特点组织红色主题教育。例如：三月“学雷锋”主题活动课，让少年儿童在开展观影《雷锋》的同时，举行“从小学雷锋，长大做先锋”的主题实践活动，让广大少年儿童在“观影有感”“雷锋故事有哪些”“争做小雷锋”等活动中思考雷锋精神有哪些，我们应该如何学习等问题；四月“清明祭英烈”主题教育活动，开展“祭英烈，铸忠魂”，让学生通过红色经典诵读、绘制“我心中的红色英雄”等活动，以表达少年儿童对先烈们的敬仰、对祖国的热爱之情。

（二）将红色教育资源融入校本课程

将红色教育目标与少年儿童实际特点相结合，将国家课程与地方课程、校本课程中的教学内容与价值观进行纵向关联整合，将这份独有的“中国红”中最质朴的情感融入其中，以主题单元的形式打破学科之间的壁垒，将语文、音乐、美术等学科知识与技能相融合编制校本课程，引导少年儿童感受红色文化魅力的同时，自觉学习榜样继承与发扬优秀革命传统。例如“我的红色榜样----学楷模”主题校本课程，以我们的身边时代榜样中国中医科学院院长张伯礼为榜样，举行“红领巾致敬时代英雄”主题教育，组织少年儿童开展学榜样、“张伯礼爷爷我想对您说”等活动，引导少年儿童通过身边的时代楷模，更加坚定“知党史，感党恩，听党话，跟党走”的信念。

（三）丰富“红色”教育相关内容，做到化抽象为具体

对于大多数儿童来说认知能力的发展受年龄限制。对于低龄儿童抽象概念很难理解与具象化。例如红色教育中的“红色”指什么。少年儿童对于“红色”精神的抽象概念非常模糊且难以理解，而在语文或音乐课等活动通过一篇篇课文的讲解、一个个故事的聆听，一首首红色歌曲的吟唱，让“红色”内涵具体化。例如“红”是舍己为人不怕牺牲的颜色，是革命时期共产党人英勇牺牲换来五星红旗的颜色，是面对新冠疫情下最美逆行白衣天使的颜色。通过邀请老红军进校园讲故事、抗疫医生分享抗疫点滴等，将这一个个鲜活的事或人呈现给每一位学生面前，让少年儿童在一个个时代英雄中体会红色精神，珍惜和平生活，继承发扬红色精神。

二、红色教育润泽校园文化——润物无声胜有声

校园文化是红色教育的重要组成部分，也是学校德育活动的重要载体。以“红色”精神润泽师生心灵，通过红星诗社、校园网站、红领巾广播站等形式进一步健全了“红色”精神载体，在课堂外营造了一抹绚丽的“中国红”。

（一）墨海书香中国红，红色精神代代传

以学校红领巾广播站为红色阵地，大力营造红色教育氛围。利用晨午间宣讲红色故事、唱响红色歌曲，并开设特色节目“红色教育故事”专栏，向少年儿童讲述革命先烈们的英勇事迹。并结合重要节日举办主题红色教育广播宣传活动周。例如十月开展“歌颂祖国”主题宣传活动，通过开展“祖国伴我共成长”作文征集活动、“我和我的家乡”摄影大赛以及“我为祖国放声”等活动，引导广大学子树立“家是最小国，国是千万家”的红色理念。另外红色教育不仅仅是少年儿童的活动，更是每一位家长进行亲子活动的良好契机。为了更好营造良好的红色育人氛围，不仅要引导学生在学校多读红色经典，而且更要在家里做好红色经典的传承，让每一个少年儿童家庭都能参与共建“红色书香家庭”，营造良好的育人氛围。

（二）创设红色育人环境，一草一木渗透红色文化

红色教育不仅在校内课程中凸显“中国红”，并且将“红色”之风带到了校园每一个角落——利用环境熏陶法，在新星校园内创设红色教育主题的育人环境。

教室走廊与室内墙壁的环境设计凸显红色教育主题、班级文化环境布置“红色园地”主题模板、学校的壁报、板报等处处能看到红色徽章、鹰隼的红色宣言、少先队吟诵红色经典活动剪影等。通过少年儿童们自由募集“红色”教育元素，使校园的内每一面墙壁、每一个角落都渗透着“红色”风景、一砖一瓦都体现了引导和熏陶，一草一木都是无声独特的红色内涵，让少年儿童身临其境无时无刻不被浓郁的红色教育氛围所感染。

（三）创新红色教育形式，打造网络阵地新平台

如今已步入信息化时代，面对多元的文化需求，红色教育工作也面临着新挑战。作为教师，要放眼新时代，开拓新思路：如何让少年儿童想看、要看红色教育内容，就必

须接受新事物、新技术，从而让红色教育的种子在孩子们的心中有“市场”。

让红色教育插上多媒体的翅膀，能够让红色精神引领网络文明新风尚。因此，在红色教育活动中要积极利用微博、微信公众号等手段，以“网言网语”新形式开展网络红色教育。例如按照全国少工委部署，利用儒雅星云网站开设以“海棠花开——追忆周总理”为主题，开展网络“忆往昔”“现今朝”“献贺礼”等活动；在“七一”“十一”等纪念日，开展网络献礼活动，通过微视频、学校网页、公众号等载体，将红色教育的精神内涵传递给少年儿童。

三、依托区域资源，让红色教育在活动中延伸

落实红色教育离不开一定的空间区域，而每一个区域空间都蕴含着丰富的资源，这些为红色教育提供了丰富可感的素材。

依托区域资源，构建起学校、家庭、社会、少年儿童四位一体的工作格局，强基固本，创新推动红色教育品牌建设。例如每年清明节，组织少年儿童来到周邓纪念馆开展爱国主义教育活动，通过开展“缅怀革命先烈，誓为领巾添彩”系列活动，少年儿童在勿忘国耻，珍惜美好现在的同时，在精神上进行了洗礼、思想上得到了升华。并以此为契机，继承先烈革命传统，发扬前辈爱国精神，从而树立正确的人生观与价值观，培养少年儿童要养成良好的行为习惯和学习习惯，不断提升自身综合素质，用自己的实际行动传承这种伟大的精神，时刻为中华民族的伟大复兴而不断努力奋斗，做一位“有责任、有理想、有能力”的少年儿童。

四、建立科学的红色教育活动奖励与批评机制，营造学习红色精神的良好氛围

“少成若天性，习惯之为常。”少年儿童处在快速发展阶段的同时，自我约束力相对较弱。因此在培育和践行红色精神方面，要以必要的奖励与批评机制为保障。一方面，在少先队活动中，树立红色精神的榜样力量，让少年儿童可以学、能够学；另一方面，对规则意识不强的少年儿童进行规则意识的塑造，对错误的价值观进行干预纠正，让他们从小懂得行为规范。但是无论奖励与批评都应因人而异，坚持适度原则。例如在儿童活动中坚持物质奖励与精神奖励相结合。对于将红色精神记得住的低龄队员，以奖励相关红色教育图画资料为主，从而鼓励他们继续努力。对于践行红色精神的高年级队员，可以通过少先队的“雏鹰争章”“优秀队干部”，以及 推选“优秀队员”等形式，给予队员社会评价，颁发相应的证书，鼓励他们在继续践行红色精神的同时，能够带动身边的少年儿童共同参与其中。

习近平总书记在教师座谈会上强调，教育引导学生立鸿鹄志、做奋斗者。作为红色精神的继承者——少年儿童承载着实现中华民族伟大复兴的光荣使命。“少年智则国智，少年富则国富，少年强则国强，少年进步则国进步。”中华民族伟大复兴的中国梦为华夏民族描绘了一幅民族复兴、国家富强、人民幸福的美好画卷，而红色精神则是引领不断前进的精神动力和方向保障。作为新时代教师，要把准工作方向，突出红色教育价值主线，努力开拓创新，让红色精神的种子在少年儿童的心里落地生根，引导广大少年儿

童共筑多彩中国梦！

参考文献：

[1]贾燕.传承红色基因　培育时代新人[N]. 吉林日报,2020-11-07(004).
[2]曹卓.加强红色教育　传承红色基因[J].新长征,2020(11):42-43.
[3]文昊.传承红色基因　唱响时代强音[N]. 长沙晚报,2020-10-30(006).
[4]田野.让红色基因根植学生心底[N]. 恩施日报,2020-09-29(004).
[5]李强.让红色基因植根学生心灵[J].教育文汇,2020(08):12-13.

小学思政课生活式—情境教学模式创新研究

只萍萍
天津市静海区梁头镇梁头小学

一、重在师德，教师化身于生活的标杆

在一次学校思想政治理论课教师座谈会上，习近平总书记深情嘱托广大思政课教师要给学生心灵埋下真善美的种子、引导学生扣好人生第一粒扣子。作为一名小学思政课教师，不仅自身要有正确的价值取向，更要通过自己高尚的人格作为依托，以此来牢固自己的育人思想，切实高效完成立德树人的根本任务。少年的心灵就如肥沃的土地，尤其是小学生，播种什么就生长什么，我们的思政教师就要善于在学生的幼小的心灵里种下“真、善、美 ”的种子，以自己高尚的道德情操、正直的人生品格、积极向上的人格魅力做学生的榜样，在教育中立德树人。

二、优化关系，打好生活化教学的基础

长期以来，传统式的教育局限在“传道、授业、解惑”这一封闭的教学模式中，殊不知，这种形式直接影响了师生关系以及教学效率。在思政课教学中，教师要注意充分尊重和考虑小学生道德意识的形成规律，在教学时从学生的认知规律出发，不断优化教学关系，增强学生的道德体验，使学生真正在课堂中体验式学习。

为此在课堂中教师要与学生之间建立和谐的师生关系。首先教师要树立正确的学生观，以生为本，充分相信和尊重学生，进而挖掘学生的主观能动性以及学习的潜能。对于学生要积极地进行引导，帮助他们不断克服自己的不足，按照学生生理、心理发展的规律调整教育方法。

其次，在课堂教学过程中，教师还要适时放低身段，把自己看成学生中的一员，积极参与到学生的学习活动中去，和学生们一起活动、讨论和操练，进而与学生之间建立和谐的师生关系。同时，要加强与学生之间的交流合作，师生之间良好的合作交流，是高效完成教学目标的重要途径之一，而且通过师生之间的合作交流，有利于在学习过程中，提高学生的积极性，加深学生对知识的理解和吸收，同时更进一步拉近师生距离，良好的师生关系为生活化的教学打下良好的基础。

在师生构建教学活动的过程中，多设计一些生活背景下的师生互动，学生不会再因为远离现实生活而觉得课堂枯燥乏味，师生的情感共鸣与交融自然生成，因而教学就会变得更加有活力。

三、创设情境，引领学生开启生活之门

最成功的教育应该是能够让教育者与被教育者都能感受到真实的生活，并能领会到生活真谛的教育。思政课是衔接生活的一门学科，也是其具有学科生命特征的所在。思政课的教材内容极其贴近学生的现实生活，因此教师在课堂教学中要善于使用好教材，“推开生活那扇门”，带领学生走进生活化的思政课堂。传统的思政教学片面强调道德观念灌输和道德行为的训练，忽略了学生在真实情境中的体验，忽略了学生的自主感知、分析、反馈的过程，以至于导致教学时重知识轻运用、重认知轻反馈。而情境教学法则逆向反转，使学生能充分从真实情境中感知理论，进一步激发了学生的学习情绪和学习兴趣，让学习成为学生主动的、自觉的主观活动。

1. 媒体呈现，感受实际

学生学习的本质是最终能在生活中灵活运用，处理遇到的各种问题。因此真实情境的设置能够给学生带来真切实际的感受，调动他们的学习兴趣。新时代发展的今天，思政课教师完全可以巧借各种媒体设备，展示、拓展教学情境，借助模拟情境多方面调动学生的感官和认知，让学生多渠道地获得信息。

2. 情境表演，感知体验

小学生大多有很强的表现力和模仿力，课堂中教师要充分利用思政课鲜明的生活化特性，将教学知识与学生的生活融合起来，为他们搭建仿真情境，形成多方交流、反馈生活问题的大平台。教师可以将本课涉及的生活场景再现于课堂，让学生通过扮演、模拟角色，使教学内容充满鲜活的生活气息，用生活事件来激发学生道德良知以及感悟。在表演中学生化身于情境中的角色，站在角色角度来思考和分析问题，学生与情境中的角色融为一体，从而加深学生的真实体验，学生得以从理论性的教材中加深情感及道德体验，从而对所学的知识有所悟有所得。

3. 巧借问题，探索情境

教师要根据课程精心设计活动问题，以此来活跃学生思维，激发求知欲望，使学生在课堂中真正动起来，尤其是思维动起来。情境问题的设定不能偏离教学目标，并且要有针对性和合理性，符合学生的道德感知，难易适度，把握关键，层层推进，使学生求知欲由老师的点拨到自主生成，从而激发学生在问题情境中主动地去探索，去感悟，从而达到教学目标。

四、锁定情境，培养学生对生活的观察

思政课的教学是以学生的生活经验为载体的，学生要达到预期生成的课堂目标就离不开对生活的观察，只有在学生已有生活经验认知的基础上，教师在讲授新知识时才能激起学生更多的参与度与求知欲，才能进一步激发他们对生活的体验和观察。然而，不同年龄段的学生对生活的观察有不同的界定范围和目标。通常，低年级儿童比较天真，他们处在想象能力的活跃期，他们对生活的观察总伴随着自己天真的想法，这样很容易偏离现实生活；而中、高年级学生逐步过渡到观察能力的活跃期，他们会越来越对生活中的细节加以注意，因此思政课要根据不同年龄段，有针对性地引导学生对生活的观察，锁定细节，帮助学生养成良好的善于观察生活并且总结规律的习惯。

首先就要引导学生从生活中的细节展开。片段式、零碎式的生活细节正是有效开展道德教育的“起航台”。因此，在课堂教学中，教师要根据课程内容逐步培养学生善于抓住生活细节的好习惯，以生活认知作为教学起点，同时因为事情总有多面性，还要培养学生学会多维度、全方位地观察生活，并及时做好积累。如五年级教材《弘扬优秀家风》一课，教师引导学生从家中的小事感受自己的家风，学生从诚实守信、孝老敬亲、勤俭节约等一件件的家庭小事中开展交流，丰富学生的观察角度，引导学生从身边的生活细节展开观察讨论，最终得出家风是有正能量的、能被祖孙世代相传的好风气，值得被弘扬和传承。在这样体验生活式的交流中，学生对生活细节观察的习惯得到了良好的养成。

五、回归生活，让学生到真实生活情境中去体验实践

思政课教学的根本任务是解决学生“知信行”的问题，使学生做到知之深、信之笃、行之实。思政课的最终落脚点是实践教学，回归生活。而思政课教学的目的也不是单纯地为了考试和升学，课后作业的目的也不是单纯为了巩固课堂知识，课堂中所学到的知识只有合理地反作用于生活中，才能真正为学生所接受。学生能将自己所学用于在生活中解决实际问题，从而能够得到更加深刻的情感体验，形成高尚道德情操。

陶行知先生说：“没有生活做中心的教育是死教育，没有生活做中心的学校是死学校，没有生活做中心的书本是死书本。”在陶行知先生看来，教育来源于生活，并且包含在生活之中，同时教育必须和生活结合才能发生作用。思政课本身的性质和任务也决定了要把课本知识引入生活、回归生活。

新一轮课改目标在于实现全面、和谐发展的教育，重在培养学生的思政核心素养，因此思政课教师要切实转变观念，树立崭新的教学观点，做到理论与实际相结合，教材与生活相结合，把课改落到实处，真正做到以人为本，以生活为镜，设计尊重学生发展和认知规律的教学活动，课堂中倡导自主、合作探究的学习方式，激发学生全面参与教学活动，让课堂充满生活气息，绽放思政课的生活魅力！

参考文献：

[1]刘文浩.生活化的品德课堂才有实效[J].新课程(中),2011(5).

[2]鲍勇.立足学生生活 激活哲学教学[N].学知报,2010-01-26.

[3]许国庆.生活化教学“活化了”课堂[J].吉林教育,2008(19).

[4]张夏生.生活化教学,让生活更美好[J].师道,2011(1).

[5]李兴林.浅谈生活化教学在思想品德课中的运用[J].新课程研究(下旬刊),2009(12).

[6]马池霞.思想政治课生活化教学个案研究[D].温州大学,2012.

[7]李让恒,熊名辉.用心架起通向未来的桥[N],中国教师报,2009-08-19.

小学思政课实践教学创新研究

张春月
天津市蓟州区尤古庄镇西塔庄中心小学

一、小学思政课实践教学的意义

（一）有利于提高学生课堂学习兴趣

小学生的心智还处于比较幼稚与懵懂的阶段，他们对未知事物有着比较强烈的求知欲和探索欲，加强思政课的实践教学活动可以让学生有更多机会参与到教学实践中去，从而通过实践教学促进小学生对课堂学习的兴趣。[1]小学思政课实践教学提高学生课堂兴趣主要有以下两个方面的表现：

其一，思政课的实践教学让小学生拥有更多的主动学习动机。在单一的课堂教学形式下，小学的思想政治课基本上都在封闭的教室中开展，但小学生持续的注意力集中时间是非常短的，相对来说，以道德与法治为主的思政课程难以通过讲授方式的变化来改善其枯燥乏味的特征，这种课程特征让小学生在课堂学习中更容易走神。而通过思政课的实践教学，一方面教师能够把课堂时间更多地让渡给学生，确立学生在教育教学中的主体地位；另一方面教师也可以通过不同的实践教学形式，让不同的场地、环境和方式来衬托课程内容，满足学生好奇的天性，从而提升学生的学习主动性。

其二，小学思政课通过实践教学可以更好地引导学生把课程内容与他们日常的实际生活联系起来。教学内容只有贴近学生的日常生活情景，才能更好地让学生体会到思政课内容的含义，提升学习兴趣，端正学习动机。思政课的实践教学越贴近小学生的日常生活、学习和娱乐情景，学生就能够越积极主动参与到学习中来。

（二）有利于培养学生理解社会和国家概念

小学生在家庭和学校更多地处在被教育、被管理地位，长期被动的环境不利于他们形成社会和国家的概念。小学思政课的实践教学能够较好地提升学生的交流能力，使学生更直观地了解到社会和国家，认识人与人相互影响、相互成就以及相互制约的环境。

（三）有助于培养小学生良好的品德习惯

在小学思政课的实践教学活动里，通过视觉和触觉记忆等多种方式，反复强化学生对于正确行为习惯的认知，有助于让小学生通过思政课堂塑造良好的品德习惯。[2]

首先，思政课实践教学活动可以促进小学生对于良好品德习惯的理解。课堂教学中，老师向小学生宣讲各种好的和不好的品德和习惯，让他们通过抽象的方式去理解。这种学习方式对于小学生来说非常有难度，难以让他们真正体会到良好品德习惯的价值。而实践教学活动能够更好地、更直观地让学生看到、听到、触摸到什么是好的品德习惯，加深他们对于优良品德的理解。

其次，实践教学能更好促进小学生把从思政课堂上学到的知识运用于日常生活中。小学阶段思政课的教学目标是培养“知情信意行”协调发展的学生。实践教学活动可以更好地引导学生将所学知识在日常生活中付诸实践，例如文明礼让、热爱卫生以及自我保护等。

二、当前小学思政课实践教学存在的问题

（一）教师的实践教学观念落后

当前我国大部分一线思政课教师都是在传统的教育理念下培养起来的，在教学中更加善于通过用传统的偏应试的方式来开展教学活动，特别是思政课中一些老师不自觉地会使用灌输式的方法，极大忽略了实践教学在小学思政课中应当起到的重要作用。

一方面，部分教师对小学思政课实践教学的必要性缺乏认识。很大一部分教师仍然认为实践教学对于思政课的教学能够起到的作用有限，不过是锦上添花的作用，难以对实现课程核心目标起到关键作用。

另一方面，一些小学思政课教师对实践教学的认识比较狭隘。教师在日常教学中为了完成实践教学任务，大多数是通过宣传片、案例和课堂小辩论等易于开展的形式，极少组织小学生走出课堂，通过参观和调查的方式来完成实践教学。

（二）实践教学的形式单一

新时代小学的思政课的实践教学要求教师根据课程标准和教学目标，积极采取充满灵活性和多样性的教学方式来激发小学生主动参与课程的积极性，促使学生能够通过实践活动学习相关常识、塑造良好品德。然而当前小学的思政课实践教学的形式非常单一，大多都采用在易于实现的课堂、校内活动，没有体现实践教学灵活性和多样性的要求。

（三）实践教学开展难度大

第一，完善实践教学缺乏时间基础。与传统教学形式相比，实践教学需要更多的教学准备和教学实施时间，然而小学的思政课本身课时就非常少，课程的内容又非常紧密，教师在进行课程设计时很难既完成课程目标的要求又给实践课留出足够的时间。

第二，完善实践教学缺乏经费保障。丰富实践教学的形式和内容离不开合理的经费支持，特别是一些需要组织学生走出校门开展的游览和参观等实践教学活动，更加需要经费的支持。然而现实情况却是，当前国内许多高校都还没有思政课实践教学专项资金计划，普通的小学更难以找到长期的教学经费支持，缺乏经费的保障让思政课实践教学活动的形式大大受限。

第三，开展实践教学活动缺乏成熟的教学管理。实施实践教学活动，与传统课堂教学相比需要涉及更多方面的人员和场所。例如一些参观游览活动，需要教师带领学生到博物馆、纪念馆和历史遗迹等处去实地参观。不仅需要学校和学生家长做好沟通备案，与教育主管部门、实施活动的交通承运单位、参访单位对接，以及相关的饮食安排都需要有一套专门的流程和标准，才能够确保实践教学活动的正常实施。也由于这些原因，

在一般条件下，小学思政课教师和学校会出于各方面可实施性的考量，较少开展校外和比较复杂的实践教学活动。

三、小学思政课实践教学的创新策略

（一）明确教学目标

小学思政课的重要目标就是让学生在接受教育的过程中，逐步形成有利于其未来学习和个人发展以及社会进步所需要的各种基础认知和品德，最终成为对中国特色社会主义事业有用的人才。小学思政课教师始终要明确塑造学生认知和品德的目的，在实际教学活动实施的全部过程中，把握住为党和国家培养一代又一代拥护中国共产党领导和我国社会主义制度、立志为中国特色社会主义事业奋斗终身的有用人才这一目标。[3]但与此同时也应该注意不能把这些理念作为教条，而是应该把握住实践教学的特点，让学生有积极性、参与感，自发地形成这一认知和品德。

（二）着力开发实践教学资源

相较于前文提到较难解决的硬件性资源，实践教学的素材性资源开发和利用有更大的创造空间。小学思政课教师需要意识到，学生自己的日常生活是开展思政课最为重要的教学资源。小学生的知识是在其日常的学习、生活和娱乐中逐步积累起来的；小学生知识的构建主要来自学到的知识以及对生活的好奇心。所以，小学生的日常生活是小学思政教师开发实践教学资源的重要宝库。把握好学生的所思所想，是构建有效实践教学课堂的基础性工作。与此同时，教师也可以通过对于自身的发掘，来丰富这一教学资源，做到在实践教学资源开发上的师生互动。除此之外，如何有效利用一些存量的公共资源，也是教师创新实践教学需要考虑的。

（三）建立完善的实践教学管理制度

第一，明确小学思政课实践教学的目标、内容和要求。首先，小学思政课的实践教学活动必须坚持中国特色社会主义思想为引导，确保实践教学活动能够补充课堂教学；其次，保证实践教学的内容一方面能够与教学大纲的要求相匹配，做到有的放矢，另一方面，保证实践教学的内容与小学生的日常生活实际相符合；最后，建立实践教学计划“审查—批准”制度，确保教师制订的实践教学计划必须符合教育主管部门的要求和学校的组织能力。

第二，以学校为单位建立可行的实践教学活动计划库。教育主管部门和学校通过考察和评议等多种方式，建立一批可供思政课教师选择的实践教学活动场地、物资和人员，形成实践教学资源库，教师可以通过实际的教学需求和教学进度安排从资源库中选取一定的资源来开展实践教学活动。资源库的建立可以通过多校联合的方式，实现资源的最大化利用，节省实践教学的成本。

第三，不断优化学校和教师实践教学管理能力。学校和教师在着力于课堂教学能力的同时，也要不断提升实践教学管理能力。特别是思政课教师，处在为党和国家塑造人才的第一线，不仅要能完成课堂教学任务，也需要具备与实践教学相匹配的教学管理能力，活用各方面的资源，形成有效的管理体系，让学校资源、社会资源和家庭资源都能够为思政课的实践教学提供助力。

参考文献：

[1]汪海澜.初探小学思政课教学中的“八要”“三忌”[J]. 大陆桥视野,2020(08).
[2]钟亚.回顾贵州小学思政课创新发展这一年[J]. 贵州教育,2020(16).
[3]习近平.思政课是落实立德树人根本任务的关键课程[J].当代广西,2020(17).

疫情防控期间小学道德与法治学科加强爱国主义教育探析

闫 艳
天津市河东区大桥道小学

一、疫情防控期间小学生需加强爱国主义教育

1. 新冠肺炎疫情对小学生的挑战

疫情对于思想状态还不稳定、心理承受能力较低的小学生而言是一次巨大的挑战。突如其来的疫情打破了小学生原本单纯快乐的生活，他们无法走出家门，无法步入校园，无法与朋友玩耍，他们了解外界的唯一方式就是网络、电视等媒介，所有的变化让他们无所适从，甚至产生恐慌心理。这种情况下，他们甚至无法体会疫情的真正含义，何谈爱国主义行为呢？

2. 小学生爱国意识的淡薄

小学生的身心和思想观念正处于吸收学习期，各方面发育发展还不稳定，爱国意识淡薄。在“停课不停学”的教学实际中，小学生对于疫情导致学生复学复课延期问题的态度令人担忧，有的学生抱持着事不关己高高挂起的态度，把自己当成局外人；也有的学生幸灾乐祸，可以逃避老师说教、上课写作业。面对疫情防控期间涌现出来的种种爱国感人事迹，有的学生冷漠相待，认为这是“英雄们”应该做的，是他们分内的事；有的学生认为自己还小，无法为祖国为人民做贡献，只要自己老老实实在家就可以了。

3. 爱国主义教育的学科渗透性不足

道德与法治学科是小学爱国主义教育的主阵地，其他文科类的学科也在不同程度上包含了爱国主义的教育思想。但是，爱国主义教育在其他课程的教学过程中存在缺乏教育系统化、渗透性不足等问题。疫情防控期间，小学生主要开展了语文、数学、英语等主要学科的网络教学活动，本身存在教师网络授课不娴熟、网络教学平台不稳定以及学生网络学习不积极的弱点和缺陷，而且疫情下的小学生容易产生种种思想和心理问题，这就需要充分发挥道德与法治学科的育人功能。通过每日定期上好道德与法治课程，和不定期以课程方式向学生传达国家文件精神，观看爱国主义教育影片以及制作爱国主题手抄报等，能够极大增强爱国主义教育，弘扬爱国主义精神。

二、道德与法治学科是爱国主义教育的主阵地

青少年的教育发展关系着祖国的未来、民族的希望，需将爱国主义精神贯穿于学校教育教学全过程。疫情防控是一堂生动的爱国主义教育实践课，小学道德与法治学科则是爱国主义教育的主阵地。首先，道德与法治学科是为小学生思想品德健康发展打牢基

础的一门综合性课程，能够与社会现实紧密结合，向学生传播正确价值取向，帮助学生树立正确的三观。其次，小学生的思想健康发展需要系统化、长期性、多方面进行教育，道德与法治学科的教学从小学一至六年级直至初中、高中、大学等学段，而且一以贯之加强爱国主义教育，传播主流价值观。最后，道德与法治学科与疫情防控联系最紧密。其间，医护人员们舍小家为大家毅然决然写下“承诺书”，奔赴疫情防控第一线，一帧帧动人画面汇聚成道德与法治学科的育人素材，向学生们传递爱国精神，传播爱国思想。

三、疫情防控期间道德与法治学科加强爱国主义教育的有效途径

1. 深度探究教育资源，从事迹中汲取爱国精神

道德与法治课包含了非常丰富的内容，具有高度教育意义，道德文化、国家法律法规、爱国主义等教育无不渗透在道德与法治的教学过程中。因此教师必须善于利用与挖掘疫情防控期间涌现出来的爱国事迹，深度剖析背后的故事、动人的时刻以及他们所体现出来的民族精神与爱国主义精神。在钟南山院士的影响下，全国各地的医护人员不畏生死、冲锋陷阵，化身“无名战士”竭力挽救陷于水深火热中的无数人民。社区工作者们守卫在社区入口，奔走于大街小巷，为出入居民测量体温，宣传疫情防控知识等等。教学从具体事件入手，以理服人、以事动人，以情感人，深刻剖析他们无私奉献、英勇无畏、舍生忘死的爱国主义精神，让学生们充分理解感悟民族主义和爱国主义。

2. 不断创新教育形式，从作品中树立爱国思想

爱国主义是中华民族的民族心和民族魂，青少年是社会主义的建设者和接班人，要紧紧抓住他们这一阶段的“拔节孕穗期”，要充分利用道德与法治学科的课堂教学，着力宣扬爱国英雄事迹、爱国历史发展以及爱国主义文件精神等内容，引导学生把爱国情、强国志、报国行与疫情防控相结合，自觉遵守国家疫情防控政策、完成“停课不停学”的学习任务等。[1]疫情防控期间学生们居家生活和学习，创新爱国主义教育形式迫在眉睫，将体现爱国主义教育要求的美术、音乐以及舞蹈等作品以微课、微视频、微活动等形式为载体，以“武汉加油，众志成城”为主题，以“最美的逆行”沙画、“致敬！一线战疫英雄”音乐以及全国各地医护人员驰援武汉的视频等作品为教学内容，极大地丰富和优化了课程资源，增强了道德与法治学科爱国主义教育的吸引力感染力。

3. 积极参加实践活动，从行动中根植爱国情怀

爱国主义教育通常依据素材教学、名人事迹以及影视欣赏等具体的感性材料进行，以此来激发小学生的爱国主义情感和观念，但缺乏稳定性，必须通过突出具体的爱国主义行为的社会意义来深刻理解爱国主义的本质特征，将理性的爱国主义认知上升为稳定的爱国主义观念。[2]为严格落实疫情防控期间“停课不停学”文件要求，学校组织了“共克时艰 风雨同行 多彩居家 抗击疫情”系列活动、“聆听抗‘疫’故事 争做时代新人”“缅怀革命先烈 继承革命遗志”等爱国主义活动，学生们严格遵守疫情防控政策，积极参加居家劳动学技能、居家锻炼强体魄、居家观影促成长、居家研习展才艺、居家学习守常规等系列实践活动。系列活动的开展极大地激发了学生们的爱国热情，增强了他们奋发向上、立志报国的信念和决心。

爱国主义教育是疫情防控期间的主旋律，道德与法治学科是爱国主义教育的主阵地，小学生是青少年爱国主义教育的关键阶段，疫情防控期间需要充分运用道德与法治学科加强小学生的爱国主义教育。正如习近平同志所说："要把青少年作为爱国主义教育的重中之重，将爱国主义精神贯穿于学校教育全过程，推动爱国主义教育进课堂、进教材、进头脑。"[3]充分利用道德与法治学科培养爱国之情、砥砺强国之志、实践报国之行。

参考文献：

[1]新时代爱国主义教育实施纲要[M]. 北京：人民出版社，2019：9-10，2-3，18,8.

[2]梅玉洁.农村中小学爱国主义教育现状及对策研究[D].南昌航空大学,2012.

[3]吴啸浪.新时代爱国主义教育实施纲要.[DB/OL].[2019-11-12].http://www.gov.cn/zhengce/2019-11/12/content_5451352.htm.

新时期小学家访实践的功用、现状及对策研究

董晨
天津市河东区实验小学

一、家访实践对小学生的功用

（一）什么是家访实践

由王焕勋主编的《实用教育大词典》与张念宏主编《教育百科辞典》中对“家访”也做了阐释，两部词典都认为家访就是为了教育好学生，教师到学生家庭与其家长取得联系的活动，包括常规家访和重点家访。何彬将“家访”定义为：学校（包括教师、校领导）为了更好地了解学生，提高学生的学业水平，促进学生的发展，到学生家中与家长取得联系，面对面地交流、沟通的活动。综合各种文献资料，笔者认为学生教育中的“家访”指的是任课教师们在不特定的时间内因工作需要到学生家中，与家长进行沟通与交流，以便更好地了解学生、了解家长，增强家校合作的一种实践活动，更是家校合作得以顺利进行的中间桥梁。

（二）家访实践对小学生的意义

苏霍姆林斯基说过：“教育的效果取决于学校和家庭教育影响的一致性。如果没有这种一致性，那么学校的教学和教育过程就像纸做的房子一样倒塌下来。”众所周知，家庭是孩子的第一所学校，对孩子们的影响巨大，而我们的学校教育要想取得成效，必须与家庭教育形成合力，以免走入“5+2=0”的误区。正处于小学阶段的儿童，还处在学习阶段，自制力也不强，因而，有效的家访实践显得尤为重要。首先，对小学生而言，可以增加与教师的交流，增进双方的感情，同时，可以依据教师家访过程中的谈话，更了解自身的优缺点，明确今后努力的方向。其次，对家长而言，可以在家访的过程中了解孩子在学校的表现情况，同时可以增强对教师工作的理解，进而更好地配合教师开展学校工作；对教师而言，既可以在家访的过程中了解学生在家的表现状况，也可以了解不同学生的家庭教育方式，针对不同的学生因材施教，采取不同的教育方式。

二、新时期小学家访的现状

（一）家访实践主体单一

在分析该问题前，我认为我们应该明确“家访”的主体，笔者在搜集资料时看到许多的学者认为“家访”是班主任一个人的工作，但我们回顾“家访”实践的含义，主体应该面向整个教师群体，而不是班主任这个单独的群体。针对学生情况与家长进行全面的沟通，更好地了解学生的思想动态，深入了解学生的在家学习与生活情况，以便更好地开展个别教育，是我们每一位教育工作者都应该进行的工作，不应该是班主任的“专

职”。

（二）家访实践内容单调

学者闫晓毓在调查中发现，“大部分教师交流的主要内容是学习，教师往往忽略了家庭教育习惯养成对学生学习、生活成长的重要性。”学者于秋敏也进行了相关访谈，发现大部分教师进行家访时，交流的话题“一般局限于学习情况这一方面”。我们不难发现，教师进行家访时只把关注点放在学生的学习上，只针对学生的学习情况与家长进行沟通与交流，并没对学生整体日常表现或家庭表现等生活情况与家长进行沟通，没有认识到家访实践的真实效能。

（三）家访实践效果不佳

在学者于秋敏的调查数据中，我们可以看到教师对家访达到的预期效果进行了反馈，只有 20.8%的教师认为家访实践完全能达到预期效果，可见，在调查中大部分的教师认为家访实践并没有达到预期的效果。同时，通过征集家长们的意见，发现仅有 27.2%的家长认为孩子的表现在家访实践前后有所不同，更多的家长认为孩子们没有明显变化。而在家长对学校家访实践效果的评价中，仅有 25%的家长对于家访实践的效果表示很满意，大部分的家长认为家访实践的效果一般或者并不使人满意。也就是说，无论在教师眼中还是家长的眼中，家访实践效果并不明显。

（四）家访实践时间、地域以及经费限制

随着教育事业的不断发展，人们生活水平的不断提高，社会对于教师的要求也越来越高了。教师的工作压力也与日俱增，除了承担日常的备课、上课、课外作业的布置、课外辅导以及批改作业等，还需要利用课余时间不断进行学习，提升自身的教学教育能力与业务水平。当然，还要平衡好“两座大山”，协调好家庭与工作的时间安排。因而，基本上家访实践都会集中在节假日，这就导致了教师无法在家访实践上投入充足的经历，普遍采用较为单一的沟通方式，导致家访知识“走形式”。除此之外，虽然我国小学实行划片入学的规定，但是现实生活中学生的住所仍比较分散，对于远距离的学生进行家访活动的交通费用也会增加，这就对于教师的家访实践活动造成很大的难度。

三、新时期小学家访实践的对策研究

（一）家访实践前

第一，备时间。从两方面进行准备，一方面，选择家访实践的最佳时机，这是关系到我们家访实践有无效果的最基本的问题。尤其是学生遇到一些突发事件发生时，例如学生生病、受伤或者家中遇到了困难，这时候教师的家访实践活动，及时的关爱与温暖的陪伴，可能会达到言语达不到的效果，拉近教师与学生、家长的距离，教育的目的与效果也会在不知不觉中达成。当然，家访实践活动的时间也需要与家长提前联系，确定家访实践的时间，切忌不期而至。另一方面，在家访实践中还要合理安排谈话的时间，不能无限度地展开无教育目的的闲聊，浪费双方的时间，控制好家访总时长，以免引发

家长的不满情绪。

第二，备内容。在家访实践活动前，要对学生做系统的了解，可以通过其任课教师以及同学多角度地了解学生学习以及在校日常表现等方面，同时注意充分了解有关学生家庭情况以及父母的认知水平，及时获得相关资料，在家访实践的过程中才能更有针对性地和家长进行沟通与交流，“与家长在教育孩子的问题上求同存异、达成共识，把握教育主动权”。此外，还要制定家访实践的目标，确定好家访实践的内容，大致可以分三方面进行。其一，更全面地了解学生，例如学生的兴趣、爱好、对学校教育的感受，以及对老师的态度。其二，更全面地了解家长的态度，包括家长对学校教育与制度的态度、家庭教育的方式，尤其是奖惩措施，还有对于父母与教师角色的认知等方面。其三，更全面地了解学生家庭，例如家庭生活方式，各个家庭成员的角色以及关系等方面。

第三，备计划。由于班级人数比较多，家庭住所比较分散，教师需要对学生不同时期各个方面进行了解，所以就需要教师制订相关的计划，做好安排。可采用定期家访与不定期家访相结合的方式进行。按照学期来划分，定期家访可分为学期前、学期中以及学期末三种形式，在学期前我们主要了解学生假期中的习惯养成，以及对整个学期的计划与安排，以便我们有的放矢地进行指导与教育；学期中的家访实践，教师可以针对某一具体问题，在恰当的时机进行有效的家访；学期末的家访实践则针对学生整个学期的表现以及计划的执行做出总结和评价，指出优点与不足，让学生明确下学期努力的方向。

（二）家访实践中

第一，树形象。要想在家访实践中取得良好的效果，教师必须取得家长的信任，这就需要教师在家访实践中体现自己过硬的专业素养，树立自己的良好形象。首先是穿衣打扮上，时刻谨记自己的教师身份，穿着整洁、文雅、端庄、大方、朴素，稍微正式一些，给家长留下良好印象。其次，家访实践活动中要委婉拒绝家长过分热情的招待，不用或者少用家长提供的水或者食物，更不应该接受家长赠送的礼物或者其他东西。其次，在家访实践中要注意自己的言行举止，充分展现教师的核心素养。针对自己在家访实践前搜集到的一手资料，运用适当的语言、专业性的知识对学生现阶段成长过程中的长处与不足同家长进行沟通，依托自身专业知识与经验给出建议。

第二，用方法。教师在家访实践中方法用得好，可以让教师与家长沟通更加顺畅、更加有效。首先，从学生切入整个访谈实践，要发挥学生的主体作用，学生是家访实践的主角之一，所以，在教师与家长打完招呼后，应该尽快找到学生，通过表扬或者其他方式拉近与学生的距离，也会让家长感受到教师对于学生的关爱，为之后进行的家访实践打下良好的基础。其次，对学生的评价上也要以表扬为主，如果教师以批评学生开场，家长的心情肯定受到很大的影响，接下来的谈话可能达不到预期的效果。所以在家访实践中，要先表扬学生学习与生活中的表现、肯定家长的教育工作，在得到家长的理解与配合下，再委婉地提出学生在发展过程中出现的问题，双方共同商讨解决方案，这种方式往往更容易为家长所接受。最后，语言要有艺术性，态度要诚恳，语气要委婉，力求做到客观、公正，和家长进行真诚的沟通与交流。

（三）家访实践后

第一，勤沟通。家访实践工作并没有随着家访实践的结束而结束，在家访实践活动后，一方面，教师要把每次家访实践活动做好记录，包括家访实践的时间、原因、内容、感受及问题记录下来，如果是家长在家访过程中提出的建议，教师要及时和学校及相关教师反馈，及时落实，并与家长建立长久的联系，自觉接受家长的监督。另一方面，对于家访实践后学生的表现情况也要进一步追踪，在校细心观察学生的日常表现，定期与学生谈心，及时了解学生的思想动态，同时，与家长勤加沟通，及时了解家长的反馈，让我们的家访实践活动发挥出最大的功效。

第二，勤反思。家访实践的后续工作是当前的薄弱环节之一，因此，作为教师我们要时常反思，对于每一次的家访做好记录。对于我们在家访实践过程中的表现以及家访实践中出现的问题，也要进一步提出解决方案，通过查阅相关资料或者向有经验的老师们请教，具体问题具体分析，揪出原因，制定相关的对策方案，并且事后要跟进问题的处理。做到每一次家访都记录在案，及时总结整理。

参考文献：

[1]王伶俐.家访工作的现状调查与对策研究——以上海市松江区 T 校为例[D].华东师范大学,2009.

[2]何彬.小学电子家访的应用现状调查研究——以兰州小学为例[D].西北师范大学,2012.

[3]苏霍姆林斯基.给教师的建议[M].杜殿坤,译.北京:教育科学出版社,1981.

[4]于秋敏.高中教师家访实效性问题及其对策研究——以X高中为例[D].鲁东大学.

[5]闫晓毓.内蒙古乌海市小学家访现状及问题对策[D].内蒙古师范大学,2017.

思政教育融入校园戏剧实践教学创新研究

张 赢
河东区香山道小学

教育部于2017年12月发布了《高校思想政治工作质量提升工程实施纲要》，明确将近年探索和提出的“课程思政”推向全国，对新时期教育课程建设提出了全新的思路和要求。开展课程思政建设，使不同知识门类的专业课成为学生思想政治教育的新平台、新抓手，要求不同专业课教师在各自专业教学领域，挖掘课程的思政教育元素，找准思政教育切入点，将思政元素融入课堂中，在教学的全过程中实现“立德树人”的目标。

戏剧作为一项融文学、音乐、美术、表演等于一体的综合艺术，这种贴近生活艺术形式，可以很好地实现少年儿童的道德教育、政治教育与人格的完善，是创新探索的思政课实践教学方式。我校春熙戏剧社自成立以来编排了许多贴近学生校园生活的原创戏剧作品，努力将思政教育融入校园戏剧实践教学，在戏剧社团实践教学中不断渗透思政教育：

一、确立剧本主题，把控思政教育方向

剧本是戏剧的根基，为整部戏剧奠定了情感基调，是戏剧的核心。在每次创作剧本之前，我都会花大量的时间进行准备。积极观察学生生活，关注时政，思考学生成长、心理健康教育等各种话题，这样源于生活的剧，往往具有良好的效果。无论确定了哪种类型的主题，我都始终将政治立场放在首位，确保作品内容的正确性，保证绝不出现任何政治性错误，积极弘扬社会主义思想道德。在创作剧本时，我会对老师和学生进行调研采访，搜集素材，力求确立贴近学生生活，同时也是大家最感兴趣的主题，并且这个主题能够引发学生思考、讨论，这样才能达到“立德树人”的教育目的。

我编写的剧本切实贴近学生生活，对孩子们进行了行之有效的思想政治引导，对他们的思想道德修养、行为品质的培养起到积极推动作用。剧本主题丰富：有弘扬“社会主义核心价值观”的《隐形的翅膀》；有鼓励学生团结协作、友善相处的《我是冠军、我们都是冠军》；有引导学生确立良好的自我，树立正确理想信念的《课间奇缘》；有激励学生持之以恒、不气馁的《勇往直前》；有心理健康教育主题的《白羊与黑羊》；有感受父母恩情、激发孩子孝心的《一夜长大》；有宣扬抗“疫”精神的《千百万次上亿次》……

看似微小的剧本主题，却能够有效把控思政教育方向，有意识地引导学生融入剧本，然后以戏剧的形式重温、再现，进而实现思政教育效果。

二、研读剧本内容，促进思政教育融合

作为剧本创作者，带领学生共同研读剧本，首先分析剧本的创作背景，在充分了解背景前提下，分析各人物性格特征、角色语言特点、人物之间的冲突所在等。这样深入研究，引导学生进一步体会剧本中的思想政治教育。戏剧艺术是一项集体性、综合性的艺术活动，所以必须首先统一思想，“心往一处想、劲儿往一处使”，才能发挥大家的集体智慧。

在研讨剧本的过程中，我们会聊到很多剧本之外的相关知识，对学生的眼界起到了很好的开拓作用。研读剧本时，同学们发散思维，畅所欲言，大家集思广益，会和我将剧本共同进行集体再创造。我们在社团实践教学中会围绕剧本思考、讨论很多问题：这个剧本什么地方可以突出主题、什么地方可以进行适当削弱、这个情节可以添加什么细节、角色性格如何凸显、速度节奏如何把控、怎样展开矛盾冲突……

细致分析完剧本之后，我们会再回头分析整个剧的起、承、转、合，为排练过程打下坚实的基础。研读剧本内容，可以给学生传授创造角色的方法，引导学生对剧本人物内外部特征有了感受和认识之后，我们才能够把这些感受转移到自己身上，并通过对角色的构思，再按照所构思的人物个性心理特征和相适应的外部造型特点分配角色。如此深入地研读剧本、研读角色，可以将剧本中的思政教育“润物无声”地融合在学生实践活动中，对学生进行“潜移默化”的思政教育。

三、实践教学过程，渗透思政教育因素

（一）综合联系法

综合联系法就是利用戏剧专业教学内容与思政教育之间的复合有机联系，形成一个具有关联关系的聚合体，让学生在学习戏剧专业内容的同时可以联系到聚合体中的思政内容。例如在排练戏剧《隐形的翅膀》过程中，需要学生表演集体舞蹈，这就需要大家通过肢体的刻苦训练，进而联系到意志力的培养和刻苦精神的磨炼。戏剧中也出现了慢放和定格的创新表现形式，这需要学生形成团结合作、尽职尽责的角色素养。而这部剧的主题是体现学生之间互助友善的，联系到现实生活，让学生有所感悟、有所启发，践行社会主义核心价值观。

（二）情境教学法

我在组织学生排练的过程中，经常将实践教学贯穿于情境当中，让大家想象自己就是剧中的人物，亲身经历了剧中的情节。为了引导学生入情入境，我们会在排练过程中进行相应的情境训练。这样的情境教学法，一方面有利于学生对戏剧实践课堂的理解，另一方面也有利于思政内容的渗透。在教学过程中，充分发挥和调动学生的主观能动性，放手让学生释放天性，予以鼓励，施加引导，从专业角度、从思政教育方向让学生深度理解和思考。

（三）延伸拓展法

有效的实践课堂教学不是说教，而是以学生喜闻乐见的形式为载体，引导他们积极参与，真情体验感受，在感悟中接受教育，在正能量的浸润中成长。学生排练过程中，在不断深入角色、刻画人物性格的同时，也对角色有了更深的理解。往往会出现一些新的想法，比如加一些动作细节、改变一些台词等，让人物更自然、鲜活。遇到这种情况，

我往往给予充分的肯定和大力支持。会和学生共同调整剧本，引导学生在实践过程中，通过扮演剧中人物，让学生“换位思考”，以更加深刻地理解人物的情感体验。我们也会共同商量，充分以学生为主体，鼓励学生发挥主观能动性，设计确定服装、道具、舞美、化妆等方面问题。

当然对于学生提出的所有调整、改动，我都会全程把关，不会听之任之。我需要确保二度创作人物的同时保留原有性格，完成既定角色的任务，保障整部戏的主旨不动摇，思政教育方向不改变。通过一些学生自己的思考而进行各方面内容调整，都会增强学生的专业能力，同时也会让学生更加明确地区分“真善美”与“假恶丑”，巧妙地将社会主义核心价值观融合于表演之中。学生参与到实际戏剧排演中，才能切实体会到思政教育带来的影响。对于其自身的理想信念和爱国主义教育，对于弘扬社会主义道德与法治都有积极的推动作用，在潜移默化中引导学生树立科学正确的人生观、世界观、价值观。

四、善借戏剧表演，提升思政教育实效

我们每学期都会为戏剧社学生创造表演的机会，元旦、六一全校联欢会，戏剧社会为全体同学奉上精彩的演出。我们也会积极参加各项活动，市级、区级文艺展演，戏剧节比赛等更是少不了他们的身影。上台表演既是对学生实践成果的检测，同时也极大程度地锻炼了学生的舞台经验，提升专业发展。舞台表演和在学校“关起门”来排练效果有很大的不同，学生的积极性、兴奋度都会十分高涨。在聚光灯和观众的目光下，小演员对于角色的融入、情节的展现、主题的把握、主旨的理解都会更加深刻。可以说每一次上台表演，他们都会更进一步地感知戏剧内容，戏剧的中心思想也会更加清晰、明确。思想政治教育融入戏剧表演的实践探索，突破了以往单纯的思政课教学的禁锢，形式更加灵活多样，内容更加丰富多彩。这种寓教于乐的方式，使学生作为主体更加愿意接受。每一次的表演对于学生来说都是一次深刻的思政教育课，他们会更加透彻地汲取思想政治教育，进而提升自身核心素养。

除了戏剧本身对学生思政教育的影响，每一次的表演都是一个复杂、艰辛的过程。我们需要提前做好化妆、着装、搬运道具、租赁车辆等一切准备，这些烦琐的前期准备，对学生也是很好的教育。我们在化妆、换装的过程中，小演员们都会友善互助，帮助别人进行妆发、服装的调整。在搬运道具的时候，大家都会帮忙，而不是“冷眼旁观”看着老师们搬运。在大巴车上，大家也会主动将前排座位让给晕车的同学，保持车辆卫生，不会大声喧哗，下车检查遗留物品等，都是学生养成的好习惯。在表演过程中，如果哪位小演员出现了失误，下台后大家绝不会互相指责、埋怨，而是主动安慰，反思原因，避免再次发生。这些表演前、表演时、表演后的思政教育对学生来说同样重要，他们既是台上的演员，也是生活中的自己。他们可以感受到来自伙伴的关爱、帮助、友善、鼓励……同时也可以共同体会团结的力量、奋斗的快乐、荣誉的喜悦……在台上可以感受剧中的思政教育，在台下可以体会到切实思政教育，双管齐下，这样的思政教育才是真正的思政教育。戏剧实践教学从不同方面、不同角度对学生进行思政教育，进一步提升了思政教育的时效性，将理论的思政教育落到实处，体现细节。从研究角度，思政教育融入校园戏剧的实践教学是一种思路创新、教学创新的尝试，既是思想政治教育和素质

教育领域的创新，也是专业教学培养学生综合能力的突破，是一项大胆有益的尝试。

参考文献：

[1]赵鸣歧.高校专业类课程推进“课程思政”建设的基本原则、任务与标准[J].思想政治课研究，2018(5).

[2]谱写立德铸魂的奋进篇章：全国高校思想政治工作会议以来学校思想政治理论课建设综述[N].人民日报，2019-03-18.

[3]曹继军，颜维琦.从思政课程到课程思政：上海高校全员参与共绘育人“同心圆”[N].光明日报，2018-01-03.

[4]蓝波涛，陈淑丽.情景剧在思想政治理论课实践教学中的运用[J].思想理论教育导刊,2016(12).

“互联网+”小学思政课实践教学模式探索

任桂嫒
天津市河东区前程小学

随着信息技术的不断发展，信息技术开始和各行各业进行整合，不同的整合促进了各行各业新的转变。信息技术与课程整合已经实施多年，这是课程发展的必然方向和时代要求，它促进了学生学习方式的转变。[1]“互联网+”时代的到来，丰富了人们对于各方面的认知，教师也逐步接受“互联网＋”教育的模式。

一、小学思政课教学现状以及问题

（一）学生重视主科课程轻视思政课程

小学阶段考试科目的设置决定了主科课程的重要地位，家长关注学生的主科课程成绩，进而影响学生也更加重视主科课程的学习，忽视了其他课程。很多学生和家长认为思政课没有考试，不关系到升学成绩，就认为思政课程不重要，进而造成学生思想政治知识学习的严重缺失和漏洞。

（二）思政课教学内容少

目前来说，小学思政课的教学内容仅仅局限于教材。教学过程中，教师仅仅依托于教材，单调地传授教材上的知识，没有进行知识面的拓展和延伸。进而学生对于知识的掌握仅仅停留于书本，不能更好地提高思想政治水平。

（三）思政课教学形式单一

同时，小学思政课的教学形式过于单一，受传统教学模式的束缚，小学思政课只是进行单一的讲授，忽视了学生在课堂中的主体地位，没有调动学生在课堂中的主观能动性，剥夺了学生独立思考的机会。同时课堂教学时间有限，不能很好地满足不同学生的需求，也不能做到因材施教，从而压抑了学生的个性化发展。

（四）教师很难把握思政课的作业设计

小学阶段，为响应教育部对于落实减负的要求，家庭作业量减少，而且基本上都是主科课程才会布置一些家庭作业。基于此，思政课教师很少会去布置家庭作业，而且思政课家庭作业的内容以及形式是思政教师很难把握的。

（五）教师重理论教学轻实践运用

现如今小学思政课的课堂中大部分仍是使用传统的讲授模式，教师在讲授过程中仅仅关注书本上的理论知识教学，一味地输入大量的思想政治知识，然而忽略了学生的输出，也就是知识的学习之后是否能够很好地运用、实践。加之现在“四史”教育也加入了思政课程中，一味地灌输、讲授对于小学生来说理解起来困难，很难量化为行动，更难提到最后的实践运用高度。

二、“互联网+”小学思政课实践教学意义

由于目前小学思政课程暴露出了一些问题亟待解决，笔者认为，可以尝试使用“互联网＋”小学思政课的教学模式。“互联网＋”是新的经济形态，是利用互联 网思维、技术对传统行业进行改造、创新和发展。“互联网+”中的“+”是 跨界、变革、开放、重塑融合的意思。[2]我们可以将信息技术与小学思政课教学进行深度融合，以此来创新小学思政课实践教学模式。

（一）“互联网+”小学思政课有利于激发学生对于思政课学习的兴趣

要使思政课真正入耳、入脑、入心，必须改革传统教学，主动占据互联网空间，充分利用其优势，探索“互联网＋教学”的新型组成方式，让思政课变得有趣且有用。[3]因此，“互联网+”小学思政课的创新教学模式能够很大程度上激发学生的学习兴趣，调动学生的学习主动性。兴趣是最好的老师，只有学生对于思政课产生兴趣，才能达到良好的教学效果。

（二）“互联网+”小学思政课有利于教师创新思政课教学模式

“互联网+”小学思政课教学模式可以打破传统教学模式，建立不同的创新性教学模式，依托互联网，教师可以尝试丰富多样的教学模式以达到高效的课堂教学效果。在线开放课程融入思政课要采取在线学习与课堂教学相结合的方式，是在传统思政课课堂教学的基础上融合了网络信息交互模式，呈现出立体融合式教学样态。[4]

（三）“互联网+”小学思政课有利于家长对于思政课的深入理解

传统的思政课教学中，家长对于课程的理解不深入，导致不知如何更好地辅导孩子在家中学习。而且由于课程设置以及考试政策的原因，小学阶段很多家长没有足够重视思政课，从而不能端正学生对于思政课学习的态度。“互联网+”小学思政课能做到课堂教学的延伸，让家长可以通过网络平台深入了解、理解思政课的相关知识，从而重视孩子的思政课程的学习，进而借助家校配合的方式帮助学生从小打下良好的思想政治学习基础。

（四）“互联网+”小学思政课有利于教学资源共享

借助互联网平台，思政课教学不仅局限于某一位思政课教师的教学资源，而是全校的思政课教师甚至是全国思政课教师都能做到资源的共享。教师可以通过互联网平台相互学习借鉴，不断优化自己的课堂教学。同时，很多青年教师能够通过网络平台学习并尽快提升自己的教学水平。通过信息技术与小学思政课的深度融合也提高了思政课的线

上教研机会，大家可以讨论学习，共同打造小学思政课高效课堂。

三、“互联网+”小学思政课实践教学创新模式探索

（一）利用互联网平台激发小学生学习思政课的兴趣

小学思政课网络平台能够选取多种形式，利用现代生活的互联网技术拉近与学生的距离，使平时经常被忽略的思政课变得好玩有趣，激发学生学习的热情，互联网技术可以让学生自己参与其中，有很强的体验感和参与感。

（二）利用互联网平台丰富小学思政课教学内容

小学思政课网络平台能够丰富思政课的教学内容，让教师课堂教学不仅仅局限于书本中的知识，在资源共享的情况下，教师能够查找一些适合学生学习的拓展性知识。网络平台可以将不同年龄不同年级适合学习的思政课知识进行分类整理，利于教师更好地查找，教师也可以自己上传一些思政知识进行网络资源共享，从而不断丰富小学思政课网络平台中的教学内容。

（三）利用互联网平台丰富小学思政课教学的形式

1. 利用视频、微课等进行思想政治教育

通过网络平台，我们可以丰富思想政治教育的形式。首先，我们可以通过提供视频、教师们提前录制的微课以及校园小采访等丰富网络平台，从而调动学生的多种感官全面了解思政课，使思政课的知识在他们心中更立体。

2. 设置不同的网络活动增强思政课的效果

传统的思政课堂中，学校以及教师会组织一些线下活动，如主题升旗仪式、手抄报等。通过新媒体网络平台我们可以设置多种形式的新颖有趣的活动。比如进行榜样教育可以设置榜样标签活动，在网络平台上提供一些不同的闪光点标签，例如有爱心、认真、坚强等，学生之间、教师和学生之间甚至是家长都可以互相点击标签进行评价，也可以选取自己心中榜样形象应该具备什么样的标签，从而让学生们发现自己的优点，学会发现他人身上的闪光点，同时也可以思考目前的不足加以改正。类似的活动还可以有很多，如点赞活动、抖音小视频拍摄活动等都可以帮助学生们调动思政学习的积极性，更好地学习思想政治课知识。

学校在组织活动的时候可以针对不同年龄、不同性别、不同个性需求、不同成长阶段的学生，创造各种喜闻乐见的线上教育方式，尝试利用小学思政课网络平台开辟“国旗在我心中”“学‘四史’ 争做新时代好少年”等德育专栏或思政学习论坛。

3. 设置网络小游戏渗透思想政治教育

当然，我们也可以设置一些网络小游戏渗透思政教育，可以将不同的人物形象作为游戏主角，设置帮助他人、持之以恒、攻克难题等关卡，这样可以让学生在游戏中学习思政课，并付诸行动，调动学生学习积极性的同时也可以更好地渗透思政教育。苏霍姆林斯基说：“任何一种教育现象，孩子在其中越少感觉到教育者的意图，它的教育效果越大。”[5] 由此可见，潜移默化的教育对于孩子的影响是巨大的，设置一些小游戏让学

生们更有兴趣参与，逐步渗透思政教育。

4. 让学生成为网络班级平台的小主人

在学科教学中，我们经常会调动学生学习的主动性，在思政课中我们也可以这样做。我们可以调动学生管理网络平台，自主发起活动，让他们自己设置构思他们的思政课活动，这样一方面锻炼了学生自我教育的机会，发挥了他们的聪明才智，另一方面也能调动学生的积极性，推动思政教育更加完善。

（四）利用互联网平台丰富小学思政课的作业形式

作业是课堂教学的延伸，作业布置的内容以及学生的完成效果都影响着课堂教学的效果。通过小学思政课网络平台，教师可以布置形式多样的家庭作业，如在家中做家务，在社区中帮助他人，学生可以在平台上拍照上传打卡，也可以让学生学习平台上的学习资源发表一些学习体会，或者也可以让学生借助网络平台进行思想政治知识大比拼，在家中录制思想政治知识小课堂视频等，互联网平台的出现让作业的形式不仅仅局限于书面纸质作业，而是提供了更多可能性，真正做到将枯燥乏味的思想政治知识变得好玩有趣，同时也能够将输入的理论输出为最后的实践行动。

（五）利用网络平台使小学思政课教育走出校园走近生活

1. 利用课余时间进行思想政治教育

传统思政课教育局限于校园，局限于课堂，但是借助新媒体网络平台我们可以随时随地开展思想政治教育。真正达到让思想政治教育走出校园走近学生的生活，小学生可以利用课余时间登录新媒体平台学习及参加活动，甚至可以玩平台中的思政小游戏。在丰富小学生课余生活的同时对学校的思想政治教育进一步延伸。

2. 网络平台指导家长进行家庭教育

设置新媒体平台进行思政教育，不仅仅可以让小学生登录学习，也可以让家长参与其中，网络平台的受众广泛，家长也可以通过登录平台，了解不同的信息，从而明确如何进行家庭教育。现如今很多家长对于孩子们的思想教育不知如何下手，学校可以在新媒体平台上给家长提供一些家庭教育的技巧和方法，帮助家长进行家庭教育。这样家长就可以从平台中查找一些好的家庭教育方法，从而引导孩子们更好地学习。

参考文献：

[1]宋蓉蓉．“互联网+”背景下的小学数学作业优化策略[J]．教育科学论坛，2016(5):35-37.

[2][3]张阿兰．“互联网＋”时代背景下高校思政课教学改革路径[J]．高教论坛,2016(10):68-70.

[4]封莎，王平．基于在线开放课程的思政课教学改革路向研究[J]．思想政治教育研究，2016(2):69-72.

[5]苏霍姆林斯基．给教师的建议[M]．杜殿坤,译．北京:教育科学出版社,1981.

核心素养下初中道德与法治教学策略探析

邵明雪
天津市东丽区英华学校

初中是每位学生成长的重要阶段，而教师在其中占据着重要的地位。作为教师，不仅要处理好学生学习及生活中的困难，更应该做好育人工作。道德与法治作为精神文化的重要组成部分，不仅仅是教育教学知识的一部分，而且也是民族可持续发展，不断提升民族素质的重要途径，因此，将道德与法治的培育融入初中生发展和管理中，合乎时代发展的理念。

一、核心素养概论

（一）核心素养的内涵

“核心素养”这一词语最早是西方国家的“舶来品”，指的是所有素养中的“高级素养”，是各种素养中的“优先选项”。简单来说，核心素养其实是学生为了个人成长和社会发展必须具备的品质和能力。道德与法治课程的核心素养不仅包含对知识的理解，还包含情感态度价值观等方面素养的培养，以及对学生的个人修养、家国情怀、社会道德的要求。

（二）核心素养下初中道德与法治教学的价值

1. 有利于有效提升学生道德与法治水平

狭义的道德与法治指的是将道德和法治相结合的思想教育。广义的道德与法治即教师按照社会、学生的具体学习要求，对受教育者开展有层次、有目标的，在政治、品德、法律、心理素质等方面的影响活动。我国学校道德与法治的范围较为广泛，主要有爱国教育、三观教育、公德教育、法治教育等。初中生处于身心发展阶段，特别是未成年的初中生,其自觉的理性仍处于逐渐塑形的过程，他们需要正确的引导。任何一个不够自律，易受到诱惑的学生在这个阶段随时都有发生越轨行为的可能，他们的自律需要家长和老师的引导教育、塑造帮助，而在日常的集体教学中践行道德与法治课程，能够形成良性的舆论压力和集体影响，用一双隐形的手来约束和规范初中生的不当行为，有利于初中生树立正确的“三观”，促进其未来成长。

2. 有利于培育学生良好的个性

核心素养的目标是要求以学生自身发展为中心，使学生处于主导地位，并发挥学生学习的自觉性和主动性，改变教师被动要求学生的局面，让每一个学生都能积极参与到日常的教学活动中来，使每位学生在学习的过程中完成“自我实现”的目标。让每一个学生都能形成自我理解、自我更新的态度和控制行为的能力。

核心素养将学生的学习作为教育实践的关键抓手，在各种教学过程中不断激发学生的兴趣和潜能，促使学生形成主动学习的良好习惯。学习前学生对知识有着强烈的好奇心和求知欲，如果教师能够因材施教，找准学生的兴趣点，就可以让学生有主动去学习的欲望。而以人为本的学习观是注重学生自由、充分地自我学习的一种学习方式；同时，教师也应该注意到，初中阶段的学生自控能力尚有限，因此，教师应注意及时对学生的行为及学习做好引导。

二、初中道德与法治教学策略探析

（一）融合游戏挖掘渗透道德与法治思想作用

游戏性的学习以趣味性、参与性得到初中生的广泛喜爱。开展具有教育意义的活动，鼓励绝大部分学生参与到游戏中，如角色扮演、知识接力游戏等，这些游戏一方面能提高学生的实践能力，还可以培养学生的集体合作能力。在实际教学工作中，教师应尽可能使学生全面掌握该学科的学科知识，进而更加深刻地体会课堂游戏对学习知识起到的作用。并在以后的实际生活、学习中应用所学知识，对遇到的具体问题加以更好地解决。

例如，教师要求学生将《积极奉献社会》这一课主题改编为剧本，并公开演出。因这一主题常常在学生的生活实际中发生。所以在设计剧本时，教师可提出让学生创设不同的情境，例如一个不乐于奉献社会的角色和一个乐于奉献社会角色，或设计支线情节。教师将学生分成几个团队，要求团队分别进行表演，力求大多数初中生都能扮演角色。为了让表演获得成功，学生们必须发挥自己的想象力，设计超越传统思维的剧本，并和搭档积极配合。在这样角色扮演中活跃了初中生的思维并且激发学生的集体意识和合作意识。

（二）利用多媒体创新道德与法治教学活动

由于经济水平的提升，大部分家庭中都具有电子设备，初中生也对于电子产品充满好奇和渴望。新时代的教学者也应受信息时代的影响，利用多媒体设备，在课上吸引中学生的兴趣，寓教于乐，使学习者能够用他们感兴趣的方式去学习，便于学习效果的传达。多媒体能充分调动学生的视觉、听觉，具有直观、形象的特点，具有较强的表现力。比如，在教授知识时，教学者可以利用多媒体效果将过程展现出来，在培育了中学生的想象能力和解决问题意识的同时，使孩子们设身处地地联想到课本背后的价值启迪和道德力量。若条件允许，教师可利用多媒体教学设备辅助课程活动，以提升课程的趣味性，提升初中生对事物的认知能力，提高道德与法治的效果。

如在《网络生活新空间》一课时，教师可在讲述教学内容后，通过笔记本、平板等上网工具让学生实践，让学生了解网络除了日常的搜索、游戏、购物等便利，还拥有查阅文献、辅助学习等功能，帮助学生更加科学、有效地利用网络工具。这样的教学方式是把文字、声音、影像融为一体，使中学生更容易理解课程内容，促进知识的学习。

（三）引入生活化场景，延伸教育、管理效益

无论是德育教育、班级管理或者是课本知识都与同学们的日常生活紧密结合在一起，德育教育和班级管理最终也需要延伸至学生的日常生活中。利用生活化的教学手法，有助于学生将知识的内容形象化、生动化，以帮助学生强化对知识点的理解和感悟。同时，能够更新并完善教师的教学方式、教学理念和教学体系，从而更加理解道德与法治的教材，为提高教学效率提供帮助。

在实际教学中，当教师进行教学时，可以先设定相应的教学情境来吸引学生参与学习，例如，可以结合当下的时事要闻，引出教材内容。同时，教师需要合理分配课堂时间来营造教学情境，鼓励学生多多思考，调动他们学习热情。使学生可以感受到道德与法治学习内容在日常生活中所起到的作用，提升学生学习的自信心。道德与法治教师应将教师原本刻板、主导的角色定位转化为积极的组织者和教学指引者角色，并将班级管理理念融入课程的日常教学中。

（四）融合综合实践课渗透道德与法治思想作用

初中实践活动课课程目标旨在帮助学生学会必要的实践活动课知识，构建起基本的生活动手能力和社会交际能力。为了使教学课程同初中阶段的学生的身心特征和认知能力相匹配、相协调，需要不断提高初中实践活动课教学的趣味性。引入道德与法治学科的教学思想方式以增强初中生学习实践活动课的积极性，对激发初中生的学习热忱有着很大的促进作用。通过合理引入教学情境，有助于在特定的环境内激发学生学习实践活动课的主观能动性，并且营造活跃的课堂氛围。

例如，在丰富的社会资源中，我们可以选取一些贴近学生生活的热点主题，比如《正视发展挑战》一课，引导学生去关注身边的环境，形成一种保护意识，并实践保护资源环境。在了解中国目前的环境问题之后，再让学生结合自己的实际经验，谈谈如何在校园及家里进行环境保护。学生通过实践了解到环境保护的重要性，这比以往一味地灌输效果好得多，每位学生都能积极参与到活动中去，培养了学生的合作能力及社会实践能力。

（五）加强教学者和家庭之间的互动和联系，改变落后教学观念

家庭教育与学校教育是初中道德与法治教育的“双翼”。家庭与学校在初中教育上一直保持互相协助的方式，为初中教育的诸方面提供了行之有效的实践思路，这些思路对初中生道德与法治教育深入开展也提供了参考。家长作为教育工程的参与者之一，同样承担着至关重要的责任。要想使德育教育深入人心，就必须加强教学者和家庭之间的互动和联系，改变家长落后的教学观念。因此，教学教师可以以布置课外作业的形式，或者以“我的公益活动”为题来布置实践作业或者是实践调查，倡导家长带领孩子来做公益类活动，比如图书管理员、敬老院探访，让学生和家长能在生活中获得更多的经验，在生活中感受教学，在教学活动中践行道德行为，服务社会。

此外，让教师融入活动本身是一种很好的方式。当教师成为活动的一部分，其“教师”的身份被淡化了，转而成为课堂中的一部分，走进了学生的生活。此时，学生面对教师就能更加轻松、自如、无负担，有利于学生更加真实、自然地表达自己的想法，教

师的教育方法和内容更易被学生们接纳，在这一教育教学过程中，教师对于学生的教育具有积极的影响。

参考文献：

[1]张笑芳.初中教学古代边塞诗道德与法治功能研究[D].内蒙古师范大学,2018.

[2]王瑜超.浅谈学校道德与法治教育[J]. 都市家教月刊，2017(3):162-162.

[3]张卫.初中班会教育应关注教育对象的特殊性[J]. 教学与管理，2016(26):16.

[4]吴春萱，周琼.主题班会和媒介参与——徽州农村初中生新媒介素养教育的实践探索[J].中国广播电视学刊，2017(09):19-21.

小学思政工作“铸魂育人”研究初探

刘蕊
天津市实验小学

一、挖掘思政内涵，树志向育心灵，为学生发展奠定基础

习近平总书记强调：思政课是落实立德树人根本任务的关键课程。思政课教师队伍责任重大。要给学生心灵埋下真善美的种子，引导学生扣好人生第一粒扣子。习近平总书记的话语声声入耳，为思政教师的工作点亮心灯。办好思想政治理论课，核心任务是要全面贯彻党的教育方针，解决好“培养什么人、怎样培养人、为谁培养人”这个根本问题。因此，我们不仅要深入钻研学科专业，不断增强自身专业素养；更要立足课堂铸魂育人，渗透新时代中国特色社会主义思想，引导学生增强中国特色社会主义道路自信、理论自信、制度自信、文化自信，厚植爱国主义情怀，把爱国情、强国志、报国行自觉融入坚持和发展中国特色社会主义事业、建设社会主义现代化强国、实现中华民族伟大复兴的奋斗之中。

中华民族拥有五千多年的文明史，给中华儿女留下了极其丰富和宝贵的精神财富。古人云：“自古英雄出少年”。为了将中华民族优秀文化和传统进行发扬，作者以“爱国爱家乡”为主线，根据学生年龄特点，在课堂里，讲述中国故事，传播中国文化，树立中国自信。这尤其需要细水长流的熏陶、耳濡目染的引导。在课堂外，作者通过少先队活动阵地开展仪式教育、主题阅读、绘画歌咏等丰富多彩的实践活动，取得了良好效果。实践表明，尊重少年儿童成长规律，挖掘学生兴趣特长之所在，教育才能有实效、见长效。要将传统文化和爱国主义教育贯穿于少年儿童的学习生活，在谆谆教诲、春风化雨上下功夫，在提高内容质量、教育实效上下功夫。借助信息媒介，根据教育内容选择教育形式，提高学生的积极性和关注度，特别是制作精良的思想政治理论纪录片和优秀人物事迹的电影教育片，有助于深化学生对思政教育的理解。

二、整合教育资源，借外力促合力，为学生发展提供保障

家庭环境直接影响学生的思政品德，家长提高对家庭教育的重视程度，并与思政教育结合到一起，能够进一步提高教育的可实施性，从而进一步帮助学生养成良好的思政意识，发挥出其中的教育意义，推动思政教育工作运行发展。

家庭教育是润物无声的，能够潜移默化地影响学生心理，进而在将思政教育与家庭教育相关联时，便能够提高思政教育的效率，帮助学生提高思政综合素养。为此，五一劳动节期间，作者带领家长和孩子共同开展了“向劳动者致敬”亲子职业体验沙龙活动，通过亲子职业体验，学生们了解和感受家长们的职业特点，体会到劳动最光荣，劳动者是最美的人。

我们知道，每一个学生都有自己的特点，如同世界上没有两片相同的树叶一样。因此，教育应该考量学生的个体差异。为了能让学生启发理想树立志向，作者曾组织学生赴海河教育园开展实践课堂的活动。让学生们从小接受职业技能的教育，规划自己的职业生涯，并在实践课堂活动中，进一步提升学生综合实践能力，为今后成为一名有理想有担当的职业人打下基础。结合教育契机，适当开展室外思政专题教育活动，有助于学生身体力行地参与到思政教育行动中去。

三、创新思政课堂，守道德讲法律，为学生发展提高站位

青少年是祖国的未来、民族的希望。小学阶段，是政治启蒙阶段，道德和法治课无疑是培养学生的主阵地。进行课堂改革创新关键在于增强课堂教学的思想性、理论性和实践性，改革的核心是用习近平新时代中国特色社会主义思想铸魂育人。

教育要指向人的发展。要帮助学生完成社会化的过程。法治精神体现、贯穿于社会的方方面面，培养学生的法治精神就是初步培养公民意识，为社会培养合格的公民。小学阶段的学生们年龄在 12 岁以下，具备初步的法治常识，但缺少遵守法律规则的自觉性，因此“道德与法治”课主要帮助他们将知识提升为法治意识，提高思辨能力，同时要让学生参与规则的制定、维护与调整，让法治教育更贴近学生的日常生活。

以此为目的，作者结合教育契机，家校协同的方法，组织相关主题活动为孩子们过“法律生日”，明确法律责任，教会学生如何用言语沟通，远离暴力；探索多种教育渠道，让孩子们体会责任与担当。学会理性思维，主动分享自己的情绪和感受；在与家人交流和互动过程中，换位思考，体会家长的不易。让他们懂得不管生活多么忙碌，要始终保持对理性的尊敬、对精神世界的追求和探索，不做思想上无家可归的人。

四、探索有效方法，跟时代上水平，为学生发展拓宽思路

长期以来，思政课基本上都是处于简单的书本教学，内容来源于教材，学生很难对高深的政治理论有比较清楚而深刻的认识，造成很多学生接受思政教育的积极性主动性不高。同时，课堂教学形式和教学氛围显得枯燥乏味，流于形式。为此，作者做了大胆的尝试，将思政工作和少先队德育活动相结合，开展形式多样、喜闻乐见的活动，如与少先队评优相结合，开展“优秀少先队员”推荐评选活动。组织学习英雄人物、先进模范、身边榜样，引导队员见贤思齐、追求美好。学校少工委建立日常依法正当维权机制，通过少代会“少先队小提案征集”活动，发动每名少先队辅导员倾听队员心声，服务队员身心健康成长，帮助解决实际问题。使用好少先队阵地，体现出物质载体的意义。

“素质拓展课程”的设置就是对于学生个性化能力发展的集中体现。目前作者所在校共开设素质拓展类课程 60 余种，课程涵盖学生们感兴趣的各个学科。活动使学生能力提高，内心丰盈。每周一作为少先队宣传阵地的校园广播电视台会设置一个“星星闪”展示节目板块儿，以班级为单位邀请学生来到校园电视台展示自己在素质拓展课上的收获与成果。学习分享的过程也是自我激励的过程，很多学生因此成为校园明星。老师们也将学生的发展需求作为自己教学上的目标和方向，为学生的教育发展拓宽思路。

五、加强自我管理，长能力促体验，为学生发展搭建平台

队员在集体中成长，集体在活动中完善。为了让孩子们实现自我管理，作者所在校少先队少工委实行“少先队小骨干轮换制”。每一个队员都能够得到少先队实践岗位锻炼的机会，这一制度的实行为队员提供了综合实践和体验的平台。

作为一名红色事业的传播者，我们应该做的不仅是教书，更重要的是要育人。每个人都期待成功，渴望得到别人的认同和赞赏。在轮换过程中，不难发现，队员们既品尝到展示才能的乐趣，又体会到维护集体利益的不易。但并不是每一个学生都是天生的管理者，有些学生会在管理中遇到或多或少的困难，遇到困难想办法，解决困难不退缩，这正是学生自我管理、自我提升的过程。在课堂上给予正确引导，在课堂外给以全视角关注，从学习到活动，从情感到心理，无所不包。对于个别学生的引导和帮助，更是教师职责所在。真正把总书记所说的“围绕学生、关照学生、服务学生”，落到实处。

总之，作为一名思政课老师，要牢记总书记六个方面要求——政治要强、情怀要深、思维要新、视野要广、自律要严、人格要正，不断提升自身的思想政治素质和立德树人本领。“教师不能只做传授书本知识的教书匠，而要成为塑造学生品格、品行、品位的‘大先生’。”

参考文献：

[1]习近平.思政课时落实立德树人根本任务的关键课程[J].求是,2020（17）.

[2]李福涛.社会主义核心价值观与思政课教学融合研究[J]学理论,2016（10）.

[3]傅红，张红，廖桂芳. 社会主义核心价值观教育课堂教学实践探索——以“思想道德修养与法律基础”课为例[J].重庆交通大学学报（社科版）,2016,10（3）.

[4]中小学德育工作指南[Z].中华人民共和国教育部.2017-08-17.

全面发展教育理念下培智学校劳动教育的实施

庞明霞
天津市东丽区明强特殊教育学校

一、前言

2018 年 9 月 10 日，习近平总书记在全国教育大会上发表重要讲话，强调劳动教育和劳动精神的重要性。他指出：“要努力构建德智体美劳全面培养的教育体系，要在学生中弘扬劳动精神，教育引导学生崇尚劳动、尊重劳动，懂得劳动最光荣、劳动最崇高、劳动最伟大、劳动最美丽的道理，长大后能够辛勤劳动、诚实劳动、创造性劳动。”可见，劳动教育很重要，它是中小学生全面发展的有效途径。

同样，劳动教育对于培智学生也有重要的意义。通过劳动教育，可以使培智学生树立正确的劳动观点和劳动态度，掌握基本的劳动知识和劳动技能，提高生活自理能力，更好地适应社会，同时弥补培智学生身心缺陷，促进他们全面发展，更好地融入主流社会。

二、劳动教育与全面发展的关系

《关于加强中小学劳动教育的意见》中明确提出：“以劳树德、以劳增智、以劳强体、以劳育美、以劳创新以此促进学生的全面发展。”从劳动教育视角阐述了劳动教育与德育、智育、体育、美育以及创新教育之间的辩证统一关系。

（一）以劳树德

通过参与劳动，一方面能使学生掌握基本的劳动知识和劳动技能，杜绝好吃懒做、铺张浪费的恶习，养成良好的劳动习惯。掌握一技之长，更好地服务自我，服务家庭，服务社会，提高学生自尊、自信、自强的独立品质，成为残而不废的有用之人。另一方面，通过亲身实践，能够让学生体验到劳动的苦与累，体会到取得劳动成果的喜悦之情，从而体会父母的辛勤劳动。最后，内化为热爱劳动、尊重劳动人民、珍惜劳动成果的优良美德。

（二）以劳增智

培智学生在智力方面存在障碍，表现为记忆缓慢、记忆时长较短、注意力不集中、理解力差等。单纯的知识讲授很容易引起学生的疲倦，而劳动教育强调动手与实践。通过在亲身的劳动实践，可以使抽象的逻辑直观化，将外显的动作熟练化，进而激发学生的思考，促进学生的智力发展。比如：在手工皂、珠艺、扎染等技能课上，如果一味用语言强调步骤，学生很容易遗忘，但是通过多次实践，学生会逐步掌握劳动流程，并从失误中领会到劳动过程中的注意事项和技巧。这些体验不能只靠教师课堂讲授，需要学生在动手动脑的过程中去领悟、发现、解决、生成。此外，学生在劳动中获得的成功感和自信心，又能迁移到学生的其他学习中，激发学习积极性。

（三）以劳强体

劳动教育和体育活动有相似之处。通过一定强度的体育训练，可以强健身体，增强意志品质。而劳动技能的获得也需要一定的劳动强度和劳动时间作为保障。在劳动过程中，通过动手实践可以促进学生手眼协调，提高肢体动作的敏锐度，也可以通过小组合作、竞赛评比等形式激发学生的团队合作意识、竞争意识，磨砺毅力，发扬吃苦耐劳的精神。

（四）以劳育美

通过丰富多彩的劳动教育活动可以让学生创造美、发现美、感受美、鉴赏美。比如：通过大扫除，将脏乱差的环境变得干净整洁，可以为学生营造美好的生活环境；通过色彩搭配、形状构造，制作工艺作品，可以激发学生的鉴赏力，提高审美，增进生活情趣；通过团体劳动，实现共同目标，可以让学生感受到互助友爱、和谐相处的人际交往之美。

三、培智学校劳动教育的实施途径

培智学生作为基础教育的对象，也有全面发展的需求，结合培智学生的认知和心理发展特点将德智体美劳全面发展的教育理念落实到培智学生劳动教育中，需要从学校、家庭、社会三方面开展行动。

（一）将全面发展理念渗透到学校劳动教育课程中

1. 课程目标

在知识与技能目标上，要让学生掌握基本的劳动知识和劳动技能。比如：认识劳动工具、了解劳动工具的功能、掌握劳动技能的操作流程和动作要领、总结劳动技能的注意事项等。

在过程与方法目标上，注重采用小组合作、闯关赛、任务驱动、自主学习的形式，创设情境化的教学活动，锻炼手部精细动作，提高观察模仿能力，加强学生间的合作与竞争，增进劳动体验，培养劳动习惯。

在情感态度与价值观目标上，通过创设教学情境，采取开放式提问策略，启发学生深度思考劳动的价值和意义，引导学生建立正确的劳动认识，热爱劳动，尊重劳动人民，珍惜劳动成果，吃苦耐劳，勤奋进取。

2. 课程内容

结合《培智学校劳动技能课程标准》中的要求，以及学生个别化教育计划，提供符合学生年龄特点的劳动技能项目。比如：低年级学生，劳动技能课程主要以学生个体为中心，注重简单的自理能力训练，教学内容可以设为整理书包、擦桌子、洗抹布、系鞋带、扣扣子等活动。这个阶段主要任务是做好学生的劳动启蒙工作，培养学生的劳动意识，为形成良好的劳动习惯奠定基础；中年级学生，劳动技能课程要以个体和家庭为中心，可以设计炒菜、使用洗衣机洗衣服、使用微波炉做饭等劳动内容，旨在从生活实际出发，提高学生劳动参与积极性，增强学生的自我服务能力和居家生活的能力；高年级课程由家庭、学校扩大到社区和社会，可以对学生进行有针对性的职业技能训练，如手工皂制作、扎染、钻石贴画、珠艺制作、烘焙等，让学生学习初步的职业知识和技能，增强热爱劳动的情感，提高劳动技能的综合运用能力。

3. 教学方法

在劳动技能课导入环节，教师要注重劳动工具的实物展示，注重引导学生观察工具的形态，准确说出工具的名称，通过展示劳动工具在不同生活情境中的使用，让学生了解劳动工具的功能。

在示范劳动技能的过程中，教师要采用小步骤、多循环的方法，把一个完整的劳动任务分解成若干个小单元。每个单元再分解为更加细小的动作和步骤，每一步都要有可视化的目标和操作要领。每完成一个步骤就要给予及时强化，以积极评价为主，让学生体验劳动成功的喜悦，激发学生的劳动积极性。

此外，教师要注重对完整技能的示范，示范动作要准确、清晰，避免无关紧要的动作干扰学生的思维。重要步骤要放慢速度，重复几次，强化记忆。还可以充分利用多媒体信息技术，录制微课，使重要技能可视化、可移动，方便学生随时随地进行模仿和练习。

劳动技能课程中，要渗透康复、运动、语言、数理、品德与社会等多学科的目标知识，实现学科整合。教师要注重引导学生发散思维，尝试采用多种策略解决问题；注重从生活实际出发，引导学生说一说，评一评，调动学生的情感体验，促使学生树立正确的劳动观点，激发劳动情怀。

（二）将全面发展理念渗透到培智学校一日生活中

将培智学生在校一日生活结构化，分为入校活动、晨间活动、课间活动、午间活动、离校活动五个方面。强化学生的时间管理意识，让其知晓每个时段应做的事情，提高时间利用率。劳动教育也应贯穿到一日生活活动中，以养成劳动习惯和劳动情感。

1. 入校活动

教师要抓住晨间入校的教育时机，教育学生见到门卫大爷、执勤保安、领导老师、清洁工阿姨要打招呼问好，吃完早点的包装袋随手扔进垃圾桶，保护公共卫生，尊重劳动成果，是每个学生都要养成的文明行为习惯。

2. 晨间活动

根据学生程度安排班级值日表，可以通过图片、表格的形式，让学生心中有数，保证每个区域都责任到人。其次，明确卫生检查的标准，将自查和互查作为考核的手段，达标者获得红花奖励，并优先推选每周校级的行为之星。最后，在打扫卫生的过程中，要发扬学生的团队协助精神，通过强带弱、大带小的团队组合，力争每名学生都能保质保量完成自己的值日任务。

3. 课间活动

课间如厕、洗手时不要水花乱溅，节约用水，保持洗漱台、地板的清洁卫生；大小便后要及时冲干净；保护校园里的花草树木。能够体会清洁工阿姨打扫卫生的辛苦和老师同学种植的不易。

4. 午间活动

充分利用午间就餐活动，加强学生自理能力的培养和文明行为的养成。就餐前，高年级能力强的学生可以参与到学校食堂分餐活动中，戴好分餐帽、口罩、一次性手套，确保分餐服装的整洁，避免异物污染食物。盛餐过程中，注意食物量的把控，避免一次性盛太多，造成浪费。中低年级的同学，就餐前要做好餐前准备工作，排队洗手、铺餐布等；就餐中，要根据自己的食量盛取食物，不浪费粮食，保证“光盘”；就餐后，要做好餐具处理、桌面整理和个人清洁工作。

5. 放学活动

放学时段，教师要训练学生个人物品检查整理工作，比如：整理文具盒、书包、自己穿外套、戴口罩，检查并关闭教室电源、窗户。

（三）调动家长积极性，在家务劳动中渗透全面发展理念

培智学生的劳动技能主要包括自我服务劳动、家务劳动、公益劳动、简单的生产劳动。居家生活是学生个人生活的延伸，能为学生进行家务劳动创设出真实场景。但是，由于培智学生存在不同程度的残疾，家长往往出于溺爱或担心孩子做不好，怕孩子累着、伤着，而包办代替。

教师要通过家长会、微信群等形式，加强对家长正确育儿理念的普及，强调劳动教育的重要性。将劳动技能课程的目标和具体活动与家长进行沟通，让家长参与到学校课程实施中来。比如：学期初，让家长参与到学生劳动技能目标制定，挖掘居家劳动项目，形成个别化教育计划。

此外，教师要及时捕捉学生在校的劳动表现，录制视频发布到家校微信群，分享学生在校的劳动成果和喜悦心情，树立家长信心。同时，每学期要下发个性化的家务劳动清单，并将劳动训练技术内容告知给家长，鼓励家长使用手机随手记录学生的成长点滴，在微信群里进行分享交流。

（四）聚集社会力量，在社会实践中渗透全面发展理念

特殊教育的发展水平是社会文明进步的体现。政府、学校、各爱心企业不仅进入特教学校献爱心，也为培智学校尽可能多地提供了社会实践的机会，鼓励培智学生走出家门，适应社会、融入社会、回馈社会。

我校与新立轻轨站、恒星世界影城、圣发集团等多家单位建立了志愿合作关系。多次组织学生去养老院献爱心，到圣发集团包蜡烛、包装月饼礼盒，进社区，开展工艺品义卖活动。这些活动既增长了学生的劳动技能，也为社会做出了贡献。既增强了学生的劳动成就感，也让大众进一步了解特殊教育，接纳残障人士。

总之，重视培智学生劳动教育，通过学校、家庭、社会三方联动，将德智体美劳全面发展的教育理念融入劳动教育中，对残疾学生的全面发展有着重要意义。

参考文献：

[1] 魏英杰.《培智学校义务教育劳动技能课程标准》解读[J].现代培智,2018（11）：34-36.

[2] 李雅洁. 核心素养视角下小学劳动教育研究[D].湖南师范大学,2020.

[3] 盛志财,熊和平.回归劳动本真：培智学校的劳动教育启示[J].教育评论,2020（05）:36-42.

[4] 韩亚嵚,张鸿燕.全面发展视域下的中小学劳动教育的实施[J].科技风,2019(22)：24-25.

[5] 康翠萍,龚洪.新时代中小学劳动教育课程的价值旨归[J].教育研究与实验,2019(06):69-74.

如何在小学校园开展“四史”教育

陈希
天津市东丽区丽景小学

习近平总书记指出，要把学习贯彻党的创新理论作为思想武装的重中之重，并同学习党史、新中国史、改革开放史、社会主义发展史结合起来。“四史”记载了中国共产党不停总结历史经验、加强自身建设的奋斗历程，是实现中华民族伟大复兴的实践史。让孩子们从小知“四史”、学“四史”、懂“四史”，是为青少年扣好人生的第一颗扣子，为他们树立正确的世界观、价值观和人生观打下坚实基础。

但是，小学阶段的学生正处于各种能力发展的初级阶段，对于各种理论的理解能力有限，想要让他们主动地去接触“四史”，甚至通过自主探究了解“四史”是非常有难度的。因此，教师应结合该学段学生的年龄特点，有针对性地开展小学“四史”教育。

一、与学科教育结合，潜移默化地渗透“四史”教育

“学科融合”是教育教学的一个必然趋势，也是教师们不断追求的教学模式。“融合”不是简单地拼拼凑凑，而是要将各领域的精髓有机地结合在一起。

在小学校园里推进“四史”教育时，应该借鉴“学科融合”的特点和优势，将学习“四史”贯穿于其他学科教学之中，真正做到“四史”进课堂。

不同学科的特点各不相同，而与学习“四史”相结合，就要抓住各学科的特点来进行。

语文课本中有很多真实的历史故事和许多伟大的人物形象，在语文课堂上，教师就可以利用这些内容，对学生进行“四史”教育。如部编版语文教材六年级上册的第二单元，就是以“重温历史岁月，把历史的声音留在心里”为单元主题。其中《开国大典》一课描写了 1949 年 10 月 1 日首都北京举行开国大典的盛况，重现了让中国人民热血沸腾、心潮澎湃的宏大场面。课文所要表达的主题是：中华人民共和国成立是我国历史上开天辟地的大事件，中国人民从此站起来了。虽然这一时刻与学生们相距甚远，但是通过对课文的感知学习，他们仍然能感受到作为中华民族子孙的自豪感。此处可结合“四史”中的“新中国史”，让孩子们知道，从这一天起中华人民共和国成立了，中国翻天覆地的巨变就是从这一天开始的，逐渐摆脱了积贫积弱的悲惨境地，抛掉了“东亚病夫”的帽子，昂首阔步地走向世界舞台的中央。

音乐课要利用歌曲对学生进行“四史”教育。例如在演唱《中国少年先锋队队歌》时，就可以渗透学习“四史”的内容。中国少年先锋队是少年儿童学习中国特色社会主义和共产主义的学校，是建设社会主义和共产主义的预备队。中国少年先锋队的创立者和领导者是中国共产党。在学习和演唱《队歌》时，要让孩子们知道中国共产党的历史，

这个用马克思主义武装的政党，在短短的几十年间，给中国带来了希望和光明。在中国共产党的领导下，我们赢得了民族独立和人民解放，迎来了中华民族繁荣富强的光明未来。教师应引导学生听党话、跟党走，好好学习，天天向上，爱祖国，爱人民，爱劳动，爱科学，爱社会主义，学习和实践社会主义核心价值观，努力成长为担当民族复兴大任的时代新人，做共产主义事业的接班人。让学生带着这样的自豪感和使命感演唱歌曲，相信他们很快就能沉浸在激情澎湃的歌声之中。

二、以班会课为载体，大力推进“四史”教育

班会课一直是学校进行思想政治教育的主要阵地，班会课的主题丰富，具有多样性和自主性。而且，班会课不论是前期的调查准备、收集素材，还是课堂上讨论交流、汇报总结，都是以学生们为主体的，可以说班会课是学生为主角的舞台。因此在班会课中可以充分调动学生们的参与积极性，发挥他们的自主能动性。

正因为班会课需要学生自己完成大量的准备工作，所以教师在选材上要格外慎重。选择贴近孩子生活，符合学生能力水平的班会主题，可以让他们积极地参与班会活动，保证班会课顺利地进行。将“四史”主题融入班会课中，会使学生在自主探究的同时，体会学习“四史”的乐趣，明白其重要意义，从而达到“四史”教育的目的。

“四史”中的“改革开放史”就是适合小学班会课的主题之一。以我所在的学校为例，我校位于天津的母亲河——海河的岸边，地处海河上游的后五千米，是过去的杜庄村、潘庄村、詹庄村等“海河七村”迁村并点后所修建的新社区配套学校。我校的学生多数是来自还迁后新社区的孩子们，他们的家长也都是曾经“海河七村”的村民，他们经历了村庄的变迁，目睹了海河沿岸在改革开放后巨变。因此，我为孩子们选择了“四史”中的“改革开放史”为探究方向，确定了“一衣带水话海河，沽水流霞颂海河”的班会主题，目的是通过海河昨日与今朝的对比，让学生体会改革开放为城市发展和人民生活带来的翻天覆地的变化；了解自己生活的社区和城市，愿意向他人介绍自己的家乡，对祖国发展充满自豪感，热爱自己的家乡和祖国；懂得如今的美好生活是通过勤劳的中国人民用自己的双手创造的，渴望为建设家乡、建设祖国贡献自己的力量，争做“德智体美劳”全面发展的新时代建设者和接班人。

三、多措并举开展各项活动，立足实践落实“四史”教育

仅仅是理论上的学习，对于学生来说是单调的、乏味的，尤其是小学阶段的孩子们，想要充分激发他们“知四史，学四史，懂四史”的兴趣，就要通过各项实践活动，让他们真正参与其中，切实感受到“四史”与自身的联系。

站在学校的角度，应该以各个中队为单位，安排各类与学“四史”相关的日常活动。再借助大队的力量，将学“四史”在校园中推行开来，如班队会活动，或者是在少先队活动课中加入学“四史”的专题。

在每周的升旗仪式中，可以结合“国旗下的讲话”，安排学生做小小讲解员，宣导自己收集到的关于“四史”的小资料或者小故事，甚至可以让学生自愿报名参加，各中队让学生们自己推荐代表自己中队的“四史”故事，向全校同学宣传。利用校园广播站

或校园电视台，进行学习“四史”的系列节目，可以是学生们的朗诵表演，也可以是相关影视作品的展播，为学生营造学习“四史”的环境和氛围，让学生利用课余时间进行“四史”教育。校园艺术节、班集合唱节也是学校进行“四史”教育的有力途径，在节目中引入《义勇军进行曲》《歌唱祖国》《没有共产党就没有新中国》等富含历史意义的红色歌曲，让学生体会歌曲所要传达的“四史”教育内容。在建军节、国庆节时举办征文活动、绘画比赛、手抄报展示等校园活动，让学生以多种形式理解“四史”的内容和意义。

历史的发展是有规律的，而学习“四史”就是探索中国腾飞和崛起的发展规律。坚持中国特色社会主义道路，发展中国特色社会主义理论，从根本上推动了中国各方面的发展。建党以来，中国共产党坚持把马克思主义基本原理同中国具体实际和时代特征相结合，先后形成了毛泽东思想、邓小平理论、“三个代表”重要思想、科学发展观、习近平新时代中国特色社会主义思想，这些马克思主义中国化的成果，是中国一次次克服困难、取得胜利的关键。特别是改革开放以来，党和国家的发展注入了前所未有的活力，党和人民的事业在不断深化改革中波浪式前进。特别是党的十八大以来，以习近平同志为核心的党中央以前所未有的决心和力度推进全面深化改革，使党和国家焕发出强大的生机和活力。可以说，只有社会主义才能救中国，只有改革开放才能发展中国。学习“四史”是每一个中国人的必修课，所以在校园中推进“四史”学习，让学生从小在心中埋下一颗红色的种子，也是包括学校、家庭在内的全社会的重要职责。

“以劳育德”视域下小学“道德与法治”教学中推进劳动教育的方法研究

张潇
天津生态城南开小学

为构建德智体美劳全面培养的教育体系，2020年3月20日中共中央国务院出台了关于全面加强新时代大中小学劳动教育的意见。与此同时，习近平总书记也曾多次强调“要在学生中弘扬劳动精神，教育引导学生崇尚劳动、尊重劳动，懂得劳动最光荣、劳动最崇高、劳动最伟大、劳动最美丽的道理，长大后能够辛勤劳动、诚实劳动、创造性劳动”[①]。劳动是担当民族复兴大任的时代新人必须具备的素养，小学道德与法治课程中存在许许多多关于劳动教育的内容，深入挖掘有助于提升对学生的劳动教育。

一、劳动教育的必要性

劳动教育是指提高学生劳动素养、促进全面发展的教育活动，可以培养学生积极的劳动态度和良好的劳动习惯。劳动教育的渗透与开展会发挥其独特的育人价值，促进学生的全面发展。因此，在小学道德与法治教学中渗透劳动教育十分必要。

（一）劳动教育有助于落实立德树人的根本任务

“具身德育”即“德之根在心，人之本在劳，二者相结合为立德树人之根本”。劳动教育是立德树人的重要途径。劳动对人的发展具有不可小觑的意义，劳动发展人，可以帮助人适应大自然；劳动成就人，让人得以实现自身价值；劳动造福人，使人获得精神和物质上的满足；劳动改造人，可以缓解消极心理，树立生活的信心。在道德与法治课堂中渗透劳动教育，可以让学生懂得劳动光荣，积极主动地进行劳动；感受劳动艰辛，应该珍惜和尊重他人的劳动成果；感受劳动快乐，积极挖掘自己的才能，在实践中增强立德树人的实效性。

（二）劳动教育有助于实现素质教育教学

劳动教育是提升学生综合素质的重要途径之一，是素质教育的灵魂。素质教育的本质是促进学生的全面发展，劳动教育作为素质教育的重要组成部分，有助于促进学生各个方面的发展。在劳动的过程之中，还会存在很多集体活动，可以培养学生的团结合作、互帮互助的品质，促进学生健全人格的塑造，这都是素质教育的内涵。

（三）劳动教育有助于激发学生的创造精神

[①]习近平.2018 年全国教育大会上的讲话[N].人民日报,2018-9-11(01).

在劳动过程中，学生可以促进新陈代谢的提高，促进脑部的发育，并且动手动脑还可以使得学生产生思想与行动上的碰撞，拓宽视野，增加实践的阅历。同时还可以学会发现问题、积极寻找解决问题的办法，逻辑能力也会得到提高，达到提升智慧、提高实践创新能力和创造精神的效果。

（四）劳动教育有助于学生良好品德的塑造

良好的劳动习惯能够帮助学生进行良好品德的塑造，建立完善的人格。学生在劳动过程中，可以接受锻炼，感受劳动的艰辛，增强责任感，从而会主动珍惜他人的劳动成果，感恩他人的付出，养成良好的行为习惯，树立自理、自立、自强的思想。

二、关于学生劳动教育的现状调查

本次的问卷调查以班级为单位，现场填写并收回。由于一二年级学生识字量比较少、认知水平比较低，因此问卷的发放对象为三至六年级。本次共发放问卷200份，回收200份（每个年级各50份），具体问卷见附文。

（一）认知层面

题目 结果	4题	5题	6题
①	3.06%	96.53%	97.15%
②	96.94%	0.21%	0.21%
③		3.26%	2.65%

调查问卷结果显示，96.94%的学生认为有必要上劳动课程；96.53%学生赞同“劳动最美丽，劳动最光荣”的观点；97.15%的学生认为劳动教育可以促进自己的品德和精神的成长。

（二）实践层面

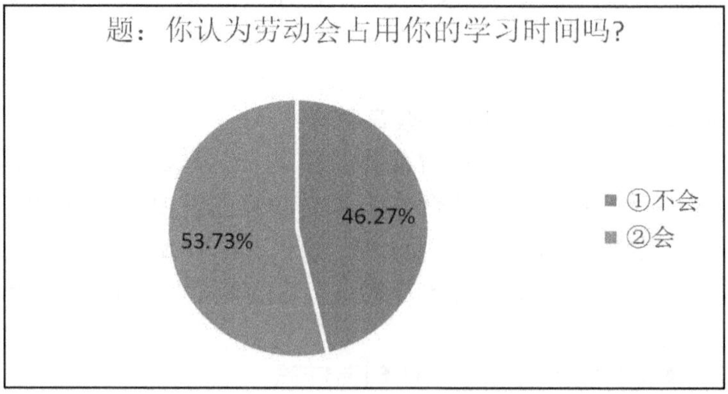

调查结果显示，大多数学生肯定并认同劳动教育的价值，但53.73%的学生认为劳动会占用自己的学习时间，害怕劳动会影响学习成绩，过分注重了文化知识的学

习，形成了认知与行动脱节的状况。

（三）评价层面

结果＼题目	8题	9题	10题	11题
①	91.18%	73.46%	92.62%	91.56%
②	2.47%	97.12%	5.14%	89.09%
③	6.35%	85.19%	2.23%	79.01%
④		12.55%		86.01%
⑤		39.30%		60.08%

根据调查问卷得出以下数据：91.18%的学生认为自己在参加劳动之后会更加热爱劳动、热爱生活；在“学校劳动课程中你最喜欢的内容”中，选择校园卫生大扫除的人数最多，可见这是校园中学生涉及的最直观的活动；92.62%的学生对当前学习的劳动教育持满意的态度；学生接受劳动教育以及参加劳动，知道自己在参加劳动之后各方面都会有所提高，感受到了劳动教育可以促进自己的成长。

三、小学道德与法治教学中推进劳动教育的方法研究

通过对调查问卷进行分析，发现学生们可以认识到劳动教育的意义，为促进学生的全面发展，实现立德树人的目标，针对不能正确对待劳动与学习的关系问题，在小学道德与法治课程中进行如下方法的实践：

（一）充分利用教材，增强劳动意识

加强劳动教育，帮助学生树立劳动意识，形成正确的劳动观是小学道德与法治教学中要实现的教学目标之一。因此，在教学过程中要深入挖掘教材，利用好教材资源。

1. 阅读故事，提升学习兴趣

兴趣是最好的老师，所以在教学过程中要极大地激发学生的学习兴趣。道德与法治教材中有许多绘本故事，学生可以通过阅读符合其年龄特点的故事，塑造热爱劳动的宝贵品质，形成正确的劳动观。

在《做个开心果》一课中，学生可以通过阅读“小狐狸找‘开心果’”的绘本故事，懂得劳动能够让自己和他人都感到快乐，在生活中积极去劳动，给身边的每一个人都带去快乐。从绘本故事出发，再到身边人的故事、名人故事，一步步让学生萌发热爱劳动的情感，不断激发劳动热情。

2. 情景再现，触发思想碰撞

道德与法治教学源于学生生活，再现学生的真实生活场景，会极大激发学生的情感，促进品德的形成。

讲述《父母多爱我》一课时，播放父母一天工作的画面，通过再现情境让学生感受到父母工作的忙碌与劳累。即使他们再辛苦，也一直在我们身边无微不至地照顾我们、陪伴我们成长。在此基础上触发学生进行思考，父母如此爱我们，为我们付出如此之多，

我们应该做些什么来回报他们真挚、深沉的爱呢？学生通过讨论与分享知道了应该以实际行动回报父母、感恩父母，多为父母分担一些家务活，减轻父母的劳累。情境再现这种直观的教学方式可以帮助学生提高劳动意识，在润物细无声中引导学生在生活中进行劳动。

（二）关注生活细节，增强劳动技能

我国著名教育家陶行知认为“生活即教育”，因此关注学生的生活，从细入手可以增强教育的实效性，使得学生在潜移默化中得到学习，增强劳动技能。

1. 借助节日文化

在小学道德与法治教材中很多关于节日的内容，通过相关内容的学习可以让学生崇尚劳动光荣，体会劳动带来的满满成就感，从而主动提升劳动技能。

在对《团团圆圆过中秋》一课进行教学设计时可以加入制作月饼的活动，通过做月饼传递祝福让学生感受到幸福与开心，不断去锻炼自己的动手能力。《欢欢喜喜庆国庆》中“调查我们身边的人”，通过调查与学习，学生可以知道我们身边各行各业的人都在用自己的方式为祖国庆生，他们坚守工作岗位，为祖国的繁荣昌盛积极行动着。我们应该向他们学习，不断增强劳动观念、提高自己的劳动技能，为祖国的建设添砖加瓦，为实现伟大复兴的中国梦贡献自己的力量。

2. 榜样示范

小学阶段的学生可塑性非常强，同时也具有很强的模仿性，所以在此阶段应该积极为学生寻找模范的榜样，照亮劳动成长之路，激发其热爱劳动的情感，养成良好的劳动习惯。

《这些事我来做》中展示了“夏丛艳日记”，这部分内容记录的是一个留守儿童为父母分担家务。通过这个日记的内容引导学生向其学习，同时反观自己在生活中的行为表现，激发学生的劳动意识，形成“我要做”的意愿。《我们的衣食之源》中“白白大米哪里来”，可以让学生知道农民伯伯们十分辛苦。同时播放身边同学节约粮食的视频等内容，促进学生们珍惜农民的劳动成果，珍惜每一粒粮食，厉行节约。

（三）知与行相结合，体验劳动快乐

在课堂中，要有意识地组织学生开展实践活动，在其中培养知行合一，从而促进学生综合素质的提高。

1. 角色扮演

小学生年纪比较小，心智发展尚不成熟，联想能力薄弱，通过角色扮演可以帮助学生还原真实生活场景，完整、生动地再现生活，进一步推动学生打开内心世界的大门，真正参与到课堂学习之中，学到本领，领悟内涵，促进自身的成长与发展。

在三年级《父母多爱我》一课中，可以开展角色扮演活动，让学生在小组之中先回忆并分享交流爸爸妈妈辛苦上班一天，下班后回到家中要做哪些事情，再让学生分配角色进行还原呈现。学生通过这样的情景剧深刻体会爸爸妈妈的辛苦与无私，尽管工作再繁忙，下班之后也会继续做家务活。认识到作为家庭中的一员应该积极、主动帮父母分担家务活，参与到家庭的劳动之中，做一些自己力所能及的事情，理解与感恩父母的无私奉献和伟大深沉的爱。

2. 换位思考

换位思考可以帮助学生增近对身边人的理解，激发学生的内心情感，将学生的情感外化到实际行动之中，在课堂教学中应该积极采取这种方式进行教学。

二年级教材中《可亲可敬的家乡人》以及三年级《走进我们的老师》中，让学生观察并发现每天不仅仅有警察、医生、环卫工人等社会上的很多人在默默奉献，为我们服务着，学校里也有老师、保洁阿姨、保安叔叔、食堂的工作人员也都在为我们付出，保证我们正常的学习与生活，我们应该换位思考，珍惜他们的劳动成果，热爱与尊重每一位劳动者。

3. 实践延伸

实践延伸活动可以帮助学生加强道德认知，从而将所学知识由内化于心转为外化于行，达到知行合一。在实践中学生可以产生劳动体验，深刻体会到劳动的辛苦，知道应该珍惜劳动成果，形成乐于劳动、珍惜劳动、擅长劳动的价值观。

一年级教材中《我们爱整洁》《干点家务活》，二年级中《我是班级值日生》《可亲可敬的家乡人》中的教学目标都涉及了帮助学生初步树立正确劳动价值观的内容，通过课程内容的学习，学生可以提高道德认知，懂得劳动之艰辛、劳动成果来之不易，珍惜别人的劳动成果，初步树立尊重和理解劳动者的意识，在生活中做到自己的事情自己做，并制订“21天劳动习惯养成表”（如下），每日进行劳动并涂色记录，促使自己养成爱劳动的良好习惯。

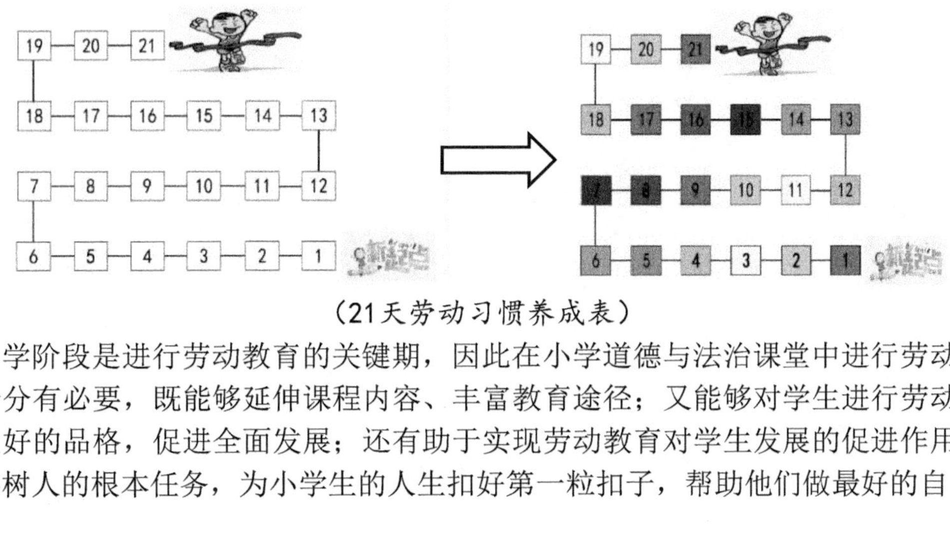

（21天劳动习惯养成表）

小学阶段是进行劳动教育的关键期，因此在小学道德与法治课堂中进行劳动教育的渗透十分有必要，既能够延伸课程内容、丰富教育途径；又能够对学生进行劳动教育、塑造良好的品格，促进全面发展；还有助于实现劳动教育对学生发展的促进作用，落实好立德树人的根本任务，为小学生的人生扣好第一粒扣子，帮助他们做最好的自己。

参考文献：

[1]章振乐. 正心立德劳动树人——小学“新劳动教育”的实践与思考[J]. 中国特殊教育, 2017(5).

[2]徐长发. 劳动教育是人生第一教育[J]. 中国农村教育, 2015(10).

[3]杜双春. 论劳动教育与德智体全面发展[J]. 教学与管理, 2001(06).

[4]白雪苹. 对当代中小学劳动教育缺失的“冷”思考[J]. 教学与管理, 2014(05).

[5]马英. 中小学劳动教育探析[J]. 教师教育研究, 2010(09).

[6]王爽.当代小学劳动教育现状及问题研究——以大连市为例[J].教育学报,2012(04).

[7]王连照.论劳动教育的特征与实施[J].中国教育学刊,2016(07).

[8]肖庆华.劳动教育是未成人思想道德建设的重要组成部分[J].教育探索,2010(12).

[9]杨晓峰.从劳动教育的本质反思劳动教育的实施[J].中国德育,2017(10).

[10]张武升.劳动教育的功能新探[J].中国德育,2015(16).

附：中小学劳动教育现状调查问卷

亲爱的同学：

你好!感谢你参与本次问卷调查。本调查旨在向你了解一些关于中小学劳动教育的实际情况，为以后的劳动教育工作提供参考建议。我们承诺为你保密，请你选出符合你实际情况的选项。谢谢你的合作与支持!

一、个人基本信息：

1.你的性别：

A.男　　B.女

2.你的年龄：

A. 10岁以下　B.10-12岁　C. 12-14岁　D. 14-16岁

3.你的年级：

二、请根据下列描述与你相符的选项，在相应的数字上打“√”。

4.你认为学校有必要开展劳动教育课程，配备专门的教材和专任老师吗?

①没有　②有

5.你赞同“劳动最美丽、最光荣”这个观点吗?

①赞同　②不赞同　③既不赞同也不反对

6.你认为劳动教育有利于促进你品德的发展与精神成长吗?

①赞同　②不赞同　③既不赞同也不反对

7.你认为劳动会占用你的学习时间吗?

①不会　②会

8.通过多次参加劳动，你觉得自己更加热爱劳动、热爱生活。

①赞同　②不赞同　③既不赞同也不反对

9.学校劳动课程中你最喜欢的内容(可多选)

①劳动知识讲解 ②卫生大扫除 ③动、植物的饲养与种植

④手工作业　⑤其他

10.你对当前学校的劳动教育是否满意?

①满意　②一般　③不满意

11.通过学校的劳动活动，你觉得自己的哪些方面提高了?(可多选)

①动手能力　②思想品德　③坚强的意志

④行为习惯　⑤其他

关于小学道德与法治课内实践教学的思考

代文杰
天津生态城南开小学

一、引言

道德与法治课的教学目标是培养学生正确的人生观、价值观和世界观,培养学生良好的道德品质。与其他学科相比,小学道德与法治课更需要学生在实践过程中亲自感受、体验,如果仅仅停留在知识的口头传授,情感态度价值观目标就无法实现。要想有效提升学生思想品德素质,就必须让学生进行实践活动。实践育人才是思想政治课达到教育效果和目的的重要且有效途径。

课内实践教学模式将实践教学与课堂教学相结合，是指在课程教学的课堂内，开展实践主题的体验探究和实践成果分享交流，深化学生的理解，提升思考、分析、践行能力的实践教学方式。对于小学学校来讲，受时间、经费、场所、学生安全等客观因素影响，社会实践教学实效受到很大制约。而课内实践教学将社会实践回归课堂、回归学校，与课外实践教学相比，课内实践教学具有成本低、针对性强、学生参与面更广更深、易于操作等优势。在课堂设置独立单元课内实践教学活动，更有利于教师检验思想政治理论讲授的效果，从而不断锤炼教学能力和水平，更有利于树立“以学生为主体”的理念。

“道德与法治”作为一门小学教育阶段的必修课程，全方位多角度帮助小学生提升素质，扣好人生第一粒扣子。“知识情景化，情景生活化”，生活性是低年级道德与法治课程的重要特征之一。低年级小学生认知发展水平处于具体运算阶段，思维方式以感性认知为主。此阶段采取课内实践教学模式，生活化情境教学方法，更有助于帮助学生在课堂上获得情感体验，提高学生的接受度和学习效果。

二、课内实践教学方式

课内实践教学模式非常丰富，老师课前安排、课堂引导，学生参与、分组讨论、师生互动，相互评价、教学相长，具体方式有：①听：教师选取和教材有关的社会生活中的实际问题进行讲授，根据其内容学生谈自己的见解和体会；②说：根据教师的命题或自主选题进行讨论、辩论和演讲；③读：根据课程特征和内容，教师指定经典著作书目，供学生阅读，并要求在课堂上谈自己感悟；④看：教师选择与教材配套的网络、影像资料或学生捕捉的照片和视频，谈观后感；⑤做：在课堂上真实体验教学内容；⑥演:根据教学大纲要求，以小品、诗歌朗诵、相声等方式表演。考虑到小学生认知发展水平和语言表达能力，道德与法治课堂上角色扮演、体验教学更有助于帮助学生在课内实践中学习。

三、小学道德与法治课内实践教学实例

面对懵懂的少年儿童，我们更需要有耐心，有恒心，发挥自己的潜能，寻求多种途径多种方式为学生提供多样化生活化的道德与法治教育模式，促进小学思政教育目的的多角度、多层次实现。在道德与法治课堂上，我们需要以生活为蓝本、以实践体验教育为抓手，寻找教育契机，尽心尽力还原教育的本来面目，进而真正实现教育的作用和效果。

角色扮演是情景教学法中的一种，学生根据故事情节亲身扮演他人的角色，感受角色的所思所想。角色扮演的关键之处在于让扮演角色的学生处于故事中的情境，真实感受角色的喜怒哀乐，亲自演绎角色的行为。一年级学生有着丰富的想象力，绘本故事中存在大量具体形象的图片，学生会很容易理解，进而很快地投入角色扮演游戏中。

案例一：一年级（下册）“道德与法治”第十三课《分享真快乐》

“分享”是备受赞扬的美好品质，因为它能帮助我们建立和谐友好的群体关系。从对家庭和学校生活的观察来看，一年级的学生在分享过程中常会出现这样的情况：“家人总是说让我和别人一起分享自己的食物、玩具，有时候我会和大家分享，但有时候我不想把这些东西分享给别人，因为我很喜欢它们。有时候我把玩具分享给其他人，但是，他们却一点儿也不爱惜我的玩具。可是，如果我不分享，别人就说我小气。其实我并不是小气，我觉得很委屈。”通过角色扮演游戏，辨析“他们是不是小气鬼”有助于帮助学生将心比心，推己及人，学会换位思考。

【教学片段】

师:经常有小学生会跟老师反映某某同学很小气，并给同学起外号叫“小气鬼”。他们是不是小气鬼呢？我们一起来看看。

教师出示教材中绘本故事图片。“请大家仔细看图，思考发生了什么事？”“你们觉得这些同学真的是小气鬼吗？为什么？”

(学生交流讨论。)

师:如果你在与同学分享时碰到同样的问题，你会怎么做呢?请选择一个情境与同桌一起分角色演一演。

师(总结)：分享是人际交往过程中非常重要的行为。乐于与他人分享，别人才会愿意和你分享。如果有人愿意与我们分享物品，我们要懂得珍惜。当他人不愿意与我们分享时，我们也不要懊恼，要学会理解别人，因为可能有些东西特别珍贵，不适合分享。这时，我们就应理解他人，不强迫他人，更不能说同学是小气鬼。

案例二：二年级（上册）“道德与法治”第十二课《我们小点儿声》

小学二年级的学生，经过一年的学校集体生活，已经初步形成了在公共场所不大声喧哗、不打扰他人的观念。但是，在日常生活中，很多学生还不能完全做到公共场合不打扰他人，在人多、热闹的地方，他们有时会情不自禁地放大说话的音量。再加上这个年龄的学生自律意识还不强，在集体中容易受周边环境的影响。利用角色扮演故事帮助学生亲身体会到小点儿声是十分重要且必要的。课堂上，通过角色扮演故事演绎人员密

集场所（图书馆、医院、电影院、公交车地铁上）的声音故事。学生分别体验吵闹环境和安静环境，通过对比，学生亲身体会到吵闹环境给自己带来的烦躁体验和安静的环境给自己带来的愉悦体验。通过这样的感知与实践，帮助学生从玩中学，从而养成文明礼仪习惯。

案例三：二年级（上册）“道德与法治”第十一课《大家排好队》

【教学片段】

上课前，我没有安排任何预习类的活动，也没让学生知道这节课学什么。因为第一个环节就是一个体验排队与不排队秩序有多大差别的活动。如果事前学生知道上课内容，就会有心理暗示，效果就不会好。

师:同学们，我们今天要用新作业本，请大家到讲台前来拿吧，每人拿一本。（正常情况下，学生一定是自由地到台前来拿，因为没有组织，便会有些混乱。学生乱哄哄地拿本子时，教师叫停。）

师:请同学们都把本子放回原处，请班长到前面来，大家排好队来领取。（这一次很有秩序，而且用的时间也少。）

此时，教师出示教材中小主持人的话语:“生活中总有些地方要排队，这是为什么呢?”（提出问题请大家讨论。）

只有真实的生活体验才会产生真实的感受。这一环节学生前后两次到前台领取本子的真实感受，是这一节课成败的关键。当然，教师也可以根据本班的实际情况，换成其他的活动，核心目标就是让学生体验到排队和不排队的不同。

本环节通过一次体验活动，突破教学重难点，让学生亲身体会不排队会混乱、无秩序，感知到还是排队好，认同在公共生活中需要排队。

四、总结

小学道德与法治课堂内实践教学更加关注学生的主体感应，从学生的生活经验、学习兴趣出发，符合小学生认知发展水平，更加倾向于小学生在课堂学习中的学习自主性发挥，为小学生提供了更多自主体验与探索的时间与空间，让学生在充分发挥主观能动性的过程中，体验到道德与法治课学习的乐趣，从而提升道德水平，内化于心，外化于行。小学道德与法治课内实践是完全可以与传统课堂有机结合、相得益彰的教学模式，课内实践教学应当受到重视。但是，建立完善的课内实践机制体系，充分发挥课内实践教学的优势，还需要更加深入的探索和创新。

参考文献：

[1]徐幼珍.初中道德与法治课实践性教学探究[J].文渊(中学版),2014(02).

[2]夏天静.高校思政课课内实践教学模式探索——以“中国近现代史纲要”课为例[J].思想政治教育,2019(03).

小学道德与法治课堂中体验式教学的创新研究

刘倩
天津生态城南开小学

一、小学道德与法治课堂中体验式教学的基本理念

作为一种新型道德与法治课堂教学模式，体验式教学强调以学生为中心，依据学生已有的知识或经验，根据教学内容创设情境，以体验为手段，引导学生探索，直接感受到情境中的氛围，以合作为形式，促使学生彼此团结互助，是帮助学生把握知识、养成习惯、综合发展的有效路径。教师为学生营造一个有利于体验的环境，既尊重学生的个人感受，又尊重本真的教学规律。学生能够积极地参与课堂，在尊重自身个性化发展的基础上突出主体地位，发挥自身的学习优势，从各种体验活动中更好地关注自身在体验过程中的成长，回归道德与法治的本位，生成真实的道德情感和法律意识，达到道德与法治课堂应用体验式教学的意义。

体验式教学的应用证实了道德与法治教学应该是一种过程、一种体验、一种感悟，而非简单的灌输。比如，在三年级下册《道德与法治》“爱心的传递者”教学中，教师创设盲人体验的情境，让学生蒙上眼睛，完成一系列任务，如从自己的座位走到讲台，并从粉笔盒里拿出一支粉笔在黑板上写下自己的名字。学生亲身体验结束后分享感受与心得，懂得我们在关心和帮助他人时，要用心了解他人的需要，这时他们感悟深刻，形成正确的道德判断。

二、小学道德与法治课堂中体验式教学的建构依据

（一）新课程改革的要求

思政课和课程思政改革的核心是价值观教育。在小学阶段，小学道德与法治课程是进行价值观教育的主阵地。《义务教育品德与社会课程标准》（2011 年版）明确指出：“注意引导学生从自身的生活世界出发，用多种感官去体验、观察、感悟社会，从而获得对世界的真实感受，让学生在生活中去探究，在探究中去发现和解决问题。”可见，根据新课程改革的要求，教师开展道德与法治教学应以学生为中心，培养学生的综合素质与能力，促使学生将所学知识运用到实际生活中，更加适应社会发展。因此，在道德与法治课中应用体验式教学是纵深发展新课程改革的必然选择。

（二）培育核心素养的要求

青少年时期是道德观念建立和形成的关键时期。道德与法治课堂承担着培育小学生以道德发展为核心的基本文明素质的任务，而小学生基本文明素养的核心是具备良好的道德品质。在开展道德与法治体验式教学过程中，核心素养的培养有助于实现更为良好

的教学目标。教师通过创设任务情境或问题情境，更新教学理念，激发学生主动学习和探究的兴趣，鼓励他们大胆尝试解决问题的方法，要求学生学会自主性的合作学习，实现学生的全面发展，从而更进一步推动核心素养发展。

（三）学生能力发展的要求

小学阶段是学生形成良好品德素养的关键阶段。青少年阶段是人生的“拔节孕穗期”，最需要精心引导和栽培。道德与法治课程能够帮助学生树立正确的道德观、价值观、世界观。教师在课堂上开展体验式教学，能够为学生提供一个轻松愉快的学习环境。教学过程中创设情境能够引发学生思考，提高学生思维创新能力。情境氛围中学生展示自己解决问题能力和辨别是非能力。通过教学过程中的正确引导，增加学生的情感体验，有效提高学习的积极性，锻炼思维发展，促进学生成长。

三、小学道德与法治课堂中体验式教学的实施路径

（一）创设情境，营造课堂氛围

在课堂上，开展体验式教学时，创设情境是最基本的教学方法。教师将教材内容作为切入点，创设教学情境，此情境需与学生的实际生活相接近，激发学生兴趣，融入情境，催发学生体验动机，营造良好课堂氛围，促使学生正确认识自我、健全人格，能够健康学习生活，顺利完成课堂教学。

例如，在三年级上册《道德与法治》“安全记心上”教学中，学生通过其他途径已具备了相关知识和经验储备，所以在教学时，教师让学生交流已有的知识和经验，在学生未知领域进行点拨深化。在学生的品德发展中知识是基础，情是动力，行是关键。教师需要创设各种逼真的情境让学生进行实战演习，引导学生在相应的情境中将自护逃生的知识转化为习惯、技能。比如，正确拨打“119”消防电话，不同情况的火灾现场如何逃生，学生在实践演练中形成安全自护技能。这样，学生不仅带着经验走进课堂，更能够带着收获、疑问走出课堂，思考、发现身边的问题，用自己的眼睛去发现学校、家庭、社会存在的安全隐患并提出改进建议，让学生真正成为安全自护的小主人。

道德与法治课最要突破的就是要做到知行统一，将认知层面的知识转化为技能。教师在教学时应关注学生特点，根据学生经验和生活环境对教材内容进行二次开发，创设教学情境，使教学更贴近学生，提高课程的实效性。

（二）小组合作，增强团队观念

道德与法治课应用体验式教学需要明确学生的主体地位，引导学生进行自主的道德学习，提升学生提出、解决问题的能力。在教学中，要从价值说教转向价值探究，充分运用小组合作的方式，发挥团队优势，弥补自身不足，让学生在充分探究的基础上，自然而然地生成某种价值观，锻炼学生的实践创新能力。

例如，在三年级上册《道德与法治》“走进我们的老师”授课中，通过小小故事会活动给出了一份采访教师的提纲，让学生通过了解老师的故事，走进老师的内心世界，寻求不怕苦的原因。鉴于此，学生以小组合作的形式选择不同学科、不同年级、不同岗

位的老师进行采访，得出结论，提炼出教师群体共同的特点。在小组活动中，教师要注意每个小组合作的情况，每个学生是否参与了小组的合作学习。只有关注每一个学生，才能提高小组活动的实效性。通过这样的教学，充分调动了学生的情感体验，帮助学生发挥自己的主动性，在充分探究的过程中自然而然地体会教师的辛苦。

体验式教学以小组合作的形式在课堂中应用，既能打通教学内容和学生的现实生活之间的壁垒，学生会充分发挥他们的能动性与创造性，又可以使学生能够在实际中有效地运用相应的知识，提高小组活动的实效性，达到教学目标，增强学生的团队观念，促进学生德智体美劳全面发展。

（三）重视体验，提升思想感悟

道德与法治课上运用体验式教学需要给学生提供思想交流的平台，让学生将体验中所获得的感悟展现出来。体验之后，学生之间进行思想与观点的碰撞，彼此换位思考，通过自主、理性的行动来表达其对生活的情感与认识，洗涤和净化自己的心灵，升华思想，将生活中的知、情、行整合起来，形成稳定的道德品质。

例如，在三年级上册《道德与法治》“父母多爱我”教学中，学生需要结合自己的实际生活，讲述自己所不理解父母的一些做法。在学生讲述过程中，教师需要有意识地引导，给学生提供思考的空间和解决问题的途径，并通过辨析，理性分析这些做法是否藏着爱，以及哪些地方需要尝试与父母谈心，学会对父母爱的方式多一些理解和体谅。在教学中要关注学生在情感基础之上的理性反思，学会换位思考并尝试与父母沟通。这样的教学方式让学生在生活细节中感知父母的付出，知爱、懂爱，获得道德感动，真正走进了学生的心灵，生成的道德认知与情感是真实的、发自内心深处的。

体验式教学以活动引领学生走入日常生活事件，引导学生探究事件背后的意义。通过对活动的亲身参与，真情倾诉，感染学生，学生从体验中明白道理，提升道德感悟与品质培养，促使学生建立正确的道德观与价值观，健康成长，做好一个新时代的小学生。

（四）延伸课堂，落实课后体验

为了使体验式教学效果更佳，根据道德与法治课程的学科特点，教师结合课堂教学内容，可以将课堂延伸，为学生设计科学合理的课后体验内容，让学生将其学到的一切回归自己的生活中去，依据儿童认知发展水平，帮助学生在具体的生活中实现对生活意义的理解，解决生活中遇到的问题，改变生活态度，不断提升自身道德品质。

例如，在二年级下册《道德与法治》“试种一粒籽”授课时，为了让学生充分感受生命的奇妙，期待收获，课堂上布置了一项任务，即学生需自己亲自种下一粒种子，做好种植计划，坚持每天观察，做好植物成长记录图与种植心得。学生回到家后，种植自己喜欢的植物。通过一周的观察，定期的记录，下节课时，学生将自己种的植物带到课堂上分享，他们的体会更加深刻和有意义。通过将教学情境创设延伸到课堂之外，保护了学生的好奇心，激发了他们探索世界的愿望。

小学道德与法治课堂重视将教学延伸到课堂之外的学生生活中，其成效需要关注学生活动的后续效应，引导学生真正体会生活。情境的创设向课外延伸，能够真正督促儿童通过自主、理性的行动来表达其对生活的情感与认识，最终将儿童生活的知、情、行整合起来，形成儿童稳定的道德品质。

总而言之，小学道德与法治课主要是培养学生生活中的道德标准与道德行为，发展学生独立思考、勇于探究的个性品质，培育学生的爱心与责任心，并把社会主义核心价值观转化为学生的情感认同与行为习惯。根据新课改的教学标准与核心素养要求，在课堂教学中教师应用体验式教学，将学生放在主体位置，学生亲身参与其中，在情境体验中掌握各种知识，丰富生活阅历，提升道德感悟，使其健康成长，彰显对生命的尊重，促使每个孩子都成为最好的自己。

参考文献：

[1]义务教育品德与社会课程标准(2011 年版)[M].北京:北京师范大学出版社,2012.
[2]陈敏敏.道德与法治课堂中体验式教学模式的建构探微[J].成才之路,2019（6）.

润心生慧　豌豆绽放

——塘沽三中心小学实践德育一体化的路径选择

高春秀 朱家丽
天津市滨海新区塘沽三中心小学

润心德育——润心即润泽心灵，是学校慧心教育核心理念下的育人方略，以立德为本，核心素养为基，聚焦学生自主力和发展力。一是滋养，以润物无声的方式对学生进行教育引导润化，直达学生内心，滋养学生生命。二是感化，通过生动的具有真情实感的教育，使童心感化，激励向上，形成学生的自觉品质。三是慢过程，以“教育是慢的艺术”为理念，在关注教育细节中，静等花开。

学校“德育理念一体化”建设突出文化育人、课程育人、体验育人和评价育人“四位一体”，润心德育一体化体系初步形成。

一、以育人文化为核心，实现润心文化建设一体化

（一）润心育人，依托办学理念

润心德育的定位源于学校办学理念“六年影响一生”以及“自己成为好孩子”的校训，选择了“香豌豆”作为学校的文化符号。香豌豆的生长有它特有的规律，成熟一个往外蹦跳一个；一株豌豆全身披着白色绒毛，好像白纱一样，象征着学生在教师怀抱中慢慢成长，在温暖中孕育、开花、成熟。三中心小学期望给予每一个孩子成长的空间、平台、机会，我们愿意看到“豆豆儿自然熟，颗颗儿在绽放”。

(二)润心育人，贯穿文化建设

为实现环境育人的目标，学校挖掘润心文化内涵，对润心文化进行整体设计、谋划，让学校处处成为润心育人场所。中西合璧的楼体文化设计，旨在让“小豆豆”们既具有中国传统文化的素养，又要有国际的视野。楼层设计的图书角，让学生品味“读书是甜的” 的阅读乐趣；鱼缸里游动的小鱼儿，学生随时“与鱼儿对话，与鱼儿诉述”；设置心理的朋辈游玩区域，形成动态的人文教育。

用润泽心灵来对学生进行文化熏陶和感染。从学生自身入手，让学生自己管理自己，着眼于学生内在的觉醒，挖掘学生的潜力，从学生身心发展特点出发，让学习成为学生自己喜欢的事，实现学习权由教师向学生的彻底转移。让学生在乐学互惠中，灵感得到激发，过程多些情趣，探究更为有效，一生热爱学习。

教师文化是润心文化的一个重要方面。学校关心和促进教师的成长和发展，营造积极向上的文化氛围，学校自创理论营造了教师积极的文化场。教师队伍的专业建设伴随

着文化的引领，职称评定中的“天长地久”理论；干群关系中的“河与岸”理论，统帅着所有教职员工的思想，进而形成校园内的文化追随和价值准则，形成了良好的校园文化形态。

二、以能力素养为重点，实现润心课程建设一体化

（一）润心育人，构建心育“三级”课程

润心德育构建心育三级课程，分为：微课程、小课程、大课程。

1. 微课程一般在 15 分钟以内，课程策略为就地采访、登台展示、即兴对话等。“香豌豆”广播站，通过生动的主题对话，对学生进行生动的教育引导。“校园展台”对话，学生可以随意与小鱼儿、香豌豆说说悄悄话， 真实表达自己的情感。通过说、评、画等不同的方式表达自己的心情和感受，培养学生乐观向上的心理品质。

2. 小课程一般在 40 分钟以内，围绕某一特定主题进行自我探究。课程策略有影片评说、欣赏评说、读后画、听后画、看后画等方法。学生通过观影、影评明辨是非、知晓道理。征集“自己来”歌谣，学生通过收集、整理、创编等形式，清楚哪些事情应该自己来，以及要做到什么样，各种形式地传唱，丰富了学生校园文化活动。

3. 大课程是 40 分钟以上大型多元专题教育，包括社会调研课、参观学访课、儿童剧社活动课、心育团辅课、心运会让学生懂得团结协作、勇往直前。心理画大赛、亲子文化衫设计大赛拉近了家长和孩子的亲子关系。心理班会课让学生亲自体验、直观感受，敞开心扉。结合传统节日开展学校传统活动，如“亲子话端午”，以及水果拼盘、蒸花糕、包饺子劳动体验活动。

（二）润心育人，构建食育特色课程

润心德育构建食育课程，主要在中、高年级开设。课程设置贴近学生生活，编写食育校本《请让我慢慢长大——食育小课堂》，针对不同年龄学生特点创设特定活动内容，通过知识链接、活动探究、实践体验、分享品尝等多样形式帮助学生认识食物、了解饮食文化，培育健康饮食习惯。

（三）润心育人，构建“四格漫画”艺术课程

润心德育在美术学科融入四格漫画，构建“四格漫画”艺术特色课程。孩子们在自己的创意世界中无限遨游，在轻松愉快的环境中学习，感受艺术氛围带来的快乐。“文明”主题四格漫画赛，“性别平等进校园”主题四格漫画展，让孩子们感受到了创作的乐趣。

三、以潜能开发为动力，实现润心体验一体化

学生的成长，既是一切教育行为的落脚点和着力点，也是学校内涵发展的最终取向。学校坚持润心教育五重方法育人：真心、暖心、精心、入心、慧心。

（一）真心，以情润心

师生相互真心尊重，教师真实地触摸学生情感、润泽学生心灵。每周的升旗讲话设定不同主题，内容充实，讲话后的互动采访、交流分享，表达孩子们的所思、所想、所感、所悟。教师节“让爱相连”活动，呈现的是教师深刻的爱。学生以各种方式表达着对老师的爱，发自内心的亲切问候和拥抱，充满感恩的优美歌声，质朴的四格漫画，师生的爱倾诉着、流淌着。

（二）暖心，以爱润心

助人助己，和谐相处，活动贴近学生，让学生感到温暖、愉悦、舒服。“大手牵小手”系列活动，采用大学生靠近小学生、大学生拉动小学生、大学生影响小学生的策略，校园内的朋辈互助，友善关爱的手拉手，促进了生生情谊，让文明在互助中传递。“豌豆荚亲子营”活动，内容贴合学生实际，学生和父母在活动中各抒己见，舒缓情绪，建立亲子链。每年亲子运动会的活动，让家校关系更加贴紧。

（三）精心，以细润心

用发现的眼睛去关注学生心理发展。学生从亲身体验、亲自尝试、亲历实践中获取真知、了解自然、加强技能。每年的心运会、歌唱节、戏剧节、读书节，周密策划、细心组织；每个寒暑假的“假期好孩子行动”精心设计；每两周一次的行为规范训练重点围绕文明课间、文明用餐等用心安排。

（四）入心，以理润心

采用通晓达理的教育方式，让规则、知识走入学生内心。在三中心小学，有这样一个与众不同的设备，那就是分贝仪。楼道里使用分贝仪来控制楼道的噪声，学生们自己看着分贝仪，自觉调控着自己的声音。“三检周一”好孩子行动，每周一升旗仪式进行“三检”活动，学生随着音乐和口号，自检、互检指甲、头型、衣服等个人卫生。学生在自检中形成内省的品质，逐渐地让自净逐步发展为自律，最终形成自觉。

（五）慧心，以慧润心

“寻美、寻香”活动，让不讲卫生、乱丢垃圾的孩子改掉了坏习惯；“文明小哨兵”训练营活动，培养各班哨兵，建立课间点位，让班级队列整整齐齐，学生自主管理成为校园主旋律。“年度好孩子评选”引领了校园文明和谐、积极向上的校风。

四、以知行合一为保障，实现润心多维评价一体化

在学校核心理念指导下，依据既定的标准，多元科学地评价学生的学习和生活状态，关注并促进学生潜能的发展。通过主动阅读、学习趋向、互惠共享、自主管理、技能发展、阳光人格六个维度评价，每学年对照不同阶段标准进行评价。达到相应标准获得达标奖章一枚，获得 1 至 3 枚奖章即被评为“三中心最具潜力好孩子”；达到 4 枚，暨被评为“三中心好孩子”称号。同时，我校学生每人都会有一份特殊的“成长档案”——好孩子存折。它以图表、文字、照片等多种方式，记录着学生的成长印迹，包括：文明

课堂好孩子、文明活动好孩子、文明用餐好孩子、文明如厕好孩子、文明礼仪好孩子等，采用储存方式，兑换“谦谦小君子”奖章。

创新的润心德育系列评价方式，规范了学生的行为，激发了学生积极进取的热情，让评价真正发挥其教育功能和激励功能，使每个学生更加热爱自己、悦纳自己、超越自己，幸福、快乐地成长为有素养的阳光文雅学生。

构建德育工作一体化建设路径，学校还在摸索尝试中，学校将不断创新方向正确、内容完善、学段衔接、载体丰富的德育一体化体系新路径，深入落实立德树人根本任务。

参考文献：

[1]伏晓玲.小学数学课堂德育创新教育研究[J].教育界,2020(49):70-71.

[2]张明珍.现代教育技术促进小学德育教育开展的实践策略分析[J].考试周刊,2020(87):118-119.

[3]杨伟.树德育人 浸润无声——浅析农村小学语文与德育教学的融合策略[J].天天爱科学(教学研究),2020(11):169.

小学中高年级爱国主义教育实践探索

吉慧
天津经济技术开发区第一小学

一、小学中高年级爱国主义教育的价值意义

《中小学德育工作指南实施手册》有小学第二学段（中高年级）爱国主义教育学段目标的相关表述，即养成良好行为习惯。《指南》指出，在小学中高年级，学校要引导学生了解家乡、了解国家历史、了解中华优秀传统文化、了解党的历史革命传统。让学生积极参与社会生活，将学生公民意识教育与良好生活和行为习惯养成教育结合起来，引导学生在参与各种学习和生活活动中养成良好的习惯。

根据皮亚杰道德发展理论，小学中高年级的学生处于自律或合作道德阶段(8—10 岁）和公正道德阶段（11—12 岁）的过渡阶段。这也就意味着，此学段的学生正从“依据判断行为动机，区分是非”的阶段走向“出于真正的同情和关心，并能够把国家利益和民族利益联系在一起来实现思想上的自律”阶段。因此，这个阶段的学生可以通过了解国家历史常识和光荣革命传统来形成规则意识、民主法治观念，培养学生的爱国主义精神，增强学生的国家认同，实现道德自律。这不但有助于培育和践行社会主义核心价值观，引导学生知行合一，更有助于实现学生实现向思想自律的道德发展阶段过渡，自觉形成爱国情感，树立民族自信。

二、小学中高年级爱国主义教育的实践现状

（一）爱国主义教育要素仍需挖掘

学校是进行爱国主义教育工作的主阵地，教师是落实爱国主义教育的主体。因此，挖掘爱国主义教育要素需要学校引领和教师自主挖掘两个层面的主体合作完成。爱国主义教育要素的范围很广，如升旗仪式、少先队活动、课程中的爱国主义要素和重要节庆日、纪念日等。立足于学校层面，爱国主义教育停留在每周一次的升旗典礼、少先队活动等，辐射全员，但要素渗透不够细化。立足于教师层面，教师未接受过系统的爱国主义教育培训，只能靠自学自悟来发掘学校生活中的爱国主义教育要素。虽然有针对性，但是教师能力素质参差不齐，存有挖掘要素不到位、不深刻的情况，实施也相对浅显、流于形式。

（二）爱国主义教育实施主体有待联合扩大

当下，科任教师错误地认为班主任（大队辅导员）才是爱国主义教育的实施主体。一方面，在班主任进行相关活动时，班主任与科任老师之间缺乏沟通，没有形成合力对学生实施爱国主义教育。另一方面，科任教师只是在自己的课堂上根据教学内容渗透爱

国主义教育要素，缺乏参与班级活动的思想意识。如此，导致爱国主义教育的实施主体主要是作为大队辅导员的班主任和道德与法治课教师。

（三）爱国主义教育实施路径仍需拓宽

班主任作为大队辅导员是实施爱国主义教育的主体。除了日常的升旗仪式和少先队活动外，班主任可以通过自己的课堂教学来渗透爱国主义的相关精神，还可以通过主题班会来培养学生的爱国主义情怀，更可以用课余时间来潜移默化地加强学生的爱国主义观念意识。目前，教师工作任务繁忙，在实施爱国主义教育时，并未充分利用和把握一切爱国主义教育契机和路径，人为地导致爱国主义教育实施路径窄化。

三、小学中高年级爱国主义教育的具体实践

（一）立足教材适时开展语文活动

爱国主义教育不但要挖掘教材中的显性和隐性爱国主义要素，而且还要将课堂所学融入并延展到课外活动中，以加强学生对爱国主义精神的深层次感悟。

1. 开展飞花令活动过渡或延展课内知识

小学中高年级的语文教材内容会随着年级的升高，对学生文本理解和感悟能力提出更高层次的要求。当涉及爱国主义教育要素时，学生理解起来会比较吃力。因此，教师可以通过巧妙的活动设计来帮助学生感悟爱国精神。

以语文统编教材四年级上册第七单元为例，这一单元的单元主题是“家国情怀”，其中有《出塞》《凉州词》《夏日绝句》三首爱国主题的诗词。第一首古诗是唐代诗人王昌龄的《出塞》，学生理解起来有一定的难度。教师若直接根据课程的知识性内容进行教学，没有爱国主义教育要素的渗透和现代的延伸或拓展，学生就很难体会当时诗人的心境和爱国情怀。为确保学生能够在课堂上准确理解并感悟“家国情怀”，教师可以在讲授新课前，组织学生开展边塞诗飞花令活动。教师可以提前布置给学生，准备边塞诗的飞花令，在达到一定的积累程度后，利用综合语文课堂开展边塞诗飞花令，感悟诗人们的爱国主义情怀，从而当学到《出塞》时，也就能更容易体会诗人希望边关能够巩固、国家安全与统一能够实现的心情。

如此一来，学生通过自主积累的方式，既感受到了中华先祖保家卫国的气魄，又为后续的学习做了较好的铺垫。

2. 设计综合实践活动来学习中华优秀传统文化

中华传统文化是中华民族的瑰宝，是中华文明发展与传承的见证。教师可以运用现代信息技术，搭载信息化平台，设计语文综合实践闯关赛，将课内外中华传统文化知识灵活呈现，以此寓教于乐，并培育和引导学生热爱中国传统文化，激发爱国主义情感。

以三年级下学期的线上教学为例，教师可以设计趣味性极强的线上综合实践挑战赛，来保证学生居家学习的自觉自主性，来调动和激发学生学习民族传统文化的积极性。统编教材三年级下册的语文教材中，学生学习了与二十四节气相关的古诗《清明》，因此教师可以以此为基点，发挥学生的主观能动性，自主对二十四节气的相关知识进行整理，最后汇总给老师。老师再根据学生自主整理的知识进行梳理、校对后，结合不同的卡通

元素和动画效果，设计成有趣的综合实践闯关赛，既调动学生汲取中华传统文化的主动性，又在游戏中升华了学生的爱国情怀。

3. 组织朗诵或演讲活动引发学生爱国情感

在充分挖掘语文教材中爱国主义教育要素的基础上，教师还可以组织学生依据所学内容开展朗诵或演讲活动。如此一来，学生可以在朗诵或演讲的过程中抒发自我的爱国情感，同样还可以领略到祖国各地美丽的风光，激发学生热爱祖国大好河山的思想感情。

以语文统编教材三年级上册第六单元为例，这一单元的组合体是“祖国河山”，在学习课内编排的四篇课文后，教师可以引导学生依据课内拓展到课外，整理、交流有关祖国的大好河山的资料。通过“讲一讲”“演一演”“诵一诵”的形式，抒发对祖国的赞美与深情。

（二）发掘文化时节内涵组织主题班会

爱国主义教育要善于发掘、激活重要节庆日、纪念日的时节文化内涵，使革命传统和优秀文化薪火相传，成为爱国主义教育的丰厚滋养。

1. 紧握爱国主义教育契机，培育“四有好少年”

中国历史上每一抹光辉的印记，都是对学生进行爱国主义教育的优质资源。教师可以通过紧握诸如“九一八纪念日”“抗美援朝胜利纪念日”“我们的节日”（春节、清明节、端午节、五一劳动节、建军节、建党节、中秋节、国庆节）等国家记忆和民族文化的爱国主义教育契机，来加强学生对祖国和民族更深刻的了解和热爱，来潜移默化培养他们积极进取、善于开拓的精神，从而让爱国主义教育立足长远，面向未来。

2. 活动感悟爱国主义精神，致敬缅怀革命先烈

教师需要通过循循善诱、步步升华的活动设计来引导学生感悟英雄的爱国精神和激发学生的爱国情怀。小学中高年级的学生很难做到全面了解每一份历史记忆的点点滴滴，因此教师需要引导学生聚焦英雄事迹，聚焦抗战的关键人物来帮助学生感悟爱国精神。如在“纪念抗美援朝胜利 70 周年”的主题班会上，学生通过讲述舍身堵枪眼的黄继光、在烈火中永生的邱少云，来聚焦感悟志愿军战士的爱国主义情怀。

3. 升华爱国主义情怀，有效发挥活动的延展性

在爱国主义教育活动中，道出自我心声，是学生感情升华的关键步骤。全国人民齐心协力抗击疫情，能够全然激发学生的爱国情感，并从思想上和现实中引领学生力做四有好少年。班会结束后，可以引导学生以周记的形式记录下班会活动的所得所感，可以用书信的形式写下寄语，可以制作精美的手抄报，可以自行成组朗诵对伟大的祖国予以讴歌。如此一来，一次爱国主义教育活动的延展性便有效发挥。

（三）师师合力开展学科融合活动

在日常教育教学活动中，班主任、科任老师都是爱国主义教育的实施主体。其中，班主任可以和科任教师中的道德与法治教师在沟通协调后，合力开展爱国主义教育活动。培养学生的家国情怀是中华传统文化教育的一部分。

在培养学生家国情怀方面，小学中高年级的主要内容是：了解中华民族的历代仁人

志士为国家富强、民族团结做出的牺牲和贡献；知道重要传统节日的文化内涵和家乡生活习俗的变迁。以三年级下册《道德与法治》教材中的第二单元为例，这一单元主题是“我在这里长大”。语文教师完全可以与道德与法治老师强强联手，可以组织“我的家在这里”“请到我的家乡来”等朗诵或演讲活动，也可以组织画展，来展示家乡的自然风光和人文历史。从前期准备到后期展示，学生自然会在这个过程中受到潜移默化的熏陶和感染，更加了解家乡和祖国的文化，有助于学生增强家乡认同感和祖国认同感，从而树立民族自信。

四、结语

作为一名教师，要时刻牢记“传道授业解惑”的初心使命。一方面，在学懂、弄通、做实习近平总书记各种讲话精神的基础上，通过主题班会、交流发言、手抄报等丰富多彩的教学载体，原原本本地、全面深入地、生动形象地呈现出学生所感，充分激发学生们了解历史、感悟历史的积极性，有效调动学生们以史为鉴、见贤思齐的主动性，切实达到促进孩子们成长、成熟、成才路上永放光芒的活动育人效果。另一方面，更要在紧贴教学工作实际上下大气力，认真思考如何将伟大的光辉革命传统和中华传统文化融入活动设计、落实到活动过程，并进入学生的头脑中，从而实现爱国主义教育的润物细无声。

参考文献:

[1]教育部基础工作司.中小学德育工作指南实施手册[M].北京：教育科学出版社,2017：21.

[2]赵红莉.皮亚杰道德认知发展理论对小学德育的启示[J].当代教育理论与实践,2015,7(11):16-17.

新媒体背景下小学“红色之旅”实践活动对策研究

高亚君
天津市辰风小学

随着2017年8月教育部《中小学德育工作指南》的颁布和实施，各地中小学红色德育的开展也进入一个新时代，围绕理想信念教育、社会主义核心价值观教育、中国优秀传统文化教育等方面，不少地区结合当地红色文化资源，涌现出一批先进教育典型。[1]新媒体时代改变了人们的生活、学习、思维方式，利用新媒体技术不仅实现了红色资源共享，而且使我们足不出户就可以参观到各种红色基地。在新媒体背景下，传统德育课的教学方法对新时代小学生早已不适用，只有不断创新才可以增加课堂的趣味性，达到以学生为主体的目的。

一、“红色之旅”实践活动的意义

红色文化在小学生中传播离不开德育课的开展，然而思想政治教育是以实践为基础发展形成的应用性、目的性很强的学科，由此可见“红色之旅”实践活动在小学德育课堂中占有重要地位。“立德树人”是小学德育课重要任务，将红色精神引进校园，引导学生自觉学习红色文化传承红色基因，系好人生“第一粒扣子”，将红色文化融入教学中，“红色之旅”实践活动的有效开展对小学生有着重大的教育意义。

（一）传承先辈精神，树三观

由于时代的变迁，西方文化在中国的大量输出，导致很多少年儿童对红色文化产生片面的认识，有意无意淡化了红色文化的意义和作用。开展“红色之旅”实践活动让学生感受革命先辈为了中国革命抛头颅洒热血的红色精神，铭记他们为了实现共产主义事业前仆后继的英雄气概，学习他们为了劳动人民勇于献身百折不挠的艰苦奋斗精神。“红色之旅”实践活动凝聚人们的思想共识，也促进人的全面发展，调动人们的主动性和创造性；对塑造小学生的世界观、人生观、价值观有着重要意义。

（二）感受红色记忆，立理想

习近平总书记强调“青年是祖国的未来、民族的希望，也是我们党的未来和希望”，因此，从小学时就要培养学生树立坚定的理想信念。感受红色记忆，怀揣着坚定的理想信念坚定不移地跟着中国共产党走。“青年如果没有理想信念，精神上就会‘缺钙’，就会得‘软骨病’”，以理想信念教育为重要内容的青少年品德培养关系到民族的复兴和国家的富强。“红色之旅”实践活动引导激励学生了解红色道路，走到实践中去，亲身感受红色精神，解读体会民族精髓，从而树立远大理想，为人民幸福生活而奋斗。

（三）领略祖国强大，报华夏

环境影响是无形的，也是巨大的，现在便利的生活让孩子很难想象革命时期物资匮乏情况，也很难做到为他人着想无私奉献。“红色之旅”实践活动带领学生感受先辈踏雪山过平原的长征精神，体验飞夺泸定桥勇往直前无所畏惧的牺牲精神，领略休戚与共团结御侮的团结精神。从实践活动中可以让学生看到中国人依靠着坚定信念创造出一个又一个中国奇迹，从而树立远大理想报效祖国。在实践活动中学生看到先辈的艰苦不易，更加好好学习，珍惜现在来之不易的生活，回馈社会，怀着感恩之心报答国家。让学生在“所思所闻”中反思自我、学会感恩、树立社会责任感，报效祖国。

二、“红色之旅”实践活动的现状与结论

改革开放后人们的物质生活得到极大的改善，“红色文化”热由此兴起，“红色之旅”的推出正顺时而生，红色文化资源遍布中国，这些是中华民族文化不同时代的锤炼和提升，小学生利用“红色之旅”开展德育教育的现状值得研究，然而目前对“红色之旅”研究较少。为此，笔者通过问卷进行了随机抽样调查并总结。调查概况如表 1：

项目 名称	有效问卷	发放问卷	回收问卷	有效回收率
小学教师	228	240	235	95%
小学学生	598	650	632	92%
学生家长	497	530	513	93%

表 1 问卷调查概况

1. 资源丰富提供传播基础

中国共产党带领广大劳动人民取得抗战胜利，解放全中国。他们在途经的地方谱写了一首首壮烈豪迈的红歌，也留下了丰富的红色资源。红色基地是中国文化的重要标志，承载了丰富的红色资源，是中华民族精神的宝贵源泉，也是对小学生开展党史教育的生动教材（如表 2）。

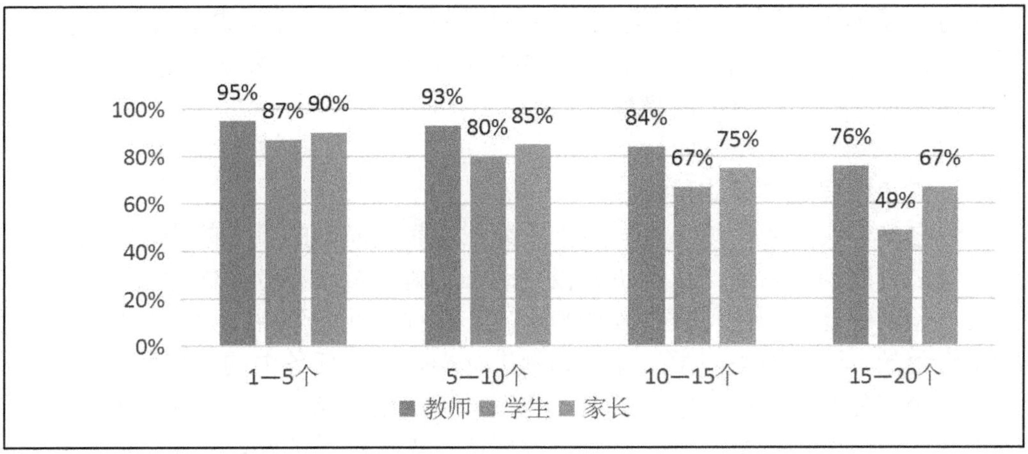

表 2 了解红色基地数量

表中 85%以上的教师、学生、家长都可以说出 1-5 个红色基地，有 67%的学生可以说出 10-15 个红色基地，67%的家长可以说出 15-20 个红色基地，由此可见我国红色基地资源丰富，红色文化传播已经深入人心。据统计，我国现有国家级的爱国主义教育基地 200 多个，还有各地市教育基地，烈士陵园、纪念馆、伟人故居数不胜数。这为“红色之旅”实践活动奠定了基础，然而天津红色基地却寥寥无几，如周邓纪念馆、平津战役纪念馆、盘山烈士陵园等，处于郊区的学校去进行实地参观十分不便。虽然我国红色资源丰富，但是个别地区进行“红色之旅”还存在困难。

2. 理念方法陈旧遭受质疑

“红色之旅”理念方法过于陈旧，一味讲解过于片面，小学生并不能深入理解，缺乏传统与时代的结合、主导与主体的适应。认为“‘红色之旅’实践活动枯燥无味”的教师、学生和家长分别占 68%、75%、71%。认为“教育方式单一”的教师、学生和家长分别占 56%、67%、71%。认为“没有结合学生年龄、心理特点”的教师、学生和家长分别占 64%、67%、73%。由此可见，目前“红色之旅”实践活动在内容上缺乏新意和对不同年龄段梯度递进；在形式上缺乏多样性和体验感，只是浮于表面；方法上仍然是单纯说教填鸭式教学，没有时代性和针对性。

3. 现实矛盾过多传播受限

调查表明，认为“‘红色之旅’存在安全隐患”的教师、学生和家长分别占 56%、42%、67%，参加的人员过多场地较小，旅途中乘车问题、就餐问题对于低年龄段学生都存在着一定的安全隐患，部分家长并不支持“红色之旅”实践活动。有 67%的教师、64%的学生和 70%的家长认为“应试压力较大，缺乏有效活动时间”。由于条件的匮乏、时间的缺失、安全得不到可靠保障等现实矛盾，使“红色之旅”面临种种阻碍。

三、“红色之旅”实践活动的对策创新

传统的“红色之旅”实践活动仅是单纯的参观红色基地，学生听讲解员讲解，对于小学生来说并不能身临其境，实践效果并不能达到寓教于乐的效果。因此，顺应时代潮流响应党的号召结合新媒体技术上好“红色之旅”实践活动迫在眉睫。“红色之旅”实

践活动举办的是为了达到让学生感受先辈精神，学习先辈吃苦耐劳无私奉献进而好好学习报效祖国的教育目的。所以实践活动不必拘泥于到红色基地参观。笔者将为“红色之旅”实践活动提出以下几点创新型建议：

（一）红色编程追寻英雄足迹

“红色之旅”实践活动绝不能满足于单纯的说教及简单的事实的描述，而应把学生作为主体晓之以理动之以情，让学生积极主动去了解去发现。针对偏远校区不能到红色基地亲身体验的缺憾，利用科技手段如 Scratch 编程软件让学生按要求完成项目。整个路线图由红色景点连缀而成，学生遵循脚本进行操作，让任务中的小红军按路线图从起点移动到各个红色景点。比赛中孩子们专注每一个红色景点，重温革命先辈们走过的路线，寓教于乐中学生们自主自发去探索去发现革命先辈走过的路，乐于了解红色文化，追寻英雄足迹，与此同时也提升了学生的编程能力，提高了学生的思维能力与专注力。

（二）微视频感悟英雄光辉

“微视频”已经成为新时代异军突起的新的传播方式，各大微视频平台层出不穷，影响着人们的生活。微视频集文字、动画、声音为一体，操作性强、成本低，形象生动。[2]微视频成本低廉操作简单，为了增强学生的社会实践能力，让学生深入了解红色文化，学校可以组建培养一支小红军讲解员队伍录制微视频。一位位小红军在假期时间去红色基地参观录制讲解微视频，避免了大量学生聚集。微视频的整合制作可以让学生获得参与感，克服传统教学中教师只是利用 PPT 口头讲解的弊端。小红军讲解员可以改变生硬的导游词，用童谣、歌曲、朗诵等学生喜闻乐见的方式呈现出来。学校可以举办我是“红军讲解员”微视频征集大赛，将优秀的微视频通过“红色长廊”分享给每一位学生。微视频的录制避免了导游员枯燥无趣的讲解，小伙伴给小伙伴讲解更具有同理心，学生也会主动去了解，认真去倾听英雄的光辉事迹，使“红色之旅”实践活动达到事半功倍的效果。

（三）红色基地领略英雄风采习近平曾指出：理念创新，就是要保持思想的敏锐性和开放度，打破传统思维定式，努力以思想认识新飞跃打开工作新局面。[3]学校可以构建自己的红色基地，利用 AR 技术建设“红色长廊”。AR 技术能够打破地域限制改变传统 2D 课堂体验，不再是平面的图书或者黑板内容呈现。而是利用平板电脑或者手机观看 3D 立体图像，生动直观地将学生带入红色基地参观，有助于学生的理解和记忆，成本也相对低廉。让学生处于真实的情境体验中，从“要我学”转变为“我要学”，学生会主动去了解革命时期英雄们的勃勃英姿，将“红色之旅”实践活动落到实处。

（四）小小旅行传承红色精神

小学生作为社会主义未来的接班人，了解革命先烈为现在人们幸福生活做出的巨大贡献后都想为国家贡献自己的力量，教师的正确引导就显得尤为重要。作为德育课程的实践活动还是要把教育落到实践中去。学校举办“小小旅行团”活动，鼓励引导孩子去附近的老年活动中心，关心老人，为老人做力所能及的事情，传承红色精神。学生将自已了解的红色文化通过歌曲、小品、朗诵诗歌等形式表演给老人，老人将自己知道的红色事件讲述给我们的“红领巾”。一老一少，一新一旧，都通过自己的方式来传承红色精神。

四、结语

总之，新媒体时代“红色之旅”实践活动的创新是时代的要求也是社会的需求，只有将实践活动落到实处而不是浮于表面才可以让学生在活动中感受红色精神、弘扬红色精神。只有全社会共同努力才能推动小学红色德育的发展，进一步深化学生的爱国主义精神，为学生树立正确的三观，提升学生的综合素质，培养社会主义接班人和建设者。

参考文献：

[1] 中华人民共和国教育部. 中小学德育工作指南[z]. 2017-08-17.

[2] 朱小蔓.情感教育论纲[M].北京：人民出版社，2007：65-66.

[3] 牛通达. 视频在教育教学中的应用研究[D].石家庄：河北师范大学，2015.

小学思政课教学的现状及思考

信艳
天津市北辰区王庄小学

一、小学思政课现状

1. 思政教师队伍不够强

习近平总书记在学校思想政治理论课教师座谈会上重要讲话中提到，办好思政课关键在教师。通过思政课落实立德树人根本任务、培养民族复兴大任的时代新人，需要思政课实现应有的价值，这就离不开思政教师队伍自身的素质和水平。关于小学道德与法治课，要注重研究怎么将知识、价值观传递给学生，若教师没有相应的储备，内心惶恐，更不要提用自身自信的魅力去感染学生。这并不是一个人的问题，而是作为兼课教师们共性，也是急需解决的问题。

2. 课堂教学内容过于单一

教材内容贯穿整堂课。一般情况下，思政教师都会以教材上内容作为课堂讲授主要内容，直接给学生，不进行知识点的延伸、知识的重组与整合，这样教学效果并不理想。无论是哪科教材，作为教师都应该根据本班学生实际情况，选择恰当切入点与适合丰富的知识。这些知识应该来源于学生的日常生活，教师在课前对选择内容进行合理设计，无论是补充、整合还是重组，其目的都是让教学效果最大化。也可以提前布置搜集资料的任务给学生，提高学生的参与程度，提升自主探索能力。但是，目前思政教师多是兼任，精力有限，多是按照教学参考内容和教材来讲授课本知识，没有对教材设计意图进行思考以及进行知识的补充、整合，没有从学生实际情况出发，这也是思政课教学效果不好、教学效率低、学生缺乏兴趣的原因之一。

3. 课堂教学方式不充实

在思政课堂上，教师主要以教材内容和教学参考为讲授内容，没有过多思考与整合，缺乏对德育内容的深入教育，而且，思政课教师课堂上对现代科技，即多媒体的使用率很低，趣味性、拓展上都不容易提高学生的兴趣。思政课堂还未真正感受到多媒体教育技术的优越性。思政课课程内容有很强的实践性，教师考虑学生的安全问题，本该采用实践形式的教学内容基本上都不组织，改为讲授课，讲授课堂上为达到良好的课堂秩序，减少小组辩论、小组讨论、角色扮演等活动形式，没有充分体现学生在课堂上的学习主体性，学生的积极性较低。

4. 学习方式缺乏有效指导

课堂有效教学的实现，学生的学习方式很重要。学生作为教学活动的主体，其学习方式直接影响着教学效果。因此，教师需要对学生的学习方式进行有效指导。道德与法治课程的开设，不仅要对学生进行道德教育与法治教育，还需要为学生提供自主学习的平台，以此提高学生的实践能力，为学生提供如何正确面对问题，形成正确的世界观。

二、思政课堂有效教学的思考

1. 切实开展思政教师队伍培训

首先，按照标准选聘政治要强、情怀要深、思维要新、视野要广、自律要严、人格要正的教师。思政教师对自己所讲的理论高度认同，才能讲得有底气，讲深讲透。政治引导是思政课的基本功能。强调思政课的政治引导功能，并不是要把课讲成简单的政治宣传，而要以透彻的学理分析回应学生，以彻底的思想理论说服学生，用真理的强大力量引导学生。其次，思政教师配齐。现在面对超编制的问题再谈思政教师队伍配齐确实是困难的，可以在本校的兼职教师中选出刚才提到的几个要求比较符合的教师专任思政教师，再进行培训、学习，使他们专职化。最后，加强专业性知识的培训。要有针对性地提供学习的资料或是学习相关知识的范围，进行有“干货”的培训，让思政教师切实学到可用的技能，掌握足够的知识，在不断的培训和学习中也能逐渐成长为一名比较专职的思政教师，也能够从容地上一节思政课，给学生的心灵埋下真善美的种子，引导学生扣好人生第一粒扣子。

2. 资源整合，丰富课堂教学内容

课堂教学最主要的资源就是教材，教材的内容都是经过研究、合理安排的知识点，在精不在多，教师拿到教材不仅要根据学生实际情况，知识点内容进行分析，构思上课所授内容还要进行适当的补充以及整合。

在拓展的时候，我们教师应注意以下几方面：（1）结合实际生活，合理利用教材作为师生沟通的工具性，组织学生学习主题内容，最大程度地调动学生的学习兴趣，以学生说、讨论、分析、判断为主，只要不偏离主题，有各自的道理即可。（2）根据学生实际情况，将教材中话题的留白处进行有效处理，达到教材设计目的初衷，体现它的价值。（3）整合的资源中有来源于网络的，我们进行真伪辨别，不能拿来就用，最好选择官方的信息，或是有可靠来源的内容。

3. 与时俱进，提高课堂效率

时代发展，科技进步转变了教学方式，多媒体教学拓展了教学深度与广度，提升了教学效率。教师在教学中使用多媒体教学要切实符合教学主题，符合学生实际，避免过多炫目却无实际作用的内容与效果，应最大限度地发挥多媒体教学的作用，提升教学效果。

4. 转变教学理念，提供探究空间

俗话说：授人以鱼不如授人以渔。在教学过程中，教给学生有效学习的方法，比教给学生学习内容更重要，学生只有真正掌握有效的学习方法，学习的效果才会得到显现。因此，思政课教师还需要重视教学理念的转变，重视学生基础知识的掌握。学生获得有效学习的思维方式，需要教师有新方法、新理念，不断进行教学方式的创新，引领学生自主学习，展现学生在学习过程中的主体作用，为学生创造思维发展的机会，从而提升学生思考能力与自主学习能力。需要注意的是，教师在对学生进行指导，营造良好学习氛围的同时，要把控好课堂质量，明确学习主题，师生分工明确，指导学生搜集资料、

进行思考、总结与讨论。接近学生学习能力的知识点，教师可以给学生探究的方法后，放手由学生自主学习与思考，提升学生自主学习能力。

三、结语

思政课是落实立德树人根本任务的关键课程，思政课作用不可替代，思政教师队伍责任重大。因此，对思政教师队伍要高度重视，选择合适的人提供学习和培训的机会，并不仅仅是部分人的提升，而是全面的全范围的，真正让思政教师队伍强大起来。

一个有思想有温度的思政教师，在课堂教学上一定会下功夫，让自己的课产生相应的价值，把最美的声音传递到每个孩子的心里，滋润他们的成长。无论是采用沉浸式教学、体验式教学还是互动式教学，思政课教学的基础都必须围绕学生的实际情况开展，教学方法的选择要符合学生实际，不要过于追求新颖与独特。作为教师，指导学生进行有效学习，自身更要不断学习与思考，更新教育观念与思维方式，采用多种方式优化教学内容、教学环境与教学过程，以此提高思政课的教学质量，提高同学们对思政兴趣和热情。

新时代小学家访现状分析及解决对策探究

李金凤
天津市北辰区南仓小学

随着素质教育的不断推进,以人为本的理念逐步深入人心,家庭、学校、社会普遍希望构筑和谐高效的家校关系、师生关系,以利于学生的全面发展。家访是学校教育的延伸,是家校联系的重要途径,对于构建和谐的家校关系、融洽的师生关系，提高教育质量，促进学生健康发展，具有积极而重要的价值和意义。因此,家访被各界寄予厚望。然而，随着现代生活节奏的加快,伴随电话、微信、钉钉等现代化通信方式的出现,家访面临着挑战。

一、新时代小学家访的现状

作为学校的一名一线德育工作者，为了强化家校沟通，更好地发挥家校育人合力作用，促进学生更好地发展，保证家访工作的有效开展，学校面向教师、家长和学生分别开展了问卷调查。通过调查问卷和面对面交谈的分析，归纳出了我校目前家访现状存在的问题。

（一）家访形式单一

随着现代化通信手段的不断进步和推进普及，学生和家长都具有了新的特点。教师走进学生家庭了解学生情况的促进家校合作的传统家访手段也受到了冲击和影响。调查问卷中关于教师走进学生家庭进行家访的比例为 5%，通过电话沟通的为 40%，通过家长微信群、钉钉群等沟通的比例为 45%，利用放学家长接送孩子的时间段进行面对面简单沟通的比例为 10%。由此可见，教师进行家访的形式绝大多数局限于通过电子设备的即时通信来完成，面对面交流极少，而走进学生家庭了解情况的几乎没有。

（二）家访的学生对象不全面

根据调查问卷结果显示，教师进行家访的学生中，“问题学生”占比 80%,优秀学生占比 15%,中等水平的学生占比 5%，也就是说一般只有学生出现问题了，教师才会与家长进行沟通，了解学生情况。比如，学生没有完成作业，学生在校期间没有遵守学校纪律，课堂表现差，课间与其他学生发生口角，学生在校期间突发身体不适等，诸如此类问题出现后，教师才会采用电话或微信沟通的家访形式与家长取得联系。而表现优异或者并没有发生问题的学生，教师一般情况下不会主动与家长取得联系。

（三）教师家访内容片面

根据调查问卷结果显示，教师家访的内容大多集中在学生学习成绩、行为习惯和思想动态这三个方面。教师与家长沟通时也多是提及近段时间学生课堂表现不佳，懒散懈怠，导致学习效果下降等等。然而，很多时候学生所表现出的这些表象的问题，大多是因为学生缺乏自主学习的内驱力或者是没有对自己的学习进行良好的可行性规划，导致学生浑浑噩噩，得过且过，而这些都没有在教师家访解决问题的范畴内。

（四）教师对家访工作重要性认识不足

通过与学校教师的交谈，了解到教师不重视家访工作。个别教师认为家访是班主任的事情，与科任教师无关；也有一部分教师认为家访无疑是增加了教师的工作量，使教师产生了更大的工作压力和心理压力。由此可见，部分教师对家访工作的重要性认识不足，没有意识到了解学生、帮助学生全面健康成长不仅是班主任的事情，不仅是所谓的语数外主科教师的事情，而是所有任课教师共同的任务和责任。紧张而繁杂的在校学生工作确实已经使教师感到疲惫，但是利用课余时间甚至是休息时间进行家访，确是我们为人师者的责任和义务，只有通过与家长的沟通交流我们才能更好地了解学生在家的表现，了解学生产生问题背后的原因，进而对学生有全面的了解。

（五）家长和学生的不配合

根据调查问卷的结果显示，大部分学生和家长还是希望被老师家访的，他们认为这是教师关心孩子的一种表现。也有一些学生和家长不太希望老师家访，这部分孩子大多有自身原因。在交谈中得知，这部分孩子大多是学习状况不良，不愿意接受老师家访；也有一部分学生是由于家庭因素，比如单亲家庭、父母不和睦，又或者是家庭经济状况不太理想，这部分孩子或多或少会产生一些自卑心理，不愿意他人了解自己的家庭状况。也有一部分家长认为教育孩子是老师的职责，孩子在学校里表现不好就应该由老师负责，而不是老师找家长。

二、产生现状的原因分析

（一）家访制度不健全

虽然学校制定了家校沟通的相关制度，但是方案比较笼统，不够详尽。只是对教师的家访做了一些要求，比如，每学期不得少于多少次家访，每次家访都要留存哪些资料等等。并没有要求教师对自己的家访工作制定相应的具体方案和措施，而教师往往更像是完成一项任务，没有任何的计划和针对性以及目的性。学校方面也没有相应的跟踪考核和监督措施。这就使得家访工作流于形式化，并没有真正起到沟通学校和家庭的桥梁作用。

（二）教师对家访的认识存在偏差

根据调查问卷显示，一是很多教师都认为学生没有出现“问题”就没有家访的必要，造成家访工作不能覆盖全体同学；二是有些教师认为家访或者对于学生进行学科知识之外的教育是班主任的事情，没有积极主动参与到家访工作中来；三是部分教师认为现在通信技术如此发达，没有必要进行面对面的家访；四是部分教师认为家访增加了自己的工作量，心理上有抵触情绪。

（三）家访效果不理想

教师开展家访工作一方面是学校工作的要求，一方面是学生出现了“问题”，在这种情况下，家访的核心问题也就围绕着学生的在校学习成绩、课堂表现、思想状态等方面展开。对于一二年级的低段学生而言，绝大部分家长还是十分配合教师家访的，因为孩子刚刚入学，家长对孩子抱有很大的期望。在家长和老师的共同努力下，低年级的学生家访后一般都会有比较好的改观；而对于三四年级，甚至五六年级的中高段学生来说，由于学生的学习习惯、生活习惯、性格等各方面都已经有所定性，积习难改，所以即便是教师家访后能有好的转变，这个良好的转变也不会持续太久，更有甚者会出现“5+2=0”的现象，使老师们的辛苦付出付诸东流。另外，有不少“问题”学生的背后是“问题”家长，有部分家长认为这些都应该是教师的工作，作为家长将孩子送到学校，就该由学校老师负责，认为教师总是联系家长，打乱了家长的工作和生活，是教师在推卸责任，将工作转嫁给家长。在家长的抵触不配合下，家访的效果可想而知。

三、高效家访的对策探究

（一）建立健全家访制度

为了加强学校与家庭的沟通，增强家校联系，更好地发挥家校共育的合力作用，促进学生全方位更好地发展，学校应该制定更加全面的家访制度。可以从以下几方面着手：

1. 明确家访对象全覆盖，重点关注特殊群体

教师应该对全体学生进行家访，而不是只针对“问题”学生，同时对存在学习困难、思想心理波动、行为习惯不良或者家庭情况特殊等的特殊群体学生应该给予更多关注。

2. 明确家访责任人全员参与

明确全体教师参与家访活动，学生在不同科目课堂上的表现不同，所以不同教师对同一名学生的认识和评价也会有所不同，鼓励全员参与家访能够更全面地了解学生，从而更加有利于发现学生的闪光点，帮助教师更好地因材施教，更加有利于学生的健康成长。

3. 明确家访工作要求

教师在进行家访之前要精心准备，明确家访的目标和目的，有计划地预设如何与学生和家长进行有效的沟通，在交流过程中尽量减少对学生的“控诉”，拉近与学生、家长的距离，尽可能多地让学生和家长参与到交谈中来，增强三方的互动和交流沟通，通过学生和家长的自述及交谈梳理出学生的问题和特点，达到有效沟通。同时对于学生的不同问题给予精准的帮助。

4. 实行追踪机制，巩固家访效果

学校要把家访作为一项常态化开展的工作，家访不是一次性的简单工作，更不能奢求一次家访就能解决问题。家访成果能否有效落实到教育实践中去，需要教师持续的后续追踪观察和及时整改。如果出现问题，教师还要思考分析问题出现的原因，改进工作方法，定期与家长沟通，督促其改善家庭教育的方式方法，以期为学生的健康发展保驾护航。

（二）正确看待家访的目的意义

通过培训、学习等方式使教师增强对家访重要性的认识，同时通过宣传讲座等方式改进家长和学生对家访的不良抵触情绪，使三方达成共识——家访是沟通三者之间的桥梁，通过家访更能增进三者之间的相互了解，更好地促进学生健康成长。

（三）丰富家访的形式

新时代下我们要根据学生的实际情况，拓宽自己的家访形式。传统的走进学生家庭的家访形式在必要情况下仍然要实施，走进学生家庭，根据观察到的家庭生活学习情况，与家长面对面交流，更能够真实反映出学生的问题，一个孩子在校表现的背后往往隐藏着行为习惯形成的真正原因，有利于教师“对症下药”；新时代下便捷的即时通信也为家访工作提供了便利，在传统家访不方便的情况下通过家长群、电话沟通，能够快速地与家长取得联系；对于一些突发的问题，教师也可以利用家长放学接孩子的时间与家长进行简单的沟通，既能及时解决问题又能当面交流；新时代下面对紧张快节奏的工作和生活，家长可自由支配的时间也相对较少，学校可以通过创建家长云课堂直播或录播家庭教育知识讲座的形式，提高家长的育儿水平，助力家访成效；亦可以有效利用家长的职业特点，将家长请进学校担任家长学校的讲师，充分调动家长参与的积极性，提高家访的实效性。

参考文献：

[1]王安. 分析高中教师家访实效性问题及其对策[J]. 新课程导学，2017(27).

[2]马国辉. “新媒体”时代背景下家校合作机制探索[J]. 曲靖师范学院学报，2017(5).

新形势下武清区中小学实践育人建设探索反思

古振山
天津市武清区河西务中学

习近平总书记在全国教育大会和学校思想政治理论课教师座谈会上对加强和改进学校思想政治工作、提升学校实践育人工作水平做出了重要指示。提高实践育人实效性、充分发挥学校思政课作用将是学校工作的重要组成部分。本文针对实践育人方面存在的不足，就我区中小学实践育人建设的一些具体做法进行反思与探索，希望在加强和改进我区中小学实践育人建设工作中发挥一定积极作用。

一、当前我区中小学实践育人建设存在的问题

1. 学校、家庭和社会就实践育人工作意识淡薄，并没有形成三位一体衔接。

由于种种升学压力，在考试评价及招生录取政策带来的固有指挥棒下仍然存在重成绩轻能力、重学习轻实践、重智育轻德育等问题。家长望子成龙，希望孩子能够上更好的学校，而上好学校取决于在小升初、中考、高考的分数，这样使家长并不重视孩子的实践素养和多方面能力水平的提高。而教师面对考核、职称的评定等限制，往往把更多精力放在学生学习成绩的提高而忽视实践育人建设的重要性，或者把实践育人工作当成一种任务而被动消极接受。此外社会多方面忽视与学校多管齐下加强对学生实践育人方面的培养，认为孩子的教育就是学校和教师的责任，殊不知社会育人环境良好与否往往对学生世界观、人生观、价值观产生重大影响。

2. 中小学校对于实践育人建设没有明晰目标，工作内容仅仅局限于对上级文件的照本宣科而并没有形成实践育人的校本课程。

教育要以人为本，以学生为主体，制定的育人方法更要结合学生的心理特征、思维与认知水平，而不是制定一些空泛不切实际的育人制度。要让学生从切实可行的实践教育中提高思想政治意识，从而实现立德树人的要求。但是往往学校实践育人内容脱离生活实践，学生并不能从中真正获取生活和实践体验。此外，一些学校针对实践育人目标并没有切实实行下去，而是当作一种形式主义流于表面。

3. 中小学教师队伍实践育人观念不强，其水平和能力有待提升。

习近平总书记在全国教育大会和学校思想政治理论课教师座谈会上对加强和改进学校思想政治工作、提升学校实践育人工作水平做出了重要指示。但是有些教师仍然执着于固有教学习惯和守旧观念，对实践育人的重要性和时代性学习和理解不够深入。此外学校对于教师育人观念、新形势下育人改革培训并没有及时更新落实，也没有使教师清楚明确实践育人职责究竟是什么，从而缺乏对提高教师实践育人能力和水平的探索与反思。此外，对于教师实践育人建设的培训也存在时效性不高、方法内容陈旧脱离实际、

实践效果不尽如人意的现象。

二、中小学实践育人建设的对策与建议

1. 加强中小学教师队伍意识，提升其实践育人水平和能力。

一直以来，为实践课程提供教学和指导的师资力量相当薄弱，这样严重制约了实践育人工作的建设发展，学校对此应给予重视并切实加以改变。针对这一情况，学校应加强实践教育师资队伍建设，主管主任、德育处、教务处、年级组长和班主任承担校内外各种实践教育课程的筹划、管理及监督，而任课教师切实履行组织、指导学生开展各项实践活动的职责。比如高中历史教师在讲解中国古代农作物种类、耕作制度、水利工程等知识点时，可带领学生到社会实践劳动基地体验实际生活，从实践中得真知，这样更可以加深学生对于知识的深刻理解。同时历史教师指导学生学会利用图书馆、网站等多种途径检索有关资料和图片，体验通过调查访谈来提取和理解他人的见解，并通过举办历史专题展览的实践活动来加强对历史唯物主义的认知。此外，中小学社会实践劳动基地应培养有专业能力的团队来担任社会劳动实践活动课程的负责人与管理者，并可面向社会招聘具有教师资格、德才兼备、具备实践教学能力的兼职人才。

2. 开展主题鲜明的实践育人活动，以正确的价值观与积极向上的人生观鼓励学生，引导学生养成良好的行为习惯和思想政治意识。

学校在设计和组织主题活动时应注意整合和利用各种活动资源，充分考虑活动的时效性和体验性，包括感恩教育活动、传统节日活动、安全教育活动、共青团活动、防疫教育活动等。这些育人活动既是学生学习生活的重要组成部分，也是学生开展实践育人活动的重要载体和基石。其中，仪式教育活动在中小学思政课中，通过其庄严的特点在引导思想政治以及道德价值等方面发挥了重要作用。礼仪是宣扬价值观、教育学生的有效方法，学校要有计划地建立和规范一些礼仪章程，如入团仪式、入党仪式、成人礼仪式等，利用各个民族传统节日、国家纪念日等时机，组织多种多样的主题纪念活动，传播正能量以增强中小学生对国家的认同和归属感。尤其对中小学生而言，他们正处在培养和塑造道德观念和行为习惯的关键时期,升国旗、入团仪式、入党仪式、成人礼仪式等活动,能够有效促进学生文明素养的提高和社会主义核心价值观的形成。

3. 社会实践是引领学生把理论层面的道德认知转变为道德实践的必然过程。

让学生积极参加社会实践活动，有利于引导他们在真实的社会环境中，如在人际交往、社会服务和自然研究中提高适应能力，以真正达到实践教育的目的，从而促进学生们的综合素质发展。同时，开展社会、劳动、集体性等社会实践活动，也有利于促进学生在具体社会生活中进一步加深对道德素养的认知，并通过自己参加社会实践，获得向上的实践经验和积极的心灵感触，从而使道德价值实现从内化到外化的目的。因此，社会实践是学校思政教育课不可缺少的关键因素。学校要结合社会实践活动课程，通过主题性的教育活动、社会服务实践活动等多种方式培养学生社会实践能力。此外，应积极开发学校及社会各个方面的教育资源，精心筹划及组织开展德育性的社会实践活动，从而引导学生离开教室、走出校园，在具体社会实践活动中加强应有的社会责任感、创造

能力及实践精神。具体地说，学生可以以社会服务活动为主要方式参与社会实践，比如在专业人员的引导下让学生参与社会公益志愿者活动及其他社会实践项目等，通过自身的志愿劳动和社会实践服务，进一步改进和加强自身的社会公益意识和帮人助人的社会责任精神。同时应该全面利用本区学生社会实践基地，以组织学生现场参观和在实地进行教学活动的方式开展安全教育、法治教育、爱国主义教育和专项技能教育等主题实践活动，从而提高学生创新精神、实践能力。

4. 建立公平公正科学规范的实践教育监督考核机制是促进实践育人建设更加体系化、规范化、系统化的强有力措施。

各级教育部门应将实践育人工作的开展作为新课改和素质教育的重要突破口，从而加强对此方面理论研究和实践开展，并以此作为年度工作目标和考核指标，力争多出具有本地特色实践育人课程品牌。而学校也应把实践育人建设作为学校进步的重要发展目标，并对学校实践教育项目进行专项检查考核。同时，学校需把实践育人工作划入相关主任、年级组长、班主任、任课教师的职责范围，并以此作为对相关责任人的重点评估项目并纳入成绩考核。学校也应该把学科实验实践课程开课率、实验室利用率、多媒体技术使用率、图书流转率、校外实践劳动操作率列入学校实践教育专项检查评估系统。

5. 明确“三位一体”的培养目标，学校、家庭、社会以实践育人建设推进素质教育模式改革。

百年大计，教育为本。学校、家庭、社会要形成三位一体衔接，全面贯彻党的教育方针，落实立德树人的根本任务和发展素质教育，培养德智体美劳全面发展的新时代学生，努力让每个中小学生都能享有切实而有效的实践教育，从而使成绩与能力、学习与实践、智育与德育并重。学校、家庭、社会在学生日常学习生活中，应注意引导学生养成敢于探究、勇于创新、苦于钻研的实践习惯，通过传承中华优秀文化和民族精神来掌握提升文化自信意识，特别是通过学习人物先进事迹来培养勇于担当、乐于奉献的优秀品德。同时，加强学生体育锻炼，使学生通过体育锻炼磨炼其意志并养成良好的生活起居与作息规律，培养其心系天下的家国情怀与诚信坚毅的优秀品德。此外，构建学校、家庭、社会“三位一体”的培养目标，实现不同学段立体化、全方位衔接，努力形成由学校、家庭、社会组成的实践育人的共同体，从而营造良好的社会实践育人环境，有序推进实践育人培养目标与实践课程的有机整合。学校、家庭、社会多管齐下加强对学生实践育人方面的培养，以对学生世界观、人生观、价值观产生积极影响。

三、结语

中小学生正处于人生观、世界观、价值观形成的关键时期，探究欲较强。教师因此在教学过程中要注重全面培养学生实践探究的兴趣，以进一步提高学生思维能力和实践水平，从而塑造学生健全的人格，促进素质教育全面健康发展。而在新形势下更需要教育工作者切实履行加强和改进思想政治工作、提升实践育人工作水平的职责，不忘初心，继续前行，为加强和改进中小学实践育人建设工作贡献自己的全部力量。

参考文献：

[1]季平.论核心素养培育的现实意义[J].黑龙江教育：理论与实践，2018（4）：6-8.
[2]刘德增,耿成义.中小学文化课程育人[M]. 济南:山东教育出版社,2019.
[3]王秀玲.中小学实践课程育人[M]. 济南:山东教育出版社,2019.
[4]李岗,陶礼华.学科融合德育的研究与实践[M].上海:上海社会科学出版社,2018.

立德树人背景下思政课实践教学开展方法初探

齐芳佩
天津市武清区杨村第一中学

2019年3月18日，习近平总书记在北京主持召开的学校思想政治理论课教师座谈会上指出，“思想政治理论课是落实立德树人根本任务的关键课程”，不仅肯定了思想政治理论课的重要地位，还回应了思想政治理论课应该培养什么样的人的核心问题——德才兼备、全面发展的社会主义建设者和接班人。那么我们该如何提升思想政治课实效，落实立德树人根本任务呢？总书记在他的讲话中也为我们指明了方向——“要坚持理论性和实践性相统一，重视思政课的实践性。”可见，丰富的实践教学是落实立德树人根本任务的必由之路。

一、实践教学如何理解？

教育部社政司指出：“思政课实践教学是一切为配合思政课理论教学活动而进行的各种实践教学活动的统称。”从这个论断中我们可以得出三条信息：一、实践教学是相对于理论教学而言并以服务理论教学为目的的，可以说实践教学是理论教学的补充与拓展。二、“各种实践教学活动的统称”未指明是否有课堂内外的限制，即一切包含实践性内容的教学活动都可被界定为“实践教学”，所以说思政课的实践教学既可以在校内、在课堂之上，也可以在社会范围内展开。因此我们可以把思政课教学实践划分为三种类型，分别为课堂实践、校园实践以及社会实践。通过这种划分方式不难发现，实践教学涵盖了课堂、校园、社会三个不同层次，这三个层次功能各异、互为补充，既不能混为一谈，更不能相互取代。三、由第一条可知，实践教学是以服务理论教学为目的的，以期通过在实践的探索过程中理解、内化并能够实际运用所学的理论知识，在实践中生成社会必需的品格与能力。正因如此，实践教学形式、活动可以灵活多样，但始终要以服务、验证、升华、内化、助力解决理论教学所遇到的问题，即实践活动的设计必须要与理论教学内容相呼应，不能是毫无关联或者关联不密切，否则无论实践形式有多么新颖都将毫无意义。

二、实践教学何以必要？

实践教学是一座可以把“知”与“行”连接起来的桥梁，通过实践教学可以把晦涩难懂的理论变得明白晓畅；通过实践教学使得理论课堂得到延伸、丰富和拓展；通过实践教学使学生能够有效地探究、发现来建构自己的知识，提高自己的品德、发展自己的能力。

通过实践教学的具体形式，比如专题调研、实地调查、角色模拟、采访等，使学生由听众、旁观者变为见证者、参与者，在亲身体验中建立起与教材内容的关联，在自主辨析思考中感悟知识的力量，让学生体验到政治就在我们身边，与每个人的生活紧密相连，关乎每个人的利益诉求，进而调动起学生的兴趣和热情，在理论与现实的交叉中使学生将平时的所见所闻、将生活中的点点滴滴上升为一种认知、一种理念，生成强烈的政治认同和公共参与意识，既提高了课堂教学的质量，又回归了教育的本真；通过实践教学相关环节的具体实施，可以使学生体悟到“实践—认识—实践”的认识过程，提高学生发现问题、分析问题、解决问题的能力，使学生能够更好地了解社会、适应社会并真正走进社会。只有在这样学与做的结合中，使学生增强觉悟、砥砺品格、增长才干，才能真正培养出合格的社会主义事业接班人。

三、实践教学如何开展？

实践教学作用如此之大，然而当前实践教学在具体开展中却面临着多重问题。因此，必须采取相应措施加以改进和完善，提高教育的品质与实效，将立德树人理念落到实处。

（一）摆正实践教学位置

思想是行为的先导。要切实发挥思想政治课实践教学的强大作用，必须首先解决在思想观念上存在的对其重要性认识不足的问题。要深刻领会习近平总书记关于思想政治理论课承担立德树人根本任务的重要讲话精神，主动适应时代发展的新变化、新形势，深刻理解把握时代对思想政治课赋予的新任务、提出的新要求，及时破除陈腐观念，用发展的、与时俱进的眼光充分看待思想政治课实践教学的极端重要性，切实摒除“实践教学可有可无”“无方案、无目的、象征性的开展实践教学”等错误思想和错误行为，始终保持清醒头脑，立足立德树人这一根本任务，切实将理论教学与实践教学有机结合起来，使两种教学模式相互配合、互为补充，形成合力，发挥更大作用。

（二）规范实践教学体系

思想政治理论课实践教学是一项规模宏大、严整精密的系统工程，牵涉思想政治理论教学的方方面面，仅靠思政教师的单方面努力是不能从根本上解决问题的。因此必须建立一个完备系统和固定模式，将各方力量统合起来，形成工作合力，协同推进思政课实践教学走深走实。

首先，要加强顶层设计。将思想政治课教学实践纳入学校总体教学规划和课程安排体系。制订完备的实践教学计划、规范的实践教学大纲，明确学时学分，使思政课实践教学获得与理论教学同等的地位，使教师和学生能够在统一的计划、内容、形式、要求与目标等基础上进行规范而又能动的教学实践，防止主观随意性和形式主义。

其次，要加强统筹规划。应设立专门的实践教学管理机构，由专业人员来负责管理、指导、检查和督促思想政治理论课实践教学的相关事宜。应建立相应的保障机制，设立专项活动经费，纳入预算并能够及时拨付使用，舍得投入相应的人力、物力、财力，确保实践教学的顺利开展有足够的经费支持，否则实践教学的活动次数、参与人数、丰富程度、范围大小就会受到极大制约，严重影响其效果发挥。除此之外，其他相关部门应分工协作、权责明确、齐抓共管，协调高效运转，形成合力育人、良性互动的“大思政”格局。

再次，要拓展教学资源。实践教学如果局限于课堂或校内，总是采用诸如讨论、辩论、演讲、情景模拟等司空见惯的形式，让学生在虚构和模拟的环境中洞察社会、感知变迁，其效果必定是不理想的。我们应将课堂实践、校内实践和社会实践有机结合在一起，交互发力。根据本校、本地实际，选取与课程具有内在统一性的实践教学内容，组织学生去实践教学基地参观访问，如革命历史遗迹、爱国主义教育基地、代表性企业、新农村建设示范点等，也可以组织学生走进社区、走上街头进行普法宣传、环保宣传等，还可以组织学生开展各种志愿服务和公益活动，走进敬老院、孤儿院，使学生在实践中切身体验和感悟，增强道德感、使命感、责任感，在实践中强化运用所学理论知识发现问题、分析问题进而解决问题的能力。

最后，要建立考评机制。为更好衡量实践教学的质量和水平，促进其持续发展，需要建立与之配套的科学严谨、程序规范、标准明确、形式多样、公平公正且具有可操作性的考核评价机制。评价可以包括教师考评和学生考评两个不同的方面。对教师的评价要侧重实践教学内容的选择与设计、实施的过程与方式、数量多少与质量高低，采取学生评价为主、其他方式为辅的方式，增强其客观性和科学性。对学生的考评应侧重评价方式的多元化，坚持教师评价、学生自评、学生互评、社会评价相结合的原则，最后将评价的结果进行分数量化计入期末成绩，并提高其所占的比例。

（三）培育实践教学力量

习近平总书记指出：“办好思想政治理论课关键在教师，关键在发挥教师的积极性、主动性、创造性。”可见教师地位之重，作用之大。然而，当前在实践教学的人员配备上缺少专职的指导教师，导致在具体操作过程中由于缺乏经验而不能很好地完成实践教学任务。这无疑对任课教师提出了更高的要求。相关教师不仅要加强知识储备、提升专业素质、拓宽眼界境界，还需要不断增强实践教学所需要的组织、协调、创新的意识，具备组织校内外多种类型实践活动的能力。一个教师只有在具备足够的能力娴熟驾驭实践教学，才能让实践教学与理论教学相互衔接、融会贯通，碰撞出精彩的火花，用学生喜闻乐见的形式来呈现知识、消化知识、应用知识。只有这样才能真正激发起学生的学习兴趣，改变学生对思政课严肃、枯燥乏味的认知。

那该如何打造这样一支队伍呢？首先，坚持“引进来”和“走出去”并重。“引进来”有两层含义：一是招聘或引进思政课实践教学师资力量，二是邀请专业人士为教师进行培训辅导，让教师们能够学到更多实践教学所需的知识和技能。“走出去”就是为广大思政课教师创造学习成功经验的条件，比如观摩实践教学先进单位和个人的模式做法，开拓视野，增长经验，为有效开展思政课实践教学打下良好的基础。其次，建立相应的激励和保障机制。实践教学相比于理论教学需要耗费更多的时间和精力，比如一次成功的社会实践教学需要提前联络地点，实地考察，申请以及报销经费等，最终才能组织学生参加活动，在这个过程中还要考虑学生的安全等多方面因素，这些因素的存在在一定程度上会影响到教师积极性的发挥。因此，不仅要保障经费投入，还可以将实践教学效果与教师的职称评定、课题立项、评先评优、薪酬待遇等挂钩，使其作为一项重要的量化考核指标，以鼓励、鞭策教师更加积极主动地投入思想政治课实践教学活动中。

参考文献：

[1]习近平.用习近平新时代中国特色社会主义思想铸魂育人,贯彻党的教育方针落实立德树人根本任务[N].人民日报,2019(3).

[2]教育部社政司.高校思政课实践教学的探索与思考[M].北京:高等教育出版社,2015：40.

[3]肖建杰．思想政治理论课实践教学内容与体系的构建[J].思想教育研究,2009(4):51-53.

[4]陈其胜.高校思想政治理论课实践教学：立论基础、现实困境、路径选择[J].思想教育研究,2012(2):66-69.

[5]刘伟．新时期高校思想政治理论课实践教学考核评价的理论探索[J].前沿，2010(12).

[6]姜德琪．略论高校思想政治理论课实践教学独立评价机制[J]．当代教育论坛，2010(11).

云时代背景下，思政课实践教学面临的问题及破解策略

苏鑫
天津市武清区下朱庄街广贤路初级中学

一、云时代信息化背景下，天津思政课实践教学过程，对各区县中小学教育教学产生了巨大的影响

教学活动中，学生的自主学习和小组合作探究学习大幅增加；教师及时对学生进行了有效反馈；学生积极性增强，同时对问题的把控和解决能力也得到了有效提升；教学环境也向更高层次发展。各学校正在将信息化融入平时教育教学中，虽然取得了进步，但是我们还是从中发现了些许问题，主要问题列举如下：

1．区域性失衡

研究发现，城乡差异还是存在的，城区校比乡镇校信息化应用方面更加突出，教师和同学们使用信息技术也更加娴熟自如。相比之下，乡镇校更为保守。经济因素成为主要影响原因。

2．教育教学中缺乏指向性

在教育教学中，一些教师对于信息化教学持排斥态度，不愿尝试改变传统方式。另一些教师对于云时代信息化教学依赖性超出了合理范围，从而导致信息技术过分使用，影响教育教学的实效性。经过调研发现，前者对于信息化教学持怀疑态度，觉得该技术有可能影响正常教学，有害无利；后者则认为，传统教学模式弊大于利，从而导致过度使用信息化教学，殊不知万事万物过犹不及。

3．学生在课上和课下学习方式差异性

课上，学生进入云时代信息化数字化学习模式，但是课下采用的却是传统模式学习。两种方式不能良好地进行对接，是导致效果大打折扣的重要原因。首先，学校不可能允许学生把设备带回家；其次，部分学生自控性差，在校外无法严格约束自己，使用云时代信息化设备从事学习活动，大概率出现进行学习以外娱乐活动等行为，从而影响学习效果。此行为导致家长并不赞成信息化学习的进行，他们恐怕影响学生的学习效果。还有一小部分同学，由于学习方式导致自身本就不接受或不适合信息化学习，他们更倾向于传统学习模式。

4．实效性云时代信息化教学资源的匮乏

现阶段，尽管信息化资源层出不穷，但是在满足教学需要上，还是很欠缺的。即便由很多企业和个人共同协作，推出不少资源，但总体上，还是无法满足教学的实效性。资源的质量良莠不齐，直接影响教师的授课效果。个别教师因不加筛选的拿来主义，直

接把自己变成了“播报员”，教学效果可想而知。

5．合理评价性原则的缺失

分数固然重要，但是既然进入云时代信息化教学，那么更完善、更合理的评价原则，就应该被更加重视。现阶段，合理化评价机制还是有待提高，对学生的评价还是停留在简单的“分数至上”的初级阶段。所以，在未来，我们要借助信息化的高效模式，来帮助学生在素质上、能力上进行质的飞越。

二、云时代信息化背景下，思政课实践教学面临的问题，其破解的基本策略

1．政府和公共资源方面

(1)建设云时代信息化教育所需的各方面资源，给予大力支持。协调发展各项内容，如软硬件建设、信息化资源创设，以及信息化平台构架方面等等。资源建设方面，鼓励个人及团体大力开展信息化资源开发。平台建设方面，政府需指定适合的平台建设标准，统一尺度，从而使校间平台统一，更高效地进行教学活动，并便于互相学习，取长补短。

(2)建设高水平学科团队。高层需要建立包括专家、一线教师、信息技术高手在内的高级学科团队，从而保障信息化教学平台的强有力搭建和通顺运转。

(3)使用信息技术和设备的培训必不可少。政府需要在调查研究后，有方向性地对教师进行培训，比如信息化意识培养，手段方法的培训，以及对信息化教学的培训。在此过程中，要严格按照培训计划进行，严格培训纪律，并对培训人员进行考核。优秀、良好、合格者分别以等次颁发证书。通过丰富多种的模式，鼓励并刺激教师及其他参培人员的积极性，以达到更好地学习提高的目的。

2．学校方面

(1)组织建设云时代信息化教学学习实践工作组，领导小组、教师和学生都要加入进来。领导小组应为热情洋溢的领导班子带头人和富有高超管理能力的领导组成，负责把控全盘，协调统一。教师团队的组建，需要考虑的不仅仅是信息化能力，更重要是的一线教学经验，因为理论脱离实践是不可取的。所以我们要优中选优，构建优秀的信息化教师团队。学生团队，需要选择各层次的学生代表，对于独立自主能力突出的同学，我们更为青睐。学生团队是信息化教学的受众，所以更要认真对待。

(2)云时代信息化教学研究活动是必不可少的。学校应多搞这样有意义的研讨活动。与会人员互相交流，互相沟通，交流经验，互相学习，借鉴宝贵经验，从而提高教学能力和水平。具体措施包括：开展云时代信息化技术与学科教学互动会；组织教师积极参加小区示范课展示活动，互相学习；定期开展经验交流会，学校间互相学习；请有关专家莅临指导，互动学习；组建微信交流群，方便教师之间快捷交流经验，提高效率。

(3) 建立健全高效完整的激励体制尤为重要。优秀的激励制度能够带来激情与活力，能够促进创新。物质奖励、颁发荣誉证书、评级时加分等，都可作为激励方式。相信多种奖励方式相结合，定能够激发并刺激教师在信息化教学方面的进步和贡献。

3．教师方面

(1)通过信息化教学培训和整合教学实践，切实可行地提高教师信息化教学素养。

教学设计层面上，首先，教师要区分课程的“传统型”和“学习型”，前者是课程

中预留的和已经确定的内容，而后者是具有情境和开放的学习内容。其次，教师要根据教学策略来选择课堂内容教学，利用云时代信息化技术实行课堂教学，通过丰富多彩的教学资源，学生的课堂感受可以更为生动形象，教师提出问题，学生思考，解决问题的效果会更好。从而形成一个良性循环的学习过程。

信息化交流层面上，数字信息化进入课堂，方便了一线教师，而且对学生学习也起到了促进和改善作用。教师组织课堂，驾驭课堂，通过信息化技术，教师可以提供更多更好的学习资料给学生。

教学方法改进层面上，教师在教学过程中，课堂设计方面要考虑周全，将教学目标和教学过程反复琢磨。可以根据不同目的，选用不同教学模式，如任务型阅读法、创新法、情景交际法、小组探究法和自主学习法。这些方法，加入信息化技术，那么将如虎添翼，更快速、便捷，更加具有实效性地帮助学生掌握教学内容，达到教学目标。当教师使用探究法引导学生时，信息化技术的进入，就能够提供更丰富的教学资源，学生可以以此来进行任务建构和实施创新研究学习。

情境教学层面上，云时代信息化另一优势是充分调动学生主动学习的热情，增加了高效学习时间。但是高效学习离不开教师创设的情境教学，所以此方面的能力对于教师来说尤为重要。情境教学要具备以下几种特点：首先，要具备整体性，使学生所学内容更加全面，使学生可以轻松地将新旧知识相结合；其次，要具备趣味性，兴趣是最好的老师，趣味性可以吸引学生的注意力，提升学生的学习兴趣；最后，是代入性，即给学生身临其境的感觉，就像好电影、好游戏一样，代入感十足。帮助学生更好地学习，对学生的记忆力也是一种提升。

(2) 云时代信息化教学中，教师要随时随地转化自己的角色，以便适应信息化教学带来的变化。要在决策者、服务者、合作者、劳动者、研究者等各种不同角色中高效切换，以便符合信息化教学的要求。帮助学生克服学习上遇到的困难；提供学生相应的信息化资源；指导学生科学有序地进行信息化学习活动。这都需要教师在不同角色中互相转换。

(3)学生和教师会在学习中进行大量的配合，教师的教、学生的学，都需要课后反思。在教学后，教师应该给学生大量的反思时间，使其思考不明白的内容，反思自己有问题的地方，帮助学生完善自我，充实自我。

4. 云时代信息化背景下，对学生的评价变得更加快捷、便利，同时更加高效。以前很冗杂的内容，现在变得简单易行，通过信息化手段，可以更高效地建立学生成长档案、错题集、反思录、学习日志等。例如，学生成长档案用来收集学生平时表现，奖惩情况、学习情况、作业情况、平时言行、品行记录等等，都可以囊括其中。通过此法，相信学生可以做到更爱学习更爱老师，更能体会到学校生活中的快乐。

参考文献：

[1]何克抗. 学习“教育信息化十年发展规划”——对“信息技术与教育深度融合”的解读[J]. 中国电化教育，2012(12).

[2]郑旭东，严莉. 教育信息化战略发展新阶段的多维透视与思考[J]. 开放教育研

究，2013(6).

[3]张喜艳，解月光，魏俊杰，等. 教育信息化绩效特征结构解析[J]. 中国电化教育 2011(8).

[4]郭丹. 混合式学习有效性研究[J].中国成人教育,2011(2).

浅谈乡村学校学生的劳动教育

纪明芝
天津市武清区豆张庄镇南双庙中心小学

劳动教育曾是我国学校教育的一项传统项目，勤劳也是中华民族传承了几千年的优良传统。然而，由于教育观念的偏差，劳动教育正在缺位与异化，致使教育的多元性与可塑性经历着严峻的挑战。因此，再次重视劳动教育已经刻不容缓。

一、培养学生的劳动意识

现在的孩子大多数娇生惯养，学习压力相对又大，家长心疼孩子，即使是农村家长，往往也将所有的事情大包大揽！家长们希望子女成龙成凤，特别在意的仍是学习，对孩子是否会家务以及在学校除学习以外的行为极其冷漠。但实际上，把孩子的成长与爱劳动分开的做法极为不利，与孩子健康心理之路南辕北辙，因此对乡村孩子劳动习惯的培养迫在眉睫！

1. 劳动开发智力

一般农村家庭在劳动过程中，往往没有合作，你忙你的，我干我的，这种安排其实是不好的，不妨试一试让孩子一同参与劳动，这样提升孩子智商的同时也提高了情商。允许孩子参与大人的事，孩子会很开心的。劳动任务明确后，再进行劳动分工，讨论中各抒己见，相互合作、支持、鼓励，对将要遇到的困难和问题做出预测，使孩子对完成所选择的任务有一定的心理准备。如果大人认为孩子的选择不妥，最好不要简单拒绝，在不构成安全隐患的前提下，给孩子留下选择的空间，便是给了孩子主动发展的可能。

劳动的过程中，父母要以身作则，并注意运用语言及肢体语言感染和鼓励孩子做好、做完一件事，保持愉快的情绪。劳动中如果孩子遇到困难，情绪急躁时，父母要以游戏的口吻介入：“我们来啦！很荣幸做你的小助手！”让孩子此刻获得亲情帮助。劳动结束后，和孩子一起欣赏劳动成果，予以表扬。教师也要有意识地在家长面前表扬学生在这方面的进步，夸奖孩子会劳动、能干。

2. 劳动增加成就感

这需要父母付出很多的耐心和精力。小孩子的能力是有限的，家长一定要有耐心。开始时，孩子可能做得不好，不要紧，只要孩子肯做，多做几次就会成功的。家长适时的鼓励是雪中送炭，会结出累累硕果。

应该给孩子机会来参与家庭事务，让他感觉自己是家庭中的重要成员，增强他的责任感，培养他“以服务于他人为快乐，并以他人的快乐为自己的快乐”的意识是很必要的。

二、让劳动在游戏中完成

好玩、爱玩是大多数孩子的天性，教师和家长要积极利用好，把劳动和游戏很好融合，激起孩子们对劳动的浓厚热情，当孩子们意识到干活儿就像玩游戏一样时，他们一定会感兴趣并开心的。在劳动过程中，家长应该积极主动，和孩子交流、探讨，懂要装不懂的样子，有意识打探孩子们的想法。让他们在交流中，轻松完成任务，非但没有疲劳，反而更让心情愉悦。让孩子在劳动中得到情绪的释放，还可以起到减压的作用。

为什么孩子在学校很勤快，在家就像变了一个人，不是孩子不会，而是家长这个环节出现了问题，家长发现问题要及时采取补救措施，给孩子讲一些童话故事，间接让他们知道懒惰的害处，只有靠自己劳动换来的，才是长久的。爱玩是所有孩子的天性，这就需要家长灵活运用这一点，把游戏融入劳动，激发对劳动的兴趣和热情。在家务活中，可以扮演角色游戏，例如，低年级的学生，家长可以对孩子说："妈妈是高级厨师，你是金牌服务员，现在请你给客人上菜，以及做好其他服务。"如果孩子在此过程中，出现失误，比如摔坏了盘子、碗等，家长必须明白，摔坏的东西是有价的，孩子对劳动的热情和积极性是千金难买的。此刻对孩子的宽容，恰恰能让孩子长记性，引起孩子足够的重视，同时孩子的责任心也能够随之形成和增长，使孩子受益终生。

三、在劳动中发挥自身价值，树立典范

袁隆平院士曾寄语万千学生："要热爱劳动，诚实劳动，创造性劳动，做德智体美劳全面发展的社会建设者和接班人。"

疫情防控期间根据居家学习的特点，结合培养学生劳动理念，我设计家务篇、美食篇、种植篇、制作篇、感恩篇等课程。以每周一项劳动主题为主线，先后开展"我是勤劳的小蜜蜂""我是贴心小棉袄""我是开心饲养员""我是美食小达人""我是家庭小主人"等主题活动，培养学生从小热爱劳动，树立感恩父母、感恩社会的传统美德，助力学生养成自理自立的生活习惯。

1. 亲子关系融洽和谐

通过家长反馈，孩子们积极参与、热情高涨，他们拿起扫帚，将家里的地板打扫得干干净净；走进厨房把碗筷摆放得整整齐齐；跟爸爸妈妈学做菜、包水饺……在家务劳动中，孩子们不仅锻炼了劳动能力，激发了爱劳动的意识，同时也懂得了感恩，收获了成长。孩子们表示：只有真正去做家务，才体验到干家务的劳累，体会到了爸妈的辛苦，以后要继续坚持，做个爱劳动的好孩子。家长们反映，孩子们参与劳动后学会了珍惜大人的劳动成果，对爸爸妈妈做的饭菜不再挑食，这个活动让孩子长大了许多。让孩子们在帮助父母分担家务的劳动中，收获了劳动果实，学会了心怀感恩，这颗"劳动"的种子必定为孩子们一生的成长扎下坚实的根基，也终将结出丰硕的果实！

2. 融合学科育人

与语文学科融合。每次主题活动结束后，语文老师及时指导孩子记录劳动感受，开展《劳动创造美好生活》征文活动，因为有真实体验，孩子们有素材可写，于是写作文变成了一件容易的事情。有一位孩子在征文中写道：以前都是爸爸妈妈为自己做好饭菜、洗好衣服，觉得这都是十分简单的事，自己还经常嫌弃妈妈做的饭不好吃，现在自己参

加劳动，发现看似简单的家务劳动真不简单，自己以后会好好珍惜爸爸妈妈的劳动成果，改掉挑食的坏习惯。

与科学学科融合。在给花草、蔬菜等浇水时观察植物的向光性、生长习性，培养了学生认真、细致、科学的观察习惯。

与传统文化、美术学科的融合。学包饺子、制作花式面点活动的开展，一方面帮助学生学习劳动技能，提高审美能力，感受劳动是创造美好生活的源泉；另一方面探寻水饺等面点背后的故事，激励学生探寻祖国源远流长的传统文化，树立身为华夏子孙的自豪感，激发爱国情怀。

四、劳动与教育相结合，发挥劳动教育的作用

“劳动教育”就是新时代我们砥砺前行、创造美好生活最有力的实践。特别是农村学校，我们要利用好乡村资源，积极主动开展劳动教育，让孩子到大自然中去劳动、去体验、去观察，以劳育人。

每年五月，学校组织“收割小麦，体验农事”户外实践活动，带领孩子们亲近大自然，培养孩子们的乡土感情，这些乡间野趣也陶冶了孩子们的情操，培育了孩子们健康的人生情怀。

首先认识收割工具是“小麦收割”课程的重要环节，学校德育主任给孩子们讲解镰刀的使用方法，并具体讲解了安全注意事项。看着这新奇的收割工具，学生们既激动又兴奋，每个人都跃跃欲试。在学习收割工具使用方法之后，德育主任从收割小麦的姿势、双手的位置、收割的力度和收割注意事项等方面，给学生们详细讲解了小麦收割的过程和方法。其次，观看农民伯伯示范，挥着镰刀收割、扎捆儿。用镰刀收割，体验了最原始的收获方式，再对比割麦机器，既可以节约人力，又省时间，充分感受科技飞速发展对人们生产、生活所带来的影响。

让学生亲身体验，实际操作，体验美好生活需要汗水。明白劳动是人的本色、劳动创造一切的道理，从而真正彰显劳动教育益体、益智、益德、益美的功效。习近平总书记说：“幸福不是毛毛雨，幸福不是免费午餐，幸福不会从天而降。人世间的一切成就、一切幸福都源于劳动与创造。”作为一名乡村小学教师，一定不能辜负学生的期待和乡亲们的重托，摆脱急功近利的浮躁，沉下心来，用心探讨，充分发挥好农村的自然资源和人文环境优势，开展好农村劳动教育。

高中学校劳动教育策略研究

刘岩
天津市武清区黄花店中学

苏联著名教育理论学家马卡连柯曾说劳动教育是社会进步的利器，对于学生的全面发展具有十分积极的作用。据不完全统计，受到我国教育形势与教育环境的影响，高中学校的多数学生对于劳动教育并没有正确的认识。作为新一代教育工作者，有必要对现阶段劳动教育工作开展的现状进行分析，通过改变劳动教育管理模式，建立多样化发展之路，从而促进劳动者素质的提升，为高等教育的顺利开展奠定素质基础。

一、高中学校劳动教育的基本形式

从教育内容来说劳动教育主要分为劳动技能培养与思想教育两个方面。目前来说高中学校开展劳动教育的基本形式主要有以下几种：第一种就是极为常见的学生对教室、公共区域等进行打扫，部分学校会选择在特殊节日如五一劳动节带领学生前往工厂等社会场所进行参观。当然，还有部分物质基础条件较好的学校会为学生劳动教育活动的开展建立实践基地，但多存在不能够合理使用的问题。

二、高中学校劳动教育的发展现状

在撰写该文章之前，笔者对本地区及所在高中学校的劳动教育管理模式进行了调查。最终发现，多数高中学校劳动教育活动的开展都是由德育处或教育处进行安排的。其基本管理模式是由学校同意对劳动教育课程的教学计划进行发布，德育处需按照此教学计划进行具体安排并制定、发布实施方案，最后由教师和学生共同执行。表面来看这种管理模式循序渐进、逻辑性较强，但在实际教育教学过程中，劳动教育的形式化现象较为严重。受到传统教学模式的影响，再加上学生需要面临高考的重大压力，教师和学生的执行力并不理想。在此过程中，学生多为被动接受劳动教育，其应对态度并不积极，甚至部分学生认为劳动教育活动的开展会浪费他们的学习时间，甚至对其产生了厌恶与抵触心理，这并不利于劳动教育真正意义的实现。以本地区劳动教育课程的开设现状为例，几乎多数高中学校没有专门设立劳动课，少数学校将劳动课提上了课程安排，但仅出现于课程表上，再加上学校管理层面对升学率极为重视，因此，劳动教育课程改革在我国的应用效果并不理想。

三、高中学校劳动教育策略

1. 改革现行学校劳动教育管理模式

基于现阶段劳动教育现状，学校应建立健全劳动教育管理制度，加强劳动管理力度。首先学校可从学生安全与教育投入方向进行考虑，建立科学合理的劳动教育组织管理体系。由于高中阶段的学生均处于青少年中期，在生理和心理发育方面具有极为明显的特点。基于此，学校在组织管理体系建立过程中应注重对学生的心理和生理发育状况进行系统了解，从而有针对性地对其进行调整。例如，针对心理发育尚未成熟的学生，教师和学校仅采用激励措施是远远不够的，必须建立劳动教育管理制度，增加劳动实践活动的组织性，才能真正开展劳动教育工作。学校作为劳动教育实现的主要载体，应正确认识劳动教育的重要性，通过主题班会等形式对学生进行思想教育。与此同时，教师还有必要通过手工劳动比赛的形式为学生创建轻松愉快的劳动教育环境。在此过程中，学生能够得到片刻的放松，也能够体会到劳动的乐趣，有助于学生劳动积极性的增加。

高中学校校方应开设专门的劳动教育课程，提高学生及教师对劳动教育的重视程度。除此以外，学校还应通过各种途径聘请专业的劳动教育教师。部分学校为确保主科教师的教学精力，让教学水平欠佳或已经退休的教师担任劳动教育的专职教师。在部分师资短缺的学校还可能出现物理、生物等教师兼职劳动教育教师的情况。首先上述教师对于劳动教育的理解并不深刻，对于其教学内容也并不熟悉，在劳动教育方面的专业性有待进一步提升。当地政府可与高校展开合作，高校开设劳动教育相关专业培养高素质人才，政府为高校教育教学事业的发展提供政策支持。这样一来，高中学校劳动教育的专业化程度将大大提升。再者，高中阶段学生的心理变化较快，学校应充分观察与研究该阶段学生的心理变化特点，从而制定与高中学生认知规律及心理发展特点相适应的劳动教育观念，改变传统教学模式下死板单一的劳动教育模式，增加其灵活性，从而增加学生对劳动教育的个人兴趣。

2. 提高学生集体荣誉感

学生集体荣誉感的提升是开展劳动教育工作的基础。就我国教育形势而言，学生的劳动积极性往往与班级的整体荣誉有直接关系。基于此，教师可充分利用各种机会培养学生的班级责任感与荣誉感，如运动会、文艺比赛等都是培养学生荣誉感的大好时机。在这些活动中，班主任可有意识地对学生进行引导，鼓励学生齐心协力争得荣誉。这样一来，学生会为了班级荣誉而参与到劳动过程中。

从某种程度上来说，集体荣誉感是一种隐形的约束力量，在该力量的约束下学生会产生不能参与集体劳动就会损害班级荣誉的思想观念，从而不断对个人言行及个人行为进行反思，有助于其自身缺点的克服。相对来说，学生集体荣誉感的培养对于劳动教育的有效性更高，学生在劳动过程中逐渐占据主导地位，在集体荣誉感的驱使下学生越来越追求高质量与高效率的劳动，其劳动积极性更高，且能够为班级发展进行考量。此时，班主任适当为学生灌输劳动教育的理论发展观念就能够实现实践与理论的结合，有助于学生劳动能力的提升。

3. 树立学生正确的劳动观

劳动本身就是一种优良的个人品质。对于高中学生来说，劳动教育是德育教育的一种，既有助于学生劳动知识的增加，又能够在劳动过程中培养学生正确的道德价值观念。

在劳动教育过程中进行理论知识的传授主要是通过理论知识的讲解促进学生劳动教育观念的更新。基于此，教师首先要确保个人教学观念与教学方式的前瞻性。近年来科学技术的快速发展为劳动教育教学活动的开展提供了多重机遇。社会上的劳动种类主要分为体力劳动与脑力劳动两种。因此，教师要注重观察学生在劳动过程中的具体表现，对于表现优异、具有创新性的同学给予表扬，促进学生劳动责任感的增进。与此同时，学生的动手操作能力也得到了锻炼，有助于其热爱劳动的良好习惯的培养。

在教会学生理论知识的同时教师还要注重理论与现实生活的结合，鼓励学生将学到的理论知识应用到实际生活中。此时，学生需要对实际生活中可应用劳动教育理论的“神秘之处”进行寻找，此过程能够对学生的动手动脑能力进行锻炼，是脑力劳动的一种。更为重要的是，在实际劳动过程中，学生更能体会书本上的知识内容及其作用。在学生进行自主探究的过程中，教师要格外注意师生角色的分配，做好学生的引导者与牵引者，给予学生足够的探究实践。

4. 家校共同重视劳动教育

劳动教育不同于其他学科的教育，其学术特质并不突出，但贯穿于学生生活的每一个过程。基于此，劳动教育质量及劳动教育效率的提升需要学校与家庭的鼎力配合。

就学校而言，其作为主导家长与学生工作方向与学习方向的主要因素应彻底摆脱劳动观的教育误区，同时也摆脱传统教学方式及传统教学观念对教师个人教学思想及教学行为的影响。在校期间，学生与教师的长时间相处使得学生在不经意间会受到教师个人行为的影响。因此，教师在劳动教育过程中应充分发挥榜样作用。除此以外，学生与学生之间也会互相影响。基于此，教师可以小组为单位开展劳动比赛，各小组选取劳动标兵并在其带领下对本小组一定时间内开展劳动活动的次数及具体内容进行记录，最终教师对各小组劳动工作开展的情况进行评价并结合劳动记录进行排名。在此情形下，学生的好胜心被激发，其劳动竞争意识也已经觉醒。对于表现优异的小组，教师可适当给予表彰或其他形式的奖励。

家庭教育对于高中生劳动教育也尤为重要。随着人们生活水平的不断提升，家长已经有足够的能力满足学生的各种需求，学生本人的劳动意识淡薄，出现不劳而获的错误心理的情况也十分多见。要想减少学生本人的错误思想，家长首先要运用合理的教育方式，多多与学生进行沟通交流，询问其学校生活，给予其足够的关注。日常生活中家长可适当为学生安排力所能及的家务劳动，培养学生参与劳动的习惯，并给予适当的鼓励与表扬。这样一来，学生能够感知到劳动的意义。从另一方面来说，高中阶段是学生步入成年的过渡阶段，对于学生步入社会后的发展观念及个人行为有至关重要的影响。所以，家长十分有必要配合学校开展劳动教育，逐渐纠正学生的劳动观念与劳动习惯，增强其适应社会的综合能力。

参考文献：

[1]买宏伟.论劳动教育对高中生学习数学的重要性[J].中学课程辅导（教师通讯），2020(20):7-8.

[2]温娜.基于高中思想政治核心素养有效开展劳动教育[J].福建教育,2020(37):11-13.

[3]向小琴.劳动教育融入高中思政课教学[J].思想政治课教学,2020(08):18-21.

[4]吉琳.高中阶段劳动教育的类型与开展途径探讨[J].山西青年,2020(15):175.

新时代大中小学思政课一体化构想研究

孟欣然
天津市武清区黄花店中学

习近平总书记在《思政课是落实立德树人根本任务的关键课程》一文中指出："要把统筹推进大中小思政课一体化建设作为一项重要工程，坚持问题导向和目标导向相结合，坚持守正和创新相统一，推动思政课建设内涵式发展。"思想政治理论课不仅仅是一门必修课程，更重要的是它可以引导和帮助青年学生自觉运用马克思主义的立场、观点和方法明辨是非，自觉践行社会主义核心价值观，树立正确的世界观、人生观和价值观，成为德智体美劳全面发展的优秀青年。

一、大中小思政课一体化的内涵及必要性

（一）大中小学思政课一体化的内涵

2019 年 3 月，习近平总书记在学校思想政治理论课教师座谈会的讲话中提出："在大中小学循序渐进、螺旋上升地开设思想政治理论课非常必要，是培养一代又一代社会主义建设者和接班人的重要保障。"习近平总书记为思政课一体化指明了方向，我们应将其作为重点工程去谋划、推进和落实。

何为思政课一体化？就是我们要按照立德树人的根本任务进行总体设计，生成与不同学段相适应的课程目标、课程内容、教学方式、评价内容等，还有解决好各类课程与思政课协同发展，教师队伍专业化等不同问题，从而构建一个完整的思想政治教育体系。根据当前学段层次结构，我们可以将思政课划分为小学学段、初中学段、高中学段和大学学段。我们要根据不同学段学生的身心发展规律、教育教学规律以及学生自身认知水平、思想水平的不同由浅入深地开设相应内容的思政课。小学学段，我们应注重学生的情感启蒙，帮助他们扣好人生的第一粒扣子；初中学段，我们应该注重引导学生思考人生的价值与意义，分析表象背后所蕴含的意义；高中学段，我们应注重拔节，通过基本常识性原理的讲授，打牢学生的思想基础，提升思想道德修养；大学学段我们应注重孕穗，通过系统的思政课理论学习，增强自身的使命担当与责任感，系统化整体化地利用教育资源，使得学生在学习过程中不会出现割裂、断层的现象，进而最终达到立德树人的根本目标。

（二）推进大中小思政课一体化的必要性

1. 推进大中小思政课一体化是新时代意识形态建设的现实诉求

中国特色社会主义进入新时代，我国各项事业都有所发展，但所面临的国内外环境也更加复杂，西方一些不良甚至有害思想渗透日益严重，所以意识形态建设也变得更加

重要，特别是对青少年来说。思政课具有极强的政治性和思想性，我们要通过大中小思政课一体化来加强对青少年的中国特色社会主义意识形态教育，提升青少年的思想道德素质和科学文化素质，使其真正地进入学生的头脑与心灵，发挥在全社会激浊扬清、凝心聚力的作用。

2. 推进大中小思政课一体化是顺应时代发展的内在要求

党和国家对于大中小思政课一体化的认识不是一蹴而就的，经历了一个由实践到认识再到实践的螺旋式上升过程。学生接受到的思想政治教育是要受到一定社会背景和现实所影响的，而这也就要求我们开设思政课时也具备顺应时代发展潮流的特性。新时代，我国人民生活水平和社会水平都得到一定程度的发展，要使我国社会建设进一步发展，就需要进一步弘扬社会主义核心价值观，而思政课正是达成这一目标的最有效渠道，只有认定正确的政治方向，具有坚定的理想信念与坚实的知识基础，才能成为合格的社会主义建设者和接班人，这都离不开大中小学思政课的培养。

3. 推进大中小思政课一体化是探索青少年身心发展规律的必然要求

青少年身心发展具有顺序性、阶段性、不平衡性、个体差异性和互补性的规律，推进大中小思政课一体化的过程其实也就是我们在不断遵循青少年身心发展规律的过程。不同年龄阶段的学生心理、思维、认知水平都有所不同，同时不同的学生也受其成长环境的影响会有一定的差别。学生的成才需要一体化的教学模式，我们要在教育过程中满足学生的需要，激发学生在学习过程中的主动性与创造性，只有满足每一阶段连续教学，才能满足学生每一阶段的成长需要。我们在立足不同教学任务的同时也应该兼顾青少年身心发展，为我们更好地达到教育目标提供价值导向。

4. 推进大中小思政课一体化是思想政治学科发展的重要保障

推进大中小思政课一体化在一定程度上使思想政治学科体系层次更加清晰，衔接更加流畅，确立更加有针对性的教学内容与人才培养方案，形成更加有效的教育评价标准，探索更加科学有效的教育方法与途径，这也有利于提高思政教师在教学上的积极性，提高教学质量，更好地肩负起思政课立德树人的重任。

二、新时代推进大中小思政课一体化面临的问题

（一）课程目标存在层次不清的问题

课程目标是指课程本身要实现的具体目标和意图，它规定了某一教育阶段的学生通过课程学习后，在发展品德、智力、体质等方面的实现程度，是确定课程内容、教学目标和教学方法的基础。在推进思政课一体化过程中仍然存在课程目标不够连贯的问题，现阶段高中课程目标围绕知识和能力、过程和方法、情感态度和价值观三个维度来设计，但是小学与初中阶段的课程目标与其不同，导致课程目标的制定标准有所不同，同时一些学段的课程目标设定不够具体，较为笼统抽象，区分度不高。

（二）教材内容存在断层、重复的问题

教材是教学的主要依据，目前大中小学所使用的的思政课教材存在内容递进性不强，甚至有内容重复赘述的问题。例如，高中所讲的马克思主义基本原理知识在大学的课本

中也有重复提到，就会导致学生在学习过程中提不起兴趣。这是由于教材编写机构或教材编写者之间缺乏沟通，缺少整体规划导致的，这种现象的出现就会使学生容易产生厌烦的情绪。而且还存在超前学习，在初中涉及的知识点挖掘过深，以初中生的认知基础与水平无法理解，这部分内容没办法真正吸收，就会造成教学不连贯，没有办法达到预期的目标。

（三）教学方法存在创新性不足的问题

受到传统教学习惯与应试教育思维的禁锢，部分思政课教师仍然采取传统的教学方法，使得课堂成为教师的一言堂，以填鸭式的教学模式将理论知识灌输给学生，不理会学生的兴趣与诉求，仅仅将教材表面内容传递给学生，强调机械性记忆，只要把知识点记下来，把答案写出来就完成了教学目标，没能注重学生的能力培养与提升，导致在下一阶段学习时学生不具备相应的能力。同时还有一些教师忽视理论与实践相结合，没能将思政课与学生实际生活结合起来，使得学生难以真正理解理论背后的意义。

（四）教学评价标准存在不统一的问题

各学段的思政课评价标准有所不同，对于教师的评价标准，中小学教师主要看重于分数，偏于应试教育，大学教师更加看重与科研成果。对于学生更加偏重于通过考试来检验成果，忽视了真正德育的成果，尤其是在高中阶段，仅仅通过分数来划分学生的思政水平。由于各个学段的管理机制与部门不同，就造成了评价标准没有统一的现象，这会导致教师缺乏教的积极性，学生缺乏学的主动性，最终造成思政教育偏离了预期目标，注重智育却找不到德育在教学过程中的痕迹。

（五）教师队伍存在专业性不强的问题

大中小学部分思政课师的思想道德素质、学科专业素养不够高，教育学、心理学基础知识不够扎实，特别是在小学、初中阶段还会出现没有专业的思政课教师任职的情况，高中阶段出现一名思政课教师同时教授多个班级的情况，还容易存在忽视非政治高考班的现象。这些都会导致思政课效率过低，不能精准施教，无法建立起有效课堂，从而达到真正育人目标。

三、推进大中小学思政课一体化策略研究

（一）理清课程目标，实现课程目标一体化

课程目标是一节课的起点，也为课程指明了方向，厘清课程目标对一节课能否达到预期目标起着至关重要的作用。想要加强思政课课程目标一体化，我们就要形成相应的课程总目标、学段目标与年级目标。课程总目标是针对大中小学所有思政课而言的，学段目标是要在体现总目标的前提下，根据不同学段学习特点与学生发展规律设计的，年级目标更加具有针对性和差异性，将各个学段的目标更为具体、明确地落实到每一年级，这样具有层次性的课程目标的制定能够使思政课教学更加完整、顺畅，同时也使每一阶段的思政课教学符合实际特点，有所侧重，从而达到事半功倍的教学效果。

（二）统筹规划教学内容，实现教学内容一体化

课程内容是否连贯对能否上好思政课有着直接影响，思政课教材有重复的内容无可避免，但是我们要避免无意义的重复。我们应打破教材编写机构、人员之间的壁垒，加强沟通交流，从整体上把握教材编写的逻辑性与整体性。同时充分了解该学段学生身心发展规律，逐级设计教学内容，既具有整体性又具有层次性。我们也应积极推动一线教师参与到教材编写、审核中去，这样能够更好地结合实际生活，减少一些与实际生活相脱节、学生无法理解的内容，扩大德育的实效性。

（三）改变教学方法，实现教学方法一体化

教学方法对一节思政课能否取得实效有着重要意义，我们要在继承传统教学方法优点的基础上进行创新发展，把课堂范围扩大到整个社会，不拘泥于我们的教室，设计出更加丰富的教学活动形式，充分调动学生学习的积极主动性。“研究生阶段重在开展探究性学习，本专科阶段重在开展理论性学习，高中阶段重在开展常识性学习，初中阶段重在开展体验性学习，小学阶段重在开展启蒙性学习。”我们要根据不同学生特点，培养相应的核心素养与能力，为学生进行下一阶段的学习打下良好基础。

（四）完善评价体系，实现评价体系一体化

习近平总书记指出：“要深化教育体制改革、健全立德树人落实机制，扭转不科学的教育评价导向，坚决克服唯分数、唯升学、唯文凭、唯论文的顽瘴痼疾，从根本上解决教育评价指挥棒问题。”我们要不断丰富课程评价标准的内容与方式。首先，我们要完善、改革思政课教师评价标准。其次，我们在考查学生时应与实际社会相联系，不能单纯以考试分数来评价，应融合课内与课外、校内与校外、考试与实践等多方面评价，检验学生的素养，了解是否为下一阶段学习做好准备，从而形成一套兼备系统性与科学性的评价体系。

（五）提升教师素养，实现教师队伍一体化

习近平总书记强调：“办好思政课，关键在教师。”首先，要保证思政课教师的数量，确保每一节思政课都可以达到真正的育人效果。其次，思政课教师要不断加强自身的思想道德素质，主动学习政治理论知识，与党中央保持高度一致，同时打牢自身专业知识基础，不断提高自身学习、掌握、运用和研究理论的能力和水平，这样才能更好地传播知识。而且要推动大中小学思政课教师统一备课，集体行动，开展一体化教学培训、交流，充分调动教师的积极性，了解各自的教学目标与教育内容，合理分工，推动大中小学思政课一体化快速发展。

参考文献：

[1] 刘力波，黄格. 大中小学思政课教材一体化建设面临的问题及破解路径[J]. 马克思主义与现实，2020(2).

[2]郑建松,王秀阁.大中小学“课程思政”一体化构建的逻辑进路[J].基础教育研究,2019(21).

[3]张彩云.大中小学思政课一体化建设新图景[J].中学政治教学参考,2019(12).

[4]谢峰.大中小学思政课课程一体化的加之逻辑和实践路径[J].学校党建与思想教育,2020(8).

[5]坚持中国特色社会主义教育发展道路，培养德智体美劳全面发展的社会主义建设者和接班人[N].人民日报,2018-09-11.

[6]用新时代中国特色社会主义思想铸魂育人，贯彻党的教育方针落实立德树人根本任务[N].人民日报,2019-03-19.

新时代高中劳动教育的思考

高兆婷
天津市武清区梅厂中学

人类的本质活动就是劳动，劳动也是人与动物的基本区别，劳动的意义巨大，它在自然界中把人类提取出来，却又使人通过劳动与自然界紧密结合。劳动使人类拥有了自己的本质，人类也可以通过劳动对自然界进行改造。在全新历史时期，结合高中阶段学生的劳动教育问题进行分析，对提高学生的劳动能力具有重要意义，可以让学生能够认知劳动不仅是一种谋生手段，也成为生活、学习的第一需要。

一、立德树人，实现民族复兴

从历史唯物主义观点进行分析，社会意识是由社会存在决定的，相对而言，社会意识具有较强的独立性。作为一种教育宗旨，社会意识的科学性与社会发展规律极为吻合。而且，德智体美劳五项全面发展的理念，也体现了时代的发展趋势，更是对历史上优秀教育理念的继承。在《我的世界观》一书中，爱因斯坦谈到教育理念，并指出教育并非单纯向学生传授专业知识，因为这种理念下培养出的人，只适合成为一个机器，但却不具备完整的人格。单纯对学生进行专业知识的训练，与培育发展均衡的人不具备匹配性[1]。结合高中阶段的劳动教育进行分析，由于高中学生的身心发展已经相对成熟，并具有较强的自我思考意识，因此应注重培养学生的正确价值观，而对学生的培养，应从立德树人方面入手，只有学生具有德才兼备的优秀品质，才可以更加高效地对学生开展劳动教育，使学生懂得劳动并非单纯的“干活”，而是一种对自身的修行，在劳动中感受生存的意义。但是，当代高中生大部分都受到了父母的溺爱，而且在应试教育以学为主的大环境下，不仅学生不具备吃苦耐劳的美好品德，也不具备基本的劳动技能，甚至有部分高中学生会轻视体力劳动者。在这种情况下，学生成为考试机器，只有笔试能力较强，而劳动能力却几乎没有，同时，还有这样一种现象，学生对劳动的理论掌握较好，但涉及具体动手实践却无能为力。因此，若想有效突破这一现状，教师应引导学生在实践中体会劳动的价值，并懂得劳动并非“丢人”的事情。相反，若想成就任何一种事物，都需要由劳动对其进行铺垫，而且，这种基础性的劳动，可以确保青少年在遇到建功立业的人生际遇时，才可以有能力完成历史赋予的使命，并在中华民族实现伟大复兴中国梦的过程中贡献一臂之力。

二、尊重劳动，促进全面发展

在高中阶段对学生进行劳动教育引导的过程中，教师应培养学生尊重劳动的品德，提高学生的劳动意识。作为整个教育基础的劳动学科，教师应在德智体美四个层面的教学过程中，将劳动教育进行有机融入，以此形成智力开发和知识教育并重的重要教学模式，并对智育教育与劳动教育的关系进行明确，因此也使劳动教育在其他教育中的基础教学地位得以确立。此外，劳动并非属于单纯的经济范畴，而应具有其更深远的意义和价值，即劳动也应涵盖在道德范畴中。劳动能力的强弱是学生的基本能力问题，而对劳动是否尊重则涉及价值观。对于高中学生的教育教学工作来说，所有教育的根本任务是立德树人教育，但单纯的说教法并不能较好地提高学生的品德素养，劳动最终还是需要在实践层面进行培养。同时，高中阶段的学生其身心已经基本发育成熟，具有较强的自主劳动意识，因此，应培养学生的实践劳动能力。但劳动不是故意吃苦，也并非让学生故意放弃现有的物质生活条件，体验物资匮乏时期的生活。劳动是一种通过自身行为而引起的一种思想理念，劳动实践是引导学生在现有生活的基础上，做一些力所能及的事情，尽量达到通过劳动教育，树立学生的劳动意识，使学生通过实际劳动，才能够体会到劳动者的感受，进而尊重劳动，也由此为学生树立劳动价值观。

三、明确观念，完善教育体系

据相关调查表明，人类中有绝大部分人对自己所做的工作并不喜欢。同时，在亲友聚会的交流过程中，也有一部分身份显赫、收入不菲的“成功人士”对从事体力劳动的人表示出同情和怜悯。此外，一些网络小说也故意刻画出高职务、高收入即劳动程度较少的工作，并表示这就是人类成功的标志[2]。虽然高收益可以带动社会经济的可持续性发展，但不可忽视的是其中隐藏着错误的劳动观念，这种少劳动甚至不劳动的行为才是幸福的观念已经悄然对高中阶段的学生心理造成了一定的影响。所以，为有效突破这一现状，校方应定期召开主题会议，为学生传达一些正确的劳动观念，并制定体系化的劳动教育理念，使学生真正懂得劳动的内涵。同时，也应引导学生将这种劳动理念在实践层面进行完善，以此真正实现劳动理念向劳动实践的有机转换，使学生在实践中体验劳动理念。在学生明确劳动观念的情况下，教师也可以为学生创设劳动情境，引导学生进行基础的劳动以及一些需要技能的劳动，使学生在劳动中体会快乐，也确保学生可以更加深入地喜欢上劳动。此外，在活动结束后，教师也应对学生布置写作任务，让学生将劳动理论知识、劳动实践、劳动感受以文字的形式进行呈现和记录，在这一过程中，学生又一次体会了劳动理念及实践的全过程，加深了对劳动意义和作用的理解，增强了学生的劳动主体意识。教师也可以将其中优秀的内容作为范文在班级层面对学生进行讲解，还可以提出宝贵的意见，以此为树立有效的劳动理念提高助力。

四、家校合作，实行劳动共育

在新时代，劳动的内容也有了一些创新，从高中学生层面进行分析，劳动较为多元化，包括生产性劳动、虚拟职业劳动、公益劳动、家务劳动、服务自我劳动。在高中学习教育教学的开展过程中，校方应注意以多元化的劳动模式，对学生开展劳动教育，以此提高学生的综合劳动素养。比如，学校可以开设一些社会公益实践活动及劳动技术课程等种类丰富的活动，还可以以班级为单位，开展劳动值周活动，以此确保学生劳动以全方位、立体化的模式进行展开。此外，教师也应注意对劳动课程的内容进行设计，与高中阶段学生身心发展规律为依托，并结合本校教学实践，对学生开展劳动教育。比如，可以在校园内开展种树活动，学生只有在校园内收集到一定数量的废纸、果皮、空水瓶等，才有资格参与种树活动。每500克垃圾可以换取一棵树苗，换回树苗后，学生就可以开始种树活动，并将树以班级的名字进行命名，还可以为本班的树写出一段想表达的话语，以此激发学生的使命感和责任意识，同时在这一过程中培养了学生热爱劳动的美好品德。从家庭层面进行分析，家庭生活中的劳动内容大多较为琐碎，但要想将家务劳动做得完美却并非易事。教师可以开展家庭劳动周记活动，并每学期循环举行，让学生将一周的家庭劳动内容以短视频的形式进行记录，并发送至班级网络共享平台，以此激发学生的劳动主体意识，也可以使学生通过共享平台，互相观看其他同学的家庭劳动状态。在一周活动结束后，教师可以通过学生自评、生生互评和教师点评三种模式相结合的方式，对每名学生的劳动状况进行评分，并选取出一名最佳劳动者，优秀劳动者若干名，然后对这部分学生进行精神与物质的双重奖励，激发学生的参与热情。通过上述两种家校共育的劳动教育模式，使家校共育劳动模式的价值得以有效凸显。

五、借助资源，确保以劳增智

劳动与人类的内在需求具有较强的关联性，劳动可以使人的幸福感提升，劳动是一件可以帮助人们树立希望的美好事物。结合高中劳动教育现状进行分析，由于受到传统教育教学理念影响，学校的劳动教育资源相对匮乏，主要体现在对劳动资源的开发不足等方面。因此，可以借助外界资源，对学生开展劳动教育，教师需要为学生归纳不同场合的劳动技巧，使学生对基本的劳动常识有所认知，以此确保在不同场合中进行不同的劳动。社会上的劳动教育的资源十分丰富，蕴藏在身边的各个角落[3]，比如商超百货、工厂单位、田园农场、旅游景区等地方，都是不错的劳动教育场地。教师可以带领学生深入上述地方进行实景体验式劳动，真正使学生参与到劳动中，以此加强学生的劳动体验。比如，在深入工厂中，教师可以带领学生与工厂的师傅组成临时师徒学习小组，师傅可以带领学生进行一些基础性的劳动，使学生对工人这个职业的劳动状态有一个清晰的认知。而在深入田园农场的环节，教师可以带领学生向农民请教种地的经验，并让学生进行实际种地劳动，使学生真正体会到粮食的来之不易，通过劳动培养学生珍惜粮食的意识。在深入商超百货的环节，学生可以对导购员、收银员、理货员的职业进行体会，包括导购员如何促销商品，收银员如何为顾客提供收银服务、理货员如何整理摆放货品等劳动情境。这种多元化的劳动体验，可以使学生的劳动情感得以丰富，使学生体会到不同劳动者的美。

六、结语

综上所述，对高中阶段的学生进行劳动教育，应秉承以劳动树立德育观、以劳动增强智力、以劳动提高体育能力、以劳动提升审美能力的原则，对学生开展劳动教育，以此在提高学生劳动能力的基础上，也可以确保学生德智体美的全面发展，并最终形成家庭、学校、社会三位一体的劳动育人模式，提升高中学生的综合素养。

参考文献：

[1]夏心军.普通高中的劳动教育:挑战与应对[J].河北师范大学学报(教育科学版),2020,22(03):46-52.

[2]张栋林.劳动教育与高中政治教学融合的路径研究[J].当代教育实践与教学研究,2020(09):193-194.

[3]王淑娟,肖大为.新时代高中劳动教育的思考与实践[J].福建茶叶,2020,42(04):239.

浅谈新时代高中思政课立德树人目标的实现

冯艳红
天津市武清区杨村第三中学

高中思想政治课的任务不仅是传授学科知识，更是要与育人的目标有机结合，究其本质而言，思想政治课是一门育人的显性学科。思想政治课教育的对象是人，是要做好人的工作，要引导学生、帮助学生，解决学生的认知和思想导向问题，促进学生的全面发展。因而，高中思政课是以立德树人为根本使命的，它不仅给学生提供认识事物的工具和方法，更重要的是能够铸造学生的灵魂，提高学生的思想觉悟。尤其是在当前，受到多种负面因素的影响，一小部分高中学生在成长的过程中，其思想道德观念呈现了一定的偏差现象，严重影响了高中学生的健康成长，甚至对中国特色社会主义建设产生影响。在新的形势下，必须充分发挥高中政治这一学科的育人价值，将高中政治课程打造成育人的主阵地。

一、高中政治课堂现状及育人目标认识

就高中政治课程的育人目标来说，最终目标就是将学生培养成具有以下品格的人：（1）有理想、有信念的人。将学生培养成坚定中国特色社会主义道路、树立共产主义远大理想的人才，不断强化自身的理论素质、政治素养。（2）诚实守信的人。不断增强学生的诚信意识，并促使学生在日常生活中，注重自己的言谈举止，为自己积累更加良好的个人信用，从而更好地坚持和贯彻社会主义核心价值观。（3）知法、守法的人。不断强化学生的法律意识，使得学生成为知法、守法、懂法的好公民，更好地理解和贯彻我国依法治国的基本方略，从而有利于法治国家的建设。（4）有理性精神的人。培养学生的理性精神，使其面对事物，可借助联系、矛盾、辩证的方式进行看待和分析，进而不断提升学生明辨是非的能力。

但在当前高中政治课堂教学中，教师受到传统应试观念的影响仍很大，常常将知识本身作为核心，忽视了政治认同、科学精神及核心素养的培育，致使高中政治育人目标无法科学体现；在教学方法上，目前，教师在进行高中政治课堂教学中，基本上都是沿用传统的课堂教学手段，学生仅仅处于被动接受知识的状态，主动思考的机会非常少，理性精神的培养更是无从谈起，无法实现高中政治的育人价值，以至于学生在学习中，很难形成认同。这种现象也在很大程度上制约了政治课对学生的理想教育、信念教育，弱化了政治学科的育人价值。

二、落实高中思想政治育人目标途径分析

1. 确立政治育人目标，明确育人方向

在高中政治课堂教学中，育人目标是其核心，是整个教学活动的出发点和落脚点，同时也指明政治课程的育人方向和效果。因此，在当前形势下，为了进一步提升高中政治的育人价值，首先必须合理确定育人目标。

在新课程标准中，对高中思想政治的育人目标进行了明确的要求，即：政治认同、科学精神、法治意识和公共参与等核心素养，也就是所谓的“高中思想政治课立德树人的根本任务”。因此，在教学中，要让学生明确社会主义核心价值体系是要建成什么样的国家、建成什么样的社会，培育什么样的公民，最终实现政治的育人目标。例如，在“实现中华民族伟大复兴的中国梦”的教学中，为了凸显其育人的价值和功能，教师应对教学目标和任务进行科学、合理的设置。结合时政材料，通过时政材料和春晚歌曲《我的要求不算高》片段，展现中国梦在普通百姓生活中的具体体现，拉近了高大上的理论知识和学生的生活实际的距离，从而引出中国梦就是实现中华民族伟大复兴，让生活中活生生的实例与政治理论相结合，深入浅出地展现政治理论知识，更容易引起学生的情感共鸣，增强学生的政治认同、科学精神和核心素养，从而引领学生在学习中，树立正确的国家意识，厚植家国两相依的情怀，养成爱国品质。

2. 整合教学素材，落实育人价值

教学素材是进行高中政治课堂教学的重要内容，也是落实高中政治育人的重要依据。据此，在落实高中政治育人功能的时候，要对教学的素材进行有效的整合，以强化其育人功能。一方面，对书本上的素材进行巧妙利用。这就要求教师在开展高中政治课堂教学之前，结合教学大纲，对教材内容进行深入的研究和分析，并对教材中所有的资源进行有效的运用，使其成为育人的重要载体。另一方面，精选生活素材，融入课堂教学，以强化政治的育人价值。为了更好地实现高中政治的育人价值，教师还应该结合课本中的内容，从学生生活中寻求素材，引导学生对其分析，最终完成育人的目的。教师应将当前学生生活中接触到的事例和素材进行融合，并搜集相关的案例，在案例分析中完成育人的目的。

3. 创新教学手段，强化育人效果

针对当前高中政治课堂教学手段单一、落后的现状，教师必须改变传统课堂教学手段，不断优化和创新，以提升高中政治的育人效果。具体来说，应做到以下三点：

（1）教师应结合教学内容，充分利用好教材资源，根据《高中政治课程标准》和教学内容，着力掌握好教书育人的切入点，时刻加强对高中学生进行有效的思政教育。如在介绍“价值选择和价值判断”时播放先进人物的事迹，从而帮助学生树立正确的世界观、人生观、价值观，做出正确的价值选择和价值判断。

（2）在课堂教学中，要立足于学生的实际情况，不断促进教育教学方法的更新，充分发挥学生的主体地位，还学生话语权，教师要充分发挥课堂引领者的作用，避免简单枯燥的说教。要努力激励、唤醒、鼓舞不同的学生，对现实生活有不同的感受和理解，实现教学中分层实现教学目标，做到因材施教、因人而异。高中学生处于成长关键时期，他们对现实生活已有了自己的观点和看法，有正确的，也可能有错误的，在对学生开展思想教育的过程中，应让学生积极参与进来，让他们展示内心的真实观点和看法，然后适时引导，让学生自己发现问题并能及时纠正，从而达到自我提高的目的，最终引导学生都能积极主动地参与到学习中，实现立德树人的根本目的。例如，在对“坚持新发展理念”这一部分内容教学中，教师就可采用情景教学、小组合作学习模式，首先借助5G技术的研发为材料背景设计情景，激发学生的学习兴趣，在此基础上，引导学生创设情境，采用小组讨论等形式，在讨论和交流的过程中，自行进行归纳总结，从而有利于了解创新在经济社会发展中的作用，最终树立“科学技术是第一生产力”的思想。

（3）充分利用网络资源实现育人目标。在大数据时代，信息传递速度快，数量多，教师不能再单纯地依靠教材资源来完成教育教学任务，必须提高利用网络获取相关教学资源、把握教育教学信息的能力，在教学过程中需要我们，为学生提供更多优质的课本外的素材，实现题在书外、理在书中，这样才能使课堂变得丰富多彩，更好地落实课程目标。比如：在讲解我国的社会主义市场经济体制时，可举例说明，如抗击疫情过程中武汉封城后我国物资有条不紊的供给情况，也有个别商贩抬高物价，这时相关部门采取何种做法，这让学生轻松理解市场调节和国家的宏观调控相结合的相关知识，从而坚定了我国的制度自信。

4.完善教学评价，夯实育人功能

在课堂教学中，教学评价至关重要。在落实高中政治课程育人功能的时候，传统的教学评价模式显然已经无法满足当前的教学需求，必须要对其进行改革和优化。一方面，重视肯定性评价。在对学生进行评价的时候，应对学生学习过程中的表现，如：沟通能力、合作能力、搜集信息、透视问题能力、自主学习情况等进行肯定。另一方面，过程评价与结果评价并行。不仅仅要对学生最终学习结果进行评价，还要对学生学习的过程进行关注，使得教学评价更加全面、公平和合理；最后，还要将传统的评价形式进行优化，使其成为以教师评价为主，学生自我评价、相互评价为辅的综合性评价体系。只有形成一个更加完善的、科学的评价体系，才能更好地保障高中政治课程的育人功能。

总而言之，高中学生是祖国的未来，高中阶段也是人生观、价值观和世界观形成的关键时期，鉴于高中政治学科的特点，政治教师在课堂教学中应义不容辞地承担这一重任。因此，针对当前高中政治育人现状，一线教师必须要采取积极有效的措施，明确育人目标、整合教学素材、创新教学手段、完善教学评价，不断提升高中思想政治课立德树人的育人价值。

参考文献：

[1]钱红娟. 高中思想政治课育人现状和对策研究[D].苏州大学,2016.

[2]翟娅萍.高中政治教学渗透立德树人理念的实践探索[J].课程教育研究,2019(45):69-70.

[3]桑建军,刘智.立德树人视域下高中政治课德育主渠道作用的发挥[J].教育现代化,2019,6(55):200-201.

[4]王瑜. 政治认同核心素养的高中政治课堂培育研究[D].聊城大学,2019.

探究中职思政课有效融合职业生涯规划教育

陈志中
天津市武清区职业教育中心

伴随国内市场经济高速发展，社会各界对人才需求进一步提升，中职院校毕业的学生就业压力进一步增大。与许多人想象不同的是，中职院校毕业的学生毕业就业率其实还是处于一个比较高的水平，但是随着时间推移，中职院校毕业的学生基于对自身工作内容和工资的不满意，往往会选择在短期内离职或者跳槽，在离职或者跳槽后个人的职业发展却不尽人意。主要原因在于缺乏明确的职业生涯规划，跳槽随意化，且自身持续学习能力欠佳，因此在后续找工作途中频频碰壁。不仅如此，许多学生在就业道路上遭遇重重挫折，部分学生选择创业的方式来养活自己，但创业过程同样充满困难，真正创业成功的人十不存一。归根结底，产生这些后续结果的主要原因在于学生在校期间并没有接受到良好的职业规划教育，以至于大多数学生对个人的未来发展采取走一步看一步的态度，缺乏前瞻性。

一、从战略层面加强对中职学生职业规划的认识

不同的院校对职业生涯教育的称呼不同，有的院校称其为职业生涯规划教育。主要是借助学校平台，有目的、有组织以及有计划地对学生个体培养职业生涯规划的意识与能力，保障学生个体能在职场中认清自身现状，为自己未来的发展稳步做出规划。总体而言，职业生涯规划教育可以分成五个部分，分别为提升认知、树立目标、定位角色、做出设计、寻求途径。旨在通过这循序渐进的五个步骤，逐步提升学生个体的职业规划素质以及职业水准，使自身的知识储备和技能能够符合社会主流行业、企业的用人需求。为全面塑造学生的职业生涯规划水准，当前主流的方法是结合中职院校开设思政课程。

虽然从结果来看，中职院校开展的职业生涯规划教育效果不尽如人意，但这不代表相关教育部门和中职院校领导对学生的职业生涯规划能力养成不重视。只是基于教学和培养方法的原因，没有结合学生的实际情况，激发学生的积极主动性，最终导致职业生涯规划教育无法达到预期效果。直接受到影响的便是历届中职院校毕业生，他们未在学校培养出科学、正确的职业生涯规划能力，以至于在工作中长期无法正确看待自己、看待社会，更遑论立足现状，认定职业发展目标。大量的就业质量低案例也早已证明这一点。从中职学校角度来看，想要在未来工作阶段中切实提升学生职业规划能力，可以依托当前学校设立的思政课程体系，在教授思政课程过程中，潜移默化地将职业生涯教育相关内容渗透入内。

二、厘清中职思政课教学大纲，把握中职职业生涯教育规划脉络

之所以要通过中职思政课这一平台，做好中职学生职业生涯教育规划工作，从教学大纲中对中职思政课的任务以及要求可见一斑。我国最近一次修改的中职教育教学大纲中明确规定，要通过中职思政课，开展对学生的思政教育、道德教育、法制教育、心理教育以及职业生涯立项教育等。通过长期的学习，逐步提升学生的思政素质、道德素养以及职业素养，保障学生在不断丰富知识储备的基础上不断提升个人综合素质。

1. 合理选择适合自己的职业，稳步提升就业质量

我们一直倡导要做好中职生的职业生涯规划教育，并非因为中职生在离开学校之后无法就业，恰恰相反，依据教育部近年来的职业教育就业数据来看，近年中职院校毕业的学生就业率平均值处于 90%以上。关键问题不在毕业后的就业率，而是在就业后的职业发展历程，翻开与此相关的数据，结果不容乐观，总体表现出中职院校毕业学生就业质量低的问题。具体表现有三点：第一，专业对口率低，也就是说往往中职院校毕业的学生从事的工作和自己所学专业不符；第二，就业后的工作状态不稳定，以天津当地 2017 年的一份数据来看，超半数的毕业生的第一次工作时长不满半年，甚至还有不少学生还没过试用期便选择跳槽或者离职；第三，初次工作的薪酬低于平均水平。

从结果倒推原因，中职院校毕业学生之所以就业质量低，是由于他们在选择工作时比较盲目，无法准确对自身定位，确立工作目标和发展目标，以至于盲目选择一个自己也不确定是否喜欢且能长久的工作。直接导致了这些毕业生不珍惜获得的工作。此外，由于初次工作企业对这些缺乏工作经验的毕业生给出的薪酬水平较低，许多毕业生在工作中缺乏积极性，跳槽频繁。其实归根结底，是因为在校期间学生思政工作者没有结合学生实际，为其量身打造职业生涯规划教育。

2. 树立正确价值观，提升综合素养

中职院校学生的职业价值观形成因素较多，既有主观因素也有客观因素。人们对择业、就业、发展等方面的观念不同，归根结底是职业价值观的差异。学校在进行职业价值观的树立时，要深刻意识到价值观对学生未来发展的重大影响，中职学生职业生涯规划的核心问题就在于职业价值观的不同，甚至有一部分学生因为价值观不正确而走上了错误的就业道路，对此，教师在进行中职思政课的教学时，要着重注意职业价值观的引导和综合素养提升的问题。

对中职院校学生开展职业生涯规划教育，要抓住重点，培养学生们的正确职业价值观。树立明确价值观，才能认清自身，积极主动去了解用人单位的需求，倒逼自身激发潜能去努力提升自己的知识储备和专业技能水平，在成功就业后，也能时刻秉承良好的职业态度，在工作中有目标，不满足于现状，为使自己达到更高目标而去奋斗、创新，最终在工作中找寻自我价值。

3. 职业生涯规划教育持续终身

对中职院校来说，学生毕业并不意味着中职教育的结束。学生在校期间教导学生学习知识、掌握技能固然重要，帮助学生养成终身职业生涯规划能力更加重要，这关乎学生未来的职业发展，同时也是对中职教育成果的一种检验。由此可知，职业生涯规划不仅对学生未来的生活产生巨大影响，还对学生未来工作和职业的选择有巨大的作用，也就是说职业生涯规划教育的影响层面是终身的。当然，如何让学生找到适合自身的职业发展方向也是中职思政课的重要任务，教师需要在职业发展能力上进一步探讨职业生涯规划教育的主要教学模式。

从就业质量低一系列表现来看，说明当前中职院校开展的各方面教学存在许多不足之处，尤其缺乏职业发展能力方面的教育。长此以往，中职院校教育将走向一个恶性循环，从中职院校走出的学生无法满足社会对人才的需求，进而逐渐被社会淘汰。基于这一形势，中职教育要紧密依托思政课程平台，与时俱进，加强中职学生职业生涯规划教育，开拓创新教学方法。

三、借势中职思政课程平台，稳步提升中职学生职业发展能力

1. 发挥教学内容优势

(1) 思政课从设置目的以及具体课程安排方面来看，均与当前中职院校学生缺乏的职业生涯规划能力相关。帮助学生树立正确的职业价值观与职业理想，这是解决中职院校学生就业质量低亟需完成的一项任务。完成这项任务，可以通过思政课程体系，循序渐进帮助中职院校学生实现自我定位，明确就业目标和发展方向，并在发展过程中有意识地规范和调整自身行为，进而为今后走上社会、走向工作岗位提供必要素质支持。例如，教师在进行思政课程的教授时，可以结合校企合作企业对人才培养的需求，通过这些能够让学生更加明确职业规划教育对终身的影响程度。教师可以通过多媒体信息教学平台来展现出目前中职思政课的优势，通过整合教育网平台中的相关资料信息进行进一步的职业化分析。

(2) 将职业生涯规划教育和中职院校开设的思政课有机结合，会为抽象的职业生涯教育指明方向，使之变得客观具体，同时也能带动思政教育走向更清晰的道路。职业生涯教育和思政教育二者有一定的相通之处，例如思政教育中的“性格”有关内容可以对应职业生涯规划教育中的职业性格养成和发展，思政教育中的“理想”有关内容可以对应职业生涯规划教育中的职业理想，也就是学生的未来职业发展目标。可以说思政教育相比职业生涯规划教育，是略高于现实的思想层面内容，职业生涯规划教育更加贴近中职院校学生实际。依托思政教育课程的开展，结合中职院校学生的实际知识储备、心理状态、技术技能等，将云端的内容捆绑到现实层面，切实立足学生就业与创业需求，从实际上帮助中职院校学生培养出科学、客观的职业生涯发展规划，这是一件利在千秋的大事。

2. 积极导入教育功能优势

(1) 导向作用。通过思政课程的学习，能有效帮助学生逐步形成正确的世界观、人生观与价值观，相对应的学生所秉承的不正确的道德观、名利观、是非观等将会被调整和净化。教师在进行职业生涯规划方向的引导过程中，要尽可能在课堂中引入正能量案例，同时通过课业的学习，以创设情境的方法将学生引入未来工作时可能会面临的一些情境中，帮助他们提升解决问题的能力，提升社会实践能力。

职业生涯规划教育并非一蹴而就，而是通过思政课的先导教育，稳步帮助学生认知自我、认知社会以及认知职业发展，之后才是帮助学生塑造自己的就业价值观，引导学

生在学习、生活和工作中充分激发自身潜力，并养成遇到挫折不轻易退缩的品质，更好地适应社会就业、创业环境的纷杂。

(2)提升学生自律性。不同于应试教育背景下的课程强制性，中职院校开设的思政教育课程更倾向于潜移默化提升学生自律性。需要学生在学习和掌握基本知识后，在日常学习、生活和工作中通过社会舆论、内心信念支撑自己，帮助自己度过苦痛挣扎的时光。

教师要让学生意识到，职业生涯规划能够帮助他们认识自己、认识社会，了解自身缺点以及社会对人才的需求，并在工作中不断调整自己的缺点和劣势，积极学习和改变，使自己更符合社会对人才的需求。做到这一切有一个前提条件，那便是需要学生有一定的自律性，只有拥有自律性，才能面对外部诱惑时坚定信念不动摇，直到实现自己认定的目标，而这正是思政课程能为学生带来的影响和益处。

参考文献：

[1]袁圆.中职德育课在中职生职业生涯规划教育中的重要作用研究[J].中国西部,2017(2):41.

[2]单长莉.中职德育课在中职生职业生涯规划教育中的作用分析[J].新教育时代电子杂志(教师版)，2019(21):189.

[3]房能兴.浅析中职生职业生涯规划教育中德育课的作用[J].好家长,2019(13):121.

新时代家访实践的功用、现状及对策研究

崔茜
天津市武清区职业教育中心

在全国教育大会上，习近平总书记讲到教育的核心理念：“教育是国之大计、党之大计。对于教育问题社会各界都有责任，人生的教育首先从家庭开始，家长要做好表率和引领作用。全国各相关部门要充分调动资源服务家庭教育。对于学生成长成才的责任需要大家共同担负。”

在我的教学过程中，通过实践深刻体会到教育是一门系统工程，除了学校，家庭教育也是关键环节，每一名学生都深深受到自己家庭生活环境影响。为了响应习近平总书记会议精神，真正实现教书育人的目标，加强家校合作是必须完成好的工作。家访工作作为班主任开展学生工作的重要途径，目前越来越受重视，家访工作想要真正取得成效，离不开不断的实践和总结。家访作为一种面对面的交流形式，是学校和家庭沟通的重要渠道，能够全方位地了解学生的真实情况。没有调查就没有发言权，上门家访对于提高老师因材施教的准确性具有十分重要的意义。为了进一步推动家庭和校园的合作，为社会培养高质量人才，开辟学生思想政治教育的新方法、新途径，家访工作值得深入研究和探索。

伴随时代的发展，人们交流方式发生了重大变化，手机端微信交流占据了人们绝大多数时间，教育工作同样面临着新挑战，我认为家访工作不可完全用电话或者微信交流所替代，不可以一个家长群包办一切，面对面才是最有效的交流方式。我们要了解一个孩子，一定要走到他（她）生活的地方去，也只有面对面，才能真正和家长形成统一，为了孩子的未来无间配合。

作为一名职业教育的班主任，我有切身的感受，现今的孩子知识摄入量大，碎片化知识获取渠道多，但是知识体系混乱庞杂，良莠不齐，孩子们缺乏辨识的能力。加上社会快节奏之下，家长往往忙于工作而疏于和孩子沟通，形成了一种孩子越长越大，心却与家长渐行渐远的怪圈，由此带来的弊端就是，现阶段的孩子具有心理疾病的比例越来越高，尤其在职业教育阶段，孩子们对于未来成才的不确定性更大，承担着更多来自社会和家人的压力，有的孩子不自信，甚至极个别的会自暴自弃。有的家长对于孩子教育不够重视，把教育工作都扔给学校，认为自己管不了孩子。有这样想法的家长不在少数。在实际的家访过程中，我发现面对面地沟通更容易获得家长的理解和学生的尊重，能够了解家庭的基本情况，比如有的学生和爷爷奶奶生活在一起，缺少父母的陪伴，有的学生在家里和父母关系紧张沟通极少，有的家庭发生了变故，通过家访摸清了实际情况，就能理解孩子在学习期间的各种心理变化和思想动态，从而帮助班主任和学生进行有效的交流沟通，真正帮助到学生。

关于家访的具体策略，我一般是按照以下几个步骤进行：

第一，观察学生的状态，确定家访对象。家访绝不是随机性的抽查，而是有计划的一项工作。在我接手一个班级以后，我会用最快的速度和学生们熟悉起来，和他们成为朋友，摸索每个人的性格，并根据他们的状态分为几种类别。分类不以成绩为考察标准，而是以学生的心理活动，分为积极健康、一般、比较消极三类。不同分类的孩子会有不同的关注方法，而家访主要在比较消极的孩子里选择，职业教育阶段的学生年龄正处于叛逆期，单纯的说教或者压制，无法从根本上解决学生的心理问题。家访主要是观察其家庭环境，了解孩子心理问题的真正原因，同时和家长学生建立起一种亲切信任的关系，以期和家长共同努力教育孩子。

第二，了解学生的家庭基本情况。比如在我执教过的班级，有一个学生不爱学习，在学校里打架抽烟，还存在早恋的情况，经过多次教育效果很差。后来通过上门家访，发现该学生父母常年在外打工，孩子和父母沟通极少，感情淡漠，从小和爷爷奶奶一起长大，缺乏父母的爱与陪伴，使该学生性格比较孤僻，缺乏被爱感与安全感，因此叛逆心非常重，在早恋中寻找被爱的感觉。通过家访知道学生的实际情况之后，我会和家长用心沟通，并给出解决措施，建议家长能经常和孩子联系，询问孩子的生活、学习，分享彼此生活的点滴，拉近学生和父母的关系，也能让学生体会到父母对他的关爱。在学校，我经常鼓励他，同时在学校里面不断寻找他的亮点，每一点点进步都给予大力的表扬，让他负责班里的团体活动组织，这些举动满足了孩子被爱被认可的需要，他的心理和学习也得到了极大改善。因此，通过家访，能真正了解到学生问题的症结所在。

第三，带着明确的目的和家长进行有效沟通。家访不是简单和家长拉拉家常，说说孩子的表现，然后提一堆要求，我认为家访必须带着明确的目的，因为每次家访的学生都是提前锁定的，我很清楚他的心理状态，那么家访之前我就会想好本次家访沟通的重点是什么，比如说孩子的亮点优点有哪些，我们接下来如何具体展开学校与家庭的合作。

第四，家访后要认真记录和总结，并做好回访。每一次家访结束以后，一定要把沟通面谈的情况进行纸面或者电脑记录，整理形成文档备案。这样每个家访学生的情况就会一目了然，班主任的工作繁多，没有备案时间久了很容易忘记，那么这次家访就成了有头无尾的工作。根据备案记录，我会对家访家庭进行再次家访或者电话回访，这样保证家访达成的共识能够得到有效落地。

在家访的过程中，经过长期的摸索和总结，我认为还应该避免以下几点：

第一，避免家访成为说教。家访不是上课，家长也不是学生，老师在家访前一定要找好定位，家访的终极目的是孩子的健康成长，教师与家长是平等的工作配合关系。所以除了表达出老师的思想，还应该以听为主，要家长积极参与进来，发现他们的想法和需求，并大力称赞学生的优点亮点，让家长为之骄傲，并有信心积极配合。

第二，不能有事才家访，要提前做好工作，避免学生出现问题后上门告状式的家访。虽然我会优先选取比较消极的孩子进行家访，但会尽量避免在他们做错事以后上门，避免引发学生的恐慌和家长的愧疚。高明的医生治疗疾病于未发之前，所以发现了消极的苗头提前家访。在家访过程中，先向父母表扬孩子，肯定学生的优点和长处，再提出存在的问题，以及哪里需要改正和进步，家长会容易接受得多，而且也更加愿意和班主任配合工作，共同教育孩子。

第三，家访的核心要点是真诚和真实。家访不是一场秀，也不是被强制完成的任务。我认为家访最核心的一点是真诚和真实，老师上门要真诚，怀着教书育人的目的去家访，为孩子负责任。家长的反馈要真实，这一点要和家长达成共识，上门家访不是一场表演，家长要把真实的情况反映出来，这样才能真正找到症结所在，才能帮助学生改正和进步。

传统家访是连接教师、家长及学生情感和思想上的纽带。著名教育专家于漪曾说过："传统家访仍有必要，这是学生、教师和家长沟通的一条好途径。"教师上门家访有利于教师与家长之间的平等沟通和互动。面对面交流，更显得教师对孩子的重视与关心，家长能够感受到老师的尊重与真心，也更加愿意敞开心扉去探讨学生问题。在交流的过程中，教师还能彰显自己的人格魅力，用自己的真挚、学识去打动、感染家长和学生。

参考文献：

[1] 人民日报：国之大计 党之大计——新中国教育事业的历史成就与现实使命[EB/OL].http://opinion.people.com.cn/n1/2019/0910/c1003-31345244.html.

[2] 白雪峰.新时期高校学生工作策略探索[J].理论界，2010(2):185-186.

[3] 李红菊.浅谈中职学校传统家访的重要性[J].科技创新周刊,2014(10).

浅谈中职思政课教学评价体系构建

王晓业
天津市武清区职业教育中心

近年，各职业院校虽然在职业技能训练过程中越来越重视学生职业素养的培养，但在教学中，仍然重视技能训练而轻视了思政课教学作用，而思政课教育是贯穿所有教育的基础。思政教育是实现国家以立德树人为根本任务的教育，是培养学生从品德、智力、技能、劳动观等全面发展的重要途径，在培养祖国建设基础力量和社会主义接班人中发挥重要作用。思政课教学评价是衡量教学效果的重要手段。随着国家经济发展和教育改革进程不断推进，传统评价已无法满足现代教育需求，传统评价存在评价方式单一、评价目标不全面等问题，严重制约了现代教育体系发展。特别是在新课程改革不断深入过程中，传统评价与追求创新的教学改革不断发生碰撞，思政课教学评价改革刻不容缓。

一、思政课评价要以学生为主体

学生是教育实施中的主体，是知识的接受者，也是行为养成的本体。学生主体主要包括学生的基本素质、学习态度、学习能力等方面。学生基本素质因学生入学成绩、专业选择情况以及年级变化而有所差异。其中，受不同专业教学影响和学生个人学习习惯影响，学生在进行思政课学习过程中表现出的差异较大，教学效果也有一定差距。学生的学习态度，包括学生纪律情况、课前预习情况、对待思政课的学习态度，是否能够主动学习，课上是否认真听讲、积极互动，课后作业是否独立认真完成，以及课外践行思政知识情况，等等。学生的学习能力强弱决定了学生未来就业再发展能力，主要体现在学生对新知识的接受能力、思维能力、语言表述能力、在遇到问题时的分析判断能力和解决问题能力、合作学习能力、社会适应能力、自主探究能力、对待成绩变化的态度，以及学生参与技能比赛、校园活动中的表现等。学生的学习态度和学习能力直接影响了学生的学业成绩和教学效果，是以学生为主体的教学评价中的重要组成。

根据学生主体内容和指标，建立基于学生主体的中职思政课教学评价的指标体系，如下表：

类别	评价标准	评分上限	说明	最终得分
学生基本素养指标	入学分数	6	根据分数高低赋分	
	学生专业满意度	3	根据学生对本专业满意程度酌情赋分	
	学生所在年级	3	根据年纪高低酌情赋分	
	是否为班干部	3	是：得分。不是：不得分	

	学生基本素养指标小计	15		
学生学习态度指标	学生是否守纪律	6	根据学生课上纪律情况赋分	
	课前预习情况	3	根据表现情况赋分	
	是否喜欢思政课	3	较难判断，酌情赋分	
	上课是否积极主动	5	根据表现情况赋分	
	课上是否尊重教师	3	根据教师感受酌情赋分	
	学生上课学习态度是否端正	6	根据表现情况赋分	
	课外是否学习思政知识	2	根据表现情况赋分	
	作业是否按时、认真完成	2	根据表现情况赋分	
	学生学习态度指标小计	30		
学生学习能力指标	学生接受知识能力	6	根据表现情况赋分	
	学生回答问题能力	5	根据表现情况赋分	
	学生分析问题、解决问题能力	5	根据表现情况赋分	
	学生判断是非能力	5	根据表现情况赋分	
	学生参与能力	5	根据表现情况赋分	
	学生自学能力	5	根据表现情况赋分	
	学生合作能力	5	根据表现情况赋分	
	学生学习成绩浮动（可比较情况下）	4	根据表现情况赋分	
	学生行为习惯改变	5	根据表现情况赋分	
	学生参加比赛情况（参与、获奖情况）	5	根据表现情况赋分	
	学生学习能力指标小计	50		

以学生为主体的教学评价不可忽视过程性评价的作用，学生参与学习的过程是完成教学任务的重要基础。过程性评价强调学生参与过程以及学生参与的质量，可以让学生在参与的过程中实现自我意识的形成和能力训练。学生的主动探究意识、创新精神、行为规范的养成都需要学生的参与，只有学生真正参与到教学过程才能够实现教育的根本目的。以学生为主体的中职思政课教学评价，有助于发现学生综合素养培育中存在的问题，引导学生直面困难，帮助学生采用正确方式解决问题，进一步促进中职思政课教育的顺利开展。

二、思政课教学评价要多元化

思政课教学作为学校德育工作的基石，其评价能力直接影响了教育成果的判定。中职思政课教学评价应更加全面而多元，积极采纳各界的教育评价建议，形成一套适合于中职学校发展的多元化教学评价体系。中职学校多元化教学评价应结合学科特点、学生特点和学校实际进行构建，评价内容上要选取具有一定针对性和代表性的观点，体现职业教育发展特色，把劳动观念、创新意识、竞争意识、普法教育、传统文化美德教育、社会动态、实践活动等纳入思政课教学评价，从未来发展、社会需求等方面全面评价思政课教育。思政课教学评价以课程实际入手，首先，从学生知识水平、专业技能等方面进行评价，以保证思政课教学评价全面性；其次，要注重学生日常行为的评价，敦促学生在课余时间完成“第二课堂”的思政教育，保证思政教育的长期性、持续性；再次，要注意学生在社会实践中的参与度、协作能力、创新能力的评价，以此保证学生的综合能力提升。

中职学校思政课教学评价体系的多元化，能够促进学生对课程整体知识的认知及运用，评价过程中要注重学生主体意识培养，鼓励学生积极参与到思政课教学评价建设，从学生角度对评价方式、评价内容、评价目标进行完善，保证思政课教学评价的科学性，有效性。评价结果产生后应及时给予相应的鼓励和指导，对于评分较高的学生及时给予正面夸奖和鼓励，对于评分较低、态度敷衍的学生给予适当鼓励并引导其端正学习态度。多元化的思政教学评价还应将家长意见、社会发展需求、企业需要纳入评价体系建设中，完善中职学校思政课教学评价体系的全面建设。

三、思政课评价方式要多样化

仅通过考试成绩评判教学的评价是不全面的，无法反映出真实的教学效果，中职思政课教学评价应丰富教学评价方式。通过调查了解到，当代中职学生喜欢丰富多彩的事物，丰富思政课评价方式能够从根本上抓住学生的兴趣点，有效促进教学评价过程的实施。采用线上、线下、游戏、竞赛等多种形式进行教学评价，可以从不同侧面反馈教学的效果。如微信“学生综合评价档案”小程序既可以记录学生完成线上作业提交情况，又可以让学生了解自身成长轨迹，正确认识自身定位。又如在课前“思政知识小竞赛”游戏，可以制造竞争氛围，调动起学生的学习兴趣，在竞赛时，教师要注意充分调动学生的参与程度，可以采用奖励机制调动气氛，奖励不在于贵重，可以是一朵小红花、一支笔、一块橡皮抑或教师自制的“小奖状”。这样学生既容易接受教师对他们的教育，又愿意融入课程学习之中。

四、紧跟时代需要，将新冠疫情影响纳入思政课教学评价

新冠肺炎疫情为中国教育带来一个重大的挑战，学生面对疫情的心理健康状况、公共卫生防护知识传授等，成为对抗疫情时期教育的重点工作之一。疫情防控期间各地学校本着“停课不停学”的原则，转变传统集中授课模式为网络在线教学，这也为思政课教师带来了挑战，重组教学内容、设置教学流程、改革教学评价方式成为思政教师面对的难题。网上授课期间，学生是否按时上课，课上能否积极参与学习过程，课后作业完成情况等成为教师在这一时期重点关注的问题。复课后，线上线下教学内容的整合，学生学习状态的调整是后疫情时期思政课教育的重点问题。调整网络授课期间的思政课教学评价模式，有助于帮助教师及时了解学生学习状态，便于教师知晓学生在疫情防控期间的应激反应及心理健康状态变化。根据疫情防控有关规定，强化学生对公共卫生突发事件的应对能力，保证学生身心健康，在教学内容中添加新冠疫情防控知识。相应地，

将新冠疫情防护工作融入思政课教学评价中，帮助学生调整心态，积极面对疫情防控。具体内容见下表：

类别	评价标准	评分上限	说明	最终得分
课堂表现情况指标	是否准时连线进行学习	3	根据平台记录赋分	
	课上是否积极参与	3	根据表现情况赋分	
	与教师互动交流情况	4	根据表现情况赋分	
	教学视频学习情况	5	根据平台记录赋分	
	在线练习题完成情况	5	根据平台记录赋分	
	课堂表现情况指标小计	20		
新冠疫情防控指标	新冠疫情知识掌握程度	5	根据表现情况赋分	
	公共卫生安全相关知识认知	5	根据表现情况赋分	
	是否不聚集、不扎堆	5	根据表现情况赋分	
	遵守学校疫情防控情况	5	根据表现情况赋分	
	课上是否戴口罩（复课后）	5	根据表现情况赋分	
类别	评价标准	评分上限	说明	最终得分
新冠疫情防控指标	消毒、洗手情况	5	根据表现情况赋分	
	新冠疫情防控指标小计	30		

五、注重延伸性评价，以评促教

1. 将大赛标准纳入思政教学评价

中职技能比赛是验证中职学校教育成果的重要途径。中职学生技能比赛标准中包含了学生职业素养、专业技能水平、行为规范、安全意识等多方面内容，是检验学生全面发展的关键。将技能比赛标准纳入中职思政课教学评价中有助于教师明确中职思政课教育意义，确定思政课教学目标，有利于完善中职思政课教学内容设置，有利于促进中职思政课教学评价体系建设。思政课教学评价中纳入中职技能大赛比赛标准，可以让学生在日常学习过程中体会大赛精神，了解竞争的残酷性，进而帮助学生规范自身行为，锻炼学生竞争意识、创新意识，培养学生崇高的职业理想和终身学习意识。

2. 校园思政实践，促进思政评价体系完善

校园文化建设是学生思政实践的重要阵地，通过开展校园思政活动，帮助思政教师检验教学效果。中职学生的课外生活是丰富多彩的，但又缺乏一定的人文底蕴。因此，中职学校在开展课外活动时，应注重培养学生的行为素养，以此来升华思政课教学效果。鼓励学生参加诸如校园辩论、演讲等活动，畅谈“习近平新时代中国特色社会主义”的意义，让时代精神弘扬，深入学生的内心。鼓励学生在校园文化活动中开展国学活动，如经典诵读、话剧表演、“歌舞中国”等，以此来增加学生的文化底蕴。在活动中注重

学生综合素养和实践能力的评估，进一步确定思政课教学评价体系的完整性、科学性、合理性。

中职思政课教学评价直接影响了中职学校教育的成功与否，是培养社会主义接班人的重要保障条件。中职思政课教师要重视评价的重要性，并切实将思政课教学评价运用起来，为中职学生未来就业铺路，为祖国建设添砖加瓦。

新时代高中家访教育的现状、对策及其实践意义的研究

王超
天津市武清区杨村第四中学

新时代高中的家访教育主要是班主任及其任课教师亲自到学生家中登门拜访，针对学生的家庭情况、在校学习情况、生活情况与学生家长进行沟通和交流，采取有针对性的帮扶和指导，以达到学生身心健康发展。

本学期，我校开展了“班主任高中家访教育”活动，经过一个半月的努力，已全部走访完毕，通过家访取得了很大的收获，通过探究和总结发现以下几点：

一、新时代高中家访教育现实情况的分析

1. 高中学生的家庭教育被赋予时代性

在展开“班主任高中家访教育”活动之前，我们进行了问卷调查，通过调查显示，受访的高一年级学生的学生年龄在 14 至 16 岁，受访的家长年龄平均 40 到 45 岁之间，这时期正好赶上我国计划生育政策放开阶段，据统计，班级内 80%的家庭都响应国家“二胎”政策，也就是说大部分家庭都不是独生子女，而且二胎的年龄相对比较小，也就是说大多数二胎生育出现于受访学生的初中阶段，这就意味着由于精力有限，父母对孩子的关心在初中和高中阶段较少，这一时段的学生不管从心理上、身体上都缺乏爱，缺乏关心和关注。

2. 高中学生监护人的文化水平比较高

国家大力度、全方位推行义务教育，全面提高国民素质和文化程度，通过问卷调查发现，受访学生的家庭成员的教育文化程度明显较高，65%都是大学本科毕业，80%都是高中以上学历或中专文化程度。学生的监护人是学生家庭教育活动的主要负责人和执行者，他们的文化程度和素质直接影响学生的知识储备和正确的人生观和价值观，同时也极大力度地影响了教师与家长的沟通能力。

3. 高中学生受访家长的工作性质多样化

经过调查问卷显示，家长从事的职业和工作多样化，总体表现为正态分布于社会各个职业阶层，表现并分布于个体经营、国企、民营企业、公务员、事业单位、农业生产等领域。大部分家长拥有较为稳定的工作，这样就会有相对较多的时间和精力关注自己的孩子，给予孩子在经济上、生活上、心理上更大的帮助。

4. 受访学生和家长的沟通交流方式局限、单一化

随着国家和城市的发展，高中阶段的学生不仅仅局限于本区、本市。经过调查问卷显示：班级内 45%的学生来自全国各地，其中河北、山东、山西等地方的学生居多。大部

分家长与子女的沟通方式为电话、网络等，只要有少部分家长选择与孩子近距离接触陪读。在和孩子进行沟通的内容方面也比较单一，以学生的在校学习情况为主，生活情况和心理状况为辅，进而会发现学生的身心健康情况家长无法进行客观衡量，同时学生作为信息输出方，其表述往往带有更多的主观色彩，导致学生家长接收的信息不全面且不具有代表性。这样的沟通与交流只能使家长和孩子之间的关系日渐疏远，所以仍需要家访教育来平衡。

5. 高中学生和家长对班主任家访教育缺乏正确的认知

针对高中班主任及任课教师是否有必要进行上门家访，调查问卷显示：近半数的家长认为没有必要，25%的家长认为上门家访是有必要的，另外25%的家长对此持无所谓的态度。调查认为相比于教师的登门拜访，大部分家长则更加倾向于开展“网络家访”，如利用QQ、微信等网络平台。实际上，在所有的家访方式中，登门拜访的效果是最明显的。但是仍有很多家长欠缺对家访的认知，很多学生家庭认为家访主要是为了反映学生问题，抱有抵触情绪，而对于深层次的意义和长远的教育效果没有正确的认识，造成家访工作开展起来不太顺利。

二、新时代高中家访教育的方法及对策的研究

1. 新时代高中家访教育要体现出学校与家长之间的尊重和信任

作为新时代的教师，我们研究的是新时代的高中家访教育，我们不要墨守成规，传递给家长“我是教育方面的权威，您的孩子我做主”这样的教育态度，独断、片面的家访教育态度并不能实现有意义的家校合作。教师和家长之间有意义的、持续的良好合作关系应该是建立在相互尊重、信任的基础之上的。我们要重新定位自己的角色，既不能在高中家访教育中居高临下，也不能忽视自己是学生的领路人、学生情况知情第一人的关键角色，同时不采取迁就家长的不科学的教育方法，在新时代的高中家访教育中我们要把家长当作自己的合作伙伴，与家长心交心地去交流，并耐心倾听他们的意见，协助家长，达到家校共育。

2. 新时代高中家访教育要“有备而来”

新高中时代家访我们要做到具体问题具体分析，有备而访。不同的家庭，不同的背景，不同的学生表现是不一样的，在家访前我们要充分去了解学生的家庭状况，比如是否单亲等，去了解父母从事的职业是否对孩子的人生观和价值观造成影响，同时对学生在学校所表现的问题不管是学习上还是生活上都加以细致的分析，查找原因，并根据家访时的具体情况，第一时间向家长提出有建设性的意见，力求在每一次家访后，家长的教育观念、教育方式都有明显改善。

3. 新时代高中家访教育要尽可能做到“登门拜访”

新时代是信息的时代，现代化的教育手段比比皆是，但是教育最基础、最直白的交流方式仍然是“面对面”，班主任及任课教师走出校门、走进学生家庭。这样的家访能让家长对其提高重视程度，家长首先会从内心感受到老师的热情、真诚、尊重和信任，而这一切正是家长配合老师教育学生的重要前提。

4. 新时代高中家访教育要“以学生为本”

“班里面的每一位学生住在我的心里”，作为一名班主任，及时关注每一位学生的

变化是我们必须要做的，每一个孩子都是一个家庭的希望，都是父母关注的焦点。作为教师，同样我们也是家长，作为教师，我们要设身处地地为学生着想，尊重学生的差异，尊重学生的“个性”，尊重学生的自尊心，甚至尊重学生的缺点和不完美，把“平等”“爱心”“交流”“共进”贯穿始终，贯穿于学生和家长的日常交流中，贯穿于新时代的高中家访教育中。

5. 新时代高中家访教育要“一鸣惊人”“与众不同”

新时代的高中家访教育的方式有很多种，高中家访的开场白很重要，这直接关系家长对我们的尊重和信任，因此在实际工作中，我们要根据学生及家长的具体情况，选择最合适的方式。更重要的是，在接下来的家访教育中要为该学生制定一套完美的、全面的跟进措施，保证家访效果的持续、深入。

三、新时代高中家访教育的实践意义。

良好的高中家访教育是学校建立高中教育宣传的有效平台，通过与学生家长面对面交流，我们能够比较直接地把学校的教育思想传递给学生及其家庭成员，从而与家长进行思想的交流、心灵的沟通，在精神和思想境界达成相互理解、相互支持、共同合作。

良好的高中家访教育树立教师形象，家访教育充分增进了家长对教师的崇敬感，班主任及其任课教师登门拜访，走进学生的家门，走进学生不一样的世界，这样很容易让家长和学生直观地感受到来自教师的特殊关爱，促进家校合作顺利进行。

良好的高中家访教育为任课教师增加了了解学生的机会。家访教育是班主任及其任课教师对学生全面了解的主要途径，在平时的工作学习中班主任了解得可能比任课教师要全面，因此家访需要任课教师的协同参与。

良好的高中家访教育是防止学生流失的有效手段。高中时期的教育是枯燥的，是十二年寒窗苦读最辛苦的三年。在学习过程中部分学生因为学习基础薄弱，心灵受创，加上家庭给予的压力等各种因素的影响，致使学生无心向学、中途辍学等。良好的高中家访教育能够有效减少学生高中时期辍学的比例，有效的家访教育能够改变家长的观念，充分宣传高中教育的重要性，增强学生家长重视教育的氛围。正因为有了这样的氛围，才能让家长充分了解孩子、关心孩子，为孩子规划出适合于自己发展的道路。

参考文献：

[1]李明. 关于高校家访工作的思考[J]. 辽宁工业大学学报(社会科学版), 2010(2):88-89, 129.

[2]王昊民. 高校辅导员家访工作探析[J]. 山东青年政治学院学报(社会科学版) 2015(1):93-97.

[3]罗辑, 张贺楠. 关于高校辅导员家访工作的思考[J]. 中国校外教育, 2008(7):16.

[4]刘军. 高校贫困生情况调查及激励教育体系探索[J]. 成都大学学报, 2009(3): 112-113.

[5]廖少玲, 梁文燕. 做好新时期政治辅导员工作之我见[J]. 广东医学院学报, 2004(1):84-8.

大中小学思政课一体化建设策略研究

高振秀
天津市武清区杨村第四中学

一、牵住课程教材体系建设的“牛鼻子”

“牵牛要牵牛鼻子”，纲举目张，大中小学思政课一体化建设什么是纲？这是个值得思考的问题。2019 年秋季学期，义务教育三科统编教材实现全覆盖，普通高中三科统编教材整理后也投入使用，对思政教育一体化建设的落实起到了一定的支撑保障作用。面对大中小学思政课的一体化建设，我们应从课程教材入手，厘清各阶段的基础工作，我们要从课程目标、课程内容、课程体系到每个年级至每个阶段的全方面、多层次、螺旋式上升的教材体系入手，我们要在大中小学教材的编制上形成合力。《关于深化新时代学校思想政治理论课改革创新的若干意见》明确，小学阶段重在启蒙道德情感，使学生形成优秀的思想道德品质；初中阶段重在打牢思想基础，使学生形成分辨是非黑白的能力，提高思想觉悟；高中阶段重在提升政治素养，在理论基础上强化实践能力和分析问题能力的提升；大学阶段重在增强使命和责任担当，当身边或国家遇到危难时，我们可以力所能及，鼎力相助。我们要确保大中小学各阶段各有所为，各有所获。

统筹规划思政课教材的编写工作，根据各学段的目标和教学任务，合理研究思政课程大纲，突出立德树人的初心，贯穿大中小思政课主线。我们要根据学生在各阶段的年龄、性格与学生成长发展的特点等，形成学生易接受、好掌握的教材，授课形式、内容可以灵活多样。不同学段的教育教学，必须依据学生在不同阶段的生理和心理发展水平，遵循学生智力、情感、体能等发展发育的阶段性特点，遵从学生的身心健康发展的特点，设计教材内容。

在教材的编制上，我们要与教材内容保持一致，但是我们可以有自己的辅助教学案例，各地辅助教学案例可以存在差异。各地的文化特色、各地的政策措施，以及在国家政策实施中涌现出的优秀人物及其事迹，可以作为当地的特色教程案例，突出教材中的教学目标，让学生更易理解，进而完成教学任务，提高学生自主参与的能力。

大中小学思政课的“一体化”，不仅要横向考虑教材的设置，还要从纵向考虑，能够形成一条贯彻小学、初中、高中、大学始终的课程体系。在课程的设置过程中，除遵循该阶段学生成长发展的特征外，要体现“一体化”教育，还要着眼于学生发展的连续性特征，打通各阶段的明显界限，形成一条贯穿始终的发展主线。形象地说，在教材设计中，课程主题可以从小学到大学从一而终，通过思政课程目标设计，学生可以一直体会到课程的存在，由浅入深，深入学生的骨髓、灵魂当中，能够真正体会到这样的教学设计是有趣、生动、绵延不断的。

二、教师要提升与时俱进的教学能力

大中小思政课一体化建设的落实与实现，对思政教师提出了更高的要求。由于各地经济发展水平存在差异，各类资源也大相径庭，教师队伍也参差不齐，对思政教师的育德意识和能力以及教学水平都是严峻的考验。

首先，作为思政教师要不断提升本学段的教学能力及水平，需要将理论性和实践性、政治性和知识性、建设性和批判性统一起来，不仅要有渊博的科学知识、深厚的理论功底，而且还要有根据时政热点分析问题的能力，以及根据学生实际有效开展教学的能力等。思政教师时刻都应处在时代的前沿，紧扣热点，可以充分利用多媒体融合教学资源，利用现代科技优化教学内容，提升教学质量，拓展教学思路。

其次，思政教师要与时俱进，拥有持续不间断学习的能力。在大中小思政课一体化建设中，教师不仅要精于本学段，还要不断学习其他学科知识，特别是 2019 年后三科统编教材的使用，使一些教学目标贯穿三科内容，这需要思政教师拓宽知识面，深入教学内容，深挖教学任务，具备与其他学科教师教研的底气和实力。同时，思政教师要研究非本学段的思政课程，让大中小三个学段教师相互了解大家教的是什么内容、怎么教，加强交流沟通，进行有效的学校间的教研，这样才能实现大中小一体化贯通，做到课程之间有效连接，使教学内容可以上下连贯，承前启后。

再次，思政教师要有一定的心理理论指导的知识。在思政教学一体化进程中，思政教师的育人作用是必不可少的，在课程内容中加入育人的元素，把德育教育发挥得淋漓尽致，要求思政教师提升自己的社交能力，与学生在教学中交流，培养感情；在育人过程中增进友谊，做到友善良好的沟通，打开心扉，畅想未来，为实现学生的理想助威，引导学生树立正确的世界观、人生观和价值观。

三、中小学思政课教学模式与实践形式有效衔接

（一）拓宽中小学思政课教学实践活动的途径

中小学思政课教学在新课改背景下仍沿袭传统的以“考试”为核心的考查模式，因“考试化”而“知识化”的教学模式，使教师忽略了思政育人的目标，使学生忙于课业复习，而失去学习思政课的目的。产生了“知识型”与“实践型”教学的脱轨。因考试的需要，中小学思政课主要以讲授为主，对实践活动关注不够，甚至大量减少社会实践活动或无实践活动，学生缺乏将理论知识转化为实践的动力，进而弱化学生的实践参与能力，在学习中无法理解理论知识，形成恶性循环，知识型教学与社会实践型教学的统一与国家提倡的素质教育的问题上背道而驰。

同时，在教学过程中，一些教师习惯性把教材内容拓宽加深，挖掘深层次的理论知识，并不断进行强化，超越学生实际的理解能力和接受能力，这与学生的身心发展特点相悖。基于此现状，我们应拓宽中小学思政课实践活动的途径，结合教学内容及目标，对学生及时进行教育。这样既可以使他们学到知识，又能把德育教育的内容深入课堂，使其进入学生的心中，做到无时无刻、潜移默化、深远持久的影响。

课堂教学不仅要有实践活动的渗透，行为的养成、培养也应该渗透于教学。在一次偶然的机会中，有幸听取了天津市和平区岳阳道小学的语文、数学和英语课程，在三位

老师讲授知识的过程中，将学生行为习惯的培养贯穿课堂始终。一年级的小学生很多规范意识还未形成，但是他们却能够在老师的话语中、故事中、奖励中规范自己的行为习惯。从回答问题的举手、声音洪亮到安静起立，再到端正的坐姿等，让我们汗颜于老师的教学魅力。而作为思政教师，更应将学生的行为习惯培养渗透于教学中。在教学过程中充分调动学生参与意识，通过参与活动产生对道德理念的理解体会，增强自觉培养良好道德行为规范的能力。

（二）多课外活动，展孩子风采于教学课堂中

随着新课改的实施，艺术教育纳入中考范围，相信越来越多的“博学者”们都会有自己施展才艺的舞台。学校应多组织一些有意义的集体或个人活动，给孩子创造接触世界、社会的契机，锻炼其各方面的能力。在这诸多的机会中，学生们会不知不觉勤奋拼搏、团结合作，在课堂之外的收获，却能形成伴随孩子一生的良好品德，使其受益终生。

（三）大学阶段的思政课夯理论，重实践

大学生已成为完全行为能力人，“个性”养成不是一朝一夕之事，经过多年的学习与培养，他们的思想意识、生活习惯、性格等基本形成。在进入大学之后，大学生主要通过提高自我的认同感，判断自己的“素质”是否符合工作岗位、社会需要的要求。

大学生的实践能力增强，我们在重实践活动的过程中，不能忘记大学生应有扎实的理论功底，要善于捕捉到社会热点、难点，结合具体的案例进行理论到实践的分析，并能用实践检验理论的可行性。大学教师在授课过程中应打破单一的教学形式，向多样化转变，把握教学主题，实现理论发展的思维导图，把理论知识讲解透彻，甚至可以利用学校资源，模拟社会环境，让大学生能够在知识与实践的熏陶下成长，成为具备成熟“个性”的群体，积蓄力量，成为未来建设社会的主力军。因此，高校思政课必须在确定目标的指引下，完成对“个性”群体的育人功能，培养社会主义现代化建设的接班人。

参考文献：

[1]关于深化新时代学校思想政治理论课改革创新的若干意见[M].北京:人民出版社,2019:8-12.

[2]习近平.用新时代中国特色社会主义思想铸魂育人 贯彻党的教育方针落实立德树人根本任务[N].人民日报,2019-3-19(1).

[3]徐蓉.关于大中小学思想政治理论课教师队伍一体化建设的若干思考[J].思想理论教育,2019(12):80-85.

浅析区域劳动教育教研设想与实践

吕良
天津市蓟州区第一中学

本人从事学校教育事业十余年来，始终致力于学生的思想教育、劳动教育、安全教育等教育教研工作，从事一线教育的设想实施，离不开对课堂教学实际以及区域学生的本位研究。将优化的教学个体经验辐射到全区区域共享，激发全区教师积极踊跃地参与到教研探索的激情队伍中来，是本人从事教研活动组织来始终秉承的执着理念。以下是对区域劳技教研设想与实践的几点探索。

一、走近师生，了解师生的学习生活

结合地形等区域特征了解学校教学实际：蓟州区是一个半山半平原地形的城乡接合新立区，区域地理位置的特殊性导致学习生活理念等差异，从而随之形成主管教育教学理念的差异。

（一）山区远距教研

在近几年在各级领导的关注下，山区学校硬件设施配备一直在大步提高，但经过多次对多所学校进行调研发现：学生的劳动教育大多数学校不重视，学生的动手、动脑能力得不到实际的锻炼，其劳动品质无法得到进一步培养和提高。那么，劳动技术课既然是一门必修课程，在学校的教学计划就应该有所体现，就要进行严格的管理和科学的考核。但是目前在“一考定乾坤”的形势下，很多学校不得不将劳动教育放在可有可无的位置上,让孩子一头扎进题海中，认为开展劳动技术课程是浪费孩子宝贵的学习时间，在很大程度上会影响学校的升学率。

师资数量仍一时不能满足充分的教学需要，几乎每个学校都没有专职劳动技术学科教师，因而在区域大型教研活动时都是由兼课教师代表参加，但其他针对性的小范围教研活动则因种种客观原因而遗憾缺席。另外，教师年龄较长，课堂缺少现代化教学理念的合理植入、对于现行教科书理念理解的浅化、个人的矛盾情绪等，都成为教学过程中的阻塞成分。

真诚交流，消除教师思想顾虑，想其所想，进行技术支持与咨询服务；与学生交流，和谐师生关系，调研学生的学习诉求，释怀他们的心理疑虑，让师生形成和谐自然的关系，增强区域认同感、自尊感。预设的山区教研帮扶计划将会在之后逐步实施，会更助力于农村教育，让区域教研的“距离差”几近消失。

（二）城区近距教研

城区学校调研结果，仍然是对劳动技术课程的不重视。城区人口密集，排除基本的家庭规律性客观因素，大部分学生家庭文化层次相对较高，学校被升学率充斥着，学生升学压力大。不用说劳动技术课程，就是音乐、美术、体育课都被中高考科目占领。这是一种普遍现象。即使劳动技术课存在，人们的思想观念也是劳动与技术课程就是大扫除，甚至就是在校园里拔拔草、捡捡纸屑等，学生能动动手、动动腿就行。在部分学生和家长眼里，劳动无足轻重。不少学校没有开设劳动课程，一些学校虽然开设了劳动课程，但常常纸上谈兵、形同虚设。

笔者针对这种情况对教师做了面对面实际交流调研，不光是在课程理念上改变学校及老师的态度，同时又引导教师能够集体教研，开创团队的分工与合作教研思路，指导教师及时关注劳技教育理念，高效植入创新教研思想，在教学活动创新引导、师生学习广角及阅读视域国际化等方面引导，使优者更优。

（三）体察无距教研

珍惜一切与师生的共处时光。如对老师的各类咨询进行全方位解答、回复，对于学生进行认可型科学鼓励。无论是解答疑问，还是倾听心声，笔者幸福地充当着梯杆、桥梁、纽带。无距教研才能沟通心灵，达成共鸣，才可以成为达观思想的引领者。

二、设基地校，验证并推广教研设想

（一）学科基地校的确立

本区的区域生源特征，主要分为山区及城区，这两种生源特征校都具有较大的差异因素，因而教研设想不能快速全区推广。经过调研，确立本区的第一小学为学科教研基地。

这所基地校具有以下基地校特质：

（1）这是一所区县级重点完全小学，是天津市首批历史名校，有着浓厚的文化底蕴；

（2）学校位于城区，软硬件设施齐全，具有承办多种规模研讨会议的条件；

（3）学校各级领导的教研支持力度大，行政保障到位，动员号召效果显著；

（4）教师素质均衡，创新动力大。

（二）学科基地校的职能

学科基地校的生源特质以及班级的均衡组合，非常有利于学科实验的进行，数据分析相对更加科学有效，更具普遍代表性。在保持基地校原有教学特色的基础上，把通过调研细致论证的课题在该校进行试验，完善成效后全区分层标准普遍实施，基地校不但提升了本校的教研水平，更承担了教研理念积极推进、验证分享的使者职责。骨干教师的涌现、示范课及研讨会的成功、课题承担的显著效果等都成为学科基地校的职能体现。

1. 与科技活动相结合

科技教育活动能激发学生的求知创新兴趣，能够让学生既可以享受作品成功的喜悦，同时又提高创新意识和能力。在开展劳技教育时，我们可以将其结合起来。让学生在老师的指导下自发地、具体地参加自己喜爱的实践活动，发挥学生的各自才能，充分体现学生的主体作用，使学生在实践过程中学习知识，拓展思维，锻炼能力。以下是在基地校第一小学活动实施过程：

劳动技术课程安排

年级	内容	活动形式	活动目标
3、4 年级	简易贺卡	工艺制作活动	培养学生自主合作、积极尝试的学习态度。
	小制作	简易设计活动	
	贴布娃娃	设计创造活动	
	多面体制作	设计创造活动	
5、6 年级	塑丝毽子	技能练习活动	培养学生勇于创新、大胆实践的精神。
	汽车挂件制作	技能练习活动	
	科幻绘画	设计创造活动	
	电子制作	技能练习活动	
	小发明	发明创造活动	

2. 与校园文化建设相结合

因为学生的学习生活大部分时间是在学校的。可以说学校是学生的第二个家。学校可以让学生自己去动手设计、安排与维护分配给自己的卫生区，使学生获得劳动技术的实践与体验。此外，学校日常生活中的清洁卫生工作、桌面及课本的收拾和整理、课桌椅的简单修理都是学生劳动技术实践与体验的资源。

劳技教育活动安排

年级	类别	内容	活动形式	活动目标
1、2 年级	美化校园环境	捡果壳、纸屑	劳动实践、动手操作	让学生养成讲卫生、爱公物意识，形成良好的日常行为习惯。
3—6 年级		管理校园绿地、给校园植物建名片		
		墙画		
3—6 年级	布置教室	黑板报		
		学习园地		
		生物角		
		布告栏		

（三）学科基地校实践意义

以上述基地校实施为例，基地校全校师生参与调研，为全区教研提供了科学数据及更完善的指导依据。进而在教研经验交流会中统一部署区域其他校同类工作，教研依循科学有据，得到各校的教学教研支持，为教学工作的协同性、共进性提供了论述依据，不仅了解广大师生的内心世界，更带动教师群体积累了丰富的教研优质资源，开阔了师生交流平台以及学习视域，达到了知识增进与立德树人的有机结合，教研意义凸显。

三、温度教研，区域协同与教研共进

笔者教研工作理念始终饱含“教育不仅是我的职业，更是我追寻的理想事业”，所以教研思想传播中，始终渗透快乐劳动概念。与老师们建立微信教研群，分享教学心得，交流教学信息技术等，形成和谐、奋进、互助的区域教研团队。

针对边远农村师资力量匮乏等问题，预想是教研团队阶段接龙助学活动，将在不久计划实施。不仅形成近距的师生温情，更形成区域级的助学温情，一切为了孩子，一切为了教育。

如何在发扬传统优良教研精神的基础上有效创新教研，如何不断扩大教研视域宏观教研，如何利用地域文化特征激发广大师生的优势互补等问题，是笔者在今后的教研探索方向中不断优化探索的动力问题。正确认识劳动技术新课改的培养目标，让劳动教育能够凸显新的课程活力，实现其独特育人的价值，笔者将乐此不疲地与同人们在教研之路上砥砺前行！

参考文献：

[1]《汉语新起点》编写委员会.汉语新起点.第一册[M].北京:教育科学出版社, 2003.

[2]明德璋. 唤醒学生的潜能[M].上海:东方出版中心,2013.

[3]种竞梅.小学综合实践活动[M].北京:北京师范大学出版社,2016.

[4]新成长学习研究机构.初中生如何有效提升考试技能[M].北京:中国商业出版社,2008.

[5]圣才考研网.教育学考研真题与典型题详解[M].北京:中国石化出版社,2010.

[6]中国大学出版社协会编. 中国大学出版社概览(1955-1991)[M].上海:上海交通大学出版社,1993.

新形势下农村寄宿高中家访现状及对策研究

李宝启
天津市蓟州区杨家楼中学

家访工作作为学校教育工作的一项重要内容，大多数教师并不陌生，因为它不仅是班主任、科任教师的工作职责，更是连接学校和家庭的纽带，是增进教师与学生情感的桥梁，是提升家校合作水平的重要途径。作为一个资深班主任，我深有体会。

一、家访的含义和目的

家访是针对个别家庭教育进行指导的一种常用的行之有效的方式。主要是解决中学生中所出现的各种不利于健康成长的问题和困惑。新形势下家访，指的是教师能够运用各种有效形式与学生家长进行有效的沟通。

家访的目的是教师为了进一步了解学生，并努力争取家长对学校教育的支持和配合。另外，在家访的过程中，通过与家长的对话，体验家长的文化素养、学生成长的家庭环境，了解家庭经济和社会背景，从而能够对学生做出正确的判断，客观地进行“针对性教育”，达到“量身定制”的教育效果。此外家访还可以帮助家长树立正确的教育理念，解决家庭教育中出现的问题和困惑，增强家长的责任意识，坚定家校合作对学生的正确价值引领，促使家长主动参与学校的活动，形成携手共进的教育新局面。

二、新形势下农村寄宿制高中家访现状分析

大教育家陶行知曾讲过：“教育是心心相印的活动，唯有从心出发，才能打动心的深处。”家访工作是班主任必备功课，利用好会事半功倍，不能有效做足功课，往往成为教育的绊脚石。目前，从我校实际情况出发，依托问卷调查的总结考评量表，发现造成新形势下农村寄宿制高中家访工作难以取得实效性的问题，存在以下几种因素：

（一）教师因素

1. 把出行困难当作家访工作的“盾牌”

农村高中校采取的是打破地域限制的分层招生，这就造就了寄宿制的现实，大部分学生家庭分散在全区各个乡镇。过于分散的家庭状况确实为家访工作增加了难度，这是不争的事实。交通障碍成了部分教师的借口，即使学校鼓励老师们家访，发放出行补贴去完成“规定动作”，在道路畅通、交通便捷、汽车出行的情况下，老师们仍不愿意把工作时间投入“原生态的家访”中去。学校为了教职员工安全考虑，也会慢慢适应新形势而转变观念，把“走出去”变成“请进来”。这样既能解决家校合作问题，又能让教师把时间充分运行到教学工作中，但往往会忽视学生成长的家庭环境，为针对性解决学

生问题带来了一定难度。

2. 现行高中教师工作量大，让家访工作“止步”

在高考指挥棒的压力下，老师们的教学任务可谓“加量不加价”，除了常规的备课、教研、上课外，作业批改、个别学生学习辅导占据了大量的时间。再加上课堂小测、周考、月考等各种形式的检测活动，让老师的工作紧张而忙碌。偶尔的迎检工作更是给老师们无形中增添了任务量，甚至影响到了正常的备课，没有时间走出去进行家访工作。因此，家访工作也是在不得已情况下而进行的“头痛医头脚痛医脚”，这种形式主义的家访教育，怎能充分形成家校合力、锻造学生品质？

3. 班级管理难度在不断增加，家访变成了“告状”

当前，现代化教育体制虽然规范了班级容量，控制在 45 人之内，但实际上我们是超员状态。尤其是学生构成也变得复杂。除了正取生外，每班都有部分协议生，他们基本上是借助外界力量，寻求一个教育环境相对良好的学校进行学习，然而这类学生的成绩相对较差，学习习惯不够优秀，学习品质不够坚定，基本可以定性为“问题学生”，班级管理难度系数增加。另外，高三又有复读生插班，他们的加入使班级管理的工作“雪上加霜”。因此，教师的精力分化尤为严峻，甚至出现失衡，不得不把家校沟通、双管齐下的重要育人工作，变成“告状”，甚至是“推卸责任”。这样的家访，不言而喻，会让学生反感、让家长反感，但基于教师的直接管理，不得不配合老师，久而久之，不利于教师尊严的树立，使师德师风出现“瑕疵”，家访工作变质。

（二）学生因素

依据心理学规律，高中孩子成人感强烈，身体趋于成人，但心智尚未成熟。他们认为自己能够独立承担责任，不需要劳烦家长，自己可以和教师一起面对来解决问题。因而，从内心里是反对教师家访的。依据问卷调查结果，我们学校的学生在初中都是学习成绩中上等学生，这类学生共性是具有一定的学习习惯和学习能力，有纪律意识和规范意识，是初中老师眼中遵规守纪的好学生。然而，高中不同于初中阶段，随着年龄增长，知识的加深，他们必然会遇到各种各样的问题，但成人意识强烈的他们，却不能正视这些问题，需要家长和教师的正确配合，引导和规范他们形成正确的世界观、人生观、价值观。

（三）家长因素

1. 部分家长重成绩轻成长，让家访工作“低效”

经济的快速发展，收入的迅猛增加，家庭教育的重视程度越来越高，对孩子的教育投入逐步加大，对孩子的期望值不断提升，而往往忽视孩子本身的需求。一旦逃离家庭束缚，学生的弊端就会显现，在学校就可能出现各种各样的问题。教师若不能及时有效地了解家庭教育环境，只能采取硬性教育，结果往往是表面上屈服，内心仍然我行我素，达不到理想的教育效果。面对问题，家长们往往会以物质上的投入来教育孩子、唤醒孩子。殊不知，不懂得孩子心理需求，这种教育堪称低效教育，甚至是无效教育。

2. 家长无力助力，让家访成为“形式”

家长是孩子的第一任教师，孩子在学校形成的不良习惯，往往是家庭教育的成果。不可否认，独生子女教育问题不仅仅是单个家庭问题，也是一个社会性问题。大多数独生子女成长环境优越，众多长辈合力溺爱，一旦孩子的不良习惯养成，想在高中时代进行矫正，困难可想而知。这样的家庭往往是家长面对问题表现出无能为力，拜托教师的“权威”来化解矛盾。这样的家访，教师只能孤军奋战，但往往投入大量的心血也达不到理想效果，让家访变成了“形式”。

3. 家长和教师工作呈“撞车”形态，家访难以推进

家长的年轻化是一个事实，接受教育程度普遍高于“70 后”，因此，社会事务性工作比较多，遇到学生问题需要家校合作的时候，往往不能及时有效地沟通解决，这种滞后性往往会让问题发展不可控。教师与家长之间的联系就依托电话、微信等现代化手段，流失了大量面对面的交流机会，这也是家访遇到的常态化问题，也会阻碍教师全方位了解学生、进行针对性的教育。

家庭教育是孩子成长的关键因素，家庭教育的缺失，是当前家访工作难以进行实质性推进的重要原因，家长的世界观、人生观、价值观对学生的影响是潜移默化、深远持久的，往往孩子身上暴露的不仅仅是自身问题，更多的是家庭教育的缺失，教师不能近距离地接触学生家庭，不能掌握第一手的家庭教育状况，就会让工作事倍功半，教师付出效能得不到体现，也可能对教师的教育自信带来不利影响，给教育教学带来更大的难度。

（四）社会因素

1. 尊师重教的社会氛围下滑，让家访“变质”

尊师重教是中华民族传统美德。国家重视教育，重视教师，但教师的社会地位不高是既定事实。虽然家长表现得谦卑，事实上我们都能理解，这是为了关乎孩子一生命运的大事，而不得不表现出的功利行为，然而这却助长了部分教师“高高在上”的歪曲心态，也让功利性的教育追求在部分人中流行。功利性存在于社会的方方面面，教育这块净土也未能逃脱，个别家长请客、送礼，个别教师收受礼品礼金等现象，给教师团队带来不利影响，社会的不良风气让家访就失去了原有的价值，甚至成了部分家长认为可以“藏污纳垢”的渠道，严重变质的家访阻碍了家校合力发展教育。

2. 社会对教师的歪曲理解让教师“不敢”家访

教师进行正常的家庭调查，就出现了有的家长认为是调查孩子的背景情况，我就遇到过这样一个情况，说以前的班主任就以家庭情况调查为名，变向掌握家长的综合信息，为“敛财”和“设置障碍”做铺垫。我听了倍感惶恐，因为，我正在为确立国家助学金的资助对象而进行着家庭具体情况调查，这位家长会不会也这样认为我？像这种误解教师的现象屡见不鲜，也正是因个别教师的种种行为，破坏了教师队伍的纯洁，造成了极坏的社会影响，才会使家校合作难以建立在相互理解、相互信任、相互支持的基础上。

三、新时期家访工作的的有效策略

学生的健康成长，离不开家长和学校的共同努力。然而，农村的实际情况是学校教育与家庭教育脱轨，经验教育盛行。要想让家校合作从“形式主义”真正落地，我觉得应该从以下几个方面入手：

（一）学校要从制度层面确立科学性、实效性的家访制度

学校在家访工作上要建立健全家访制度，从针对性、实效性、灵活性上下功夫，确立完善的家访工作体制。从“一切为了学生，为了学生一切，为了一切学生”的角度出发，为教师和家长提供平台，更好地建立家校合力，为学生教育铸造良好氛围。学生的成长既离不开家庭，也离不开学校。因此，学校必须要通过各种各样的活动形式，比如家长会、联谊会、班级开放日等等，让家长们及时了解学生在高中阶段的身心发展特点，懂得他们的真实需求，从而有针对性地助力教师开展教育工作，形成有效合力。

（二）教师要恪守师德师风，转变观念、用爱借力

1. 良好的师德师风是教师顺利开展家访工作的基石

“其身正，不令虽行”，树立教师个人魅力，真正达到“用人格去影响人格”的效果。学生信服、家长信任，剔除不良的社会影响，相信这样的家校合作才能让沟通实效性得到提升，从而更好地解决学生问题，帮助学生转变，达到育人能效。

2. 将学生的“错误”视为一种教育契机

作为教师，我们应该懂得：孩子的人生才刚刚开始，以往的过错和耻辱只能代表过去，真正代表一个人一生的，是他现在和将来的所作所为。每个人都不是完人，连伟人也有过错。教师面对学生问题，要转变观念，在获得家长的支持下学会利用各种辅助手段，帮助学生从过去的阴影里走出来，引导他们从现在开始，努力做自己想做的事情，坚定地相信他们都将成为了不起的优秀人才。这是优秀教师的必备品格。

3. 用爱铸就家访工作的实效性

师爱是一种力量、一种品质，是教育成功的秘诀。如果没有爱，教师的工作就失去了意义和价值。当然，教育之爱未必轰轰烈烈，如果教师善于在日常教育中去播种这份爱，就会发现，最伟大的爱其实往往产生在最平凡之处，最深的感动其实就在每一个平淡而平凡的教育细节中。

没有爱的教育，就只能培养出一批拥有知识的冰冷机器。因此，教师要转变观念，用爱来包容学生、理解学生，用发展的眼光看待学生。爱不是停留在口头上，而是实实在在的行动。比如，记住学生生日，送上一个祝福；节假日不能回家，送上假日食品；学生生病，及时送诊就医；出现心理波动，倾听解忧；等等，教师的每一个微笑，都是爱的力量，每一份礼物都是心的温度。相信我们的家访会赢得学生的理解和支持，会获得家长的倾力相助，会让教育更有幸福感。

（三）家访方式要与时俱进，开放、包容、共建、双赢

大数据时代方便了我们的生活，创新了我们的教育。我们的家访工作亦如此，创新家访形式不仅仅是现代教育的需求，更是我们灵活机动掌握学生和家长情况的重要途径。随着手机的普及，方便快捷的沟通，增强了家访工作的实效性，微信的出现更是让可操作性的资料快速整合，拉近了家庭教育与学校教育的距离，微信公众号的推出，让家长及时关注并了解我们的教育动态，让第一手的资料更有价值。“走出去”与“请进来”同等重要，近距离面对面的有效沟通让家访工作的科学性、针对性、实效性充分发挥。逐步开创农村寄宿制高中家访工作“开放、包容、共建、双赢”的新局面。

参考文献：

[1]李致荣,张福斌.中学生心理健康教育策略[J].华夏教师,2017(17):25.
[2]朱群.探讨班主任如何做好家访工作[EB/OL].[2013-03-08].https://wenku.baidu.com/view/b5da163f67ec102de2bd8995.html.
[3]李川.浅谈班主任家访工作[J].现代阅读(教育版),2012(03):269-270.
[4]张光明.40 名世界顶级教师的教学建议(节选)[J].阅读,2015(40):63.

学校德育活动与思政课一体化的实践教育创新

李慧
蓟州区桑梓镇初级中学

一、前言

大中小学校各类教育教学课程、德育活动要与思想政治课程同向同行。我们要在教育教学领域中全方面融入思想政治教育内容，找准课程创新改革关键、突出思政教育重点。大中小学校思想政治教育工作要与思政课等德育课程同向同行发力，共同构成培养学生道德品质的中坚力量，建立大中小学校德育活动长效运行机制和协同创新机制，及时总结归纳学校德育活动经验。

二、全方位把握大中小学校德育活动的基本设置理念

中学阶段是人生的关键期，心理学上称此阶段为“心理断乳期”，学生的心理发展特征明确表现为生活、社会体验两方面逐渐占据个体主导地位。如果此阶段的学生在对自己和社会认知的自主思考中能够获得自我认知同一性，就会形成良好的道德品质，并且有利于其快速地适应急剧变化的现代社会发展。那么，确定学校德育活动和思政课的核心价值则成为学校德育活动课程机制构建且培养学生优秀道德品质的第一大步。培养学生何种品德或是让学生具备什么样的价值观念与何种个人德行，这是大中小学校德育活动课程机制构建的目标性问题。

学校德育活动具体是指以学校为依托面向全体学生及学校相关人员开展的群体性思政教育活动，以多层次、全方位、不同阶段的思想政治教育、理想信念教育、爱国主题教育、法治法规教育、交通安全教育等为主要教育内容。开展任何形式的德育活动都要有明确的教育目的，科学规划校园活动形式。

三、大中小学校德育活动与思政课协同发展

1. 把思想政治理论课作为立德树人的突破点加以规划建设

对于各学校而言，校内相关负责人员要善于积极挖掘校内外可利用资源，并通过校长讲思政、开学思政第一课、思政课大讲堂以及组织疫情防控演练等丰富多彩的大中小学校德育活动形式，帮助广大青少年学生联系中国特色社会主义相关理论知识来认识这次疫情大趋势方向，通过有趣生动、贴切生活的具体实例，全方面讲述我们党的正确领导示例，正确培养学生的爱国主义情怀。

2. 大中小学校德育活动是思政课及其他德育课程的再发展

大中小学校德育活动与教育部固有思政课程及校内其他相关德育课程既相辅相成，又在一定程度上有所差异，教育部固有的思想政治课程注重理论性，而学校开展的各类

德育活动则更加侧重于德育的实操性与活动效果。专职教师要通过开展各种形式的学校德育活动，直接引导广大学生积极主动地运用课堂上所学习的思政理论知识进行自主思考，并加以实际操作，来真正解决现实生活中存在的相似性问题，使德育课程的基本理论能够更透彻地在实践活动中得到有效延伸和拓展。

3. 立足“一校一法”推进思政课程改革创新

思政课程的改革创新，要从学校的实际情况出发，并要严格按照中央关于教育改革创新的统一部署大力推进此举措。同时校方还要有目的性、有针对性地做好“一校一法”的思政教育教学改革创新。针对不同学段、不同学科的大中小学校德育活动要有一定的区分性。创设者不但要在不同的学段开设不同名称、不同类型的思想政治课程，还要根据不同内容的思政课教学目标采取不同的教学方式方法，这是对教育教学规律特别是对思想政治教育教学规律的科学遵循。对此，创设者既要做好思政课程改革创新的总体规划，又要统筹部署好学校思政教育教学改革创新的一系列工作。

四、如何处理好“全程贯穿”和“学段贯穿”的关系

小学阶段侧重在启蒙学生道德情感，初中阶段侧重打牢学生思想基础，高中阶段侧重提升学生政治素养，大学阶段侧重增强学生使命担当。对此，各级各类学校要结合学校自身特点和本校学生实际情况，实践创新思政载体、创新教学方法、创新教育模式，构建大中小学“必修+选修”的系列课程体系，拓展与创新丰富多彩的多种思政课程样态。

统筹规划大中小学思政课教材编写工作，抓好顶层设计，根据各年龄阶段、各学段思政课程各自的目标任务，合理研究制定适宜本校的思政课程大纲、课程标准等，突出“立德树人”的思政教育初心，贯穿“以德育人”思想主线，符合各阶段学生心理发展规律。着力完善思政课课程教材体系，国家统一开设的各学段思政教材全部应当统编统审统用，各级各类学校的思政课选修教材都要严格把关。

各级各类思政课教师都应当尽力做到教学理念先进、善教乐教，注重改革教育教学方法，创新教学艺术与教学模式，逐步形成第一课堂与第二课堂有机结合、课内与课外合理结合、理论与实践有效结合、线上与线下搭配联合。同时，思政课教学还要和各类课程有机、有效地配合，注重挖掘大中小学各学科所蕴含的思想政治教育资源，发挥思政课程育人功能，形成协同效应。要加大对思政课教师的师德与业务培训力度，促进思政课教师“术”“学”“道”三者有机结合，着力建设一支可靠、可信、可敬，敢为、乐为、有为的大中小学专职思政课教师队伍，努力培养造就一大批思政课骨干教师。

五、抓住课程设置这个主线

大中小学思政课的“一体化”，首先要从课程设置的“一体化”着手。思政课课程设置的“一体化”有纵向和横向两个维度的任务。从纵向看，能够形成一条贯穿小学、中学、大学始终的主线是关键所在。一方面，各学段的课程设置必须遵循该阶段学生心理发展的特征，并据此制定该阶段思政课程的教学任务目标。另一方面，学生成长发展还具有连续性特征，不同学段的思政课教学最终指向的是培养社会主义建设者和接班人的共同目标，这就要求打通各学段之间的区隔，形成一条贯穿不同学段、贯穿学生发展

全过程的主线，这条主线就是大中小学思政课课程设置实现“一体化”的内在规定。从横向看，各学段思政课教学的阶段性目标又包含若干子目标，这些子目标的实现，依托内容各有侧重的不同课程来完成。

因此，优化不同学段的课程设置，需深入分析论证各门课程的功能定位，系统厘清各门课程的功能关系，确保各门课程既不“越位”，也不“缺位”；既不交叉，也不重复，从而通过课程体系的结构优化，实现各门课程围绕共同学段教学目标的功能互补。

六、理论资源转化为教材资源

从大中小学思政课教学的实践看，影响和制约思政课一体化建设的因素有多种表现形式，打通不同课程、不同学段间的堵点、断点和散点，是思政课一体化建设的关键着力点。

首先，在思想理念上要实现政治思维、教育思维和治理思维的三位一体。所谓政治思维，是指思政课是落实立德树人根本任务的关键，是关乎国之大计、党之大计的大事，所有的思政课，不论学段，不论课程，最终共同指向培育时代新人的共同教育目的。所谓教育思维，是指思政课是一门课程，思政课教学是一种教育活动，思政课要通过教育的途径达到教育的目的、完成教育的任务，就必须遵循教育的规律，秉持教育的思维，这就要将学生看作一个完整的人而不是一个分段的、碎片的人，要看成一个思想认知、情感心理等在不断发展的人，每个学段的阶段性教育目标和任务，必须指向共同的教育目的。所谓治理思维，是指要把思政课建设看作一项复杂的系统性工程，不能“头疼医头、脚疼医脚”，不能“九龙治水，分而治之”，也不能“马路警察、各管一段”，需要以统筹治理的思维予以全面、系统的关照和对待。大中小学思政课教学一体化建设，正是对背离教育规律、缺乏科学治理的补正和纠偏。

其次，在途径方法上要系统梳理思政课教学的全过程。如全面清理各个学段、各门课程的教学目标和任务，制定科学一体化的大中小学思政课课程标准体系；以一体化的课标体系为遵循，改革创新现有“互不干涉”的大中小学思政课教材编写体制机制，建立互相连通、上下贯通的教材编写机制；改变大中小学思政课教师队伍“各管一段”“不相往来”的局面，通过大中小学集体联合备课等机制，创建拓展大中小学思政课教师培训交流互动的大平台。

七、学校大中小学校德育活动的价值体现

以思政课为核心的学校大中小学校德育活动与思政课的实践教育创新，要以学校大中小学校德育活动为拓展，双管齐下，协同发展。

在大中小学学生良好道德行为培养方面，思政课程的认知及讲授需要依靠大中小学校德育活动或其他行为载体来作为有效补充。大中小学校德育活动的实操性、认知性，为提高思政课程德育水平提供了较大帮助。

大中小学校德育活动与思政课的协同发展，目的是能够更好地使大中小学校德育活动为思政课构建提供积极、有效的评价及反馈。为此，需要通过大中小学校的顶层项目设计者来尝试改变大中小学校德育活动较为涣散的现状，使大中小学校开展的系列相关

德育活动更具有有效性、科学性、系统性。

大中小学德育活动负责人或校内思政课教师可以在专业人员指导下建立论坛，不断完善配套大学、中学、小学不同的讲座或资料，帮助思政课教师及相关负责人更准确、更好地理解国家的相关理论政策，严格把握意识形态，不出现理解上的偏颇走样，能够生动形象地进行解释，便于学生接受和感悟，奠基正确的人生观、价值观。定期开展一定区域内不同规模和形式的研讨交流会议、交流活动，从形式上打通大中小学思政课的联系，实现真正意义上互动互学，一体化打造大中小学思想政治理论课教师专业团体，引领各阶段思政课教师的教学思路和方法。

参考文献：

[1] 成勇,张凤池.大中小学思政课一体化建设策略研究[J].学校党建与思想教育,2020(8):36-37.

[2] 翁铁慧.大中小学课程德育一体化建设的整体架构与实践路径研究[J].上海师范大学学报（哲学社会科学版）,2018(5):5-12.

[3] 李健.构建新时代中国特色大中小幼一体化德育体系的四个维度[J].深圳大学学报（人文社会科学版）,2018(1):116-121.

网络直播对中学生德育的影响与应对

张展闳
天津市第七中学

一、网络直播对中学生德育教育的影响

（一）积极影响

1. 网络直播是了解中学生思想动态全新窗口

通过网络直播的形式，能够了解到中学生当下的思想动向，网络直播的平台具有实时性和便捷性的互动特点，可以通过简单的方式制作直播，并让大众观看到网络直播的内容，这也是中学生喜欢网络直播的原因。正因为网络直播具有其传播优势，所以更多的中学生会投身到网络直播的平台当中，展示自身的看法和感受，这种表达的途径既有积极的作用，又有消极的作用，既具有正能量，同时也兼具负能量，但无论如何这都是中学生表达自己真实内心最为直观的方式和途径。因此教师可以通过网络直播的形式了解到中学生的思想，在观察中学生制作的网络直播内容后，分析学生感兴趣的焦点，从而为日后的德育引导提供更大的帮助。教师可以通过网络直播的途径，积极引导中学生，并深入中学生的日常生活当中，为其传播更具正能量的思想，让中学生通过网络直播的途径了解到社会时事新闻，并被正能量的价值所影响，从而奠定德育的信息教育基础。

2. 网络直播成为蕴含丰富德育资源的平台

积极正能量的直播内容，可以为中学生带来丰富的文化体验，引导中学生感受多元的文化熏陶，这能够超越课堂中的教学时间和空间限制，与此同时，积极的网络直播内容，还能够引导中学生树立良好的道德认知，让中学生在成长的过程中具备优秀的品德。例如一些好人好事的网络直播内容，让学生认识到助人为乐的正能量意义，同时又能鼓励学生保护自己。网络直播的平台能够激发学生探讨和互动的积极性，让中学生认识到自我的价值，同时让中学生更具积极的表达欲望，丰富学生对于世界和热点信息的认知。

（二）消极影响

网络直播的形式可能也会对中学生的德育教育产生消极的影响，首先，网络直播的形式可能会扰乱中学生对于主流价值观的认同感。网络直播的内容比较重视，强调娱乐属性，因此会有一些“搏出位”的表现形式，与当下的社会主流价值观念和社会常识出现相违背、矛盾的情况。不良的消费观念和色情信息会滋生在这种网络直播的模式当中，曲解当下正确的社会观念和价值观念，从而引起中学生对社会认知的缺失，形成不良的社会价值认同感，从而模糊了高雅与低俗的审美界限。其次，网络直播的形式会冲击中学生价值观念的稳定性。中学生正处于价值观念形成阶段，不良信息导致中学生存在分辨是非能力的缺失情况，进而出现一些负面的认知和情绪，这也是当下网络直播给中学

生造成的价值观念和道德认知的消极影响。

二、网络直播影响下德育应对策略

（一）积极反思网络直播影响下的中学生德育

1. 检查审视中学生德育内容

针对中学生开展德育，能够为中学生树立正确的价值观念和政治认知。然而时代不断发展，如果不能积极更新教育的内容，也会导致德育出现落后的情况，因此中学生的德育应当伴随时代不断发展，而不断创新改革。首先，当下的德育工作应当符合时代发展的特征以及时代文化进步特点。网络直播的形式对传统的认知观念产生了一定的影响，在新时代发展过程中，部分道德思想观念和行为方式都会随着新事物的产生而发生改变并体现出符合时代要求的特征，因此德育也应当遵循时代的发展进行内容和形式的调整，或者进行深入补充。其次，当下的德育工作也应当重视意识形态和日常生活融合的问题，针对目前学校开展德育工作发现的问题进行深入思考，理解学生存在理想化和空洞、严重脱离现实的问题。教育工作者应由此入手，重视从社会实事中获取相关信息，并由此提出意识形态等观念，积极融合两者的内容。

2. 反思中学生德育方法

随着时代不断发展，对于教育的教学内容也在不断地发生变化，与此同时，教学的方法也应当不断革新，需要因人而异，因材施教，在具体教学引导过程中找到适合的教学方法。目前科学的教学方法包括三种类型：第一，榜样教育方法，即通过一个思想道德的模范作为学生的榜样，引导学生学习，向中学生宣扬更为正能量的道德思想；第二，隐性教育引导方法，即通过教师的引导，让学生在潜移默化中树立正确的行为和思想道德意识；第三，网络文化教育方法，这一种方式比以上两种方式更具有创新意识，结合了当下最为常见的网络途径，实现弘扬社会主义核心价值观念的教育思想，引导中学生树立积极的思想观念。

（二）主动应用网络直播平台开展德育工作

1. 依托平台借助优秀网络直播内容发挥思想引领作用

观察并分析中学生的年龄特性，发现他们具有极强的可塑性，把握中学生的年龄特征，成为非常重要的教育引导途径。而网络直播的形式出现，恰好成为影响中学生思想领地的关键。因此教育工作者不能忽视网络直播对中学生的影响，应当积极抓住这一阵地，依托良好的科技平台，采取优秀的网络直播内容和网络直播形式，充分发挥其思想引领的作用和价值。充分应用新媒体和新技术，保证工作的科学性和灵活性，才能够推动思想政治教育工作进一步发展。依托思想政治工作的传统优势，并与现代科学信息技术高度结合在一起，提升思想政治教育工作的时代感与吸引力，进而奠定思想政治教育工作的良好时代基础。教师可以创造具有正能量的网络直播内容，以生活化的形式拓展出去，激发学生探索和学习的热情，并引起学生的热议，从而产生积极的教育引导作用，建立良好的德育阵地。

2. 强化媒介素养教育提升中学生健康文明网络直播应用能力

网络直播包含了丰富的信息量和思想内容，与此同时也存在很难构建一个完全纯净的网络直播环境的问题。由于年龄特征影响，中学生并不具备足够强大的意志力、自制力和判断力，无法分辨多元化的网络信息与思想，因此导致出现价值观念传递等问题。为引导中学生科学接受网络直播传递的正能量价值观念，要理性划分中学生参与的网络直播类型，不仅要控制时长，还要控制网络直播的内容，并重视情感的引导。除此之外，教育工作者还应当重视针对中学生开展网络伦理和安全教育、法制教育、知识产权保护教育等相关细节。告知学生网络直播信息的隐私安全等问题，将法律作为界限，注意提升学生的主体认知，从而让学生谨言慎行，自觉抵制不良信息。

三、结论

网络直播的形式，可以为中学生的思想价值观念带来非常大的冲击，同时也会让学校的德育工作面临更多的挑战和机遇。教育工作者能够正确认识自身面临的挑战与机遇。才能够将网络直播中的积极面和正能量带给中学生，从而更加高效和高质地完成中学生德育工作。与此同时，教育工作者还应当让中学生认识到网络直播存在的消极影响，将危机化解成机遇，提供科学有效且具有针对性的网络直播教育应对策略。

参考文献：

[1]李乾. 网络直播对大学生思想政治教育的影响及对策研究[J]. 辽宁经济, 2020(10).

[2]赵画. 借助网络直播, 提高自主学习能力[J]. 品位经典, 2020(9).

[3]曹杰. 新时代网络主播文化融入高校思政教育的价值、局限及实现路径[J]. 西安财经大学报, 2020, 33(5).

[4]李莉, 刘思琦. 网络直播+思想政治教育在高职院校中的实现途径研究[J]. 湖北开放职业学院学报, 2020, 33(17).

[5]李铁军. 国内高校“直播+教育”的现状、困境与路径探索[J]. 传媒, 2020(17).

[6]梁梦云. 浅议网络直播教育的优势及改进[J]. 中小学电教, 2020(9).

[7]吴娜. 网络直播对思想政治理论课教育教学的影响[J]. 科教导刊(下旬刊), 2020(8).

[8]吴娜. 网络直播对高校思政教育的影响及对策探究[J]. 科教导刊(中旬刊), 2020(8).

[9]王巧云. 从网络直播看当前思想政治教育自身短板及改进思考[J]. 新闻前哨, 2020(7).

[10]刘锋. 网络直播对大学生思想政治教育影响研究[D]. 华北水利水电大学, 2020.

[11]李鑫鑫, 等. 大学生网络直播现状及其思政教育价值探究[J]. 中国新通信, 2020, 22(12).

[12]程艳. 如何运用网络直播提高大学生在思想政治教育中的主体性地位[J]. 青年与社会, 2020(13).

浅析高中阶段学校劳动教育的意义及对策

王晓斯
天津市第五十四中学

一、新时代劳动教育的特点

教育的内容不是一成不变的，会随着时代发展、社会进步不断充实完善，劳动教育也是如此。传统劳动教育的教育内容主要是向学生教授与劳动相关的知识、技能、方法等，而忽视了对更深层次的劳动价值观、劳动精神、劳动创新等劳动素质的培养，容易导致劳动活动与教育作用脱节。新时期劳动教育重点关注学生素质及价值观的培养，强调学生全面发展，以培养学生的劳动素养为核心。中共中央、国务院《关于全面加强新时代大中小学劳动教育的意见》强调要坚持以德育人，积极探索中国特色劳动教育模式，创新体制机制，注重教育实效，实现知识与实践的统一。

劳动与教育的分离，不能充分实现劳动教育对学生身心发展的积极作用，为改善这一情况，新时代学校要发挥劳动教育主导作用，具体表现在以下几方面。第一，学校不仅教授学生进行简单的手工劳动，有计划、有目的、有组织地开展劳动教育，还要通过规范系统的劳动教育课程、丰富多样的劳动活动，让学生学习劳动技能，弘扬劳动精神，确立劳动观念。第二，学校进行劳动教育既要有成果更要注重过程。劳动教育不仅要将成果纳入学生综合素质评价体系，更要关注学生在劳动过程中的自主学习、反思和感悟，为学生提供良好的学习交流和思考探索的平台，让学生通过实践收获成功的喜悦、感受劳动的意义、总结劳动知识及经验。第三，学校应加强劳动教育与德智体美教育的融合，实现“五育并举”，培育全面发展的社会主义接班人。劳动教育不是单独的存在，要融合在学生学习生活的各个方面，让学生真正将正确的劳动观念用于学习生活，例如可建立班级劳动教育实践岗，将班里卫生工作进行合理分配，让每个同学都参与热爱班集体，维护班集体卫生活动中。第四，新时代青少年受先进科学技术和新媒体快速发展影响，知识面广，兴趣爱好广泛，思想活跃，视野开阔，学校开展劳动教育活动时要结合时代发展以及学生需求，与时俱进，不断更新劳动教育内容，用丰富的活动形式吸引学生自觉主动参与，更能激发学生在活动过程中形成体验、感受和思考，真正实现劳动教育目标。

二、高中阶段进行劳动教育的重要性

劳动教育贯穿于人生的各个阶段，对各阶段学生学习成长具有重要意义。劳动教育是立德树人的重要途径，有利于提升实践能力，培养创新精神；有利于培养自立意识，增强社会责任感；有利于增进情感交流，建立和谐的人际关系；有利于树立正确的审美观。高中阶段结合学生生理、心理发展特征开展的劳动教育更对学生观念培养及未来发展起到重要作用。

首先，如今在校园内能够看到班级卫生乱、学生随手乱扔垃圾等保护意识不强的问题，且在破坏环境卫生时没有考虑到物业人员辛苦工作的不易，没有珍惜和维护物业人员辛勤劳动成果；午休时间看到一些学生将未吃完的饭菜、零食、饮料随意丢弃的情况，这样的做法既不符合习近平总书记提出的“厉行节约、反对浪费”的理念，也体现了学生不了解耕种的辛苦，不尊重农民劳动成果。高中生正处青春期，是道德观念形成的重要时期。教师的正向引导对学生的影响力较大，有助于学生转变错误观念，形成正确的世界观、人生观、价值观、荣辱观。劳动教育传导进取思想，传播实干观念，传递创新理念，传承工匠精神，传颂奉献美德，有利于学生形成热爱劳动、崇尚劳动、尊重劳动观念，为青少年今后的诚信工作、艰苦奋斗奠定了基础。

其次，高中阶段学生心理发展具有情绪变化快、易冲动、不稳定等特征。有些学生遇到问题不冷静，导致小矛盾演变至肢体冲突，班里出现小团体造成班级的不团结甚至对立的局面。进行集中劳动教育，尤其是走向社会的劳动教育有助于增强集体观念，提高学生的社会责任感，增强学生的自我效能感，也能够培养学生团结协作能力、人际交往能力、解决问题能力。社会实践过程中同辈群体间相互影响，遇到困难共同解决，能够提高学生自主处理问题能力，促进学生间进行良性互动，相互帮助，有利于营造良好的氛围。有些学生因学习压力较大或人际关系紧张产生焦虑或抑郁心理，适度的劳动体验能够帮助学生转移注意力，舒缓压力，缓解紧张情绪，促进心理健康发展。另外良好的劳动习惯也有助于良好学习习惯的养成。

再次，高中阶段学生面对很多选择且这些选择将影响人生发展，如高考科目“六选三”及大学报考专业的选择，经常有学生因信息不足无法分析选项利弊、缺乏动机，对未来没有明确规划，在进行选择时很迷茫，犹豫不决，甚至做出选择后陷入后悔情绪。因此高中阶段进行劳动教育能够使学生有机会了解多种职业以及不同职业所需的技能知识等，结合自己兴趣爱好或优势，选取更为擅长或者更适合自己的职业，坚定做出学习科目及所学专业的选择，尽早为以后做好规划，提前学习相关知识，掌握必备技能，为未来发展铺好道路。

最后，高中阶段后学生将离开父母进入大学开始进行独立生活。部分学生，尤其城市内家庭条件较为优渥的高中生，由于成长过程中父母和家中长辈们的过分溺爱，且部分学生未曾经历过集体住宿生活，生活自理能力方面有所欠缺，不能适应大学生活，导致进入大学后发生各种问题。因此高中阶段开展生活劳动教育，教导学生掌握必备生活劳动技能十分重要，能够帮助他们具备独立生活的能力，升入大学后尽快适应大学生活，融入宿舍这一新集体，开启人生新阶段。

三、丰富高中阶段劳动教育方案

第一，挖掘各学科中“劳动”元素。充分利用各种契机对学生进行劳动教育，将劳动教育巧妙融合在各学科教育中，使学生受到潜移默化的影响。例如政治学科中马克思主义提出劳动是人的本质活动，是推动社会发展的决定力量，让学生了解劳动创造价值，摒弃不劳而获的错误思想，立志通过自己的努力获得财富过上想要的生活。历史学科中学习劳动生产工具的变革，让学生了解劳动改变人类生活，促进社会变革，继承和弘扬中国人民勤劳勇敢的优秀美德。生物学科中杂交水稻种植，让学生了解劳动创新的重要性，激发学生的创新意识，鼓励学生树立远大目标，成为时代发展所需要的具有工匠精神的劳动者。地理学科中故宫、长城等人文景观的介绍，让学生了解、鉴赏人类劳动创造的美好事物，提高学生人文素养和审美能力，懂得劳动最光荣、最伟大、最美丽的道理。

第二，结合学校优势、学生特点，开展形式多样的劳动教育活动，引导学生在劳动中形成规则意识，相互沟通协作，实现平等交往。在高中阶段进行劳动教育，要在分析高中学生的特点、了解高中学生的需求的基础上，设计符合学生能力、适合学生年级阶段、形式多样、内容新颖丰富、趣味性强、学生乐于参与的劳动教育活动。例如举办劳动主题班会，让学生自由讨论分享观点，留心校园内、班级里的劳动小能手，教导学生在生活中发现他人闪光点，主动向身边榜样学习，尊重劳动者，自觉维护他人劳动成果。如结合每学年劳动周开展生活技能展示活动，设计趣味比拼项目，开展评选活动等。学校可通过活动提升学生的劳动意识和劳动责任感，调动学生参与的积极性，对表现优异的学生适时进行表彰与奖励，使学生在轻松快乐的氛围中享受劳动的乐趣及成功带来的满足感，培养热爱劳动的良好品德。

第三，校内外联动，丰富劳动教育形式。新时期劳动教育注重提高劳动教育的时效性和针对性，倡导不断拓宽劳动教育实践场所，深入挖掘社会资源中劳动教育的新要素，创新体制机制，使劳动教育与社会新发展紧密结合，以新产业、新业态、新技术，为学生搭建符合学生能力的劳动体验和实践培训平台，使学生在具体劳动实践中树立正确的劳动观念，激发创新意识，为将来的职业生涯做好一定的储备。学校结合实际情况，发挥地区优势，积极联系当地企业、实践基地等社会资源，组织学生进入农业种植基地、工厂生产车间、博物馆、展览馆等。让学生体验农业种植、产品研发生产等劳动实践。在保障学生安全的前提条件下，开展丰富多样的劳作训练，如除草、耕地、播种、采摘等，让学生亲自体验作物生产的不同环节，感受食物来之不易，节约粮食，珍惜农民的劳动成果。带学生参观主题展览，了解劳动模范的先进事迹，或者邀请劳动模范走入校园为学生讲座，行业内人员对所在职业的亲身经历及感悟是其他人无法比拟的，劳动模范的讲述能够让学生对职业的最新情况以及背后的艰辛有更深入的了解，加强劳动精神、劳模精神、工匠精神熏陶，为学生提供依靠劳动实现远大理想和共同理想的价值典范，同时充分思考选择适合自己的职业。可以联系校外专业志愿服务机构，组织学生开展志愿活动，让学生能够利用自己所学奉献社会，尽一份公民的义务与责任；能够丰富生活阅历，扩大自己的生活圈，有机会走入社会接触不同行业人员；能够学会与人相处，在力所能及的情况下帮助他人共同提高与发展；能够在为他人服务的过程中掌握劳动技能，增强自信心，实现自我价值。

参考文献：

[1]吴遵民．“五育”并举背景下劳动教育新视野——基于“三教融合”的视角[J]．现代远距离教育，2020(02)．

[2]刘忱.加强劳动教育 锻造时代新人[J].红旗文稿,2020(10).

[3]赵建芬.论新时代加强劳动教育的战略意义与推进策略[J].思想理论教育,2020(6).

[4]王慧,王晓娟.我国中小学劳动教育发展的检视与思考[J]河北师范大学学报,2020(3).

[5]夏心军.普通高中的劳动教育：挑战与应对[J].河北师范大学学报(教育科学版),2020(3).

互联网时代高中思想政治课实践教学模式创新

夏晓丽
天津市第三十二中学

一、高中思想政治课实践教学模式的现状

1. 对思政课实践教学的内涵理解不充分，教学模式较为单一，难以调动学生参与的积极性。

思政课实践教学是指“以理论知识为依据，以强调创新性和实践性的主体活动为形式，以激励学生主动参与和主动思考为特征，通过引导学生有目的地参加课内与课外、校内与校外的各种实践活动，对社会现实生活广泛参与和体验，使其主观世界得到感性的再教育和主体能力得到优化的过程和方法”。大多数思政课教师认为实践教学就是教学地点的变更，由课上转到课下，由校内转到校外，这种观点是片面的，导致教师在进行教学设计的时候模式单一，无法适应学生的需求，无法调动学生参与的主动性，也就无法达到实践教学的目标。从思政课实践教学的内涵分析，课堂教学不能单纯地等同于理论教学，课堂内也可以进行实践教学，可以通过议题分析、分组讨论、辩论会、演讲、表演等多种形式让学生进行课堂内的实践活动。组织思政课实践教学不一定非得组织学生去校外，在校内也可以通过开展校园艺术节、校园社团、校园广播站等活动形式给学生提供实践的机会。

2. 缺乏统一的组织和实施的管理，实践课程教学时间不足且形式化严重。

目前，虽然学校及思政课教师已经充分认识到在高中阶段对学生进行思想政治课实践教育的重要性，但依然停留在教师自主设计推行、学校偶尔组织相关活动的阶段，缺乏统一的实践教学组织和实施的管理制度，没有统一的教学大纲、教学目标和教学评价制度等，而且对实践课程的教学时间没有明确的规定，教学时间严重不足，实践教学流于形式，在教学过程中起不到应有的作用，反而使学生对形式主义的活动产生抵触心理，无法起到教育引导作用。

3. 思政课教师人员配备不足，教师的教学精力有限，实践教学研究受到限制。

师资资源的配备情况是影响教育教学的重要因素，思政课教师是思政课教学活动的主导力量，但目前，各个中学在思政课教师的人员配备上是严重不足的，每位教师所承担的教学任务和其他工作的工作量是很大的，教师没有更多的精力和时间去指导学生，给学生创设更多的实践活动，无法引导学生通过实践活动总结体会和感悟每节课要学习的知识，导致更多的教师依然选择填鸭式的传统教学方法，只重理论而轻实践。

二、互联网时代为高中思想政治课实践教学改革创新提供的新思路新方向

1. 获取多样化资源，为资源共享提供平台，使教学模式多样化、开放化、生动化。

互联网的快速发展，为思政课实践教学提供了更加丰富的资源，打破了教材内容的限制，多样化的素材优化了教学内容，开拓了学生的视野，使实践教学活动内容更丰富、形式更灵活、更具有吸引力。同时，还可以及时把获取的资料在网络中共享，学生随时随地查阅和学习，交流和分享，使生生互动、师生互动拓展到课堂之外，将以往的单向化知识传播转变为互动化的知识传播，打造开放式的教学模式，使知识在学生的实践活动中自动生成，并内化为学生的精神追求，外化为学生的自觉行动，促使教学成效不断增强。

2. 以学生为主体，凸显学生的个性化成长。

在传统的教学过程中，教师处于主体位置，学生被动地学习知识，难以发挥学习主动性与积极性。新课改后基本已经改变为学生为主体，教师为主导，然而在实际教学过程中，由于受多种客观条件的影响，面对几十个学生的课堂，很难让每个人都参与到教学中来，但互联网的快速发展为解决此问题带来了契机。通过“互联网+”，教师可以利用网络平台创设面向每个学生的实践教学活动，每个学生都成为活动的主角，充分参与，自由发表自己的意见，展示自己的特长，促使学生个性化成长，真正成为教学活动的主体。

三、互联网时代高中思想政治课实践教学模式的创新策略

1. 利用互联网积极创设和扩展实践教学平台。

由于受高中教学特点的影响，传统的高中思想政治课实践教学平台比较单一，主要以课内活动平台为主，很难有效发挥实践教学的作用，但是在互联网时代我们可以借助信息技术发挥网络的互联优势，为学生创设更多的教学平台，课内与课外相结合，校内与校外相结合，线上和线下相结合，有效提高实践教学效果。

首先，要搭建课堂实践平台。改变传统的填鸭式的教学方法，使学生成为整堂课的主体，教师是引领者和引导者。课前指导学生根据本堂课的学习内容进行资料的收集整理和分析，并在自主预习的过程中找出有待解决的疑难问题，在个人自主预习的基础上，组成学习小组，合作探究疑难问题，同时将搜集整理的资料进行整合，以课堂小组展示、课堂辩论以及课堂短剧表演等形式参与课堂学习和互动过程。教师结合学生的情况进行及时的引导和教育，使学生在课堂实践的过程中获取认识、检验认识和发展认识。

其次，可以利用微信等网络平台拓展学生学习的空间和时间，在课间、餐厅、乘车、行走时，便可利用琐碎时间浏览并分享微信资源，从而搭建起课外实践教学平台。利用微信平台的互动性功能，指导学生将自己在生活实践中的切身感受、对待各种社会现象的认识以及自己对社会发展中存在的问题的解决策略等等和大家进行分享和讨论，从而形成正确的认识，逐步树立正确的世界观、人生观和价值观。

第三，积极扩展校外实践教学平台，组织学生参观博物馆、纪念馆或者具有历史意义街区、红色教育基地等，让学生在参加实践活动过程中，把小我融入大我，不断提高思想政治意识，锤炼品德修为，把正确的道德认知、自觉的道德养成、积极的道德实践紧密结合起来。

第四，利用虚拟现实技术（Virtual Reality，简称 VR），形成虚拟化的网络实践平

台。VR 技术应用是通过计算机模拟虚拟环境，给人以环境沉浸感、代入感、交互性的体验。它可以推动思政课的信息化与网络化发展，增强思政课教学与融媒体技术的深度融合；它赋予了思政课教学时代感和科技感，可能成为推动思政课实践教学“活起来”“动起来”的关键手段；它为思政课教学提供了直观、形象的教学材料和丰富新颖的教学手段，使教学更科学化，是思政教学与智能教育融合的重要方式。

2. 加强实践教学组织管理，实施一体化教学模式。

实践教学是高中思想政治课教学活动的重要环节，也是促进学生逐步提高深度学习意识和能力的重要渠道，应该加强组织管理，实施一体化教学模式。制定与理论教学相配套的实践教学大纲，明确教学标准、教学重难点、教学实施意见、教学评价标准等内容，并在教学进度安排中做好详细的教学计划，根据不同学段学生特点，将高中三年每个学期要完成的实践教学任务具体化，使教师有章可循，按章教学。

制定具体的实践教学考核制度，评价要涉及学生、教师与课程的实践过程三个方面。对学生的评价要改变过于注重终结性评价的倾向，提高对学习过程的评价的重视程度，使学习过程评价与终结性评价各占一定比例。教师可以从学生对实践活动的参与度、学生在实践教学过程中的行为表现来对学生的认知水平、实践能力、创新意识和个性品质等方面的整体发展进行考查。对教师的评价应包括教师承担思想政治实践教学任务的积极性、教学内容的设置、教学方法的运用、对学生的调动、课程目标的实现等多个方面。

同时，应整合教学队伍，探索建立多部门协作的思政课实践教学管理平台，打破“分而治之”的局面，整合课堂内和课堂外的课程资源，对思政课教师、学校德育处、团委以及学生会进行资源整合，逐步构建起“大思政”平台，使实践教学科学化、系统化、一体化发展，提高实践教学的有效性。

3. 利用互联网的优势，创新思政实践课程内容。

互联网时代，学生在生活中通过各种网络平台获取了大量的知识和信息，知识更新速度很快，但是受客观因素影响，教材内容不可能做到及时更新，思政课教师如果只是依据教材提供的资料进行教学就无法适应学生，无法调动学生学习兴趣和学习的积极性，这就需要我们在实践教学过程中，及时更新教学内容，让学生在分析身边熟悉的问题过程中理解教材知识，提高分析和解决现实问题的能力。

在全国上下抗击新冠肺炎疫情防控期间，各行各业涌现出很多抗疫英雄和时代的楷模，发生在他们身上的故事都是值得我们挖掘的思政课教学素材，对学生的价值引领起着非常重要的作用。我们可以利用互联网的优势积极加强实践课程内容的改革和优化，不断丰富实践教学资源。加强对学生进行思想政治教育，引导学生践行社会主义核心价值观，锤炼道德品质，丰富学生的社会阅历，提高学生的分辨能力，减少负面信息的影响，帮助学生树立正确的世界观、人生观和价值观，培养学生的爱国主义情怀，以及对国家的认同感，提高学生的思想政治觉悟，努力培养德智体美劳全面发展的社会主义建设者和接班人。

参考文献：

[1]习近平在学校思政课教师座谈会上的讲话[N].人民日报，2019-03-18.

[2]康永英.现代学徒制视域下创新高职院校思政课实践教学路径探索[J].新教育时代电子杂志(教师版),2018(3).

[3]徐川.思想政治理论课质量提升的多维向度[J].中国高等教育,2020(6).

[4]柳礼泉.论思想政治理论课实践教学的形式[J].思想理论教育导刊,2007(3).

[5]于兴艳."故事思政"在高校思政教学中的应用研究[J].机械职业教育,2019(10).

[6]吴静.新时代思政课实践教学模式的改革创新研究[J].西部学刊,2020(3).

[7]杜铷."互联网+"思政课的实践教学路径探讨[J].西部学刊,2020(16).

[8]宁馨.实践教学新模式中优秀教学科研团队的作用论析[J].学校党建与思想教育,2020(13).

[9]覃世东,覃云飞,刘义飞. 基于信息技术的高校思政课实践教学创新路径[J].广西教育,2020(15).

[10]于慧颖,周小琴.思想政治理论课内容衔接一体化探析[J].白城师范学院学报,2020(3).

探究中小学德育工作之“实践育人”

李志飞
天津市第三十二中学

在古代，哲学家就十分重“行”。孔子曰：“子以四教：文、行、忠、信。”荀子也提出“知之不若行之”，明确行高于知。陆游也有诗句：“纸上得来终觉浅，绝知此事要躬行。”[1]这些重实践的思想至今仍有启发意义。

习近平总书记强调，要深化教育体制改革，健全立德树人落实机制。[2]要深入开展爱国主义教育、法治教育、诚信教育、文明礼仪教育等，破除知识中心的课堂“静观”，坚持教育与生产劳动、社会实践相结合。他的重要讲话为落实实践育人任务，培养具有良好道德品德、综合素质过硬的时代新人提供了理论依据。近年来，我市也非常重视各学校的实践育人工作，如推动第一和第二课堂融合发展；区校联手形成合力，打通“实践育人最后一公里”；推出定点常态融入化体系，打造体验式育人新模式等。[3]

一、实践育人的基本理念

党的十八大以来，以习近平同志为核心的党中央高度重视学校实践育人工作，强调实践育人是新时代教育和教学工作中的重要载体，是全力推动新时代育人工作迈上新台阶的强大动力。实践育人，是坚持中国特色社会主义教育发展道路的必然要求，是人才培养体系中重要的一部分。为顺应新时代人才培养需要,中小学在实践育人中应坚持新的理念。

实践育人以学生在课堂上学到的理论知识为基础，通过学生亲身体验和参与各种生活实践，实现知识向能力转化的过程。基于现代教育理论，一些学者认为实践育人不再是课堂教学延伸和补充，本身是一种教育理念。有学者认为：围绕人才培养目标，由学生自主开展的，通过各种综合性、应用性、创新性和导向性的活动过程，提高实践能力、创新能力和综合素质的活动都属于实践育人的范畴[4]。

二、实践育人存在的问题

当前学校德育教学工作面临最大的问题就是脱离社会实际，倡导的价值体系与生活中的伦理价值有一定差距，德育工作缺乏实效。随着社会科技的不断发展和进步，社会的一些负面效应显现出来，社会大德育的良好氛围难以形成。一些中小学生受不良风气影响，缺乏是非观念、道德素质低下。在全新的教育模式下，学校对德育工作，尤其是“实践育人”方面重视不够，教育理念和形式落后，跟不上时代变化，管理滞后，评价体系单一[5]，使德育工作失调，没有取得良好效果。

部分教师受传统教育观念的影响，重知识、轻实践，对思想政治教育“第二课堂”

重要性认识肤浅。一些教师认为课外活动只是为了丰富青少年课余生活，或者说是对课堂知识的延伸补充，把“第二课堂”置于从属位置。

三、实践育人缺失的原因

1. 学校工作的轻视

一些学校对“实践育人”工作不重视。受传统教育模式的束缚，很多学校为追求高升学率而忽视德育教学工作，重知识传授而忽视学生能力培养。其次，德育方式落后于时代要求，一味灌输性说教，忽视了“教育必须与劳动生产相结合”的教育方针，阻碍实践教育的发展。有些学校将社会实践课列入培养计划，但实施不到位。实践教育评价机制不完善，实践活动缺乏创新，对学生吸引力不高。部分教师队伍实践育人意识不强[6]，教育理念形式落后，只重视知识传授，忽视知行统一。使课堂理论知识与实践活动相互脱节，不利于学生知识的掌握理解，更不利于学生动手实践能力的培养。

2. 家庭教育的影响

一些家长思想观念受“应试教育”惯性影响，只关注孩子的学习成绩，唯分数论、唯成绩论，忽视学生劳动能力和动手能力。甚至有些家长过分宠溺孩子，不让孩子做家务活，万事包办替代，造成有些学生“高分低能”的现象。多做家务可以锻炼孩子的动手能力，增强家庭责任感，利于树立正确的人生观和价值观。

3. 学生自身的问题

学生对社会实践活动的参与性不高[7]，有些学生只重视书本知识的学习，认为参加社会实践是浪费时间，没有实际效果；有些学生认为是形式主义，应付过去就行，思想上不重视。受家庭社会等一些不良风气的影响，有些学生娇生惯养，行为懒惰，见到与劳动相关的活动，唯恐避之不及。这些原因都导致学生参与社会实践的积极性不高，动手和实践操作能力得不到锻炼和提高。

四、实践育人的对策探究

知识的掌握和运用需要一个不断实践、由浅入深的过程。知识只有在生活中得到运用并解决了实际问题，才能突显其力量。传授知识的过程中，不能忽视能力的培养，更不能淡化实践。实践的磨炼和体验在学生成人成才的过程中发挥着课堂教学不可替代的作用，它不仅仅是课堂的延伸与拓展，更是将知识转化为实践、培养学生能力必不可少的重要途径[8]。

1. 注重养成教育，加强基础道德建设

学生行为习惯的养成从生活中一点一滴抓起。一方面坚持德育与管理相结合，加强学校日常规范管理；另一方面按照知行统一的原则，在德育中淡化说教，注重学生的感悟和体验。

（1）结合社会发展，学校广泛开展实践体验活动。如响应国家号召，我校举行“光盘”行动。让学生观察学校餐厅、社区垃圾桶及家庭饭桌上的浪费情况，以照片、手抄报或短视频的形式倡导厉行节约、珍惜粮食，反对铺张浪费现象，让学生争做勤俭节约的传承者和实践者。植树节期间，利用学校活动课带领班级学生在学校操场或进社区进

行植树活动，让学生亲身体验植树的过程：挖坑、修剪树苗、树苗入坑、浇水等，树立爱护环境、保护植被的意识；利用社团活动，让学生在实验室动手栽培豆芽、蒜苗等活动，体验劳动与收获的喜悦。

（2）抓基地建设，广泛开展道德实践活动[9]。发挥天津市历史文物、革命圣地、现代经济发展等宝贵教育资源作用，借助各方面的力量，带学生集体参观。如参观周邓纪念馆，体会老一辈革命家的奋斗历程，学习革命先辈鞠躬尽瘁的精神；以盘山烈士陵园为军训基地，进行素质拓展训练，增强学生体魄，磨炼吃苦耐劳的坚强毅力，增强国防观念和组织纪律性；通过参观烈士纪念碑和扫墓等活动，缅怀革命烈士，传承革命遗志；参观天津美术馆“国家荣誉——中国女排精神展”，学习运动员身上那股永不服输、勇往直前的精神，增强民族认同感和国家自豪感。

2. 注重学科建设，探索德育综合实践课程

如历史课堂走进博物馆，参观天津博物馆，让学生亲身观察历史文物，观察古代的青铜器、陶瓷器、绘画、书法、玉器等藏品，了解古代发展历程。重温天津历史的沧桑变迁和蓬勃发展，深刻感悟历史，加深革命理想教育和理想信念教育。通过回顾历史、以史为鉴，坚定学生脚踏实地、砥砺前行的信念。

开发有关德育的地方教材、校本教材，依据天津市特有的区域优势，使中小学地方教材和校本教材走向特色化、多样化。如我校教师开发了《杏林初探》，讲解养生修身之道；《心灵之旅》探索中小学生遇到的心理问题并提出合理的解决方法；《津门名人》介绍古往今来天津历史文化名人等，使教育更贴近生活实际，贴近未成年人，突出我校实践育人特色，提高德育的针对性和实效性。

利用学科优势，开展丰富多彩的社团活动。如利用生物学科与环境的关系，组织学生参观校园观察植物种类，进行植物命名挂牌活动。在活动过程中学生增长了知识，开阔了视野，陶冶了情操，同时动手操作能力、社会实践能力、理论知识与实际相结合能力也得到锻炼和提升。达到了校园环境育人、培养人、塑造人的目的，彰显了校园文化实践育人的功能。

3. 注重心理健康教育，培养学生良好道德品质

做好中小学生心理健康教育对孩子的成人成才、综合素质的发展至关重要，也利于帮助孩子树立正确的人生观、价值观和世界观。中小学生身心发展迅速，好奇心强，模仿性强，本身具有很高的能动性和可塑性，一些良好的行为习惯和理想信念都在这个时期养成。但受到家庭及社会环境一些不良因素的影响，有的学生出现各种心理困扰和问题，如果学校和家庭没有及时对他们的言行进行良好的指导，有可能导致他们在成长过程中误入歧途，进而影响一生的成长和发展。所以，关注学生心理健康至关重要。

一是成立中小学心理健康教育教研室，定期开展心理教育活动，举办有关心理健康问题的讲座，关注学生心理动态，及时与问题学生沟通交流，帮助学生度过心理难关。

二是加强心理教师师资培训。目前学校专职的心理教师数量不多，一般都由班主任兼职，班主任是学校德育工作的中流砥柱，班主任的言行举止、人格魅力潜移默化对学生产生熏陶和影响。所以对班主任要做好心理健康教育的培训工作，增强育人能力，并建立健全相应的评价体系，共同促进师生心理健康的发展。

4. 注重开展公益活动，鼓励学生参与社会实践

坚持开展公益志愿服务活动，组织广大学生投身公益事业，营造良好社会氛围。利用周末时间，组织学生走进社区，以小组为单位，拿起扫帚、锄头和铁铲，投身到卫生大扫除行动中，对社区内各卫生角的生活垃圾进行全面清理，对小区的草坪和花园进行修理和清洁。组织学生进入养老院，以志愿者身份帮助老人们整理床铺、清洁地面，关爱老年人心理健康，通过讲故事、唱歌、小品等节目表演，拉近与老人的距离，给老人们带来欢乐。活动参与过程中利于培养学生尊老敬老的美德，增强社会责任感和使命感。

加强社会实践，也不能忽视网络社会的实践。随着科技高速的发展和进步，学生的学习、生活越来越离不开网络。网络是一把双刃剑，一方面帮助学习查阅资料、开拓知识视野，另一方面网络暴力等不良信息可能侵害孩子心灵。要解决这些问题，要求广大班主任和教师同学生一起走进网络空间，体验网络生活，解答孩子困惑与疑问，宣扬建设良好网络空间，指导学生坚持和传播正能量。

参考文献：

[1]武智，钱俊．高校实践育人研究综述[J]．黑龙江教育学院学报，2015，34(11)：7-8.

[2]落实好立德树人根本任务[EB/OL]．http://www.qstheory.cn/science/2019-08/16/c_1124882276.htm.

[3]天津：召开中小学实践育人工作推动会[J]．基础教育课程，2019(02).

[4]陈昊，郑奕．实践育人研究：现状、问题与展望[J]．继续教育，2018，09(06)：15-17.

[5]汪明虎．当前学校德育工作中存在的问题及对策[J]．中国教师，2019(04)：118.

[6]庄严，季平，刘海燕．新形势下中小学育人实践反思及对策探析[J]．教育探索，2020(02)：54-57.

[7]柳文杰，赵楠．浅谈如何发挥社会实践在实践育人中的作用[J]．文理导航，2015，09(27)：11.

[8]陶伟华．落实“实践育人”理念 开创大学生思想政治教育新模式[C]．高校思想政治教育的理论与实践．2011.

[9]顾丽芬．小学特色德育的实践策略[J]．基础教育研究，2019(04)：16-17.

利用网络技术助力高中学生劳动教育

郭丽芝
天津市第八中学

一、劳动和劳动教育的内涵

黄济先生曾说："劳动是人类特有的活动，是人类区别于动物的本质特征，是人类赖以生存和发展的基础。人类通过劳动来控制和调整人和自然的关系，以实现物质交换，人类通过劳动来推进生产发展和社会进步，同时也促进人的自身发展。"

可见人类生产和生活的进步与劳动是分不开的，对于高中学生而言，自身综合素养的提升也与劳动教育息息相关。

二、劳动教育的理论基础

（一）马克思主义经典作家对劳动教育的论述

马克思、恩格斯等马克思主义经典作家从历史唯物主义、政治经济学和教育学原理三个维度对劳动价值观、劳动教育观进行过十分精彩的理论解释，它的思想核心是劳动与社会生产相结合。

（二）传统文化中关于劳动教育的论述

我国优秀的传统文化蕴含了中国劳动人民的智慧，有着坚韧不拔、奋发向上、吃苦耐劳的优良品德。儒家提出"民为邦本，本固邦宁"的思想，渗透在世代劳动者的血液里。讲究万物和谐的道家，强调劳动要和艺术相结合，做到心物合一，通过踏实的练习，最后达到物我合一的境界，追求高超的工匠精神。墨子则提出"士虽有学，而行为本"，是中国历史上第一个提出"知识和生产实践相结合"的人。

（三）中国共产党对劳动教育的实践探索

教育与生产劳动相结合是中国共产党历来坚持的教育方针政策。我党在坚持马克思主义劳动教育观的基础上，结合我国的国情和每个阶段的特点，不断推动着劳动教育的与时俱进。

三、高中劳动教育存在的问题

（一）家庭对于劳动教育的忽视

新时期的高中学生大多是独生子女，家长对学生很宠爱，期望值很高，将过多的期望寄托在孩子的学习上，在其他方面对孩子的要求相对降低，容易导致学生在性格方面出现自私、懒惰、脆弱等特点，在生活自理能力方面存在一定的问题。

（二）学校对劳动教育的关注不够

教师和家长对于成绩的过多关注，学校对于劳动教育的评价机制流于形式，不重视劳动教育的实质，导致学生将更多的注意力放在学习成绩上，劳动的意识较为薄弱，不会主动参加劳动，不觉得劳动是光荣的，对于劳动成果不珍惜的现象十分严重。

（三）社会上不良信息的诱导

随着我国改革开放和社会经济的不断深入发展，西方外来一些享乐主义、个人主义、功利主义、利己主义等不良信息，学生尚未完全形成的价值观在此影响下受到的冲击比较大，形成了不正确的劳动观念和心理。

四、高中生的特点

由于生理和自我意识的急剧变化，有些学生的情绪容易过于激动，随着智力的不断增长和社会需要，学生慢慢形成许多具有明确道德意识的社会性情感，如集体荣誉感、社会责任感、义务感、正义感和民族自豪感等，其深刻性和持久性明显提高，由于对情感的自我调节和自我控制能力的提高，高中学生的情感逐渐走向稳定。因此，在进行劳动教育的过程中，我们应该充分考虑学生的阶段性特点，利用他们现在逐渐完善的心理特点，促进劳动意识在他们心中生根发芽。

五、在班级工作中利用网络技术助力学生劳动教育的案例研究

笔者在多年的班主任工作和教学实践下，结合高中生发展的阶段性特点，立足于“五育并举”的教学方针政策，探究了如何利用网络技术助力学生的劳动素养的发展。

（一）利用 Excel 表格，统计学生的班级贡献率

由于班级事务中涉及的学生人数较多，每天的值日生分工不同，因此每个人在班级活动中的效率、质量的统计是比较繁杂的。

笔者利用 Excel 表格，建立每组值日生的档案，对每组值日生在扫地、拖地、擦黑板等工作事务的完成结果进行打分，每月进行打分量化、总结和反馈。通过 Excel 表格的统计，能够清晰明了地反映每组同学一段时间以来的劳动完成情况，根据统计数据，可以帮助学生明晰他在劳动方面存在的优势和问题，建立改进措施。

（二）利用微信公众号帮助学生强化劳动意识

班级建立之初，笔者组织网络技术较好的同学建立班级公众号，发布班级要闻，其中公众号专栏之一即为“劳动之星”。

“劳动之星”专栏主要报道班级大扫除过程中学生们的积极表现情况，除此之外，因为疫情防控期间，班级午餐在教室内集中发放，班级中也会有“志愿者”协助班主任老师完成每日的发饭工作。类似于这些热爱劳动的“志愿者”有很多，事例也有很多，我们都通过班级公众号予以发布，以起到宣传正能量、弘扬正能量的目的。

（三）利用视频剪辑工具将劳动瞬间趣味化

处在生理、心理快速发展时期的高中生对于一成不变的事物总是会失去耐心，因此笔者在和学生进行充分沟通后，在班级公众号还开通了“那些劳动趣事”的板块。

在学生进行班级值日、大扫除的同时，笔者总会利用手机拍一些照片、录一些小视频，记录下这些美好的瞬间。有些心细的同学就会发现这里面有很多有意思的内容，比如说某些同学的微表情可以制作成“表情包”等，在经过当事人同意后，我们就会将内容剪辑成为有趣的小视频，通过这些过程，不仅让劳动实现了趣味化，而且还锻炼了学生的计算机运用能力。

（四）利用奖励手段，强化劳动行为

根据行为主义的教学理论，如果我们想让一个好的行为能够持续下去，形成一种习惯的话，必要的强化是离不开的。因此从学校层面而言，学校文明班集体、优秀班集体的评选和班级的卫生是分不开的；从年级组层面而言，年级组会评选年级的“劳动之星”；从班级层面而言，班级的优秀学生也需要学生“五育”共同发展。

通过一系列的奖励强化措施，可以让优良的学生行为得以延续，也为班级其他同学树立学习的榜样。

六、在学科教学中利用网络技术助力学生劳动教育的案例研究

（一）劳动在学科问题解决中的重要性

笔者从事地理学科的教学工作，在教学中会给同学讲到一些科学家，比如竺可桢、袁隆平、徐霞客、沈括等，他们对国家、对学科做出的贡献，无一不来源于劳动，而且是长年累月在劳动中的观察和积累中获得的。

比如在地理学科“地球运动的地理意义”部分教学中，会学习不同季节太阳高度角的变化以及阳光在室内能够照射的位置，笔者在班级中组织学生将班级阴面的部分墙面进行整理和布置，将不同节气室内阳光能够照射的位置进行记录、比较。通过学生的劳动实践，深化学生对学科知识的认识，并且培养学生的劳动意识，将劳动与知识获得之间建立一道桥梁。

（二）在B站资源建设中，深化劳动意识的形成

新时期学生对于“哔哩哔哩”网站也就是“B站”的关注要多于其他的网站，因此笔者将学科的教学资源在B站上传，引导学生对学科内容的关注。

例如在热力环流部分内容教学中，笔者指导学生在家做一次饭，并在厨房门口的底部和顶部摆放一支蜡烛，做完之后，打开厨房门，观察两个蜡烛的火焰飘动的方向，整个过程进行拍摄，将拍摄内容上传到B站。通过这个过程，一方面能够让学生在劳动中获得地理知识，另一方面通过B站其他成员对学生上传视频的关注，也能够激发学生的学习动力。

（三）在网络资源融合比赛中强化学生劳动意识

通过公众号制作、B站资源建设等，班级组织“劳动与现代网络的深度融合”比赛，通过班级科任老师、学生代表的评选活动，推选出班级的“劳动技能”奖。通过以赛促学、以赛促劳，强化学生的劳动意识。

七、利用网络技术助力学生劳动教育的意义

（一）促进高中生劳动观念的改变，形成正确的劳动价值观

很长时间以来，我们常常忽视劳动对于学生发展的价值，对于劳动的意义和价值有错误的理解和认知。我们常常会听到家长告诉自己的孩子，如果你不好好学习，将来只能去工地搬砖，天天风吹日晒雨淋，让孩子们从很小就会觉得劳动是“低贱”的。而高中阶段是学生的一个非常重要的转折时期，在这个阶段树立学生正确的劳动意识非常重要，习近平总书记也强调，全社会都应当尊重劳动，弘扬劳动精神。

结合新时代高中生的特点，以及他们的爱好，将劳动教育和网络技术进行深度融合，促进学生劳动价值观的转变，有利于其正确价值观的形成。

（二）促进学生抵制不良风气能力的提升

劳动教育能够提升学生的自我认知，提升自我的劳动认知情感，并且培养其自理能力。在劳动教育的过程中帮助学生拥有良好的习惯也是十分必要的，我们都知道习惯造就性格，性格改变命运，在劳动的过程中，学生才能够不断地完善自身的人格，当面对选择时，才能够抵制不良风气，做出正确的选择。

（三）促进新时代高中生综合素养的提升

马克思在《资本论》中说：“未来教育对所有已满一定年龄的儿童来说，就是生产劳动与智育和体育相结合，它不仅是提高社会生产的一种方法，而且是造就全面发展的人的唯一方法。”全面发展，就是指学生的德、智、体、美、劳全面发展，其中劳动教育则是全面性回归的一个重要体现。

利用网络技术，一方面能够帮助学生认识到劳动在生活中和知识学习中的重要意义，而且能够强化学生的劳动行为，内化为学生综合素养的一部分，促进学生的全面发展。

八、结语

劳动教育对高中学生来说十分重要，是提高学生综合素养的必要措施，更是培养学生创新能力和实践能力的重要途径。在新时期的背景下，结合现代高中生的特点，综合利用网络技术助力学生的劳动教育，已经是新时代的要求。我们也将不断探索将网络技术与劳动教育结合，进行不断改进，更好地促进学生的劳动教育及综合素养的提升。

参考文献：

[1] 黄济. 关于劳动教育的认识和建议[J]. 江苏教育学院学报（社会科学版），2004(5).

家访在高中学生教育中的应用初探

代敬冉
天津市第八中学

一、引言

在我国传统文化的影响下，父母被看作孩子的第一任老师，家庭是教育孩子的重要场所。随着社会的发展和进步，家庭教育的重要性日益显现。对于高中学生来说，学校教育固然重要，但家庭教育的功能也不能忽视。因此，学校和高中班主任要重视学校与家庭的沟通，高中班主任要对家校合作方式予以高度重视，以促使二者形成教育合力，使之在学生教育中发挥更大的功效。

《教育部关于加强家庭教育工作的指导意见》明确提出，要强化学校家庭教育工作指导，建立健全家庭教育工作机制。这更加肯定了家访工作的必要性和重要性。因此，在新时代的教育环境下，家访工作不容忽视。

二、家访在实际教育教学中的尝试

作为一名第一次带班的高中班主任，从高一到高三，经历过多种不同的学生和家长，也遇到过各种学生问题。现将我带班以来经历过的家访形式以及通过家访得到的收获，总结如下：

1. 网络家访

在现在的教育环境下，网络家访是应用较广的方式。微信、钉钉、QQ 等通信工具的日渐发达，让人们的联系变得更加简单，也让家访工作不受时间和地点的限制，班主任可以随时随地与家长联系，及时传达学校的各种信息，沟通学生问题。

在我的教育实践过程中，对于需要集体传达的消息，比如家长会、学费缴纳等，采用网络家访的形式统一发送，节约时间又提高了工作效率。对于个别学生存在的、不是特别严重但又需要家长知晓的问题，我也会采用网络家访的形式。此外，对于在学校表现优秀，在班级、年级有表率作用的孩子，也会采用网络家访的形式告知家长，让家长更加客观、全面地了解孩子，避免只看分数造成家庭矛盾。这样，既做到了及时让家长了解孩子状态，也避免了家长忙于其他事情而无法及时接听电话的问题。

但网络家访也存在一定的弊端。如由于文字的无情感性，可能会造成家长对文字产生误解，家长和老师之间的交流略显生疏，甚至会让双方产生不必要的矛盾。再者，沟通存在不及时性，家长和教师不可能随时随地带着手机，所以网络家访不适用于解决需要快速解决的问题。而且对于部分年龄较大的家长来说，网络家访也不适用。

2. 电话家访

电话家访是比网络家访沟通性更强的家访方式，双方可以有直接的语言交流，避免了文字传递信息的无情感性。而且，电话家访双方可以直接用语言对话，语气语调的使用，可以让双方更加明白彼此的意思，时效性和信息传递能力都更加强大。

在日常工作中，对于学生出现的比较严重的问题，需要立即与家长联系并得到反馈，可采用电话家访的形式。通过电话家访，双方虽然不是当面交流，但沟通的时效性和针对性很强，不像网络家访一样需要等待“回复”。

总体来说，电话家访对于时间和地点的限制性很小，而且更加及时、有效，电话家访也是现在教师使用比较广泛的一种家访方式。但是，电话家访有时会出现家长不能及时接听的情况，也存在一定的弊端。

3. 入户家访

入户家访是教师直接进入学生家庭的家访方式。对于班上比较特殊的学生，如监护人是祖父母、家庭有重大变故或是单亲家庭的孩子，他们的个性心理、思想行为等方面较为敏感，这时候入户家访就显得尤为重要。入户家访一来可以使家长和老师当面交流，二来可以使老师更为了解学生的家庭情况，三来可以让家长意识到学校对学生的重视，从而更加配合学校工作，增强家校工作的功能。

在我带班期间，进行过四次入户家访，收获颇丰，也颇为感慨。我的班上有一位懂事、团结同学又认真学习的孩子，监护人是爷爷奶奶，从他三四岁起父母就在南方打工，至今未回。通过家访，才了解到他父母的隐情，顿时更加心疼这个学生，在以后的学杂费减免和生活上也尽自己所能去帮助他。如果不是入户家访，这些信息可能到他毕业我也无从知晓。及时入户家访不仅让我彻底明白了为什么监护人是祖父母，也让我了解了这位学生家庭的真实状况，从而可以更有针对性地对其进行学习和生活上的帮助与指导。

传统的入户家访虽然受教师和家长双方的时间、工作强度和压力等方面的限制而逐渐被网络家访、电话家访所替代，但对于有特殊情况的学生和家庭来说依然很重要。在新时代教学环境下，入户家访可以因时因地因情而被取代，但绝不应该消失。

三、有效实施家访的策略

1. 学校层面

为了强化家校沟通，密切家校联系，更好地发挥家校共同育人的作用，促进学生更好地发展，从学校层面来讲，应该建构线上线下互通互联、教师全员参与、覆盖所有家庭、关注特殊群体的家访制度，以保障家访工作有目标、有计划、有落实、有成效。

在家访制度中，应该明确家访工作责任人、家访工作形式、家访工作内容、家访工作要求、家访工作评价等方面的相关要求。以制度带动教师家访的积极性，也使学校家访工作更加规范，逐步形成学校家访校园文化，提高学校家访工作的效率和效果。

2. 教师层面

目前的学校教育多以教师单方面教育为主，家长的参与度很低，究其原因不是家长不想参与，而是不知道如何参与。所以，从教师的角度来讲，应该打破原有的传统家访工作形式，结合互联网信息技术开发多样性家访的工作形式，让家长真正参与学校教育中来。

教师应该拓宽家访工作思路，了解学情，根据学情制定合适的家访内容。对于成绩突出的孩子来说，家长可能更关注学习，家访工作的重点放在学习上可能比较容易展开。而对于学习成绩相对薄弱的学生来说，家长可能更关注孩子的性格发展、习惯养成等方面，如果家访工作依然围绕成绩展开可能就比较困难。所以，班主任应该根据学情制定合适的家访内容，使家访真正有效而不只是流于形式。但无论家长和学生重视什么，相信家长渴望孩子成长成才的心都是一样的。所以对教师来说，家访工作不能拘泥于固定的内容，应该灵活变换。

3. 家长层面

在孩子的成长过程中，家庭教育至关重要，家长的一言一行、一举一动都对孩子有深刻的影响。在高中阶段，虽然学生在学校的时间很长，主要的知识学习也都是在学校进行，但是，家庭整体氛围和环境对学生的影响依然很大，所以，在高中阶段，家庭教育依然不容忽视。

在我看来，家长和教师的共同目标都是协助孩子们健康、全面成长，家长应该是教师的战友而不是敌人。作为家长，应该配合学校和教师的工作，而不是在孩子面前诋毁和否定教师，更不应该成为孩子欺骗教师的帮凶。在教育教学工作上，如果家长能和教师并肩而行，我相信班主任的工作一定能够做得更好！

四、新时代家访工作的优化策略

1. 建立家委会，参与班级管理

在新时代教育环境下，班主任在班级建设中要重视家长的作用，鼓励家长积极参与班级事务的管理。班主任可以根据实际情况选出家长代表，成立家委会，让家委会在家校沟通中起到桥梁作用。通过家委会，整合家长拥有的社会资源，建立家长课堂，让家长定期给学生讲一些课堂外的知识，如卫生常识、交通常识、医学常识等等，发挥各行各业家长的专业优势，吸引家长走进课堂，带动学生“走出”课堂。这样，既让家长参与了学生的校园生活，让家校合作真正有效、高效，又为孩子们提供了更多的学习方式和内容，对学生的全面发展有很大帮助。

2. 借助信息技术，改善交流方式

在大数据时代，信息技术和多媒体的使用让我们的生活更加便捷，也为家访提供了更多的选择。大多数教师使用已久的当属微信，但往往发布一条通知后，就会被家长们接踵而来的“收到”所刷屏，教师也无从知晓哪位家长看不到通知。

多款办公软件的推出，使得这个问题迎刃而解，如“晓黑板”“钉钉”等手机终端软件可以完美解决这个问题。教师在群内发布通知后，可以查看哪位家长没有及时阅读，从而可以私信该家长，以保证家校间的沟通和消息的及时传递。

3. 开办家长学校，共商管理对策

高中生正值青春期，生理和心理都处在转变期，容易引发各种问题，而家长们往往缺乏相关的教育知识和理念，不知道如何帮助孩子度过这个阶段，久而久之导致问题积少成多，更有甚者，班主任成为家长和孩子之间的传话筒，这极不利于家校合作和孩子的健康成长。由此看来，开办家长学校也是很有必要的。

班主任可以通过开办家长学校的方式，定期开展家长培训，运用自身的教育教学知识和教学经验向家长讲解青春期常见的问题及解决方案，与家长探讨具有针对性的学生问题，从科学的角度给出解决困惑的策略，从而在教师和家长的共同努力下促进学生的全面发展。

家访工作是班主任工作中很重要的一部分，也是不可缺少的一部分。有效的家访能使学校的教育教学工作得以顺利地展开。一线教师和班主任应该根据学校和班级的实际情况，采用合适、合理的家访方式，以期家长和教师能有效配合，从而促进学生的全面发展。

参考文献：

[1]王燕红.家委会职能行使过程中学校角色的定位[J].教学与管理（小学版），2014（6）.

[2]冯荣芬.探讨新时代家校合作的优化策略[J].教育管理，2019（9）.

[3]孟霞.高中教师家访现状分析及实施策略研究——淄博中学家访案例分析[J].理论探索，2020（15）.

[4]李世梅,钟乐江.入户家访是必要但不是唯一的家校联系方式[J].教书育人:校长参考，2020(7).

新时代背景下初中生家访实践的功用、现状及对策研究

裴亚惠
天津市河东区二号桥中学

一、家访的功用

家访是一种传统的家校联系的方式，但是它又不仅仅是一种联系方式，它的作用体现在方方面面，在新的时代它更是增添了许多新功能。

1. 家访能够促进家校合作，形成良好教育合力

家长是孩子的第一任老师，家庭教育对于孩子的影响是巨大的，因此，寻找学校教育和家庭教育之间的结合点具有重大意义。通过家访，教师可以向家长介绍学校的教育思想和教育理念，让家长加深对学校教育的理解，同时帮助家长了解孩子在校学习和生活现状，明白孩子当下需要的是什么，家长应该怎样做好家庭教育以让教育作用最大化，促进孩子的成长。同时，老师也可以去倾听家长的一些想法，多了解孩子的成长经历以及生活习惯，以帮助自己更好地改进教学。在沟通与交流中家庭教育和学校教育可以相互促进，形成教育合力，达到教育的一致性和连贯性。

2. 家访能够优化家庭教育

在新的时代，家访被赋予了更多意义，不再是教师简单地向家长汇报学生情况，而是教师帮助家长更新教育理念、学习教育方法的一个良好契机。很多家长没有学习过教育方面的理论，他们的教育方法可能还较为落后，再加上网络资源纷繁复杂，家长们也不知如何分辨。教师可以利用家访帮助家长树立正确的教育观，帮助他们学习先进教育方法，指导家长更好地进行家庭教育。

3. 家访有助于对学生全面了解，促进因材施教

诚然，在信息技术高度发达的今天，教师可以通过很多电子通信方式与家长进行沟通交流，但是家访这一传统方式有它自身不可替代的优势。家访可以帮助教师获得很多语言以外的信息，也可以挖掘更多交流话题。比如，教师在家访时可以看到学生居住社区的环境、孩子的家庭环境氛围、家庭经济状况、父母身体状况、亲子关系是否融洽、家长的教养方式等等。这些容易被忽视的方面实则对孩子性格、学习习惯、为人处事的方法和原则都有着潜移默化的影响，这些信息是孩子在学校不会呈现出来的，却又是对教师的因材施教有着重大启发的信息。在全面了解了学生之后，教师可以更有针对性地去引导学生，因材施教。

4. 家访能够促进教师和家长之间的情感交流

家长和教师很少能够有面对面的交流机会，家长会等方式也很难有深入的情感交流，

所以家长对于教师的了解不够，教师也很难去了解班里所有家长的情况。家访给教师和家长一个坐下来坦诚交谈的机会，可以促进家长对于教师工作的理解，拉近教师和家长之间的距离，教师也能够了解家长们的所思所想，这样一来，家长也更愿意去配合老师，老师也能够站在家长的角度去对问题产生不同的理解。

二、家访现状

1. 教师家访制度不够完善

很多学校虽然也要求教师进行家访，但是并没有指导性的文件来严格规定教师需要达到的家访指标，也没有严密的监督制度，结果导致教师们的积极性并不高，有些教师很少进行家访，很多时候家访也只是流于形式，并没有真正达到家访应达到的目的。

2. 家访对象和内容单一

一谈到家访，教师们往往想到的是那些学习比较困难或者经济比较困难的学生，而较少从其他方面去入手。其实，很多其他类型的孩子也需要教师给予更多关注，比如有些孩子虽然学习成绩很好，但总是沉默寡言不愿意和他人交流，教师可以通过家访进一步去了解孩子的成长环境，弄清楚孩子形成这种性格的原因是什么。又或者某些孩子学习突然下降很多，教师就可以通过家访来更好地了解原因，和家长一起配合来帮助孩子进行调整。家访内容单一体现在家访话题主要集中在学生的学业成绩、课堂表现等学习相关话题，而较少谈及孩子其他方面情况。在新时代背景下，我们倡导学生德智体美劳全面发展，因此在家访时教师也应从多方面展开话题，同时给家长以正确引导，和家长一起促进学生全面发展。

3. 时间、地域等条件对教师家访造成限制

教师本身有很多教学任务，班主任老师又要在班里负责学生们的安全和生活日常安排，因此可供灵活安排家访的时间很少。家长们平时也有自己的工作要忙，要找出教师和家长的共同时间比较困难。再者，有的同学家住得比较远，有的家长则不在孩子身边而是在外地务工，这样一来教师很难有机会能够坐下来和家长面对面进行沟通交流。

三、家访工作的一些对策

1. 家访前的准备

正如备好课是上好课的基础一样，家访前的准备工作对家访的效果起到至关重要的作用。首先，教师应该对学生有一个全面的分析。可以结合平时学生的学习和生活情况、学生档案等形成对学生的一个整体分析，也可以找班干部等同学去进一步了解家访对象的特点，之后明确家访目的，列出家访内容，做好家长访谈表，这样一来在家访的时候有据可依，避免漫无目的的泛泛而谈，切实达到家访的功用和意义。再者，教师一定要和家长协调好家访的时间，不要给家长造成生活和工作上的麻烦，进而让家长觉得家访是一种负担。相反，我们应该充分考虑到家长的时间安排，耐心与家长协调一个彼此都合适的时间。

2. 家访过程中应注意的问题

首先，教师应认识到，家访不是去家里告状。有些教师家访的主要内容是向家长说

明学生在学校的一些不好行为，这会让家长顿时有一种挫败感，在之后的交流中也会比较单一地只去聊学生的问题，而不能全面地进行交流分析。在交流时，我们既要指出学生的不足，同时也要让家长看到孩子的闪光点，一起去发扬孩子的长处，规避孩子的短处。此外，教师不仅要谈学生的学习情况，也要帮助家长去了解孩子在学校的生活情况。

其次，教师也要学会倾听。教师不要一味地向家长单方面传达信息，只顾着自己夸夸其谈，而是要适时鼓励家长去发表他们的想法，家长的一些想法往往能够给教师一些不同的启示。或者教师也可以让家长根据学生的行为谈一谈背后的原因，家长是一直陪伴着孩子的人，他们对孩子日常生活中的一些想法和经历比教师了解得更多，很多时候学生的一些行为可以在生活中找到根源，所以教师应该也把家访当作一个向家长请教的契机，从他们那里得到一些问题的答案。

再者，教师要注意语言艺术。教师在与家长沟通的过程中要保持平和的态度，以一个平等的姿态去和家长交流，不要言辞激烈地去数落孩子的缺点，这样一来也会让家长很反感，降低家长的配合度。同样一个问题，教师要站在家长的角度去考虑，不要只说问题，也要让家长看见希望——家长能够做些什么来使孩子有所改变，这是家长和教师都愿意看到的。这样一来，家长也会更有信心，更愿意去配合老师，同时也知道了怎样去配合老师。

最后，教师要及时做好家访记录。教师应该有一个专门的记录家访要点的笔记本，记录下家访过程中的一些要点，在之后的分析中串联起来得到更大的收获。另外，这个本子应做好分类，重点问题做特殊标记，以便后期分析。

3. 家访后的工作

在家访过后，教师应对家访中得到的信息进行分析整合，自己之前没有注意到孩子哪方面的差异，比如有的学生上课不能集中注意力听讲，教师之前只是斥责他，但是家访过后可能了解到孩子是不是患有某些方面的疾病导致他与别的孩子不同，比如有些孩子有轻微的多动症，有些孩子有抽动症等等，当然这也是我们在平时的调查中就应该给予关注的，在家访过程中可以进一步去深入了解，从而来及时对学生的培养计划进行调整，根据孩子的特点进行更有针对性的教育。同时教师应给学生建立成长档案，记录下学生家访后的变化，评估自己的家访是否达到了预期效果，对于改变显著的方面应该予以记录，积累这些宝贵经验继续运用在今后的工作中，对于没有改变的方面也记录下来进行反思，去思考问题出在哪里，应该怎样进一步去调整，在下一次家访中进行调整，在不断地反思和调整过程中提升家访效果。

除此之外，教师还应注意到家访形式的综合性和多样性。在新时代背景下，信息技术发达，教师在进行传统形式家访的同时，还可以利用网络信息技术进行必要的补充，因为时间和空间的限制，教师无法到每一个学生的家里进行家访，这个时候教师就要有所选择，什么样的学生需要去家里进行面对面的了解与交流，哪些孩子是可以通过网上视频或者通话来进行沟通就能够很好地达到交流目的的。将传统教师家访面对面的沟通和虚拟的网络沟通相结合，实现二者的优势互补，将成为教师家访制度的一大发展趋势。

总之，家访有着自身不可替代的功能和意义，在新时代背景下，家访被赋予了更多的意义，教师应该认真落实家访的各个环节，促进家校合作，帮助家长更新教育理念，更好地进行家庭教育。同时现代的网络媒体也给家访提供了更多便利，教师的家访可以更加多样化和综合化。记录，反思，实践，通过不断的摸索，相信新时代背景下的家访会焕发出更大的生机！

参考文献：

[1] 梁敏,陈佳.纠正教师家访过程中的偏差[J].教学与管理,2019(20)

[2] 刘洁云.我国教师家访制度的时代变迁及发展趋势研究[D].兰州:西北师范大学,2015.

[3] 杨建萍.家访——不能丢的传统[J].教学与管理,2012(3).

[4] 张民生.班主任工作导论[M].北京:高等教育出版社,1994.

[5] 朱红.新时期中小学教师家访探析[J].教育探索,2010(5).

[6] 朱小蔓,笪左领.新世纪教师教育的专业化走向[M].北京:北京师范大学出版社,2003.

论班主任工作中立德树人
——中小学实践育人研究

苏玉洁
天津市四十五中学

常言道“工欲善其事，必先利其器”，本人经过多年在校承担多元化工作过程中的悉心观察和总结，我认为莘莘学子在求学之路上必须时刻保持清醒的头脑、坚定的意志和昂扬的斗志。此时，汇聚道德、情操、理想与信念于一体的德育在心理上的引导就会帮助学生在逆境中找寻方向、增长定力、提升抗压能力。教育工作者，尤其是承担一线带班工作的班主任老师们并非无捷径可寻，为每一名学生从思想上建树起坚强的信念堡垒，每当在他们求学之路上遭遇种种困境时，仍能够发自内心不气馁、不懈怠地积极应对和解决，就是我们探寻的教育目标。

怎样才能逐步搭建起学生的思想堡垒呢？下面，我将从以下几个方面总结自己工作中的方法。

第一，知己知彼。我坚持从学生入校开始，从点滴处约束、要求、纠正、引导他们从生活上到学习上的种种习惯。很多生活上的细节可以反映一个家庭、一个人、一个孩子的特点与风格。初一刚刚建班，我用两个星期的时间细心观察每个孩子的学习及生活习惯，不论课上课下，我会在孩子们看得见或看不见的位置对他们进行全方位的观察。从桌面到书箱，从桌椅脚下到书包的摆放，从书本表面的洁净程度到书本页面上的字体与笔记，从课上的坐姿和精神状态到课下与同学之间的言谈举止，从老师批改后下发的作业本到二次上交复批的错题修改程度与字迹。做事相对认真、有条理的一部分孩子，其风貌是新建班集体需要的班风基础，他们是我拟定班委会骨干的初选范围。也有很多孩子是杂乱无章、顾此失彼、毫无条理与规范可言的，他们中不乏成绩优秀者，但我深知聪明的头脑不可能成为孩子无限消耗的成本，尤其是初中阶段，良好的学习习惯和韧性才是保持成绩的稳定剂，对这部分孩子我会着重看待他们的闪光点，敢于表达、思维活跃点子多、亲和力强、热情厚道、热爱劳动、行动力强等等都是这部分孩子身上的闪光点，他们则是我拟定班干部的第二梯队，我的目标是通过班级任务规范这部分“潜力股”的行为，通过德育意识的渗透引导他们在班级中发挥正能量的作用。也有的孩子性格沉稳、不善言辞、个性高冷或羞涩低调，我将他们视为班级纪律的“稳定剂”，这部分孩子的情感大多比较细腻，思虑相对缜密，自律意识比较强，我相信通过后期的鼓励式引导与展示平台的搭建，他们会在班级当中逐渐崭露头角。

第二，己所不欲勿施于人。成长过程中总会遇到很多不愿意面对与承受的，但成长的际遇又迫使我们必须去历练、去经受，从而被打磨。身为教师，既然我们已经了解了孩子们面对的种种不容易，如果换位思考，当我们在做某一课题遇到瓶颈与麻烦的时候，是指责、批评、直指“病灶”，还是以被理解被接受为前提，以被包容与被信任为背景，更能够帮助我们渡过难关？班主任不仅仅是规范、教授学生的存在，更是思想上的风帆、精神上的陪伴，面对学生的错误、弯路、固执，我们的爱与理解能够有效将对抗转化为悦纳，意气风发的少年，如果能够在遇到困难时仍能够练得一副悦纳自己的好心性，难道不是为求学道路上多增添了一层保障吗？

以身作则，惜时如金。三年的班主任工作我坚持每天 7 点进班、每节课下坚持进班、午休前 10 分钟进班、课前 2 分钟准时进班，我会要求学生“入班即静，入座即学”，这样做的目的，除了让学生“见师如镜”，提升学习意识，更是为了在长期的坚持过程中建立起学生的时间观念，做到珍时守时。

轻装上阵。我会充分利用早上 8 点之前的这段时间，对学生有形及无形的作业进行逐一检查，点对点地关注学生的基础知识落实情况，杜绝因小聪明而产生的学习漏洞，让学生认识到班主任老师对待他们学习的一丝不苟，用实际行动向他们传递面对学习必须秉承实事求是的理念和原则。学生当中的大多数是可以通过检查的，那么这部分学生从第一节课开始便能够自信满满地开始新一天的学习生活，没能够通过检查的同学则利用第二节大课间的时间及时补漏，尽可能做到昨日任务无残留，思想上可以轻装上阵地开始新一天的学习生活。

在午自习之前，我必须了解清楚当天早晨集中默写情况和每节课学生的听讲状态，这样就可以利用午自习的时间，有针对性地督促和指导学生应选取哪一学科进行优先学习。之后就是下午课间休息时段，我会在班级和孩子们一起度过，一来是由于下午学生普遍容易出现倦怠疲劳，班主任适时地出现能够让学生提神醒脑；二来是进入全天的后半段学习，学生容易出现心情烦躁的情绪波动，所以在此时段与学生进行谈心交流，也是他们防备心理最弱的时段，我们班主任往往能够收获一些班级甚至是年级的“情报”，而我认为要想走进学生的内心世界，对他们进行有效的思想引导，就一定要了解他们真实的生活及思想现状，做到知己知彼。

目标一致，达成共识。在落实教学效果的过程中，家长的力量、家庭的氛围不容忽视，将家长和家庭的力量很好地调动起来，与学校教育形成合力，将有效提升教育效果，于是我会充分利用好上午前两节课的时间，与任课老师普遍反映的近期课上听讲状态、纪律或作业完成情况不好的学生的家长取得联系，了解学生在家的实际学习生活状态，与家长一起寻找、分析原因，取得家长对学生教育工作的支持与配合。选择上午时段与家长进行沟通，家长的重视程度是最高的，并且我们是可以通过家长接电话的态度，初步探测出家长对孩子学习的重视程度，以及对学校的规范教育是否能够全力配合。关注度高的家长，一定会停下自己手中一切工作，认真听取老师的反馈并积极与班主任沟通孩子在家中的具体表现。面对重视孩子教育的家长，我们有义务多投入一些与其沟通的时间和精力，告知他们孩子在校更为详细和具代表性的表现，以及我们设计的对其进行教育的方式方法，家长就可以知道应该怎样有效地去配合学校，并乐于遵循老师给出的思路进行尝试，增强对学校、对老师的信任度，那我们对学生的在校教育，就不至于沦陷在孩子放学回家以后有可能接触的一些不良氛围，家长的配合是能够为我们的在校教育保鲜的。若要我们的教育理念在学生身上逐渐显成效，取得家长的理解与支持至关重要。

以上就是我在班主任工作过程中总结的几点收获。最后，我总结了几点工作中收获感悟：

第一，面对学生，我们要保有“三心”，那就是细心、关心和耐心。

面对工作，我们要坚守“二意”，那就是诚意与创意。

真心换真情，将每一个孩子视如己出。

面对学生要公平、公正，正所谓不患寡而患不均。

表扬要全面、要旁征博引，批评要客观、要就事论事。

也是最重要的一点，就是我们身为班主任，一定要管理好自己的情绪，遇到任何情况都要以一颗平常心去面对，不论是暴跳如雷的学生，还是无理取闹的家长，我们只有管理好自己的情绪，才能时刻保持清晰的思路、冷静的头脑，找到解决问题的最佳途径。

带班工作纷繁复杂，我们要努力将自己锻造成为一名耳聪目明、思维活跃、乐于创新、勤于总结与思考的班主任，于家庭我们早出晚归，于学生我们不分时段，不过是我们最常态的付出，这不过是班主任的身份所决定的生活节奏与内容。而了解学生、时刻更新对他们的认识与评价，用欣赏的眼光去努力成就一个个正在逆境中拼搏的孩子，帮助他们发现自己身上已经被忽略掉的闪光点，帮助他们坚定自信，全身心地陪伴他们一路学习，感受他们的付出与不容易，成就一个学生健康向上的思想而不仅仅是他的成绩，培养出三观端正、心性纯良、坚定自信、开朗乐观、自主拼搏、有追求有梦想、充满正能量的学生，这些才是我们身为班主任，身为教育摆渡人应该努力去实现、去创造的一番美好的前景。

中等职业院校视角下劳动教育的现状分析及策略研究

何有瑜
天津市财经职业中等专业学校

习近平总书记在全国教育大会上提出要培养德智体美劳全面发展的社会主义建设者和接班人，并且开创性地将劳动教育纳入党的教育方针。[1]在人才培养中，劳动教育早有渊源，如今又提升了国家层面的重视程度，作为中等职业院校的劳动教育不仅要开展和开足劳动教育活动，还要根据中职教育的特殊性，找出以往中职院校劳动教育的问题，探讨如何将劳动教育与职业教育完美结合。

一、中等职业教育劳动教育现状

劳动教育的提出早有历史，早在19世纪，罗伯特·欧文在英国就已经开展了生产劳动与教育相结合的实验。针对这个问题，马克思充分肯定了他的实验，并在此基础上提出新的推断：未来教育对所有已满一定年龄的儿童来说，就是生产劳动同智育和体育相结合，它不仅是提高社会生产的一种方法，而且是造就全面发展的人的唯一方法。现在看来，是很有预见性的论断。

但在我国，随着社会发展，由于升学考试的压力，家庭教育的侧重点以及学校教育中劳动教育的不足，使得劳动教育在国民教育体系中被弱化、被淡化，甚至边缘化。导致目前中等职业院校的学生轻视劳动教育，不爱惜他人劳动成果，家务劳动几乎为零，自理能力欠缺，甚至出现到工作岗位上消极懈怠、无法胜任等一系列问题。

虽然在国家层面上加大了对劳动教育的重视程度，但是作为中等职业院校的劳动教育存在着与高等教育以及普通高中教育总体相似但表象截然不同的问题及原因。

二、中等职业院校劳动教育现状的产生原因

1. 对劳动教育的既定思维

谈及劳动教育，不论是学校教育还是家庭教育，大多有较为正确的观念。这是令我们欣慰的，我们不能抹杀劳动教育工作的前期基础。但是大众普遍认为且渗透给学生的观念是：劳动教育重要，但是不及文化课考试科目重要。甚至在主流媒体中也罕见劳动教育的宣传，反而“某某地区文科状元”的字眼屡见不鲜。

2. 劳动教育师资不足

针对劳动教育师资不足这个问题还有很多中等职业院校存在模糊的概念，认为有劳动教育老师就是开展劳动教育，其实不然。学校劳动教育首先要作为课程，一些中职学

校，没有开设专门的劳动教育课程，或者所开劳动教育课程不足。有的劳动教育老师非专业化系统化出身，半路出家，且无系统培训，无技能量化。这样的劳动教育课程形同虚设，达不到真正的教育要求，更谈不上教育效果评估，这些不足直接导致中职院校劳动教育不明显。

3. 实践实习代替劳动教育

几乎所有的中等职业学校的课程设置中都有实践实习阶段，长的达到一年，短至几个月，很多学校认为这就是劳动教育，这是偷换概念的表现。劳动教育是多方面多领域的，并且在教育目的上就存在本质区别，实践实习虽然有劳动，但主要是熟悉工作环境，了解工作内容，是专业的延伸。劳动教育是强调教育，在参与不同种类和不同领域的劳动中，达到体会劳动乐趣、树立正确劳动观念，从而乐于劳动、尊重劳动的目的。因此，二者虽然有共通的地方，但不能互为替代。

4. 劳动教育系统不够完善

目前中职院校的学生们的劳动教育单一，接触到的多为某一专业领域的一项工作或任务，浅尝辄止。并且大多数劳动环境是在由工作人员或老师在排除了实际工作难度、减少实际工作量、提前设计好完备的标准化工序情况下进行的。这既不利于学生全面了解行业特征、行业流程和行业发展，也不利于锻炼学生独立解决问题的能力和发散思维的培养，更体会不到辛勤劳动的成果。如何开展安全全面的中职院校劳动教育，确保中职学生最大程度地体验劳动的魅力是亟待解决的问题。

5. 学生自身态度观念问题

由于各种原因造成中职学生轻视劳动、轻视劳动创造的价值，甚至不尊重他人劳动成果的同时，学生个人更是缺乏基本的劳动技能。在学生的思想和行为上，表现为不珍惜他人营造的良好整洁的环境，看不起性质简单的工作，常常对他人工作持否定态度。部分中职学生连简单的家务都不会做，甚至认为不是自己的工作。步入工作岗位以后，工作不认真不严谨，拈轻怕重，无法胜任重要工作任务。

三、应对策略

1. 社会大力倡导宣传

在国家政策先行的大环境下，社会层面要积极倡导和宣传，从主流媒体到社区宣传宣讲，从制订计划到贯彻落实，从组织活动到后期跟进，系统全面地做好配合和落实，这是国家提倡的，也是生活中看得见摸得着的践行。例如，组织优秀劳动模范到社区宣讲，或者在社区内组织以家庭为单位的劳动活动，也可以组织到父母的工作岗位参观学习等多种形式，从生活中帮助学生们多参与劳动活动，提高劳动意识。

2. 中职院校层面

（1）配足开齐

在达到教育部门提出对劳动教育要求的基础上，要提出符合中职院校所开设专业特征的劳动教育计划，整体系统地设计教学，配备专职劳动教育的老师，定期组织教师教研和培训，形成一支思想政治素质高、业务工作能力强、充分掌握劳动教育特点和方法，在教学过程中不但能传授劳动技能，还能进行劳动思想教育的专业教师队伍。这些是中职院校劳动教育的根本保证。开足开齐劳动教育专门课程，并定期组织完备的、系统的、多样化的劳动教育，而非单纯的工作实践或实习。课程内容丰富，因地制宜开展家务劳动、校园劳动、校外劳动和志愿服务等劳动，让学生了解不同行业的劳动性质和内容，体验不同的劳动带来的乐趣，达到教育目的。

（2）量化考核

既然是教育就必然有老师的指导和纠正，帮助学生树立正确的劳动观，珍惜劳动成果，尊重劳动价值，给出技能量化。组织学生参加劳动前，要写好劳动计划，劳动之后写出劳动总结。条件允许的情况下评选劳动教育优秀工作者和突出参与学员。

（3）编撰教材和书籍

针对中等职业院校劳动教育的教材和书籍极少，需要专家学者给予关注并提供指导，建立劳动教育资源库。使劳动教育有章可循，也增加劳动教育的吸引力，使更多人投入到劳动教育中来。任课教师找到中职劳动教育的系统教材和相关书籍，再根据各校各专业的需求有的放矢，方能取得成效。

3. 家庭层面鼓励渗透

任何教育都离不开家庭，家是一切教育的基地。父母和亲人的言传身教对学生劳动观念的形成和劳动意识的培养至关重要。因此，家长要多鼓励学生参加学校组织的劳动教育实践活动，认可社会和学校劳动教育的方针和教育手段，帮助学生树立正确的劳动观，鼓励学生自己动手去做力所能及的事情。与孩子探讨劳动成果并认可其工作，常常渗透各方面正确积极向上的劳动典型。条件允许可以和孩子一起体验劳动的乐趣，言传身教必定能带来学生的积极反馈。

4. 企业事业单位全力配合

真正让中职学生体验劳动教育的内涵需要企业事业单位的全力配合，与学校劳动教育相结合，校企结合将劳动教育落到实处。创设良好的开放平台和环境，使中职学生不只看到单一的重复的劳动单元，而是从一定高度系统地了解整个领域的概况，让学生对未来工作的前景和职业生涯充满期待。

5. 职业教育与劳动教育相结合

在中等职业院校中，如果劳动教育脱离了专业，就会没有坚实的基础。因此，劳动教育需要渗透到专业课程中去，把劳动教育作为重要的教育目标。需要在专业课程学习中增加劳动观念的养成、劳动制度和劳动过程的概括，避免学生局限于专业知识、专业技能的学习，忽视对职业劳动社会影响等方面的思考以及工匠精神的培养。

6. 中职学生个人积极主动

我们可参与的劳动活动形式很多，不要被传统思维所禁锢。劳动可分为自我服务劳动、社会公益劳动、手工劳动和生产劳动等等。我们常见的是自我服务类劳动，例如整理房间、做值日、布置教室或者绿化校园等[2]。生产劳动更加广泛，如做农活、工厂实习或者植树节活动等。除此之外还可以参加社会公益事业的义务劳动[3]。

四、总结

劳动教育由来已久，中等职业院校的劳动教育目前呈现的问题不是近期就有的，冰冻三尺非一日之寒，想短期内有很大改观不现实。但是可改善的空间很大，只要我们充满信心，社会、中等职业院校、企事业单位，以及家庭和学生个人各方面全力配合，为中职学生营造良好的劳动教育基础和环境，相信中职学生的劳动观会慢慢改善，提高劳动意识，促进劳动技能。希望中职学生走出校园时是健康自信且拥有正确的劳动观，尊重劳动热爱劳动的德智体美劳全面发展的新时代青年力量，并通过自己的劳动为实现新时代中国特色社会主义建设贡献力量。

参考文献：

[1]习近平在全国教育大会上强调：坚持中国特色社会主义教育发展道路培养德智体美劳全面发展的社会主义建设者和接班人[N].人民日报，2018-09-11.

[2]郑银凤.“90”后大学生劳动观教育研究[D]西南交通大学，2016.

[3]顾明远.高度重视学校劳动教育的育人功能和组织[J].中国教育报,2019(5):2.

初中学校劳动教育研究与实践

徐丽
天津市第十九中学

劳动教育，是使学生树立正确的劳动观点和劳动态度，热爱劳动和劳动人民，养成劳动习惯的教育，是学生德、智、体、美、劳全面发展的主要内容之一。2016 年 9 月，《中国学生发展核心素养》发布，劳动素养也是其中重要的一个方面，包括：尊重劳动，具有积极的劳动态度和良好的劳动习惯；掌握一定的劳动技能；在主动参加的家务劳动、生产劳动、公益活动和社会实践中，具有改进和创新劳动方式、提高劳动效率的意识；具有通过诚实合法劳动创造成功生活的意识和行动。由此可见，国家越来越重视中小学生劳动教育。

作为一名长期担任七年级班主任工作的教育工作者，要着眼于学生的长远发展，在初中三年里，尤其是在起始年级要对学生校园生活进行细致的规划和教育，一定要着力提升学生劳动素养，促进学生全面发展、健康成长，把劳动教育渗透到各种活动中，在实践中体现劳动教育的价值和效果，引导学生树立正确的劳动观，崇尚劳动、尊重劳动，增强对劳动人民的感情，报效国家，奉献社会。以下是我对学生进行劳动教育的做法和实践。

一、以家庭为依托，树立主人翁意识

劳动教育一定要充分得到家长的支持与配合，孩子的人生家长是无法代替的，让家长学会放手是劳动教育的首要环节。

1. 开好家长会，统一思想，取得共识

受到应试机制的影响，升学是以学习成绩定高低，所以很多家长认为分数和成绩是最重要的，而劳动对于孩子来讲是耽误时间的行为，与其做家务不如多背几个英语单词或多做一道数学题，也因此家长包办了孩子所有的劳动行为，包括叠被子，洗衣服等每天的常规家务劳动。通过调查，一些初中的学生竟然从来没有在家里扫过地，这都是难以想象的存在，也正是因为如此，孩子失去了劳动的机会，丧失了劳动的能力。如果要落实劳动教育必须首先要转变家长的思想认识。在家长会时要和家长进行沟通，使其认识到劳动对于孩子长远发展的重要性，才能与学校配合，将劳动教育落到实处。在得到家长认同的同时，给出劳动意见：

（1）作为家庭的一分子，家务劳动是必须做的，做到分工明确，合理安排。

（2）自己的事情自己做，增强自理能力与规划能力。

（3）强调主人翁意识，家长工作是为家庭尽义务，那作为家庭的一员，学生学习也是为家庭尽义务，可以将学生当成职业，学习作为事业，学有所成就是事业成功的表现。

2. 勤沟通、常交流

要求每个学生建立家校联系本，传统的工具更能增进人与人之间的情感交流，孩子们在这个本子里记录校园生活的点点滴滴。比如：今天在学校发生了哪些事情，哪个学科的老师讲课很精彩，这一周我都做了哪些有意义的事情，我做了哪些家务，进行了哪些体育锻炼，学习了什么新的技能，参加了哪些活动，受到了表扬与批评等等。而这个本子每周末都会交给家长进行留言与沟通，周一统一收上来班主任进行分享和反馈。虽然这样做会增加班主任工作量，但是效果显著。通过这种方式，我们在落实劳动教育的同时，还能及早发现学生的思想问题，并及时进行沟通和处理，达到事半功倍的效果。

二、以学校为主阵地，建立评价制度

劳动教育的主阵地是学校，在校园内班主任的教育起到引领作用，在这个年龄阶段，学生对老师的敬畏远远超过了家长，而班主任的教育理念则成为劳动教育的关键环节。班主任可以根据班级的实际情况，有针对性地开展活动。

1. 分组

班主任根据班级人数与具体情况，平均分组。在分组时注意男女比例、学生特长、班干部比率等几个方面，尽量做到学生各种情况的平衡，如有特殊情况随时进行调整。

2. 责任均摊

劳动教育是脑力劳动和体力劳动并存的，劳动教育多样化会提升学生的全面发展。各组每个同学都要从学习、卫生、体育、美育各个方面根据自身的情况承担义务，尽最大努力完成自己的职责，为小组争光。通过与他人合作或为他人服务的劳动实践，使学生充实个人的精神生活，加强集体凝聚力。

3. 评价制度

在班集体中，以小组为单位建立评价机制。以活动为载体进行评比，建立竞争机制，激发学生积极向上的心态和劳动动力。例如开展“人人爱劳动，共建美丽家园”主题实践活动，在班级里发出倡议：要牢记以辛勤劳动为荣，以好逸恶劳为耻，培养劳动感情，培养高尚情操，养成劳动习惯，珍惜劳动成果。为各组分派责任区，组长分派劳动任务，分工到位，责任到人，不放过任何一个卫生死角。定期进行考查，建立奖惩制度。又比如开展“认识垃圾分类，共建美好校园”知识竞赛活动，让同学们掌握生活垃圾分类的要领，了解“垃圾”对环境的危害，明确推行生活垃圾分类的任务，养成垃圾分类的好习惯。通过这类活动，评选垃圾分类标兵，大家为建设干净、整洁、美好的校园一起努力，人人争当助力生活垃圾分类的先锋，增强劳动意识。

三、以社会资源为保障，拓展实践活动

劳动教育来源于生活，目标是服务于社会。因此，让孩子们走出校园，走向社会，学会关爱他人、奉献社会是劳动教育的必要环节，这就需要学校和社会共同搭建教育的平台。

学校德育处与社区相联系，有常规的传统活动和不定期的志愿者活动。传统活动包括重阳节慰问孤老、慰问军烈属、帮助残疾人等活动；志愿者活动包括共享单车摆放、

分发垃圾分类宣传册、“走进养老院”“新年入户送福”等活动。随着社会信息化的发展与进步，还为我们提供了更多、更广的劳动教育机会与丰富的劳动内容。作为班主任要做到心中有数，抓住每一次锻炼的机会，面向全体而不是少部分学生，为学生搭建平台，充分利用这些机会让他们走进社会，服务社会、奉献社会，在这个过程中体现自我价值。

四、以习惯养成为目的，收获劳动成果

劳动教育是以学生热爱劳动的习惯养成为目的，学生在从事劳动实践的过程中感受着自身价值，体验着努力尝试和收获成果的喜悦，形成劳动习惯。通过一年多的劳动教育和劳动实践，各个小组的同学齐心协力，在学习、生活、创造力、凝聚力等各个方面齐头并进。尤其是在八年级这个青春期最强烈的时期，养成良好习惯、体现自身价值使学生受益匪浅。我们各组同学在学习中形成了组员之间互帮互助、携手共进的习惯；在生活中，形成了相互关心、沟通交流的习惯；在遇到问题时，形成了主动发挥能动力和创造力、体现自我价值的习惯。也正因为这些习惯的养成，学生们充满对生活、对集体的热爱，班级凝聚力不断增强，班级的总体成绩稳步提高，学生的综合素质不断加强，学校的各项活动都有我们的身影，并能在各项活动中名列前茅、表现优异，为班集体增光添彩，为学校的发展助力。

劳动教育是素质教育的重要组成部分，在本质上是为了提高学生的综合素质，培养学生热爱生活、积极向上的良好心态。而在劳动教育过程中所养成的劳动习惯和劳动态度，对学生今后的社会生活有着不可忽视的影响，因此劳动教育要潜移默化地渗透到方方面面的教育中，家长、学校和社会共同形成劳动教育合力，让劳动教育落实到位，培养出全面发展的社会主义接班人，使其能够担当实现中华民族伟大复兴这一时代重任。

探究活动式教学在初中思政课中的应用

张丽萍
天津市滨海新区大港同盛学校

一、活动式教学的简介

活动式教学作为一种新的教学方式，是指在遵循育人规律的前提下，在教学过程中以具有教育性、生动性、创造性、实践性的学生主体活动为主要形式，以激励学生主动参与、实践、思考和探索为基本特征，以促进学生整体素质全面发展为根本目的的一种新型的教学方式。这种教学方式强调学生要在活动中学、在活动中用，而统编初中《道德与法治》教材的出炉，更多也是强调以活动的形式进行道德与法治教学，倡导学生主动参与、勤于探究，让学生在活动中体验，在生活中感悟，从而帮助学生形成乐观向上的生活态度，逐步树立正确的世界观、人生观、价值观。

二、活动式教学在初中道德与法治课中应用的必要性

首先，初中道德与法治课的课程性质和功能为活动式教学这一新的教学方式的应用提供了前提。从课程性质来看，初中道德与法治课作为一门以初中学生生活为基础、以引导和促进初中学生思想品德发展为根本目的的综合性课程，其思想性、生活性、实践性很强。相对于其他课程而言，道德与法治课的功能就是促使学生思想品德的发展，以及世界观、人生观、价值观的形成，其德育功能更为突出。正是基于初中道德与法治这一课程特有的课程性质、功能及育人规律，同时也为了推动新课程改革的有效实施，道德与法治教师必须以新的教学理念为指导，以习近平总书记讲话中的“八个统一”为教学的基本准则，以探索适合新课程标准所需要的行之有效的教学方式。而活动式教学的出现，开辟了初中道德与法治课教学的新局面。

其次，活动式教学为适应初中道德与法治课程改革奠定了良好的基础。新课程改革提倡自主、合作、探究的教学模式，充分发挥学生的主体作用和教师的主导作用，《思想品德课程标准》顺应新课改潮流，要求新课程改变传统课程过于注重知识传授的倾向，重视引导学生学会学习、生存、做人和合作。因而，新修订的中学《思想品德课程标准》较大幅度增加了活动的要求，并将七年级至九年级教学要求中的“运用”层次，全部更改为“活动”，强调要把思想品德教育寓于学生的活动之中，让学生在亲身体验和实践活动中建构知识，感悟人生，培养能力，树立基本的是非观念，学做负责任的公民。

三、活动式教学在初中道德与法治课中的具体应用

活动式教学在初中道德与法治课中的具体应用，简单而言，就是在初中道德与法治课堂上，以学生为主体，以教师为主导，以活动为载体开展师生互动学习，让学生在课

堂上动起来，主动积极参与课堂，激发学习兴趣，在课堂上体验学习的快乐。具体来说，笔者主要从以下几个方面来谈谈个人见解：

第一，情境表演，角色转换。初中道德与法治这门课程，经过新课程改革以后，不再过于强调道德知识的传授，而是转化为学生的情感体验和精神世界的发展，这就要求把初中道德与法治课的侧重点放在学生的情境体验上，从而激发学生的学习热情和自我教育的愿望，让学生在活动中展示才华，真正达到学以致用的目的。例如，在讲解七年级上册《道德与法治》第一课“中学序曲”这一内容时，面对新环境，作为一名刚刚升入初中的初一学生，就“如何站在新的起点上感受初中阶段的独特意义”这一问题，我采用了情境表演的活动式教学法，以“相识非偶然”“我想成为一个什么样的中学生”等为题进行情境表演，让学生在情景表演中，转换角色，讨论中学生活的新期待，使学生自然而然地懂得，进入中学生活，我们站在了一个新的起点上，进入了一个新阶段，我们要珍惜新生活，确立新目标，适应初中新生活。学生的情感在潜移默化中获得道德提升，道德知识在相互沟通交流中传递给学生，从而达到让学生在快乐中学习、在活动中成长的效果。

第二，探究分享，提升能力。随着新课程改革的不断深入，整个社会为新一代的中小学生制定了更高标准，要求他们不仅要学习课本知识，还需涉猎各种各样的课外知识，这就需要当代中小学生不但要提高学习能力，还需注重合作探究能力的培养。七年级上册《道德与法治》在每个框题均设置了2—3个探究与分享栏目，这一栏目的设置就为学生合作探究能力的提高奠定了基础。在学习“小川带给我的烦恼”这一框题时，为了让学生更加深刻地理解友谊不能没有原则，我提前请5位同学分配好角色，现场进行小剧场表演，其他小组同学带着问题认真观看，并思考：小川的做法对吗？如何处理好信任与忠诚的关系？当朋友误入歧途时，正确的做法是什么？各小组展开讨论，并派代表上台分享小组讨论结果，其他小组成员可以对此提出质疑，从而得出结论：友谊需要信任和忠诚，但不等于不加分辨地为朋友做任何事。这不仅给了学生展示自我的机会，提升了学生小组合作探究的能力，也为学生的全面发展奠定了基础。

第三，小组合作，白板展示。根据新课程改革的要求，在初中道德与法治课堂上，为了充分调动学生的上课积极性和主动性，最大程度发挥学生的主体性作用，我采用了小组合作、白板展示的活动式教学方法。基于各小组按照组间同质、组内异质、同质结对、异质帮扶的划分原则，在各小组组长的积极带领下，针对道德与法治每节课的核心难点，采用小组合作的方式，以思维导图的形式呈现，让学生展开讨论，集思广益，发挥各自的聪明才智，并且将各小组讨论的结果以关键词的形式写在各自小组的小白板上，张贴在黑板上，在此基础上，各组派代表站在黑板前，充当“小老师”的角色，运用自己的语言或采用各种生活事例阐述本组讨论的结果，轮流展示，相互补充。最后，教师对各小组的发言加以总结和评价，对学生难以理解的重难点做出指导，并给表现突出的小组加分，给予表扬。这样师生互动的活动式教学既活跃了课堂气氛，同时也让学生真正参与其中，成为课堂的主人，对所要理解的问题和内容掌握得更加深刻，更好地提升了学生的核心素养。

第四，社会实践，回归课堂。“纸上得来终觉浅，绝知此事要躬行”，尤其对于初中道德与法治这门课程来说，它具有很强的生活性和实践性，课程安排的内容来源于生活，学到的知识又需要运用到生活中去指导实践。因而，为了使初中道德与法治这门课程的生活性更加凸显，让学生自己的生活走进课堂，在教授这门学科的时候，我采用了社会实践这种活动式教学法。比如，在讲解七年级上册《道德与法治》第五课第二框题“网上交友新时空”这节内容时，为了让学生进一步了解和掌握网上交友的正确做法，我采用了社会调查的实践法，让学生走出课堂，走进社会，运用社会调查问卷的方式，阅读社会这本无字书，亲自调查现代中学生网上交友情况及网上交友的影响，在这样的调查问卷当中，不仅增强了学生参与的积极性，同时，也让学生在生活实践中学会在网络中正确交友，从而激发学生的自我保护意识和网络防范意识。

四、活动式教学在初中道德与法治课中应用的反思

活动式教学这种新的教学方式，在初中道德与法治课的应用过程中，不仅把握了道德与法治学科的育人规律，推动了道德与法治高效课堂的构建，同时也推进了初中道德与法治课程的改革，因而，这一教学方式对初中道德与法治教学起到了很大的积极作用。但同时，也出现了不少问题值得我们去深思。第一，在进行活动式教学时，学生的参与热情和激情很高，从而导致道德与法治课堂秩序的混乱，这就需要教师有很强的课堂管理能力和灵活掌控课堂的能力，但这往往是大部分教师需要提升的地方。第二，活动式教学本身的活动设计需要教师进行一系列的课前调查、学生认知水平及能力方面的研究，这就在无形中给教师增添了较大难度和压力，如果调查不够严谨，就会导致活动式教学的失败。最后，活动式教学与初中道德与法治内容的衔接和融合也是当前需要研究的一个重要课题，针对道德与法治不同的教学内容，辅之怎样的活动更加恰当、运用得更加得心应手、教学效果更加明显，这还需要更多的道德与法治教师加强研究。

总之，活动式教学体现了新课程标准“自主合作探究”的新教学理念，遵循育人规律，突出了学生在课堂上的主体性作用，把德育寓于轻松愉悦的活动之中，更加有利于提升学生的知识构建能力和各种素质的提高。教无定法，纵然前方还有很多困难，但我们仍将一路摸索，勇敢前行，相信未来的道德与法治课采用活动式教学法将获得更多成效、实现更大跨越。

参考文献：

[1]朱金国.活动式教学方法在思想品德课教学中的灵活运用[J].传奇(传记文学选刊),2011(4).

[2]朱小蔓.思想品德课程标准（2011 年版）[M].北京:北京师范大学出版社,2012.

[3]何青松.活动式教学法在初中思想品德课中的运用[J].教师博览(科研版),2011(3).

核心素养背景下的思政课议题式教学初探

吴丽俊
天津市实验中学滨海学校

一、议题式教学的基本内涵

所谓议题式教学，就是教师在充分把握学科课程内容和学生实际的基础上，确定一个跟教学内容相关且有一定价值导向的议题，并围绕议题设计序列化的问题探究，在此基础上，学生进行信息搜集，运用不同素材，提出不同见解，从而探索有关议题的不同解决方案，最后由教师针对议题进行总结和提升，帮助学生落实和升华核心素养。

二、议题式教学的主要特征

（一）注重价值引领，培养“政治认同”

在议题的设置和学生活动的开展上，议题式教学突出体现了强调价值引领的特征，对于落实思想政治学科“政治认同”这一核心素养有重要意义。这主要是指在议题式教学中，教师在选择和确定议题时，必须充分考虑议题的实践价值，注重引导学生面对生活世界的各种现实问题[1]，这就意味着教师所呈现的议题除了要反映学科课程的具体内容外，还要能够帮助学生在探究的过程中，通过“议”的形式掌握正确价值判断的基本观点。同时，议题式教学的最后一阶段为评价反思阶段，虽突出学生的自我反思过程，但也要求教师能够在关键时刻，把握合适的时机强化价值引导，从议题中升华出有关育人目标的相关内容，帮助学生树立正确认知，坚定正确立场，培养学生的“政治认同”。

（二）突出学生主体，落实“公共参与”

在参与主体上，议题式教学强调学生这一学习主体的积极参与，对于培养学生的主人翁意识，落实“公共参与”的学科核心素养发挥着重要作用。这主要是指议题式教学重视学生对知识的亲历实践过程，强调以学生主动探索为主。在具体操作上，议题式教学突出强调学生的“议”，整个过程都要求学生这一学习主体的积极参与。一方面，当教师在课堂上引入议题后，学生要深入情境，直面情境中的各种矛盾和争议，积极寻找解决困境的各种有效方法。另一方面，教师也可以围绕议题开展课外实践活动，引导学生通过参观访问、社会调查等形式，在亲身参与的基础上达成知识目标和素养目标。无论通过哪种形式，都对于激发学生的主人翁意识、担当意识，强化学生的社会责任感有重要助益作用，对于培养学生的公共参与意识，提高学生的公共参与能力也有一定推动作用。

（三）强调思辨性探究，培育“科学精神”

在活动过程中，议题式教学又突出体现了探究性、开放性和思辨性的特征。教师并不是把现存的知识直接灌输给学生，而是引导学生在教师有针对性的指导下开展探索性、发现性学习。跟问题式教学相比，议题式教学所呈现的议题更加具有综合性，往往没有固定、唯一的标准答案，更加强调学生思维的开放性和学习过程的探究性，要求学生在议题的指引下，能够采取多种活动方式，利用已有知识基础和生活经验，从不同视角、运用不同素材，表达不同见解，从而寻找关于议题的多种解决方案。议题式教学的这一主张对于提高学生的辩证思维能力，培养有思想、有智慧的中国公民具有重要意义，从而对于落实“科学精神”的核心素养也有其独特作用。

（四）倡导有序参与，彰显“法治意识”

议题式教学中，学生参与的过程并不是一个杂乱无序的过程，相反，它强调学生要在议题相关背景下以小组为单位开展有组织有纪律的探究性活动，要求组内成员有明确的分工与职责，这种有序的参与可以帮助学生强化规则意识[2]，从而对于落实“法治意识”的学科核心素养也有重要推动作用。

三、议题式教学的实施步骤

（一）准备阶段

这一阶段教师要从以下两方面开展准备工作：

1. 心理准备

高中阶段，相比于其他课程而言，思想政治是一门理论性较强的学科，学生的学习兴趣也相对较低。因而教师在进行议题式教学时，为了提高学生参与的广度，保证“议”的参与性和有效性，必须努力营造良好的课堂氛围。为此，教师要树立正确的学生观，将每一位学生看成具有独立意义的个体，充分尊重并信任学生。同时，在平时的教学中，教师要注重与学生开展多层次、多方面的双向交互活动，积极构建民主的、和谐的师生关系，让学生首先从情感上和心理上接受教师，进而认同教师的教学，提高学生学习兴趣，从而为议题式教学的顺利开展奠定基础。

2. 议题准备

这一步重在确定议题，可以说，是教师开展议题式教学最为关键的一步。因此，教师在备课时要重视议题的设置和选择过程，并遵循以下要求：

第一，议题的设置要有一定难度，体现一定的思辨性。这是遵循最近发展区理论的必然要求。只有这样，才能调动学生的“求知欲望”，如果议题设置过于简单，则属于无效议题，既没有“议”的必要，也可能会导致学生课堂学习兴趣锐减。同时，议题难度的设置也需要控制在一定的范围之内，不能超出学生的最近发展区，否则学生的学习热情就会遭受严重打击。

第二，围绕议题而设置的序列化问题需体现一定的梯度，这是人的认识发展规律的内在要求。人们对事物的认识往往要经历一个由浅入深、不断推进的过程，所以教师在设置序列化问题时也要遵循这一规律，由简到繁，呈现出一定的梯度。

第三，教师选择的议题要具备一定的价值导向。习近平总书记在全国高校思想政治工作会上强调，要把立德树人作为思想政治工作的中心环节贯穿教育工作全过程，而思想政治课又是一门德育课程，因此，我们所设计的议题一定是要能够体现一定的价值导向，能够通过议题探究升华出有关社会主义核心价值观或者正确的政治信念的相关内容，从而实现感染学生、引领学生的目标[3]，于无形中落实“政治认同”的核心素养，实现学科育人目标。

（二）实施阶段

1. 呈现并介绍议题

为了帮助学生更有目的地开展活动，教师在呈现议题之后，要对议题有一个简单介绍，避免学生出现面对议题无从下手而直接从教材中寻找答案的现象。因此，我们可以帮助学生了解议题的相关背景及具体内容，帮助学生扩充基本的信息量，从而为后续的议题探究奠定基础。

2. 开展议题探究

教师要引导学生深入议题所呈现的情境，直面情境中的各种矛盾和争议，积极寻找解决困境的各种有效方法。在这个过程中，“议”是中心，学生要以小组为单位进行资料搜集和展示交流活动。为了避免流于形式，更好地落实“公共参与”“科学精神”和“法治意识”的核心素养，教师不仅要对学生分组进行合理安排，还要对相关问题的讨论思路进行有效指导，从而保证学生“议”的有序性。

第一，合理分组，明确组员职责。为了更好地激发学生“议”的潜力，教师要注重研究每一位学生的基本情况及能力水平，在充分了解学生的基础上，帮助学生以科学的结构形成课堂学习小组，既要保证各小组间的公平竞争，也要满足组内各成员优势互补的要求，从而提高学生开展议题探究的有序性和高效性。此外，在课堂学习小组形成之后，教师应在综合考虑小组成员的个人能力及平时表现的基础上，确定小组组长，之后由各小组组长划分、公布本组成员的职责所在，从而保证每一位同学都能“置身其中”，真正参与到“议”的过程中来。

第二，明确思路，提高“议”的有效性。在合理分组之后，教师要针对序列化问题向学生简单解释“议”的要求与思路，引导学生开展有效的信息搜集与资料整理。同时，教师要以合作者的身份亲历学生“议”的过程，充分了解学生对于议题探究的疑难所在，倾听学生的不同见解，从而也为后续的教师总结做好铺垫。

3. 总结并升华议题

教师根据学生“议”的过程和“议”的结果，进行小结和升华，除了要将议题所体现的教学内容、教学重难点进行强化以外，还要引导学生深入挖掘议题背后所隐藏的有关情感、信念等方面的正确价值导向，在一步一步将议题推向高潮的过程中，落实学科核心素养，实现学科育人目标。

（三）评价阶段

这一阶段重在帮助学生更加全面地认识自我，进一步落实“科学精神”的核心素养。

议题式教学突出强调学生的主体参与，所以评价主体方面，要坚持学生自评与他评相结合的方式。自评是学生自我认识、自我反思，从而实现自我提高的过程，可以帮助学生在最大程度上挖掘自身的内部潜力。而“他评”，可以进一步帮助学生提高自我认识的程度，使学生在评价他人和接受他人的评价中互相学习，共同进步。同时，开展议题式教学，教师须在评价中发挥主导作用，并注意评价标准和评价内容方面的多元性和完整性，在评价标准方面我们要结合学生实际水平评价其对课堂目标的达成情况，不能搞一刀切，而在内容方面，我们要综合考虑参与态度、能力、目标达成情况等多个方面，帮助学生全面认识自我，促进学生全面而有个性的发展，同时也为未来更好地适应社会做好铺垫。

总之，议题式教学作为一种新的教学尝试，对于学科核心素养的落实、学科育人目标的实现有重大的助益作用，也需要我们在教学实践中不断探索、不断完善。

参考文献：

[1]教育部.普通高中思想政治课程标准(2017年版)[M].北京:人民教育出版社,2018.

[2]杨威.核心素养培育视域下高中思想政治课活动型课堂构建研究[D].江苏师范大学,2017.

[3]鲍宇超.思想政治课的议题式教学研究[J].社会科学前沿,2018,7(8).

中小学实践育人的研究

雷玲
河北工业大学天津附属中学

一、中小学实践育人的理论研究

1. 实践育人的概念

词典中对于“实践”有两种解释：1. 指改造自然与社会的有意识的活动；2. 履行，实际上去做。据此国内的学者认为实践育人理念的形成是基于实践的观点，突出了教育的实践属性。大多数学者将“实践的观点”归类到马克思主义的实践观[1]。认为实践是人类存在和发展的方式与途径，人们通过社会实践活动不仅联系着客观物质世界并进行对客观世界的改造，还在实践活动中不断实践、升华自身的主观世界，发展自身的品格与本质[2]。

对于实践育人的概念，不同的学者也有不同的理解和界定，其中有学者认为：“实践育人是基于学生已经掌握的理论知识实践能力、间接经验和操作技能，开展符合学生健康成长规律的多种导向性、应用性、综合性的实践活动，是对学生进行思想政治教育并促使他们形成高尚品格、创新精神、合作能力、实践能力、祖国观念、人民观念、团队精神的新型育人方式[3]。”

2. 实践育人的理论依据

研究实践育人的理论依据主要体现在以下几个方面。第一，从社会学的角度分析，每个人都需要在社会中成长，具有社会属性。要想适应社会生活，不仅需要一定的理论知识，还需要必要的社会实践技能。第二，从哲学的角度出发，主要的依据是王守仁讲学时提出的“知行合一”理念，以及马克思主义的实践观[4]。第三，从教育学角度来说，书本中理论知识的教学与实践活动中的学习是中小学学习的主要方式，只有将这两种方式有机结合起来，才能充分发挥学生的主体地位，发展学生独立能力。第四，从心理学角度进行阐述，中小学生在与外界环境接触的过程中，会通过实践中的情景直观地获取大量知识。

3. 实践育人的基本原则

实践育人的原则是指在中小学组织社会实践活动的过程应该作为参考的依据，并坚持贯彻和执行的基本准则。目前研究比较多的原则有系统性原则、目的性原则、主题性原则以及动态性原则。这些基本原则为中小学实施实践育人提供了理论依据，同时也为今后实践育人的发展指明了方向。教育不是一朝一夕的事，而是长期的动态发展过程，要充分考虑到中小学身心发展特点和规律，尊重学生的主体地位，充分发挥中小学生的主观能动性。教师利用各种方式带领中小学生积极参与，在此过程中的生成与发展都是教育的动态属性，因此实践育人必须遵循过程性和主体性原则。在实践育人过程中需要校内外各部门与单位，以及广大干部和师生的共同合作参与，集合各方力量，才能真正落实好育人目标。

二、中小学实践育人存在的问题

一是为培养高速发展的社会所需要的新型人才，我国在20世纪80年代已经开设了活动课程，但中小学实践育人活动缺乏整体的规划，实践育人的制度和体系建设有待进一步完善，并未展现出实践活动课程的特色以及实践育人的真正价值。目前来讲中小学实践育人并未形成专门的课程体系，没有真正的学年、学期和课程计划及目标要求。多数实践活动都来自上级临时性下发的文件，活动的过程性和时效性都比较弱，不能真正激发中小学生对实践活动兴趣。虽在各科课程中涉及了相应的实践育人活动，但多数活动由于课程时间有限被压缩甚至删减，不能真正带领学生亲身实践，教学效果相对较弱。

二是对科学实践育人的认识不足，德育优先意识较为淡薄。由于中小学升学压力的限制，在家庭、社会以及学校的教育过程中普遍存在的现象就是重智育而轻德育。家长根据学生的分数来评判学生的好与差，学校会根据教学成绩来评判教师的能力，社会又会根据学校的整体教育情况来评价学校的水平。这就导致了实践育人的实施过程在思想层面就受到了一定阻力，家庭、社会和学校不能在实践育人方面达成共识，形成真正教育合力，使得实践育人活动开展起来比较困难。

三是教师队伍实践育人知识掌握欠缺，水平和能力有待提升。教师队伍中存在着思维固化的现象，习惯用经验来管理，按部就班地进行教育，不能真正领会党的十八大对新时代的教师提出的要求，对新时代下的育人方式思考不足，缺乏深入的探索和研究。另外上级部门在实践活动课程中并未定期开展相应的培训活动，导致了教师关于实践育人知识掌握不足，不能突破常规、创新性地完成实践育人工作。

三、中小学实践育人的价值分析

1. 养成健康生活

健康生活不仅指身体健康还包括心理的健康以及良好的社会适应能力。与传统的课程教学相比，实践育人活动往往需要走出课堂，通过亲身感受参与到各种各样的活动中去，例如农业生产活动、各种文艺表演活动、参观访问等。中小学生在进入不同场所，目睹并参与实践的过程，既动手动脑又从体验中获得了新知。将知识从静态转化为动态学习，动的过程达到了锻炼身体的目的，能够提高中小学生的免疫力从而促进其身体健康。不同的参观场所和生产活动等让中小学主动参与的同时还能够激发其对生活的热爱和向往，从而提高心理素质并形成健康生活的理念。

2. 提高道德修养

实践育人活动对培养学生的道德认知、情感、意志品质等都有十分重要的价值，当中小学生真正在实践过程中遇到一些社会情景和道德选择时，往往不能用书本现成知识来解决，而是要通过将已有的知识和经验转换为道德判断能力，从多角度去分析问题，深思熟虑后做出客观正确的评价或选择，在这种亲身体验的情景中能够激发其内心的正义感、同情心、责任心等道德情感，这将有利于提升中小学生的道德认知水平。比如有时候参观较近场所我们会选择步行的出行方式，学生需要克服辛苦，磨炼意志品质。同时参与实践的过程中需要克服身体和心理上的恐慌，能够坚定立场，辨别是非，排除各种各样的诱惑和干扰，经受住考验。因此，实践育人活动会不断提升中小学生的道德修养，对其有不可替代的作用和价值。

3. 培养创新能力

新时代要求培养创新型人才，也是我们教育者的目标和追求。经过长期的实践证明，任何创新都不是凭空产生的，而是在经过大量的实践活动中总结出来的。比如中小学生参加社区劳动、演讲比赛、手工制作、科学实验等各种各样的活动不仅可以习得文化知识，同时还激发了他们积极思考、勤于提问、动手能力、实验操作、创新思维和表达能力。他们可以通过这种实践育人的活动充分理解知识，在理解的基础上进行联想和领悟。当理论与实践不符时，会反思过程并进行对此尝试，最终形成新的认知，能够很好地培养发散性思维，这是创新思维逐步形成的基本过程，并会在实践中不断发展和成熟，由此可见，实践育人活动是培养中小学生创新思维的必经途径。

四、中小学实践育人的对策思考

1. 强化实践育人理念

目前中小学为了升学、成绩、各种荣誉等走形式地完成实践活动，功利化趋势明显。故在中小学实践育人过程中要加强宣传，不断强化各校教师实践育人的正确认识。当前中小学生主要在学校教育和家庭教育中成长，对社会的接触和了解较少，所以要多组织实践活动，为中小学生接触和了解社会创造机会，只有亲身参与社会实践活动才能让知识更可信，然后将其转化为行动。这样才能充分发挥学生的潜能，提高其综合素质能力和实践创新能力。可操作性措施如借助政府的组织和引导力量，由中小学领导和教师带领去社会需求的各个领域进行参观学习，也可以组织中小学能力范围内的农业生产活动、职业体验活动，或参观博物馆、美术馆、消防队等等。丰富的团队活动让学生主动参与，真正实现在实践中学习，在实践中成长。

2. 专业知识与素质拓展相联系

中小学的教育不仅仅是教会知识，还要加强学生的动手能力和创新精神。同时学校教育也要注重培养学生的思想品德，教会学生如何做人，真正落实“立德树人”的教育理念。要不断提升中小学生的爱国情怀，帮助树立远大的志向。因此要将专业知识的学习与素质拓展相结合，按照课程标准有计划有目的地完成课堂教学计划，同时精心设计符合中小学生发展的素质拓展活动。例如，每周五的“二课堂”活动，包括足篮排社团、时尚舞、剪纸艺术、书法社、绘画社、历史小剧场、普法栏目剧、国学讲堂、生物科技馆等等。让学生根据自己的兴趣爱好自由选择拓展项目，不仅充分尊重了学生的主体性，还能激发其真正的学习兴趣，使得学生能够身心愉悦，精神饱满，乐于走进校园。通过各种各样的素质拓展活动，养成良好的文明习惯，提高道德修养，培养创新能力。

3. 学校、家庭和社会三结合

现代的教育并不是孤立的，需要家庭、社会与学校形成教育合力才能达到较好的教育效果。家庭是中小学生的第一课堂，父母是他们人生中的第一任老师，也是永不退休的班主任。因此家长需要多学习，平等地与孩子进行交流，多多参与孩子的成长过程，引领孩子形成正确的人生观和价值观。为了更好地引领孩子成长，应该支持并鼓励孩子积极参与各种各样的实践活动，实现全方位育人，培养全面发展的人。

社会是每个中小学生的生活环境，社会的点滴都会对中小学生身心发展起到至关重要的作用。疫情防控期间涌现出无数可敬的英雄们，这种社会情景让中小学生感受更加深刻，增加了民族自豪感的同时也有了社会责任感，学会尊重他人、保护自己，同时也掌握了许多关于新冠肺炎的知识，这种科学知识远比书本得来的更加深刻。当出现不文明行为时，他们能第一时间做出判断，提升了辨别是非的能力。

学校教育是中小学生的必经之路，学校教育应根据各阶段知识目标和学生身心发展规律，开展适合本校师生的校本课程。同时应确保实践活动课程系统性和连续性，真正落实到日常课程中，形成常态化活动，改变以成绩论成败的陈旧观念。学校也要不断加强与家庭和社会的联系，争取将社会资源利用最大化，取得家长的支持与配合，真正实现家庭、社会、学校三结合，提高实践育人的时效性。

参考文献：

[1]马克思,恩格斯.马克思恩格斯选集(第1卷)[M].北京:人民出版社,1995.

[2]毛泽东著作选读（下册）[M].北京：人民出版社，1986.

[3]杨友荣,李群,王雪飞.大学生活健康心理学[M].合肥:安徽人民出版社.2011.

[4]徐长福.走向实践智慧——探寻实践哲学的新进路[M].北京：社会科学文献出版社，2008.

[5]鞠琦,丁圣芸.实践育人基本问题研究[J].黑河学刊,2013(3).

学校劳动教育安全保障机制研究

王 岚
天津市北辰区实验中学

《大中小学劳动教育指导纲要（试行）》中强调了劳动教育的内涵和特征：“劳动教育是发挥劳动的育人功能，对学生进行热爱劳动、热爱劳动人民的教育活动。”劳动教育可以强化人们的责任和担当意识，塑造人们吃苦耐劳的坚毅品格，帮助人们建设良好社会关系，在各个学段开展劳动教育都有着十分重要的意义。

学校的每一项活动都有相应的安全保障体系，劳动教育也不例外。劳动教育以室外活动、社会实践、手工劳动等丰富多样的形式来开展活动，因而存在很多安全隐患。相较于其他文化课的学习，劳动教育的安全保障机制更为复杂，笔者大致将劳动教育的安全保障机制分为三部分：安全责任、安全教育、安全制度。

一、劳动教育中的安全责任

在中小学阶段的劳动教育中，被教育者还是心智不太成熟的孩子，尤其是小学生对安全的考虑还有很多欠缺。这两个学段的学校安全第一责任人、主管安全的领导、班主任、教师有着十分艰巨的管理学生安全的任务。高中大学阶段的学生心智比较成熟，安全责任可由校领导、班主任、教师与学生共同分担。

学校要成立劳动教育安全保障小组，组长组员各自明确自己应承担的安全责任。将劳动教育活动中的安全责任细化，利用分工结构图或者表格把责任具体到人。如：

1. 劳动教育安全责任小组：

组长：学校第一责任人

组员：副校长、主管安全校长、各部门主任、年级组长、班主任

2. 劳动教育安全责任分工：

教务处：合理安排劳动课程、劳动场所，考虑天气、交通等安全隐患

德育处：学生劳动前安全教育，注意事项提醒

总务处：提供劳动工具支持，保障工具安全，负责指导工具使用

根据不同学校的不同组织机构，事无巨细，思虑周全，保障学生在劳动活动中安全有序。唯有安全开展活动，才可能实现劳动教育的目标，体现劳动教育的价值。

二、劳动教育中的安全教育

《指导纲要》规定，劳动教育的内容主要包括日常生活劳动教育、生产劳动教育和服务性劳动教育三个方面，这三类劳动活动中可能存在的安全隐患都是我们安全教育的内容。

1. 安全教育内容

（1）消防安全，用火用电安全。如使用灭火器、遇火灾报警等技能；

（2）交通安全。如遵守交通规则，雨雪天气减速慢行，疫情防控期间乘坐公交车戴口罩，不乘坐超载车辆，14 岁以下不骑电动车，12 岁以下不骑自行车上马路，大风天气谨防高空坠物；

（3）网络安全防诈骗、防溺水教育、应急逃生教育和演练、遇到恐怖袭击教育和演练、食品安全教育等。

2. 安全教育的形式

仅仅用说教讲解的形式不足以让学生记住安全知识和防范措施，我们要思考更多的教育形式增强学生的安全意识。

（1）主题班会

选择一个安全主题，班主任与学生共同参与，将安全案例用视频或者学生扮演短剧的形式呈现给全体学生，以亲身体验为主，学生参与到讨论中，谈对错、谈后果、谈感受、谈看法。

（2）班级板报

安全是学生学习生活中重要的内容，将这些内容呈现在班级板报上，用令人警醒的表达方式，如宣传标语、便于识记的文字、朗朗上口的语句，让班里每一位同学每天都能看见，将安全意识融入潜意识中，绷紧安全的弦。学校组织评比，评比板报的内容和设计，评比创新和有效性，评比板报给同学们带来的教育效果，以提高学生对板报设计和板报内容的重视。

（3）国旗下讲话

每周一次升国旗是十分庄严肃穆的，这个情境中讲安全教育，会给同学们带来不一样的感受。在全体学生同时在场的场合，一方面可以提高安全教育的受众面，另一方面也是对安全教育重要性的强调。

（4）加强宣传

借助学校大屏幕、宣传栏，播放安全知识，播放安全知识宣传动画，张贴安全宣传页，利用简单的漫画宣传页宣传安全问题，介绍不重视安全引发的后果。组织学生张贴和维护宣传栏，提高学生对安全知识的重视程度。

（5）网络平台宣传

借助学校公众号、家校联系群等宣传安全知识。只有更多的人了解安全知识，出现安全问题的概率才会越来越小。让安全知识就像是家常便饭一样，普及到每一个人。

（6）其他形式

如安全剧比赛、安全知识竞赛、安全演讲、安全短视频征集评比、安全征文、设置安全小卫士荣誉岗位、安全手抄报、安全绘画展……凡是我们能够融入安全教育的形式，凡是学生乐于接受的形式，我们都可以开发运用，日标只有一个——人人懂得安全，人人保障安全。

三、劳动安全制度

学校学习场所的使用、学生的学习行为、教师的教育教学行为，都是有法律和制度作为保障的。劳动教育同样离不开制度，劳动教育中的安全保障更是需要相关制度。制度就是大家共同遵守的规章和准则，有了安全制度，全体师生的行为安全才有所保障。

（一）安全责任制，“一岗双责”制度

在学校安全制度体系中的安全责任制和“一岗双责”制中加入劳动教育安全责任部分，用制度规范安全责任，与教师个人考评挂钩，与每位责任人利益挂钩，使安全责任真正落实到每位教师身上，不能让安全责任书只是一纸空文。安全制度要在校务公开栏定期公开，让每一位教师知道制度的内容，把安全责任重视起来。党员干部教师同时又要遵守“一岗双责”制度的规定，在安全管理中起带头示范作用。

（二）安全工作例会制度

安全会议制度中加入有关劳动教育安全保障的内容，定期对劳动教育中安全保障部分的重点、难点进行分析和研究，制订劳动教育安全保障工作计划，预设问题，反思已经出现的问题，落实其中的安全工作措施，将劳动教育安全工作纳入安全管理工作的重要议事日程。全体教师在安全会议上学习安全制度、安全知识、明确安全责任、知晓安全的重要性。安全会议也是安全培训的重要形式，一方面培训教师提高安全意识和防范技能，另一方面布置给教师在课堂上开展安全教育的任务。

（三）制定劳动教育活动预案

制定劳动实践活动风险防控预案，完善应急与事故处理机制，有效应对和处置突发劳动实践活动安全事件。科学评估劳动实践活动的安全风险，认真排查、清除学生劳动实践中的各种隐患，特别是辐射、疾病传染等，在场所设施选择、材料选用、工具设备和防护用品使用、活动流程等方面制定安全、科学的操作规范，强化对劳动过程每个岗位的管理，明确各方责任，防患于未然。劳动教育纳入校方责任险保障范围，鼓励购买相关的人身意外伤害保险，保障劳动教育正常开展。

（四）劳动教育家校沟通制度

结合学校对学生特异体质排查的结果，劳动教育中合理安排学生活动，避免特殊体质学生因劳动引起不适，如心脏病、低血糖、过敏症状、特殊疾病等。发放家长一封信，与家长沟通劳动教育的内容、地点、强度、时间以及可能遇到的问题等信息，家长同意后再组织开展活动，同时与家长进行关于正确认识劳动教育的沟通。家长有责任在劳动活动前告知学校学生在身体或心理方面的特殊情况，在劳动过程中出现问题，家长能够第一时间到达现场，积极配合学校解决问题。

劳动教育活动中学校是组织和实施者，学生是教育的主体，活动的目标是培养学生的实践能力、社会适应能力，安全是劳动活动开展的基础。要保障劳动活动中的安全，除了有明确的安全责任分工、实实在在的学生安全教育、完善的劳动教育安全制度外，学校还要做好以下几点：

1. 加强管理，严格审批，确保劳动有序开展

认真贯彻落实上级文件，树立“以人为本、安全第一、预防为主”的思想，把学生劳动教育活动的安全保障工作作为学校日常管理工作的重中之重，建立健全工作制度，落实安全防护措施，切实加强对劳动教育活动的组织和管理，确保学校劳动实践活动顺利进行。

（1）坚持原则。确立实践活动为素质教育服务的指导思想，坚决纠正和杜绝追求经济效益的做法。

（2）认真组织。对于劳动实践活动必须在学校的统一安排下有组织进行，不得采取放假、下达工作任务等形式放任不管。

（3）严格审批。参加劳动教育活动前，必须制订活动计划和预案上报，履行严格的审批程序，以班级为单位组织的学生劳动活动必须由校长批准，以学校为单位组织的劳动活动要由教育局批准，严禁学校、教师未经批准私自组织学生参加各类劳动实践活动。

（4）合理安排。学校根据学生的特点合理安排劳动活动，严禁组织学生参加超越年龄、生理和自我保护能力范围的劳动，严禁组织学生参加缺乏安全保障的劳动活动。在劳动活动中不能把学生当作劳动力，更不能传达完不成劳动任务“罚款”等思想。

2. 预防为主，强化教育，增强师生安全意识

广泛宣传安全知识，安全法规，增强安全防护意识；把安全作为一项长期工作常抓不懈，强化安全教育；劳动活动前，开展有针对性的安全教育，从学校层面到班主任层面，再到任课教师层面，层层教育，不留漏洞。外出劳动，遵规守纪，遵守法律法规，学会自救，不贸然营救他人，量力而行，学会报警，牢记报警电话。培养师生学会应对各种危险情况的能力，切实有效地提高师生防范能力。

3. 精心组织，落实措施，确保活动安全进行

要认真落实安全生产责任制，加强对安全工作的监督管理，把劳动实践过程中的安全保障工作作为学校安全管理的重要环节来抓。靠实责任，“谁组织，谁负责”“谁审批，谁负责”“谁监管，谁负责”，建立层层抓落实的工作格局。组织劳动活动必须明确安全工作责任人，落实安全责任，落实预案和措施，配备必要的药品器材，所有教职工齐抓共管，全员负责。

在实践场所，学校管理人员应当加强现场监管，维护好现场秩序，确保现场安全，防止学生私自离开场所，防止学生食用不符合卫生标准的食物，杜绝食物中毒事件发生。及时报告，一旦出现安全问题，教师必须及时上报学校，学校必须及时上报上级，对造成严重损失的，必须上报政府，同时上报公安和卫生部门，全力抢救，降低损失，不得拖延时机。

参考文献：

[1]任国友. 劳动教育风险类型与安全保障机制的构建[J]. 人民教育，2020(8).

[2]李绍银. 高校户外运动课程安全教育与安全保障体系构建[J]. 体育教育，2017(163):97-98.

[3]中共中央国务院关于全面加强新时代大中小学劳动教育的意见[J]. 中国农村教育，2020(7).

“四史”教育融入语文课程研究

孙颖
天津市集贤里中学

随着学习党史、新中国史、改革开放史、社会主义发展史的“四史”学习教育热潮在全国各大中小学不断升温，《义务教育语文课程标准》（以下简称《课标》）第一部分“前言”明确指出：“语文课程应该适应和满足社会进步与学生自身发展的需要，深化改革，与时俱进，着力培养学生掌握和运用祖国语言文字的能力，提高文化品位、审美情趣和思想道德修养，为培养未来公民生存与发展的能力，提高国民素质发挥奠基作用。”作为肩负“立德树人”教育使命的初中语文教师，更应该“守正创新”，努力尝试挖掘部编本初中语文教材中蕴含的“四史”教育资源，将“四史”教育适时融入初中语文课程中，强化初中语文课程的“情感态度与价值观”育人目标，引导初中生厚植家国情怀、坚定理想信念、培养奋斗精神。

一、课文是渗透“四史”教育的载体

古人云：“文以载道。”《教育部审定义务教育教科书语文》教材所选编篇目不乏一些作为“四史”教育载体的精粹篇章，值得我们语文教师去挖掘，把课文中丰富的典型“四史”内容提炼出来，诸如：七年级上册毛泽东的《纪念白求恩》，七年级下册杨振宁的《邓稼先》、臧克家的《说和做——记闻一多先生言行片段》、光未然的《黄河颂》、陆定一的《老山界》、杨利伟的《太空一日》，八年级上册的《消息两则<我三十万大军胜利南渡长江><人民解放军百万大军横渡长江>》《一着惊海天——目击我国航母舰载战斗机首架次成功着舰》《“飞天凌空”——跳水姑娘吕伟夺魁记》《国行公祭，为佑世界和平》，八年级下册贺敬之的《回延安》、闻一多的《最后一次演讲》，九年级上册毛泽东的《沁园春·雪》、艾青的《我爱这土地》，九年级下册舒婷的《祖国啊，我亲爱的祖国》、陈毅的《梅岭三章》等。课文中均积淀了丰厚的“四史”文化，是提高学生思想道德修养的上佳学习素材。这就要求教师在语文教学中要与时俱进、守正创新，重视道德的传承，充分挖掘课文中的“四史”教育素材，引领学生在课堂学习中汲取精神养分，进而内化为强大的担当动力。

下面，本文尝试以部编本七年级上册第十二课《纪念白求恩》为例，通过教学设计的新构，具体探究如何把课文作为渗透“四史”教育的载体，将“四史”教育融入初中语文课程。

活动一：课里的“获得感”我来读——以革命先烈们为榜样，勇担使命

《纪念白求恩》是毛泽东于 1939 年写给白求恩同志的悼文。文章概述了加拿大的共产党员白求恩医生远渡重洋、不远万里，带着医疗队，历经三个月才坐船来到中国，奋

斗在反法西斯斗争中国抗日战场上的经历，表达了对白求恩逝世的深切悼念，高度赞扬了他的国际主义精神、毫不利己专门利人的精神和对技术精益求精的精神，并号召全党向白求恩同志学习。此环节的设计意图引导学生从课文里读出“获得感”：我们今天的幸福生活，都是一代又一代的革命先辈们艰苦奋斗而来的，作为社会主义接班人的当代青少年更要以这些革命先烈们为榜样，勇担重任，为中华之富强而读书。

活动二：课外的“丰富感”你来讲——以红色之精神为引领，厚植信仰

课文《纪念白求恩》诠释了一个人、一面旗帜、一种精神的故事。在我们天津，有一位非常著名的“白求恩”，他就是“人民英雄”国家荣誉称号获得者、中国工程院院士、天津中医药大学校长张伯礼先生。古稀之年，临危受命，大年初三，从渤海之滨飞赴江城武汉，由于工作劳累，他在武汉旧疾复发，做了胆囊摘除手术，与武汉人民“肝胆相照”。我们的祖国还有千千万万个“白求恩”在涌现——新冠肺炎抗疫期间的医护人员。此课拓展环节的设计，旨在用生动真实的案例，以图片、视频和问答的形式，将“红色精神”具化、细化、延展开来，深入浅出地引导学生理解中国共产党为什么“能”、中国特色社会主义为什么“好”，从而厚值信仰根基，感知红色伟力，让青少年在新时代的康庄大路上，充满力量，拥有定力，不为纷繁复杂的思想所裹挟。

活动三：课间的“幸福感”他来说——以吾辈当自强为己任，不忘初心

通过课文《纪念白求恩》的学习，引导学生以“社会主义接班人”的历史思维和眼光回顾往昔，分享自己的“精神食粮”：我们是幸福的一代，同时也是责任巨大的一代，我们定要传承好红色基因，以“吾辈当自强”为己任，花开新时代。正如毛泽东在《纪念白求恩》中所书：“现在大家纪念他，可见他的精神感人之深。我们大家要学习他毫无自私自利之心的精神。从这点出发，就可以变为大有利于人民的人。一个人能力有大小，但只要有这点精神，就是一个高尚的人，一个纯粹的人，一个有道德的人，一个脱离了低级趣味的人，一个有益于人民的人。”

二、名著阅读是“四史”教育的阶梯

阅读名著是学习“四史”的重要方式，如何在名著阅读中阅出“味道”、读出“信仰”，初中语文教师需要坚持结合学生阶段特点，发挥语文学科优势，充分利用部编本初中语文名著阅读书目中蕴含的“红色经典”，为“四史”教育融入语文课程搭建阶梯。教材推荐必读书目有：《朝花夕拾》《骆驼祥子》《红星照耀中国》《钢铁是怎样炼成的》《傅雷家书》《艾青诗选》等，自主阅读书目有：《白洋淀记事》《红岩》《创业史》《长征》《飞向太空港》等。初中语文教师在进行此类“红色经典”篇目的名著导读教学时，建议把“对学生进行‘四史’教育作为‘情感态度与价值观’的教学目标”，把语文课堂作为弘扬“四史”教育的新高地，通过诵读，熏陶渐染，令名著阅读成为“四史”教育的阶梯。

例如在教学部编本八年级上册的名著导读《红星照耀中国》时，建议教师可以尝试组织策划“四史”专题阅读分享会——让伟大楷模“亲和”起来。《红星照耀中国》是西方记者埃德加·斯诺对中国共产党和红军的第一部采访记录，也是新闻史和报告文学史上里程碑式的作品。该书中不仅记载了大量有关中国红军和苏区，以及毛泽东等革命

领导人的第一手资料，而且深入分析和探究了“红色中国”产生、发展的原因，对中国共产党和中国革命做出了客观的评价。阅读名著《红星照耀中国》，跟随西方记者埃德加·斯诺的笔触，不仅是重温中国共产党的革命奋斗历程，更要思考在新时代“如何讲好中国故事”。引导学生分享名著阅读中的“其人其事”：农民出身的毛泽东生活质朴、不拘小节，作为天才的军事和政治家，他自尊果断、爱国爱民，有极高的威望；相貌清瘦的周恩来温和文雅，做事细致周密，极具亲和力。每一位优秀的共产党员的人生经历，都承载着一段鲜活的历史，他们身先士卒，用满腔热血和倾情付出，换来了新中国的成立，换来了人民幸福安康，他们用知行合一勉励后辈，为共产主义事业奋斗终身。教师应引导学生在品读《红星照耀中国》中领悟：没有中国共产党在艰苦革命时期的浴血奋战，就没有继往开来的改革开放，更不会有今日和谐民主的生活。

三、社会实践是践行“四史”教育的平台

《课标》强调：“语文是实践性很强的课程，应该着重培养学生的语文实践能力，而培养这种能力的主要途径也应是语文实践。”对学生进行“四史”教育，不能局限于书本的间接经验，语文教师更应将“纸上得来终觉浅，绝知此事要躬行”的箴言落实，拓宽“四史”学习教育的平台和渠道，引导学生将理论与实践相结合，做到思想“不掉线”，行动“不止步”。

建议初中语文教师结合部编本七年级下册第二单元“综合性学习——天下国家”，组织学生举办爱国人物故事会、爱国诗词朗诵会、爱国名言展示会等，引导学生挖掘爱国人士与“四史”文化之间的联系，策划学生寻访家乡本土的红色资源。通过调查，学生了解了“抗美援朝——登高英雄”杨连弟、革命烈士于方舟、安幸生、李季达等历史名人；通过搜集，学生认知了从天津南开中学走出的两位国务院总理——周恩来、温家宝，以及一位国务院副总理——邹家华；通过参观“人民至上——天津市抗击新冠肺炎疫情纪实展”，学生感受到医护人员白衣擐甲、尽锐出征的豪情，体会着医护人员与时间赛跑、与病魔较量的责任担当，明白了是祖国无数无私奉献的白衣战士用血肉之躯为人民筑成了抵御病毒的钢铁长城。历史和现实是最好的老师，更是“四史”学习最生动的教具。这就需要语文教师把社会实践作为践行“四史”教育的平台，在坚持思想性和学理性的基础之上进一步将“四史”教育融入语文课程。

此外，青少年的心理发展过程是一个长期的“拉锯战”，充满了各种各样的矛盾，极易受外界影响。因此，作为语文教师，一定要坚持以立德树人为根本任务，坚持理论与实践的紧密结合，增强教学的针对性、时代性、科学性和有效性，遵循学生的身心发展规律，将“四史”教育持之以恒的渗透在学生教育的方方面面，既培养学生重视“四史”理论的学习，也要培养学生重视社会实践生活的体验，在情感态度上培养学生构建社会主义核心价值观，让初心薪火相传，让红色基因赓续。

参考文献：

[1]孙娜.部编本初中“红色经典”作品编制及教学研究[D].苏州:苏州大学,2019.
[2]温儒敏.义务教育语文课程标准[M].北京:北京师范大学出版社,2012.

[3]温儒敏.教育部审定义务教育教科书语文[M].北京:人民教育出版社,2018.

[4]埃德加·斯诺.红星照耀中国[M].北京:人民文学出版社,2017.

[5]中共中央党史研究室.中国共产党历史[M].北京:中共党史出版社,2011.

[6]当代中国研究所.中华人民共和国简史（1949—2019）[M].北京:当代中国出版社,2019.

[7]曹普.当代中国改革开放史[M].北京:人民出版社,2016.

[8]叶庆丰,白平浩.社会主义发展史纲[M].北京:中央党校出版社,2011.

网络学习空间下的家校互动新模式探索

杨爽
天津市集贤里中学

家庭和学校是中学生生活学习时间最长的两个地方，也是影响中学生世界观和价值观形成的最主要的两个环境，因而家校进行良好的合作沟通能够帮助中学生更好地成长。但是由于时间、地点、沟通方式等因素的限制，家校之间的互动并没有达到良好的效果。新时代背景下，网络学习空间的兴起可以为家校互通提供一条新的道路，提高沟通质量。

一、现阶段家校互动中存在的问题

现阶段家校互动质量不高，究其原因分为三点。第一，学校方面家校互动质量偏低。大多数中学都面临着升学的压力，从而将更多的注意力放在了成绩提高方面，忽视了家校互通。学校一般都在期中期末召开家长会，但是这样的家长会形式普遍是报告厅加学校广播再加上班主任总结学生成绩情况的方式，很少能够给家长机会表达，针对性不够强。学校活动组织不够完善，缺乏家长发声的渠道，不能对家长的建议和意见进行及时反馈且缺少对家长教育理念的培训，致使学校和家长之间的交流互动质量低下。第二，对于大多数家长来说，很少主动地进行家校沟通。一部分家长是抱着让学校、老师帮助管理孩子的想法把学生送到学校，对于学校定期开家长会也颇有微词，总体来说家长在家校互通中的参与程度不高。而且很多家长忙于工作和生计，教育孩子的方式方法都比较落后，无法与学生和老师进行有效的沟通。第三，学生在家校互动中参与度低。很多学生不能正确认识家校互动对于自身发展的重要意义，而且传统的家校互动无非就是电话沟通或是教师进行家访，一提到“和家长联系”，学生必然觉得自己会受到家长的斥责，从而抵触心理严重。

二、网络学习空间下家校互动模式概述

随着网络时代的发展，“三通两平台”建设越来越深入学校，其中“网络学习空间”及“人人通”App 更是各个学校所大力宣传的。网络学习空间就像是学生们熟悉的“QQ空间”，可以自主添加应用、设置风格，在主页上有着和 QQ 空间类似的文章、办公、相册、通讯录、视频、动态和留言板等模块，学生操作起来更加容易上手也更有兴趣。而利用人人通软件，学生可以在移动终端观看使用教师上传的微课、课件、导学案等教学资源，不仅能够实现教师与学生、教师与家长之间的实时互动，还能够及时接收到老师在平台发布的作业，更加便捷。

三、网络学习空间下家校互动的优势

（一）利用网络学习空间进行家校互动传输信息更具多媒体化

利用网络学习空间进行信息的分享和传输更加具有多样性，在传统的家校沟通模式里，除了召开专门的家长会，更多的是通过电话和短信进行沟通，在信息沟通的形式上存在一定的局限。而利用网络学习空间进行家校沟通，教师可以通过视频、图片和文件资料包等形式，内容更加丰富多彩。在这种家校互动模式之下，更加方便教师和家长之间的沟通，教师能够有效地了解学生在家的表现情况，并及时对学生存在的问题进行指正。例如，教师可以通过“人人通”中的打卡功能来了解学生放学回家后的学习表现，也可以通过网络学习空间中问卷调查来统计家长想要了解学生在学校哪些方面的问题，并将相应问题的讲座视频或是相关文章转载到网络学习空间中，供家长学习使用。

（二）利用网络学习空间进行家校互动更贴近学生生活

由于学生初中阶段特殊的心理特征，很多学生不愿意和老师、家长进行沟通，认为老师和家长不理解自己，久而久之更加封闭自己的内心。但多数学生喜欢利用在网络学习空间中发布日志的方式来抒发自己内心的情感，也喜欢通过转载一些文章或是互相留言的方式来和自己的朋友交流。因此利用网络学习空间进行家校互动更能贴近学生生活，让学生更易于接受。

（三）利用网络学习空间进行家校互动具有更广泛的传播面

网络学习空间不只是用来和家长通信的工具，更是一种社交媒体，在网络学习空间中发布一篇文章、转载一篇日志或是上传一些照片都能够传播给自己的老师、家长和同学，传播的范围更广。教师可以将有教育意义的文章或是在管理班级中的一些成果体会分享到网络学习空间中，学生通过阅读了解老师的良苦用心，家长可以从中学到更加科学合理的教育理念，其他教师也可以从中获得新的思路。其次，针对其他的网络社交媒介，网络学习空间所针对的只是教师、学生和家长，三方人员上传的内容都是有益于学生的，所以也能够排除一些不良网络因素的干扰。

（四）利用网络学习空间进行家校互动能够更好地进行沟通

互联网时代给我们带来的巨大优势之一就是其便捷性，利用网络学习空间进行家校互动也恰恰利用了这一点。现阶段，人们对于智能手机的依赖程度非常高，手机网络平台成为了解信息和相互沟通的主要途径之一，家长和老师通过“人人通”进行实时互动交流，既可以进行语音通话也可以进行图片文字的交流，更重要的是与家长微信群相比，“人人通”交流的方式更加注重隐私性，在不需要加好友的基础上能够实现一对一的沟通。同时，对于一些同学的突发状况，比如学生因为生病请假不能到校上课，耽误了学习的进度，也可以利用网络学习空间中老师上传的课件、练习、微课等来进行自主学习，遇到不明白的问题也可以及时通过“人人通”向老师或同学请教，缓解了学生和家长的压力。

（五）利用网络学习空间进行家校互动能够帮助家长更好地督促学生学习

刚刚进入初中的学生很多时候不适应老师的留作业方式，所以经常会有不完成作业的情况出现。班主任不了解所有任课教师的作业布置情况，家长更是不知所措。而利用网络学习空间，各学科任课老师先将作业发布到网络学习空间中，学生放学回家之后利用“人人通”可以直接进行作业的查看和完成，并且可以看到自己完成作业的正确率，根据正确率进行系统的复习和巩固。家长也可以通过网络学习空间对学生的作业完成情况进行检查，更加便捷，大大减少了学生记不住作业而产生的问题，能够更好地督促学生学习。

四、利用网络学习空间进行家校互动的策略

（一）加快网络学习空间的推广

建立良好的网络学习空间下家校互动模式的首要任务就是加快网络学习空间在教师和家长中的推广任务。笔者认为，首先学校应该对全体教师进行关于网络学习空间的培训，再由教师对学生和家长进行面对面的培训，由于学生已经有了自己熟悉的多媒体工具，教师可以经常在网络学习空间中给学生布置任务，使学生能够慢慢接受并主动使用网络学习空间进行分享。而对于家长，教师第一次可以利用家长会面对面地为家长介绍、讲授网络学习空间的使用方法，在以后的消息传达或是和家长沟通便都可以使用网络学习空间，以增强家长对于网络学习空间的认知程度，加快网络学习空间的推广。

（二）教师和家长的双向作用

想要发挥网络学习空间的最优化作用，教师和家长都需要付出努力。教师应该在网络学习空间的使用方面做好积极的示范引领作用，如：在网络学习空间中转载和发布积极的教育理念和相关教育方法，引导家长正确管理学生；将班级活动、学生行为以视频或照片形式上传至网络学习空间中，最好再配上正向的文字，让家长更了解学生在学校的状态，了解学校的各项规章制度，从家庭方面督促孩子，促进孩子养成优良的品格；在网络学习空间中还可以发布一些积极向上、促进学生心理健康发展的文字、视频，积极给学生进行评论和留言，让学生感受到来自老师的关心，逐步引导孩子正向发展。作为家长，首先应该利用网络学习空间多多了解学习家庭教育的知识以便更加理解学校和老师的各项举措，配合学校和老师正向引导学生发展；其次更应该多关注孩子本身，利用网络学习空间关注孩子状态，了解孩子内心想法，积极和老师进行沟通，更好地实现家校互动。

（三）网络学习空间的规范与管理

网络学习空间能够对学校和家庭的教育工作起到积极的促进作用，但是与此同时教师也需要面对一系列的规范和管理问题。首先，针对学生和家长的账号，老师需要逐一进行核对，为了能够更好地管理辨别，需要对学生和家长账号进行实名登记，规范其网络学习空间的名称；其次，虽然网络学习空间与其他网络媒体相比相对单纯，但是还应注重学生以及家长的隐私，提醒学生和家长在发布文章、照片等信息时不要暴露自己的电话号码、身份证号、家庭住址等私密信息；第三，教师需要注意尊重学生，以正面教

育为主，在网络学习空间中以表扬、鼓励的方式为主，发布信息时把握住分寸，不要将学生的成绩、排名直接上传到网络学习空间中；第四，对学生和家长都要提出要求，在网络学习空间中转载和发布的文章等尽量是积极向上的，决不允许有不良信息的传播；最后，教师应该对准备转载、发布的文章进行系统的分类，针对学生不同的年龄特点中会遇到的问题进行分类，这样家长在进行学习时也会更有方向。

参考文献：

[1]王萍.小学自带设备（BYOD）学习中的家长参与现状及影响因素研究[D].无锡：江南大学，2018.

[2]黄河清，马恒懿．家校合作价值论新探[J].华东师范大学学报（教育科学版），2011(4).

[3]申江婴.新时代网络环境传播推动时代转变[J].科普研究，2011(Z2):29-32.

[4]霍国强.我国中小学家校合作的困境及其归因[J].现代教育科学，2014(4):14-15.

新时代初中家访实践的功用、现状及对策研究

马敬伟
天津市小淀中学

一、新时代农村初中家访实践的功用

（一）家访可以使家长和教师更全面地了解学生

《国务院关于基础教育课程改革纲要（试行）》（2001 年）指出，新课程的培养目标应体现时代要求,要培养学生逐步形成正确的世界观、人生观、价值观。让学生具有健壮的体魄和良好的心理素质，养成健康的审美情趣和生活方式。很显然，要达到以上目标，单靠教师在课堂的教育是远远不够的。教育家苏霍姆林斯基说：“最完备的社会教育是学校教育和家庭教育的结合。”所以，教师要利用家访去实地了解学生成长的社会环境，包括父母关系、父母工作情况、经济状况等方面的信息，从而可以更全面地了解学生所处的社会环境和家庭环境，弄清楚影响他们性格和品德的因素，从而教师可以更有针对性地对学生进行疏导教育。

（二）家访能对学生和家长的心理起到雪中送炭的作用

中国特色社会主义进入新时代，社会主要矛盾已经转化为人民日益增长的美好生活需要和不平衡不充分的发展之间的矛盾。如今，大多数家庭不再为温饱问题而担忧，取而代之的是心里的苦闷、压抑等感受。当家长和学生之间产生矛盾时，他们每个人都渴望倾诉，希望被理解。这时，教师进行家访无论是对学生还是家长的心理无疑是雪中送炭，此时的家访工作会变得更有效率，家长与教师、学生与教师之间的沟通不再是简单的谈话，整个过程多了一份信任与亲切感。

（三）家访是沟通教师、家长、学生三者思想和情感的桥梁

随着科学技术的发展，人与人之间的沟通越来越方便，同时家访受到了很多家长的质疑。尽管是在信息化的今天，家访也是非常有必要的。首先，通过教师与家长的沟通，双方都可以更加深入地了解学生在家和在学校的表现，获取更多的信息，并且可以深入探讨教育孩子时应该注意什么，使家校合作更具有针对性。其次，在家访的过程中，学生和家长更加真切地被教师的学识、谈吐所感染，使家长和学生更能重视自身需要改进之处。最后，整个家访实践体现教师对学生的关爱，在此过程中家长受到感染，从而对待学生的问题会更加重视，更加积极地配合学校的教育。

（四）家访能够促进学校的管理工作

通过家访，学校可以熟悉更多关于学生和家长的信息，同时，家长也可借此机会对学校进行深入的了解。在家访实践中，教师可以向家长宣传学校的办学理念、教育方针

等，使家长对于学校的工作表示理解与支持。此外，家访可以使家长对学校的教育工作更加信任与支持，从而达到家校合力直面学生身上的问题，便于学校的常规管理。

二、新时代初中家访实践的现状

本次调查的对象是 X 中学的 88 位教师、960 名学生家长和 960 名学生，综合各方面的数据可以看出，新时代下家访实践取得的效果不尽人意，存在问题很多。

（一）家访制度不完善

经过对多位教师的走访调查，教师的家访次数很少，极少数教师是主动进行家访的，大部分是因为学校的硬性规定。在调查的过程中我还观察到，每个学期学校规定班主任进行 1 次家访，随后填写相关的家访记录，但是对其他任课教师和学校领导并没有做出相应的规定，由此可见，学校的家访制度并不完善。另一方面，虽然学校硬性规定班主任进行家访但是并没有将其作为班主任考核的一项指标，这在一定程度上削弱了班主任进行家访的积极性。所以，出台相应的家访奖罚政策是非常有必要的。最后，学校也缺少对家访实践的宣传力度，这也是造成一部分教师和家长没有认识到家访重要性的原因之一。

（二）家访主体不明确

如果将教育狭义地理解为学校教育，那么教育者主要是指学校中的教师和其他教育工作人员。因此在家访工作中，家访的主体不仅仅是包括班主任在内，还应该涵盖普通任课教师和学校管理人员。经过调查，在家访主体方面存在以下几个状况：

职务	接受调查人数	开展家访人数	百分比
班主任	24	24	100%
普通任课老师	49	0	0
学校管理人员	15	0	0

1. 家访主体单一

从表中可以看出，所调查的 X 中学只有 24 位班主任进行了家访，而普通任课教师和学校管理人员没有进行家访。可见，家访工作只是班主任的专项工作，家访主体单一。

2. 学校领导家访工作不到位

从表中可以看出学校管理人员包括领导在内无一进行家访，说明学校领导家访工作不到位。学校领导带领教师进行家访，不仅可以深入了解学生情况，而且可以为其他教师树立榜样，这无论是对学生发展还是学校管理都是有好处的。

（三）家长和学生对家访工作重视度不高

	家长	学生
主动邀请家访所占百分比	2.5%	1.5%
未主动邀请家访所占百分比	97.5%	98.5%

本次调查还对X中学的960名家长和960名学生进行调查，可以看出无论是家长还是学生，主动邀请教师进行家访的人数所占的百分比远远小于未主动邀请教师进行家访所占的百分比。作为家访工作的直接受益者——学生，面对自身成长的烦恼，除了可以向父母和朋友寻求解决方法外，也可以主动邀请教师进行家访，这不仅有助于教师了解学生，而且可以加速问题的解决进程。

（四）教师家访意识淡薄

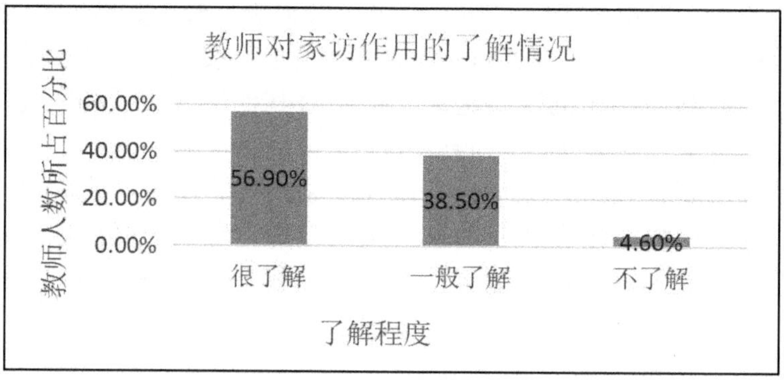

从调查的数据上看，88名教师当中有38.50%的教师对家访的作用是一般了解的程度，有4.60%的教师则对家访的作用不了解。通过访谈了解到，大部分教师进行家访的时间是在学期中进行的，同时家访的主要内容是关于学习的。其实，学生的学习情况只是家访的一部分内容，还应该包括心理健康、习惯等重要内容。另外，在调查过程中发现，有很多教师只是完成每个学期的家访任务量，进行家访的对象挑选的是在班级中表现优异的学生，这样做恰恰忽视了一些在行为习惯或者心理方面存在问题的学生，并没有达到家访的目的。综上所述，教师的家访意识淡薄，需要提高。

（五）家访的形式单一

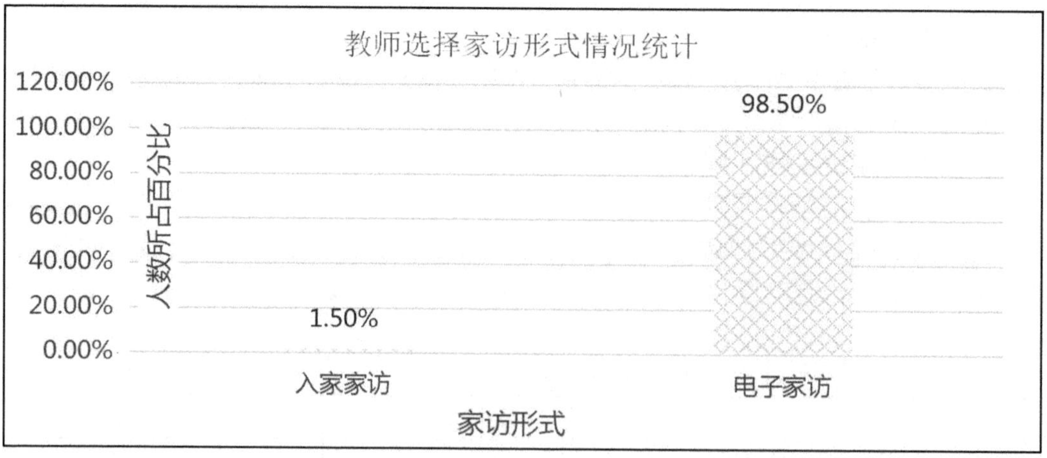

随着科技的进步，涌现出来很多新型的家访形式，比如利用微信、QQ等工具进行网络家访，丰富了家访的形式。教师和家长越来越依赖于电子家访，虽然这样做省时省力，

但是电子家访却难以达到入家家访的效果，难以使教师和家长进行深层次的信息传递和情感交流。从以上统计表不难发现，教师选择电子家访居多，家访形式太过单一。

三、新时代农村初中家访实践的对策研究

（一）制定家访考核制度，促进家访常态化

教师在校的工作除常规教学外，还应该包括必须完成的家访工作，这不仅是学校教学工作的一部分，也是学校德育工作的一部分，有效的家访对学生的身心健康和良好的道德习惯养成起着重要作用。只有学校和教师首先重视家访工作，家长和学生才能端正对家访工作的态度，提高家长的配合度，达到家校合力。因此，学校应该考虑将家访这项工作的考评成绩作为绩效评比的一项指标，甚至可以在评优中将是否完成家访工作作为一项重要的指标。利用这样的方式不断地优化家访考核机制，使家访工作落到实处，促进家访常态化。

（二）扩充家访范围及人员，实现全员参与

进行家访的人员不单单是班主任，还应该包括任课教师、学校领导等，要做到全员参与。另外，我们还应该扩充家访的对象，比如说教师，由于教师平时不仅要承担课业的压力，心理还要承受着一定的压力，作为校领导，应该对教师进行家访，深入了解教师的所思所想，使教师感受到被尊重和认可，同时也可以调动教师的工作热情，全身心投入接下来的工作。

（三）讲究家访艺术，优化家访环节

1. 做好家访准备

为了提高家访的效率，在家访前要多多阅读关于沟通方面的心理学知识和教育学知识。此外，教师还需要对学生的情况进行全方位的了解，可以通过任课教师和同学获取最近的学习情况以及其他方面的情况。最后还需要了解学生家长对于孩子的教育方式，在沟通过程中找到教师与家长的共同之处，在教育孩子的问题上达成共识。

2. 明确家访目的

为了使家访工作顺利进行，在家访前教师应当明确家访目的并制订家访的计划，家访要讲究因材施教。对于班级的后进生，教师要适当降低学习的要求，帮助其建立短期目标，寻找到适合自身的学习方法。此外，家访时还要重点关注这部分学生的行为习惯养成和心理健康状态，发现问题及时与家长沟通。对于班级的中等生，引导他们进行有效学习，持之以恒。对于班级的优等生，在沟通过程中了解其良好的学习习惯，促进其全面发展。对于平时纪律性较差的学生，注重了解和规范他们的行为习惯。对于班级的进步生，引导他们以优带差，使自身全面发展。要明白，家访的主要目的不是“告状”，针对不同的学生群体，要设置不同的家访目的。

3. 选择合适的家访时机

一般，教师进行家访的时机分为学期前、学期中和学期末。学期前的家访主要是了解学生的寒暑假行为习惯，以及对开学后的学习和生活进行指导。学期中的家访涉及的

方面比较多，比如学生习惯方面、学生学习方法等。学期末的家访主要是对一学年的学习情况和表现情况做出总结，提出建议。当然，家访的时机是不确定的，对于生病或者家庭发生变故的学生，教师要及时家访，让学生感受到教师与学校的关心。

4. 确定家访内容

教师在进行家访前，要确定家访的内容，并告知家长，消除顾虑。家访时，教师和家长互相介绍孩子在学校和家中的表现情况，与家长共同探讨如何促进学生更好地发展，遇到问题时，也可以征求家长的意见，做到相互理解，相互支持。家访时，切忌漫无目的闲聊，教师要利用掌握的教育理论知识对家庭教育中出现的问题进行指导。

（四）创新家访形式

想让家访在家长和学生中受欢迎，我们必须要创新家访的形式，利用多种形式进行家访，切忌单一化。在新时代下，除了入家家访和电子家访外，我们还可以选择家校联系卡、邀访、随访、小干部家访、家长座谈会等来丰富家访形式。

新时代下，随着人们教育的进步和人们生活水平的提高，家访越来越受重视。家访不仅将教师、学生和家长联结在一起，而且也将学校与家庭联系起来。它对于整个家庭教育的影响是深远的，对于教师能力和学校的发展是有促进作用的，对学生的发展更是有利的。也希望通过新时代下家访功用、现状和对策的探究，为今后中学教师的家访工作提供建设性的意见。

参考文献：

[1]王占峰.浅谈信息时代家访的重要性[J].教育园地，2014(10).
[2]杜延民.家访须做好“四结合”[J].基础教育研究，2011 (8).
[3]何秋菊.对家访的点滴思考[J].科教导刊，2014(5).
[4]陈英岚.电话联系能代替家访吗[J].北京教育，2005 (1).

核心素养下的农村学校学生实践教育

曹莹
天津市小淀中学

一、研究背景

2014 年教育部印发《关于全面深化课程改革落实立德树人根本任务的意见》，提出“教育部将组织研究提出各学段学生发展核心素养体系，明确学生应具备的适应终身发展和社会发展需要的必备品格和关键能力”。2016 年 9 月 13 日上午，中国学生发展核心素养研究成果发布会在北京师范大学举行，明确中国学生发展核心素养以培养“全面发展的人”为核心，分为文化基础、自主发展、社会参与三个方面，综合表现为人文底蕴、科学精神、学会学习、健康生活、责任担当、实践创新等六大素养。

教育家陶行知先生说：“生活即教育。”让教育回归生活，从生活中汲取营养、获得力量，始终是重要的教育命题。社会实践，因架起了学校与生活之间的桥梁，意义日益凸显。

二、实践教育的现状

作为一名教育工作者，身在教学一线，大家不难发现在中高考的指挥棒下，大部分中小学的实践育人活动课都被边缘化，或被设置为“摆设”课程，流于形式，或局限于课堂理论教学，缺乏实践，并没有切实达到我国综合实践活动课程对学生社会实践能力和社会责任价值观的培养要求。

（一）学生实践能力普遍较低

虽然已是初中生，但是很多刚入校的学生连基本的扫地和擦地都需要老师们手把手教。问起在家的劳动情况，学生普遍反映在家没干过，不需要他们做家务。连基本的家务都不会，更不能指望有什么社会实践活动。

在布置社会实践任务时，七年级新生普遍表现出迷茫、不知所措，说明在之前的学习生活中，也没有“走出去”的经验，或者有活动但是没真正落实。

（二）学生和家长忽视实践教育的重要性

对于中学生来说，课业负担明显大于小学，学习上的压力和同学间的竞争都是每天的学习生活中不可忽视的组成部分。学校每每布置社会实践活动，学生主观上就认为这只是拍一张照片填一张表格就可以应付过去的任务，没有必要浪费时间。

从家长的角度看，由于地域所限，家长文化水平普遍较低，缺乏科学的教育理念，有的家长忙于生计没有时间关注和教育孩子，有的家长因为自己文化水平太低而把希望寄托于孩子，有的则是对孩子的学习和生活过度保护和包办。受这三类家长的影响，当学校布置社会实践任务时，家长们往往会认为很耽误孩子的学习，很麻烦。孩子只负责学习就好了，别的什么都不用做。

（三）实践教育的反馈形式固定单一

教育部门和学校在考虑实践育人工作时的出发点都是很好的，但是时间久了，作为一线的老师就不难发现，每次的实践任务布置下来，最后都是填一张表格，写一份体会或照一张照片。这样固定且单一的反馈形式，会让学生们找到“规律”，于是就出现了每次社区劳动都是捡纸、每次家庭劳动都是扫地的高度雷同的照片，甚至出现了一张照片用很多次的情况，实践活动彻底沦为形式。

（四）缺乏社会联动，实践效果不佳

社会实践，需要学生们走出校园，走出家庭，到外面“学以致用”“施展拳脚”。但是应该去哪里呢？我们看到的是农村的这些孩子们大多只是在自己家所在的社区，或是村里的养老院做所谓的实践活动，除了打扫卫生，没有什么新鲜的活动内容。可以看出，想要良好的社会实践效果，没有社会各企业部门的支持，是多么的苍白无力。

三、关于实践教育的思考

（一）教育家长转变观念，重视实践教育

孩子的第一任教师是家长，孩子也是家长的镜子，家长的价值观从根本上影响着孩子的价值观。学校想推动实践育人的工作，实现良好的实践教育效果，就必须从教育家长开始，转变家长对于学习成绩和实践活动的态度。定期开展家长学校活动，通过面对面的方式，向家长阐述实践教育的重要性及其产生的重大影响。通过这种方式引起家长对于孩子实践教育的重视，在生活中转变家庭教育方式，和学校一起合作推动实践育人的工作，鼓励家长也参与到孩子的实践活动中来，形成更好的教育氛围。

（二）丰富实践形式，避免单一化和形式化

社会实践，要注重课程与实践、学校与社会的联系，真正让学生体会学以致用，而不是为了“实践”而“实践”。同时，社会实践不应只是捡垃圾、扫地等“简单劳动”。我理解的“实践”可以分为校内实践和校外实践，形式是可以丰富多样的。

1. 在校内，可以通过学科内容来组织校内活动。

除了实验室里的学科实验以外，我们还可以通过兴趣小组的形式带领学生在校园内开展活动。例如，地理学科会讲到地球公转产生的昼夜长短变化和太阳高度的变化，地理兴趣小组可以带领学生证实这一理论，每周固定一天的正午 12 点，到学校操场量算旗杆的长短和角度，通过一个学期的观测，跨越夏季和冬季，形成观测记录，撰写观测报告，形成实践成果。

又或者，例如生物学科，可以通过走访校园，观察校园内的植物，查阅这种植物叫什么，属于哪一科哪一属，有什么特征。通过一系列的研究，深入理解植物的特点，可

以形成研究报告或是悬挂铭牌来展示自己的活动成果。

2. 校外实践活动更是多种多样。

我们可以充分利用中国传统节日的契机进行相关的实践活动，以传承传统文化。例如重阳节，学生可以在家中或是社区中开展敬老爱老的活动，不单单是拍一张照片，还可以通过写作的方式来描写自己的祖辈，挖掘对长辈的敬爱情感。

又例如，清明节是用来缅怀逝去的亲人的，但是传统文化中也会遗留一些糟粕，会有很多社区居民通过烧纸缅怀逝者，这是一种封建迷信，同时也对环境不利。作为新时代的中学生，可以跟随社区工作人员，进行管辖区域的巡逻和劝导工作，加深对文明祭扫的理解同时，也学习了怎么与人打交道，怎么劝导他人。

在寒暑假期间，村镇社区中有很多学生留在家中，是非常好的社会实践契机。例如暑假，正是农忙时节，村镇政府可以适当组织部分学生走进农田，走进果园，学习农业劳动，在保证安全的前提下帮助农民进行劳作，能够体会田间劳作的辛苦，开拓视野，也会更加珍惜食物。

寒假期间正赶上春节，很多务工人员需要返乡与家人团圆，各个公共服务场所人员紧张。村镇政府可以为孩子们搭建更广阔的平台，联系图书馆、科技馆、文化中心等公共服务机构，给孩子们一些力所能及的志愿服务岗位，让学生体验不同工作。

活动方式还有很多，但是足以说明社会实践不仅仅是“做卫生”，顺应了社会需求，社会实践才会变得更加有意义。

（三）教育部门应与社会各机构有机联动，提供更广阔的实践平台

上述提到个各种校外实践活动，都有一个共同的问题，就是社会各部门一定要能够和教育部门的实践育人产生联动，为实践提供更广阔的平台。作为中学生，已经初步具备了走出去的能力，进入一些正规的公共服务机构做一些力所能及的志愿服务工作，是完全可以胜任的。如果我们希望学生具备有效参与他们的社区所必需的技能，我们就必须提供让他们从经验上学习这些技能的机会。除了村镇政府、社区服务中心、养老院，还可以开发图书馆、科技馆、文体中心等部门。

学生家长分布在各行各业，其中也肯定有适合学生进行社会实践的工作，学校可以开发家长资源，与家长联动，为孩子们提供更多的实践类型。

（四）实践育人不是一蹴而就的事，重视过程和反思总结

我们总说德育工作是一个反复的过程，学生的成长不是一朝一夕的，他们总要经历漫长的从懵懂到理解的过程。那么实践教育也不可能通过一次活动就让孩子在技能和经验以及思想上产生多大转变。通常，我们组织实践活动，都是组织一次就要求写一次“体会”，且不说大部分同学已经把它当作“形式主义”去应对，就算是学生认真去实践，通过一次活动写出来的体会也是比较肤浅的。所以实践活动要给孩子们时间，进行同一主题的多次活动，相信每一次活动都会有更深刻的体会，最终形成反思或是报告才更加深刻，才能真正达到实践育人的目的。

综上，我们的实践教育还有很多值得探讨和挖掘的问题，但是，我相信，通过大量的实践工作，教育者们一定可以找到最有效的实践方式，来提升学生的责任担当意识和实践创新能力，培养具备综合素养的社会建设者和接班人。

参考文献：

[1]教育部关于全面深化课程改革落实立德树人根本任务的意见[EB/OL].[2014-04-08].http://www.moe.gov.cn/srcsite/A26/jcj_kcjcgh/201404/t20140408_167226.html.

[2]王莉.美国中小学服务学习的实践育人研究[D].哈尔滨师范大学硕士学位论文，2017.

农村校中小幼思政课一体化建设点滴谈

张连忠
天津市宝坻区中关村初级中学

一、教育者要明确指导思想，提高政治站位

（一）校领导班子要明白“干什么”

要高度领会习近平总书记在学校思想政治理论课教师座谈会上的重要讲话精神，深入研讨《关于深化新时代学校思想政治理论课改革创新的若干意见》，成员们在思想上必须高度一致，要有“功成不必在我”的胸怀和远见去谋划和实施思政课一体化建设，围绕为党育人、为国育才、立德树人的根本任务，去深入推进习近平新时代中国特色社会主义思想进教材、进课堂、进头脑。

（二）思政课教师明白“怎么干”

要明确学科育人方向和“点位”责任，在头脑中厚植“家国情怀”，在教学中要重点促进学生热爱中国共产党、中国特色社会主义制度教育，引导学生树立担当民族复兴大任的意识，培养德智体美劳全面发展的社会主义建设者和接班人。在明确“为谁教”的前提下，下决心当好铺路石，要有与校领导层拧成一股绳办思政大事的意识。

（三）其他学科教师要明白“应该干”

要以各校领导班子和思政课教师为引领，紧跟上级步伐，坚持正确方向，具有为党育人、为国育才站位。结合“四史” 教育主动进行自我的三观改造，牢牢把握各学科、各学段思想政治教育主方向，引导学生热爱中国共产党、认可习近平新时代中国特色社会主义制度、热爱社会主义祖国，尽快提升学生的“家国情怀”，在明确“为谁教”的前提下做到“四有”好老师，把做好学生四个“引路人”当作己任。

二、确定实施原则，分层思政

结合农村教学实际，思政课要采取“循序渐进、突出实效”的实施原则进行分层思政，优化统筹协调思政一体化建设。

（一）分层思政的原因

从幼儿园小学到初中再到高中，学生的年龄结构差异偏大，认知、理解、感悟层次也不同。特别是幼儿园小朋友和小学生的心智发育尚未成熟，再加之农村校办学眼界的局限，致使很多学生对人生目标的认识还停留在“做个听话的好孩子”“让父母高兴”等浅显的“感恩”层面，即便是七八年级的初中生“三观”意识也很淡薄，就是九年级

的学生，他们“为什么学”的意识也不是很明确。这种现实就要求学校育人过程不能操之过急，要注意结合学生年龄和思想意识去有计划、有重点地进行引导，我发现采取“循序渐进、突出实效”原则实施分层思政还是行之有效的。

（二）坚持以生为本

思政课一体化要尊重不同学生的主体性，育人时的各个层面都要从贴近学生思想实际和需求出发，围绕学生年龄、思维、认知及心理特点进行谋划，力争能够使所采取的教育、引导的方法乐于被学生理解和接受，切忌思政教育好高骛远、急于求成，更不能囫囵吞枣、拔苗助长，要在“分层思政”框架内完善构建“螺旋上升、循序渐进”的一体化思政育人格局。坚守久久为功的心态，逐步提高学生思想水平、政治觉悟、道德品质、文化素养和综合素质。

（三）分层思政，确定目标

思政课的有效开展贵在遵循学生身心发展特点和思想政治教育规律，思政要注重学段衔接和知行统一，要把强化思想引领、政治立身、道德实践、情感培育和行为习惯养成等诸多层面有效并举。幼儿园孩子和小学生要以热爱家乡、热爱劳动、热爱祖国、感恩等为设定目标，在达到设定目标后再浸润“党”的教育，逐步引领他们在思想上认可中国共产党的正确领导，最后再“给予”热爱中国共产党的教育。这样才会春风润物、水到渠成。初中学生要以崇尚英雄、热爱劳动、热爱祖国、热爱中国共产党等为设定目标，在达到设定目标后再衔接“四史”的教育，逐步过渡到爱社会主义制度教育，使他们初步具有“家国情怀”。高中学生要以热爱中国共产党、热爱劳动、热爱祖国、热爱社会主义制度等为设定目标，在达到设定目标后再浸润“习近平新时代中国特色社会主义理想信念”的教育，使他们坚定理想信念，增强“四个意识”，坚定“四个自信”，做到“两个维护”，这样才能入脑入心，最终逐渐明白“为谁学”。

三、思政一体化要注重统筹协调

中小幼思想政治教育一体化建设要强调从整体性出发，要对各学段思想政治教育要素进行科学配置，做到有序分工、协同合作、整合创新。要着力构建具有学区片特色的“课程建设一体化、育人载体一体化、资源共享一体化、线上线下一体化、统筹指导一体化”的中小幼思想政治教育工作一体化体系，不断增强学校思想政治教育的时代性、科学性和实效性，努力形成全员、全程、全方位的“大思政”育人格局。

(一)学区片建设

思政课教学要重视协同思政，要衔接本学区片跨学段思政课教师组成教研团队，组织他们经常性地开展集体备课活动，另外各校应责成一名领导班子成员（最好是德育副校长）专门带领本校思政课教师与签约共建校的思政课教师跨学段定期开展互听、互看、互学、互鉴活动。比如，2019 年 4 月我校已经与学区片李家深高中，中关村小学签订了《思政课一体化建设协议》，各校在去年下半年已经结合自身实际在宝坻区教育局统筹和李家深高中的协调下积极实施了学区片联合育人活动。

（二）校内建设

各校内部也要有效推动校内其他学科教师参与思政课一体化建设，要在“校领导—思政课教师—其他科任教师”思政机制的引领下，尽快形成“全员思政”的局面，必要的时候学校领导机构要进行硬性布置，以“任务”的形式要求所有任课教师在个人备课环节就积极考虑加入思政课元素（比如情感态度与价值观环节），强化所有教师在课堂教学中的“思政”力度，使思政育人在课堂教学中占有一定的时间。

四、思政育人要讲求多样化

（一）结合“四史”育人

搞好“四史”教育有助于学生厘清历史脉络、历史事实，详细了解国家发展的历史进程。“四史”教育可以引导学生深刻地领会党事业的伟大、国家繁荣的必然，有助于学生初步形成沿着前辈开辟的道路前行的意识，最终达到使他们知史而爱党、知史而爱国，下决心跟着中国共产党走，为建设一个更加美好、更加富强的国家砥砺前行的教育目的。我校已于今年 10 月 19 日开始，由领导班子成员在每周一的“国旗下讲话”时，分别以“四史”为主题进行思政教育宣讲，一方面可以提高全体教师的政治站位，增进他们与广大党员教师、思政课教师一道来增强“四个意识”，坚定“四个自信”，做到“两个维护”。另一方面会加深全体学生对中国共产党的认同感，促进学生热爱中国共产党、认同中国特色社会主义制度，初步使脑海中具有家国情怀。

（二）推进文化育人

校园文化育人会让思政育人春风化雨，点点入心。当今各校都在结合自身实际进行校园文化建设。校园文化建设重点很多，诸如中华优秀传统文化教育、革命传统教育、爱国主义教育、集体主义教育、感恩教育、善行教育、英模教育等等，如果把思政育人建设与校园文化育人建设有机结合，就会潜移默化地把热爱中国共产党、热爱中国特色社会主义等思政教育融入文化育人之中，使思政育人达到事半功倍效果。

1. 我校近几年正在进行“善行育人”校园文化建设

从丰富学校环境文化底蕴入手，注重善行点点滴滴的浸润和涵养，让“善行为”的基因静静地流淌在学生的血液之中。

（1）让石头、树木有灵魂

我校在教学楼前草坪的醒目位置矗立了一块“德善”石，师生进出校门面对“德善”石都能得到先贤文化的洗礼。再如教学楼前东侧一棵古老的泡桐树，根深叶茂，干粗荫繁，人人称奇。我校秉承“立德树人”之宗旨，深入挖掘此佳木蕴含的文化内涵，将之命名为“四存”树。“四存”即存志、存知、存壮、存美，涵盖德、智、体、美四方面育人目标。

（2）让每个橱窗、每面墙壁会说话

我校甬路东、西两侧各有 3 个橱窗，东侧内容是师生的先进事迹和防疫经验，西侧内容是“日行一善，月明一理”和学习贯彻党的十九届五中全会精神。教学楼外墙面上挂有8块铝塑展牌，内容分别为“改过”“诚信”“惜时”“友爱”“向善”“明理”“劝学”“立志”。

2. 优化校本课程，自编善行校本教材

我校的校风是“臻善臻美，日进月新”。为了使善行教育成果能持久，教育引导更具有层次性，我校在七年级就通过深入挖掘宝坻善行名片“了凡”来自编校本教材《善行文化读本之一》，初步引导学生认识善行，践行善行。八年级则以《袁黄善行文化读本之二》为校本教材来继续深挖善行元素、巩固善行成果，增进学生文明、友善程度，激励他们争当善行之星、文明之星。

3. 突出爱国主义教育

胸怀祖国，才能“善”在四方，奉献祖国，才是大爱无疆。爱国就是最大的善行之一。我校经常通过集中观影、校园艺术节、班级大合唱、书法、京东大鼓、演讲比赛等具体形式加强爱国主义宣传教育，引导学生为实现中华民族伟大复兴中国梦做出自己应尽的努力。比如为了更好地深入学习十九大精神，深切感受祖国改革开放以来取得的巨大成就，加强爱国主义教育，凝聚正能量，我校全体师生共同观看了电影《厉害了，我的国》。通过观影，师生们直观看到了国家在改革开放和社会主义现代化建设上取得的历史新成就，观影后学生们均表示要为建设繁荣、富强的祖国奉献自己的力量。

（三）做好实践育人

1. 其他学科思政育人

目前很多学校和教师还把思政育人职责局限在思政老师范围，我校经过一段时间的育人实践发现如果在做好思政教师育人同时，着眼引领或者“责令”其他教师在课堂上也注重思政育人，更会使思政润物无声。如我校的物理教师在讲解“月食”时，就引入2020年11月24日我国成功发射了“嫦娥五号”探测器，并在20几天后从月球关键纬度采样取回2千克月壤标本这一44年来人类的探月壮举，学生们立即群情激奋，爱党、爱国的热情油然而生。

2. 思政育人注重实践

（1）研学旅行有针对性

2019年我校首先与小学一起去了宝坻潮白河湿地公园进行了研学旅行，通过畅游大美宝坻，激发了学生们热爱大自然、热爱家乡、热爱祖国的激情。接下来在天津科技馆、海河游船、宝坻无人机基地、航母公园等地方都留下了学生们研学的足迹。在宝坻“旭辉”红色教育基地，辅导员对学生进行了中华优秀传统文化教育、革命传统教育、爱国主义熏陶。

（2）劳动锤炼集体主义精神

在我校组织下，师生开展了义务清洁学校操场的劳动实践活动，劳动时我们把思政育人巧妙地融入集体活动之中，既锻炼学生的体魄，培养了学生热爱劳动品质，又培养了互助互爱的集体主义精神。宝坻素有“北国江南”韵味，今年“欢喜庄园”这一研学线路，学生们通过合作体验稻穗收割、大米制作等过程，充分体会到了劳动的快乐，同时也锤炼了集体主义精神。

（3）注重团、队活动

2020 年 4 月，由于防控新冠疫情，各校学生们不能集体活动了，我们就组织各校在清明节期间合作开展了线上文明祭奠革命先烈的文明祭扫活动，要求小朋友们和少先队员们在家中面对电视机画面向英烈敬礼致敬，少先队员必须敬队礼。活动增强了学生爱国主义意识，提升了民族自豪感。

（4）多节点育人

我国是一个有着悠久历史的国家，从古至今形成了众多传统节日，把思政育人与节日庆祝和纪念活动结合起来能收到很好的育人效果。比如去年我校协同签约校共同于 12 月 4 日宪法日进行了依法治国教育，今年学校法治干部又已经做好了育人计划：第一，组织学生在晨读、班队会时间进行集中学习；第二，利用校园广播站、电子屏、宣传栏、板报等形式宣传宪法精神，弘扬宪法权威；第三，在家中与父母等家人一起学习宪法知识，进行答题活动，激励学生争当“宪法小卫士”，进一步形成崇尚宪法、贯彻执行宪法的氛围；第四，结合国旗下讲话等多种形式开展丰富多彩的学宪法、讲宪法，不断提高学生的法律意识和遵纪守法的自觉性。

（5）关注心理育人

我校十分注重心理育人层面，在疫情防控期间“停课不停学”，每周一都由班主任利用网络在线上召开心理疏导视频班会，复课开学后也定期对学生进行心理健康教育，同时还积极聘请专业心理教师和专家对我校师生进行心理教育技巧的培训、普及和心理健康知识的辅导。

思政课一体化建设刚刚起步，我们感到做好思政课一体化建设首先要有领导进行顶层设计，领导班子要结合各个学校实际从小抓起，稳好舵盘，循序渐进。要坚持时代特色，突出实效性，要紧密结合新时代中国特色社会主义建设实践，从现阶段的社会发展特征和需求出发，做到因时而进、应时而动、因势而新。我校的点滴经验意在抛砖引玉，以期和广大同人一道加快推进本市大中小幼思政课一体化建设的进程 。

新时代高中家访实践的功用、现状及对策研究

运如珍
宝坻区第九中学

一、开展高中家访工作的重要性

教育的目的是能够更好地教育学生，提升我国的教学质量。更加科学合理的教育方式，对于孩子的成长也有一定的益处，使得孩子和家庭之间能够形成良性的沟通，更方便于教育事业的开展。与此同时，教师作为教育工作者，对于学生的基本情况也要有一定的了解，这样才能够让老师对学生有因材施教的教学方法，这就显示出高中家访工作的重要性。根据学生不同的基本情况进行有针对性的家访工作，能够和家长面对面进行交流，围绕着学生的各个方面发展情况，来和家长一起探讨孩子成长问题。有利于促进家庭与学校共同合作，为孩子的健康全面发展提供保障。了解学生个性发展和基本情况是教育前提。只有认真全面地深入了解学生及其家庭情况，才能够更好地让学生的真实想法得到说明，明确好教师下一步的教学内容和方法。对于教师来说，家访工作不仅仅是简单的了解学生的学习情况、成长经历，还需要对于学生家庭有一个细致的了解，比如生活习惯、家庭环境等等。因为成长环境对于一个学生的未来发展具有十分大的影响作用。开展高中家访工作，有利于让学生家长将更多的精力放到学生的个性成长的方向，对于平时要多加关心，养成良好的学习习惯。

二、新时代背景下高中家访工作对象的调研分析

（一）学生的家庭教养方式具有鲜明的时代特征

调查显示，现在高中生的家长大部分都是“70后”，受到之前传统教育的影响，对于学生的家庭教育方式，有的时候过于传统单一。现在大部分都是独生子女家庭，学生在性格和思维养成方面，都会与父母那一辈的家庭教育有一定的差异性，学生家庭教养方式具有鲜明的时代特征，父母和子女之间的代沟较大。这就要求教师在开展家访工作的时候，对于每个家庭环境和家庭结构都要进行详细的了解，根据不同的家访对象要进行有针对性的提问。

（二）学生家庭的受教育程度显著提高

现阶段我国提倡素质教育，有效提升国民综合素质到的大环境下，对于高中生家庭成员的教育程度要求也会越来越高。家长作为家庭教育活动的主要负责人，他们的受教育程度也会影响到学生教育情况，对于学生的知识水平和教育素养方面有一定的影响。除此之外，家长在受教育程度方面不断提升，高中家访工作的质量和水平也会随之越来越高。

（三）学生家长的职业性质宽泛

家长从事各个行业，家长的职业选择，也会影响到学生的成长环境，拥有更加稳定工作的家长，会为学生未来的职业规划和发展有一定的指导性。我国学生在面临就业问题方面，接触社会的机会比较少，对于职业选择缺乏更加科学合理的分析，因此会受到家长的被动选择，导致很多学生在从事这行业之后往往感到并不感到开心。如果开展高中家访工作，那么就能够引导学生家长的职业观念，避免学生未来的就业过多地受到父母的干涉和影响。

（四）家长与学生的联系方式和内容单一

许多学生来自全国各地，而家长能够和学生进行沟通的主要方式是电话、网络等，许多家长更多的是关注学生的学习情况、生活状态，然而这样的了解比较片面化。由于大部分的学生都选择在校居住，并且学业压力较大，所以能够让父母了解学生情况的机会十分少，对于学生的生活状态以及学习情况都没有办法进行客观的衡量，家长只能被动接受信息，导致这些信息过于片面化。信息网络时代的发展虽然方便人们的日常生活，能够拉近人与人之间的交流与沟通，但是在进行情感沟通和交流方面较为生疏，如果只是通过一个简单的视频电话或者朋友圈，很难全面地展示学生的生活状态，这也需要通过高中家访工作这个桥梁来弥补距离和空间带来的不足。

（五）学生家庭对于高中家访形式和意义的认识有待提高

大部分家长认为，教师进行上门家访是没必要的，能和学生进行直接的沟通交流即可，然而实地进行家访和调查，能让更多的家长及时地了解到学生的情况，这样教育意义有更好的体现。高效家访的工作在开展过程当中能够及时反映学生问题，具有共生层次的教育意义和长远的教学效果，因此我们还需要提升家长对于高中家访的认知。家访工作的开展，还需要采取更加科学合理的道路，主要是能够让学生家长真正意识到这项工作的重要性，从而积极主动地参与到家访工作当中，配合教师工作，实现更好的教学效果。

三、针对出现的新问题采取的解决对策

（一）家访之前详细了解学生家庭情况

家访工作开展之前，最重要的一步就是先了解学生家庭基本情况，比如说家庭人员、家庭生活情况等等，都是十分重要的。因为每个学生不同的成长经历会影响到学生的心理状态，因此这就需要老师重视学生的心理工作。每一位学生的家庭情况都会存在差异，可以通过学生的学籍档案了解家庭背景以及学生的成长环境，学籍档案以及教育经历都能够有效地帮助老师去详细了解学生家庭情况，针对不同的情况，在进行家访工作时提出问题和有效的解决方案，在此基础上还需要和学生家长共同探讨孩子的成长方向，真正落实家访工作的实践效果。

（二）培养高中家访队伍专业化程度

老师是高中家访工作当中的重要一部分，不仅要有专业的教育能力，还需要在教育管理上有自己的见解，通过自己的调查给予家长更加正确的信息反馈。作为教育工作者，只有专业方面的能力显然是不够的，还需要有能够解决学生家庭实际问题的能力，并且和学生家庭共同面对出现的问题，帮助学生全面健康地成长，对于学生未来的发展提出更加合理性的意见。

（三）针对家访中反映出来的学生问题及时解决

在和同学们朝夕相处的过程当中，老师更能发现学生在校园生活的变化，有的同学愿意将出现的问题及时和老师说明，这也就能够让老师及时掌握这些问题的原因，并且提出更加科学的解决对策。这样才能够有效帮助到学生，避免学生出现更加严重的情况。如果说学生的问题没有及时报告说明，老师就不能第一时间进行处理，这很容易让学生的情况更加恶化下去，因此老师也可以借助家访工作来反映学生的问题，进行及时的整理并且找出解决对策。

（四）家访结果及时反馈，长期跟踪

家长在接受家访的时候，对提出的问题如果不能当面解决，还需要老师进行长期的跟踪调查，然后根据家庭的实际情况来提出对策。如果老师并没有进行及时的跟踪反馈，很容易失去家长的信任，以后的家访工作便很难开展下去。因此需要我们建立更加完善的跟踪反馈机制，不能让家访工作停留在表面上。除此之外也要对家访过的学生家庭进行抽样调查，根据高效的跟踪机制调查，进行家访教育效果的回访记录，真正让学生家长能够看到这项工作的实际效果，也在一定程度上表明了高效家访工作落实的重要性。

（五）注重家访成果积累

除了在高中家访工作形式上的创新，还要重视家访工作效果的收集。对于出现的问题进行总结，选择大部分家长所关心的问题，然后再根据不同的实际情况划分相应的问题，重点问题需要重点解决。此外还需要不定期地开展家访工作经验交流讲座，让更多的老师通过交流来分享实际工作的经验，能够从他人的成功范例中提取更加有效的信息。进一步促进家访工作的固定性，也有利于下一次高中家访工作的开展。

参考文献：

[1]孟霞.高中教师家访现状分析及实施策略研究——淄博中学家访案例分析[J].求知导刊,2020(15):2-3.

[2]李丹,任思琦,王昌龄.新形势下高中家访工作的现状和解决对策研究[J].佳木斯职业学院学报,2018(04):233-234.

[3]杨熙.小学家校沟通的现状、问题及策略[J].新校园(阅读),2018(04):190-191.

[4]闫晓毓. 内蒙古乌海市小学家访现状及问题对策[D].内蒙古师范大学,2017.

[5]彭益全,吴彦宁,赵士海,郑青松,包小萍.高中贫困生认定现状与对策研究——基于经济困难学生家访调研的实证分析[J].当代教育理论与实践,2016,8(08):108-110.

[6]周春珠.农村小学家访的现状分析和应对策略[J].课程教育研究,2013(12):216.

[7]于秋敏. 高中教师家访实效性问题及其对策研究[D].鲁东大学,2013.

[8]王伶俐. 家访工作的现状调查与对策研究[D].华东师范大学,2008.

“四史”教育融入高中思想政治的路径探索
——以“传民族精神，承中国力量”主题班会为例

李海霞

一、习近平关于学“四史”的重要论述

2020 年 1 月，习近平总书记在“不忘初心、牢记使命”主题教育总结大会上的重要讲话中指出：“要把学习贯彻党的创新理论作为思想武装的重中之重，同学习马克思主义基本原理贯通起来，同学习党史、新中国史、改革开放史、社会主义发展史结合起来。” 2020 年 6 月 30 日习近平总书记在给复旦大学《共产党宣言》展示馆党员志愿服务队全体队员回信中说道：“希望广大党员特别是青年党员认真学习马克思主义理论，结合学习党史、新中国史、改革开放史、社会主义发展史，在学思践悟中坚定理想信念，在奋发有为中践行初心使命，努力为实现‘两个一百年’奋斗目标、实现中华民族伟大复兴的中国梦贡献智慧和力量。”

（一）学“四史”学什么

“四史”即党史、新中国史、改革开放史、社会主义发展史，“四史”在时间跨度上超过五百年，涉及很多重要历史事件、重要历史人物，是关于中国共产党从诞生到不断走向成熟的历史，是关于中华人民共和国从成立到探索、从曲折到转折的历史，是改革开放四十多年以来中国特色社会主义事业伟大探索的历史，是关于世界社会主义五百多年波澜壮阔伟大进程的历史。“四史”是对中国共产党的执政规律、社会主义的建设规律和人类社会的发展规律的深刻揭示，蕴含丰富的历史经验、 历史智慧和治国理政经验，学习“四史”对于处在“拔节孕穗期”的青年学生意义重大。

（二）“四史”进入高中课堂的必要性

价值多元，北京师范大学教授张同道在纪录片《零零后》中这样评价：“00 后”这代人最大的特点是开放、自信和国际化。“00 后”生活在网络时代，容易受到外界的影响，但同时又具有很强的自我认同感，因此，在他们三观形成的关键时期，必须给予正确引导。

“四史”内容丰富，时间跨度很大，每一部史都有特殊意义，但“四史”也有共性，它们都是对中华民族几千年文明的传承，是党和人民经历千辛万苦取得的宝贵财富，需要我们持续不断地学习，用自己一生去研究。高中阶段给青年埋下学“四史”的种子，可以让他们更能体悟社会主义的来之不易、党和人民的辛勤奋斗，增强他们对中国共产党执政、社会主义道路、马克思主义立场的认同。

（三）“四史”融入高中思政课的重要性

1. 开展“四史”学习教育有利于坚定理想信念

习近平总书记指出：“理想信念就是共产党人精神上的‘钙’，没有理想信念，理想信念不坚定，精神上就会‘缺钙’，就会得‘软骨病’。” 中国共产党的历史、新中国的历史、改革开放的历史是中国共产党带领中国人民在伟大实践、伟大斗争中用鲜血、泪水和汗水写就的，一代代共产党人用自己的生命生动诠释了不同历史时期的担当，通过学习“四史”了解我们党走过的峥嵘岁月，体会在革命、建设和改革中的风雨历程，才能坚定学生的思想信念，筑牢信仰之基、补足精神之钙、把稳思想之舵。

2. 开展“四史”学习教育有利于树立正确的历史观

总书记指出，“历史研究是一切社会科学的基础，承担着‘究天人之际，通古今之变’的使命”，“重视历史、研究历史、借鉴历史，可以给人类带来很多了解昨天、把握今天、开创明天的智慧”。深入学习“四史”，有助于深刻认识红色政权来之不易、新中国来之不易、中国特色社会主义来之不易的道理，深刻认识中国共产党为什么“能”、马克思主义为什么“行”、中国特色社会主义为什么“好”的道理，更加明晰中国共产党如何使中华民族迎来从站起来、富起来到强起来的伟大飞跃，深刻认识中国共产党的领导和中国特色社会主义是中国最大的政治优势和制度优势。

二、“四史”学习教育融入思想政治课的路径探索

（一）挖掘本土红色资源，助力“四史”教育落地

本土红色资源主要就是指中国共产党在长时间的革命斗争中，在某个区域中所建设的成果，主要体现在物质与精神两大层面，其中，物质层面的体现为革命战争后遗留下的政治遗迹、博物馆、纪念馆等场所；精神层面的红色资源指中华民族五千年的发展历程中遗留下来的宝贵精神，如爱好和平、勤劳勇敢、勤俭节约、自强不息等。红色资源因其承载的文化因素与德育的目标、内容高度吻合，并且蕴藏在我们生活的方方面面，这些因素都让红色资源作为开展思政课的载体成为可能。本土红色资源所反映的均为真实的革命史，故相较于普通资源，本土红色资源更有助于学生学习兴趣的激发。

（二）依托班会，推动“四史”学习教育融入日常

心有所信，方能远行。学“四史”，是爱国主义教育的重要组成部分，将“四史”融入班会，正是充分发挥了班会课在高中爱国主义教育中的独特作用。据我国《中国中学教学百科全书教育卷》，主题班会是在班主任的指导下，根据学校教育计划或客观需要为解决本班某一重要问题而进行的班会。主题班会课作为高中学生在校生活的一部分，是学生养成文明习惯、塑造良好品德的重要舞台，将“四史”学习融入班会课中，从历史角度了解中国共产党的优良传统，激发学生的民族白豪感，自觉承担使命，有利十学生将学习成果转化成学生的理想信念，并让学生养成学而信、学而思、学而行的良好习惯，挖掘学生的学习潜能，树立正确的世界观、人生观和价值观。

（三）抓住重要节点，助力“四史”学习教育走深走实

“四史”记录了党的艰辛奋斗和惊世奇迹，在重要节点，有重点有针对性地开展“四史”专题学习教育，持续推动高中“四史”教育学习常态化。在纪念五四运动、“七一”、国庆等重大活动中，以理论宣讲、主题党日、知识竞赛、文艺展演等多种形式，深化学生对党的光荣历史、新中国和改革开放的伟大成就、中国特色社会主义道路的认识，厚植爱国情怀。同时，结合时事热点如“纪念抗美援朝70周年”，用真实的历史故事回忆峥嵘岁月，培养学生的家国情怀。

三、“四史”学习融入“传民族精神，承中国力量”主题班会

（一）活动的确立及活动目标

本活动旨在挖掘身边的革命故事，挖掘本班课程资源，激发学生的学习兴趣，通过学生讲述自己爷爷或者太爷爷参加革命的故事来体会今天幸福生活的来之不易，同时学生在讲故事的过程中也感受到了来自同学的羡慕，增加自己的自豪感，激发自己的家国情怀。在学生分享故事的过程中可以加深对民族精神的理解，进一步阐述中华民族精神在不同时期的不同表现，薪火相传，越燃越旺。在小组合作中讨论如何弘扬和培育民族精神，让学生体会弘扬民族精神要从一点一滴的小事做起，真正让民族精神内化于心，外化于行。

（二）“传民族精神，承中国力量”主题班会设计方案

1. 教师导入，引出主题

一提到“四史”有的同学会认为历史停留在历史教材里，停留在书本里，但其实我们学过历史唯物主义知道，整个人类社会的历史是由人创造的，走进历史就是走进一个个见证历史的人物中。

环节一：党的“印象”面面观

（1）教师分享自己对党的“初印象”

我的爷爷是老红军，荣立过三等功，参加过平型关大捷，在那场战斗中敌人的炮弹把他的一个耳朵震伤了，听力受损。奶奶今年94岁了，经常听奶奶讲起日本人当年扫荡的情景，每当日本人临近，八路军就带着老百姓躲起来了，在那个年代，八路军守护着我们全中国的安宁，这就是我对党的“初印象”。

（2）学生分享自己身边的故事。

故事一：刘语嫣讲述自己爷爷抗美援朝并支援朝鲜建设的故事，结合“抗美援朝70周年”这一热点，缅怀先烈，引导学生说出在新时期我们继承和弘扬抗美援朝精神、为实现中华民族伟大复兴而奋斗才是对胜利最好的纪念，也是对英烈最好的告慰。同时，也让学生回顾历史教材抗美援朝战争的背景，感悟中国人民是爱好和平、团结统一的。

故事二：商彩阳讲出自己太爷爷给红军送物资，并参加红军的故事，引导学生回答“在爷爷身上你看到了什么样的品质”，体会中华民族是勤劳勇敢、自强不息的民族。

故事三：王子旭讲述自己太爷爷参加长征的故事，并在川藏地区与藏族人民缔结了深厚友谊，引导学生回答“王爷爷是一位怎样的爷爷”，体会王爷爷的奋斗、勇敢，并

感悟中华民族是团结统一的民族。

设问：三位爷爷身上有什么共同的品质？这些共同品质说明中华民族共同的价值追求是什么？说明了我们中国人是怎样的人？

情感升华：我们看到了什么是中国人，中国是一群怀揣梦想、富于创造、不断奋斗、团结在一起的中国人，汉字中“中”字不偏也不倚，“国”字横横竖竖显庄严，“人”字互支撑，通过一个个鲜活的人物，相信你已经感受到了民族精神从来不是抽象的，而是具体的。作为中华民族文化的结晶，其形成和发展是历史积淀的过程。

环节二：“峥嵘岁月”日日新

（1）民族精神的文化溯源

从大禹治水“三过家门而不入”，到孔子“三军可夺帅，匹夫不可夺志”，从诸葛亮“鞠躬尽瘁死而后已”到范仲淹“先天下之忧而忧，后天下之乐而乐”，从东林书院的“风声雨声读书声，声声入耳；家事国事天下事，事事关心”到顾炎武“天下兴亡，匹夫有责”，处处都闪耀着爱国主义的光芒。

（2）民族精神与时俱进，历久弥新

在中华民族的历史长河里，无数先贤以民族精神为价值追求，传承中华民族之魂，并随时代变化而丰富和发展。

新民主主义革命时期：红船精神、延安精神、长征精神、西柏坡精神。

社会主义革命、建设和改革开放时期：雷锋精神、焦裕禄精神、大庆精神、“两弹一星”精神等等。

（3）“特区40年”敢闯敢试，敢为人先

播放视频：《深圳，特区四十年！》

总书记在深圳特区建立40周年庆祝大会提出：要弘扬以爱国主义为核心的民族精神和以改革创新为核心的时代精神，以及敢闯敢试、敢为人先、埋头苦干的特区精神，激励干部群众勇当时代的“拓荒牛”。四十年春风化雨，四十年春华秋实，四十年见证了什么？为什么是深圳？为什么深圳可以成功？引导学生说出：党的领导和人民的奋斗是深圳成功的关键。

环节三：家国情怀人人显

中国力量归根到底是人民的力量，在当前疫情防控常态化的背景下，请学生分享：你的家庭与抗疫的故事。

故事一：鹿洁茜的妈妈是居委会工作人员，疫情防控期间参与小区蹲点值班；

故事二：韩欣格的妈妈是医院的护士，疫情防控期间在医院值班；

故事三：王子俊的舅舅参加了街道的消毒工作。

疫情让我们懂得了什么是爱国，什么是敬业，什么是家国情怀。我们致敬人民的英雄：钟南山、陈薇、张定宇、张伯礼，我们也要致敬英雄的人民，中国抗疫从来不是一个或者几个人的成功，抗疫的胜利属于我们每一个心怀梦想、富于创造、不断奋斗并且团结在一起的中国人。

环节四：民族精神代代传

民族精神从来不是止步于教材里，民族精神就像一颗种子，今天在我们心里生了根，明天我们一定要让这颗种子发芽、开花，让每一个有中国人的地方都在传递中国力量。

小组合作讨论：如何弘扬民族精神？

教师点拨：用品格涵养青春；用学习点亮青春；用奋斗书写青春；用奉献诠释青春。

环节五：总结升华：中国力量人人承

教师引导：相信此刻你的心是激动的，你一定有很多想要说的话致敬我们亲爱的党和国家，请让我们在建党 100 周年来临之际，写下你的美好祝愿！

播放背景音乐：《我和我的祖国》。

参考文献：

[1]认真学习贯彻习近平总书记在“不忘初心、牢记使命”主题教育总结大会上的重要讲话.[EB/OL]http://sn.people.com.cn/n2/2020/0110/c186331-33703931.html.

[2]沙冰.从“四史”学习教育中汲取前进力量[J].交流与探讨，2020（8）：131-133.

[3]孙九一，宋金秀.从“四史”中汲取奋进新征程的智慧和力量[N].天津日报，2020-11-20.

[4]余沛霖.红色文化融入高中思想政治课教学问题研究[D].河南大学，2019.

[5]杨璐.高中思想政治课程中本土红色文化资源的运用研究[D].西北师范大学,2015.

[6]李霞.论红色资源在思想政治教育中的应用[D].中南大学,2013.

思政课程实践教学方式创新与探索

——思政小课堂牵手社会大课堂

戚庆华
宝坻区赵各庄初级中学

统编版《道德与法治》课程是以初中学生逐步扩展的生活为基础，以学生成长过程中需要处理的关系为线索，以社会主义核心价值体系为导向，以培养适合未来社会发展需要的全面发展的合格公民为目的的课程。教材设计从学生成长过程中的身边熟悉的环境和人开始，逐步过渡到社会生活，开展生活化、社会化的教育，培养学生的家国情怀。这就要求我们教师特别关注学生在成长中遇到的问题，并结合教学内容，联系实际帮助他们加以解决；特别关注学生随着生活范围的扩大，对国家、社会、世界的认识与思考；立足他们成长的需要，帮助他们扩展视野、了解社会、认识问题，形成正确的思想观念、道德品质和法治意识。

因此，我们在实际教学过程中尝试把“体验—反思—评价—践行”四位一体的教学方法引入课堂，打造高品质的实践课堂，提升学生的参与热情，同时也从学生适应未来社会生活需要的长远角度关注学生学科核心素养的培养。

一、“四位一体”教学法打造高品质思政实践课堂

（一）名词解释

“体验”是指立足于学生现有生活经验和社会实践的基础之上，通过创设情景和设计活动的形式，让学生参与其中，亲身去参与、去感受、去体验。这是学会学习的途径。

“反思”是指在情景或活动中，把自己融入其中，剖析自己的过去是否存在情境中或活动中凸显的问题（优点或不足）。这是勤于反思的体现。

“评价”是以社会主义核心价值观为指导标准对情境或活动中的人物以及自己的过往经历、判断、行为选择进行相对理性的评价，引导学生逐步形成基本的是非、善恶和美丑观念，过积极健康的生活，为做负责任的公民奠定思想基础。这是自主发展的需要。

“践行”是在前面环节参与和内省的基础上，让学生注重课内课外相结合，鼓励学生在实践中进行积极探究和体验，通过践行体现学生的思想观念、道德品质和法治意识的养成，促进其全面健康的发展。这是社会参与的表现。

“四位一体”突出学生的课堂主体地位和全程参与，教育的落点在于提升学生的学科核心素养。

（二）操作依托

这种“四位一体”的教学法主要是依托教学情境和教学活动的设置以及课外活动的拓展，使学生更能“身临其境”地真正参与教学环节和教学活动，从而落实学生的主体地位，提高学生学习的积极主动性和创造性，使得我们的教学环节和教学活动更能达到提升学生德育实效性和培养学生学科核心素养的目的。对教学情境及教学活动的设置和选取提出以下建议：

1. 教学情境和教学活动可参照教材体系中的教学栏目，对于教材中的给定活动要做出合理、准确的取舍。切忌面面俱到和照抄照搬。

2. 教学情境和教学活动还可以选取学生的真实经历体验、学生生活中热点事例、身边人的典型经历等。这样的事例具有生活化、接地气的优点，切忌一味选用伟人、名人、成功人士(这些人不是不可用，在特定情感态度价值观目标达成的教学内容设计上可用)。

3. 教学情境和教学活动体验过程中教师与学生的互动环节问题设置要体现层次性，学生的参与要体现自主性，教师的引导要具有启发性，学生的思想意识要体现深入性。

4. 开展丰富多彩的课外实践教学活动，实现思政小课堂和社会大课堂的有机融合。

（三）案例示范

例：八年级上册第四课第二框“以礼待人”第一目：“待人礼为先”

本条目从家庭生活礼仪“运用你的经验”（即体验）入手，引出“礼”的含义。这个环节需要学生在看到材料中小岩的所作所为后反观（即反思）自己的行为，是否自己身上也有小岩的影子，自己平时是否很注重家庭礼仪和待客之道。反思自己的同时也有助于学生以正确的价值观对小岩的行为做出准确的评判（即评价），从而进一步做到换位思考自己会如何做到待客之礼（即践行）。

P37“运用你的经验” 栏目体现四位一体，设置相关问题：

1. 你认为小岩哪些方面做得不合适？

2. 如果你是一起就餐的客人，面对小岩的表现，你会是什么感受？

3. 假如你是待客家庭的小主人，怎么做才是最得体的？

之后“礼的表现”是通过两个“探究与分享”活动来完成的。

第一个“探究与分享”活动是从社会（社区生活）礼仪（体验）入手，探究走出家庭生活步入社会生活后需要注意的礼仪。这个环节学生需要依据设置的情境，观察自己生活的社区存在哪些不文明行为，思考这些行为对小区居民生活的影响。这里的设计并非单纯地让学生发现问题，更主要的是要培养学生高度的社会责任意识，观察社会的问题同时也把自己纳入社会生活之中，审视自己是否同样存在类似的不文明行为（反思），通过学习能否用正确的价值观评判(评价)这些行为，同时能够以主人翁的视角对小区的未来发展提出自己的期望和建设性意见（践行）。

P38 第一个“探究与分享” 栏目体现四位一体，设置相关问题：

1. 你生活的小区存在哪些不文明行为？这些行为给小区居民造成了哪些影响？

2. 你身上存在这些不文明行为吗？

3. 你对文明小区有哪些期望和切实可行的建议？

第二个“探究与分享”是从国家形象角度，展现国民文明素养从而获得国际赞誉事例。群体性活动中的观众是每一个学生都有机会参与的，文明观赛也是必要的行为选择。我们除了完成规定性的问答之外也应该深挖学生的真实参与过程。

P38 第二个“探究与分享” 栏目体现四位一体，设置相关问题：

1.你参加过类似的大型群体性活动吗？（或你参加过学校组织的大型运动会吗？）活动中观众的表现如何？

2.作为观众的你在活动过程中有哪些文明（或不文明）的表现？

3.材料中观众的表现体现了什么？谈谈你的感受。

4.群体性活动，无论规模大小，作为观众都应该如何规范自己的行为？

二、开展丰富多彩的课外实践活动，实现课内小课堂和社会大课堂的有机融合

（一）课内知识情感的迁移。

我们经常根据课上所学知识来安排课外活动内容，组织学生办手抄报、撰写小论文、出板报、做手工等。如在七年级上册第七课《爱在家人间》教学后，让学生表达对家人的爱，我们课后组织学生“爱要这样表达”的活动。通过制作卡片或为父母做一件事表达“爱”。学生在活动中体味亲情、感悟亲情的可贵与美好，引领他们与父母和谐共处，创建美好和谐的家庭关系。把课内的情感体验运用到生活中，增强学生对亲情的理解与认识，培养学生孝亲敬长的优良道德品质。

九年级上册第六课《建设美丽中国》一课，让学生懂得了为了实现中华民族复兴梦我们要坚持走绿色发展道路，坚持保护环境节约资源的基本国策。在大力开展“创城创卫，建设美丽家园”活动中，我们组织学生进行垃圾分类实践，回收废旧物并用这些废旧物做成优美的手工艺品在学校里展示并设立奖项，这些活动极大激发了学生的参与和创作热情，在活动中增强了学生保护环境节约资源的意识。这样，很自然地把课内理论延伸到课外，理论联系实际使学生愿意动起来，积极投身社会实践，不断提高学生自身的内在修养。

（二）用好用活地方教学资源

地方教学资源包括历史传统和新时代改革发展建设实践的教学资源，二者紧密相连，不可分割。它具有鲜活、现实、多样和示范性等特点。

例如，清明节时我们组织学生到烈士陵园举行祭奠活动，增强学生对英雄的崇高敬意，同时激发学生铭记历史、珍惜生活、建设社会主义现代化强国的热情与信心，加强对学生爱国主义教育。在组织学生的研学活动中，我们带领学生参观红色纪念馆、各大知名企业，让学生在聆听讲解、参观的过程中了解历史，铭记历史，真实感受红色革命文化，让他们认识到，实现中华民族的伟大复兴要坚持中国共产党的领导，坚持有中国特色社会主义道路，了解党和国家的重要战略部署。感受中国那些老一辈先行者建设者改革、创新、奋斗的伟大精神，从而激发学生为将来建设社会主义现代化强国，为实现中华民族的伟大复兴而努力拼搏的信念。

思政小课堂牵手课外大课堂实践教学模式，实现了课内与社会的有机融合。这种模

式既让学生成为思政课课堂的主人，学到了知识，锻炼了能力，即实现了理论与实践的统一，又用新时代中国特色社会主义思想铸魂育人，即充分体现了思政课实践性的特点，有效实现了立德树人的育人总目标。

参考文献：

[1]汪恒.思政课走出“象牙塔”，融入社会大课堂[J].浙江教育报,2019(10).
[2]王茂涛.思政课如何汲取地方资源[J].中国教育报,2019(3).
[3]周欢.新时代提升思想政治课理论亲和力探究[J].文教资料,2020(12).
[4]潘洁兰.浅谈如何在思想品德课中渗透德育[J].新教育时代教师版,2017(19).
[5]饶跃华.以价值观引领初中思品课堂[J].新智慧,2017(3).
[6]王碧波.高校思政小课堂同社会大课堂结合的内在逻辑及实现路径[J].高校辅导员,2020(1).

提升思政课实效性，推动大中小学思政课一体化建设

李庚全
天津市宝坻区王卜庄镇何仉庄初级中学

习近平总书记在主持召开学校思想政治理论课教师座谈会上发表的重要讲话中指出："思想政治理论课是落实立德树人根本任务的关键课程，要统筹大中小学思政课一体化建设，以大中小学学生为主体，在教与学上下足功夫、在知信行转化上下足工夫，使党的理论由浅入深地进入学生的头脑，内化于心、外化于行，转化为爱国、爱党、爱社会主义的具体行动，从而实现思政课立德树人的根本任务。"推进大中小学思政课一体化建设，实现思政课立德树人的任务目标涉及诸多因素，需多方努力。

一、提升思政课实效性，落实立德树人根本任务，要努力建设一支高素质的思政课教师队伍。

（一）思政课教师要政治素质过硬

首先，思政课教师要有坚定的政治立场。

思政课教师是党的理论、路线、方针、政策的宣传者，必须立场坚定，必须有坚定的共产主义信仰，必须有高度的思想政治觉悟，必须旗帜鲜明讲政治，坚决贯彻党的教育方针。各单位也要为思政课教师政治理论学习积极创造条件，比如制定思政课教师政治理论学习制度，由学校党组织定期组织教师进行专题学习；为思政课教师准备政治理论学习的书籍、报刊等等。有了坚实的理论基础，自然干起工作就有了信心和底气。

其次，思政课教师要思想道德素养高、法治观念强。

提升思想道德素养和法制素养是加强大中小学思政课教师队伍建设的关键。思政课教师要不断学习、努力提高自身的道德修养，遵守社会公德、职业道德、伦理道德；认真学习宪法、教育法、教师法、义务教育法等法律法规，增强法制观念，自觉尊法守法，做到依法执教，做遵法守法的好公民。

（二）思政课教师要专业化

目前，农村中小学还存在思政课由其他学科教师兼任的现象，这样思政课的教学时间和教学质量就不能得到很好的保障。因此要严格按照有关文件的规定，配备思政课教师数量，让有信仰的人讲信仰，让专业的人做专业事，从而保证思政课的教学时间和质量。

（三）思政课教师要业务能力强

思政课教师的教育教学水平在很大程度上影响着思政课的教学效果。思政课教师要熟知教材，熟练掌握、运用教学方法与策略，熟悉各年龄段学生的认知规律、认知能力，要有丰富的教学理论知识，要有扎实的教学基本功。因此要加强教师的专业培训和进修，各学校内部要推行集体备课制度，听课、评课制度，以及校际合作、交流研讨活动制度等。深入开展思政课教师的交流和研讨，提升思政课教学水平。教师要珍惜每一次的学习机会，不断提高自己的业务能力。

二、遵循教育规律，合理选择教学方法与策略

大中小学思政课一体化建设要紧密结合各阶段学生的成长规律。在小学阶段，学生的理性思维相对薄弱，不能强调逻辑演绎、死记硬背，要重视情感体验和情感共鸣。这样，学生能很好地理解、掌握所学知识，提高教学效果。比如我们采取讲故事、唱歌谣的方式，这样学生爱听、感兴趣，在听、唱的过程中明白道理、受到教育。在中学阶段，学生理性思维逐步萌芽，在情感共鸣基础上，适当加入一些逻辑推演和理论阐释。我们可以采用角色扮演、讨论、辩论、主题演讲等形式来加深学生对所学知识的理解、掌握，比如在讲七年级《道德与法治》上册第四课《友谊与成长同行》第二课时“深深浅浅话友谊”时，提问：怎样处理交友时出现的问题？“材料与分享”中的“我”和李鸣的故事，我们就可以让学生来分别扮演故事中的人物，看他们如何来解决这一问题，老师对他们的解决办法进行指导、分析，学生谈感受体会。通过学生角色扮演、谈感受体会、讨论分析，得出解决问题的办法。达到让学生正确认识、解决朋友间的问题，培养学生分析解决问题能力。

三、在大中小学各阶段开设思政课要以理论教学为主，加强实践教学，辅以网络教学，开发整合利用教学资源

（一）整合课堂教学资源，发挥课堂的教育教学的主阵地作用。

教材是重要的教学资源，但不是唯一的课程资源。老师们在教学中可能存在过分依赖教材、完全按照教材的设计来教学的情况，也存在相反的情况，抛弃教材，自己重新整合资源，进行拓展和发挥。应该说这两种情况都不符合道德与法治课程的教学。老师对教材理解和领悟的能力决定了引领学生学习的高度。我们在备课前要认真观察和了解教材中不同栏目的作用，利用好各种小栏目，促使学生在不同层面表达、分享、交流个体体验，并结合课本的知识点相互渗透，共同升华，使教育达到真正的效果。

（二）灵活运用课外资源，提升教育效果。

教材上的资源尽管已经很全面很丰富了，但是教师一定要关注教材以外的课程资源，这些课程资源会比较庞杂，需要教师进行大量的阅读、筛选、提炼，选择恰当的资源来充实教材内容，拓展教学内容的宽度，才能使教学达到一定的高度。资源的开发有一个从粗到精、由厚到薄、由繁到简的过程。众多的媒体资源，如文字、图片、视频等资源要有选择地使用，不要大量堆砌，以至于影响了教学目标规定的“主阵地”。要注意有效整合课程资源，做到“大道至简”，抓住根本。例如在学习九年级道德与法治“坚持

改革开放”的“改革开放谱新篇”这一问题时，可选用家乡改革四十年的变化的图片，学生们看到这些图片会感到非常亲切、非常兴奋。我们还可以还发动学生收集一些已经退出历史舞台而在当时作为人们生活中必不可少的粮票、布票、肉票等票据在课堂上展示。通过家乡的变化，以及人们生产、生活的变化感受我们党的伟大，感受社会主义社会的美好，感受我们生活的幸福。通过现在和过去人们生产生活的对比，增强了教学效果。

（三）积极依托红色资源开展研学活动，拓展育人空间，创新教学模式，夯实育人效果。

我们各地区都有着丰富的红色资源，比如我区就有远近闻名“旭辉红色文化展览馆”“冯家庄村党史馆”“东走线窝村村史馆”等红色教育基地，展馆中有大量的珍贵的历史资料。这都是我们对学生进行“四史”教育、培养学生品德修养的宝贵资源。学生通过观看展馆会对家乡有着如此光荣的革命斗争史、家乡在改革开放的社会主义建设中取得的巨大成就而感到骄傲。从而增强他们爱党、爱国、爱家乡、爱社会主义的情感。

另外，在大中小学各阶段开设思政课要充分发挥网络资源优势，根据各教学阶段差异及教学需求，有针对性地选择和应用网络资源，增强教学效果，提高育人实效。在信息技术迅速发展的今天，我们教师也应随时代的发展不断更新理念、掌握现代化的教学技术手段，丰富教学方法、激发学习兴趣、拓展知识空间、提高教学效率。我们可以从互联网上搜索、下载相关素材，制成课件在课堂上播放，借助音乐、影像吸引学生注意力、增强学生视觉的冲击力、教学的感染力。

如在学习九年级上册“坚持改革开放”的教学中，教师可以使用微视频教学的方式。我们可以把改革开放四十年国民生产总值在世界的排名变化及这四十年相应的重大事件、取得的重大成就制成动态变化图，再配上激荡人心的音乐。这样一方面让学生知道改革开放是强国之路，改革开放是决定当代中国命运的关键抉择的道理，另一方面可以通过视听效果让学生感受改革开放以来我国国民经济的巨大发展及所取得的巨大成就，为我们的国家感到骄傲、自豪。比起教材的内容来说，微视频更具吸引力、感染力、说服力。又如在学习九年级上册第六课《建设美丽中国》第二课时“共筑生命家园”时，可以播放有关塞罕坝林场的新闻及影像资料，让学生了解塞罕坝精神，理解人与自然和谐共生理念，培养学生尊重生命、热爱自然的情感。

我认为，要落实立德树人的根本任务，培养国家需要的社会主义合格的建设者和接班人，要建设一支政治立场坚定、道德素质高、业务能力强、勇于担当、敢于创新的道德与法治教师队伍；思政课教师要遵循教育规律、各阶段学生的成长规律，选择适当的教学方法与策略；在大中小学各阶段开设思政课要以理论教学为主，加强实践教学，辅以网络教学，开发整合利用教学资源，尤其是利用好家乡的红色资源，充分发挥好这些红色资源的教育作用，培养学生科学的世界观、人生观、价值观，落实好立德树人的根本任务。

参考文献：

[1]习近平.用新时代中国特色社会主义思想铸魂育人 贯彻党的教育方针落实立德树人根本任务[N].人民日报,2019-3-19(1).

[2]王易,岳凤兰.关于加强新时代高校思想政治理论课教师队伍建设的思考[J].思想理论教育,2018(05):61-65.

[3]徐蓉.关于大中小学思想政治理论课教师队伍一体化建设的若干思考[J].思想理论教育,2019(12):80-85.

[4]王宗礼,姜宝莲.统筹推进大中小学思政课一体化建设[J].甘肃教育,2019(12).

边走 边看 边学习 边感悟
——“红色之旅”在学校实践活动的功用、现状及对策研究

田俊银
天津市宝坻区王卜庄镇何仉庄初级中学

一、 社会现状分析

1. 以自我为中心

由于很多学生都是独生子女，长辈的娇惯会让他们认为家里的一切都理所当然是他们的，好像从来不在乎别人的感受。只要看到别的同学碰了一下他的东西就不开心甚至哭闹的孩子，就是一种典型的“以自我为中心”的性格。

2. 被长辈娇惯习以为常

这些孩子从小整天只与父母或者还有爷爷奶奶生活在一起，一切都被家长过度保护，出门怕不安全，所以家长亲自接送上下学，做家务怕累着弄脏衣服，所以没有动手能力，也没有与其他同伴竞争玩耍的机会，变得胆小娇气、害怕困难，遇到一点点的挫折、痛苦就会哭闹，一不顺心就大哭大叫，不能很好地控制自己的情绪。这是由家长过度的保护形成的娇气。

3. 性格方面的缺陷

独生子女与外界和小伙伴来往得少，有的整天关在家里，还有的学生除了在学校上学以外，其他时间读穿梭于各种辅导班之间。看似他们有更多的时间，能够接触更多的人，可是实际上与其他交流的时间并不见得多多少。因为他们去那里也是上课而已，一下了课就被家长接回家或者赶往下一个辅导班的地点。有的孩子见到家的里来了同伴开心极了，会拉着对方不放手，不希望对方回家。有的则相反，如果见到其他人来了就会怕自己的世界被侵犯，因而过度排斥别人。他们的这种孤独感是生活圈子小而造成的。

4. 身心俱弱

现在很多家长往往忽视对孩子吃苦耐劳的意志品质的培养，凡事家长都包办代替，即使父母想锻炼一下孩子的能力，那作为隔辈人的爷爷奶奶也会加以阻挠。由于家长们的过度关心、过度保护，让我们的孩子们连人类最基本的生存能力都退化了，离开父母样样不行，有点什么事情都要依靠别人，从来不想自己想办法解决，身心俱弱。

5. 新添的坏习惯

突如其来的疫情出现，让我们不得不开始了网课教学，老师成了主播，学生人手一台电脑或者手机，之前家长为了孩子的学习，不敢给孩子玩手机，现在有了正当的理由。但是农村的家长们有些还是需要挣钱养家的，所以他们不得不外出打工，而无法对学生

进行有效看管，造成部分同学沉迷于网络世界不可自拔。

二、红色之旅在学校实践活动中的功用、现状及对策研究

（一）什么是红色之旅

红色之旅主要是指我们党员干部、学生们，以及社会上的群众去参观中国共产党领导人民在革命和战争时期建树丰功伟绩所形成的纪念地、标志物，去真切了解那一段段革命历史、一个个鲜活的革命事迹，学习老一辈的革命精神的主题性旅游活动。

（二）红色之旅的功用有哪些

1. 有利于加强和改进新时期的爱国主义教育。

中国已进入全面建设小康社会、加快推进社会主义现代化的新的发展阶段。面对新形势新任务，爱国主义教育方式迫切需要改进和创新。我们不能只是纸上谈兵，让学生只在书中看一些文字，我们要积极开展红色之旅，让学生们走出课堂，寓思想道德教育于参观游览之中，让他们自己去看、去听、去用心感受。这样更易于将革命历史、革命传统和革命精神通过旅游的方式传输给学生们，这是他们乐于接受的方式。

2. 有利于传播红色文化，提高学生的思想道德素质。

对学生们进行爱国主义教育，让学生汲取知识、震撼心灵、激励精神、启迪思想，以便日后他们能够成为国家栋梁之材，满怀信心地当好中国特色社会主义的建设者和接班人，完成我们祖国的伟大复兴之梦。

3. 锻炼学生其他方面的能力。

如时间观念，学生要在规定时间内集合，不能拖延时间影响活动计划。同时还有团队精神，我们外出是以一个团体的形式，不能只顾个人，要为集体着想，同学之间互相关爱互相帮助。此外还有爱护环境，我们每到一个地方都要特别注意保护那里的环境，不能破坏一草一木，不能乱摸展品，不能乱扔垃圾，等等。

（三）红色之旅在学校实践活动中的现状

学校组织红色之旅出发点是非常好的。孩子们除了通过课本一些文字资料和简单的图片了解历史外，还能在红色之旅活动中通过自己的眼睛去观察，用心去感悟。在旅行的过程中，学生会认真参观，聆听解说员的讲解，大部分同学还会拿着笔记本做些记录，收获不小。当然，也会遇到一些问题等待着我们去完善。

我校在组织红色之旅活动前，会非常认真地筛选旅游地点，制订切实可行的出行计划方案，经过校领导小组集体讨论，修改方案，直至全体表决通过，再向上级申请等待审批。开展之前也会与学生家长沟通，对学生进行安全教育，嘱咐注意事项，给学生分组，指定专门老师负责一系列的准备活动。到了目的地，由于学生人数众多，在听讲解员讲解时，有些同学根本看不到讲解员在介绍的那些实物、照片或者文字内容，只能靠听，如果讲解员的话筒效果不是特别好，连听起来都有些困难，这样就事倍功半了。还有部分有厌学情绪的同学，对这些老一辈的革命故事不是很感兴趣，没有集中注意力去学习，没有达到红色之旅的出行目的。让学生边看边记录重点内容也遇到困难，用笔和

笔记本去做记录速度很慢，跟不上旅游的节奏，如果是拿手机拍照记录的话，方便快捷是肯定的，但是部分学生就会被手机吸引了部分精力，不能很好地进行参观。另外，部分同学在参观之前做了攻略，对参观地有了一些了解，有些同学没有提前做准备，参观时没有对要了解的知识有系统的认识。参观的时间偶尔也略显仓促，因为路途较远，路上花费时间较长，造成了走马观花似的徒步旅行。在疫情来临之前，我们红色之旅的范围是在本市内，现在由于疫情的原因，我们选择的地点是在本区内进行，这样局限性大了些，我们能参观的地点是越来越少。

（四）对以上问题的对策研究

每次红色之旅之后，我们都会让学生把自己的所见所闻所感写下来，看看我们这一路学到了什么，有何收获，也可以作为学生以后写作的素材保存好。为了下一次更好地组织红色之旅的实践活动，我们老师也会总结一下我们在组织方面的成功经验和需要改进之处。

1.随着活动的开展，可供我们去参观的地方慢慢变少。

以此在选择范围上，我们希望能带领学生去更多的地方，去聆听更多的故事，去感受更多的革命精神。

2.在实践活动预案上，总结以往的经验教训，把下一次红色之旅活动想得更周到更全面，争取把活动组织得更圆满。

3.提前引导学生做好功课，让学生对本次活动有更详细的了解。

4.时间上尽量安排得当，如果时间过紧，那就只选择一个地点好好参观，千万不要为了赶下一旅游地点而走马观花地参观，应给学生深入了解的过程与足够的时间。其他好的活动基地可以安排在下一次。

5.老师们可以多拍些照片给学生留作参考资料，让学生参观时聚精会神。

另外，可以多请几名解说员，不要几个班同时进行解说，那样根本不会有好的效果，既然来参观了，就要真正让每名学生都能认真地参与进来。

在数字化和网络时代的今天，我们的民族又开始新长征之路。虽然再没有以前的雪山和草地，但我们一样面临着历史和时代的挑战。这种挑战，是一种更为长期、更为严峻的考验。它表面上看起来并非那么壮烈、那么艰难，但要想取得全面胜利，却是非常困难的。它不仅需要我们这一辈的革命者，还要依靠我们下一代的接班人，我们要让现代的青少年努力传承老一辈的革命传统，发扬他们的革命精神，来创造新时代。